WIRTSCHAFTSINFORMATIK

Herausgegeben von Prof. Dr. Dietrich Seibt, Köln, Prof. Dr. Hans-Georg Kemper, Stuttgart, Prof. Dr. Georg Herzwurm, Stuttgart, Prof. Dr. Dirk Stelzer, Ilmenau, und Prof. Dr. Detlef Schoder, Köln

Band 47
Elke Wolf
IS Risks and Operational Risk Management in Banks
Lohmar – Köln 2005 ♦ 686 S. ♦ € 75,- (D) ♦ ISBN 3-89936-326-4

Band 48
Michael Breidung
Nutzen und Risiken komplexer IT-Projekte – Methoden und Kennzahlen
Lohmar – Köln 2005 ♦ 270 S. ♦ € 48,- (D) ♦ ISBN 3-89936-360-4

Band 49
Oliver Klaus
Geschäftsregeln zur Unterstützung des Supply Chain Managements
Lohmar – Köln 2005 ♦ 298 S. ♦ € 49,- (D) ♦ ISBN 3-89936-378-7

Band 50
Rolf Poluha
Anwendung des SCOR-Modells zur Analyse der Supply Chain – Explorative empirische Untersuchung von Unternehmen aus Europa, Nordamerika und Asien
Lohmar – Köln 2005 ♦ 528 S. ♦ € 64,- (D) ♦ ISBN 3-89936-410-4

Band 51
Edeltraud Günther, Susann Kaulich, Lilly Scheibe, Wolfgang Uhr, Claudia Heidsieck, Jürgen Fröhlich
Leistung und Erfolg im betrieblichen Umweltmanagement – Die Software EPM-KOMPAS als Instrument für den industriellen Mittelstand zur Umweltleistungsmessung und Erfolgskontrolle
Lohmar – Köln 2006 ♦ 258 S. + CD-ROM ♦ € 52,- (D) ♦ ISBN 3-89936-462-7

Band 52
Konrad Walser
Auswirkungen des CRM auf die IT-Integration
Lohmar – Köln 2006 ♦ 532 S. ♦ € 65,- (D) ♦ ISBN 3-89936-474-0

JOSEF EUL VERLAG

Reihe: Wirtschaftsinformatik · Band 52

Herausgegeben von Prof. Dr. Dietrich Seibt, Köln, Prof. Dr. Hans-Georg Kemper, Stuttgart, Prof. Dr. Georg Herzwurm, Stuttgart, Prof. Dr. Dirk Stelzer, Ilmenau, und Prof. Dr. Detlef Schoder, Köln

Konrad Walser

Auswirkungen des CRM auf die IT-Integration

Bibliographische Information der Deutschen Bibliothek

Die Deutsche Bibliothek verzeichnet diese Publikation in der Deutschen Nationalbibliographie; detaillierte bibliographische Daten sind im Internet über <http://dnb.ddb.de> abrufbar.

Inauguraldissertation zur Erlangung der Würde eines *Doctor rerum oeconomicarum* der Wirtschafts- und Sozialwissenschaftlichen Fakultät der Universität Bern.

Die Fakultät hat diese Arbeit am 30. März 2006 auf Antrag der beiden Gutachter, Prof. Dr. Thomas Myrach und Prof. Dr. Gerhard Knolmayer, als Dissertation angenommen, ohne zu den darin ausgesprochenen Auffassungen Stellung nehmen zu wollen.

ISBN 3-89936-474-0
1. Auflage Mai 2006

© JOSEF EUL VERLAG GmbH, Lohmar – Köln, 2006
Alle Rechte vorbehalten

Printed in Germany
Druck: RSP, Troisdorf

JOSEF EUL VERLAG GmbH
Brandsberg 6
53797 Lohmar
Tel.: 0 22 05 / 90 10 6-6
Fax: 0 22 05 / 90 10 6-88
E-Mail: info@eul-verlag.de
http://www.eul-verlag.de

Bei der Herstellung unserer Bücher möchten wir die Umwelt schonen. Dieses Buch ist daher auf säurefreiem, 100% chlorfrei gebleichtem, alterungsbeständigem Papier nach DIN 6738 gedruckt.

Vorwort

Gegenwärtig ist in der Praxis zu beobachten, dass Unternehmen zunehmend das Management von Kundenbeziehungen nicht nur diskutieren, sondern auch ins Zentrum ihrer Marktbearbeitungsstrategien und entsprechender IT-Implementierungen stellen. Mit der Frage, inwiefern mittels der Implementierung von Informationssystemen zur Unterstützung des Managements von Kundenbeziehungen die Wirksamkeit und Effizienz des Kundenbeziehungsmanagements verbessert werden kann, tritt aber auch die Frage der Integration entsprechender Informationssysteme in IT-Architekturen in den Vordergrund. Die Integration ist seit der 1966 erschienenen Habilitationsschrift von Prof. Dr. Dr. h.c. mult. Peter Mertens eines der zentralen Themen der Wirtschaftsinformatik.

Eine weitere Frage anlässlich der Implementierung von Systemen zur Unterstützung des Kundenbeziehungsmanagements betrifft deren Integration mit Systemen zur Unterstützung der Erfüllung von Kundenaufträgen, mit so genannten ERP-, SCM- oder Legacy-Systemen. Letztere genügen in der Regel anderen betriebswirtschaftlichen und technischen Anforderungen als Informationssysteme zur Unterstützung des Kundenbeziehungsmanagements. Die Integrationsproblematik erhält mit der zunehmenden Verbreitung von Informationssystemen zur Unterstützung des Kundenbeziehungsmanagements somit eine neue Facette, so die Hauptthese dieser Arbeit.

Von Interesse ist deshalb, welche betriebswirtschaftlichen Determinanten einerseits für die Integration von Systemen zur Unterstützung des Kundenbeziehungsmanagements relevant sind und andererseits, welche Problemstellungen sich dadurch für die Integration von Informationssystemen zur Unterstützung des Kundenbeziehungsmanagements und zur Abwicklung von Markttransaktionen in Produktion, Distributionslogistik oder Dienstleistungserstellung ergeben. Ebenfalls stellt sich dabei die Frage, welche Auswirkungen dies auf die Integration von IT-Architekturen von Unternehmen hat. Diesen Fragen geht die vorliegende Arbeit nach.

Eine Dissertation ist nicht nur eine Einzelleistung. Der Verfasser ist verschiedenen Personen zu Dank verpflichtet. Mein Dank gilt zuallererst den Professoren Myrach und Knolmayer für die Betreuung. Ein weiterer Dank gilt meinen Eltern für ihre moralische und gelegentlich auch finanzielle Unterstützung. Ferner geht mein Dank an alle meine KollegInnen am Institut für Wirtschaftsinformatik der Universität Bern für deren Diskussionsbereitschaft. Mein Dank geht aber auch an die von mir betreuten LizentiandInnen und DiplomandInnen an der Universität Bern, an Fachhochschulen und MBA-Lehrgängen. Sie alle sind mir in bestimmten für die Dissertation relevanten

Themenbereichen jeweils ein Paar Schritte voraus gegangen. Mit ihnen durfte ich viele und spannende fachliche Diskurse führen.

Die DiplomandInnen und LizentiandInnen sind mir im Laufe der Jahre auch zu Sparring-Partnern für die stetige Verfeinerung der Gedanken geworden. Ein weiterer grosser Dank gilt den zahlreichen Interviewpartnern der untersuchten Fallstudien-Unternehmen bei der Credit Suisse, der sunrise, der UBS und der ZKB. Sie haben sich für die persönlichen Befragungen Zeit genommen und trugen zur Qualitätssteigerung der Fallstudien auch dadurch bei, dass sie für einen mehrfachen Review-Prozess zur Verfügung standen. Last but not least möchte ich meinem ehemaligen Lizentianden André Ramsauer danken, welcher unermüdlich, mit Umsicht und mit viel Liebe für das Detail die Herstellung der Endfassung dieser Arbeit unterstützt hat. Dies reichte von Lektorierungs- bis zu Formatierungsarbeiten.

Ich widme diese Arbeit Christiane A.

Nun bleibt zu hoffen, dass die Arbeit sowohl in Theorie und Praxis Resonanz findet und ihre Leserschaft nützliche Anregungen aus ihr beziehen möge.

Bern, im Februar 2006   Konrad Walser

Inhaltsübersicht

1 Einleitung 1
   1.1 Problemstellung 1
   1.2 Forschungsleitende Fragen 8
   1.3 Abgrenzung 8
   1.4 Aufbau 9
   1.5 Methodisches Vorgehen 12

2 CRM-Grundlagen 15
   2.1 Allgemeine Theorieansätze 15
   2.2 CRM-Ansatz 30
   2.3 CRM-spezifische Integrationskonzepte 43

3 CRM-Systemkomponenten und Integrationsbedarfe 57
   3.1 Einleitung 57
   3.2 Komponente und Funktionalität des analytischen CRM 62
   3.3 Komponente und Funktionalitäten des operativen CRM 82
   3.4 Teilkomponenten und Funktionalität des kollaborativen CRM 104
   3.5 Schlussbemerkungen zu den CRM-Komponenten 124

4 CRM-Integration 125
   4.1 CRM-Integrationsmodell und Komponentenintegration 125
   4.2 Komponenteninterne Integration 127
   4.3 Integration zwischen den Komponenten 133
   4.4 Komponentenübergreifende Integration 143
   4.5 Wertschöpfungsorientierte Ableitung der CRM-Integration 153
   4.6 Integrationsentscheide und technische Lösungsformen 155

5 Technische Grundlagen der CRM-Integration 161
   5.1 Entwicklung der Anwendungssystemintegration 161
   5.2 Konzepte der Anwendungssystemintegration 171
   5.3 Integrationsarchitekturen 177
   5.4 Schnittstellentechnologien der Anwendungssystemintegration 185

6 Methodik der Fallstudienforschung 193
   6.1 Problemstellung 193
   6.2 Untersuchungsleitende Fragen zur Fallstudienforschung 194
   6.3 Vorgehensweise 197
   6.4 Inhaltliche Schwerpunkte der Fallstudien und Fallstudienstruktur 206

7 Fallstudien 209
   7.1 Fallstudie Credit Suisse 209
   7.2 Fallstudie sunrise (TDC Switzerland AG) 255
   7.3 Fallstudie UBS 285
   7.4 Fallstudie Zürcher Kantonalbank 320

8 Auswertung und Vergleich der Fallstudien 349
   8.1 Allgemeiner tabellarischer Vergleich 349
   8.2 Integration des Regelkreises der Marktbearbeitung 354
   8.3 Integration des Customer Buying Cycles 363
   8.4 Multi-Channel-Integration 368
   8.5 Integration der Wertschöpfungskette 379

9 Synthese aus Theorie und Fallstudien 389
   9.1 Management der CRM-Integration und von CRM-Architekturen 389
   9.2 Ergänzungen zum CRM-Integrationsmodell 392
   9.3 Spezifika verschiedener Architekturverständnisse 405
   9.4 Organisations- und technik-relevante Methodikaspekte 421

10 Zusammenfassung und Ausblick 437
   10.1 Zusammenfassung 437
   10.2 Ausblick 444

Anhänge 451
   Anhang 1: Interviewleitfaden zur Erhebung der Fallstudien 451
   Anhang 2: sunrise IT-Architektur 2002 453
   Anhang 3: Straight Through Processing aus Sicht von Credit Suisse Operations 455

Literaturverzeichnis 461

Inhaltsverzeichnis

1 Einleitung 1
   1.1 Problemstellung 1
   1.2 Forschungsleitende Fragen 8
   1.3 Abgrenzung 8
   1.4 Aufbau 9
   1.5 Methodisches Vorgehen 12
2 CRM-Grundlagen 15
   2.1 Allgemeine Theorieansätze 15
      2.1.1 Kommunikationstheorie und Kommunikationstechnologie 17
         2.1.1.1 Kommunikationstheorie 18
         2.1.1.2 Kommunikationstechnologie 23
         2.1.1.3 CRM-Perspektive der Kommunikation 26
      2.1.2 Systemtheorie 27
         2.1.2.1 Abgrenzung verschiedener Systembegriffe in dieser Arbeit 27
         2.1.2.2 Konstrukt des Regelkreises 29
         2.1.2.3 Zusammenfassung zur Systemtheorie 30
   2.2 CRM-Ansatz 30
      2.2.1 CRM als Konzept 31
      2.2.2 Organisatorische und technische Abgrenzung von Front- und Back-Office 33
      2.2.3 CRM-Technologie 34
      2.2.4 Kundengeschäftsvorfälle und Kundenkommunikation 38
      2.2.5 Aspekte des Begriffs der Integration 42
   2.3 CRM-spezifische Integrationskonzepte 43
      2.3.1 Customer Buying Cycle als generisches Kommunikationsmodell 44
         2.3.1.1 Das Konzept des Customer Buying Cycles 44
         2.3.1.2 Anbieterseitige Betrachtung des Kommunikationsmodells 46
         2.3.1.3 Kundenseitige Betrachtung des Kommunikationsmodells 47
         2.3.1.4 Schliessen des Customer Buying Cycles 48
      2.3.2 Regelkreis der Marktbearbeitung oder CRM-Regelkreis 50
         2.3.2.1 Das Konzept des CRM-Regelkreises 51
         2.3.2.2 Schliessen des Regelkreises der Marktbearbeitung 54
3 CRM-Systemkomponenten und Integrationsbedarfe 57
   3.1 Einleitung 57
   3.2 Komponente und Funktionalität des analytischen CRM 62
      3.2.1 Abgrenzung analytischer und operativer Informationssysteme 62
      3.2.2 Analyseinstrumente 68
         3.2.2.1 Reporting 68
         3.2.2.2 Online Analytical Processing (OLAP) 68

3.2.2.3 Data Mining ... 70
3.2.3 Integrationsaspekte des analytischen CRM ... 76
3.2.3.1 Datenintegration ... 79
3.2.3.2 Datenmodellierung im Data Warehouse und in den Data Marts ... 81
3.2.4 Zusammenfassendes zu Werkzeugen des analytischen CRM ... 81
3.3 Komponente und Funktionalitäten des operativen CRM ... 82
3.3.1 Funktionalitäten im Einzelnen ... 82
3.3.1.1 Marketing-Funktionalitäten ... 84
3.3.1.2 Verkaufs-Funktionalitäten ... 89
3.3.1.3 Funktionalitäten des After Sales Service ... 97
3.3.2 Zusammenfassendes zur Funktionalität im operativen CRM ... 102
3.4 Teilkomponenten und Funktionalität des kollaborativen CRM ... 104
3.4.1 Beispiel SAP Customer Interaction Center Komponente ... 105
3.4.1.1 Sichtbare Komponenten ... 106
3.4.1.2 Unsichtbare Komponenten ... 108
3.4.1.3 Medienanbindung im CIC-Framework ... 108
3.4.2 Funktionalitäten im Communication-Center aus Prozessperspektive ... 109
3.4.2.1 Funktionalität im Marketing ... 109
3.4.2.2 Funktionalität im Verkauf ... 109
3.4.2.3 Funktionalität im After Sales Service ... 110
3.4.3 Multi-Channel-Architektur mySAP CRM ... 111
3.4.3.1 Telefonie-spezifische Integration ... 112
3.4.3.2 Komponenten der Telefonie ... 113
3.4.3.3 Komponenten des SAP-Systems ... 114
3.4.3.4 CTI-/Gateway-Komponenten ... 116
3.4.4 Konzept und technische Realisierung des Routing ... 117
3.4.4.1 Konzept des Routing ... 117
3.4.4.2 Business-Routing-Szenario ... 119
3.4.4.3 Technische Umsetzung und Ablauf des Business Routing ... 121
3.4.5 Zusammenfassendes zu den Teilkomponenten des kollaborativen CRM ... 122
3.5 Schlussbemerkungen zu den CRM-Komponenten ... 124
4 CRM-Integration ... 125
4.1 CRM-Integrationsmodell und Komponentenintegration ... 125
4.2 Komponenteninterne Integration ... 127
4.2.1 Fall 1: Integration im kommunikativen CRM ... 127
4.2.2 Fall 2: Integration im operativen CRM ... 128
4.2.3 Fall 3: Integration im analytischen CRM ... 130
4.2.4 Fall 4: Integration im ERP- und im Legacy-System-Bereich ... 132
4.3 Integration zwischen den Komponenten ... 133
4.3.1 Fall I: Integration zwischen kollaborativem und operativem CRM ... 133

4.3.2 Fall II: Integration zwischen operativem und analytischem CRM 135
4.3.3 Fall III: Integration zwischen operativem CRM und ERP-Systemen 137
4.3.4 Fall IV: Integration zwischen ERP Komponenten und dem analytischem CRM .. 142
4.4 Komponentenübergreifende Integration 143
4.4.1 Regelkreis der Marktbearbeitung 144
4.4.2 Integration der Wertschöpfungskette ausgehend vom Kundenkontaktpunkt 147
4.4.3 Aspekte der Kombination der Integrationskonzepte 150
4.5 Wertschöpfungsorientierte Ableitung der CRM-Integration 153
4.6 Integrationsentscheide und technische Lösungsformen 155
5 Technische Grundlagen der CRM-Integration 161
5.1 Entwicklung der Anwendungssystemintegration 161
5.1.1 Entwicklung von der Middleware über EAI zu Web Services 161
5.1.2 Mögliche Standards je Integrationslayer oder -schicht 170
5.2 Konzepte der Anwendungssystemintegration 171
5.2.1 Präsentationsintegration 171
5.2.2 Datenintegration 173
5.2.3 Funktionsintegration 175
5.3 Integrationsarchitekturen 177
5.3.1 Punkt-zu-Punkt-orientierter Ansatz 178
5.3.2 ERP-basierter Ansatz 179
5.3.3 Middleware-Ansatz 180
5.3.4 Vergleich der bis hierhin präsentierten Ansätze 181
5.3.5 Ansatz mittels Einsatz von EAI-Werkzeugen 182
5.4 Schnittstellentechnologien der Anwendungssystemintegration 185
5.4.1 Schnittstellen für die Integration von Anwendungssystemen 185
5.4.1.1 Application Programming Interfaces 186
5.4.1.2 Open Database Connectivity 187
5.4.2 Auszug von SAP-Schnittstellen und -Integrationsmechanismen 188
5.4.3 Schnittstellen für die Telefonieintegration 189
5.4.4 Schnittstellen für Email- oder Messaging-Integration 191
6 Methodik der Fallstudienforschung 193
6.1 Problemstellung 193
6.2 Untersuchungsleitende Fragen zur Fallstudienforschung 194
6.3 Vorgehensweise 197
6.3.1 Untersuchungsverfahren 197
6.3.2 Methoden zur Steigerung der Objektivität der Untersuchung 200
6.3.3 Auswahl und Auswahlkriterien für die Fallstudien 203
6.3.4 Ableitung des Fragebogens aus Forschungsfragen und -modellen 206
6.4 Inhaltliche Schwerpunkte der Fallstudien und Fallstudienstruktur 206
7 Fallstudien 209

7.1 Fallstudie Credit Suisse ... 209
   7.1.1 Firmenporträt ... 209
   7.1.2 CRM und dessen Unterstützung durch Informationssysteme ... 212
      7.1.2.1 Ziele und Aufgaben des analytischen CRM ... 214
         7.1.2.1.1 Ermöglichung des strategischen und operativen Kundenbeziehungsmanagements ... 214
         7.1.2.1.2 Regelkreis der Marktbearbeitung (Closed Loop) ... 216
         7.1.2.1.3 Architektur des Data Warehouse und relevanter Data Marts bei LBM 219
         7.1.2.1.4 Strategische und kundenindividuelle Beziehungsprogramme ... 221
      7.1.2.2 Multi Channel Management ... 222
         7.1.2.2.1 Kanalstrategie ... 222
         7.1.2.2.2 Steuerungsinstrumente zur Marktbearbeitung ... 224
      7.1.2.3 Operatives CRM mit der Applikation FrontNet ... 225
         7.1.2.3.1 Applikation FrontNet ... 226
         7.1.2.3.2 Beratungsprozess und -phasen im Private Banking ... 229
         7.1.2.3.3 Workflow- und Business-Rules-Management und ihre Integration ... 232
   7.1.3 IT-Architektur und Integration ... 233
      7.1.3.1 Integrationsfolgen aus Firmenakquisitionen ... 234
      7.1.3.2 Grundlagen zur Architektur der Credit Suisse ... 235
      7.1.3.3 Architekturaufbau der Credit Suisse ... 239
      7.1.3.4 Multi-Channel-Management-Architektur oder -plattform ... 246
   7.1.4 Schlussfolgerungen ... 250
   7.1.5 Zusammenfassung der Integrationssachverhalte ... 253
7.2 Fallstudie sunrise (TDC Switzerland AG) ... 255
   7.2.1 Firmenporträt ... 255
   7.2.2 CRM und dessen Unterstützung durch Informationssysteme ... 256
      7.2.2.1 Strategisches CRM ... 256
      7.2.2.2 Operatives CRM und Zusammenspiel der Front-Office-Organisation ... 257
      7.2.2.3 Analytisches CRM ... 261
      7.2.2.4 Multi Channel Management ... 264
      7.2.2.5 Regelkreis der Marktbearbeitung (Closed-Loop) ... 269
   7.2.3 IT-Architektur und Integration ... 271
      7.2.3.1 Gründe für die Integration und Architekturmodell ... 271
      7.2.3.2 Beispiele von Integrationsfällen ... 275
      7.2.3.3 sunrise (Portal-)Architektur ... 276
      7.2.3.4 Überblick über die IT-Systeme von sunrise ... 277
   7.2.4 Schlussfolgerungen ... 281
   7.2.5 Zusammenfassung der Integrationssachverhalte ... 283
7.3 Fallstudie UBS ... 285
   7.3.1 Firmenporträt ... 285

Inhaltsverzeichnis

7.3.2 Multi Channel Management ... 287
7.3.3 Organisation des Multi Channel Managements ... 288
7.3.4 Vertriebssteuerung ... 290
7.3.5 Systeme für das Kundenbeziehungsmanagement bei der UBS ... 291
   7.3.5.1 Analytisches CRM ... 291
   7.3.5.2 Regelkreis der Marktbearbeitung (Closed Loop) ... 294
   7.3.5.3 Operatives CRM mit der Client Advisor Workbench ... 297
      7.3.5.3.1 Ziele und Fokus des Projekts ... 297
      7.3.5.3.2 Funktionsumfang der Client Advisor Workbench ... 298
      7.3.5.3.3 Funktionalität der Client Advisor Workbench und Sales Methodologie ... 301
      7.3.5.3.4 Abdeckung operativer CRM-Prozesse in der Client Advisor Workbench 302
      7.3.5.3.5 Sales-Methodologie der UBS CRM-Initiative Schweiz ... 303
7.3.6 IT-Architektur und Strategic Solution Program ... 304
   7.3.6.1 Fokus und Gründe für die Transformation der UBS IT-Architektur ... 306
   7.3.6.2 Grobes Vorgehen ... 308
   7.3.6.3 Definition der Architekturbestandteile der UBS ... 309
   7.3.6.4 Architektur und Positionierung des CRM ... 311
   7.3.6.5 Datenlandkarte UBS aus Front-Office-Sicht ... 315
7.3.7 Schlussfolgerungen ... 316
7.3.8 Zusammenfassung der Integrationssachverhalte der Fallstudie UBS ... 318
7.4 Fallstudie Zürcher Kantonalbank ... 320
7.4.1 Firmenporträt ... 320
7.4.2 Strategisches Kundenportfolio-Management und dessen operative Implikationen ... 320
7.4.3 Kundenbeziehungsmanagement bei der ZKB und entsprechende Systeme ... 324
   7.4.3.1 Analytisches CRM ... 324
   7.4.3.2 Operatives Kundenbeziehungsmanagement und Back-Office ... 325
   7.4.3.3 Multi Channel Management ... 327
   7.4.3.4 CRM-Applikationen ... 329
7.4.4 Regelkreis der Marktbearbeitung (Closed Loop) ... 330
7.4.5 IT-Architektur und Integration ... 331
   7.4.5.1 Architekturlayer 0 ... 331
   7.4.5.2 Architekturlayer I ... 332
   7.4.5.3 Weitere Architekturlayer ... 334
   7.4.5.4 Beschreibung eines Prozessablaufs in der modularen Architektur ... 334
   7.4.5.5 Grundsätzliche Überlegungen zur Integration ... 336
      7.4.5.5.1 Integrationsmethodik ... 337
      7.4.5.5.2 ADB-Architektur ... 338
      7.4.5.5.3 BRE-Architektur ... 340
      7.4.5.5.4 Metro-Architektur ... 342

7.4.5.6 Integrationsszenarien und -vorgehensmodell ... 343
7.4.6 Schlussbemerkungen zur Fallstudie ... 345
7.4.7 Zusammenfassung der Integrationssachverhalte der Fallstudie ZKB ... 347
8 Auswertung und Vergleich der Fallstudien ... 349
8.1 Allgemeiner tabellarischer Vergleich ... 349
8.2 Integration des Regelkreises der Marktbearbeitung ... 354
8.2.1 Schwerpunkte der Regelkreis-Implementierung und -Integration ... 354
8.2.2 Strategisches CRM und Regelkreis der Marktbearbeitung ... 357
8.2.3 Regelkreis der Marktbearbeitung aus der Multi-Channel-Perspektive ... 359
8.3 Integration des Customer Buying Cycles ... 363
8.3.1 Vergleich bezüglich der Schliessung des Customer Buying Cycles ... 363
8.3.2 Differenzen in den operativen CRM-Prozessen der Fallstudien ... 366
8.4 Multi-Channel-Integration ... 368
8.4.1 Fokus der Multi-Channel-Integration in den Fallstudien ... 368
8.4.2 Integrationsszenarien zur Multi-Channel-Integration ... 371
8.4.2.1 Szenario ohne integriertes Multi Channel Management ... 374
8.4.2.2 Szenario mit Stovepipe-Integrationen ... 376
8.4.2.3 Szenario mit Multi-Channel-Plattform ... 377
8.5 Integration der Wertschöpfungskette ... 379
8.5.1 Allgemeine Anmerkungen ... 379
8.5.2 Wertschöpfungsintegration bei den Finanzdienstleistern ... 381
8.5.3 Wertschöpfungsintegration beim Telekommunikationsdienstleister ... 384
8.5.4 Unterschiede der Wertschöpfungsabbildung in den IT-Architekturen ... 384
9 Synthese aus Theorie und Fallstudien ... 389
9.1 Management der CRM-Integration und von CRM-Architekturen ... 389
9.1.1 Wertschöpfungsspezifische Integration der Geschäftsvorfälle im Front Office ... 389
9.1.2 Rollen- und situationsabhängige Unterschiede der Informationsbereitstellung ... 390
9.2 Ergänzungen zum CRM-Integrationsmodell ... 392
9.2.1 Erweiterung des Integrationsmodells ... 392
9.2.2 Allgemeine Schlussfolgerungen zum CRM-Integrationsmodell ... 397
9.2.3 Zusammenhänge zwischen CRM-Geschäftsvorfällen und Integrationsmustern . 401
9.3 Spezifika verschiedener Architekturverständnisse ... 405
9.3.1 Ableitung von CRM-Integrationsentscheiden ... 406
9.3.2 Determinanten der Kontaktpunktintegration ... 412
9.3.2.1 Determinantenmodell ... 412
9.3.2.2 Determinanten im Einzelnen ... 413
9.4 Organisations- und technik-relevante Methodikaspekte ... 421
9.4.1 Strukturierung von Mehrebenenmodellen zur Komplexitätsreduktion ... 422
9.4.2 Implementierung von Integrationsinfrastrukturen ... 424
9.4.3 Aspekte des Integrationsprozesses und -vorgehens ... 427

9.4.4 Ausgewählte Organisationsaspekte der Integrationsaufgabe 431
9.4.5 Komplexitätsreduktion durch Modularisierung der IT-Architektur 433
9.4.6 Separate Integrationsinfrastrukturen für unterschiedliche
Informationsbedürfnisse 435
9.4.7 CRM-Integration und Serviceorientierung 435
10 Zusammenfassung und Ausblick 437
10.1 Zusammenfassung 437
10.2 Ausblick 444
Anhänge 451
Anhang 1: Interviewleitfaden zur Erhebung der Fallstudien 451
Anhang 2: sunrise IT-Architektur 2002 453
Anhang 3: Straight Through Processing aus Sicht von Credit Suisse Operations 455
Aufgabengebiet von Credit Suisse Operations 455
Integration und Segmentierung der Back-Office-Prozesse bei Credit Suisse
Operations 457
Organisations- und Outsourcingfragen bei Credit Suisse Operations 459
Literaturverzeichnis 461

Abbildungsverzeichnis

Abbildung 1:	Aufbau der Arbeit.	10
Abbildung 2:	Grundmodell der Kommunikationswirkungsforschung nach Hovland/Janis und Schenk.	20
Abbildung 3:	Beschreibung des OSI-Referenzmodells und dessen Schichten.	24
Abbildung 4:	OSI-Referenzmodell mit integrationsrelevanten Ebenen.	25
Abbildung 5:	Einfaches Regelsystem nach Schanz.	29
Abbildung 6:	CRM-Architektur der META Group.	36
Abbildung 7:	Operative CRM-Prozesse, deren Zielgruppen und deren grobe Funktionsbereiche.	44
Abbildung 8:	Generisches Kommunikationsmodell im operativen CRM.	45
Abbildung 9:	Regelsystem der Marktbearbeitung und Darstellung zuständiger Managementebenen.	52
Abbildung 10:	Regelkreis zur Zusammenführung von Aktions- und Reaktionsinformationen der Marktbearbeitung.	56
Abbildung 11:	Gegenüberstellung der Anfragecharakteristika transaktionaler und analytischer Anwendungen.	63
Abbildung 12:	Gegenüberstellung der Datencharakteristika transaktionaler und analytischer Anwendungen.	63
Abbildung 13:	Gegenüberstellung der Anwendercharakteristika transaktionaler und analytischer Systeme.	63
Abbildung 14:	Positionierung moderner analytischer Informationssysteme.	67
Abbildung 15:	Positionierung der Analyseinstrumente bezüglich Zeitorientierung und Analysewert.	67
Abbildung 16:	Navigationsmöglichkeiten in multidimensionalen Daten(-modellen) mit OLAP.	69
Abbildung 17:	Aufbau von Kundenverhaltensmodellen und Regelanwendung.	72
Abbildung 18:	Fragestellungen, Problemstellungen und Methoden des Data Mining.	73
Abbildung 19:	Data-Mining-Prozess nach Fayyad et al.	75
Abbildung 20:	Data-Mining-Prozess in Anlehnung an CRISP.	76
Abbildung 21:	Datenlogistik im analytischen CRM.	78
Abbildung 22:	Extraktion von Daten.	79
Abbildung 23:	Transformation von Daten in ETL-Umgebung.	80
Abbildung 24:	Definierte Ladeprozesse innerhalb des ETL-Prozesses.	80
Abbildung 25:	Werkzeuge des analytischen CRM im Vergleich.	82
Abbildung 26:	Mögliche grafische Darstellung für die Definition einer Kampagne.	86
Abbildung 27:	Mögliche Darstellung eines Verkaufstrichters nach Siebel.	93
Abbildung 28:	Benutzeroberfläche des CIC, unterteilt in sieben Subscreens.	105
Abbildung 29:	MCM-Schnittstellenarchitektur und ihre Softwaremodule.	111
Abbildung 30:	Integrationsarchitektur der Telefonie.	113

Abbildung 31:	Mögliche Routingwege im Business-Routing-Szenario.	119
Abbildung 32:	Beispiel ANI-LookUp-Tabellen.	120
Abbildung 33:	Architektur des Business Routing.	122
Abbildung 34:	CRM-Integrationsmodell auf Basis von Geschäftsvorfällen	126
Abbildung 35:	Datenflüsse zwischen operativen CRM- und Back-Office-Prozessen.	128
Abbildung 36:	Integrationsfälle zwischen kollaborativem und operativem CRM.	133
Abbildung 37:	Integration bei direkter Auslösung von Kommunikation über das analytische CRM.	134
Abbildung 38:	Integration von Kundenstamm-, -potenzial-, Aktions- und Reaktionsdaten.	136
Abbildung 39:	Integrationsfälle zwischen ERP- und operativen CRM-Systemen.	138
Abbildung 40:	Datenaustauschbereich zwischen dem Marketing Manager von Update und SAP R/3.	139
Abbildung 41:	Semantische Datenintegration.	140
Abbildung 42:	Mapping und Transformation von Daten in EAI-Umgebungen am Beispiel des Werkzeugs Sunopsis.	141
Abbildung 43:	Ausgewählte Integrationsfälle zwischen ERP-Systemen und analytischem CRM.	142
Abbildung 44:	Positionierung der komponentenübergreifenden Integrationsszenarien A und B.	144
Abbildung 45:	Geschäftsvorfälle und daraus ableitbare Integrationsvorfälle.	155
Abbildung 46:	Integrationsentscheide innerhalb der CRM-Komponenten.	156
Abbildung 47:	Integrationsentscheide zwischen den CRM-Komponenten (Fall I und Fall II).	157
Abbildung 48:	Integrationsentscheide zwischen den CRM-Komponenten (Fall III und Fall IV).	158
Abbildung 49:	Komponentenübergreifende Integrationsentscheide.	159
Abbildung 50:	Entwicklung von Middleware- und EAI-Lösungen hinsichtlich Funktionalitätsumfang.	164
Abbildung 51:	Entwicklung der EAI-Angebote aus der Perspektive der Anbieter und der Produktnutzung.	165
Abbildung 52:	Funktionalität von Integrationslösungen.	167
Abbildung 53:	Integrationslayer und entsprechende technische Plattformen.	170
Abbildung 54:	Präsentationsintegration.	172
Abbildung 55:	Datenintegration.	173
Abbildung 56:	Funktionsintegration.	176
Abbildung 57:	P2P-Integrationsansatz.	178
Abbildung 58:	Auf ERP-System basierende Integration.	179
Abbildung 59:	Bus-Architektur zur syntaktischen Anwendungssystemintegration.	180
Abbildung 60:	Hub&Spoke-Ansatz.	182
Abbildung 61:	Schnittstellen und Mechanismen im ERP-Bereich am Beispiel von SAP R/3.	189

Abbildungsverzeichnis

Abbildung 62: Triangulationsarten dieser Arbeit – Teil I 202
Abbildung 63: Triangulationsarten dieser Arbeit – Teil II. 203
Abbildung 64: Organisation der Credit Suisse Group. 210
Abbildung 65: Darstellung des Marktbearbeitungsregelkreises. 218
Abbildung 66: Data-Warehouse-Architektur der Credit Suisse. 220
Abbildung 67: Segment-Kontaktpunkt-Produkt-Kubus für das Credit Suisse Private Banking. 225
Abbildung 68: Center-of-Competence Private Banking. 226
Abbildung 69: FrontNet Relationship Manager Portal. 228
Abbildung 70: Kernprozesse für Beratung und Verkauf. 230
Abbildung 71: Regelunterstützung bei der Beziehungseröffnung und Kundendatenmutation. 232
Abbildung 72: Komplexitätszuwachs in Rechenzentren durch Akquisitionen. 234
Abbildung 73: Managed Evolution der Credit Suisse IT-Architektur. 237
Abbildung 74: Credit Suisse Information Bus Architektur (Grafik entstanden im Jahr 2002). 241
Abbildung 75: Neue Domain-Struktur Credit Suisse (Entstehungsjahr 2003). 243
Abbildung 76: Credit Suisse Integrationsinfrastruktur. 245
Abbildung 77: Zielarchitektur zum Multi Channel Management bei der CS. 247
Abbildung 78: Architektur der neuen Multi-Channel-Plattform aus Layersicht. 248
Abbildung 79: Darstellung der Architektur der Credit Suisse am CRM-Integrationsmodell. 253
Abbildung 80: Kampagnenprozess von sunrise. 259
Abbildung 81: Aktivitäten und Hauptaufgaben des Kampagnenprozesses. 260
Abbildung 82: Gründe und zeitliche Einsparungspotenziale dank integrierter Kampagnen-Managementlösung. 263
Abbildung 83: Neue Architektur für das Kampagnenmanagement. 264
Abbildung 84: Kubus aus Kundensegment, Kontaktpunkt, Prozess. 266
Abbildung 85: IVR-Hierarchie für generelle sunrise Zugangs-Nr. 0800 707 707 (Stand 2003-11-16). 267
Abbildung 86: IVR-Hierarchie für sunrise Zugangs-Nr. für technische Auskünfte Mobile 0800 505 505 (Stand 2003-11-16). 267
Abbildung 87: Multi-Channel-Konzept der sunrise. 268
Abbildung 88: EAI-Layermodell. 273
Abbildung 89: Domains der Architektur auf Layer 0. 274
Abbildung 90: Grafische Darstellung des Business Case Fire-and-Forget. 275
Abbildung 91: Portalarchitektur TDC (Switzerland). 277
Abbildung 92: Darstellung der sunrise-Architektur am CRM-Integrationsmodell. 283
Abbildung 93: Organigramm UBS. 285
Abbildung 94: Phasen der organisatorischen Zuordnung des Kontakt- und Distributionskanalmanagements der UBS. 289
Abbildung 95: Datenlogistik aus Sicht des analytischen CRM bei der UBS. 294

Abbildung 96:	Architektur des Regelkreises der Marktbearbeitung.	296
Abbildung 97:	Client Advisor Workbench: Portalansicht.	299
Abbildung 98:	Integrationsschema der Client Advisor Workbench.	301
Abbildung 99:	Darstellungsformat für einen UBS Business Service.	311
Abbildung 100:	Funktionales Modell der Business Systems der UBS-Zielarchitektur.	311
Abbildung 101:	Positionierung der vertikalen Integration aus (funktionaler) Business Systems Sicht.	312
Abbildung 102:	Gegenüberstellungen von Business Systems, Components, Domains und Workbenches.	313
Abbildung 103:	UBS-Datenlandkarte.	315
Abbildung 104:	Darstellung der UBS-Architektur am CRM-Integrationsmodell.	318
Abbildung 105:	Aufbau der (Sub-)Segmente Privatkunden.	321
Abbildung 106:	Key Performance Indikatoren in der Balanced Scorecard der ZKB.	323
Abbildung 107:	Operationalisierung strategischer Zielsetzungen für Filialleiter.	323
Abbildung 108:	Beratung und Betreuung mit System (BBS) bei der Zürcher Kantonalbank.	326
Abbildung 109:	Layer 0 der ZKB-Architektur.	331
Abbildung 110:	Layer 1 der ZKB Applikations-Architektur.	333
Abbildung 111:	Mögliche Schnittstellendarstellung.	334
Abbildung 112:	ADB-Architektur.	339
Abbildung 113:	Funktionsweise BRE-Architektur.	340
Abbildung 114:	BRE-Architektur.	341
Abbildung 115:	Metro-Architektur.	343
Abbildung 116:	Entscheidungsmatrix für das Integrationsproblem.	345
Abbildung 117:	Darstellung der ZKB-Architektur am CRM-Integrationsmodell.	347
Abbildung 118:	Allgemeiner Vergleich der Fallstudienunternehmen.	350
Abbildung 119:	Allgemeiner Vergleich der Fallstudien – Teil I.	351
Abbildung 120:	Allgemeiner Vergleich der Fallstudien – Teil II.	352
Abbildung 121:	Vergleich zum Regelkreis der Marktbearbeitung – Teil I.	353
Abbildung 122:	Vergleich zum Regelkreis der Marktbearbeitung – Teil II.	354
Abbildung 123:	Out-of-the-Box-Elemente einer BAPI-basierten Integration zwischen Siebel 2000 und SAP R/3.	391
Abbildung 124:	Erweitertes Integrationsmodell.	396
Abbildung 125:	Zusammenhang zwischen Aufbau- und Ablauforganisation, Rollen und IT.	402
Abbildung 126:	Integrationsentscheide aus CRM- und Wertschöpfungssicht.	407
Abbildung 127:	Determinanten der Integration aus Kundenbeziehungssicht.	413
Abbildung 128:	Excel-Tool zur Definition von Integrationsfällen bei sunrise.	425
Abbildung 129:	Unterschiedliche Beeinflussungsfaktoren und Auswirkungen im Integrationsentscheidungsframework.	430
Abbildung 130:	Schrittweises Integrationsvorgehen aus Geschäftssicht.	430
Abbildung 131:	Interviewleitfaden zur Erhebung der Fallstudien – Teil I.	451
Abbildung 132:	Interviewleitfaden zur Erhebung der Fallstudien – Teil II.	452

Abbildung 133: Übersicht über die sunrise IT-Architektur 2002. ...453
Abbildung 134: Legende zur sunrise IT-Architektur. ...454
Abbildung 135: Organisation Credit Suisse Operations. ...455
Abbildung 136: Wertschöpfungskette aus der Sicht von Credit Suisse Operations ...456

Abkürzungsverzeichnis

A	Alphabetisch
A1	Applikation 1
A2	Applikation 2
A2A	Application to Application
AAAI	American Association for Artificial Intelligence
ABAP	Advanced Business Application Programming
Abb.	Abbildung
ABC-Costing	Activity Based Costing
ACC	(Single) Accounts
ACD	Automatic Call Distribution
ACID	Atomicity, Consistency, Isolation, Durability
ACIS	Automatic Caller Identification Service
aCRM	Analytisches CRM; Analytical CRM
ADB	Abfrageorientierte Datenbank
ADMIN	Administrationsaufgaben
ADSL	Asymmetric Digital Subscriber Line
AG	Aktiengesellschaft
ALE	Application Link Enabling
AN	Alphanumerisch
ANALYSE	Analyseaufgaben
ANI	Automatic Number Identification
AOC	Accounting Operations Control
API	Application Programming Interface
ASCII	American Standard Code for Information Interchange
Asynchr.	Asynchron
AT&T	American Telephon and Telegraph
ATG	Art Technology Group
ATM	Automatic Teller Machines
B2B	Business to Business
B2C	Business to Consumer
BAPI	Business Application Programming Interface
BAS	Basic Facilities

BBS	Beratung und Betreuung mit System
BC	Business Connector
BCom	Business Component Object Model
BDC	Batch Data Communication
BDoc	Business Document
BoB	Best of Breed
BPI	Business Partner Interfaces
BPID	Business Partner Identification (Number)
BRD	Bundesrepublik Deutschland
BRE	Business Request Exchange
BSC	Balanced Scorecard
BTX	Banktransaktion(en)
CAS	Computer Aided Sales
CBC	Customer Buying Cycle
CCMS	Computer Center Management System
cCRM	Kollaboratives Customer Relationship Management;
CDR	Call Detail Record
CEO	Chief Executive Officer
CH	Confoederation Helvetica (Abkürzung für Schweiz)
CHA	Channels
CHF	Schweizer Franken
CIBAS	Customer Information and Business Analysis System
CIC	Customer Interaction Center
CICS	Customer Information Control System
CIF	Customer Information File
CIM	Computer Integrated Manufacturing
CIO	Chief Information Officer
CLTV	Customer Lifetime Value
CO	Controlling (SAP-Modulbezeichnung des R/3-Systems)
COBOL	Common Business Oriented Language
COM	Component Object Model
Conba	Contact Center Banking/Banking über das Contact Center
CORBA	Common Object Request Broker Architecture
COTS	Council on Technology Services

CRE	Credits
CRISP	Cross Industry Standard Process for Data Mining
CRM	Customer Relationship Management
CS	Credit Suisse
CSAM	Credit Suisse Asset Manager
CSEB	Credit Suisse Event Bus
CSFB	Credit Suisse First Boston
CSFS	Credit Suisse Financial Services
CSG	Credit Suisse Group
CSIB	Credit Suisse Information Bus
CSPB	Credit Suisse Private Banking
CSTA	Computer Supported Telecommunication Applications
CTI	Computer Telephony Integration
CUS	Customers
DAT	Data Analysis
DBMS	Database Management System
DCOM	Distributed COM
Demo	Demonstration(-sbeispiel)
d.h.	das heisst
DID	Direct Inward Dialing
Dir.	Direkt
DLL	Dynamic Link Library
DNIS	Dialed Number Identification Service
DOC	Documentation
DSS	Decision Support Systems
DWH	Data Warehouse
EAI	Enterprise Application Integration
EAI-X	Extended Enterprise Application Integration
EBK	Eidgenössische Bankenkommission
E-Banking	Elektronische Abwicklung von Bankgeschäften
ebXML	Electronic Business Extended Markup Language
EC	Electronic Commerce
Ecommerce	Electronic Commerce
ECTF	Enterprise Computer Telephony Forum(s)

EDI	Electronic Data Interchange
EDIFACT	Electronic Data Interchange For Administration Commerce and Transport
EDV	Elektronische Datenverarbeitung
EHLLAPI	Enhanced High Level Language Application Programming Interface
EIS	Exexutive Informations Systems
EJB	Enterprise Java Beans
Email	Electronic Mail
engl.	Englisch
E-Payment	Electronic Payment
ERP	Enterprise Ressource Planning
E-Shop	Electronic Shop
E-Shopping	Elektronisches Einkaufen
et al.	et alii/et alia/et alteri (und andere)
etc.	etcetera
ETL	Extract – Transform – Load
eTOM	Enhanced Telecom Operations Map
eTrading	Electronic Trading
f.	(und) folgende Seite
FAC	Financial Account
FAQ	Frequently Asked Questions
Fax	Telefax
ff.	(und) folgende Seiten
FI	Finanzen (SAP-Modulbezeichnung des R/3-Systems)
Fiba	Filialbanking
FIN	Financial Instruments
FOREX	Foreign Exchange
FTP	File Transfer Protocol
FTX	Devisentransaktion(en)
FX	Devisentransaktion(en)
GB	Gigabyte
GIOOP	General Inter-ORB Protocol (CORBA)
GIS	Geografisches Informationssystem/Geographic Information System
GUI	Graphical User Interface
HPS	High Performance System

HR	Human Resources (SAP-Modulbezeichnung des R/3-Systems)
Hrsg.	Herausgeber
htm	Hyper Text Markup
html	Hyper Text Markup Language
http	Hyper Text Transfer Protocol
IBM	International Business Machine
IBM MQ Series	International Business Machines Message Queuing Plattform
ID	Identity/Identification
IDL	Interface Definition Language
IDoc	Intermediate Document
IEI	Inter Enterprise Application Integration
IIOP	Internet Inter-ORB Protocol (CORBA)
ILA	Interactive Intelligent Agent
IMA	Investment Management
IMAP	Internet Message Access Protocol
IMF	Interactive Mainframe Facility
IMS	Information Management System
Indir.	Indirekt
IP	Internet Protocol
ISO	International Standard Organisation
ISDN	Integrated Services Digital Network
IT	Information Technology
IVR	Interactive Voice Response
J2EE	Java to Enterprise Edition
Jht./Jhts.	Jahrhundert/Jahrhunderts
JTAPI	Java Telephony Application Programmino Interface
Kap.	Kapitel
KCM	Key Customer Management
KDD	Knowledge Discovery in Databases
KI	Künstliche Intelligenz
KONTAKT	Kontaktaufgaben
KYC	Know Your Client
Lab.	Laboratory/Labor
LAN	Local Area Network

LBM	Loyalty Based Management
LDAP	Lightweight Directory Access Protocol
LOC	Lines of Code
LOG	Logistics
MA	Mitarbeiter
MAIS	Marketinginformationssystem
MAN	Management Reporting
MAPI	Messaging Application Programming Interface
MARCOM	Marketing-Kommunikation (Organisationseinheit der Firma sunrise)
MBA	Master of Business Administration
MCM	Multi Channel Management
MCP	Multi Channel Platform
Metro	Message Transformation Gateway
Mgmt.	Management
Mgt.	Management
Mio.	Million/Millions
MIPS	Million Instructions Per Second
MIS	Management Informationssystem/Management Information System
MIT	Massachussetts Institute of Technology
MM	Materials Management (SAP-Modulbezeichnung des R/3-Systems)
MOM	Message oriented Middleware
MQ	Message Queuing
MSDN	Microsoft Developer Network
mySAP CRM	CRM-System von SAP
N	Numerisch
NAB	Neue Aargauer Bank
NCR	National Cash Register Company
Neg.	Negativ
NPV	Net Present Value
Nr.	Nummer
NT	New Technology (Microsoft Windows Operating System)
OAG	Object Application Group
OCR	Optical Character Reading
oCRM	Operatives CRM; Operational CRM

OCX	OLE Custom Control
ODBC	Open Database Connectivity
ODS	Operational Data Store
OE	Organisationseinheit(en)
o.J.	ohne Jahr
OLAP	Online Analytical Processing
OLE	Object Link Enabling
OLTP	Online Transaction Processing
OMF	Order Management Financial Products
OMG	Object Management Group
OMS	Order Management System
Onba	Online Banking
OPR	Operations Management
OPSC	ORGAs Prepaid Service Center[1]
ORB	Object Request Broker
OSI	Open Systems Interconnect
OSS	Operational Support System
o.V.	ohne Verfasser
P2P	Point to Point
PAY	Payments
PBX	Private Branch Exchange
PC	Personal Computer
PDA	Personal Digital Assistant
PDF	Portable Document Format (Adobe Acrobat)
PLZ	Postleitzahl
POS	Point of Sale
Pos.	Positiv
PMM	Performance Measurement Metrics
PROMET	Methode zur Prozessentwicklung und zur prozessorientierten Einführung von Standardsoftware
qRFC	Queued Remote Function Call
R/3	Realtime System 3

---

[1] ORGA ist der Firmenname von ORGA Kartensysteme GmbH in Paderborn.

Resp.	Response
RFC	Remote Function Call
RM	Relationship Manager
RMI	Revoke Method Invocation
ROC	Remote Object Calls
RPC	Remote Procedure Call
RPMS	Reuter Portfolio Management System
RTE	Realtime Enterprise
RZ	Rechenzentrum/Rechenzentren
S.	Seite(n)
SAL	Sales Support
SAP	Systeme, Anwendungen, Produkte in der Datenverarbeitung
SAS	Statistical Analysis System
SCAI	Switch-to-Computer Applications Interface
SCM	Supply Chain Management
SD	Sales and Distribution (SAP-Modulbezeichnung des R/3-Systems)
SEC	Securities (Operations)
Secumail	Secure Email
SIM	Subscriber Identity Module
SKA	Schweizerische Kreditanstalt
SIC	Swiss Interbank Clearing
SLA	Service Level Agreement
SLOC	Statements Of Lines Of Code
SMS	Short Message Service
SMTP	Simple Mail Transfer Protocol
SOA	Service Oriented Architecture
SOAP	Simple Object Access Protocol (XML protocol)
SPSS	Statistical Package for the Social Sciences
SQL	Structured Query Language
SSI	Street Side Interface(s)
SSP	Storage Service Provider
STP	Straight Through Processing
SVB	Schweizerische Volksbank
SWIFT	Society for the Worldwide Interbank Financial Telecommunication

Synchr.	Synchron	
TAPI	Telephony Application Programming Interface	
TAPI SP	Telephony Application Programming Interface Service Provider	
TB	Terabyte	
T-CRM	Teradata Customer Relationship Management (Software-Modul von NCR Teradata)	
TDC	Tele Danmark	
Tel.	Telefon	
Tel-Nr.	Telefonnummer	
TK	Telekommunikation	
TM	Trade Mark	
TOP	Technology and Operations	
TPM	Transaction Processing Monitor	
TRD	Trading	
TRE	Treasury	
tRFC	Transactional Remote Function Call	
TRX	Transaktion(en)	
TSAPI	Telephone Services Application Programming Interface	
TV	Television/Fernsehen	
u.a.	und andere	
UAN	Universal Application Network (Siebel-Integrationslösung)	
UNIX	Uniplexed Information And Computing System	
u.v.a	und viele andere	
UBS	United Bank of Switzerland	
UDDI	Universal Description, Discovery and Integration	
UI	User Interface	
UM	Unified Messaging	
UML	Unified Modeling Language	
Unisys	United	
URL	Uniform Resource Locator	
USSD	Unstructured Supplementary Service Data	
usw.	und so weiter	
VBA	Visual Basic for Applications (Microsoft)	
Vgl.	Vergleiche	

VoIP	Voice over Internet Protocol
Voice-over-IP	Voice over Internet Protocol
Vs.	Versus
WAN	Wide Area Network
WAP	Wireless Application Protocol
WM&BB	Wealth Management And Business Banking
WSDL	Web Service Definition Language
WWW	World Wide Web
X-Business	Extended Business
X-EAI	Extended Enterprise Application Integration
X-EC	Extended Electronic Commerce
XML	Extended Markup Language
z.B.	zum Beispiel
ZKB	Zürcher Kantonalbank
ZLE	Zero Latency Enterprise
z.T.	zum Teil
ZV	Zahlungsverkehr

> **Motto:**
> Das zentrale Kommunikationsaxiom von Watzlawick „Man kann nicht nicht kommunizieren" ist auch auf die Beziehung zwischen Kunde und Unternehmen anwendbar. Der Satz könnte dann lauten: „Unternehmen und Kunden können nicht nicht kommunizieren."[2] In Anlehnung an Coase sowie Williamson[3] kann argumentiert werden: Unternehmen erreichen den Status als Unternehmen erst dann, wenn sie sich gegenüber ihrer Umwelt einerseits abgrenzen oder abschliessen, das heisst u.a. Grenzen zu Kunden aufbauen. Damit ist zur Überwindung dieser Grenzen die Kommunikation mit Kunden zu stärken.

1 Einleitung

Vorab gilt es anzumerken, dass in den folgenden einleitenden Ausführungen bereits einige Begriffe verwendet werden, die noch nicht eingeführt sind. Für die detaillierte Erläuterung der entsprechenden Begriffe ist auf Kapitel 2.2 zu verweisen.

1.1 Problemstellung

Das Kundenbeziehungsmanagement, auch Customer Relationship Management (CRM) genannt, wird in Wissenschaft und Unternehmen als umfassender neuerer Ansatz zum wertbasierten langfristigen Management von Kundenbeziehungen sowie zu seiner operativen Umsetzung diskutiert. Das ergibt sich bereits aus der zahlreichen Literatur und den verschiedenen CRM-Projekten in Unternehmen sowie der Diskussion von deren Erfolg.[4] Zugleich ergeben sich aufgrund der Marktbearbeitung unterschiedliche Aufgaben, die durch integrierte Informationssysteme für das Kundenbeziehungsmanagement unterstützt werden. Informationssysteme für das Kundenbeziehungsmanagement können in diesem Zusammenhang verstanden werden als auf Teilsystemen oder Komponenten aufgebaute Systeme. Komponenten oder Teilsysteme dienen der Bereitstellung von prozessorientierten und analyseorientierten Kundeninformationen sowie der Ermöglichung der (technischen) Kundenkommunikation.[5] Informationssysteme können in Anlehnung an Krcmar und die WKWI als soziotechnische Systeme verstanden werden, die menschliche und maschinelle Komponenten oder Teilsysteme umfassen und zum Ziel der optimalen Bereitstellung von Information

---

[2] Vgl. Watzlawick et al. (1974).
[3] Vgl. Coase (1937), Williamson (1975).
[4] Vgl. zur CRM-Literatur u.a. Brown (2000), Hippner/Wilde (2004a), Hippner/Wilde (2004b), Hippner/Wilde (2004c), Rapp (2000), Schulze (2002). Vgl. zum Scheitern von CRM-Projekten u.a. Acxiom (2002), Foss et al. (2002), Piller et al. (2003), Piller/Ihl (2002), Pollok et al. (2002), Schaller et al. (2004), Stengel et al. (ohne Jahr), Tanouri (2002).
[5] Vgl. dazu und zum Folgenden Krcmar (2000), S. 30, Krcmar (2005), S. 25 ff.

und Kommunikation nach wirtschaftlichen Kriterien eingesetzt werden.[6] Damit die erforderliche Beziehung der (sozialen oder technischen) Systeme untereinander entsteht, sind auch Kommunikationssysteme Teil von Informationssystemen. Die technische Kommunikation zwischen Informationssystemen ist dabei zu trennen von der für das Management von Kundenbeziehungen relevanten menschlichen Kommunikation und deren technischer Unterstützung. Weniger umfassend sind im Rahmen dieser Arbeit Anwendungssysteme zu definieren. Ein Anwendungssystem ist die Gesamtheit aus Hard- und Software, die zur Unterstützung betrieblicher Aufgaben eingesetzt wird. Ein Anwendungssystem umfasst eine Menge von inhaltlich zusammen gehörigen Funktionalitäten. Aufgabenträger (Menschen im Sinne von Mitarbeitern oder Kunden) können sich dieser Funktionalitäten zur Erledigung ihrer Aufgaben bedienen.[7] Ein Anwendungssystem kann so gesehen verschiedene Anwendungsprogramme beinhalten, die für spezifische Aufgaben, beispielsweise das Kundenbeziehungsmanagement, eingesetzt werden können.

Es stellt sich im Rahmen dieser Dissertation nicht die Frage, weshalb Informationssysteme für das CRM eingesetzt werden sollen, sondern *wie* Informationssysteme für das CRM zu integrieren sind. Die Integration kann unterschiedliche Ausprägungen annehmen. Das Ziel der organisatorischen und technischen Integration ist es, einen möglichst grossen Nutzen für die Gestaltung und Abwicklung des Kundenbeziehungsmanagements an unterschiedlichen „Berührungspunkten" des Kunden mit dem Unternehmen zu stiften. Über die Charakterisierung von Informationssystemen zur Unterstützung des CRM ergeben sich auch Hinweise darauf, welche konzeptionellen Unterschiede zu anderen Informationssystemen vorhanden sind, die in Unternehmen eingesetzt werden.

Ein zentraler Unterschied von Informationssystemen zur Unterstützung des Kundenbeziehungsmanagements gegenüber anderen betrieblichen Informationssystemen ist durch das Zusammenspiel mit Kommunikationssystemen gegeben, die mit Informationssystemen zur Unterstützung des Kundenbeziehungsmanagements integriert genutzt werden. Ferner dienen Informationssysteme zur Unterstützung des CRM der Dokumentation des Kundenverhaltens. Dies hat letztlich einen Einfluss auf die Grösse der Unsicherheit des Kundenverhaltens gegenüber dem Unternehmen. Auch wird durch den Einsatz von integrierten Informationssystemen für das Kundenbeziehungsmanagement eine systematischere Unterstützung der Gestaltung von individuellen Kundenbeziehungen bei sehr grossen Kundenzahlen möglich.

---

[6] Vgl. Krcmar (2005), S. 25, WKWI (1994), S. 80.
[7] Vgl. von Braun et al. (1994).

Die Treiber für das CRM und die Implementierung von Informationssystemen zur Unterstützung des CRM können in den zentralen Veränderungen von Umweltfaktoren des Unternehmens, den technologischen Entwicklungen und den Veränderungen des Kunden- sowie des Wettbewerberverhaltens gesehen werden.[8] Das unternehmerische Ziel der Einführung von CRM und entsprechenden Informationssystemen ist es, den finanziellen Erfolg des Unternehmens durch ein gezieltes und strukturiertes Kundenportfoliomanagement sowie dessen operativer Umsetzung u.a. mittels Informationssystemen sicherzustellen.[9] Das Wettbewerbsumfeld in verschiedenen Branchen ist von einer zunehmenden Homogenität der Leistungsangebote, sinkenden Loyalitätsraten und Differenzierungsdilemmata geprägt.[10] Für das Kundenverhalten kennzeichnend sind u.a. die Individualisierung, das Ausschöpfen der Multioptionalität, die Instabilität von Konsummustern sowie die Informationsüberlastung. Diesen Sachverhalten gilt es seitens des Unternehmens u.a. mittels des Einsatzes von integrierten Informationssystemen für das CRM entgegenzuwirken. Wesentliche technische Entwicklungen, welche dies unterstützen, sind die Datenbanktechnologie, die Entwicklung von Datenanalysewerkzeugen unter Einbezug der künstlichen Intelligenz, die Entwicklung der Kommunikationstechnologie (interaktive Medien) und deren Integration in betriebliche Anwendungsumgebungen. Damit ergibt sich eine steigende Anzahl möglicher Kontaktpunkte und Kontaktsituationen. Es erweitert sich die Palette der Erreichbarkeit (zunehmend auch unabhängig vom Standort der Kommunizierenden) und der Kommunikationssituationen. Zusätzlich ergeben sich durch die erweiterten Kommunikationsmöglichkeiten u.a. Möglichkeiten der Modularisierung von Leistungsbündeln und Leistungserstellung, aber auch von Kundenbeziehungsprozessen .

Auf diese Gegebenheiten hat sich das Unternehmen einzurichten und in diesem Umfeld hat sich der mehrdimensionale Ansatz des CRM zu etablieren begonnen. Mehrdimensional ist der Ansatz erstens hinsichtlich der Kommunikation zwischen Kunde und Unternehmen, zweitens hinsichtlich der Entscheidfindung und -situation bezüglich der Kundenbearbeitung und drittens bezüglich der Mechanismen, mittels welcher die Steuerung des Kundenverhaltens ermöglicht wird. Diese Gegebenheiten stehen in dieser Arbeit im Vordergrund.

Die traditionelle Marketingliteratur kennt, zumindest was den Einsatz von Informationstechnologie zur Unterstützung der Steuerung von Effektivität und Effizienz der

---

[8] Vgl. dazu etwa Hippner (2004a), S. 19 ff.
[9] Vgl. dazu und zum Folgenden u.a. Link (2001), S. 5 ff., Peppers/Rogers (1999), Piller (2000), Riemer et al. (2002), S. 600, Walser (2002),
[10] Vgl. dazu etwa Hildebrand (1997), S. 11 ff.

Marktbearbeitung betrifft, kein klares Ziel-Mittel-Konzept.[11] Traditionellerweise erfolgte das Marketing-Controlling über so genannte MAIS oder Marketinginformationssysteme, die in der Regel einer auswertungsorientierten Datensammlung entsprachen. Neuerdings lebt zwar der zum Teil unscharfe Begriff des Marketing-Controllings wieder auf[12], ohne dass indes die Frage geklärt wird, wie ein informationssystemgestütztes Effizienz- und Effektivitätssteuerungskonzept und dessen informationssystemgestützte Umsetzung im traditionellen Marketingansatz aussehen soll.

Es drängt sich dafür ein prozessuales Konzept der kundenbeziehungsorientierten Marktbearbeitung auf, anhand dessen die Wirkung von Marktbearbeitungsprozessen und -massnahmen sowie deren Wirkung durch Daten dokumentiert sind. Erst dann können Effektivitäts- und Effizienzmessungen gemacht werden.[13] Ein entsprechendes Ziel-Mittel-Konzept ist im Ansatz des CRM definiert und auf der Basis unternehmenseigener Daten zur Kundenkommunikation ist somit auch eine Wirkung messbar. Zu den strategischen CRM-Zielsetzungen gehören u.a. die Erhöhung der Wirksamkeit oder Effektivität des Kundenportfoliomanagements und die entsprechende Steuerung des CRM-Mitteleinsatzes. Zu den taktischen Zielsetzungen im CRM gehören u.a. Planungs-, Umsetzungs- und Controllingziele für die operative Umsetzung der Marktbearbeitungsmassnahmen, aber auch die Abstimmung von Effektivität und Effizienz der Marktbearbeitung. Zu den operativen Zielsetzungen gehören u.a. die effektive und effiziente Umsetzung der Kundeninteraktion zur Erreichung der strategischen CRM-Wirkungsziele bezüglich Kundenportfolios auf Basis von dokumentierten Prozessen und der Dokumentation von Aktion und Reaktion zwischen Kunde und Unternehmen.[14]

All diese Aspekte sind bei grossen Kundenzahlen und Datenmenge nur realisierbar durch den Einsatz von integrierten Informations- und Kommunikationssystemen. Wesentlich für den Einsatz von Informationssystemen zur Unterstützung des CRM sind die folgenden Punkte:

- Die Integration von Informationssystemen zur Unterstützung des Kundenbeziehungsmanagements hilft dem Unternehmen dabei, der Unsicherheit des Kundenverhaltens entgegenzuwirken. Dabei geht es aus technischer Sicht um die Ab-

---

[11] Vgl. dazu etwa Becker (1998), Kotler/Bliemel (1995; 2001), Meffert (1998), Pepels (1999; 2001), aber auch Backhaus (1997), S. 19 ff., Homburg/Sieben (2003), S. 423 ff.
[12] Vgl. dazu u.a. Reinecke (2004), Reinecke et al. (2001).
[13] Vgl. zur Messbarkeit der Marktbearbeitungsanstrengungen Blattberg et al. (2001), Sheth et al. (2000).
[14] Vgl. dazu u.a. Blattberg et al. (2001), Sheth et al. (2000), Sheth/Sisodia (2002); Vgl. zur „Krise des Marketings" hinsichtlich der Messung des Marketingerfolgs oder der Wirkung des Marketings Merlo et al. (2001).

stimmung und Integration von Technologien zur Abbildung und Unterstützung von Kommunikationsprozessen, zur Kundendatenanalyse und zur Kommunikation mit Kunden. Kundenkommunikation kann in verschiedenen Graden fragmentarisch sein. Der Kunde kann für die Fällung seiner Kaufentscheide Informationsaustausche mit unterschiedlichen Unternehmen pflegen. Das Unternehmen hat sich vor dem Hintergrund der Kundenrentabilität bei seinen Kommunikationsmassnahmen darauf zu konzentrieren, aus „Kommunikationsfragmenten" eine konsistente Gesamtsicht der Interaktion zwischen Kunde und Unternehmen zu erreichen. Die Kundenbeziehungsgestaltung ist so gezielt wie möglich auf wiederholte Vertragsabschlüsse auszurichten. Dazu trägt auch die Betreuung des Kunden nach einem einzelnen Vertragsabschluss bei.[15]

- Mit der betrieblichen Nutzung des Internets seit Mitte der 1990er-Jahre und mit den Entwicklungen der Konvergenz zwischen IT und Telekommunikation ergibt sich eine immer breitere Palette an (elektronischen) Kommunikationsmedien und Kommunikationssituationen. Die Erweiterung der Medienpalette ergibt indes Probleme bezüglich der Sicherstellung der Einheitlichkeit und Konsistenz der Kundenkommunikation über unterschiedliche Kundenkontaktpunkte (das sind Punkte, an denen Kunde und Unternehmen sich zur Interaktion treffen). Dies ist u.a. bei Unternehmen mit sehr grossen Kontaktanzahlen aufgrund einer mangelnden Dokumentation von Kundeninteraktionen in Informationssystemen der Fall.

- Das Zusammenspiel bereits bestehender technologieunterstützter Marktbearbeitungskonzepte, die sich in den 1990er-Jahren entwickelten[16], wird – begleitet von den oben erwähnten Entwicklungen – im CRM-Ansatz integriert diskutiert.[17] Es steht dabei die Frage im Vordergrund, wie verschiedene den Markt bearbeitende Organisationseinheiten, deren Informationssystemunterstützung früher unabhängig voneinander erfolgte, über verschiedene Kontaktpunkte mit dem Kunden durch integrierte Informationssysteme unterstützt werden können.[18]

Die Frage der Integration von Organisation und Informationstechnologie hat in der deutschsprachigen Wirtschaftsinformatik eine lange Tradition. Es seien etwa die Ausführungen von Becker, Grochla, Heilmann, Krcmar, Mertens sowie Scheer er-

---

[15] Vgl. hierzu im Detail auch Kapitel 2.1.
[16] Diese wurden etwa mit Database- oder Direct Marketing, Computer Aided Sales oder Sales Force Automation sowie Service Automation bezeichnet.
[17] Vgl. in der deutschsprachigen Literatur zum Database Marketing sowie zum Computer Aided Sales Huldi (1992), Link/Hildebrand (1993).
[18] Vgl. dazu Shahnam (2000), die für den Sachverhalt auch den Begriff CRM-Ökosystem benutzt.

währt.[19] Erstauflagen und Folgeauflagen von wichtigen Werken etwa der Autoren Scheer und Mertens sind ursprünglich *vor* der Einführung des Internets für betriebliche Zwecke, z.B. als Kommunikationsmedium mit Kunden und Lieferanten, entstanden.[20] In den entsprechenden Werken wird die Integration von Informationssystemen für Kundenbeziehungsprozesse und innerbetriebliche Prozesse wenn überhaupt nur am Rande diskutiert. Mit dem Internet und mobilen Kommunikationsmöglichkeiten in der Interaktion mit dem Kunden treten neue Integrationsfragen und -technologien in den Vordergrund.

Neuere Literatur in diesem Bereich beschäftigt sich vor allem aus technischer Sicht mit Fragen der Integration mittels Middleware, Enterprise Application Integration sowie Web Services; auch werden Service-orientierte Architekturen diskutiert.[21] Dabei gerät die Diskussion des Zusammenhangs zwischen betriebswirtschaftlichen Fragestellungen (der Marktbearbeitung und der Marktbearbeitungsorganisation) und technischen Auswirkungen oder Ausprägungen allerdings in den Hintergrund. Der Unterschied in der Darstellung der Integrationsproblematik liegt im Gegensatz etwa zu älteren deutschsprachigen Integrationsansätzen nicht nur in der Art der Integration von Anwendungssystemen. Vielmehr zeigt sich der Unterschied auch bezüglich des Einflusses der Konvergenz von Informations- und Kommunikationstechnologien auf die Integration. Aufgrund der Informationssystemunterstützung der Kommunikation mit (unter Umständen sehr vielen) Kunden drängt sich eine neue Herangehensweise an Analyse und Befriedigung der betriebswirtschaftlichen und technischen Integrationsbedürfnisse auf. Diese hat von der Kundenbeziehung auszugehen.

Eine von verschiedenen Voraussetzungen, die für die Integration der Anwendungssysteme für das Kundenbeziehungsmanagement gegeben sein müssen, ist, dass auf der Aufbau- und Ablauforganisationsseite die Integration der von der Kundeninteraktion und -beziehung direkt und indirekt betroffenen organisatorischen Stellen im Verhältnis zur gesamten Unternehmensorganisation überprüft wird. Im Gegensatz zu traditionellen Ansätzen der Organisation des Marketings, wie sie bei Kotler/Bliemel, Meffert oder Becker geäussert werden[22], ist eine Marktbearbeitungsorganisation auf der operativen Seite weniger hierarchisch als viel mehr prozessorientiert anzuordnen. Insbesondere betrifft dies die Organisationseinheiten der operativen Marktbearbeitung. In Anlehnung an die Kundenbeziehungsprozesse ist in verschiedenen Trans-

---

[19] Vgl. Becker (1991), Grochla (1968), Grochla et al. (1974), Heilmann (1989), Krcmar (1990 und 1991), Mertens (1966), Scheer (1990).
[20] Vgl. zum Folgenden auch Kaib (2004), S. 53 ff.
[21] Vgl. hierzu Aier/Schönherr (2004a), Aier/Schönherr (2004b), Alonso et al. (2004), Clabby (2003), Kaib (2004), Keller (2002), Linthicum (2000), Ruh et al. (2001).
[22] Vgl. Becker (1998), Kotler/Bliemel (1995), Meffert (1998).

aktionsphasen von einer Marketing-, einer Verkaufs- und einer After-Sales-Service-Organisation zu sprechen, die auf gleicher hierarchischer Ebene jeweils bezüglich Prozessinputs und -outputs voneinander abhängig sind. Dies ergibt ablauf- und aufbauorganisatorische Integrationsbedarfe.

Eine umfassende Integration von CRM-Systemen kann erst dann Sinn machen, wenn die Integration von Organisationseinheiten zur Marktbearbeitung und von Organisationseinheiten zur Leistungserstellung auf den relevanten Managementebenen geklärt ist.[23] Die Interdependenz von Aufbau- und Ablauforganisation der marktbearbeitenden Organisationseinheiten ist ein in der Marketingwissenschaft bisher weitgehend vernachlässigtes Thema. Die organisatorische Betrachtungsweise der Marktbearbeitung wird mit dem CRM-Konzept auch deshalb wichtiger, weil in CRM-Systemen aufbauorganisatorische Fragestellungen (Rollen, Aufgaben(-bereiche), unterschiedliche Managementebenen etc.) und ablauforganisatorische Aspekte (eigentliche Kundenbeziehungsprozesse) in einer für das Unternehmen passenden Art abgebildet werden und Informationen in sinnvoller Weise für die betroffenen Rollen zur Verfügung zu stellen sind. Dies macht vielfach ein Überdenken der Marktbearbeitungsorganisation erforderlich. Fragestellungen dazu können wie folgt lauten: Out- oder Insourcing von CRM-Prozessen, Zentralisierung oder Dezentralisierung von Marktbearbeitungsprozessen sowie hierarchische Gliederung der Marktbearbeitungseinheiten im Sinne von CRM-Managementebenen.

Projekte zur Einführung des Kundenbeziehungsmanagements scheitern heute noch oft. Dies zeigen unterschiedliche Quellen.[24] Allerdings variieren die Gründe, die dafür angegeben werden, teilweise stark. Unter anderem werden konzeptionelle Gründe sowie die mangelnde Integration, nicht nur technischer, sondern auch organisatorischer Art, angegeben. Dies hat u.a. mit dem Problem der Komplexität der Marktbearbeitung zu tun. Vielfach scheitern CRM-Vorhaben auch daran, dass Unternehmen keine Vorstellung darüber zu entwickeln vermögen, welche Kundenbeziehungsziele sie mittels welcher Kommunikationsprozesse mit welchen Integrationskonsequenzen erreichen wollen.[25]

All dies lässt folgende verkürzte Schlussfolgerungen zu. CRM wird oft nur aus der Sicht des Relationship Marketing (Kundengewinnung, Kundenbindung und

---
[23] Vgl. Hippner (2004b), S. 56 ff., Hippner et al. (2004b), S. 69 ff., Homburg et al. (1999), Homburg et al. (2000), Sheth et al. (2000), Sheth/Parvatiyar (1995), Sheth/Sisodia (1998), S. 55 ff., Srivastava et al. (1999), Talvinen (1995), S. 16 ff., Walser (2002), Workman et al. (1998), S. 21 ff.
[24] Vgl. dazu Acxiom (2002), Foss et al. (2002), Pollok et al. (2002), Stengel et al. (ohne Jahr), Tanouri (2002).
[25] Vgl. AIMPublications (2000).

Verhinderung des unerwünschten Abgangs rentabler Kunden umfassend)[26], der Sicht des strategischen Marketings[27] oder der Sicht der Informationstechnologie[28] gesehen. Die ersten beiden Richtungen berücksichtigen die möglichen Unterstützungen oder Potenziale der Technologie nicht oder nur am Rande, umgekehrt mangelt es der informationstechnologischen Sichtweise teilweise an konzeptionellen Grundlagen, auf Basis der die informationstechnologischen Sachverhalte und die organisatorischen und strategischen Integrationsmöglichkeiten letztlich aufbauen. Ein zu thematisierendes Hauptproblem des Einsatzes von Informationssystemen zur Unterstützung des Kundenbeziehungsmanagements ist deren integrativer Charakter. Dies bedeutet, dass Informationsbezüge und -weitergaben organisatorischer Art durch unterschiedliche Anwendungskomponenten zu unterstützen sind.

1.2 Forschungsleitende Fragen

In dieser Arbeit wird folgenden forschungsleitenden Fragen nachgegangen:

- Frage 1: Welche ausgewählten betriebswirtschaftlichen und technischen Integrationsfragestellungen lassen sich im Umfeld des CRM anführen und darstellen?
- Frage 2: Welche Gründe führen zu unterschiedlichen Ausprägungen der Integration im Umfeld von Anwendungssystemen zur Unterstützung des CRM?
- Frage 3: Wie sehen Integrationslösungen für CRM-Lösungen in Unternehmen aus?
- Frage 4: Können anhand von Fallstudien Methodiken zur Integration von Informationssystemen zur Unterstützung des CRM in Anwendungsumgebungen aufgezeigt werden?

1.3 Abgrenzung

In dieser Arbeit werden folgende Sachverhalte nicht vertieft:

- Innerbetriebliche Kommunikation und Kommunikationsmöglichkeiten anlässlich der Kundeninteraktion sowie die dafür relevanten Integrationsanforderungen. Der Fokus dieser Arbeit betrifft mehrheitlich die Schnittstelle Kunde–Unternehmen und deren Implikationen für die Anwendungssystemintegration.
- Psychologische Ansätze zur Erklärung des Kaufverhaltens und deren Beizug zur Erklärung von Integrationsanforderungen. Diese Arbeit fokussiert auf das real erfassbare und messbare Kundenverhalten, das anhand von unternehmenseigenen

---

[26] Vgl. dazu u.a. Sheth/Parvatiyar (2000).
[27] Vgl. dazu beispielsweise Bruhn (1999), Bruhn (2001), Diller (1994), Diller (2001), Diller (2002), Gummesson (1997), Payne/Rapp (1999), Rapp (2000).
[28] Vgl. dazu beispielsweise Bach/Österle (2000), Berson et al. (1999), Kurz (1999), Muther (2001).

Informationen und Dokumentationen gesteuert werden kann. Erst aufgrund selbst generierter Informationen zur Kommunikation des Unternehmens mit Kunden wird das Kundenverhalten auf Basis von eigenen Daten erklärbar, selten mittels Beizug externer Daten.

- Eine Vertiefung strategischer CRM-Programmpolitiken bezüglich Kundengewinnung, Cross- und Up Selling, Kundenbindung und Kundenrückgewinnung erfolgt in dieser Arbeit nicht. Allerdings werden entsprechende Programmpolitiken im theoretischen und empirischen Teil angesprochen.[29] Dies ist vor allem deshalb der Fall, weil im für die CRM-Programmpolitiken zentralen analytischen CRM z.B. die Datenintegration ein dominantes Thema ist.

- In dieser Arbeit wird nicht auf die Integration mobiler Endgeräte sowie deren Unterstützung des Kundenbeziehungsmanagements eingegangen. Der Grund dafür liegt aus Sicht des Verfassers in der teilweise unreifen Technologie und der Tatsache, dass eine Fokussierung auf den nicht-mobilen Bereich Stoff genug für eine Auseinandersetzung bietet. Zudem würde die Integration mobiler Applikationen sowie deren technische Anforderungen Umfang und Komplexitätsgrad dieser Arbeit sprengen.

- Ebenfalls nicht vertieft diskutiert werden im Rahmen der technischen Integration die vielfältigen Aspekte der technischen Standardisierungen zwischen unterschiedlichen Konsortien und Anbietergruppen.

- Eine Thematisierung von Web Services als neuere technologische Integrationsmöglichkeit von verteilten Systemen wird nicht weitergehend dargestellt. Die Eignung von Web Services für die Integration ist unbestritten[30], jedoch fehlt diesem „technischen Werkzeug" derzeit die Verbreitung und (Anwendungs-)Reife.[31]

1.4 Aufbau

Die vorliegende Arbeit ist wie in Abbildung 1 dargestellt aufgebaut. Die Arbeit kann als zweigeteilt verstanden werden. Ein erster Teil, der in Abbildung 1 mit „Theoretischer Teil" bezeichnet ist, wird gebildet durch die Kapitel 2 bis 5. Ein zweiter Teil, der in Abbildung 1 mit „Empirischer Teil" bezeichnet ist, wird gebildet durch die Kapitel 6 bis 8. Das Kapitel 9 bildet eine Synthese aus beiden Teilen.

---

[29] Vgl. dazu u.a. Walser (2002).
[30] Vgl. u.a. Strüver (2002), S. 1 ff.
[31] Vgl. zur Diskussion von Web Services zur „Überwindung der Unternehmensgrenzen" u.a. Löwer (2003); Löwer (2004).

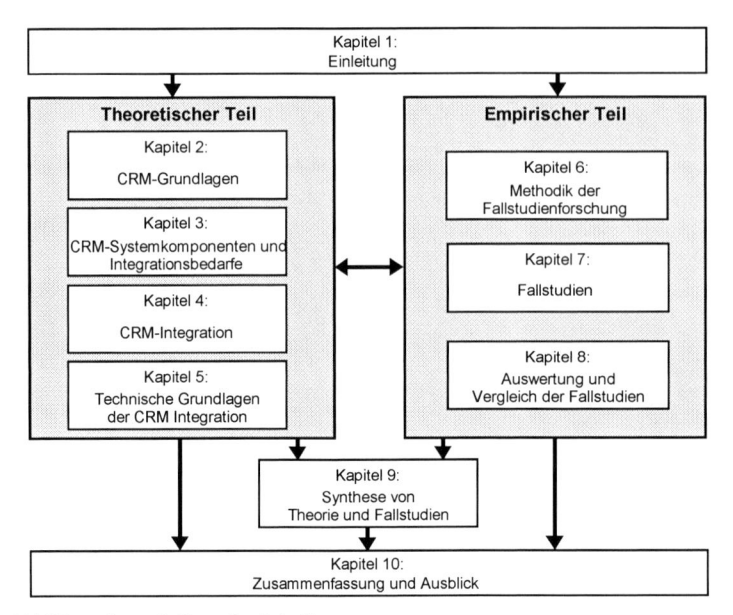

```
                    ┌──────────────────────┐
                    │      Kapitel 1:      │
                    │      Einleitung      │
                    └──────────────────────┘
          ┌──────────────┴──────────────┐
  Theoretischer Teil              Empirischer Teil
  ┌──────────────────┐           ┌──────────────────┐
  │    Kapitel 2:    │           │    Kapitel 6:    │
  │  CRM-Grundlagen  │           │   Methodik der   │
  │                  │           │ Fallstudienforsch.│
  ├──────────────────┤           ├──────────────────┤
  │    Kapitel 3:    │           │    Kapitel 7:    │
  │ CRM-Systemkomp.  │ ◄───────► │    Fallstudien   │
  │ u. Integrationsb.│           │                  │
  ├──────────────────┤           ├──────────────────┤
  │    Kapitel 4:    │           │    Kapitel 8:    │
  │ CRM-Integration  │           │   Auswertung und │
  ├──────────────────┤           │ Vergleich Fallst.│
  │    Kapitel 5:    │           └──────────────────┘
  │ Techn. Grundlagen│
  │ der CRM Integr.  │
  └──────────────────┘
                    ┌──────────────────────┐
                    │      Kapitel 9:      │
                    │     Synthese von     │
                    │ Theorie und Fallstud.│
                    └──────────────────────┘
                    ┌──────────────────────┐
                    │      Kapitel 10:     │
                    │ Zusammenfassung und Ausblick │
                    └──────────────────────┘
```

Abbildung 1: Aufbau der Arbeit.

In Kapitel 1 werden zur Einleitung Problemstellung, Zielsetzung und Abgrenzung der Arbeit sowie allgemeine Hinweise zum methodischen Vorgehen hinsichtlich der gesamten Arbeit dargestellt.

Das Kapitel 2 zu den CRM-Grundlagen gibt eine zusammenfassende Darstellung von für das Thema zentralen theoretischen Ansätzen wieder. Eine zusammenfassende Darstellung erfolgt zum Ansatz der Kommunikationstheorie und -technologie, zum Systemtheorieansatz sowie zum CRM-Ansatz. Die darin diskutierten Modelle zur Kommunikation und zur Systemsteuerung dienen als Grundlage für die eigene Entwicklung der zentralen CRM-Integrationsansätze dieser Arbeit.

Das Kapitel 3 bietet einen Überblick über CRM-Systeme. Die zentralen Komponenten von CRM-Systemen werden in diesem Kapitel im Detail dargestellt. Die Beschreibung der Komponenten umfasst die Darstellung der Funktionalität und der dafür erforderlichen Integrationsbedarfe. Die Komponenten lauten im Einzelnen wie folgt:

- Komponente und Funktionalität für die strategische und operative (Kunden-)Datenanalyse

- Komponente und Funktionalität für die operative Abwicklung von Kommunikationsprozessen, die Geschäftsvorfälle an den Kundenkontaktpunkten anstossen oder von solchen angestossen werden

- Komponente und Funktionalität zur technischen Unterstützung und zur betriebswirtschaftlichen Nutzung von Kommunikationstechnologien an den Kundenkontaktpunkten.

Im Kapitel 4 zur CRM-Integration wird ausgehend von den Untersuchungen in Kapitel 3 ein eigenes CRM-Integrationsmodell entwickelt und im Hinblick auf generische Integrationsbedarfe untersucht. Dafür werden systematisch Integrationsaspekte innerhalb der Komponenten, zwischen den Komponenten und über mehrere Komponenten hinweg untersucht. Kernpunkt für die Untersuchung sind die verschiedenen Integrationsmodelle, die im Vorfeld dargestellt werden. Die in diesem Kapitel gewonnenen Erkenntnisse dienen als Grundlage für die Fallstudienuntersuchung ab Kapitel 7.

Die Einordnung des Kapitels 5 zu technischen Aspekten der Integration von Anwendungssystemen scheint auf den ersten Blick schwierig. Es werden darin kurz technische Gegebenheiten der Integration dargestellt. Die Darstellung dieser technischen Sachverhalte ist jedoch eine zentrale Voraussetzung, um die technische Integration der verschiedenen Komponenten in IT-Architekturen besser verstehen zu können. Die Darstellung technischer Aspekte ist zudem für das Verständnis der Fallstudien und der dort eingesetzten Integrationstechnologien eine zentrale Voraussetzung. Es wird im entsprechenden Kapitel unterschieden zwischen eigentlichen Integrationsarchitekturen – die in den folgenden Kapiteln gelegentlich auch als Integrationsinfrastrukturen bezeichnet werden – sowie Integrationsmechanismen und verschiedenartigen Schnittstellen. Auch wird am Rande auf die Funktion der Schnittstellen in der Integration von Anwendungs- und Kommunikationssystemen eingegangen. Gewisse Sachverhalte in Kapitel 5 können zudem als Vertiefung oder Ergänzung zu den Darstellungen in Kapitel 3 verstanden werden, insbesondere im Abschnitt zur Integration im Multi Channel Management.

Das Kapitel 6 gibt einen Überblick über das methodische Vorgehen der empirischen Forschung auf Basis von Fallstudien. Darin werden u.a. Aussagen zur Problemstellung, zur Zielsetzung sowie zum Vorgehen der Untersuchung anhand von Fallstudien gemacht. Weiter wird auf Methoden eingegangen, um die Untersuchung anhand von Fallstudien so objektiv wie möglich zu gestalten.

Kapitel 7 stellt die Fallstudien im Detail dar. Dabei wird zumindest teilweise von einem ähnlichen Raster ausgegangen, sofern die Schwerpunkte der Fallstudien nicht unterschiedlich waren. Das Kapitel 7 umfasst die Fallstudien Credit Suisse, sunrise, UBS sowie ZKB.

In Kapitel 8 erfolgt ein strukturierter Vergleich der Fallstudien im Hinblick auf allgemeine Aspekte und über die zentralen Forschungsfragen aus den diversen CRM-spezifischen Integrationskonzepten des theoretischen Teils.

Im Kapitel 9 gelangen im Sinne einer Synthese aus der Theorie und den empirischen Erkenntnissen allgemeine Fragen zur Diskussion, die im näheren und weiteren Umfeld der Integration von CRM-Systemen in Anwendungsumgebungen zentral sind. In diesem Kapitel werden gewisse Sachverhalte der Fallstudien dargestellt, die aufgrund ihres exemplarischen Charakters aus den Fallstudien herausgelöst werden. Dazu gehören eine systematische Darstellung der Integrationsentscheide, Erweiterungen des CRM-Integrationsmodells sowie Integrations-Determinanten aus der Sicht der Kundenkontaktpunkte, die sich u.a. aus den Fallstudien und der Theorie ergaben. Zudem werden in diesem Kapitel Aspekte des Integrationsvorgehens und der Organisation der Integration (in den betrachteten Unternehmen) dargestellt.

Das Kapitel 10 bietet schliesslich eine Zusammenfassung zu den wesentlichen Erkenntnissen aus den verschiedenen Kapiteln und gibt einen Ausblick auf mögliche weitere Forschungsgebiete.

1.5 Methodisches Vorgehen

Im Detail wird auf das methodische Vorgehen für die qualitative empirische Forschung anhand von Fallstudien im Kapitel 6 eingegangen. An dieser Stelle soll das allgemeine methodische Vorgehen thematisiert werden, wie es sich für die gesamte Arbeit präsentiert. Aufgrund der betriebswirtschaftlichen und technischen Theoriedarstellung wird ein eigenes Modell zur Integration von Informationssystemen zur Unterstützung des Kundenbeziehungsmanagements in Anwendungsumgebungen präsentiert. Davon ausgehend lassen sich Untersuchungsbereiche für die Fallstudien ableiten. Der Darstellung der Fallstudien folgt ein allgemeiner grober Quervergleich derselben sowie im Detail der Quervergleich bezüglich der einzelnen Forschungsfragen und -bereiche. Zudem werden am Schluss weitere Erkenntnisse aus den Fallstudien zur Integration im CRM-Umfeld zusammengefasst. Es betrifft dies die organisatorische und ablauforientierte Gestaltung der Integration von IT-Architekturen. Weiter folgen Äusserungen zur modularen Dekomposition komplexer IT-Strukturen. Dies ergibt sich u.a. durch die Implementierung und das Management von Infrastrukturen zur Kommunikation über unterschiedliche (elektronische) Kommunikationskanäle, was zur Komplexitätssteigerung im Integrationsbereich beiträgt.

Für ein Vorgehen mittels Fallstudien spricht im Zusammenhang mit dem Thema insbesondere die Komplexität des zu untersuchenden Gegenstandes. Dafür ist es schwierig, grosse quantitative Untersuchungen zu machen, weil darin dem Untersuchungsgegenstand gemäss wenig in die Tiefe gegangen werden kann.

Zudem ist zu den Fallstudien im siebten Kapitel anzumerken, dass diese in der Arbeit gelegentlich als Fallbeispiele genutzt werden, um bestimmte Sachverhalte zu illustrieren. Zu diesem Zweck erfolgen Verweise auf die entsprechenden Fallstudien.

Die Darstellung der Fallstudien erfolgt in einer gewissen Breite, da erst mittels unterschiedlicher Betrachtungsperspektiven die Komplexität der Integrationsaufgabe zwischen marktbearbeitenden und leistungserstellenden Organisationseinheiten und entsprechenden Informationssystemen dargestellt werden kann. Die Untersuchung der Integration anhand des zu entwickelnden Integrationsmodells erfolgt mit Untersuchungsfragen, die aus dem zu entwickelnden CRM-Integrationsmodell abgeleitet werden. In den Fragen werden betriebswirtschaftliche und technische Zielgrössen in Abhängigkeit voneinander betrachtet, dies im Hinblick darauf, dass technische Integrationsbedarfe immer aus betriebswirtschaftlichen Integrationsbedarfen abzuleiten sind.

2 CRM-Grundlagen

2.1 Allgemeine Theorieansätze

Für die theoretische Fundierung der CRM-Integration und der Konfiguration des CRM sind zunächst zwei theoretische Aspekte von besonderem Interesse, die im Folgenden dargestellt werden. Das Kundenbeziehungsmanagement ist an der Schnittstelle des Teilsystems Unternehmen zu den Kunden innerhalb eines Marktes zu situieren. Das CRM beschäftigt sich schwerpunktmässig mit der direkten Kommunikation zwischen Kunde und Unternehmen. CRM-Systeme können so gesehen als die CRM-Organisation unterstützende Informations- und Kommunikationsysteme zur direkten Kommunikation des Unternehmens mit den Kunden verstanden werden.

An der Schnittstelle zwischen Kunde und Unternehmen fallen Kommunikationsakte an, mittels welcher Transaktionen oder Austausche eingeleitet werden können. Die Kommunikation verursacht genauso wie die Leistungserfüllung Transaktionskosten seitens des Unternehmens und seitens des Kunden. Picot et al.[32] führen, in Anlehnung u.a. an Williamson[33] und dessen „Organizational Failure Framework", eine Reihe von Determinanten für die Entstehung von Transaktionskosten an. Dazu gehören u.a. die Unsicherheit, die begrenzte Rationalität der Teilnehmer, der Opportunismus der Transaktionsteilnehmer, die Spezifität der Leistung sowie die strategische Bedeutung der Transaktion. Dies sind Determinanten, die entsprechend auch für das Management von Kundenbeziehungen gelten. Der Spezifitätsgrad einer Transaktion ist umso höher, je grösser der Wertverlust ist, der entsteht, wenn die zur Aufgabenerfüllung erforderlichen Ressourcen nicht in der angestrebten Verwendung eingesetzt, sondern ihrer nächstbesten Verwendung zugeführt werden.[34]

Transaktionskosten oder auch Kommunikationskosten sind in der Kundenbeziehung u.a. im Rahmen der Kundenwertberechnung Umsätzen mit dem Kunden gegenüber zu stellen. Mittels des Einsatzes von Informations- und Kommunikationssystemen kann unter Umständen eine Senkung der Transaktionskosten zur Spezifizierung der Leistung sowie zur Erreichung des Verkaufsabschlusses erreicht werden. So kann z.B. eine Kundenbetreuung gezielt mittels einer telefonischen Kundenberatung durch Agenten des Contact Centers statt mittels des verhältnismässig teuren Kundenberaters im direkten Gespräch erfolgen. Insbesondere können die Medienwahl und die Integration des Kunden in den Wertschöpfungsprozess dazu beitragen, dass der Kunde die Spezifikation der Leistung elektronisch vornimmt, was die Weiterverarbei-

---

[32] Vgl. Picot et al. (2001).
[33] Williamson (1975), S. 40; Williamson (1990).
[34] Vgl. Klein et al. (1978), Picot et al. (2001), S. 51.

tung auch individuellerer Leistungen für das Unternehmen ohne Medienbrüche vereinfacht.[35]

Aus Sicht des Verfassers kann die Determinante der Unsicherheit hinsichtlich des Verhaltens der Kunden – neben der möglichen Fragmentiertheit der einzelnen Kommunikationsakte innerhalb der Kundenbeziehung – und der Konkurrenten als einer der Hauptgründe für die Einführung von Informationssystemen für das CRM und deren Integration in Umgebungen von Anwendungssystemen verstanden werden.[36] Diese Informationssysteme stellen dabei so etwas wie die „Fühler zum Markt hin" dar, über welche sowohl das kommunikative Verhalten der Kunden als auch die Wirkung des kommunikativen Verhaltens des Unternehmens „wahrgenommen" und dokumentiert werden können. Interaktions- oder Kommunikationsakte können fragmentarisch bleiben, weil der Kunde noch bei anderen Wettbewerbern Angebote einholt oder deren Angebote studiert. Sie können auch fragmentarisch bleiben, weil die Wettbewerber Kunden und potenzielle Kunden mit unterschiedlicher Intensität bearbeiten. Das erfordert Mechanismen, um den Kunden strategisch als Kunden zu gewinnen und ihn hinsichtlich der Beziehung mit dem Unternehmen und hinsichtlich seines Kaufverhaltens weiter zu entwickeln. Zudem muss sichergestellt werden, dass der Kunde beim Unternehmen verbleibt, seine Beziehung oder die Kommunikation also nicht abbricht. Das Ziel des Kundenbeziehungsmanagements ist es somit, über richtig eingesetzte Kommunikationsakte Transaktionen einzuleiten und danach weitere Transaktionen zu generieren. Langfristig und über Einzeltransaktionen hinaus geht es darum – von ökonomischen Zielen geleitet – das Entstehen einer Beziehung auf verschiedene Arten zu ermöglichen.

Die Unsicherheit kann nach Picot et al. wie folgt differenziert werden: Unsicherheit als Umweltfaktor drückt sich in Anzahl und Ausmass nicht vorhersehbarer Aufgabenänderungen aus. In einer unsicheren Umwelt werden die Erreichung eines Vertrags und die Vertragserfüllung durch häufige Änderungen von Leistung, Produkt, Terminen, Preisen, Konditionen und Mengen erschwert, was Vertragsmodifikationen und damit Erhöhungen der Transaktionskosten mit sich bringt. Die Änderungen werden immer über vom Kunden oder vom Unternehmen ausgehende Kommunikationsakte übermittelt. Die Unsicherheit der Umweltbedingungen wird allerdings erst in Verbindung mit der

---

[35] Vgl. zur Thematik der Medienwahl u.a. Gronover et al. (2002). Vgl. zur Thematik der Kundenintegration in die Wertschöpfung Becker/Knackstedt (2002), S. 131 ff., Fliess/Jacob (1996), S. 25 ff., Knackstedt/Dahlke (2002), S. 89 ff, Kleinaltenkamp (1996), S. 13 ff., Shostack (1981), Shostack (1984).
[36] Auch Backhaus sieht die Unsicherheit im Transaktionskostenkonzept als eine wichtige Komponente in der Kundenbeziehung, welche aus seiner Sicht zur Verstärkung des Managements von Beziehungen insbesondere im Industriegütermarketing beiträgt [Vgl. Backhaus (2003), S. 315; Backhaus et al. (1994)].

für das Verhalten angenommenen begrenzten Rationalität von Individuen zum Problem, da in diesem Falle die kognitiven Fähigkeiten der an der Transaktion Beteiligten überfordert werden können.[37] Unsicher ist zudem, ob aufgrund von Konkurrenzangeboten oder aufgrund von kommunikativen Aktionen oder Reaktionen der Wettbewerber überhaupt ein Vertrag mit dem Kunden zustande kommt.[38] Dieser Unsicherheit soll u.a. bei grossen Kunden- und -kontaktzahlen mit dem Einsatz von Kommunikationssystemen im Verbund mit Anwendungssystemen für das Kundenbeziehungsmanagement entgegengewirkt werden. Dadurch kann das Kommunikationsverhalten des Kunden durch dessen Dokumentation kurzfristig dahingehend gesteuert werden, dass die Wahrscheinlichkeit von wiederkehrenden Vertragsabschlüssen erhöht wird. Langfristig soll ein für das Unternehmen lohnenswertes Kundenportfolio erreicht und aufgebaut werden. Im Wesentlichen kann sich die Unsicherheit also auf die Leistungserstellung und die Organisation auswirken. Mit der systematischen Unterstützung der Kundeninteraktion durch Informations- und Kommunikationssysteme kann sich die Unsicherheit zwischen Kunde und Unternehmen unter Umständen begrenzen lassen.

Im Folgenden wird im Detail auf die für diese Arbeit relevanten theoretischen Aspekte der Kommunikationstheorie, der Systemtheorie und der CRM-Theorie eingegangen.

2.1.1 Kommunikationstheorie und Kommunikationstechnologie

Wenn CRM-Systeme in dieser Arbeit u.a. auch als Kommunikationssysteme bezeichnet werden, so ist darunter die Tatsache zu verstehen, dass aus betriebswirtschaftlicher und technischer Sicht Menschen des Unternehmens oder Maschinen des Unternehmens mit Menschen (dem Kunden oder Mitarbeitern des Kunden) oder Maschinen des Kunden kommunizieren. CRM-Systeme unterstützen dies. Das Unternehmen hat, das ist die Aufgabe der Organisationseinheiten, die für die Marktbearbeitung zuständig sind, diese Kommunikation integriert zu steuern, um in der Marktbearbeitung den angestrebten Erfolg zu erreichen.

Es sind in der Folge u.a. verschiedene Bedeutungen des Begriffs Kommunikation zu unterscheiden und voneinander abzugrenzen:

- Kommunikation als Informationsaustausch zwischen Menschen (soziale Interaktion)
- Kommunikation für den semantischen Informationsaustausch zwischen Mensch und Maschine (Mensch-Maschinen-Interaktion)

---

[37] Vgl. Picot et al. (2001), S. 52 f.
[38] Vgl. zur Modellierung des Kundenverhaltens gegenüber dem Unternehmen und in Relation zu Konkurrenzunternehmen Sheth/Sisodia (2002), S. 349 ff.

- Kommunikation für den Datenaustausch zwischen Mensch und Maschine
- Kommunikation als Datenaustausch zwischen Maschinen über ein Netzwerk (Maschinen-Maschinen-Interaktion). Darunter ist die Kommunikation auf Basis eines technischen Kommunikationsnetzwerks zu verstehen. Die Kommunikation erfolgt auf Basis entsprechender Protokolle, mittels der sichergestellt werden kann, dass Kommunikations-Outputs und -Inputs von Netzwerkteilnehmern untereinander verstanden werden
- Eigentliches physisches technisches Kommunikationsnetzwerk.

Im Wesentlichen beschränken sich die im Folgenden darzustellenden Sachverhalte auf die Aspekte der menschlichen Interaktion (zwischen Kunde und Unternehmen) und die technische Unterstützung derselben, wenn z.B. beide Teile elektronische Kommunikationsmedien für die Interaktion einsetzen.

2.1.1.1 Kommunikationstheorie

Shannon und Weaver haben den mathematischen Kommunikationsbegriff als Übertragung von Zeichen geprägt.[39] Dieses Verständnis des Begriffs Kommunikation ist im Umfeld der Telekommunikation entstanden und wird auch als mathematischer oder technischer Kommunikationsbegriff bezeichnet. Dabei unterscheiden Shannon und Weaver eine Nachrichtenquelle, einen Sender, ein empfangenes Signal, einen Empfänger und ein Nachrichtenziel. Zwischen Nachrichtenquelle und Sender wird die Nachricht übertragen. Zwischen Sender und Empfänger werden das Signal und das empfangene Signal weitervermittelt. Zwischen Empfänger und Nachrichtenziel wiederum werden die Nachrichten übertragen. Wesentlich, auch im Sinne der technischen Kommunikation, ist zudem, dass eine Störquelle auf das Signal einwirken und damit die Signalübertragung stören kann. Wesentlich für dieses Modell ist die Kodierung und Enkodierung. Beide sind nicht nur auf technischer Ebene sondern auch im Sinne einer semantischen Kodierung und Enkodierung relevant für die Übermittlung von Nachrichten und damit von Informationen.

Badura unterschied ferner bezüglich der für die Kommunikation zentralen Kodierung und Enkodierung verschiedene Bereiche. Es sind dies die pragmatische Verschlüsselung, die semantische Verschlüsselung und die syntaktische Verschlüsselung.[40] Darunter kann – aus der Sicht der Informationsverarbeitung – das Folgende verstanden werden:[41]

---

[39] Vgl. u.a. Shannon/Weaver (1976), S. 11 ff. Vgl. ferner zum Folgenden Burkart (1998), S. 414 ff.
[40] Vgl. Badura (1971).
[41] Vgl. dazu und zum Folgenden Burkart (1998), S. 75 ff.

- Pragmatische Verschlüsselung: Die Pragmatik betrifft die Beziehung zwischen den Zeichen und ihren Nutzern.
- Semantische Verschlüsselung: Die Semantik betrifft situationsspezifische Sachverhalte. Mit der Semantik wird die zwischen den Zeichen und den aussersprachlichen Sachverhalten bestehende Beziehung bezeichnet. Diese muss für Sender und Empfänger vorhanden sein, damit sie kommunizieren können.
- Syntaktische Verschlüsselung: Die Syntaktik betrifft und bezeichnet die Beziehung der Zeichen untereinander.

Als Kodierungs- und Dekodierungsklassen unterscheidet Badura zudem:

- die Kommunikationssituation: Dies kann aus CRM-Sicht verstanden werden als Situation, in der ein Kommunikationsmedium genutzt wird. Dabei kann u.a. zwischen mobiler, stationärer, asynchroner und synchroner Kommunikation unterschieden werden. Je nach Fall ist die Situation eine andere und entsprechend variiert auch der Informationsübermittlungsbereich.
- das Informationsniveau: Dies kann aus Sicht des CRM bedeuten, dass Informationen abstrakter, konkreter, unterschiedlicher oder verständlicher gefasst sein können. Dabei kann durch die genannten Eigenschaften der Kommunikationsprozess beschleunigt, verlangsamt oder gar verhindert werden.
- den emotiven Erlebnishorizont: Darunter können die Gefühle und Einstellungen verstanden werden, die mit einer Informationsübertragung seitens des Senders und seitens des Empfängers verbunden sind. Es ist klar, dass Gefühle und Einstellungen den Kommunikationsprozess und die Informationsübertragung behindern, verzögern oder fördern können, je nachdem, wie gleichartig der emotive Erlebnishorizont ist.
- die Interessen, die für die Kommunikation relevant sind. Darunter kann aus CRM-Sicht verstanden werden, dass je nach Interesse, das einem Thema oder einer Person entgegengebracht wird, dies die Selektion der Information unterschiedlich beeinflusst, aber auch die unterschiedliche Verschlüsselung und Entschlüsselung der Information beeinflusst.[42]

Diese vier Faktoren beeinflussen (stören oder fördern) die Sender- und Empfänger-Prozesse der pragmatischen, semantischen und syntaktischen Art.

---

[42] Vgl. Badura (1992), S. 16 ff.

Aus der Sicht der Messung der Effektivität oder Wirksamkeit der Kommunikation mit Kunden im CRM ist insbesondere die Modelldarstellung spannend, die Hovland/Janis zum Medieneinsatz entwickelten. Das Modell von Hovland/Janis wird von Schenk weiter diskutiert und hier in Anlehnung an Burkart dargestellt.[43] Die Autoren gehen in ihrem Modell zur Wirkungsforschung auf vier aufeinander folgende Aspekte mit unterschiedlichen Variablen ein (vgl. hierzu Abbildung 2). Sie unterscheiden beobachtbare Kommunikationsstimuli, Prädispositionen, interne Mediatisierungsprozesse sowie die beobachtbaren Effekte der Kommunikation. Dieses Modell kann so auch auf die Kommunikation im Sinne des Kundenbeziehungsmanagements und auf die Kommunikation mit Kunden übertragen werden. Insbesondere geht es dabei etwa um die kommunikative Beeinflussung der Kunden mit dem Ziel, ein bestimmtes Produkt, eine bestimmte Leistung oder einen bestimmten Service zu verkaufen oder in Anspruch zu nehmen.

Beobachtbare Kommunikationsstimuli	Prädispositionen	Interne Mediatisierungsprozesse	Beobachtbare Effekte der Kommunikation
Situation der Kommunikation	Freie Kommunikation		Einstellungsänderungen
Eigenschaften Inhalt — Gegenstand und Inhalt der Argumentation, Apelle, Argumente, Stil	Gebundene Kommunik. — Inhaltsgebunden — Gegenstand: Apelle, Argumente, Stil	Aufmerksamkeit	Meinungsänderungen
Eigenschaften des Kommunikators — Rolle, Zugehörigkeit und Ziele	Kommunikatorgebunden	Verständnis	Veränderungen des Wissens
Eigenschaften Medium — Dir. vs. indir. Kommunik. Synchr. vs. asynchr. Kommunikation, Art der Bedeutungsvermittlung	Mediumgebunden	Annahme	Veränderungen im emotionalen Bereich
Situative Bedingungen — Soziales Feld, Sanktionen (pos./neg.)	Situationsgebunden		Verhaltensänderungen

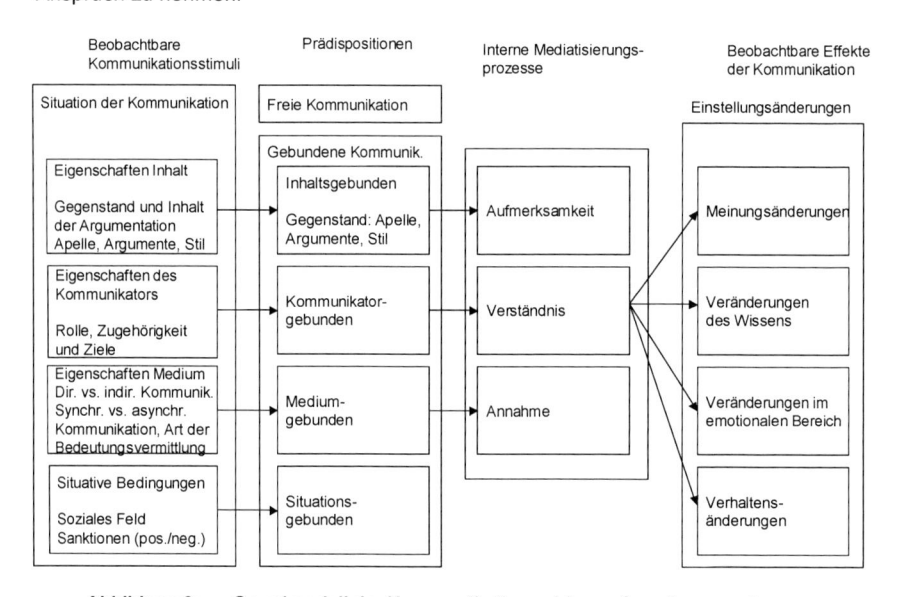

Abbildung 2: Grundmodell der Kommunikationswirkungsforschung nach Hovland/Janis und Schenk.

---

[43] Vgl. Burkart (1998), S. 455 ff.; Hovland/Janis (1970), S. 222 ff.; Schenk (1987), S. 49.

Unter kommunikativen Stimuli verstehen Hovland und Janis:[44]

- die Merkmale der vermittelten Aussage, also z.b. die Argumentation und die Anordnung der Elemente dazu

- die Merkmale des Kommunikators, d.h. dessen mittels der zugeschriebenen Sachkenntnis vermittelte Glaubwürdigkeit, etc.

- die Merkmale des Mediums, d.h. die Medien mit ihren unterschiedlichen Präsentationsformen

- die situativen Bedingungen, d.h. die (soziale) Situation beim Empfang der Nachricht oder Aussage.

Unter den Prädispositionen der Rezipienten verstehen Hovland und Janis:

- Kommunikationsgebundene Faktoren. Dies sind Einstellungen sowie Meinungen zur Sache, zum Kommunikator oder zum Medium, die Rezipienten beeinflussen.

- Kommunikationsfreie Faktoren. Dies sind vom jeweiligen Kommunikationsobjekt relativ unabhängige Faktoren; z.b. intellektuelle Fähigkeiten oder persönliche Motivlagen, die den Grad der subjektiven Überredbarkeit beeinflussen.

Unter den internen Mediatisierungsprozessen verstehen Howland/Janis drei unterscheidbare Phasen des Rezeptionsvorgangs, welche die Botschaft beim Rezipienten durchlaufen muss, damit die Chance zu einer Beeinflussung gegeben ist:

- Aufmerksamkeit. Diese muss einer Aussage entgegengebracht werden, damit sie wahrgenommen wird.

- Verstehen. Der Rezipient muss dem übermittelten Inhalt eine Bedeutung zuordnen können.

- Annahme. Über die Annahme einer Botschaft bestimmen Aufmerksamkeit und Verstehen. Mit der Annahme ist die eigentliche Akzeptanz der Inhalte verbunden. Die Fragen lauten hier: Was wird gelernt und was wird in das Handeln übernommen?

Auf das Kundenbeziehungsmanagement übertragen bedeutet dies, dass die Kundenkommunikation Auswirkungen auf Meinungsänderungen bezüglich der Kundenbezie-

---

[44] Hovland/Janis verstehen Kommunikation stark als Stimulus-Response-orientiert und damit letztlich behavioristisch. Die neuere Forschung sieht dies nicht mehr so. Vielmehr geht die Kommunikationswissenschaft in moderneren Ansätzen laut Burkart von einem Austauschverhältnis und nicht von einer einseitigen gezielten Beeinflussung im Sinne des Stimulus-Response-Ansatzes aus. Dies ist ganz im Sinne des CRM, in dem u.a. der Dialog zur kundenindividuellen Leistungserstellung im Vordergrund steht.

hungsziele oder bezüglich Produkt und Leistungsversprechen haben muss. Die Veränderungen im Wissen müssen bezüglich der strategischen Zielsetzung des CRM zu Kundengewinnung, Kundenweiterentwicklung und Kundenbindung sowie deren Umsetzung sowie bezüglich Produkten oder Leistungen erreicht werden. Im Idealfall hat die Kommunikation aus Sicht des Kundenbeziehungsmanagements Veränderungen im emotionalen Bereich und im Verhalten zu erreichen, dies bezüglich der strategischen Zielsetzungen (Das Hauptziel ist, dass der Kunde kauft und wieder kauft.), bezüglich des Produktes und/oder der Leistungen. Auf die Veränderungen im emotionalen Bereich wird in der Folge in dieser Arbeit nicht weiter eingegangen.

Für das Kundenbeziehungsmanagement bedeutet dies, dass die Kommunikationswirkungen, ganz rechts in Abbildung 2, entweder durch Kundenbefragungen, durch die konkrete Untersuchung von Fällen (Kundenverhalten) oder durch Beobachtungen, auch vor Ort eruiert werden können. Dazu gehört die Dokumentation des Kundenverhaltens auf der Kommunikations- und Erfüllungsebene in Form von Aktions- und Reaktionsdaten. Die Aktions- und Reaktionsdaten wiederum sind aus Sicht des CRM um Stammdaten zu ergänzen, die zusammen mit Aktionsdaten und Reaktionsdaten zu Kundenpotenzialdaten führen können.[45] Die Resultate der Erhebung von Kundendaten und kundenbeziehungsspezifischen Sachverhalten durch Befragungen können je nach Bedarf in allen vier CRM-Datenkategorien vorgenommen werden. Die Idee des Einsatzes integrierter CRM-Informationssysteme liegt unter anderem darin, dass auf Basis umfangreicherer oder einfacherer Analysen von Kundenverhaltensdaten von möglichen Verhaltensänderungen ausgegangen wird. Diese sollen durch Aktionen des Unternehmens insbesondere dort angestossen werden, wo die für das Unternehmen positive Reaktion des Kunden mit grosser Wahrscheinlichkeit eintritt. Mögliche Ausgangspunkte dafür können der Kundenwert oder das Kundenwertpotenzial sein.

An der Schnittstelle zwischen Kunde und Unternehmen tritt die Kommunikation in den Vordergrund, über die es erst möglich wird, Impulse von den Kunden zuhanden der Wertschöpfungskette aufzunehmen und von der Wertschöpfungskette zuhanden der Kunden abzugeben. Dies erfolgt im abstrakten Sinne zur Abstimmung von Kunden- und Produktlebenszyklen[46], aber auch zur Abstimmung von Kunden- und Produktlebenszyklen mit Markt-, Technologie- und Konkurrenzlebenszyklen. Dadurch, aber auch durch andere Veränderungen, entstehen unterschiedlichste Möglichkeiten der kommunikativen Pull- oder Push-Bearbeitung von Kunden, auf die an dieser Stelle

---

[45] Vgl. zu den CRM-spezifischen Datenkategorien Stammdaten, Potenzialdaten, Aktions- und Reaktionsdaten Link/Hildebrand (1993).
[46] Vgl. hierzu Ing/Mitchell (1994), Sheth/Sisodia (2002), S. 352, Welsch (2004), S. 23 ff.

(noch) nicht weiter eingegangen werden kann.[47] Mit der zunehmenden Vielfalt an (direkten elektronischen) Medien, die für die Kundenkommunikation eingesetzt werden können, spielte an dieser Schnittstelle das Problem von Medienbrüchen seitens des Kunden, seitens des Unternehmens und zwischen Kunde und Unternehmen eine wichtige Rolle. Mit der Integration von Kommunikationsmedien mit Prozessapplikationen wird die Problematik der Medienbrüche verkleinert oder ausgemerzt, da Medienbrüche Effizienz- und auch Effektivitätseinbussen innerhalb der Kundenbeziehungsgestaltung und der Marktbearbeitung zur Folge haben können. Medienbrüche verhindern teilweise eine effektive und effiziente Marktbearbeitung. Beispielsweise sollte es nicht sein, dass Kundenbetreuer Papierdokumente vom Kunden erhalten, die danach z.b. mit einiger zeitlicher Verzögerung im Back Office in Systemen erfasst werden. Umgekehrt sind innerbetriebliche Ereignisse zu definieren (z.B. ausgehend von Produktlebenszyklen oder ausgehend vom Kundenpotenzial), die, allenfalls durch Informationssysteme unterstützt, in Impulse oder Signale zuhanden der marktbearbeitenden Stellen zu übersetzen sind. Dabei handelt es sich zumeist um proaktive Marktbearbeitung, Marketingkampagnen oder Push-Marktbearbeitung. Abstrakt gesehen sind dabei Fragen zur beiderseitigen Übertragung entsprechender Impulse oder Signale und deren Implementierung in Informationssystemen ausgehend von den erwähnten Zyklen komplex und vielschichtig.

2.1.1.2 Kommunikationstechnologie

Hansen/Neumann definieren den Begriff Kommunikation aus technischer Sicht wie folgt: „Kommunikation (engl.: communication) beinhaltet den bidirektionalen Austausch von Information zwischen Menschen und/oder Maschinen. Wir betrachten hier nur Kommunikationssysteme (engl.: communication system), bei denen die Nachrichtenübertragung auf elektronischem Wege über Datenstationen erfolgt. Eine Datenstation kann jedes Gerät sein, das mittels einer Datenübertragungseinrichtung direkt oder indirekt an einen Datenübertragungsweg (Kommunikationsnetz, oder kurz: Netz) gekoppelt ist."[48] Es kann zwischen asynchroner Kommunikation und synchroner Kommunikation unterschieden werden. Unter asynchroner Kommunikation wird die zeitversetzte Kommunikation verstanden, die Kommunikationspartner sind also nicht gleichzeitig an der Kommunikation miteinander beteiligt. Unter synchroner Kom-

---

[47] Vgl. zum Abgleich von Markt-, Kunden- und Produktlebenszyklen Ing/Mitchell (1994), S. 30 ff. Vgl. zu unterschiedlichen Ausprägungsmöglichkeiten von Push- und Pull-Mechanismen in der Wertschöpfungskette zwischen Unternehmen und Kunden etwa Kotler/Bliemel (1995), S. 946 f.
[48] Vgl. dazu und zum Folgenden Hansen/Neumann (2001), S. 411 ff.

munikation wird die gleichzeitige Beteiligung der Kommunikationspartner an der Kommunikation (und an getrennten Orten) verstanden.[49]

Zur technischen Kommunikation zwischen verschiedenen Applikationen in Unternehmen (die in der Integration von Anwendungssystemen von besonderer Bedeutung ist) oder insbesondere Kommunikationsapplikationen und Kommunikationsaufgaben wurde ein Standardisierungs- oder Referenzmodell erforderlich, das als ISO/OSI-Referenzmodell bekannt ist. Das OSI-Referenzmodell basiert auf sieben Schichten oder Layern. Diese lauten wie in der folgenden Abbildung 3 und der Abbildung 4 dargestellt.

Bitübertragungsprotokoll	Layer 1	Übertragung von Bits zwischen zwei Datenstationen über ein bestimmtes Medium.
Sicherungsprotokoll	Layer 2	Definition eines Zugangsverfahrens für ein bestimmtes Kommunikationsmedium und Adressierung der Kommunikationspartner.
Vermittlungsprotokoll	Layer 3	Adressierung von Zielsystemen oder Rechnern über mehrere Teilstrecken hinweg sowie Steuerung der Wegwahl; wobei Wegwahl statisch oder dynamisch erfolgen kann (Routing fix oder Routing variabel).
Transportprotokoll	Layer 4	Stellt mithilfe der drei darunter liegenden Schichten die Verbindungen zwischen zwei Anwendungen her; beispielsweise Definition der Reihenfolge der zu empfangenden Nachrichten/Messages sowie Neuanforderung verlorener Nachrichten etc.
Sitzungsprotokoll	Layer 5	Darüber wird der Aufbau und Abbau von Kommunikationsverbindungen gesteuert. Eine Sitzung besteht dabei aus einem Verbindungsaufbau, dem Austausch von Daten und dem Verbindungsabbau.
Darstellungsprotokoll	Layer 6	Darüber wird die Präsentation der Daten in ein standardisiertes Format gebracht, wozu gegebenenfalls die Konvertierung der transportierten Daten ins Präsentationslayout der empfangenden Applikation erfolgt.
Anwendungsprotokoll	Layer 7	Darüber werden hochwertige Kommunikationsdienste bereitgestellt, etwa Web-Server-Aufrufe.

Abbildung 3: Beschreibung des OSI-Referenzmodells und dessen Schichten.

Hansen/Neumann beschreiben die Nutzung des OSI-Kommunikationsreferenzmodells so, dass die Mitteilungen, die von Anwendung A1 zu Anwendung A2 gesandt werden, vom Sendersystem von Layer 1 bis Layer 7 mit den relevanten Protokollinformationen versehen werden, die in umgekehrter Reihenfolge beim Empfängersystem aufgenommen und verarbeitet werden.

---

[49] Hansen/Neumann führen unter asynchronen Kommunikationsdiensten an: Elektronische Post, Postlisten und Diskussionsforen. Diese Aufzählung kann ergänzt werden durch das Messaging, wie es in Kapitel 5.3.5 summarisch beschrieben und in der Enterprise Application Integration eingesetzt wird (vgl. Kapitel 5.3.5). Unter synchronen Kommunikationsdiensten führen sie zudem Telekonferenzen und Chat auf.

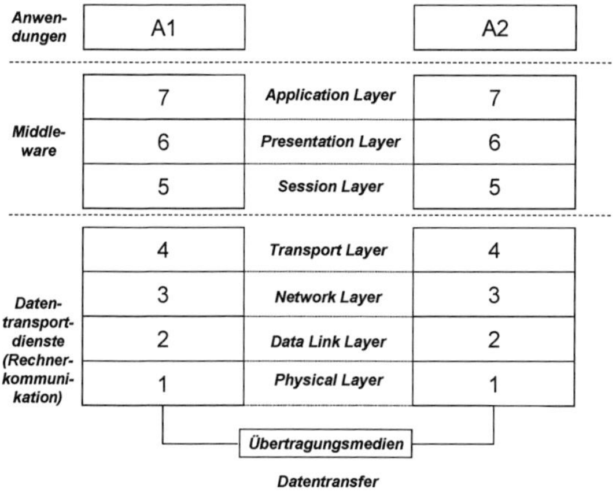

CRM-Grundlagen 25

```
Anwen-      ┌─────────┐                        ┌─────────┐
dungen      │   A1    │                        │   A2    │
            └─────────┘                        └─────────┘
            ┌───┐ ┌────────────────────────┐ ┌───┐
            │ 7 │ │   Application Layer    │ │ 7 │
Middle-     │ 6 │ │   Presentation Layer   │ │ 6 │
ware        │ 5 │ │     Session Layer      │ │ 5 │
            └───┘ └────────────────────────┘ └───┘
            ┌───┐ ┌────────────────────────┐ ┌───┐
            │ 4 │ │    Transport Layer     │ │ 4 │
Daten-      │ 3 │ │     Network Layer      │ │ 3 │
transport-
dienste     │ 2 │ │    Data Link Layer     │ │ 2 │
(Rechner-
kommuni-    │ 1 │ │     Physical Layer     │ │ 1 │
kation)     └───┘ └────────────────────────┘ └───┘
                     │ Übertragungsmedien │
                          Datentransfer
```

Abbildung 4:   OSI-Referenzmodell mit integrationsrelevanten Ebenen.[50]

Laut Kaib lassen sich:[51]

- die Layer 1 bis 4 als Datentransportdienste (Rechnerkommunikation)
- die Layer 5 bis 7 als Middleware zusammenfassen.

Zusätzlich zu den OSI-Layern lassen sich weitere Layer für die Integration von Anwendungssystemen unterschieden, die auf den sieben Layern des OSI-Referenzmodells aufsetzen. Sie können wie folgt bezeichnet werden:[52]

- Datenintegrations- (und -transformations-) Layer: Dazu gehört die Protokollierung zu semantischen und syntaktischen Konventionen der Daten.

- Funktions- und Objektaufruf-Layer: Dazu gehört die Protokollierung der Objekt- und/oder Applikationsaufrufe sowie der Programme. Auch hier jedoch sind Konventionen über die Syntax und Semantik von Daten erforderlich.

- Workflowmanagementlayer (als technische Implementierung von CRM- oder Geschäftsprozessen): Dazu gehört die Protokollierung des Ablaufs von Workflows, u.a. zur Steuerung derselben, einschliesslich der Protokollierung der Objekt- oder Applikationsaufrufe, des Messagings sowie der relevanten Konventionen über Semantik und Syntax der Daten.

---

[50] Vgl. zur Darstellung Kaib (2004), S. 103; Serain (1999), S. 33. Die für die Abbildung relevanten Abkürzungen lauten wie folgt: A1 steht für Applikation 1 und A2 steht für Applikation 2. OSI steht für Open Systems Interconnection.
[51] Vgl. Kaib (2004), S. 103.
[52] Vgl. hierzu u.a. Stokes (o.J.), S. 1 ff. Vgl. zum EAI-Stack mit mehreren Layern COTS (2001), Mendez et al. (ohne Jahr), Mortaza et al. (2001), Neurauter (2002), S. 52 ff., Strüver (2002), Wdowiak (2002).

2.1.1.3 CRM-Perspektive der Kommunikation

Kommunikationstechnologie zur Unterstützung der Kommunikation zwischen Kunde und Unternehmen tritt aus der Perspektive des Kundenbeziehungsmanagements somit an verschiedenen Orten sehr prominent in Erscheinung. Einerseits dient Kommunikationstechnologie dem Austausch von Informationen von Kunden und Unternehmen und umgekehrt. Andererseits dient die Kommunikationstechnologie dazu,

- zentral oder dezentral gehaltene Systeme für das Management von Kundenbeziehungen (CRM-Systeme)
- zentral oder dezentral gehaltene Systeme für die Unterstützung der Leistungserstellung (ERP- oder ERP-ähnliche Systeme; SCM- oder SCM-ähnliche Systeme) sowie
- zentral oder dezentral gehaltene Systeme zur Unterstützung der Beziehungen zu Lieferanten (Teile von SCM-Systemen) miteinander zu integrieren.

Je nach Anforderungen des Kundenbeziehungsmanagements können unterschiedliche Kommunikationstechnologien eingesetzt werden, um die beziehungsorientierten oder leistungsorientierten Informationsaustausche zu unterstützen sowie die informationssysteminterne Integration zu ermöglichen. Die Kommunikationstechnologie spielt eine wesentliche Rolle für die zeitgerechte Informationsversorgung über unterschiedliche zentrale und dezentrale Kontaktpunkte und unterschiedliche zentrale oder dezentrale Orte der Leistungserstellung. Das Unternehmen kann über den Einsatz von Kommunikationstechnologie zudem unabhängiger und flexibler in der Organisation und der Gestaltung der IT-Architektur werden.

Künftig könnte die Frage der Integration der Kommunikationstechnologie in die Informationssysteme im Rahmen von systemtheoretischen Aspekten des Sense-and-Respond erweitert diskutiert werden. Die Kontaktmedien und deren Integration können derart wie „Nervenzellen am Aussenrand des Unternehmens zum Markt" verstanden werden, welche vermittels der Integration z.B. Marktsignale aussenden, empfangen und intern über ein „integriertes Nervensystem" weiter verarbeiten, was beim Unternehmen zu Aktionen oder Reaktionen gegenüber Kunden führen kann.[53] Integrierte Informationssysteme können anhand dieser Analogie als ein zu integrierendes Nervensystem des Unternehmens verstanden werden. Nervenzellen dienen dabei der Erfassung und Weiterleitung von Informationen (mittels Kommunikationstechnologie), aber auch der Entwicklung von Intelligenz, um das Gesamtsystem sowie die Aktionen und Reaktionen an den Enden der Nervenstränge steuern zu können.

---

[53] Vgl. zu Sense-and-Respond-Ansätzen u.a. Haeckel (1999).

Auf die systemtheoretischen Aspekte zum Kundenbeziehungsmanagement geht der folgende Abschnitt ein.

2.1.2 Systemtheorie

Das Denken in Systemen entstammt den Formal- und Naturwissenschaften. Darin geht es um den Versuch, ältere auf wenige Variabeln reduzierte Problemlösungsansätze zu überwinden und zu komplexeren Ursache-Wirkungs-Zusammenhängen zu kommen.[54] Die Systemtheorie strebt eine nicht-mechanistische Analyse der Realität an. Zunächst ging die Systemtheorie in den Sozialwissenschaften von einem System mit Bestandteilen aus. Die Bestandteile oder Elemente stehen dabei in einer Wechselwirkung zueinander. Nicht zuletzt kommt auch die gegenseitige Funktionalität der Elemente hinzu, welche typisch ist für das Systemdenken. Ein System kann laut Bertalanffy als Menge von Elementen verstanden werden, zwischen denen Wechselwirkungen bestehen.[55] In Anlehnung an Gutenberg[56], Maurer und Simon können im System Markt die Elemente Unternehmen, Kunden und Konkurrenten unterschieden werden, welche in einem Wechselspiel von Aktionen und Reaktionen zueinander stehen.[57] Je nach Markt können Subsysteme bezeichnet werden, d.h. zum Beispiel Anbietersysteme, Abnehmersysteme oder Systeme von externen Beeinflussern, welche den Kommunikations- und Erfüllungsprozess zwischen Kunden und Unternehmen in unterschiedlichem Masse beeinflussen. Im Unternehmen können für das Kundenbeziehungsmanagement etwa organisatorische oder technische Teilsysteme von Informationssystemen bezeichnet werden.

2.1.2.1 Abgrenzung verschiedener Systembegriffe in dieser Arbeit

In dieser Arbeit tritt der Systembegriff mehrfach auf. Beispielhaft dafür werden die folgenden beiden Bereiche aufgeführt.

Marktsystemperspektive: Es können darin die Elemente Unternehmen und Kunden sowie Konkurrenten unterschieden werden. Diese sind wechselseitig voneinander abhängig. Kunden beeinflussen einerseits das Unternehmen und die Konkurrenten mit

---

[54] Vgl. dazu und zum Folgenden Burkart (1998), S. 446 ff.; Prewo et al. (1973), S. 25 ff.
[55] Vgl. Bertalanffy (1951); Bertalanffy (1972).
[56] Der entsprechende Passus bei Gutenberg lautet wie folgt: „Das Absatzniveau eines Unternehmens ist [...] von den absatzpolitischen Aktionen und Reaktionen des Unternehmens selbst, von den Aktionen und Reaktionen der [...] Käufer [und von den] Aktionen und Reaktionen der Wettbewerbsunternehmen [...] abhängig." [Gutenberg (1984), S. 10]. Innerhalb des strategischen Dreiecks können so u.a. CRM-Systeme für das Management von Kundenbeziehungen entweder den „State of the Art" darstellen oder aber zu einem Wettbewerbsvorteil werden, wenn andere Unternehmen CRM-Systeme nicht einsetzen oder in weniger hohem Masse integriert nutzen.
[57] Vgl. Gutenberg (1984), Maurer (1971), Simon (1988). Die erwähnten Elemente sind jedoch zugleich wieder Teilsysteme, welche sich aus weiteren Subsystemen oder Elementen zusammensetzen.

ihrem Verhalten und ihren Einstellungen. Unternehmen versuchen je nach Strategie Kunden mehr oder weniger systematisch zu beeinflussen. Dafür werden heute zunehmend auch Informationssysteme zur Unterstützung des Kundenbeziehungsmanagements eingesetzt und dafür ist auch deren interne Integration so wesentlich.

Informationssystemperspektive: Es können verschiedene Informationssysteme unterschieden werden, z.B. in einem weiteren Sinne als Kombination von Organisationseinheiten und Informationstechnologien. In einem engeren Sinne können darunter (im besten Fall integrierte) technische Systeme für die Informationsverarbeitung verstanden werden, welche Mitarbeiter oder Kunden mit beziehungsrelevanten Informationen an den Kommunikationsorten versorgen. Informationssysteme können somit im technischen Sinne über das Unternehmen hinausgehen und Dritte wie Kunden miteinbeziehen. Um eine effiziente Abwicklung von Leistungserstellungen aufgrund der Kundeninteraktion sicherzustellen, sind wie erwähnt Informationssysteme zur Unterstützung der Kundenbeziehung mit Informationssystemen zur Unterstützung der Leistungserstellung zu integrieren. Dadurch wird es möglich, Signale vom Markt aufzunehmen oder an diesen weiter zu geben. Die Integration der Informationssysteme mit unterschiedlichen Zwecken dient dem Unternehmen auch dazu, wertschöpfungsorientierte Adaptionen des Gesamtinformationssystems Unternehmen auf Basis von integrierter Informationstechnologie sicherstellen zu können.

Die Elemente Organisationseinheiten und IT-Funktionalitätsbereiche oder -komponenten stehen aus Kundenbeziehungssicht an der Schnittstelle des Unternehmens zum Markt in einem laufenden Adaptionsprozess. Anstösse für diesen Adaptionsprozess können durch Kunden, durch Konkurrenten, durch die Technologie- oder Produktentwicklung oder durch Organisationseinheiten und deren Entwicklung gegeben sein. Im laufenden Betrieb sind Aktions- und Reaktionsgeschäftsvorfälle determinierend für die Implementierung der CRM-Lösung. Die Integration der verschiedenen Anwendungssysteme erfolgt im Kundenbeziehungsumfeld auf Basis der Anforderungen der Kommunikations- und Informationsverarbeitung. Weitere Integrationsdeterminanten ergeben sich aus der Art und der Menge der Kundeninteraktionen und der Art und Menge an realen oder virtuellen Kundenkontaktpunkten. Zudem tritt parallel zu den Informationssystemen technischer Art auch die Abstimmung von Organisationseinheiten, welche für die Kommunikation mit Kunden oder für die Leistungserstellung gegenüber Kunden zuständig sind, wesentlich in den Vordergrund.

2.1.2.2 Konstrukt des Regelkreises

Aus der Systemtheorie stammt das Konstrukt des Regelkreises. Dieses Konstrukt kann eingesetzt werden, um z.b. im System Unternehmen Kommunikationsaktionen und -reaktionen des Unternehmens gegenüber dem übergeordneten System Markt und darin potenziellen oder bestehenden Kunden dahingehend zu steuern, dass je nach Zielsystem ein möglichst positives Verhältnis zwischen Output und Input aus der Interaktion mit künftigen oder bestehenden Kunden resultiert.

Ein solches (allgemeines) Regelungssystem enthält nach Schanz ein zielsetzendes System, das Soll-Werte vorgibt und Anpassungsentscheidungen zuhanden der umsetzenden Organe oder Einheiten definiert.[58] Die Zielsetzungen werden auf Basis einer Entscheidungsinstanz definiert, welche einerseits Korrekturentscheidungen trifft, d.h. Stellgrössen und Regeln aufgrund von Ist-Werten anpasst, und sich andererseits mit dem Vergleich von Soll- und Ist-Werten befasst (Regler (Soll-Ist-Vergleich)).

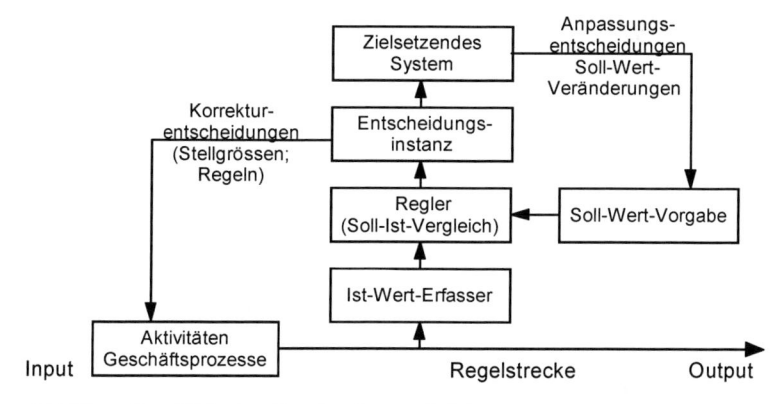

Abbildung 5: Einfaches Regelsystem nach Schanz.

Um Soll-Ist-Vergleiche zu ermöglichen, sind die Soll-Wert-Vorgaben des zielsetzenden Systems erforderlich, die mit der Ist-Wert-Erfassung aus der Überwachung der Regelstrecke verglichen werden. Die Regelstrecke wiederum besteht aus Aktivitäten, die Teile von (Geschäfts-)Prozessen sind, oder gesamten Geschäftsprozessen. Aus Unternehmenssicht ist die höchst aggregierte Input-Output-Relation die Wertschöpfungskette. Diese kann aus der Kundenbeziehungssicht in einen kommunikationsorientierten und einen erfüllungsorientierten Teil gesplittet werden. Zu den Kommunikationsprozessen gehören Marketingprozesse, Verkaufsprozesse und Serviceprozesse.

---

[58] Vgl. dazu und zum Folgenden Schanz (1997), S. 103, Ulrich (1970).

Im Detail wird aus der CRM-Perspektive in Kapitel 2.3.2 vertiefter auf das Regelkreiskonzept oder den dort so genannten Regelkreis der Marktbearbeitung eingegangen.

2.1.2.3 Zusammenfassung zur Systemtheorie

Zusammenfassend gilt für die Systemtheorie und deren Bedeutung für die Integration von CRM-Systemen in Anwendungsumgebungen das Folgende. Im Gegensatz zur Bedeutung des Verhältnisses von Datenanalyse und Prozessabwicklung, wie es in Informationssystemen für die Leistungserstellung oder ERP-Systeme gegeben ist – durch die Analyse von Prozessdaten wird etwa die effiziente Durchführung derselben gesteuert – hat die Kopplung von analytischen und operativen Systemen im Umfeld des Kundenbeziehungsmanagements eine teilweise andere Bedeutung. Die Kopplung von analytischen und operativen Systemen dient hier sowohl der Effizienzsteuerung der Kundenkommunikationsprozesse als auch der Effektivitätssteuerung der Wirkung der Kundenkommunikation an den entsprechenden Kundenschnittstellen. Die Wirkungsmessung und -steuerung in Verbindung mit der Effizienzsteuerung wird im Rahmen von Informationssystemen (effizienter) durch Integration erreicht. Auf die Details dieser Integration ist in den folgenden Hauptkapiteln im Detail einzugehen. Die Produktivitätssteigerung der Markt- oder Kundenbearbeitung ist somit letztlich durch die Kopplung der Steuerung von effizienz- und effektivitätsorientierten Kundenkommunikationsaspekten zu verstehen.[59] Die Volatilität des Kundenverhaltens, die Menge an Interaktionen mit Kunden in gewissen Zeiteinheiten sowie die Anzahl eingesetzter Kommunikationsmedien und -kanäle determiniert die Integrationskomplexität. Diese determiniert wiederum die Integrationsarten und Integrationstiefen zwischen den unterschiedlichen an den Kundentransaktionen beteiligten Organisationseinheiten und Informationssystemen.

2.2 CRM-Ansatz

Im Folgenden werden verschiedene im Zusammenhang mit dem CRM stehende und für diese Arbeit wichtige Begriffe, Komponenten und Teilbereiche erläutert. Es wird aufgrund der recht grossen Zahl relevanter Aspekte nicht jeder derselben im Detail erläutert.

---

[59] Vgl. hierzu am eindeutigsten Sheth/Sisodia (2002).

2.2.1 CRM als Konzept

Das CRM-Konzept[60] umfasst im weitesten Sinne das Management von Beziehungen zu Kunden.[61] CRM ist als eine unternehmensweite Marktbearbeitungsstrategie mit dem Ziel zu verstehen, einen kompletten Kundenfokus im Unternehmen zu erreichen, der Mitarbeiter, Wertschöpfung und Technologie einschliesst. Aus Sicht der Kundenbeziehungsgestaltung lauten die strategischen Ziele von CRM aufgrund eines zu definierenden Kundenportfolios wie folgt: Gewinnung von künftig wertvollen Kunden, Erreichung des Wiederkaufs von bestehenden Kunden im Sinne des Cross- und Up Selling[62], Bindung wertvoller Kunden sowie Rückgewinnung abgesprungener wertvoller Kunden.[63] Unter Cross Selling wird verstanden: Generierung zusätzlicher Verkäufe aus dem Produktesortiment des Unternehmens. Unter Up Selling wird verstanden: Verkauf höherwertiger Produkte aus dem Produktesortiment des Unternehmens. Basierend auf den genannten Kundenportfoliozielen können strategische Kundenbeziehungsprogramme zur Kundengewinnung, zum Cross- und zum Up Selling, zur Kundenbindung[64] sowie zur Kundenrückgewinnung definiert werden.

Die erwähnten Kundenbeziehungsprogramme sind der Wettbewerbssituation anzupassen und entsprechend zu gewichten, zu strukturieren und zu orchestrieren. Sie stellen das strategische Gegenstück zu den operativen CRM-Prozessen dar, welche die operative Abwicklung der Interaktionsprozesse zwischen Kunde und Unternehmen darstellen, um möglichst wiederholt Verkaufsabschlüsse zu erreichen.

Als strategisches CRM kann auch das Management von strategischen Fragestellungen rund um den Wert des Gesamtkundenportfolios oder von einzelnen Kunden bezeichnet werden. Die Bearbeitung – etwa die individualisierte Bereitstellung von Produkten oder Leistungen, die kundenspezifische Zuordnung von Leistungen oder Produkten – kann auf Kundensegmentebene, auf Kundengruppenebene sowie auf Einzelkundenebene erfolgen. Das strategische CRM beschäftigt sich mit der langfristigen und wertsteigernden Bearbeitung der Kunden in Form von Kundenbeziehungsprogrammen sowie der Strukturierung und Bereitstellung des Kontaktmedienmixes zur (Direkt-)Ansprache der Kunden. Zudem hat das strategische CRM die Aufgabe, die

---

[60] In der Arbeit werden alternierend Customer Relationship Management (CRM) oder Kundenbeziehungsmanagement als Begriffe mit derselben Bedeutung verwendet.
[61] Vgl. dazu und zum Folgenden Walser (2002), S. 62 f.
[62] Vgl zu Cross- und Up Selling etwa Hippner (2004a), S. 26, Schäfer (2002).
[63] Vgl. zur Abstimmung der unterschiedlichen strategischen Kundenbeziehungsziele u.a. Blattberg et al. (2001). Vgl. zu den direkten Programmpolitiken Walser (2002), basierend auf Blattberg et al. (2001). Vgl. zur umfassenden (und problematischen) Betrachtung von strategischen Einzelzielsetzungen Michalski (2002) zur Kundenabwanderung, Schäfer (2002) zum Cross Selling, Gams (2002) zur Rückgewinnung.
[64] Vgl. dazu etwa die Literatur zu Kundenclubs von Butscher (1998) und Holz (1998).

technische Unterstützung der Kundenkommunikation zu definieren und dafür besorgt zu sein, dass die in dieser Arbeit im Vordergrund stehenden Integrationsaufgaben den strategischen Vorgaben entsprechend gesamtheitlich erfolgen.

Als taktisches CRM kann das Design, die Planung, die Überwachung sowie die Steuerung der Umsetzung der oben erwähnten strategischen Programme in operative Prozesse und Aktivitäten bezeichnet werden. Teilprozesse davon sind etwa die weitere Detaillierung der Bearbeitung je Zielgruppe, die Bestimmung von Kundenteilsegmenten oder -gruppen im Bereich des Marketing, des Verkaufs und des After Sales Service. Je nach Gegebenheiten können für die taktischen Aufgaben auch technologisch unterschiedliche Kontaktmedien oder -punkte vorgesehen werden. Organisationseinheiten, die für das taktische CRM zuständig sind, sind verantwortlich für die Koordination der organisatorischen und technischen Aspekte der gesamten operativen Marktbearbeitung. Sie stellen aus Koordinationssicht zudem das Bindeglied zwischen strategischem und operativem CRM dar. Die für das taktische CRM zuständigen Organisationseinheiten planen und koordinieren zudem den IT-Einsatz im CRM zusammen mit den strategischen CRM-Organisationseinheiten.

Als operatives CRM kann die operative Abwicklung von Kommunikationsaktivitäten im Marketing-, Verkaufs- und After-Sales-Service-Bereich bezeichnet werden. Dabei sind eingehende und ausgehende Kundengeschäftsvorfälle denkbar und abzuwickeln. Hierfür sind den zuständigen Organisationseinheiten die erforderlichen Technologien für das operative CRM zur Verfügung zu stellen.

Beim Kundenbeziehungsmanagement steht die wertorientierte Bearbeitung des Kunden im Vordergrund. Der dafür eingesetzte Kundenwert besteht aus der Gegenüberstellung von Kundeneinnahmen und kommunikations- und erfüllungsspezifischen Ausgaben für einzelne Kunden (Transaktionskosten). Daraus kann ein Deckungsbeitrag abgeleitet werden, welcher Aufschluss darüber gibt, wie rentabel die Kundenbearbeitung sich im Verlauf der Zeit entwickelt. Der erwähnte Kundenwert wird in der Literatur auch mit Customer Lifetime Value (CLTV) bezeichnet.[65] In Anlehnung an die Aussagen zum CLTV bei Rudolf-Sipötz/Tomczak können in Ergänzung zu den oben gemachten Äusserungen strategische CRM-Programme zur Beeinflussung des direkten Marktpotenzials der Kunden definiert werden. Es kann aber auch von indirekten strategischen CRM-Programmen gesprochen werden,

---

[65] Vgl. zum Kundenwert oder CLTV u.a. Cornelsen (2000), Günter/Helm (2001), Link/Hildebrand (1993), Rudolf-Sipötz/Tomczak (2001).

welche den Äusserungen von Rudolf-Sipötz/Tomczak entsprechend auf das Ressourcenpotenzial des Kunden auszurichten sind.[66]

Zum Marktpotenzial, das mit direkten strategischen Kundenbeziehungsprogrammen beeinflusst wird, gehören Zielsetzungen zur Entwicklung des Kundengewinnungspotenzials, zur Entwicklung des Cross- und Up-Selling-Potenzials, zur Entwicklung des Kundenbindungspotenzials sowie zur Entwicklung des Kundenrückgewinnungspotenzials. Zum Ressourcenpotenzial, das mit indirekten strategischen Kundenbeziehungsprogrammen beeinflusst wird, gehören Zielsetzungen und strategische Programme zur Entwicklung des Referenzpotenzials, zur Entwicklung des Innovationspotenzials, zur Entwicklung des Kooperationspotenzials sowie zur Entwicklung des Synergiepotenzials der Kunden. Es ist über beide Programmarten hinweg, aber auch innerhalb der Programmarten, ein wettbewerbsadäquater Mix derselben zu definieren. Es versteht sich von selbst, dass für die langfristige Steuerung Integrationen verschiedenster Daten erforderlich sind. Auch sind für die informationstechnische Weitergabe von operativen Bearbeitungsvorschlägen aufgrund der strategischen Analyse und Programmbildung Integrationen zwischen operativen und kommunikationsorientierten Informationssystemen des CRM erforderlich (vgl. hierzu im Detail Kapitel 5.2), damit CRM-Programme organisatorisch und technisch umgesetzt werden können.

Nebst der bisher geschilderten Betrachtung von Einzelkundenwerten können auch Gesamtwerte von Kundengruppen, -segmenten oder -Portfolios betrachtet werden. Diese können im Sinne einer Aggregierung der Einzelkundenwerte als Customer Equity bezeichnet werden.[67]

2.2.2 Organisatorische und technische Abgrenzung von Front- und Back-Office

Als Front Office lässt sich die Gesamtheit von Organisationseinheiten, Prozessen und Technologien verstehen, welche die (direkte) Kommunikation des Unternehmens mit Kunden als Aufgabe innehaben. Einerseits hat das Front Office die Aufgabe, ein rentables Kundenportfolio zu bilden und zu erhalten. Andererseits soll es möglichst viele rentable Transaktionen mit Kunden zu erreichen versuchen. Mit Front Office

---

[66] Vgl. zu verschiedenen Potenzialen des Kundenwerts oder CLTV's Rudolf-Sipötz/Tomczak (2001).
[67] Vgl. Blattberg et al. (2001).

werden somit die Organisationseinheiten bezeichnet, welche die Planung, Abwicklung und Steuerung der Kundenkommunikation innehaben.[68]

Als Back Office lässt sich die Gesamtheit von Organisationseinheiten, Prozessen und Technologien verstehen, die der Erfüllung (inklusive Beschaffung, Produktion und Logistik etc.) der durch das Front Office angestossenen Kundenaufträge und/oder der Bereitstellung oder Erfüllung von vertraglich definierten Leistungen dienen. Mit dem Begriff Back Office werden entsprechend alle Organisationseinheiten bezeichnet, die mit der Planung, Abwicklung und Steuerung der Leistungserfüllung gegenüber dem Kunden betraut sind.

Zwischen Front- und Back-Office bestehen mehrfache und unterschiedlich intensive Verbindungen, die für Informationsabrufe, Transaktionsdatenübergaben, Informationsweitergaben, etc., aber auch den Austausch von Planungsdaten existieren oder aufgebaut werden können.

Wichtig ist die Unterscheidung in Front- und Back-Office auch wegen der unterschiedlichen Zuordnung von Informationssystemen aufgrund verschiedener Aufgaben. Es nutzen Organisationseinheiten des Front Office in der Regel CRM-Systeme oder Komponenten davon. Die Back-Office-Organisationseinheiten nutzen z.B. ERP- oder SCM-Systeme oder Komponenten davon. Über Zugriffsberechtigungen oder Zugriffsmöglichkeiten auf unterschiedliche Informationen der unterschiedlichen Systeme durch Stelleninhaber und Organisationseinheiten ergeben sich u.a. Integrationsanforderungen.

2.2.3 CRM-Technologie

Aus technischer (Integrations-)Sicht und auch aus betriebswirtschaftlich-organisatorischer Sicht interessieren Teilkonzepte oder Komponenten des CRM. Es handelt sich in diesem Zusammenhang um das analytische, das operative und das kollaborative CRM.[69] In der Regel können diesen Komponenten auch organisatorische Einheiten zugeordnet werden, welche beispielsweise mit der Abwicklung von operativen CRM-Prozessen, analytischen CRM-Aufgaben oder den eigentlichen Kommunikationsaufgaben mit dem Kunden betraut sind.

Unter dem analytischen CRM kann eine Organisationseinheit, ein Methoden-, Prozess- oder Technologiebaukasten zur Analyse von (Kunden-)Daten verstanden wer-

---

[68] Vgl. zur Unterscheidung in Front- und Back-Office auch Hippner et al. (2004e), S. 102, Walser (2002), S. 76. In Anlehnung an frühere Arbeiten von Hippner/Wilde kann auch der Innendienst des Front Office zum Back Office gerechnet werden, was in dieser Arbeit aber nicht so verstanden wird.
[69] Vgl. dazu und zum Folgenden u.a. Hippner/Wilde (2003), S. 28 ff., Shahnam (2000).

den. Aus technischer Sicht gehören dazu analyseorientierte Datenspeicher, d.h. ein Data Warehouse (DWH), ein Data Mart sowie Datenanalyseinstrumente zu Reporting-Zwecken, zu mehrdimensionalen Datenanalysen (Online Analytical Processing) und zur Erkennung von vorher unbekannten Mustern in Kundendatenbeständen (Data Mining). Zur Erreichung eines umfassenden analytischen CRM sind firmenexterne und -interne Daten aus unterschiedlichen Informationssystemen in die technische Infrastruktur für das analytische CRM zu integrieren (primär Datenintegration) und analysespezifisch anzuordnen. Der Einsatz ist auf allen drei erwähnten Managementebenen in unterschiedlicher Ausprägung dezentral oder zentral denkbar.

Unter dem operativen CRM kann sowohl eine Organisationseinheit, ein Methoden-, Prozess- oder Technologiebaukasten oder eine Applikation zur Unterstützung der operativen Abwicklung von Kundenbeziehungen verstanden werden. Das operative CRM umfasst die kurzfristige Planung und operative Umsetzung und Dokumentation von Kundeninteraktionsprozessen in den Bereichen Marketing, Verkauf und After Sales Service. Die eingehende oder ausgehende Interaktion muss bei Vertragsabschlüssen mit Kunden zu einer Erfüllung der definierten Aufträge und Verträge zwischen Kunde und Unternehmen führen. Dies löst verschiedene Informations-, Waren-, Leistungs- und Finanzflüsse im Rahmen der Erfüllung von Kundenaufträgen und Kundenverträgen aus. Die lang- und kurzfristige Planung und Abwicklung der Back-Office-Prozesse wird etwa durch Back-Office-Systeme für das Enterprise Resource Planning (ERP) unterstützt. Der Einsatz erfolgt in zentralisierter oder dezentralisierter Form insbesondere für die taktisch-operative Leistungserfüllung und Leistungsbereitstellung.

Unter dem kollaborativen CRM ist ein Methoden-, Medien- und Technologiebaukasten oder aber ein Set von Kommunikationsapplikationen zur integrierten Interaktion mit Kunden zu verstehen. Dazu gehört die Integration unterschiedlicher Kontaktmedien in die operative CRM-Applikation. Erst dadurch wird integrierte Inbound- und Outbound-Kommunikation mit dem Kunden möglich. Unter integrierter Inbound-Kommunikation kann verstanden werden: Vom Kunden ausgehende Kommunikation; der Kunde gelangt mit einem Anliegen über ein Kontaktmedium an das Unternehmen. Unter integrierter Outbound-Kommunikation kann verstanden werden: Vom Unternehmen ausgehende Kommunikation; das Unternehmen gelangt mit einem Anliegen über ein Kontaktmedium an den Kunden. Aus Sicht des Unternehmens entfällt somit eine separate Bedienung von CRM-Applikationen neben Telefonie-, Email- oder anderen Kommunikations-Applikationen, weil diese ins operative CRM integriert sind und aufgrund vorhandener Kundenkontaktdaten aus dem operativen CRM heraus direkt gesteuert werden können.

In einer integrierten CRM-Architektur, wie sie von der META Group präsentiert wird (vgl. Abbildung 6), wird von einer weitgehenden Integration der erwähnten Komponenten ausgegangen. Die CRM-Architektur der META Group ging mehrheitlich so in die wissenschaftliche Diskussion des CRM-Themas ein.[70] Anhand der erwähnten CRM-Komponenten lassen sich Integrationsaufgaben innerhalb und zwischen den Komponenten unterscheiden und diskutieren. Im META-Group-Modell wird zur Integrationsdiskussion zwischen operativem und analytischem CRM unterschieden. Ferner wird ein separater Layer unterschieden, mit dem die Integration zwischen analytischen und operativen CRM-Komponenten bewerkstelligt werden kann. Auf die Integration innerhalb des operativen CRM wird nicht weiter eingegangen. Zwischen operativem und analytischem CRM wird nur in einer Richtung (vom operativen ins analytische CRM) von einer Integration gesprochen. Die umgekehrte Richtung in die operative CRM-Umgebung scheint im META-Group-Modell kein Thema zu sein.

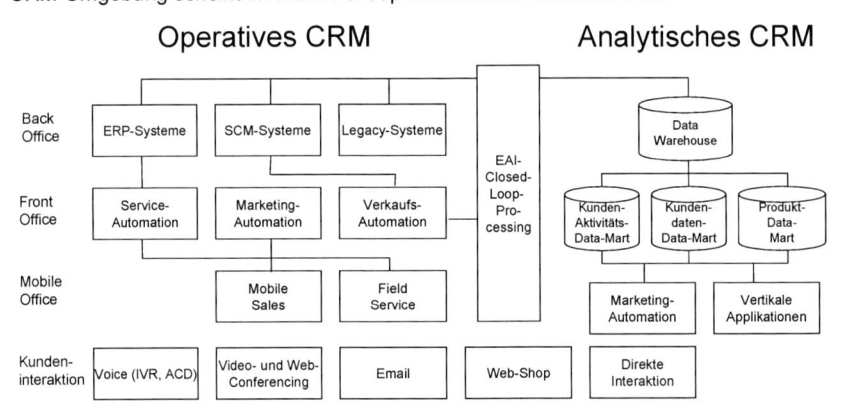

Abbildung 6: CRM-Architektur der META Group.[71]

Die Darstellung der META Group unterscheidet auf der operativen Seite die bereits charakterisierten Bereiche Front- und Back-Office. Zusätzlich wird das Mobile Office erwähnt. Für das Zusammenspiel der Komponenten setzte sich z.B. für das operative CRM die Differenzierung in Marketing-, Verkaufs- und After-Sales-Service-Prozesse durch.[72] Verwirrend ist am Modell der META Group, dass die Integrationsschicht nur zwischen operativem und analytischem CRM dargestellt ist. Das kollaborative CRM

---

[70] Vgl. hierzu u.v.a Hippner/Wilde (2004c).
[71] Vgl. Shahnam (2000). EAI steht in der Abbildung für Enterprise Application Integration, IVR und ACD stehen für Interactive Voice Response und Automatic Call Distribution.
[72] Vgl. hierzu u.a. Muther (2000), Muther (2002), Schulze (2000).

scheint von der Integration nicht direkt betroffen, was nicht korrekt ist. Auch hier bestehen massive Integrationsaufgaben.

Das operative CRM-System dient wie bereits erwähnt der Abwicklung von Kundenbeziehungsprozessen, die zu verstehen sind als von ökonomischen Zielen geleitete Kommunikations- und Transaktions- respektive Erfüllungsprozesse (Geschäftsprozesse) zwischen Unternehmen und deren Kunden. Die Kundenbeziehungen bestehen in der Regel aus dokumentierbaren und mehr oder weniger zusammenhängenden, regelmässigen oder unregelmässigen Kommunikations- und Transaktionsepisoden (Kundenbeziehungsepisoden oder betriebswirtschaftliche Kommunikationsepisoden). Informationsabrufs- sowie Interaktionsepisoden dienen dem Informationsaustausch. Die Transaktion bezeichnet Kommunikationssachverhalte, die direkt zu einer Transaktion führen oder diese begleiten. Informationsabrufs-, Interaktions- und Transaktionsepisoden können unternehmensseitig als Geschäftsvorfälle kategorisiert werden, welche proaktiv oder reaktiv von Kunden oder vom Unternehmen angestossen werden können und kunden- und unternehmensseitig Informationsverarbeitungs- und Erfüllungsprozesse auslösen. Letztere sind unternehmensseitig als Geschäftsprozesse zu bezeichnen. Ein (Geschäfts-)Prozess kann in diesem Zusammenhang definiert werden als eine Kette von Kunden- und/oder Unternehmensaktivitäten. (Kundenbeziehungs-)Prozesse können in der Ablauforganisation auch definiert werden als Durchführung von Aufgaben, die zeitlich und räumlich zu koordinieren sind. Bestandteile einer Aufgabe sind Aktivitäten, welche die Grundbestandteile eines (Geschäfts-)Prozesses darstellen. Eine Aktivität ist ein Arbeitsschritt, der zur Erbringung einer Leistung von einem Funktions- und Stelleninhaber durchgeführt wird. Ein Prozess ist somit eine inhaltlich abgeschlossene, zeitliche und sachlogische Folge von Aktivitäten, die zur Bearbeitung einer betriebswirtschaftlichen Problemstellung erforderlich ist.[73]

In diesem Zusammenhang ist auch auf den Begriff des Customer Buying Cycles (CBC) einzugehen.[74] Muther beschreibt den CBC als Strukturierungskonzept zur Gliederung der Kundenkommunikationsprozesse über unterschiedliche Kontaktmedien. Er unterscheidet dabei neben Prozessen auf der Unternehmensseite auch Prozesse oder Phasen auf der Kundenseite.[75] Mit dem CBC wird das im Idealfall immer wieder zu durchlaufende (und zu schliessende) generische *Prozessmodell* bestehend aus unternehmerischen Marketing-, Verkaufs- und After-Sales-Service-

---

[73] Vgl. Becker/Kahn (2001).
[74] Vgl. zum CBC: Bach/Österle (2000), Belz (1991), S. 31 f., Dittrich (2000), S. 130, Ives/Learmonth (1984), Mauch (1990), S. 16, Muther (2000), S. 14 ff., Muther (2002), Picot et al. (2001), S. 337 ff., Schmid (1993a), Schmid (1993b), Schulze (2000), S. 19 ff.
[75] Vgl. Muther (2000), S. 14 ff.; Muther (2002), S. 12 ff.

Prozessen (Kommunikationsprozesse) bezeichnet. Muther unterscheidet auf der Kundenseite eine Anregungsphase, eine Evaluationsphase, eine Kaufphase sowie eine After Sales Phase, denen die genannten Unternehmensprozesse zuzuordnen sind. Im weiteren Verlauf dieser Arbeit gelangt eine ähnliche Unterteilung in Informationsphase, Vereinbarungsphase sowie Abwicklungs- oder Servicephase zur Anwendung. Damit ist eine Standardisierung der Front-Office-Prozesse erreichbar, die zu einer Standardisierung auch der Back-Office-Prozesse führen kann. So kann z.B. gefordert werden, dass über unterschiedliche reale und virtuelle Punkte, an denen Kunde und Unternehmen miteinander kommunizieren, genau die gleichen Back-Office-Prozesse definiert werden müssen. Damit kann auch eine Vereinfachung der Integration von Front- und Back-Office-Organisationseinheiten und -Systemen erreicht werden.

2.2.4 Kundengeschäftsvorfälle und Kundenkommunikation

Ausgehend vom CBC ist der Blick auf die Schnittstelle zwischen Kunde und Unternehmen zu richten, an der generische Geschäftsvorfälle zwischen Kunden und Unternehmen definiert werden können. Dies kann an verschiedenen Kontaktpunkten über unterschiedliche Medien der Fall sein. Unterschieden werden können: Informationsabrufe, Interaktionen, Transaktionen und (Kunden-)Integrationen.[76]

- Informationsabrufe treten seitens des Kunden oder seitens des Unternehmens auf. Sie können auch durch das Unternehmen oder den Kunden angestossen werden.

- Interaktionen und Interaktionsbedarfe treten seitens des Kunden und seitens des Unternehmens auf. Sie können auch durch das Unternehmen oder den Kunden angestossen werden.

- Transaktionen treten zwischen Kunden und Unternehmen auf. Von einer Transaktion wird gesprochen, wenn, unterstützt durch beiderseitige Informationsabrufe und Interaktionen, ein Vertrag zur Regelung des gegenseitigen Leistungsaustauschs zwischen Kunde und Unternehmen zustande kommt. Bis zum Vertragsabschluss dominiert die Kommunikation. Nach dem Vertragsabschluss dominieren Kommunikation und Erfüllung in unterschiedlichem Masse. Der Vertragsabschluss führt zum eigentlichen Leistungsaustausch. Vertrag und Leistungsaustausch werden mit Transaktion bezeichnet.

- Eine Integration zwischen Kunde und Unternehmen kann verstanden werden als die Integration des Kunden in die Geschäftsprozesse des Unternehmens. Dies

---

[76] Vgl. Arthur Andersen (2001), Brown (2000), Deelmann/Loos (2001), Gartner Group (2000a), Gartner Group (2000b), Hartmann et al. (2000), Müller/Von Thienen (2001), Schneider (2001).

umfasst sowohl kommunikationsorientierte wie auch erfüllungsorientierte Geschäftsprozesse. Ein Beispiel dazu ist etwa die Übernahme von Transaktions-(einleitungs)prozessen durch den Kunden, etwa an einem Multifunktionsterminal eines Finanzdienstleisters.

Bei den erwähnten Geschäftsvorfällen kann es sich in der praktischen Realität etwa um Umzugsmeldungen, Nachfragen nach einem Produkt, Bestätigung oder Aushändigung von Verkaufsverträgen handeln. Die Geschäftsvorfälle an den Kundenkontaktpunkten sind in ihrer realen Ausprägung letztlich die Auslöser für die Integration der Informationssysteme, über welche die Abwicklung der Geschäftsvorfälle unterstützt wird.[77]

Das Multi Channel Management (MCM), das in seiner technischen Ausprägung auch als kollaboratives CRM bezeichnet wird, umfasst die Steuerung, die Koordination und die Integration der Kontaktmedien, Kontaktkanäle und Kontaktpunkte und der darüber ausgetauschten Informationen.[78] Zum MCM gehört zudem die Definition der über die Kommunikation anzustossenden oder angestossenen Front-Office-Prozesse.[79]

Bei den Kommunikations- oder Kontaktmedien handelt es sich um ein (technisches) Mittel zur Kommunikation zwischen Kunde und Unternehmen. Es kann zwischen direkten und indirekten Medien unterschieden werden. Mittels direkter Medien wird direkt mit dem Kunden kommuniziert, etwa über dessen (bekannte) Kontaktadresse, Telefonnummer oder Emailadresse. Mittels indirekter Medien wird indirekt mit einem Kunden kommuniziert. Eine Werbemassnahme in einer Zeitung wendet sich nicht an einen ganz bestimmten (direkt ansprechbaren) Kunden, sondern an eine „mögliche" Kundengruppe, welche die Zeitung liest. Indirekte Kommunikation basiert somit auf dem Prinzip der nicht persönlichen Ansprache, beispielsweise über Television, Zeitungen, Prospekte, Plakate. Bei den direkten Medien kann wie erwähnt zwischen synchronen und asynchronen Medien unterschieden werden.

Ein Kontaktkanal besteht aus der Konfiguration der folgenden unternehmerischen Elemente: Mitarbeiter- oder Kundenrollen, mögliche auszuführende Aktivitäten oder Prozesse im Front Office sowie direkte Kontaktmedien. Eine Konfiguration von Kontaktkanälen hat somit aus organisatorischer Sicht *und* in Informations- und Kommunikationssystemen zu erfolgen.[80]

---

[77] Vgl. dazu auch Kapitel 4.1.
[78] Vgl. zum Multi Channel Management etwa Gronover (2003). Vgl. zum kollaborativen CRM z.B. Reynolds (2002), S. 7. Das kollaborative CRM wird auch mit kommunikativem CRM umschrieben. Vgl. zu Letzterem etwa Hippner/Wilde (2001), S. 29 ff.
[79] In Anlehnung an Moosmayer et al. (2001), S. 81.
[80] Vgl. dazu Johnston/Marshall (2002).

Kundenkontaktpunkte oder Customer Touch Points können verkürzt als lokale örtliche oder virtuelle Punkte definiert werden, an denen Kunden und Unternehmen zur Kommunikation aufeinander treffen. Treffend zeigt dies das Zitat und die Definition der Autoren Johnston/Marshall. "Touchpoints are viewed as the intersection of a business event that takes place via a [contact] channel using a [contact] medium (e.g., online inquiry from a prospect, telephone follow-up with a purchaser on a service issue, face-to-face encounter with a salesperson). At their essence, touchpoints are where the selling firm touches the customer in some way, thus allowing for information about customers to be collected."[81]

Wie bereits erwähnt und in Abbildung 6 dargestellt, sind verschiedene technische Teilsysteme zu unterscheiden, welche zu einer Gesamtarchitektur zu integrieren sind. Weiter werden daraus einzelne Komponenten erläutert.

Das Data Warehouse (DWH) "[...] is a collection of subject oriented, integrated, non-volatile, time variant data designed to support management's decisions. A DWH contains atomic Data and lightly summarized Data".[82] Daten werden in DWHs also aus unterschiedlichen Datenquellen gesammelt und zu Abfragezwecken historisiert aufbewahrt. Die folgenden Präzisierungen gelten nicht nur für DWHs, die einem ganzen Unternehmen zur Verfügung stehen, sondern auch für funktionsorientierte Sichten auf Subsets von Daten des DWH. Diese werden auch Data Marts genannt.[83] In DWHs werden Daten aus Performanz- und Auswertungsgründen bewusst redundant, in teilweise aggregierter Form und nicht oder nur teilweise normalisiert gehalten. Da in operativen Systemen Daten meist funktions- oder prozessorientiert, relational und normalisiert gehalten werden, müssten je nach Datenmodell über eine Abfrage aus Dutzenden von Datentabellen in ERP- oder CRM-Systemen relevante Daten zusammengetragen, transformiert und bedarfsgerecht aggregiert werden.[84] Dies kann mit der Bildung von DWHs umgangen werden. Zusätzlich kompliziert würde diese Abfrage bei Daten, die zu Zeitreihen angeordnet werden müssten, was im CRM-Umfeld für Datenanalysen vielfach der Fall ist.

Klassische Enterprise-Resource-Planning-Systeme (ERP) werden zur Unterstützung aller unternehmensinternen Prozesse und u.a. zur Unterstützung der Erfüllung von Kundenverträgen in Form interner Aufträge eingesetzt. ERP-Systeme enthalten in der Regel keine eigentlichen Front-Office- oder Kommunikationsabwicklungs-Funktionen.

---

[81] Vgl. Johnston/Marshall (2002).
[82] Vgl. Inmon (1993).
[83] Zur Unterscheidung von DWHs und Data Marts und zum Folgenden sei auf Bauer/Günzel und Kurz verwiesen: Bauer/Günzel (2001), S. 58 ff., Kurz (1999), S. 108 ff.
[84] Vgl. für die Unterscheidung der operativen und analytischen Datenbanken Bauer/Günzel (2001), S. 9 ff. sowie Kapitel 3.2.1.

Sie ergänzen diese Funktionen vielmehr seitens der operativen CRM-Systeme mit dem Erfüllungsteil. SAP führt im R/3 System beispielsweise das erfüllungsorientierte Modul Sales and Distribution (SD).

Ein ERP-System kann nach Hansen/Neumann definiert werden als: „[...] ein aus mehreren Komponenten bestehendes integriertes Anwendungspaket, das alle wesentlichen [inner-] betrieblichen Funktionsbereiche abdeckt (Beschaffung, Produktion, Vertrieb, Finanzwesen, Personalwirtschaft, usw.). Die Integration wird dabei von einer zentralen Datenbank unterstützt, wodurch Datenredundanz vermieden und integrierte Geschäftsprozesse ermöglicht werden."[85] In der Regel erfolgt die Integration mit anderen Anwendungssystemen oder -komponenten des Unternehmens (z.B. mit CRM-Systemen) über proprietäre, standardisierte oder offene Schnittstellen. ERP-Systeme (oder ERP-ähnliche Legacy- oder Altsysteme) sind als (inner-)betriebliche Informationssysteme nebst dem DWH das eigentliche ‚Informationsrückgrat' eines Unternehmens. Legacy- oder Altsysteme und deren Eigenschaften können in diesem Zusammenhang wie folgt definiert werden: „In information technology, legacy applications and data are those that have been inherited from languages, platforms, and techniques earlier than current technology. Most enterprises who use computers have legacy applications and databases that serve critical business needs. Typically, the challenge is to keep the legacy application running while converting it to newer, more efficient code that makes use of new technology and programmer skills. In the past, much programming has been written for specific manufacturers' operating systems. Currently, many companies are migrating their legacy applications to new programming languages and operating systems that follow open or standard programming interfaces. Theoretically, this will make it easier in the future to update applications without having to rewrite them entirely and will allow a company to use its applications on any manufacturer's operating system."[86]

In der Regel werden ERP-Systeme zur Abwicklung unternehmensinterner Aufgaben und Prozesse eingesetzt.[87] Sie dienen ferner der Unterstützung der betrieblichen Erfüllung von Kundenbedürfnissen. CRM-Systeme hingegen dienen der strukturierten Kommunikation zwischen Kunde und Unternehmen sowie der bearbeitungsspezifischen Kundendatenanalyse. Die Kommunikaton kann in eine Interaktion vor einem Kauf und eine Interaktion nach einem Kauf strukturiert werden.[88] Die Unsicherheit des Kundenverhaltens bestimmt unter Umständen massgeblich die Enge der Integration

---

[85] Vgl. Hansen/Neumann (2001), S. 523.
[86] Vgl. Whatis (2005a).
[87] Vgl.dazu und zum Folgenden Hansen/Neumann, S. 523 f.
[88] Vgl. zum Konzept des CBCs Kapitel 2.3.1.

zwischen den drei weiter oben beschriebenen CRM-Komponenten. Informationssysteme für das Supply Chain Management (SCM) können im Zusammenhang dieser Arbeit als Erweiterung des Managements von (Kunden- oder Leistungserstellungs-)Aufträgen verstanden werden (ERP-Funktionalität). Mittels SCM-Systemen können unternehmensübergreifend Produktions-, Auftragserfüllungs- und Logistikaufträge und -ressourcen in betrieblichen und überbetrieblichen Wertschöpfungsketten und -Netzwerken gesteuert werden.

2.2.5 Aspekte des Begriffs der Integration

Unter der Integration kann die Erstellung eines Ganzen durch das strukturierte oder systematische Zusammenführen von Teilen verstanden werden.[89] Es geht dabei um die Zusammenführung nicht nur von getrennten Vorgängen und Strukturen, sondern auch um die Zusammenführung des Ergebnisses dieser Tätigkeiten. Für Mertens steht zudem bei der Integration die Zusammenführung von Menschen, Aufgaben und Technik zu einer Einheit im Vordergrund. CRM-Systeme entfalten ihren grössten Nutzen zur Unterstützung der Kundenschnittstelle dann, wenn sie, den Bedürfnissen des Unternehmens entsprechend, weitestmöglich mit Umsystemen (ERP-, SCM-, Legacy-, Billing-Systeme) integriert werden.

Die Enterprise Application Integration (EAI) kann als umfassender Ansatz zur Anwendungssystemintegration innerhalb eines Unternehmens und über das Unternehmen hinaus verstanden werden. EAI ist somit als eine mögliche Integrationsinfrastruktur zu verstehen. Davon abzugrenzen ist die Systemarchitektur, welche in der logischen Anordnung und Integration von Anwendungssystemen oder Komponenten davon besteht. Der EAI-Ansatz erlaubt nicht nur die technische Kommunikation zwischen verschiedenen Anwendungssystemen in einer heterogenen System- und Applikationslandschaft. Er unterstützt auch die operative Daten- und Geschäftsprozessintegration.[90] Dadurch wird eine informationsgestützte Zusammenarbeit oder Kollaboration unterschiedlicher Front- und Back-Office-Organisationseinheiten ermöglicht. EAI baut dazu auf dem middlewarebasierten Integrationsansatz auf und umfasst u.a. folgende Funktionalität: Direkte oder indirekte Datenübermittlung (Das heisst die „Steuerung der so genannten Informationsverkehrsregelung" auf der entsprechenden Integrationsinfrastruktur), Steuerung, Abwicklung und Dokumentation von applikationsübergreifenden Geschäftsprozessen auf Basis von zu definierenden Geschäftsregeln, Abwicklung von Extraktions-, Transformations- und Laderoutinen bezüglich

---

[89] Vgl. dazu und zum Folgenden u.a. Duden (2001), S. 839, Grochla et al. (1974), S. 38, Kaib (2004), S. 10, Mertens (2000), S. 1, Müller-Merbach (1988), Slater (2000), Mertens (2000), S. 1.
[90] Vgl. Kaib (2002), S. 81, Ließmann (2000), S. 75.

Daten sowie die Überbrückung von Standardisierungs- und Protokollierungsunterschieden.[91]

Eine Schnittstelle kann definiert werden als ein physisches oder nicht-physisches Verbindungselement zur Koppelung unterschiedlicher Hardware- und Software-Komponenten. Eine Schnittstelle kann somit sowohl ein „Stück" Hardware als auch ein „Stück" Software sein. Es sind auch aufbau- und ablauforganisatorische Schnittstellen definierbar. An diesen finden betriebliche oder technische Kommunikationsepisoden statt. Es werden z.b. definierte Dokumente oder Informationen im Sinne von Input-Output-Beziehungen übergeben oder eine Message wird von einem Informationssystem einer Organisationseinheit an das Informationssystem einer anderen Organisationseinheit übertragen. Hansen/Neumann definieren die Schnittstelle aus der objektorientierten Sicht wie folgt: „Die Gesamtheit der öffentlichen Methoden eines Objekts (einer Komponente) wird als dessen Schnittstelle (engl.: interface) bezeichnet. Um zu interagieren, schickt ein Objekt eine Meldung (Nachricht, engl.: Message) an ein anderes Objekt. Ein Objekt definiert durch seine Schnittstelle, welche Meldungen es verarbeiten kann."[92]

2.3 CRM-spezifische Integrationskonzepte

Ausgehend von den vorgängig dargestellten theoretischen Grundlagen ergeben sich für die Integration verschiedene integrationsrelevante Diskussionsbereiche, die im Folgenden für das CRM dargestellt werden sollen.

Aus der Kommunikationsperspektive ist es wichtig, die Kommunikation über verschiedene direkte Kommunikationsmedien und -möglichkeiten mit dem Kunden nicht abbrechen zu lassen. Das Ziel der Kommunikation ist es, dass das Unternehmen entsprechend den Erfordernissen des Unternehmens und den Bedürfnissen des Kunden mit dem Kunden im Austausch bleibt, um die Unsicherheit bezüglich der angestrebten Vertragsabschlüsse zu reduzieren. Aus der Steuerungsperspektive des Kundenbeziehungsmanagements ist es wesentlich, dass die für das Kundenbeziehungsmanagement relevanten Aktionen und Reaktionen von beiden Seiten dokumentiert werden, damit eine Steuerung des Kundenbeziehungsmanagements aufgrund von Daten (erst) möglich wird.

---

[91] Vgl. META Group (2001).
[92] Hansen/Neumann (2001), S. 265.

2.3.1 Customer Buying Cycle als generisches Kommunikationsmodell

2.3.1.1 Das Konzept des Customer Buying Cycles

Im Folgenden wird vertiefter auf die Kundenkommunikation an der Schnittstelle zwischen Unternehmen und Kunde eingegangen. Dafür werden auch Gestaltungsmöglichkeiten bezüglich der relevanten Aktivitäten diskutiert.

Die Abbildung 7 zeigt aus betrieblicher Sicht, dass innerhalb der Kommunikation mit Kunden unterschiedliche Prozesse zu durchlaufen sind.

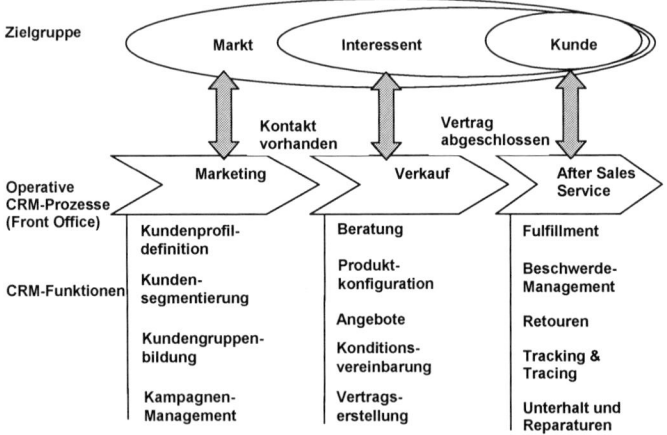

Zielgruppe	Markt	Interessent	Kunde
		Kontakt vorhanden	Vertrag abgeschlossen
Operative CRM-Prozesse (Front Office)	Marketing	Verkauf	After Sales Service
CRM-Funktionen	Kundenprofildefinition Kundensegmentierung Kundengruppenbildung Kampagnen-Management	Beratung Produktkonfiguration Angebote Konditionsvereinbarung Vertragserstellung	Fulfillment Beschwerde-Management Retouren Tracking & Tracing Unterhalt und Reparaturen

Abbildung 7: Operative CRM-Prozesse, deren Zielgruppen und deren grobe Funktionsbereiche.[93]

Im (falls erforderlich) immer wieder zu durchlaufenden Prozessablauf von Marketing-, Verkaufs- und After-Sales-Service-Prozessen (Customer Buying Cycle: CBC) können operative Teilprozesse unterschieden werden, die, wie die Abbildung 7 zeigt, je unterschiedliche Zielgruppen haben. Die Marketingprozesse sind auf den Markt als Ganzes ausgerichtet, wobei dazu auch Interessenten in anderen Bereichen und bestehende Kunden gehören. Die Verkaufsaktivitäten sind auf die Interessenten ausgerichtet, das heisst auf Nichtkunden und bestehende Kunden, die wieder für ein anderes Produkt interessiert werden können. Die Interessenten werden durch Marketingprozesse gewonnen. Wenn die Interessenten Verträge abschliessen, werden sie zu Neukunden oder zu bestehenden Kunden mit erneutem Vertragsabschluss. Diese sehr grob formulierten Aufgaben sind Mitarbeitern im Kundenkontakt zuordenbar (Arbeitsteilung) und im übergeordneten Sinne wiederum verschiedenen Funktions- oder Organisationseinheiten der Kundenbeziehungsprozesse zuordenbar.

---

[93] In Anlehnung an Schulze (2002), S. 16.

CRM-Grundlagen

Wie aus der Abbildung 7 ersichtlich wird, können verschiedene Zielgruppen der CRM-Prozesse unterschieden werden. Die gesamte mögliche Basis an Kunden ist die Zielgruppe der Marketingprozesse. Die daraus zu gewinnenden oder gewonnenen Interessenten sind die Zielgruppe der Verkaufsprozesse. Die bestehenden Kunden wiederum sind die Zielgruppe der After-Sales-Service-Prozesse. Insbesondere aus Integrationssicht ist im weiteren Verlauf dieser Arbeit auf die CRM-Prozesse und deren Funktionsbereiche präziser einzugehen (dies erfolgt im Detail in Kapitel 3.3).

Der in der Abbildung 7 dargestellte Teil des CBCs bezieht sich nur auf die Unternehmensseite, er hat jedoch auch einen kundenseitigen Teil, der wiederum in die Phasen für die Information, die Vereinbarung und den Service eingeteilt werden können, innerhalb der auf Kundenseite korrespondierende Informationsverarbeitungsprozesse ablaufen. Dies zeigt Abbildung 8, in der die Interaktion zwischen Kunde rechts und Unternehmen links in Phasen modellhaft dargestellt ist. Diese Phasen- oder Prozessaufteilungen dienen Unternehmen aus Komplexitätsgründen dazu, ihre Marktbearbeitung und deren Organisation zu strukturieren oder, anders gesagt, um die Konfiguration von Kontaktkanälen zu unterstützen sowie die Kommunikation zwischen Kunde und Unternehmen an unterschiedlichen Kontaktpunkten besser verstehen zu können. Ausgehend von Letzterem und von Abbildung 7 kann ein CRM-Kommunikationsmodell abgeleitet werden, das in Abbildung 8 dargestellt wird. Daran ist die gesamte Komplexität des CRM dadurch ersichtlich, dass die erwähnten Kundenbeziehungsgeschäftsvorfälle in zum Teil sehr grossen Mengen über unterschiedliche Kommunikationsmedien inbound und outbound abgewickelt werden müssen.

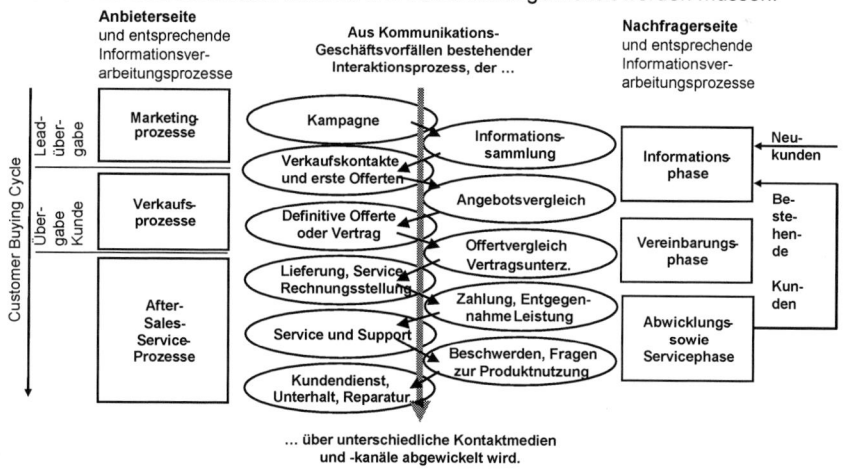

Abbildung 8: Generisches Kommunikationsmodell im operativen CRM.

Aus Abbildung 8 sind auch die Aufgaben und teilweise die Informationsverarbeitungsprozesse zwischen den verschiedenen Beteiligten im strategischen, taktischen und operativen Kundenbeziehungskonzept ableitbar.[94] Die Dokumentation der Kundeninteraktions- und -beziehungsakte ist vor allem deshalb so wichtig, weil (im B2C- wie im B2B-Fall) in einer Kundenbeziehung unterschiedlichste Personen seitens des Unternehmens mit dem Kunden über unterschiedliche Kommunikationsmedien in Interaktion treten können; im B2B-Fall sind es auch unterschiedlichste Personen seitens des Kunden (Buying- versus Selling Center[95]). Dies ist insbesondere dann der Fall, wenn unterschiedliche Beteiligte seitens des Kunden und des Unternehmens betroffen sind, etwa in B2B-Kundenbeziehungen. Es ist in solchen Situationen problematisch, wenn der Kunde jedes Mal sein Anliegen erneut vortragen muss und z.B. nicht bekannt ist, dass er bereits fünfmal telefoniert hat oder der Kunde aufgrund der Nichtkenntnis seines Anliegens unternehmensseitig immer wieder mit anderen Front-Office-Mitarbeitern verbunden wird. Mit der Unterstützung durch Informationssysteme und einer geschickten Gesprächsführung kann relativ schnell ausfindig gemacht werden, in welcher Phase des CBCs der Kunde sich befindet, weshalb er anruft und welche (Informations-)Bedürfnisse er hat. Informationsbereitstellungs- und -verarbeitungsaktivitäten, die anlässlich unterschiedlichster Geschäftsvorfälle im Rahmen des CBCs auftreten, können präzise vorbereitet werden und deren effiziente Abwicklung durch Systeme wo möglich und sinnvoll unterstützt und aus Effizienzgründen automatisiert werden.

2.3.1.2 Anbieterseitige Betrachtung des Kommunikationsmodells

Auf der Anbieterseite können – wie in Abbildung 8 dargestellt – unterschieden werden: Marketing-, Verkaufs- und After-Sales-Service-Prozesse. Die Funktionen, wie sie in der Abbildung 7 und im Sinne von systemspezifischen Funktionalitäten ausführlicher in Kapitel 3.3 dargestellt werden, dienen dazu, die Interaktionen in Abbildung 8 entsprechend anzugehen. Das Ziel des Unternehmens muss es sein, diese Geschäfts- oder Interaktionsprozesse kundenorientiert so effizient und effektiv wie möglich zu gestalten.

Je präziser die Mitarbeiterin oder der Mitarbeiter, der den Telefonanruf erhält, das Email erhält oder den Kunden am Schalter empfängt, sich bewusst ist, welches Anliegen der Kunde haben könnte und die richtigen Informationen dazu verfügbar hat, desto grösser ist der Nutzen der Unterstützung durch Informations- und Kommunikationstechnologie. Es ist z.B. heute bei Unternehmen Realität, dass dem Kunden auf-

---

[94] Vgl. hierzu die folgende Abbildung 9 sowie Walser (2002), S. 67 ff.
[95] Vgl. hierzu Backhaus (2003), S. 66 ff.

grund von Datenanalysen Produktvorschläge gemacht werden, die z.B. auf den entsprechenden Bildschirmen mit den relevanten Kundendaten erscheinen[96], wenn der Mitarbeiter diese aufruft respektive in der Interaktion mit dem Kunden steht. Ein weiteres Ziel ist die Durchgängigkeit der Informationsbereitstellung und der Prozesse vom Front- ins Back Office und umgekehrt.

Die unternehmensseitigen Prozesse im CBC können durch unterschiedliche Trenn- oder Schnittstellen abgegrenzt werden. Ein angesprochener Kunde, der sich aus dem Marketingprozess heraus für ein Produkt oder eine Dienstleistung interessiert, kann als Interessent oder Lead bezeichnet werden. Er wird an den Verkaufsprozess weitergegeben und dort systematisch mit Offerten und Angeboten – aber auch Vertragsvorschlägen – so lange weiter bearbeitet, bis er kauft oder aufgrund mangelnden Interesses aus dem Verkaufsprozess ausscheidet. Hat der Kunde gekauft, sind die Stellen im After Sales Service für ihn zuständig. Der Vertrag ist danach die Grundlage für die Bearbeitung von Kundenanliegen nach dem Vertragsabschluss, aber unter Umständen auch für die weitere Bearbeitung des Kunden bezüglich Cross- und Up Selling etc. Dem After Sales Service (aber auch den Marketing- und Verkaufsstellen) ist somit direkt Zugang zu den Verträgen zu gewähren. Idealerweise wird der Kundenvertrag zentral in einem Dokumenten-Management-System abgelegt, damit auch dezentrale Stellen darauf z.B. elektronisch Zugriff haben. Das Dokumenten-Management-System kann neben der eigentlichen operativen CRM-Datenbank eine weitere Informationsquelle zu verschiedenen Belangen des CRM darstellen. Je nach Teilphase ergibt sich bei logischer Überlegung, je nach Unternehmen oder Branche und darin betroffenen Funktions- oder Organisationseinheiten, ein ganz bestimmter Informationsbedarf, der in diesen Bereichen erforderlich und zu verarbeiten ist und strukturiert am Kontaktpunkt zur Verfügung zu stellen ist.

2.3.1.3 Kundenseitige Betrachtung des Kommunikationsmodells

Auf der Kundenseite ist zu berücksichtigen, dass den Kunden vor und nach dem Kauf, d.h. in der Informations-, der Vereinbarungs- und der Servicephase, eine ideale Informationsversorgung geboten wird. Diese ist auf die Informationsverarbeitungsprozesse des Kunden auszurichten. Zu deren Kern gehört aus Unternehmenssicht das Problem des Nutzens und dessen kommunikativer Vermittlung an den Kunden, etwa im Verhältnis zu entsprechenden Konkurrenzbemühungen. Hier stellen sich u.a. Fragen zur adäquaten Nutzenargumentation sowie zum richtigen Zeitpunkt der Nutzenvermittlung etc. Der Kunde sollte vor und nach dem Vertragsabschluss nur die Informa-

---

[96] Im Fall der Nichtunterstützung durch IT wären dies etwa Kundendossiers, auf deren Deckel z.B. das nächstbeste Produkt vermerkt werden könnte, das dem Kunden angeboten werden soll.

tionen erhalten, die für den Kaufentscheid wesentlich sind. Dies gilt auch für die Informationsversorgung in der Service Phase nach dem Abschluss des Kaufvertrags, wo dem Kunden nur die Informationen über Kommunikationsmedien zur Verfügung zu stellen sind, die er für die Produkt- oder Leistungsnutzung, für Fragen, für die Evaluation neuer Angebote, etc. benötigt.

Seitens des Kunden sind in der Informationsphase (vgl. dazu Abbildung 8) Informationsbedürfnisse vorhanden, auf die das Unternehmen vorbereitet sein sollte. Die zentrale Frage lautet, ob seitens des Unternehmens bekannt ist, welche Informationen zu welchem Zeitpunkt hierzu vorhanden sein müssen. In den meisten Fällen handelt es sich um Informationsabrufe, ob mit Mitarbeiterkontakt oder ohne. In der Vereinbarungsphase braucht der Kunde unter Umständen Hilfestellung bei der Auswahl von Dienstleistungen, Produkten sowie Leistungsangeboten und der Unterstützung beim Vergleich und der Abschätzung von Vor- und Nachteilen verschiedener Produkte, beim Vergleich von Varianten oder Produktmodulen oder bei der Erstellung von individuellen Produkten. Es ist jedoch denkbar, dass Unternehmen aufgrund starken Wettbewerbs den Vergleich von Produkten oder auch Preisen zu verunmöglichen oder zu verschleiern suchen. Ein Beispiel dazu stellt die Intransparenz von Preisplänen bei Telekommunikationsanbietern dar.

Zudem gilt es für verschiedene Produkte und Angebotsalternativen seitens des Unternehmens Offerten zu unterbreiten, die der Kunde zur Konkretisierung und Definition seines Kaufentscheides braucht. Zum Schluss gehören in die Vereinbarungsphase auch die Lektüre und Unterzeichnung von Verträgen. In der Servicephase entsteht erneuter Kommunikations- oder Informationsbedarf. In der Servicephase sind dazu unterschiedliche Teilphasen bestimmbar, je nachdem um was für ein Unternehmen (Dienstleistungs-, Konsumgüter- oder Investitionsgüterunternehmen) es sich handelt. In der Vereinbarungsphase sind Informationen so zu strukturieren, dass der Kunde sich geschäftsvorfallspezifisch in möglichst kurzer Zeit einen Überblick über die erforderlichen Angebote und Informationen und deren Vergleich etwa in einer Offerte machen kann, unter Umständen unabhängig davon, über welches Kommunikationsmedium er mit dem Unternehmen im Kontakt steht.

2.3.1.4 Schliessen des Customer Buying Cycles

Das Ziel innerhalb der Abbildung 8 ist es aus strategischer CRM-Sicht, ein mehrmaliges Schliessen der Interaktionskette im CBC zu erreichen. Dies bedeutet, dass mit erwünschten Kunden mehrfach mittels Kommunikation Transaktionen herbeigeführt werden sollen, die weitere Transaktionen nach sich ziehen. Dabei handelt es sich bildhaft gesprochen um das mehrfache „Zuziehen der Kundeninteraktionskette" (oder

CRM-Grundlagen 49

des „Kundeninteraktionsreissverschlusses"[97]) von oben nach unten. Dies hat gezielt, konsistent und geplant zu erfolgen und zu Aktionen und Reaktionen (von Kunden- und Unternehmensseite) zu führen, die auch über unterschiedliche Kommunikationsmedien erfolgen oder angestossen werden können. Sie sind so effizient und effektiv wie möglich miteinander zu verzahnen. Aktionen werden zu diesem Zweck initiiert und erfasst. Reaktionen des Kunden werden gezielt angestossen, dokumentiert und überwacht, um so der Unsicherheit des Kundenverhaltens so weit wie möglich entgegen wirken zu können. Damit ist mehr Verlässlichkeit in das Kundenbeziehungsmanagement und die daran gekoppelte Kundeninteraktion zu bringen, aber dem Kunden auch zu signalisieren, dass das Unternehmen im positiven Sinne auf ihn angewiesen ist und ihn ernst nimmt. Der Kunde soll auf der Seite des Unternehmens aber auch mehr Verlässlichkeit und den Willen spüren, dass auf seine Bedürfnisse eingegangen wird sowie dass er ernst genommen wird. Das Unternehmen hat im Gegenzug das Interesse unter Berücksichtigung von Effizienz- und Effektivitätskriterien ein Maximum aus der Beziehung herauszuholen. Der Reissverschluss im engeren Sinne, in Abbildung 8 mit Interaktionsprozess bezeichnet, ist somit ein Geben und Nehmen, ein Agieren und ein Reagieren, das beiderseits verschiedene Teilphasen kennt.

Es ergeben sich anlässlich des in Abbildung 8 dargestellten generischen Kommunikationsprozesses unternehmensseitig unterschiedlichste Schnittstellen, für welche die Integration im Bereich des Kundenbeziehungsmanagements wichtig ist. Erstens ist auf der linken Seite dafür zu sorgen, dass die Marketing-, Verkaufs- und After Sales Prozesse, die meist von unterschiedlichen Organisationseinheiten wahrgenommen werden, zueinander integriert werden. Dadurch erst kann sichergestellt werden, dass die Kundeninformationen von Prozess- zu Prozessbereich weitergegeben und über alle Prozesse abrufbar sind.[98] Zweitens ist darauf zu achten, dass die Interaktionsprozesse in die Erfüllungsprozesse integriert sind. Dies kann für Informationsabrufe, Informationsweitergaben oder Prozessintegrationen der Fall sein. Viel komplexer ist zudem die kundenseitige Anbindung der relevanten Kommunikationsmedien an die operativen CRM-Systeme zur Dokumentierung, Initialisierung und Abwicklung von Kundenkommunikationsprozessen. Hier kann aufgrund des Kundenverhaltens ein Abbruch der Kommunikation erfolgen, wobei dann zu entscheiden ist, ob der Kunde weiter bearbeitet werden soll. Die Medienintegration in die operativen CRM-Systeme ist deshalb wesentlich, weil verschiedene Kommunikationsepisoden in einem Durchlauf des CBCs, die über unterschiedliche Kommunikationsmedien erfolgen können,

---

[97] Vgl. zum Begriff des Reissverschlusses im CRM auch Rapp (2000), S. 113.
[98] Vgl. dazu Kapitel 4.2.

sich auf eine Transaktion beziehen können. Damit ist erst mit einer Kanal- oder Kontaktmedien-übergreifenden Informationsintegration sichergestellt, dass diese Episoden einander zugeordnet werden können. Dadurch erst wird zwischen Kunde und Unternehmen, aber auch zwischen den operativen CRM-Prozessen, die über unterschiedliche Kontaktmedien abgewickelt werden können, eine konsistente Kundenbeziehungsgestaltung möglich.

Im B2B-Bereich tritt in Mehrpersonenbeziehungen (im Rahmen des organisationalen Beschaffungsverhaltens, d.h. in Selling- und Buying Centern) seitens des Kunden und seitens des Unternehmens etwa das Problem auf, dass unterschiedliche Personen miteinander über unterschiedliche Medien kommunizieren. Damit können, falls keine Dokumentation der entsprechenden Kommunikationsepisoden in einer zentralen Datenbank erfolgt, inkonsistente Entscheidungssituationen, inkonsistente Kommunikationsepisoden, inkonsistente oder fehlerhafte Offerten und Verträge sowie Services aufgrund mangelnder oder inkonsistenter Informationsbestände zur Kundenbeziehung resultieren.[99]

Seitens des Kunden kann es von Vorteil sein, die Integration von der Informationsphase in die Vereinbarungsphase zu begleiten oder anzustossen, wobei dies je nach Branche oder auch innerhalb einer Branche unterschiedlich erfolgen kann. Die Integration des Kunden in Geschäftsprozesse ist eine Möglichkeit dazu. Ferner kann es sinnvoll sein, z.B. über die Individualisierung von Kommunikation oder Leistungserfüllung, den Kunden auch in der Servicephase ans Unternehmen zu binden und sicherzustellen, dass er erneut als Interessent gewonnen werden kann.

Zusammenfassend ist der Integrationssachverhalt, der sich anhand des CBCs ergibt, als eine Art Reissverschluss präsentierbar, der immer wieder neu zu schliessen ist.

2.3.2 Regelkreis der Marktbearbeitung oder CRM-Regelkreis

Das im Folgenden zu schildernde Konzept des Regelkreises der Marktbearbeitung ist im Gegensatz zum CBC, bei dem es sich um die Integration von Kundenkommunikationsprozessen über verschiedene Kontaktmedien handelt, ein viel umfassenderes Konzept zur Steuerung des Kundenbeziehungsmanagements, in dem der CBC einen Teilbereich (des operativen CRM) darstellt. Im Gegensatz zum CBC, welcher von einer kunden- und einer unternehmensseitigen Prozess- und Phasenbetrachtung ausgeht und mit dem gezeigt werden soll, welche Informationsbereitstellungen in den verschiedenen Prozessphasen über unterschiedliche Kommunikationsmedien vorhan-

---

[99] Vgl. zum organisationalen Beschaffungsverhaltens in B2B-Märkten unter anderen Backhaus (1997), S. 61 ff. Vgl. zum Thema der über mehrere Kontaktkanäle konsistenten Kundenkommunikation auch das Kapitel 3.4.

2.3.2.1 Das Konzept des CRM-Regelkreises

Aus der systemtheoretischen Perspektive ist davon auszugehen, dass das Unternehmen als Element eines Systems Markt an diesem mit Kommunikationsprozessen unterschiedlicher Art auftritt, die primär darauf ausgerichtet sind, möglichst viele Nichtkunden, potentielle Kunden und bestehende Kunden zu Käufern und Wiederkäufern zu machen. Sekundär können Kommunikationsprozesse auf die Beeinflussung der Wettbewerber ausgerichtet sein. Die Aktivitäten des Unternehmens bleiben von der Konkurrenz in der Regel nicht unbemerkt. Dies kann zu weiteren Kommunikationsaktionen derselben führen. Um nun die Bearbeitung des Marktes wirklich steuern zu können, und in dieser Beziehung bringt das CRM Neues für die Steuerung der prozessorientierten Marktbearbeitung, hat das Unternehmen eine Aufgabenverteilung aus Sicht eines Regelsystems analog zu Abbildung 9 zu definieren. Darin sind Soll-Werte zu definieren, welche auf Basis einer zu bestimmenden CRM-Zielhierarchie mit dem Einsatz von CRM-Systemen zu erreichen sind. Dazu soll in Anlehnung an Walser die bereits erwähnte Gliederung in strategisches CRM, taktisches CRM und operatives CRM (oder entsprechende Managementebenen) beigezogen werden.[100] Auf Basis dieser drei Managementebenen und deren Aufgaben können Informationsbedürfnisse abgeleitet werden, welche mittels Informationssystemen für das Kundenbeziehungsmanagement zu unterstützen sind. Ein Regler oder Regelkreis wird in dieser Arbeit mit dem Begriff „Regelkreis der Marktbearbeitung" bezeichnet.[101] Der Regelkreis der Marktbearbeitung im Unternehmen dient der Messung der Effektivität und der Effizienz der Marktbearbeitungs- oder Kommunikationsprozesse im CBC. Im Regelkreis der Marktbearbeitung kann nur bedingt etwas über die Wirkung (Effektivität) der CRM-Kommunikation beim Kunden ausgesagt werden. Der Grund dafür liegt darin, dass die Wirkung der Unternehmenskommunikation beim Kunden zwar über die firmeninternen Kommunikationsprozesse auch mittels Analyseeinsatz so weit wie möglich gezielt beeinflusst werden kann. Die Wirkung der Kunden-

---

[100] Vgl. Walser (2002), S. 67 ff.
[101] Vgl. zum Regelkreis der Marktbearbeitung, der in der Literatur u.a. mit „Closed Loop" bezeichnet wird, Englbrecht et al. (2004), S. 423, Hippner et al. (2004d), S. 17, Lettau (1992), S. 19, Obua (2001), S. 604 ff. Hippner et al. charakterisieren den Sachverhalt wie folgt: „CRM wird somit zu einem lernenden System (Closed Loop Architecture), in dem Kundenreaktionen systematisch genutzt werden, um die Abstimmung von Kundenkommunikation, Produkten und Dienstleistungen auf fein differenzierte Kundenbedürfnisse kontinuierlich zu verbessern."

bearbeitung trifft aber nicht mit Sicherheit ein. Somit bleibt ein Unsicherheitsfaktor offen. Im System Markt versuchen verschiedene Unternehmen je nach Marktsituation unterschiedliche Kommunikationsstrategien gegenüber Kunden anzuwenden, um potenzielle oder bestehende Kunden zu beeinflussen und zum wiederholten Vertragsabschluss zu führen. Um innerhalb des Spiels von Aktion und Reaktion[102] zwischen Kunde, Unternehmen und Wettbewerbern eine Messung zur Wirkung der unternehmerischen Kommunikationsaktivitäten erreichen zu können, sind die aus der Wertschöpfungskette des Unternehmens ableitbaren und in sich zusammenhängenden Kommunikationsprozesse mit den bruchstückhaften Interaktionsgeschäftsvorfällen oder -episoden zu dokumentieren und zu koordinieren. Die Koordination der firmeninternen Geschäftsprozesse im Front Office mit den Interaktionsepisoden zwischen Kunde und Unternehmen sowie die Messung von deren Effektivität und Effizienz stellt eine der Kernaufgaben des CRM und dessen integrierter Unterstützung mit Anwendungssystemen dar. Daraus können Integrationsanforderungen abgeleitet werden.

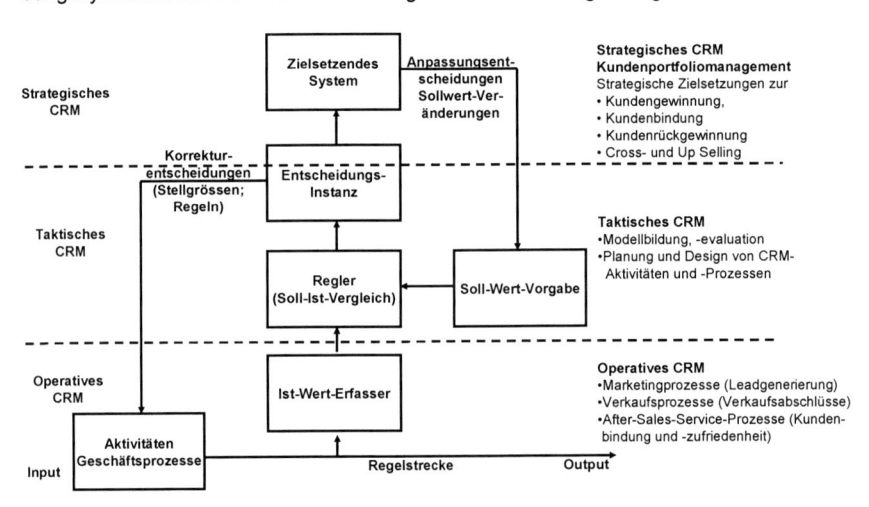

Abbildung 9: Regelsystem der Marktbearbeitung und Darstellung zuständiger Managementebenen.

In Abbildung 9 werden rechts die Hauptaufgaben angegeben, die als langfristige Programme, kurz- und mittelfristige Prozesse und Aktivitäten verstanden werden können.[103] Es könnte insofern für jede der drei Ebenen eine eigene Abbildung definiert werden.

---

[102] Vgl. Gutenberg (1984), S. 10.
[103] Vgl. Walser (2002). Vgl. zu Abbildung 9 und dem darin geschilderten Sachverhalt auch Kapitel 2.1.2.

CRM-Grundlagen 53

Somit bestehen verschiedene Verbindungen der Hauptaufgaben mit den Komponenten der Regelkreisdarstellung in Abbildung 9. Auf strategischer Ebene sind ausgehend vom Kundenportfolio und dessen künftiger gewünschter Entwicklung Zielsetzungen zu formulieren. Diese entsprechen im Idealfall einer Kombination von (individuellen und) aufeinander abgestimmten Kundengewinnungs-, Cross- und Up-Selling-, Kundenbindungs- sowie Kundenrückgewinnungs-Zielen. Aus diesen Zielen sind Kundenbeziehungsprogramme abzuleiten, die überhaupt implementiert sowie auf deren Wirkung zu untersuchen sind. Auf taktischer Ebene sind Regler zu definieren, welche als betriebswirtschaftliche Kundenverhaltensmodelle definiert werden können, anhand der u.a. auch Regeln und strategische Programme für das Management von Kundenbeziehungen an den Kundenkontaktpunkten definiert werden können.[104]

Kundenverhaltensmodelle können aus betriebswirtschaftlicher Sicht sowohl als „in den Köpfen der Mitarbeiter zu implementierende" als auch in den Front-Office-Systemen an den Kontaktpunkten zu implementierende Modelle, aber auch als technische und in Informationssystemen softwarespezifisch zu implementierende (Scoring-)Modelle verstanden werden.

Unter Scoring- oder auch Punktbewertungsmodellen werden Modelle verstanden, mittels welcher aufgrund von Punktzuordnungen zu Ausprägungen von Aktions-, Reaktions- und Stammdaten auf das künftige Kaufverhalten des Kunden geschlossen wird. Ergebnis sind Potenzialdaten zu Kunden. In diese Modelle können alle Kriterien eingehen, von denen das Unternehmen annimmt oder auf analytischem Wege (empirisch) festgestellt hat (dafür wird in Grossunternehmen zunehmend Data Mining eingesetzt), dass sie für das Kundenverhalten von Bedeutung sind.[105] Eines der bekanntesten Scoring-Modelle ist das Recency-Frequency-Monetary-Ratio-Modell, welches Zeitpunkte des letzten Kaufes, Kaufhäufigkeiten und Werte der Käufe oder des Kaufs in Punktwerten berücksichtigt, um zu Aussagen künftiger Kaufwahrscheinlichkeiten zu kommen. Aus betriebswirtschaftlicher Sicht müssen auf Basis der Kundenverhaltensmodelle Soll-Ist-Vergleiche zu Kunden vorgenommen werden können und in Anlehnung an Abbildung 10 Aktionen gegenüber Kunden mittelfristig geplant, gestaltet und auf Basis der Zusammenführung von Aktions- und Reaktionsdaten gesteuert werden können. Die technische Bildung von Kundenverhaltensmodellen, die zur Bildung und Definition von kundenbeziehungsrelevanten Scoringwerten führen, erfolgt z.B. auf Basis von Data Mining.[106]

---
[104] Vgl. Blattberg et al. (2001), Li et al. (2003), Reinartz et al. (2003), Thompson (2001), Uncles et al. (2002).
[105] Vgl. zu Scoring-Modellen u.a. Link/Hildebrand (1993), S. 48 ff.
[106] Vgl. zu diesem Aspekt etwa Berson et al. (1999), Berry/Linoff (2000), Breur (2002), Linoff/Berry (2001), Pyle (1998).

2.3.2.2 Schliessen des Regelkreises der Marktbearbeitung

Genauso wie beim CBC, welcher ein CRM-internes Prozesskonzept darstellt, gilt auch für das komplexere Konstrukt des Regelkreises der Marktbearbeitung, dass eine Schliessung über Prozesse, daraus resultierende Daten, Datenanalysen und Rückschlüsse für die Prozesse erforderlich ist. Auf strategischer Ebene besteht die Regelstrecke in den verschiedenen zu definierenden Kundenbeziehungsprogrammen, über welche die Entwicklung des Kundenportfolios gesteuert werden kann. Das Schliessungsproblem besteht dabei darin, bezüglich des Kundenportfolios Ist-Daten den Soll-Daten gegenüber zu stellen. Dies kann auf Basis der Gegenüberstellung von Aktions- und Reaktionsdaten erfolgen. Die Programmzielsetzungen sind aus der künftigen und gewünschten Entwicklung des Kundenportfolios abzuleiten. Auf der taktischen Ebene besteht die Regelstrecke aus Analyse-, Planungs- und Steuerungsprozessen, welche unterstützend für die strategische und die operative Ebene eingesetzt werden. Anders gesagt hat die taktische Ebene bezüglich der Steuerung des operativen CRM Soll- und Ist-Daten bezüglich Marketing, Verkauf und After Sales Service im Sinne der Steuerung einander gegenüber zu stellen. Auf der operativen Ebene handelt es sich bei der Regelstrecke um die Soll-Ist-Vergleiche innerhalb operativer Marketing- oder Verkaufs- oder After-Sales-Service-Prozesse. Zur Definition operativer Zielsetzungen werden die strategischen CRM-Zielsetzungen auf Basis des Kundenportfolios beigezogen.

Differenzierter betrachtet besteht das Problem im taktischen CRM in der Darstellung der Soll-Vorgaben der direkt im Kundenkontakt stehenden Mitarbeiter bezüglich der Kommunikationsprozesse (und allenfalls auch der Kunden) und der Erfassung von Ist-Werten (etwa Input-Ist-Werte und Output-Ist-Werte) sowie deren Zusammenfassung oder Gegenüberstellung. In Anlehnung an die Abbildung 10 gilt es Aktionen und Reaktionen an den Kundenkontaktpunkten zu erfassen sowie diese hinsichtlich Zeit-, Kosten- und Qualitätsaspekten auszuwerten. Dies umfasst auf der operativen Ebene die informationsmässige Zusammenführung von Kunden- oder Unternehmensaktionen und -reaktionen sowie die Bereitstellung von Auswertungen.[107]

In Anlehnung an Martin lassen sich die hier gemachten Äusserungen anhand der folgenden Abbildung 10 verdeutlichen. Es lässt sich darin ein Zusammenhang zwischen den folgenden weiter oben erwähnten Begriffen ableiten:

- Strategische CRM-Programme oder strategische Kommunikationsprozesse

---

[107] Vgl. zur strategischen, taktischen und operativen Ebene bezüglich des Managements von Kundenverhaltensmodellen auch die Äusserungen von Hekanaho (2002) zur Credit Suisse.

CRM-Grundlagen

- Operative Geschäfts- oder Kommunikationsprozesse
- Regelstrecke, die strategischen CRM-Programmen oder operativen CRM-Prozessen entspricht
- Aktion und Reaktion seitens Unternehmen und Kunden, für welche notwendigerweise Daten zusammengeführt werden müssen
- Informationstechnologie als Werkzeug zur Abwicklung, Dokumentation und Analyse des Unternehmens- und Kundenverhaltens
- Aggregration von Daten (noch ohne semantischen Kontext), Information (mit semantischem Kontext) sowie Wissen (handlungsleitend), wie dies für das CRM wesentlich ist.[108]

Zu Aktion und Reaktion ist folgendes zu ergänzen. In Abbildung 10 kann zwischen zwei Arten von Reaktion unterschieden werden, wobei nur eine vermerkt ist. Nicht vermerkt ist die Reaktion, die das Unternehmen entsprechend der Analyse von Kundenaktion und Kundenreaktion ableitet (auf Basis der Aggregierung von Daten, Information und Wissen) und anlässlich von (Inbound-)Kundenaktionen initiiert. Davon zu unterscheiden ist die vermerkte Reaktion des Kunden aufgrund einer Outbound-Aktion des Unternehmens. Diese kann, in Anlehnung an das Watzlawick'sche Kommunikationsaxiom „Der Kunde sowie das Unternehmen können nicht nicht kommunizieren" von den Extremfällen „Überhaupt keine Reaktion"" (was auch einem Kommunikationsakt oder einer Kommunikationsepisode entspricht) bis zu „Vollständig positive Reaktion" reichen (Der Kunde kauft sofort und allenfalls immer wieder).

Effizienzsteuerung kann in der Abbildung 10 als Input-Output-Relation innerhalb der CRM-Programme und -Prozesse verstanden werden (Effizienz der Aktionsabwicklung; Effizienz der Reaktionsaufnahme und -verarbeitung), die mit den Kriterien Kosten, Zeit und Qualität gemessen werden kann.

---

[108] Vgl. zur detaillierten Auseinandersetzung mit den Begriffen Daten (Zeichen), Information (Zeichen in ihrem semantischen Kontext) und Wissen (Handlungsableitung aus Informationen) u.a. Krcmar (2000).

56 CRM-Grundlagen

```
                    Strategische Programme,        Aktion als
                    Taktische Prozesse sowie       Aktivität
                    Operative Prozesse             gegenüber
                                ↓                  Kunde
    ┌──────────────┐      ┌──────────────┐   ┌──┐      ↙
    │Unternehmens- │      │    CRM-      │   │A │  ┌────────┐
    │Strategie =>  │ ───> │  Programme   │──▶│k │─▶│ Kunde  │
    │CRM Strategie │      │ und -Prozesse│   │t │  └────────┘
    └──────────────┘      └──────────────┘   │i │
Aktion als    ▲                              │o │
Handlungs-    │       Strategische und operative Prozesse
ableitung     │                                  │
aus Wissen;   │  ┌────────┐                      │
Aktion: Up-   └──│ Aktion │- - - - - - - - - - Aktion/Reaktion
Selling-Pro-     └────────┘                      │
gramm Z           ▲    Daten- und Informationsseite
                  │                              │
    ┌──────────┐  │  ┌─────────────┐       ┌────────┐
    │ Wissen   │◄─┴──│ Information │◄──────│ Daten  │
    └──────────┘     └─────────────┘       └────────┘
```

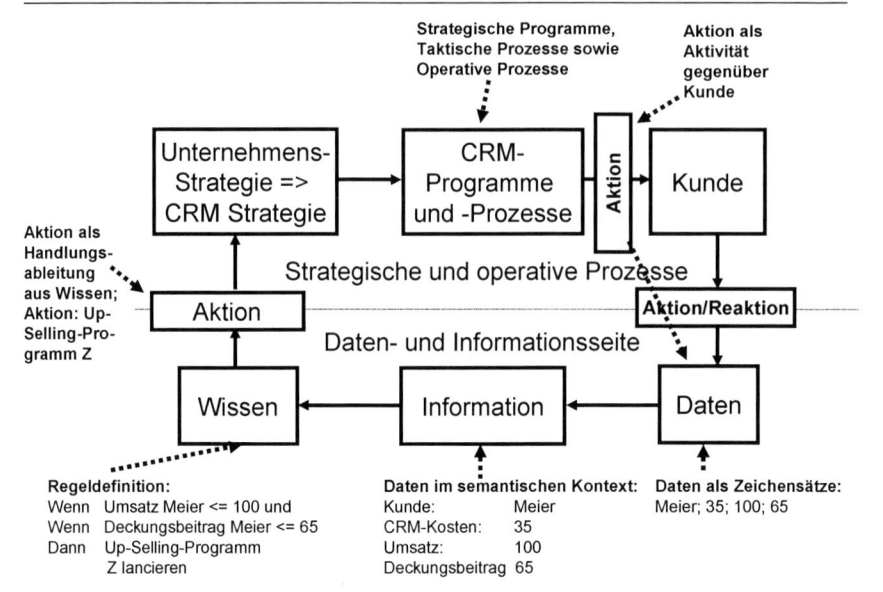

Regeldefinition: Daten im semantischen Kontext: Daten als Zeichensätze:
Wenn Umsatz Meier <= 100 und Kunde: Meier   Meier; 35; 100; 65
Wenn Deckungsbeitrag Meier <= 65 CRM-Kosten: 35
Dann Up-Selling-Programm   Umsatz: 100
     Z lancieren   Deckungsbeitrag 65

Abbildung 10:   Regelkreis zur Zusammenführung von Aktions- und
                 Reaktionsinformationen der Marktbearbeitung.[109]

Die Effektivitätssteuerung wird dadurch möglich, dass Aktionen und Reaktionen von Kunden und Unternehmen einander gegenübergestellt, dokumentiert und strukturiert ausgewertet werden. In der Abbildung 10 sind ganz unten dazu auch konkrete Beispiele genannt. Daraus kann ein Kundenverhaltensmodell abgeleitet oder eine Präzisierung eines bereits bestehenden Kundenverhaltensmodells vorgenommen werden. Wissen kann, wie dies in der Abbildung 10 ganz unten links dargestellt ist, auch in Form von Regeln oder eben Scoringwerten ‚leitend' für das Verhalten der Mitarbeiter gegenüber Kunden sein. Scoringwerte sind somit nichts anderes als Ausprägungen von Kundenverhaltensmodellen. Aus Kundenverhaltensmodellen lassen sich Geschäftsregeln und Kundenbeziehungsprozesse zur Kundenbearbeitung ableiten.[110] Das Geschäftsregelkonzept kann im CRM-Umfeld als Möglichkeit des Kundenwissensaufbaus, der Kundenwissensintegration und der Kundenwissensimplementierung an den Kundenkontaktpunkten verstanden werden. Dies kann bezüglich der Automatisierung der Kundeninteraktion oder zur Unterstützung der Mitarbeiter im Kundenkontakt hinsichtlich der strategischen Zielsetzungen des CRM (Kundenportfolio-Management) der Fall sein.

---

[109] In der Abbildung 10 werden im unteren Teil auch Beispiele für Daten, Informationen und Wissen gegeben. Vgl. zur Abbildung Martin (1998a), S. 25 und in anderer Form auch Mucksch/Behme (2000a), S. 9.
[110] Vgl. Pfahrer/Walser (2002).

3 CRM-Systemkomponenten und Integrationsbedarfe

3.1 Einleitung

Es existieren, wie in Kapitel 2.3 erwähnt, in der Theorie verschiedene Anforderungen und Integrationsmodelle für die Integration von CRM-Systemen in Umgebungen von Anwendungssystemen.[111] Wesentlich dafür sind die bereits erwähnten CRM-Komponenten. Im Folgenden sollen diese Komponenten und deren Funktionalität im Detail beschrieben werden, ebenso die Integrationsbedarfe. Zunächst jedoch sollen einige für die CRM-Komponenten und deren Zusammenspiel relevante Aspekte beschrieben werden.

Wesentliche konzeptionelle Einflüsse auf die Integrationsfrage hat das Konzept des Regelkreises der Marktbearbeitung sowie die u.a. durch Kommunikationstechnologie unterstützte Informationsversorgung an der Schnittstelle zwischen Unternehmen und Markt zur Verringerung der Unsicherheit des Kundenverhaltens. Im Kapitel 2.1.1 wurde auf die für das CRM stark im Vordergrund stehende Kundenkommunikation hingewiesen. Unter anderem macht die Kundenkommunikation oder der Kundendialog eine direkte Integration von Kommunikationsmedien mit Prozessabwicklungsinstrumenten erforderlich. Dadurch erst kann die Interaktion zwischen Kunde und Unternehmen in die firmeninternen Prozessabläufe des CBCs eingebettet werden. Erst dadurch können Inputs oder Daten für die Leistungserstellung integriert aufgenommen und weiter gegeben werden. Die Integration analytischer Systeme kann unter Umständen aus konzeptioneller Sicht – neben der Informationsintegration über verschiedene Managementstufen im Unternehmen – zu einer Verbesserung der Reaktionsfähigkeit im Unternehmen und an den Kundenkontaktpunkten führen. Dies umfasst auch die Möglichkeit aus strategischer Kundenbeziehungssicht schneller und adäquater auf das Kundenverhalten zu reagieren. Auch resultiert dadurch eine Verstärkung der Customer Intimacy, wie dies etwa von Langerak/Verhoef oder Treacy/Wiersema angemerkt wird.[112] Treacy/Wiersema verstehen dabei unter Customer Intimacy die Wissensbildung zum Kunden sowie die Aktionsableitung für die Kundenbeziehung aufgrund des Wissens über ihn. Dies betrifft die in dieser Arbeit definierten strategischen Zielsetzungen, die aus dem strategischen Kundenportfolio abgeleitet werden. Ausgehend davon können strategische direkte und indirekte Kommunikationsprogramme und aus diesen operative Interaktionsprozesse im operativen CRM abgeleitet werden.

---

[111] Vgl. hierzu u.a. Fochler (2001), Hippner/Wilde (2003), Huldi (1992), Link/Hildebrand (1993), Stender/Schulz-Klein (1999).
[112] Vgl. zur Customer Intimacy Langerak/Verhoef (2003), Treacy/Wiersema (1993), Verhoef/Langerak (2002).

Nach Treacy/Wiersema bestehen drei wertgenerierende Disziplinen im Unternehmen: Customer Intimacy, Operational Excellence und Product Leadership. Für diese Arbeit steht erstere im Vordergrund. In Anlehnung an Treacy/Wiersema können, wie bereits teilweise thematisiert, für die drei Bereiche die folgenden integrationsspezifischen Aspekte in den Vordergrund gestellt werden:

- Customer Intimacy – Integration der Analyseumgebung und der Prozessumgebung, etwa auf Basis eines DWHs und/oder auf Basis des entsprechenden Data Marts
- Operational Excellence – Integration von Front- und Back-Office-Prozessabwicklungskomponenten
- Product Leadership – Integrierte Betrachtung des Informationsmanagements zur Unterstützung des Managements von Kunden- und Produktlebenszyklen.

Im Kapitel 2.1.1.3 wurde auf die kommunikationsspezifische „Nahtstelle" zwischen Unternehmen und Kunde hingewiesen, auf einen modellhaften Interaktionsprozess und -zyklus, ausgehend von dem detailliert auf die Integrationsbedürfnisse aufgrund der Interaktion eingegangen werden kann. Dies umfasst einerseits die innerhalb des CBC relevante Integration der Prozessbereiche Marketing, Verkauf und After Sales Service. Andererseits umfasst dies die den CBC übergreifende Integration der Wertschöpfungskette (über das Unternehmen hinaus), ausgehend von der Kundeninteraktion. Dies schliesst je nach Geschäftsvorfall die Integration von Kommunikationsmedium, Front-Office-Prozess und Back-Office-Prozess ein. Teilweise wird diese Integration auch mit den Begriffen Straight Through Processing und Zero Latency Enterprise umschrieben.[113] Das Konzept des Straight Through Processing bezieht sich auf die Wertschöpfungsintegration, in welcher der Zeitaspekt (Realtime Enterprise) aus Sicht der Integration für Durchläufe von Kommunikations- und Erfüllungsprozessen wichtig ist. Ähnlich ist es mit dem Konzept der Zero Latency Enterprise. Das Konzept der weiter oben erwähnten Customer Intimacy betrifft eher die Integration zwischen Prozessen und der Analyse von Prozess-In- und -outputs.

Das Unternehmen hat mit der Implementierung von CRM, von CRM-Komponenten und deren Integration auf verschiedenen Ebenen auch das Problem zu lösen, dass es innerhalb des Systems Markt Aktivitäten bezüglich der am Austauschprozess Beteiligten möglichst umfassend dokumentieren sollte. Beteiligte sind: Regulatoren, der

---

[113] Vgl. zu Straight Through Processing (STP) und zu Zero Latency Enterprise (ZLE) auch Kaib (2004), S. 21, Scharf/Fritsch (2000), S. 59 und Vaughan (1999), S. 30. Vgl. zu STP ferner: Amati (2000), McIntyre (2000), McIntyre (2002), Remacle (2004), SWIFT (1999), Weitzel/Martin (2003). Vgl. zu ZLE ferner HP (ohne Jahr), White (2001). Vgl. zur Realtime Enterprise (RTE): Alt/Österle (2003), Martin (2003), Melchert et al. (2004), Nussdorfer/Martin (2003), Scharf/Fritsch (2000), Scheer et al. (2003), Vaughan (1999).

Staat, die Politik, Kunden, Mitbewerber oder Substitutionsproduktproduzenten. Dadurch entstehen, allenfalls nur bruchstückhaft, Möglichkeiten zur Überwachung und zur aktiven Mitgestaltung des Marktgeschehens, wenngleich dies je nach Art des Marktes nie vollständig der Fall sein kann. Das Ziel sollte es sein, die Aktions- und Reaktionsgestaltung im Rahmen der direkten Kommunikation zwischen Unternehmen und Kunde so stark wie möglich zu steuern oder zu den eigenen Gunsten zu entscheiden. Die Marktgegebenheiten haben jedoch auch einen Einfluss auf die organisatorische und technische Integration des Unternehmens.

CRM-Systeme und deren Nutzung können somit im Sinne eines Sensor- oder Monitoringsystems gegenüber dem Gesamtsystem Markt verstanden werden, mittels welchem firmenexterne Einflüsse, Aktionen und Reaktionen des Unternehmens nahtlos für die bestmögliche Ausrichtung des Unternehmens auf die Kundenbeziehungen genutzt werden können. Entsprechend sind konsistente Marktbearbeitungsprogramme sowie deren Steuerung ein wichtiges Anliegen von CRM-Systemen. Dafür ist wiederum die Integration zwischen den unterschiedlichen CRM-Komponenten von entscheidender Bedeutung.

Bei der Einführung und Konzeption von CRM-Systemen stellt sich die Frage nach den Schwerpunkten respektive der Dominanz bezüglich der Komponenten und deren Integration. Die verschiedenen CRM-Komponenten stehen in einer Wechselwirkung zueinander. Innerhalb des Marktes und den verschiedenen Unternehmen einer Branche können sich unterschiedliche Gewichtungen der drei Komponenten und deren Integration in der Gesamtarchitekur ergeben, u.a. in Abhängigkeit von der Wettbewerbssituation. Dies hängt u.a. von der Entwicklung der Branche, den Entwicklungen der Konkurrenten sowie der Entwicklung der Technologien, aber auch vom Stand des Kundenbeziehungsmanagements ab, den das Unternehmen erreichen will.

Beispielsweise kann der Fokus auf der erwähnten Customer Intimacy, d.h. der Analyse von Kundendaten liegen. Dabei stehen entscheidungstheoretische Fragen im Vordergrund, die in strategische (das Kundenportfolio oder die langfristige Bearbeitungsplanung von Kunden betreffend), taktische und operative (die eigentliche tägliche und operative Bearbeitung des Kunden am Kontaktpunkt betreffend) Managemententscheide aufgeteilt werden können. Für alle drei Entscheidebenen sind Analysen im CRM-System erforderlich und entsprechend Datenintegrationen und Datenaggregrationen eine Grundvoraussetzung. Es kann im Sinne eines Informationspushs zuhanden der Mitarbeiter im Front Office, oder im Falle von Mensch-Maschinen-Interfaces den Kunden direkt, kundenbeziehungsrelevante Information am Kontaktpunkt zur Verfügung gestellt werden.

Aus strategischer Managementperspektive können mittels der Kundendatenanalyse, die mehrheitlich effektivitätsorientiert ist, den Mitarbeitern im Front Office Hinweise auf folgende Fragen gegeben werden:

- Welche Kunden, Kundengruppen und Kundensegmente haben welche Bedürfnisse und welchen Wert für das Unternehmen?

- Welche Produkte, Leistungen und Services nutzen die Kunden mit Vorliebe und welche Produkte und Leistungen oder Leistungsbündel können ihnen daraus abgeleitet empfohlen werden?

- Welche Kommunikationsmedien und Distributionskanäle nutzen Kunden mit Vorliebe? Über welche Kommunikations- und Distributionskanäle sollen Kunden, etwa in Abhängigkeit von deren Wert, bearbeitet werden?

- Welche Kontaktpunkte nutzen die Kunden mit Vorliebe? Welche Kosten werden dadurch beim Unternehmen verursacht? In welcher Relation stehen diese zum Kundenwert?

- Welche Qualität der Interaktion und Beratung wünschen die Kunden und welche Qualität will das Unternehmen bewusst bieten?

- Wie effektiv bearbeitet das Unternehmen potenzielle und vorhandene Kunden und deren Anliegen aus strategischer Sicht? Welche Wirkung entfaltet das Unternehmen im Kundenbeziehungsmanagement.

- Wie effizient bearbeitet das Unternehmen potenzielle und vorhandene Kunden und Kundenanliegen?

Die Analysebedürfnisse der operativen Managementebenen betreffen mehr die operativen Prozesse im CBC (operative CRM-Komponente) und damit primär Effizienzkriterien rund um Prozessqualität, -kosten sowie -zeiten. Sekundär bestehen operative Analysebedürfnisse auch bezüglich effektivitätsrelevanter Kriterien. Es können sich somit folgende Fragen ergeben, die mittels des Einsatzes analytischer Systeme im CRM zu beantworten sind:

- Wie effektiv und effizient ist das Unternehmen bezüglich Gewinnung von Leads oder Interessenten, d.h. der Zielerreichung der Marketingprozesse?

- Wie effektiv und effizient ist das Unternehmen bezüglich der Gewinnung von Vertragsabschlüssen, d.h. der Zielerreichung der Verkaufsprozesse?

- Wie effektiv und effizient ist das Unternehmen bezüglich des Haltens von zufriedenen und treuen Kunden, d.h. der Zielerreichung der After-Sales-Service-Prozesse?

Diese sind primär darauf auszurichten, Kundenzufriedenheit und Wiederkaufsraten zu steigern.

Ein weiterer Fokus kann auf der Kommunikation und den dafür einzusetzenden Systemen liegen. Die Kommunikationsmedien – oder in der Mensch-zu-Mensch-Kommunikation die Menschen – ermöglichen erst die für die Kundenbeziehung relevanten Informationsaustausche. Dabei stellt sich die Frage, welches Bündel oder welche Kombination von Kommunikationsmedien mit welcher Gewichtung eingesetzt werden soll. Hier sind ab Ende der 1990er-Jahre unterschiedliche Geschäftsmodelle ausprobiert und angewandt worden, etwa die Fokussierung auf den elektronischen Kanal oder das Internet, die Fokussierung auf den Telefonkanal mit dem Aufbau von Call- oder Contact Centern oder die Fokussierung auf die Filiale als Kommunikationskanal. Wie so oft liegt das Heil hier weniger in der ausschliesslichen Nutzung eines bestimmten Mediums für die eigenen Zwecke, sondern im auf Markt- und Unternehmensaspekte ausgerichteten Mix der verschiedenen Kommunikationsmedien und deren Einsatz. Dies ergibt wiederum Integrationsaufgaben.

Beim Einsatz von Kommunikationsmedien ist zu berücksichtigen, dass unterschiedliche Kostensätze pro Kontaktart und Kontakt einsetzbar sind, die unter Umständen wiederum in Relation zur Rentabilität der Kundenbeziehung (oder Kundensegmenten) und der erforderlichen oder nötigen Kommunikationsaktivitäten zu stellen sind.[114] Entsprechend eröffnen sich Möglichkeiten zur Kanalsteuerung ausgehender und eingehender Kundenkommunikationsaktivitäten.

Ein letzter Fokus ist möglich hinsichtlich der operativen Prozessabwicklung für die Geschäftsvorfälle, die am Kontaktpunkt auftreten können. Dabei ist eine Gliederung oder Zuordnung der Geschäftsvorfälle unterschiedlich möglich. Durchgesetzt hat sich eine Zuteilung der Geschäftsvorfälle zu Marketingprozessen (auch Pre Sales genannt), Verkaufsprozessen (auch Sales genannt) und After-Sales-Service-Prozessen (auch Post Sales genannt). Bei den operativen CRM-Prozessen handelt es sich um Prozesse zur Einleitung und Definition von Kaufverträgen. Abhängig vom Produkt, von der Länge der Kundenbeziehung oder anderer Faktoren sind dafür unterschiedlich intensive Informationsaustausche zwischen Kunde und Unternehmen erforderlich. Wesentlich ist bei den Kommunikationsprozessen im Front Office, dass Informationen dafür bereitzustellen sowie Informationen aus den Interaktionen zu erfassen sind. Dies muss unabhängig davon möglich sein, ob es sich dabei um einen Kontakt mit Mitarbeiterbeteiligung handelt oder nicht. Im Folgenden wird in Kapitel 3.2 auf die

---

[114] Vgl. zu den ökonomischen Auswirkungen bei der Konfiguration von Multi-Channel-Management-Umgebungen und deren Auswirkungen auf den Kundenwert u.a. Friedman/Furey (2003); Coelho/Easingwood (2003).

analytische Komponente, in Kapitel 3.3 auf die operative Komponente sowie in Kapitel 3.4 auf die kollaborative Komponente eingegangen.

3.2 Komponente und Funktionalität des analytischen CRM

Analytische CRM-Systeme dienen der Analyse von Kunden und der zu ihnen vorhandenen oder gesammelten (operativen) Daten (aus Front- und Back-Office), zur Analyse des Kundenwerts, zur Analyse des Kundenverhaltens und des Kundenpotenzials, um daraus Aktionen oder Reaktionen dem Kunden gegenüber abzuleiten. Nicht zuletzt dient das analytische CRM zum Monitoring von Kunden-, Produkt- und Technologieportfolios und daraus ableitbaren Lebenszyklen, deren Abstimmung für das Kundenbeziehungsmanagement wichtig und die für die Marktbearbeitung wesentlich sind. Erst aufgrund der Darstellung der verschiedenen Betrachtungsobjekte in Portfolios kann definiert oder entschieden werden, wie die entsprechenden Kunden-, Produkt- oder Technologie-Objekte weiter bearbeitet werden sollen.

Auf Basis des Monitorings oder der Analyse von Kundendaten kann die Entwicklung des Kundenportfolios von „gestern" zu „heute" untersucht werden. Dadurch können die wirksamen Aktionen oder Reaktionen des Unternehmens zur Beeinflussung des Kundenportfolios im Hinblick auf „morgen" definiert werden. Die Anlässe für die Aktivitäten gegenüber Kunden können unterschiedlicher Art sein. Entweder ist es der (Markt- oder) Kundenlebenszyklus, der zu einer Aktion Anlass gibt, oder es ist der Produkt- oder ein Technologielebenszyklus, der Aktivitäten seitens des Unternehmens oder der Kunden zur Folge haben kann.[115] Dies kann je nach der Einstellung des Unternehmens gegenüber Push- oder Pull-Strategien in der Marktbearbeitung in unterschiedlicher Art und in unterschiedlichem Masse der Fall sein.

3.2.1 Abgrenzung analytischer und operativer Informationssysteme

In der folgenden Abbildung 11 wird auf den Unterschied zwischen Online-Transaction-Processing-Systemen (OLTP) und Online-Analytical-Processing-Systemen (OLAP) bezüglich ihrer Anfragecharakteristika eingegangen.

---

[115] Vgl. hierzu u.a. Ing/Mitchell (1994), S. 30 ff.

CRM-Systemkomponenten und Integrationsbedarfe

Anfragen	Transaktional (OLTP)	Analytisch (OLAP)
Fokus	Lesen, Schreiben, Modifizieren, Löschen	Lesen, periodisches Hinzufügen
Transaktionsdauer und Transaktionstyp	Kurze Lese-/Schreibtransaktionen, aber in sehr häufiger Form, z.b. laufend während der Arbeitszeiten	Lange Lesetransaktionen, eher einmalig, unregelmässig und ad-hoc
Anfragestruktur	Einfach strukturiert	Komplex
Datenvolumen einer Anfrage	Wenige Datensätze	Viele Datensätze
Datenmodell	Anfrageflexibles Datenmodell	Analysebezogenes Datenmodell

Abbildung 11: Gegenüberstellung der Anfragecharakteristika transaktionaler und analytischer Anwendungen.[116]

Die folgenden Unterschiede zwischen den beiden Systemkategorien ergeben sich bezüglich Datencharakteristika (vgl. dazu Abbildung 12).

Daten	Transaktional (OLTP)	Analytisch (OLAP)
Datenquellen	Meist eine	Mehrere
Eigenschaften	Nicht abgeleitet, zeitaktuell, autonom, dynamisch, meist relational organisiert	Abgeleitet, konsolidiert, historisiert, integriert, stabil, meist in Star- oder Snowflake-Schemata angeordnet, teilweise redundant gehalten (Aggregierungen)
Datenvolumen	Megabyte bis Gigabyte	Gigabyte bis Terabyte
Zugriffe	Einzeltupelzugriff	Bereichsanfragen

Abbildung 12: Gegenüberstellung der Datencharakteristika transaktionaler und analytischer Anwendungen.[117]

Die folgenden Unterschiede zwischen den beiden Systemkategorien ergeben sich bezüglich der Anwender (vgl. hierzu Abbildung 13).

Anwender	Transaktional (OLTP)	Analytisch (OLAP)
Anwendertyp	Ein-/Ausgabe durch Sachbearbeiter	Auswertungen durch Manager, Controller, Analysten
Anwenderzahl	Sehr viele	Wenige (bis einige hundert)
Antwortzeit	Millisekunden bis Sekunden	Sekunden bis Minuten

Abbildung 13: Gegenüberstellung der Anwendercharakteristika transaktionaler und analytischer Systeme.[118]

Eine wesentliche Voraussetzung für die Weiterentwicklung der zu schildernden Analyseinstrumente für das Reporting, das Online Analytical Processing und das Data Mining im Bereich des Kundenbeziehungsmanagements war die Entwicklung von

---

[116] Bauer/Günzel (2001), S. 9.
[117] Bauer/Günzel (2001), S. 10.
[118] Bauer/Günzel (2001), S. 10.

DWHs[119] und Data Marts. Ferner trugen dazu die Integrationstechnologien für Datenextraktionen, Datentransformationen und Datenlademechanismen bei. Letztere werden unter dem Begriff ETL-Werkzeuge subsumiert.[120] Dies war auch die Voraussetzung für die Entwicklung des analytischen CRM.[121] Die DWH-Technologie war im Vorfeld der CRM-Entwicklung auch eine Voraussetzung für das Database Marketing oder das datenbankgestützte Management von Marketingaktionen (vgl. hierzu teilweise Kapitel 3.3.1.1). Peacock differenziert die folgenden für die moderne Datenanalyse relevanten Faktoren und Entwicklungen. Er unterscheidet dabei zwischen anbieter- und nachfrageseitigen (technische) Entwicklungen.[122]

Anbieterseitige Entwicklungen sind:

- Entwicklungen in der Datenspeicherung
- Fortschritte im Data Processing
- Zeiteinsparungen für grosse und grössere Datenbankabfragen
- Separierung der Datenspeicherung dank sich entwickelnder Integrationstechnologie, wodurch sich Data-Warehousing- und Data-Mart-Technologie erst entwickeln konnten
- Sinkende Kosten der elektronischen Kommunikation
- Entwicklung neuer Analysetechnologien (Algorithmen der künstlichen Intelligenz, welche eine Voraussetzung für das Data Mining darstellen)
- Entwicklung der Betriebssysteme und des Systemhandlings
- Entwicklung von Integrationsmechanismen (ETL- oder Extract-Transform-Load-Werkzeuge für Extraktion, Transformation und Laden der Daten).

---

[119] Der Operational Data Store (ODS) nach Inmon et al. (vgl. Inmon et al. (1995)) kann nach Bauer/Günzel (2001) ein Datenspeicher sein, der als reiner Daten(ver)mittler ohne eigene Speicherfunktion an Stelle des DWHs tritt oder aber in verschiedenen Stati parallel zu einem DWH eingesetzt werden kann.
[120] ETL steht für die Funktionalität zur Extraktion von Daten aus Quellsystemen, zur Transformation von Daten u.a. entsprechend dem semantischen Datenmodell des DWH und dem Load von Daten in ein DWH. Entsprechend werden dafür ETL-Werkzeuge (Software) eingesetzt. Beschreibungen des ETL- oder Extract-Transform-Load-Prozesses oder Teilen davon sind u.a. zu finden in den Beiträgen von Kempfer/Finger (1999), S. 77 ff., Mucksch/Behme (2000), S. 33 ff., Müller (1999), S. 95 ff., Soeffky (1999), S. 119 ff.
[121] Entsprechend können die Werkzeuge des analytischen CRM auch für Analysen unternehmensweiter Daten eingesetzt werden, beispielsweise für das Controlling in Beschaffung, Finanzen, Produktion, Leistungserstellung oder im Lieferkettenmanagement. Dies wird auch unter dem Begriff der Business Intelligence subsumiert. Vgl. zum Begriff Business Intelligence auch Kemper et al. (2004).
[122] Vgl. Peacock (1998a); Peacock (1998b).

CRM-Systemkomponenten und Integrationsbedarfe 65

Nachfrage(r)seitige Entwicklungen sind:

- Bedürfnis nach schnellen und intelligenten Datenauswertungen
- Immer höhere hierarchische Ansiedlung der Auswertenden, was zu einer Vereinfachung der Anwendbarkeit von Auswertungstechnologie führen musste
- Sprunghafte Entwicklung der CRM-Literatur, was die Nachfrage nach intelligenten CRM-Analyseinstrumenten erhöhte
- Sprunghafte Zunahme von kundenbeziehungsrelevanten Daten in Unternehmen, deren Informationswert im Hinblick auf die Marktbearbeitung zunehmend erkannt wurde
- Verschärfung des Wettbewerbs in verschiedenen Branchen – u.a. durch die Globalisierung und den Einsatz des Internets als Kommunikationsmittel von Unternehmen zu Kunden; dies führte zu einer noch stärkeren Verknappung der Marketingmittel. Analytische Fähigkeiten gewannen dadurch zunehmend an Wichtigkeit.

Die neueren Analyseinstrumente, die auf Basis des DWH-Konzeptes entwickelt wurden, waren wie bereits erwähnt und in Abbildung 14 dargestellt Reporting-Werkzeuge, Online-Analytical-Processing-Werkzeuge sowie Data-Mining-Werkzeuge. Es handelt sich dabei zum Teil um eine Weiterentwicklung bereits früher eingesetzter Analyseinstrumente, die unter der Bezeichnung Executive Information Systems (EIS) oder Decision Support Systems (DSS) entwickelt und in Unternehmen eingesetzt wurden.[123] Unter Reporting-Werkzeugen können Datenanalysewerkzeuge verstanden werden, mithilfe derer in immer gleichen Abständen aufdatierte Reports z.B. auf Basis von CRM-Daten generiert werden. OLAP wurde von Codd entwickelt und erlaubt die multidimensionale Datenanalyse auf sogenannten Cubes (fest definierte Datendimensionskombinationen), die etwa für die Kundendatenanalyse auf dedizierten Data Marts in CRM-Systemen implementiert werden.[124] Die Anwendung von Data Mining im Marketing erfolgt aufgrund der Entwicklungen der künstlichen Intelligence (KI), deren Erkenntnisse auf Marktbearbeitungsaspekte übertragen wurden.

---

[123] Vgl. für die historische Entwicklung der Datenanalyseinstrumente auch Chamoni/Gluchowski (1999a), S. 3 ff. Die Autoren beschreiben den historischen Hintergrund zur Entwicklung von analytischen Systemen seit ca. den 1960er-Jahren. Die entsprechenden Systemkategorien DSS und EIS werden von den Autoren gegenüber den neueren Analysesystemen wie OLAP und Data Mining entsprechend historisch verortet. Vgl. spezifisch zu einzelnen Analyseinstrumenten Chamoni/Gluchowski (1999b), S. 261 ff. Vgl. ferner zu den erwähnten neueren Analyseinstrumenten Bissantz et al. (2000), S. 377, Chamoni/Gluchowski (2000), S. 333 ff. und S. 345 ff. Eine Positionierung gegenüber den neueren Datenanalyseinstrumenten erfolgt auch in Abbildung 14.

[124] Vgl. Codd et al. (1993).

Beim Data Mining handelt es sich dabei um einen Methoden- und Werkzeugkasten zur Entdeckung von neuem Wissen aus (riesigen) Daten(-mengen). Das neue Wissen ist in dieser Form vor der Analyse so noch nicht bekannt gewesen.[125] Data Mining kann in Anlehnung an Frawley et al. sowie Hand et al. wie folgt definiert werden: Data Mining ist die nicht-triviale Extraktion von impliziter, vorher unbekannter und potentiell nützlicher Information aus Daten. Es kann in einer anderen Form auch umschrieben werden als: Die Wissenschaft des Extrahierens von nützlicher Information aus grossen Datenbasen oder Datensets.[126]

Der Einsatz des Data Mining im Marketing wurde u.a. möglich wegen der Entwicklung der künstlichen Intelligenz. Deren Entwickler merkten bald, dass Data Mining auch für die Analyse von Kundendaten, etwa bei sehr grossen Kunden(daten)beständen, geeignet war.[127] Das Data Mining gelangte ungefähr in der ersten Hälfte der 1990er-Jahre im Database Marketing und seit Ende der 1990er-Jahre zunehmend im CRM-Umfeld zur Anwendung.[128] Beispielsweise wird das Data Mining für die Analyse von Präferenzen und Affinitäten aufgrund von (eigenen) Vergangenheitsdaten eingesetzt.[129] Data Mining löste damit zum Teil ältere Datenanalysewerkzeuge im Marketing ab, etwa klassische statistische Werkzeuge. Dem Einsatz von Werkzeugen des Data Mining geht in der Regel die Anwendung von OLAP-Werkzeugen voraus, etwa für das Kennenlernen von Daten, die Auswahl von Daten oder die Qualitätsprüfung der Daten für den eigentlichen Mining-Prozess.

---

[125] Vgl. Frawley et al. (1992), Hand et al. (2001), Wordiq (2004).
[126] Vgl. Frawley et al. (1992), Hand et al. (2001).
[127] Mögliche Branchen waren zuerst insbesondere solche mit grossen Kundenzahlen, sehr grossen Transaktions- und damit Datenmengen, die aufgrund der Interaktionen und Transaktionen mit den Kunden im Unternehmen entstanden, etwa Versandhändler. Im Rahmen der Entwicklung des CRM wurde die Anwendung zunehmend auch auf Dienstleistungsunternehmen und andere Branchen ausgedehnt.
[128] Vgl. hierzu etwa Berson et al. (1999); Berry/Linoff (2000).
[129] Vgl. zum Data Mining im Marketing u.v.a. Berry/Linoff (2000), Linoff/Berry (2001), Peacock (1998a); Peacock (1998b); Peacock (2001a); Peacock (2001b).

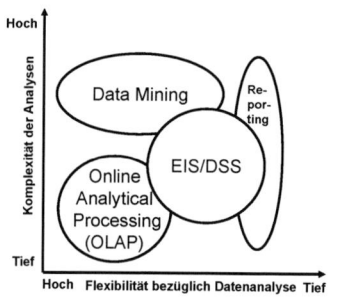

CRM-Systemkomponenten und Integrationsbedarfe

Abbildung 14: Positionierung moderner analytischer Informationssysteme.

Wie bereits erwähnt wird im CRM-Umfeld von den drei Analysewerkzeugen Data Mining, Online Analytical Processing sowie Reporting gesprochen. Die entsprechenden Instrumente werden in Abbildung 14 im Verhältnis zueinander positioniert. Zur Positionierung werden die beiden Dimensionen „Komplexität der Analyse" und „Flexibilität bezüglich der Datenanalyse" beigezogen. In den folgenden Teilkapiteln werden die Analysearten detaillierter beschrieben.

Eine Positionierung der in den folgenden Teilkapiteln dargestellten Analyse- oder Auswertungsinstrumente ist in Abbildung 15 dargestellt.

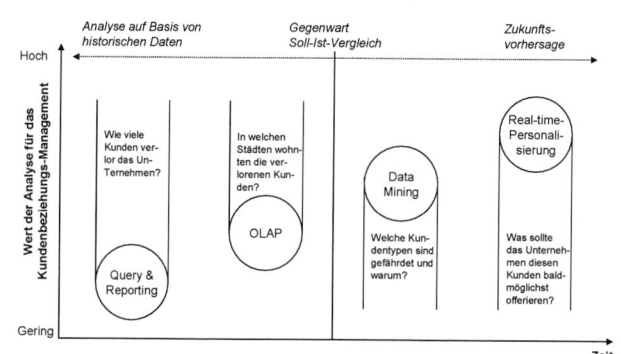

Abbildung 15: Positionierung der Analyseinstrumente bezüglich Zeitorientierung und Analysewert.[130]

In Abbildung 15 werden die Analyseinstrumente entsprechend den Dimensionen „Wert der Analyse für das Kundenbeziehungsmanagement" und Zeit-Orientierung der Analyse für das Unternehmen aufgetragen. Zur Illustration der Analysesachverhalte sind Fragen in der Abbildung aufgeführt, deren Beantwortung mit den dargestellten Analyseinstrumenten erwartet werden kann.

Im Folgenden werden die Analyseinstrumente im Einzelnen besprochen.

---

[130] Vgl. SPSS (2004), S. 3.

3.2.2 Analyseinstrumente

3.2.2.1 Reporting

Reporting-Instrumente dienen der einfachsten Art von Datenanalysen. Im Wesentlichen werden Instrumente für das Reporting zur Zusammenstellung von Kennzahlen eingesetzt. Die Kennzahlen werden in regelmässigen Abständen vom System aufbereitet oder erneuert, z.b. immer vor Geschäftsleitungssitzungen am Montagmorgen. Beispiele dazu sind: Monatliche, wöchentliche oder gar tägliche Reports zur Migration von Kunden zwischen Kundensegmenten oder -gruppen oder innerhalb von Kundenportfolios.

3.2.2.2 Online Analytical Processing (OLAP)

Das Ziel von OLAP-Systemen ist es, Daten multidimensional auswerten zu können.[131] Dazu werden Datenmodelle (Star- sowie Snowflake-Schemata[132]) auf Data Marts oder DWHs implementiert. In diesen werden Datenbeziehungen den Analysebedürfnissen entsprechend meist auf Basis von Kennzahlen oder Fakten modelliert und danach für die Auswertung zur Verfügung gestellt. Der Grund für den Einsatz des Online Analytical Processing liegt unter anderem in der Schwierigkeit, kundenspezifische Daten, die über mehrere Anwendungssysteme verteilt sein können, kundenbeziehungsspezifisch auswerten zu können. Wie erwähnt werden die Daten in operativen Systemen objekt- und/oder prozessorientiert modelliert und gehalten. Die Auswertungsbedürfnisse der Mitarbeiter in Unternehmen sind indes subjektorientiert und kennzahlenbasiert. Ein besonderes Merkmal von OLAP-Systemen ist die damit ermöglichte multidimensionale Auswertung von Daten, die zumeist auf für das Unternehmen oder den Funktionsbereich wesentlichen Kennzahlen (Fakten) basieren. Wie Abbildung 16 zeigt, sind Slice- und Dice-Techniken, Drill-Down-Techniken, Drill-Up-Techniken sowie Drill-Through-Techniken nutzbar. In aggregierten Daten, die mehrdimensional kombiniert werden können, im Idealfall in dreidimensionalen Kuben oder Cubes, können mit den erwähnten Techniken Schichten aus den Kuben für die Analyse herausgeschnitten werden (Slice). Es können Perspektivenwechsel auf die Daten ermöglicht werden (Dice). Ferner kann ins (Daten-)Detail navigiert oder in höhere Aggregierungsstufen gewechselt werden (Drill Down versus Drill Up). Drill Through ermöglicht Durchgriffe aus dem OLAP auf operative Daten (meist atomarer

---

[131] Vgl. dazu und zum Folgenden u.a. Chamoni/Gluchowski (1999b), S. 261 ff., Chamoni/-Gluchowski (2000), S. 333 ff.
[132] Vgl. zu den zwei Kategorien von Datenmodellen u.a. Behme et al. (2000), S. 224 ff., Hahne (1999), S. 145 ff.

CRM-Systemkomponenten und Integrationsbedarfe 69

Art) in OLTP-Systemen, ohne dass dies der das Analyseinstrument nutzende Mitarbeiter merken würde.

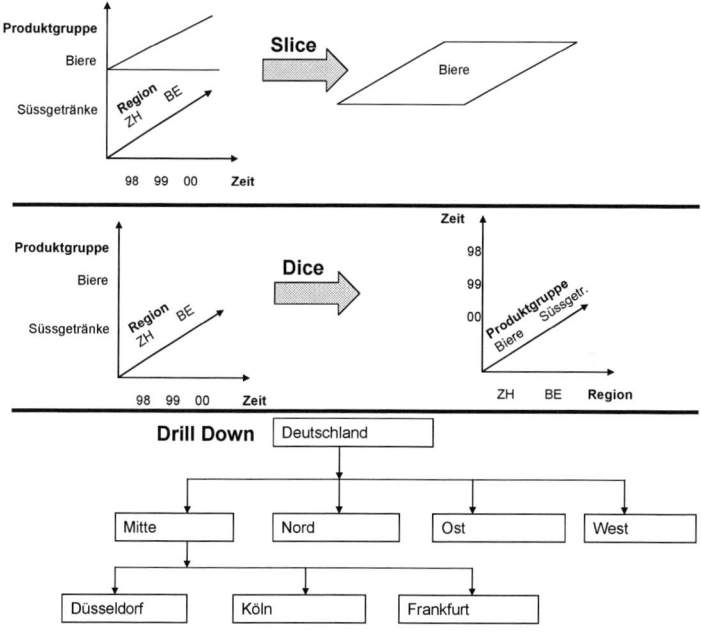

Abbildung 16: Navigationsmöglichkeiten in multidimensionalen Daten(-modellen) mit OLAP.

Ein ideales Analyseinstrument stellt das OLAP in CRM-Umgebungen war. Mittels OLAP können Daten zu Kunden auf Basis eines DWH oder eines Data Mart aus unterschiedlichen Dimensionen betrachtet werden. Ein Beispiel dafür kann wie folgt lauten: Den Produktmanager interessiert der Deckungsbeitrag seiner Produkte. Der Produktmanager analysiert Produktabsätze bestimmter Produkte etwa hinsichtlich Kunden oder Kundengruppen, welche diese Produkte in bestimmten zeitlichen Perioden gekauft haben. Für bestimmte Kommunikationskanäle zuständige Manager interessieren sich für das Kommunikationsverhalten der Kunden innerhalb ihres Zuständigkeitsbereichs sowie der dadurch erreichten Absatzzahlen. Kunden(segment)manager wiederum interessiert ausgehend von den Kunden die Analyse von Produkten, welche die Kunden halten, die Kontaktkanäle, die sie nutz(t)en oder die Kontakthäufigkeiten, die bei bestimmten Kundengruppen bis zu einem erfolgreichen Abschluss erforderlich waren. Vielfach geht es hier indes auch um die Untersuchung von Kundenportfolios für die Ableitung konkreter Massnahmen an Kundenkontaktpunkten. Dies kann etwa die Generierung von Listen von Kunden umfassen, denen aufgrund eines Lead- oder Interessenten-Status Offerten unterbreitet werden sollen.

3.2.2.3 Data Mining

Auf Werkzeuge für das Data Mining wird in der Folge etwas detaillierter eingegangen, weil diese für die taktisch-analytischen Prozesse und das strategische Management von Kundenportfolios eine wichtige Rolle spielen.

Mit Werkzeugen für das Data Mining ist wie bereits erwähnt die Entdeckung vorher nicht bekannter Datenmuster und Wissen aus Daten möglich. Data Mining wird auch mit Knowledge Discovery in Databases (KDD) bezeichnet. Aufgrund von durch Data Mining generierbaren Kundenverhaltensmodellen können Vorhersagen über das Verhalten von Kunden abgeleitet werden. Die derart abgeleiteten Modelle können proaktiv für die Marktbearbeitung eingesetzt werden, etwa indem sie auf Datenbanken als „Regelmaschinen" implementiert werden, um bezüglich der strategischen Zielsetzungen „kritisches" Kundenverhalten auf der Basis von Daten „melden" zu können. So kann das Kundenverhalten mittels der Implementierung von entsprechenden Modellen, die mittels Data Mining aufgebaut wurden, einem Monitoring unterzogen werden. Es können für Gesamtkundenbestände, Kundensegmente, Kundengruppen oder gar Einzelkunden Bearbeitungsmassnahmen, -aktivitäten oder entsprechende strategische Kundenbeziehungsprogramme initialisiert werden.

Denkbar ist, dass dafür im Idealfall mittels Data Mining den strategischen CRM-Zielsetzungen entsprechend und für das Management von Kundenportfolios Kundengewinnungsmodelle, Cross- und Up-Selling-Modelle[133], Kundenbindungsmodelle[134] sowie Kundenrückgewinnungsmodelle entwickelt werden. Diese werden danach zur Vorhersage des Kundenverhaltens eingesetzt. In der Telekommunikationsbranche werden auch sogenannte Churn-Modelle eingesetzt. In diesen werden Kundengewinnung und Kundenverluste in Relation zueinander gestellt. Damit wird versucht, das Verhältnis für das Unternehmen im Sinne der Prävention positiv zu gestalten, das heisst die unerwünschten Abgänge und die unerwünschten Zugänge zu minimieren.[135] Durch die Kundenprofilbildung nach Bounsaythip/Rinta-Runsala kann u.a. versucht werden, eine Erleichterung, eine Automatisierung oder eine Strukturierung der Kundeninteraktion zu erreichen.[136] Outputs der entsprechenden Kundenver-

---

[133] Vgl. u.a. Berry/Linoff (2000), S. 54, S. 255, S. 292, S. 307 f.
[134] Vgl. u.a. Berry/Linoff (2000), S. 311, S. 316, S. 349.
[135] Vgl. zum Churn Modeling u.a. Berry/Linoff (2000). Vgl. zur Modellierung des Kundenverhaltens mittels Data Mining u.a. auch Bounsaythip/Rinta-Runsala (2001), S. 1 sowie Thearling (2000) und Price (1999).
[136] Vgl. dazu auch Berry/Linoff (2000), S. 169 ff.

haltensmodelle können z.b. Entscheidbäume für das Cross- oder das Up Selling sein, die in mannigfacher Form für das Management von Kundenbeziehungen an den Kundenkontaktpunkten eingesetzt werden können. Letztlich handelt es sich bei der Kundenbeziehung und der dafür grundlegenden Interaktion um nichts anderes als um einen nach bestimmten Regeln ablaufenden Dialog, der entsprechend zu einem bestimmten Ziel führt. Im Idealfall ist dies der Vertragsabschluss oder die Erreichung wiederholter Vertragsabschlüsse.[137]

Ein möglicher Prozess für die Regeldefinition und die Regelanwendung kann wie folgt lauten (vgl. dazu auch Abbildung 17):

- Datenanalyse: Auf Basis von Data Mining zur Generierung von Regeln etwa auf Basis von Entscheidbaum-Algorithmen

- Definition von Kundenverhaltensmodellen: Umsetzung etwa der Entscheidbäume und deren Resultate in Regelwerke, welche zur Kundendatenanalyse und wiederum zur Definition/Ausführung von Massnahmen an den Kundenkontaktpunkten führen können

- Anwendung der Kundenverhaltensmodelle auf Kundendatenbanken zur Generierung von Aktivitäten an unterschiedlichen Kontaktpunkten

- Evaluation der Kundenverhaltensmodelle (aufgrund erneuter Analysen neu generierter Datensätze, aufgrund der Interaktionen mit dem Kunden und deren Wirkung)

- Adaption des Kundenverhaltensmodells an verändertes Kundenverhalten oder Präzisierung im Falle zu grosser Fehler des Modells

- Schaffung neuer Kundenverhaltensmodelle aufgrund von neuem, nicht in Regeln gefasstem Kundenverhalten oder der Veränderung des Kundenverhaltens.

Die bereits erwähnte Regel- oder Kundenverhaltensmodellentdeckung kann für die Regelimplementierung im Sinne der erwähnten strategischen Kundenbeziehungsprogramme genutzt werden. Dafür können die Regeln u.a. für die Kundenbearbeitung an verschiedenen Kontaktpunktarten eingesetzt werden. Die Implementierung unterscheidet sich ausserdem je nach Mensch-Mensch- oder Mensch-Maschinen-Schnittstelle teilweise stark. Pfahrer/Walser diskutieren ein mögliches Vorgehen für die Regelimplementierung. Es ist in der folgenden Abbildung 17 beispielhaft dargestellt.[138]

---

[137] Die strategische Modellierung des Kundenverhaltens (Kundengewinnung, Cross- und Up Selling, Kundenbindung und Kundenrückgewinnung) stellen unter anderen auch Sheth/Sisodia (2002), S. 358 ff. und am Beispiel der Credit Suisse auch Hekanaho (2002) dar.
[138] Vgl. Pfahrer/Walser (2002), S. 144 ff.

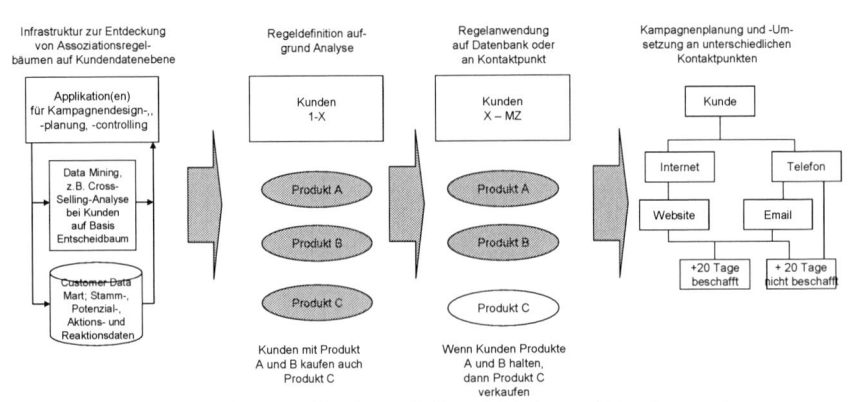

Abbildung 17: Aufbau von Kundenverhaltensmodellen und Regelanwendung.

Pfahrer/Walser führen eine entsprechende Regelableitung aus einem möglichen Kundenverhaltensmodell für das Cross Selling und einem entsprechenden strategischen Programm aus.[139] Dies wiederum setzt eine entsprechende Integration zwischen operativem und analytischem CRM (und kollaborativem CRM) voraus, da die für die operative Abwicklung der Kampagne relevanten Daten an die operative CRM-Komponente weiterzuleiten sind (Integrationsbedarf zwischen operativem und analytischem CRM) und an den Kundenkontaktpunkten (über entsprechende Kontaktmedien) zur Verfügung zu stellen sind.

Im Bereich des taktisch-analytischen CRM werden bei grossen Daten- und Kundenmengen für die Definition der Kundenbeziehungsstrategie in der Regel Data-Mining-Werkzeuge zur Bildung von Kundenverhaltensmodellen zu Kundengewinnungs-, Cross- und Up-Selling-, Kundenbindungs- und Rückgewinnungs-Programmen eingesetzt. Dazu gehören die Analyse des Kundenportfolios, Voraussagen bezüglich dessen Entwicklung sowie die Ableitung von Modellen zur gezielten Entwicklung der strategischen Kundenbeziehungsziele. Weitere Einsatzmöglichkeiten sind etwa die Evaluation neuer Standorte von Kontaktpunkten (Filialen, Shops etc.) sowie Kundenverhaltensmodelle zur Prognose von Preiselastizitäten.

Im Gegensatz zum OLAP, für das die Daten erst in fest vorgegebenen multidimensional angeordneten Datenmodellen und Datenauswertungscubes für die Auswertung verfügbar gemacht werden, werden für das Data Mining zumeist neue oder laufend wechselnde Datensets aufbereitet. Bei Analysen mit kommerziell vertriebenen Data-Mining-Werkzeugen (etwa Clementine von SPSS oder SAS Enterprise Miner) erfolgt dies zumeist in Form von Flat Files.

---

[139] Hier besteht eine Analogie zu Abbildung 26, S. 86 in Kapitel 3.3.1.1.

CRM-Systemkomponenten und Integrationsbedarfe 73

Data Mining bietet, wie in Abbildung 18 dargestellt, unterschiedliche Möglichkeiten von Analysen. Es ist dabei zu unterscheiden zwischen Fragestellungen, von denen in der Geschäftswelt in der Regel auszugehen ist, Problemtypen, in welche diese Fragestellungen einteilbar sind sowie Methoden, mittels welcher die Probleme analysiert werden können.[140]

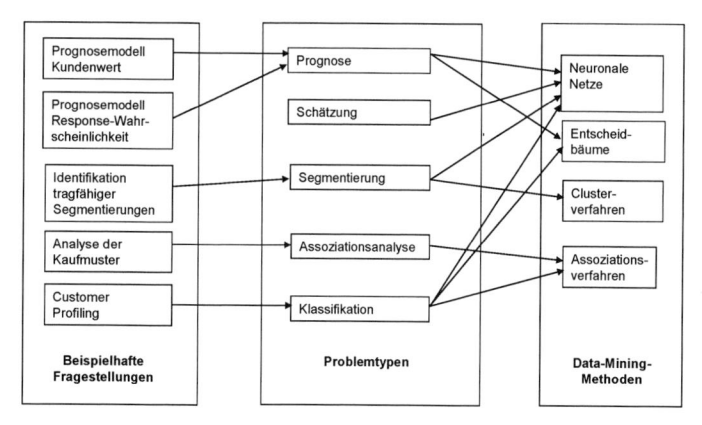

Beispielhafte Fragestellungen	Problemtypen	Data-Mining-Methoden
Prognosemodell Kundenwert	Prognose	Neuronale Netze
Prognosemodell Response-Wahrscheinlichkeit	Schätzung	Entscheidbäume
Identifikation tragfähiger Segmentierungen	Segmentierung	Clusterverfahren
Analyse der Kaufmuster	Assoziationsanalyse	Assoziationsverfahren
Customer Profiling	Klassifikation	

Abbildung 18: **Fragestellungen, Problemstellungen und Methoden des Data Mining.**[141]

Die Fragestellungen lauten im Einzelnen (vgl. dazu Abbildung 18) wie folgt:

- Welche Prognosen lassen sich etwa bezüglich Kundenwertentwicklung oder Kundenverhalten stellen? Dabei kann es sich etwa um einen möglichen Kundenabsprung handeln oder um die Wahrscheinlichkeit eines positiven Response auf eine Cross-Selling-Massnahme. Dazu werden vorwiegend Neuronale Netze sowie Entscheidbäume als Methoden zur Analyse der Daten eingesetzt.

- Welche tragfähigen Segmentierungen oder Kundengruppenbildungen lassen sich eruieren? Es werden z.B. Neuronale Netze sowie Clusterverfahren als Methoden zur Datenanalyse eingesetzt.

- Welche Kaufmuster oder Nutzungscluster für Dienstleistungen lassen sich unterscheiden? Dafür können Assoziationsanalysen eingesetzt werden, etwa für das

---

[140] Vgl. dazu und zum Folgenden Rapp/Guth (1999), S. 251 ff. Wietzorek/Henkel (1997) sprechen in Analogie zur bei Rapp/Guth verwendeten Terminologie von Anwendungen des Data Mining (hier Fragestellungen), Operationen des Data Mining (hier Problemtypen) sowie Techniken des Data Mining (hier Data-Mining-Methoden). Sie kommen auch zu einer leicht anderen Zuordnung der drei Kategorien und gehen bei der Zuordnung nicht von den Anwendungen aus, sondern von den Techniken, ausgehend von denen sie Operationen charakterisieren und daraus Anwendungen ableiten.
[141] Vgl. Rapp/Guth (1999), S. 251.

Cross- oder das Up Selling, basierend auf Warenkorbanalysen. Hier werden vorwiegend Assoziationsverfahren als Methoden zur Datenanalyse eingesetzt.

- Welche Kundenprofile lassen sich generieren? Dazu können etwa Klassifikationsmethoden eingesetzt werden. Kundenprofile lassen sich u.a. wieder für die Definition von Cross- und Up-Selling-Programmen verwenden. Sie dienen Unternehmen ausserdem dazu, Aussagen zum Charakter der Kunden im Kundenportfolio machen zu können und die Kunden gezielter zu bearbeiten.[142] Zur Kundenprofilanalyse auf Basis von Klassifikationen werden hauptsächlich Assoziationsverfahren als Methoden der Datenanalyse eingesetzt.

Die Anwendung von Data Mining verlangt den Einsatz von Spezialisten, meist mit einem grossen Erfahrungsschatz bezüglich der Anwendung von Algorithmen auf unterschiedlichen Datenarten. In der Vergangenheit haben sich Vorgehensmethodiken oder Data-Mining-Prozesse herausgebildet, die zeigen, dass Data Mining planmässig, strukturiert und gut ins CRM-Geschäftsumfeld integriert zur Anwendung zu gelangen hat.[143] Die bekanntesten Beispiele von Data-Mining-Prozessen sind diejenigen der CRISP und von Fayyad et al.[144] CRISP steht dabei für Cross Industry Standard Process for Data Mining.[145] Der Prozess von Fayyad et al. wird in der Literatur mehrfach erwähnt und dargestellt. Er wird in der folgenden Abbildung 19 dargestellt.

Der Data-Mining-Prozess umfasst die Arbeitsschritte Auswahl oder Selektion von Daten (ab dem DWH), Datentransformation (z.B. in Flat Files, dies bedeutet in der Regel die Denormalisierung der Daten, sowie Umformungen von Variablen für die Auswertung), Data Mining oder Auswertung und Interpretation der Resultate, Mustersuche sowie Erkennung von Regelmässigkeiten.[146] Die Basis dazu ist ein DWH.

---

[142] Vgl. zum Verständnis der Kundenprofile und zur Modellierung des Kundenverhaltens u.a. Bounsaythip/Rinta-Runsala (2001), S. 1, Price (1999), Thearling (2000). Die erwähnten Autoren verstehen die Kundenprofilbildung nach Bounsaythip/Rinta-Runsala u.a. als Hilfsmittel zur Automatisierung der Kundeninteraktion.
[143] Walser sieht eine Zuordnung zum sogenannten taktischen CRM vor, in welchem Marktbearbeitungsplanung und -design sowie Marktbearbeitungs-Controlling entsprechenden Kundenverhaltensmodellbildungs-, -anwendungs- sowie -evaluationsprozessen gegenübergestellt werden. Diese Unterscheidung ist auch deshalb erforderlich, weil organisatorisch ein Zwischenlayer zwischen strategischem und operativem CRM erforderlich ist, weil die Fähigkeiten der Analytiker, Planer und Designer ganz andere sind als diejenigen eines strategischen CRM-Steering-Committees sowie den operativen Umsetzern von CRM-Massnahmen [Vgl. Walser (2002), S. 67 ff.].
[144] Vgl. CRISP (2000), Fayyad et al. (1996), S. 1 ff. Hippner et al. (2004c) schlagen ein Vorgehen für das Data Mining im Marketing vor, das näher beim Data-Mining-Prozess von Fayyad et al. als demjenigen der CRISP liegt.
[145] Vgl. hierzu auch die Abbildung 20 auf Seite 76.
[146] Die im Folgenden erwähnten Quellen zeigen Data-Mining-Prozesse, die im Wesentlichen auf Fayyad et al. (1996) basieren. Vgl. Adriaans/Zantinge (1996), S. 37 ff., IBM (1996), S. 4 ff., Krahl et al. (1998), S. 30, Martin (1998b), S. 330 f., Weiss/Indurkhya (1998), S. 51 ff.

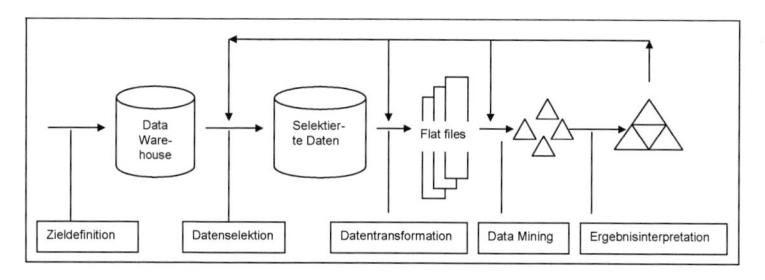

CRM-Systemkomponenten und Integrationsbedarfe 75

| Zieldefinition | Datenselektion | Datentransformation | Data Mining | Ergebnisinterpretation |

Abbildung 19: Data-Mining-Prozess nach Fayyad et al.[147]

Der Prozess sollte um die Bildung von Kundenverhaltensmodellen erweitert werden (vgl. Abbildung 17). Diese werden auf analytischen CRM-Datenbanken in unterschiedlicher Form implementiert. Denkbar sind die Definition von Alerts aufgrund von bestimmten Datenverläufen für Kunden, die Definition und das Setzen von Flags für bestimmte Kundeneigenschaften oder die Bildung von Scoringwerten auf Basis von Determinanten des Kundenwerts.

Ausgehend von Kundenverhaltensmodellen können Trigger definiert werden. Diese stellen Auslöser für CRM-relevante Alerts (Benachrichtigungen mit Aufforderungscharakter) dar, die im operativen CRM zuhanden der Mitarbeiter oder auf Web-Plattformen z.B. direkt für den Kunden sichtbar werden. Dies erfordert wie erwähnt Integrationsanstrengungen zwischen analytischem und operativem CRM. Dazu ist indes anzuführen, dass auch innerbetriebliche oder ausserbetriebliche Ereignisse als nichtanalytische Quelle für die Definition von Alerts in Frage kommen können, die zur Aufgabenauslösung im operativen CRM führen. Beispiele dafür sind das Verhalten der Konkurrenten oder Änderungen von juristischen Regelwerken.

Das Endprodukt des Data-Mining-Prozesses kann ein Kundenverhaltensmodell sein, das im CRM zu verschiedenen Zwecken auf dem DWH, auf dem Data Mart oder am Kundenkontaktpunkt in der direkten Interaktion mit dem Kunden eingesetzt werden kann. Kundenverhaltensmodelle zu strategischen CRM-Zielsetzungen und deren operative Umsetzung stellen den Rahmen dar für die Implementierung von Kundenverhaltensmodellen. Data Mining ist somit als iterativer Prozess mit unterschiedlichen Formen der Rückkopplung zu verstehen. Die Daten der Auswertungen werden

---

[147] Vgl. für die Grafik und die nachfolgende Prozessbeschreibung IBM (1996), S. 5, Wietzorek/Henkel (1997), S. 240. Nicht beschriftet sind die in der Grafik eingezeichneten Feedback-Loops, auf Basis derer (Kundenverhaltens-)Modelle stetig verfeinert werden können wodurch immer präzisere oder verfeinertere Regelwerke resultieren können. Mit deren Einsatz kann eine immer grössere Wahrscheinlichkeit für das Zutreffen der Regeln (im Kundenverhalten) resultieren. Dies ist wiederum in Branchen oder Märkten besonders hilfreich, wo das Kundenverhalten volatil oder besonderen Unsicherheiten unterworfen ist, z.B. Telekommunikationsmärkten.

abgespeichert und dienen in Zukunft dazu, den Data-Mining-Prozess und dessen Ergebnisse zu verbessern. Der Prozess wurde unterschiedlich beschrieben, meist weniger umfassend.[148] Der bereits erwähnte CRISP-Data-Mining-Prozess unterscheidet im Gegensatz zum Data-Mining-Prozess von Fayyad et al. die Phasen Business Understanding, Data Understanding, Data Preparation, Modeling, Evaluation und Deployment des eruierten Modells.

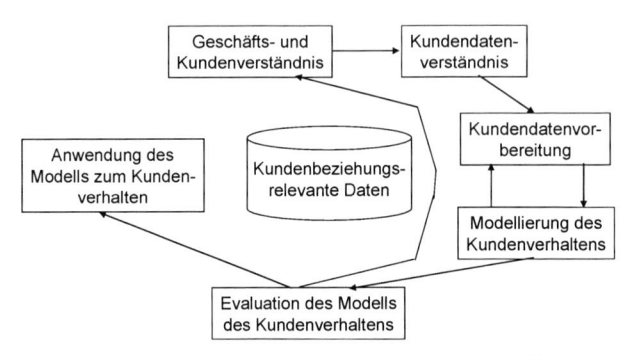

Abbildung 20: Data-Mining-Prozess in Anlehnung an CRISP.[149]

CRISP wurde als Gremium aus Anwendern und Herstellern von Data-Mining-Werkzeugen gegründet.[150] Der CRISP Data-Mining-Prozess basiert ebenfalls auf einem iterativen Vorgehen, das Wiederholungsmöglichkeiten des Prozesses zum schrittweisen Verfeinern der Modelle oder der Kundenverhaltensmodelle vorsieht.

3.2.3 Integrationsaspekte des analytischen CRM

Die Abbildung 21 gibt einen Überblick über eine mögliche Datenintegrations- oder Datenlogistik-Architektur im analytischen CRM.

Zum analytischen CRM gehören im groben Überblick:[151]

- Datenquellen: Dabei kann es sich um unternehmensinterne[152] und unternehmensexterne[153] Datenquellen handeln.

---

[148] Vgl. IBM (1996), S. 4 ff., Martin (1998b), S. 323 ff., Wietzorek/Henkel (1997), S. 236 ff.
[149] Vgl. www.crisp-dm.org.
[150] Als Anbieter handelt es sich dabei hauptsächlich um den Statistik-Standard-Software-Anbieter SPSS, welcher mit Clementine ein Werkzeug für das Data Mining anbietet.
[151] Vgl. dazu Berson et al. (1999), S. 45, Mucksch/Behme (2000), S. 14.
[152] Dabei kann es sich etwa um Daten aus operativen CRM-Systemen, ERP-Systemen, SCM-Systemen oder Altapplikationen oder Zentralrechnern handeln.
[153] Dabei kann es sich etwa um mikrogeografische Daten, soziodemografische Daten oder Marktforschungsdaten handeln.

- ETL-Werkzeuge: Dies sind Werkzeuge, um Daten von Anwendungssystemen z.B. regelmässig und automatisiert zu beziehen (Data Extraction), zu transformieren (Data Transformation) sowie in das DWH oder die Data Marts zu laden (Data Load).

- DWH und Data Marts: Dies sind die eigentlichen Datensenken, in denen Daten initial und inkrementell geladen, aber entsprechend dem DWH-Konzept nicht verändert werden. (Redundante) Derivate von Daten in DWHs oder Data Marts können etwa Datenaggregierungen, Resultate von arithmetischen oder Datenbankoperationen sowie Data-Mining-Outputs sein, die temporär oder dauerhaft gehalten werden.

- Analytische Applikationen: Diese setzen im Sinne von Anwendungssystemen auf DWHs und Data Marts auf.

- Metadatenlayer (eine Ebene mit der Haltung von Daten über Daten), Business Rules Layer (eine Ebene mit Geschäftsregellogiken) und Workflow Management Layer (eine Ebene mit Prozessregellogiken):[154] Mittels dieser Layer lassen sich ETL-Prozese dokumentieren (Metadatenmanagement), über Geschäftsregeln Transformationen von Daten automatisieren, aber auch die gesamten ETL-Prozesse lassen sich über Geschäftsregeln automatisieren.

- Kontaktmedien als Mittler zu den unternehmensinternen und -externen Informationskunden, etwa persönliche digitale Assistenten oder mobil eingesetzte Laptops. Adressaten können Mitarbeiter im Aussendienst, im Innendienst, in Filialen, in Auslandvertretungen, im Top-Management etc. sein. Dazu ist z.B. die Integration der Analysewerkzeuge in Webfrontends oder Unternehmensportale von Unternehmen denkbar. In speziellen Fällen kann es sich dabei auch um Abrufe etwa für Kunden handeln.

---

[154] Ein Business Rules Layer sowie ein Workflow Management Layer sind in der entsprechenden Abbildung 21 nicht eingezeichnet, können aber Teil des Extraktions- und Transformationslayers sein. Workflow-Programme können u.a. auch zur Unterstützung von Extraktions- und Ladeprozessen eingesetzt werden.

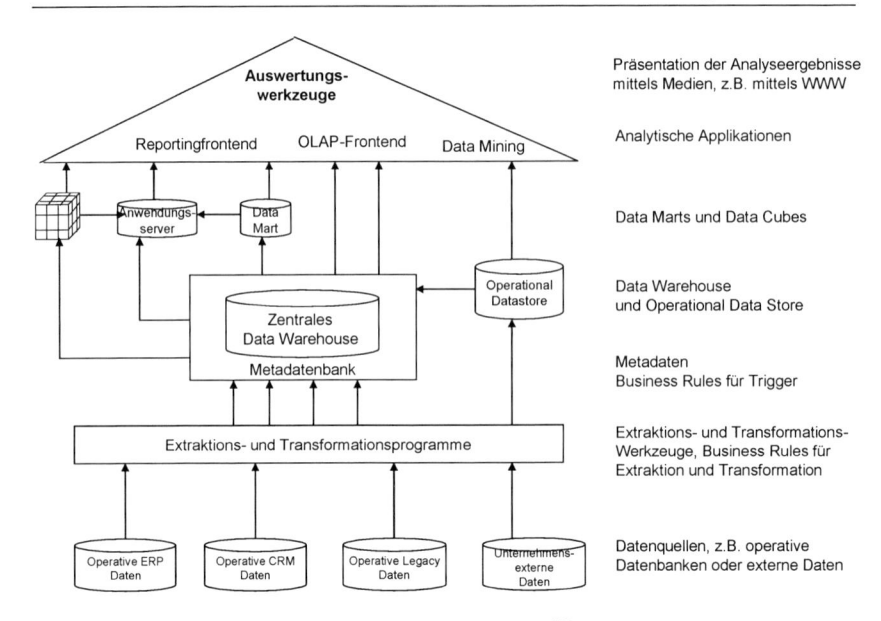

Abbildung 21: Datenlogistik im analytischen CRM.[155]

Somit sind grundlegende Gestaltungsbereiche im analytischen CRM die Datenintegration, die Modellierung der Daten im DWH und in den bereichsspezifischen Data Marts, aber auch die Gestaltung des Prozesses, der von den Quellsystemen bis zum Analyseoutput führt. Dieser kann insbesondere aus Sicht des Faktors Zeit unterschiedliche Ausprägungen annehmen, weil die Quellsysteme unterschiedliche Endverarbeitungszeitpunkte haben können, nach denen Daten erst bezogen werden können. Alternativ dazu wäre eine Benachrichtigung des DWH bei allen Veränderungen in den operativen Datenbasen denkbar, wodurch Teilloads z.B. auch in kürzeren zeitlichen Intervallen ausgelöst werden könnten.

Die Abbildung 21 kann in drei Ebenen eingeteilt werden. Es kann eine Quellsystemebene von einer Ebene der semantischen Integration (Extraktions-, Transformations- und Ladeprogramme) – mittels der zugleich die physische und logische Integration zwischen Quell- und Analysesystemen ermöglicht wird – und einer Auswertungsebene unterschieden werden. Auf beiden Seiten, seitens der Quell- und seitens der Auswertungsebene, sind entsprechende Schnittstellen für die Datenlieferung beziehungsweise den Datenbezug zu implementieren. Eine besondere Herausforderung bei der Datenintegration stellt u.a. dar, unterschiedliche Bedeutungen oder Semantiken der Daten auf einen einheitlichen Stand zu bringen. Erst damit lässt sich innerhalb

---

[155] Vgl. zur Abbildung Mucksch/Behme (2000), S. 14.

CRM-Systemkomponenten und Integrationsbedarfe 79

der Auswertung und innerhalb des analytischen Systems „ein einheitliches Verständnis" der Daten ermöglichen. Je nach Grösse der Anzahl Systeme sind für die Datenintegration allenfalls unterschiedliche Architekturen aufzubauen oder bestehende Architekturen beizuziehen.[156] Ferner sind beidseits des Extraktions-, Transformations- und Lade-Layers Schnittstellen für das Sourcing und das Laden von Daten aus Quell- in Zielsysteme zur Verfügung zu stellen. Dies können etwa APIs oder ODBC-Schnittstellen sein. Unter Umständen kann es sich dabei aber auch um dedizierte und speziell entwickelte Schnittstellen für spezifische Datenintegrationsbereiche handeln.[157]

3.2.3.1 Datenintegration

Auf die Schnittstelle und die Gestaltungsmöglichkeiten derselben wird anhand eines Werkzeugs kurz eingegangen. Wichtig ist der ETL-Prozess, bei dem es um die Datenintegration geht. Darin können Extraktions-, Transformations- und Ladeprozesse unterschieden werden, welche in der Folge erläutert werden.

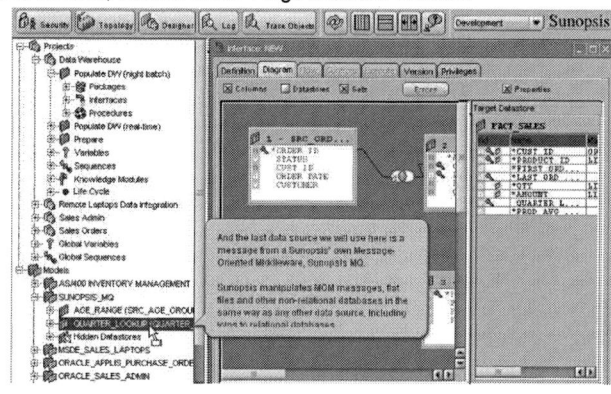

Abbildung 22: Extraktion von Daten.[158]

- Extraktion der Daten aus den Quellsystemen: Dies zeigt Abbildung 22, indem im linken Fenster die möglichen Datenquellen angegeben sind, im mittleren Fenster die Tabellen und ihre Beziehungen untereinander angegeben werden, die in einem Star- oder Snowflake-Schema dargestellt werden, und im rechten Fenster die Zieldaten(bank) dargestellt werden.

- Transformation der Daten im Hinblick auf das Datenmodell und die semantische Integration im Datenmodell des DWH: Dazu, das zeigt Abbildung 23, werden z.B.

---

[156] Vgl. zum Management von IT-Architekturen Kapitel 5.3. Vgl. für empirische Beispiele von Integrationsarchitekturen für das analytische CRM Kapitel 7.1.2.1 zur Fallstudie Credit Suisse und Kapitel 7.2.2.3 ff. zur Fallstudie sunrise.
[157] Vgl. zu ODBC- und API-Schnittstellen Kapitel 5.2.2 und 5.4.
[158] Vgl. Sunopsis (ohne Jahr), ohne Seite.

für bestimmte Fakten (Kennzahlen) die Bedeutungen von in Beziehung zueinander gestellten Tabellen einander angeglichen. In einer Tabelle werden die Umsätze allenfalls wöchentlich, in einer anderen monatlich angegeben, womit die wöchentlichen und die monatlichen Umsätze etwa zu Quartalsumsätzen zu transformieren sind. Mit der Sprechblase wird u.a. angezeigt – dies lässt sich im Fenster rechts ebenfalls nachvollziehen – wo die Transformation durchgeführt wird, ob im Quellsystem oder im Staging Area des Zielsystems.

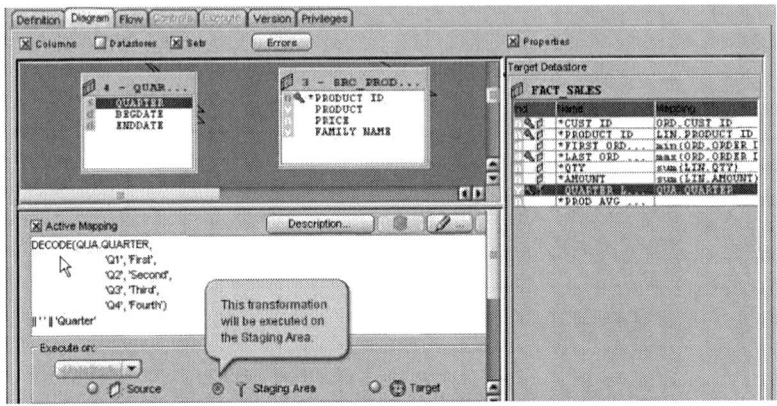

Abbildung 23: Transformation von Daten in ETL-Umgebung.[159]

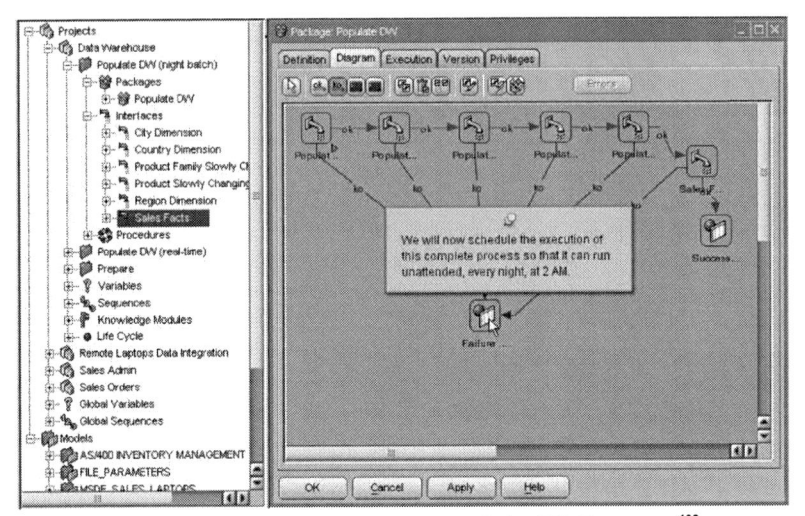

Abbildung 24: Definierte Ladeprozesse innerhalb des ETL-Prozesses.[160]

---

[159] Vgl. Sunopsis (ohne Jahr), ohne Seite.
[160] Vgl. Sunopsis (ohne Jahr), ohne Seite.

- Laden der Daten: Abbildung 24 zeigt einen Überblick über Ladeprozesse für den gesamten ETL-Prozess, wobei Letzterer detailliert terminiert werden kann. Über entsprechende Angaben kann nachgeprüft werden, ob die relevanten Prozesse richtig und fehlerfrei verliefen. Im negativen Fall können zudem Alarme ausgelöst oder der ETL-Prozess erneut gestartet werden.

3.2.3.2 Datenmodellierung im Data Warehouse und in den Data Marts

Die Datenmodellierung in DWHs und Data Marts kennt ausgehend von der Definition von Inmon wenige Kerndatenmodelle, die in abgewandelter Form immer wieder zum Einsatz gelangen: Star- und Snowflake-Schemata.[161] In einem Star- (sternförmige Modellierung von Daten, ohne Verästelungen, ausgehend von einer Fakttabelle) und einem Snowflake-Schema (sternförmige Modellierung von Daten, mit Verästelungen, ausgehend von einer Fakttabelle) steht üblicherweise eine Fakttabelle im Zentrum, welche in der Regel Kennzahlen enthält (z.B. Kunden- oder Produktumsätze), die über verschiedene Dimensionen auswertbar sind, so z.B. nach Zeit, Region, Kunden. Tabellen mit den verlangten Dimensionen stehen mittels Schlüsseln in Relation zur Fakttabelle.

3.2.4 Zusammenfassendes zu Werkzeugen des analytischen CRM

Eine Voraussetzung für die Datenanalyse stellt die Datenbereitstellung und dafür die Datenintegration dar. Dabei geht es um die auswertungsorientierte Zusammenführung von Daten unterschiedlicher operativer Systeme des Unternehmens. Für die Datenintegration in DWHs und Data Marts (als Subsets von DWHs) stehen so genannte ETL-Instrumente zur Verfügung, mittels welcher die eigentliche Integration der Daten ermöglicht wird. Ein zusammenfassender Vergleich der Analysewerkzeuge erfolgt in Abbildung 25.

---

[161] Vgl. allgemein zur Datenmodellierung in DWHs Holthuis (2000), S. 158 ff. sowie Bauer/Günzel (2001), S. 153 ff. Vgl. zu unterschiedlichen grafischen Notations- und Modellierungsarten für die Datenmodellierung in DWHs Totok (2000), S. 189 ff. Vgl. spezifisch zur Modellierung der erwähnten Star- und Snowflake-Schemata Bauer/Günzel (2001), S. 199 ff., Behme et al. (2000), S. 225 ff.

	Reporting	OLAP	Data Mining
Komplexität der Daten und der Analyse	Gering	Gering	Hoch
Flexibilität der Analyse	Gering	Gering	Hoch
Zeitliche Orientierung der Analyse	Vergangenheitsorientiert	Vergangenheitsorientiert	Zukunftsorientierte Modell-Anwendung
Analytische Dimension	Ein- oder zweidimensional	Multidimensional (meist drei bis vier Dimensionen)	Multidimensional (Identifikation von Mustern des Kundenverhaltens, die auf Zukunft angewendet werden können)
Analysebeispiele	Wöchentliche Reports zur Kundenmigration innerhalb der Feinsegmente A bis M.	Multidimensionale Kundensegmentanalyse; Welche Kunden welcher Segmente kauften in welchen Regionen welche Produkte welcher Sortimente?	Voraussage des Absprungverhaltens von Mobilkommunikationskunden

Abbildung 25: Werkzeuge des analytischen CRM im Vergleich.

3.3 Komponente und Funktionalitäten des operativen CRM

3.3.1 Funktionalitäten im Einzelnen

Einen Überblick über operative CRM-Prozesse, ihre Kernziele und groben Funktionalitätsbereiche ist bereits in Abbildung 7 in Kapitel 2.3.1 dargestellt worden.

Operative CRM-Systeme dienen der Implementierung oder Abwicklung von Kommunikationsprozessen, die, falls erforderlich, mit Back-Office-Prozessen (Transaktionsprozessen) zu integrieren sind. Operative CRM-Systeme dienen der Dokumentation des Kundenverhaltens innerhalb der Kommunikationsprozesse. Der Vergleich der Aktionen und Reaktionen von Kunde und Unternehmen in den Kommunikationsprozessen bietet auf Basis der analytischen CRM-Systeme auch die Möglichkeit zur Ausrichtung und Fokussierung der Kundenkommunikation sowie der gesamten Wertschöpfung auf die Kundenbeziehung. Das Grundkonzept des operativen CRM basiert auf dem Prozess der Kommunikationsabwicklung innerhalb der Markttransaktion. Vereinfacht kann darin, wie bereits in Kapitel 2.3.1 erwähnt, unterschieden werden in eine Phase bis zur Interessentengewinnung, in eine Phase bis zum Vertragsabschluss und in eine Phase bis zur Aufhebung der Kundenbeziehung oder bis zur Erneuerung der Kundenbeziehung – etwa durch einen neuen Verkauf. In der Regel liegen den drei (unternehmensseitigen) Phasen, welche im Konzept des CBCs auch mit Marketing, Verkauf und After Sales Service bezeichnet werden, unterschiedliche Schwerpunkte zugrunde. Die mit den Prozessen gekoppelten Medien für die Kommunikation können einen Einfluss auf die Ausprägung der Integration haben. Jedoch sollte das Bestreben

CRM-Systemkomponenten und Integrationsbedarfe 83

darauf ausgerichtet sein, auf der Prozessseite einheitliche Prozessschnittstellen zu definieren. Dies sollte unabhängig davon sein, welche Kommunikationsmedien mit welchen Kommunikationsprozessen gekoppelt werden.

Im operativen CRM gelangt operative CRM-Software zur Unterstützung von Marketing-, Verkaufs- und After-Sales-Service-Prozessen zum Einsatz. Darin ist entsprechend den Phasen oder Prozessbereichen im CBC und je nach Kundenkontaktpunkt, an dem sie zum Einsatz gelangt, unterschiedliche Funktionalität zur Verfügung zu stellen. Beispielsweise ist auf einer Web-Seite oder einem Web-Portal meist nicht die gleiche Funktionalität erforderlich wie im Contact Center oder im persönlichen Verkauf. Die im Folgenden dargestellte Funktionalität wird mehrheitlich im Contact Center oder im persönlichen Verkauf eingesetzt.

Es sind in der Front-Office-Organisation unterschiedliche Aufgabenbereiche differenzierbar, für welche entsprechende Funktionalität bereitzustellen ist.[162] Es kann zwischen

- Kontakt-unterstützender (KONTAKT)
- Operativ-analytischer (ANALYSE)[163] sowie
- Operativ-administrativer (ADMIN) Funktionalität im Front Office unterschieden werden.

In der Wertschöpfungskette dem Front Office nachgelagert steht das Back Office mit seinen Funktionen und der erforderlichen Funktionalität rund um die Auftragsabwicklung und den dafür erforderlichen Anwendungssystemen (etwa ERP-Systeme[164] oder SCM-Systeme[165]), welche hier nicht weiter betrachtet werden. Alle anderen Aktivitäten werden durch das Front Office oder operative CRM-Systeme unterstützt. Die folgende Schilderung von CRM-Funktionalität des operativen CRM kann nicht als vollständig betrachtet werden. Es handelt sich um eine Auswahl. Sofern dies möglich ist, wird beim Funktionalitätsbeschrieb auf die möglichen Integrationsanforderungen und Integrationsgestaltungsmöglichkeiten verwiesen. Aus pragmatischen Gründen können auch einfachere und weniger integrierte Lösungen verwendet werden.

---

[162] Vgl. hierzu Hippner/Wilde 2003.
[163] Es ist im Detail zu klären, ob die Analyse auf den operativen Daten gemacht werden kann oder ob dazu ein DWH oder ein Data Mart erforderlich ist. Eine Integration von Analyseinstrumenten (OLAP oder Reporting) in umfassendere CRM-Portale erfolgt heute in der Regel über die Einbindung auf der Ebene des Presentation Layers.
[164] Vgl. zur ERP-Funktionalität etwa Mertens (1995), Scheer (1990), Scheer (1995).
[165] Vgl. zur SCM-Funktionalität etwa Knolmayer et al. (2000).

3.3.1.1 Marketing-Funktionalitäten

Die folgende Beschreibung der Marketing-Funktionalitäten basiert teilweise auf Amberg/Schumacher, Buck-Emden, Reynolds sowie Schulze.[166]

Funktionalität zur Kundenselektion (ANALYSE): Dies umfasst die Möglichkeit, Kunden für Marketing-, Verkaufs- oder After-Sales-Service-Aktivitäten aufgrund von bestimmten Kriterien auszuwählen, etwa für Mailings, Events oder eine Kontaktaufnahme im Contact Center. In der Regel erfolgt dies über SQL-Statements und entsprechender Integration auf einem Data Mart, seltener auf einem DWH. Bei kleinen Selektionen kann auch auf operative CRM-Datenbanken zurückgegriffen werden.

Je nach Fall sind somit Datenintegrationen über DWHs oder Data Marts erforderlich. Eine Einbindung der Analysefunktionalität kann auch über den Präsentationslayer möglich sein. Kundenselektionen können aus Sicht des CBCs wie folgt erforderlich sein:

- Im Marketing etwa für Kampagnendesign und -planung
- Im Verkauf etwa für die Planung von grösseren Verkaufsaktivitäten, das Aktivitäts- und Pendenzenmanagement
- Im After Sales Service etwa für das Management von Unterhalt oder die Einsatzplanung von Servicepersonal, etc.

Je nach Art des Informationsbedürfnisses werden dafür effizienterweise eher analytische oder operative Datenbanken eingesetzt.

Funktionalität zur Kundendatenanalyse (ANALYSE) sowie Abrufe und Pflege von Markt- und Kundendaten-Repositories: Die Kundenanalyse kann z.B. laufend auf einer Datenbank erfolgen. Die Kundenanalyse kann zu einem Kundenverhaltensmodell führen. Die aufgrund eines Events auf Basis eines Kundenverhaltensmodells zu kontaktierenden Kunden können automatisiert oder manuell an entsprechende Kundenberater im operativen CRM „überführt" werden. Jedoch kann eine Analyse auch von einem Produktmanager angestossen werden, welcher die Kundendatenbasis aufgrund von bestimmten gehaltenen oder allenfalls bei einem Kunden fehlenden Produkten analysieren möchte, um Neukunden für ein neues Produkt zu finden. Dies kann bei grossen auszuwertenden Datenmengen durch die Nutzung der Infrastruktur des analytischen CRM erfolgen. Bei kleinen Datenmengen sind dazu wie erwähnt auch Abfragen im operativen CRM möglich. Ebenfalls ist etwa eine Analyse von Kunden denkbar, bei der eruiert werden soll, welche Kunden schon lange keinen

---

[166] Vgl. Amberg/Schumacher (2002), Buck-Emden (2002), Reynolds (2002), Schulze (2000).

Kauf beim eigenen Unternehmen mehr getätigt haben. Dazu sind sowohl Analysen von Kundenhistorien im operativen CRM als auch Analysen im analytischen CRM denkbar. Mögliche Objekte für Analysen sind: Kunden, Produkte, Leistungs- oder Produktnutzung oder Kontaktkanalnutzung.

Der Sachverhalt der Implementierung von Kundenverhaltensmodellen (z.b. auf analytischen CRM-Datenbanken) kann in der Klassifikation der integrierten Informationsverarbeitung als Kombination aus Methodenintegration und der Integration zur Automatisierung charakterisiert werden.[167] Einerseits geht es dabei darum, mittels Data Mining Modelle zur Analyse des Kundenverhaltens zu entwickeln. Diese sind auf Datenbanken als Monitoringmodelle implementierbar. Andererseits geht es darum, durch das Data Mining eruierte Kunden, denen aufgrund der Kundenbeziehungszielsetzungen des Unternehmens eine Bearbeitung zugewiesen ist, die entsprechende Aktivität mit oder ohne Mitarbeiterinteraktion definitiv zuzuordnen. So können Interaktionen am Kontaktpunkt mit oder ohne Mitarbeiterbeteiligung initiiert werden. Jedoch ist dafür neben der Datenintegration für das analytische CRM auch eine „Rückwärtsintegration" vom analytischen CRM ins operative CRM erforderlich. Erst dann ist aus der Analyse heraus die Definition und die integrierte Umsetzung von operativen CRM-Aktivitäten möglich.

Funktionalität zum Design und zur Planung von (Ad-hoc-)Kontaktkampagnen (ADMIN): Diese Funktionalität umfasst die Definition von Kontaktkanälen sowie die Definition von Zeitpunkten und Offerten, die den Kunden zu unterbreiten sind. Dazu ist Funktionalität mit mächtigen SQL-Befehlen erforderlich, die auch komplexe Ein- und Ausschlussregeln für Kunden in Kampagnen zulässt, um Kunden beispielsweise nicht zu häufig anzusprechen.

Für das Design und die Planung von Kontaktkampagnen kann grafische Unterstützung in operativen CRM-Lösungen u.a. auch zum Vorgehensprozess der Kampagnenplanung und des Kampagnendesigns vorhanden sein, ähnlich der sehr summarischen Darstellung in Abbildung 26.

In möglichen grafischen (Baum-)Darstellungen der Kampagnen können dabei über Doppel-Clicks auf die relevanten Knoten dahinterliegende SQL-Befehle definiert und modifiziert werden.[168] Es können beispielsweise über Drag-and-Drop-Selektionen Ausschlüsse von Kunden aus für Kampagnen selektierten Kundengruppen erfolgen. Diei Planung und das Design von Kampagnen erfolgen mehrheitlich auf Basis des analytischen CRM, wobei für die Übergabe der zu bearbeitenden Kunden eine

---

[167] Vgl. Mertens (2000), S. 1 ff.
[168] Vgl. zu entsprechenden Darstellungen auch Englbrecht et al. (2004), S. 360 ff.

intensive Integration zwischen analytischem und operativem CRM erforderlich ist. Daraus werden nach der Planung und dem Design die aktionsrelevanten Daten in das operative CRM übernommen. Dies kann eine umfangreiche und komplexe Integration ins operative CRM erforderlich machen. Dabei ist u.a. zu entscheiden, wie stark Menschen oder „Maschinen" für die Abwicklung der Kampagne eingesetzt werden und wie lange die Zyklen zwischen Analyse und Durchführung sowie erneuter Analyse und Durchführung sein dürfen.

Je nach Bedarf ist die Integration zwischen operativem CRM und analytischem CRM enger oder loser zu gestalten.

Schritte zur Bildung einer Kampagne im CRM

Schritt 0: Definition der Botschaft oder des Anliegens der Kampagne

Schritt 1: Grundgesamtheit Kampagne definieren

Schritt 2: Aufteilung der Grundgesamtheit in Gruppe/Kontrollgruppe

Schritt 3: Bildung von Kundengruppen für die Bearbeitung

Schritt 4: Definition von Bearbeitungsinhalten und -Skripts

Schritt 5: Zuordnung von Kontaktkanälen oder Kommunikationsmedien

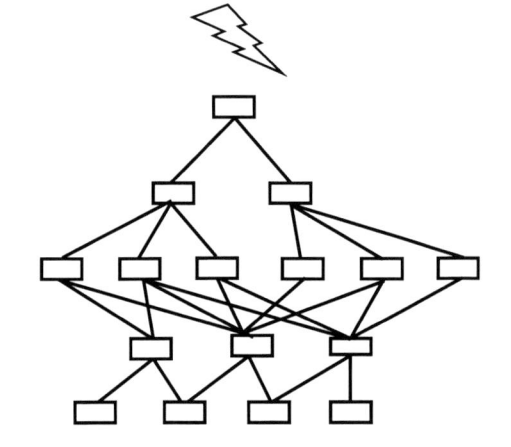

Abbildung 26: Mögliche grafische Darstellung für die Definition einer Kampagne.

Zuoberst in der Abbildung 26 ist ein Symbol für die Initiierung der Kampagne dargestellt. Diese Initiierung kann etwa durch das Kundenverhalten, das „Verhalten" des Gesetzgebers, das Verhalten der Konkurrenten, den technologischen Wandel oder auch das Verhalten von Unternehmen aus Branchen mit Substitutionsprodukten gegeben sein. Das Unternehmen hat bezüglich der Kampagnen u.a. zu definieren, über welche Kanäle die Kampagnen ablaufen sollen. Entsprechend sind Kampagnen mit oder ohne Mitarbeiterbeteiligung zu implementieren. Dies bedingt eine Integration des operativen CRM mit dem kollaborativen CRM oder den Kontaktmedien.

Für Kampagnen können Vorlagen oder Templates definiert werden, die bei Bedarf an den Kontaktpunkten sehr schnell mit dem zu erneuernden Inhalt oder Content zu versehen sind. Die Kampagnen können entsprechend als Alerts auf Kundenberater-

oder -bearbeiterarbeitsplätzen im Verkauf erscheinen. Dies wiederum bedingt eine Prozessintegration zwischen Marketing-Funktionalität und Verkaufs-Funktionalität (allenfalls von unterschiedlichen Kontaktpunkten zueinander, zwischen denen die Geschäftsvorfälle hin und her gereicht werden können).

Bei der engstmöglichen Integration sind die analytische und die operative Datenbank in Echtzeit miteinander gekoppelt. Im losen Integrationsfall können, z.b. aufgrund der Verarbeitungsgeschwindigkeiten in den Quellsystemen, sehr lange Zeiträume verstreichen zwischen der Datenanalyse, der Implementierung der operativen Kampagne, der erneuten Analyse und der erneuten Kampagnenabwicklung. Mit der Integration auf verschiedenen Ebenen kann die „Time to Market" für Kampagnen und generell für Marktbearbeitungsmassnahmen stark verkürzt werden.[169] Entsprechend ist eine Abklärung darüber erforderlich, wie wichtig diese Zeitaspekte für das Bestehen des Unternehmens im Wettbewerb sind.

Funktionalität zur operativen Zielgruppen-Modellierung (ADMIN & ANALYSE): Sind die allgemeinen Planungen für die operativen Kampagnen abgeschlossen, ist weiter zu differenzieren, welche konkreten Kundengruppen über welchen Kontaktkanal mit welchen Botschaften und zu welcher Zeit etwa hinsichtlich der Unterbreitung von Angeboten oder Offerten zu kontaktieren sind (vgl. hierzu auch Abbildung 26).

Funktionalität zur Definition von Produktvorschlägen (KONTAKT): Im Fall von Adhoc-Kampagnen kann das taktische Management die definitive Zuordnung von Produktvorschlägen zu Kunden oder Zielgruppen dem operativen CRM überlassen. In der Regel sollte diese Funktion aber aus Koordinationsgründen vom taktischen Kundenbeziehungsmanagement wahrgenommen werden.

Im letzten Fall steht dafür die Integration des analytischen CRM im Vordergrund, sei dies über Präsentations- oder Datenintegration.[170] Dabei können aufgrund von Scoring-Modellen auf Datenbanken Produktvorschläge für bestimmte Kunden generiert werden, die allenfalls in der operativen CRM-Umgebung an den Kontaktpunkten anzuzeigen sind, so dass der Front-Office-Mitarbeiter beim Aufrufen des Kunden Produktvorschläge auf dem Frontend oder Graphical User Interface (GUI) sehen kann.

Funktionalität zum Kampagnen-Management: Als Kampagnen-Management (KONTAKT) kann die Abwicklung von Kommunikationsinteraktionen über zu definierende Kontaktkanäle, mit einer zu bestimmenden Botschaft[171], in einem bestimmten Zeit-

---

[169] Dies zeigte etwa auch die Fallstudie sunrise in Kapitel 7.2.
[170] Eine Funktionsintegration ist in diesem Zusammenhang eher unüblich.
[171] Dies kann z.B. die Ankündigung eines Neuproduktes oder allgemeiner die Übermittlung einer verlangten oder nicht verlangten Offerte für ein Produkt oder eine Dienstleistung einschliessen.

raster, zur Erreichung einer klar definierten Kundengruppe und einem klar definierten und messbaren Ziel bezeichnet werden.[172] Innerhalb der Abwicklung von Kampagnen muss über den Kontaktkanal sichergestellt werden, dass die dafür erforderlichen Kundenangaben auf dem Display oder Bildschirm des Mitarbeiters oder für den Kunden im Umfeld elektronischer Kontaktpunkte im erforderlichen Browserfenster erscheinen. Aus Mitarbeitersicht müssen auf dem Bildschirm etwa Produktdefinitionen sowie Kundeninformationen abgerufen werden können, aber auch Bestellungen und Bestellprozesse müssen darüber initialisiert werden können. Zu diesem Zweck sind je nach Bedürfnis verschiedene Integrationen erforderlich.

Funktionalität zum Lead Management (ADMIN): Das Ziel des Lead Managements ist es, jeden einzelnen in einer Marketing- oder Verkaufskampagne gewonnenen Interessenten seinen Anforderungen und seiner Wertigkeit entsprechend in Marketing und Verkauf zu betreuen. Dies um das vorhandene Potenzial so weit als möglich auszuschöpfen. So sind kostspieligere CRM-Ressourcen gezielt auf die viel versprechenden potenziellen Kunden anzusetzen, um für diese eine systematische und konsequente Betreuung mit grosser Abschlusswahrscheinlichkeit zu ermöglichen.[173]

Beim Lead Management kann es sich aus Sicht der Integration um eine Prozessintegration zwischen unterschiedlichen zentralen und dezentralen Organisationseinheiten handeln. Diese kann mittels Workflowtechnologie auf Basis von Messaging oder in Form von Datenintegrationen unterstützt werden, indem relevante Angaben zu Interessenten beispielsweise von einem zentralen Marketing an den dezentralen Verkauf weiter geleitet werden.

Je nach Ursprung der Kampagne kann für das Lead Management mittels der angegebenen Integrationsmechanismen auch eine Integration vom analytischen CRM (Kundenverhaltensanalyse zur Gewinnung von Kundenverhaltensmodellen; Zuordnung unterschiedlicher Automatisierungsgrade der Kundeninteraktion für unterschiedliche Verhaltensmodelle) ins operative CRM und dort in den Verkaufsprozessbereich (persönlich, über Internet oder über das Telefon) erfolgen.

Funktionalität zur Response- oder Reaktionserfassung (gilt auch für Verkauf und Service; KONTAKT und ADMIN): Grundlegend für das Regelkreiskonzept ist zudem Funktionalität zur (vordefinierten und auswertbaren) Erfassung der Reaktion des Kunden, damit die Auswertung zu Kampagnen und Massnahmen auf allen Ebenen der CRM-Organisation erfolgen kann. Dies kann im Falle von Telefonkontakten oder Telefoninterviews z.B. durch Scripting-Funktionalität erleichtert werden. Das Scripting

---

[172] Vgl. zu dieser Definition u.a. PriceWaterhouseCoopers (2003), S. 130; Winkelmann (2000).
[173] Vgl. Steimle (ohne Jahr).

umfasst die Definition von Fragen und möglichen Antworten, welche in Telefoninterviews zu durchlaufen sind. Es werden Fragen und Antworten definiert, durch die der Telefon-Agent mit einfachen Mausclicks navigieren kann und damit den Fortgang des Gesprächs mit dem Kunden dokumentieren kann. Aus Effizienzgründen ist das Navigieren und Nachführen des Skripts so weit wie möglich zu automatisieren. Zudem sind möglichst wenig offene Antworten und möglichst viele erfass- und auswertbare Antworten zu definieren, um die Auswertung des Erfolgs der Kundenbearbeitung zu vereinfachen.

Wie bereits weiter oben unter dem Kampagnenmanagement dargestellt, geht es aus Integrationssicht bei der Response- oder Antworterfassung im Wesentlichen um die über integrierte Medien im operativen CRM mögliche Erfassung der Responseart, der Zuordnung des Responses zu einer Kampagne und zu einem Kunden sowie der (laufenden) Auswertungsmöglichkeiten der Entwicklung der Responseerfassung im operativen oder allenfalls im analytischen CRM.

3.3.1.2 Verkaufs-Funktionalitäten

Die folgende Beschreibung von Verkaufs-Funktionalitäten basiert auf Amberg/-Schumacher, Buck-Emden, Reynolds sowie Schulze.[174]

Funktionalität zur Kunden- und Ansprechpartnerverwaltung (ADMIN): Darin ist eine gezielte Erfassung von Kontaktangaben machbar. Dies ist erforderlich in Fällen komplexerer Kundenbeziehungen mit verschiedenen Ansprechpartnern beiderseits (Buying-Center und Selling-Center), im Falle von Massenkundschaft, wo die Mitarbeiter die Kunden an den Kontaktpunkten nicht mehr persönlich kennen, sowie bei persönlichen Kundenbeziehungen (etwa im Private Banking oder bei Grosskunden).

Funktionalität zur Kontaktdatenverwaltung (ADMIN & KONTAKT): In Erweiterung zur Verwaltung von Ansprechpartnerdaten sind Kontakte zu planen und zu ordnen. Bei Vertreter-Besuchen ist beispielsweise planbar, welche Kontakte geografisch in einem Tag ideal verbindbar sind. Für Letzteres kann dies zum Beispiel die Integration von geografischen Informationssystemen ins operative CRM bedeuten. Im einfachen Fall ist dies die Integration des Routenplanungsdienstes www.map24.com aus dem Internet.[175] Denkbar ist auch eine Integration geografischer Datenbanken ins operative CRM.

---

[174] Vgl. Amberg/Schumacher (2002), Buck-Emden (2002), Reynolds (2002), Schulze (2000).
[175] Die Lösung zur Integration von map24.com ins operative CRM (für die Kundenberater) entstammt der Fallstudie UBS in Kapitel 7.3.

Funktionalität zur Produktkonfiguration (KONTAKT): Sind komplexere Produkte zu verkaufen, kann es einerseits sinnvoll sein, dass der Kunde diese über eine entsprechende Homepage selber konfigurieren kann. Andererseits können auf dem Laptop des Vertreters Produktkonfigurationen erforderlich sein. Je präziser dabei die Konfiguration beim Kunden definiert und je direkter die Konfiguration auf deren Realisierbarkeit geprüft werden kann, desto einfacher ist die Weitergabe der resultierenden Konfiguration und deren Auflösung in Stücklisten zuhanden von Back-Office- oder ERP-Systemen. Stücklisten werden in der Regel in Front-Office-Systemen nicht geführt. Für die Transformation oder Umrechnung von Kundenkatalogangaben in Stücklisten ist Transformationsfunktionalität, z.B. in Enterprise-Application-Integration-(EAI-)Lösungen oder in Schnittstellenprogrammen, erforderlich, wie sie unter anderem in Kapitel 5 dargestellt wird. Die derart transformierten Daten werden in die ERP- oder Back-Office-Applikationen eingelesen. Im umgekehrten Fall kann dies einmalig erfolgen, wenn beispielsweise ein neues Produkt entwickelt wird, das im Katalog im Front Office verfügbar gemacht werden muss. Wiederholt kann dies der Fall sein, wenn Kundenaufträge ab Lager auszuliefern sind – was in der Regel mittels ERP-Systemen unterstützt wird – und Meldungen zuhanden der Kundenhistorie im Front-Office-System verfügbar gemacht werden müssen.

Grundsätzlich ist zu klären, ob es sich beim Produktkonfigurator ja nach Branche um eine eigenständige Applikation handelt, oder ob der Konfigurator im ERP-System integriert ist. Denkbar ist auch eine Integration ins operative CRM. In den meisten Fällen ist wohl die zweite Variante (gerade wegen der Stücklistenauflösung) oder seltener die erste Variante denkbar. Damit ist eine Integration zwischen operativem CRM und ERP-System oder Produktkonfigurator erforderlich.

Je nach Produktkategorie kann auch ein Mitarbeiter die Rolle des „Konfigurators" übernehmen, beispielsweise dann, wenn es sich um die Bündelung von Finanz- oder Versicherungsdienstleistungen handelt, welche für einen Kunden zusammengestellt werden müssen. Er bedient sich dazu integrierter Finanzinformationssysteme, welche in der erforderlichen Art in die CRM-Umgebung zu integrieren sind.[176] Im Idealfall besteht auch dann die Möglichkeit der „Weitervererbung" oder Replikation von Daten zu ausgewählten Dienstleistungen in CRM- und Back-Office-Systeme.

Die Konfigurationsmöglichkeit an sich oder deren Unterstützung durch Informationssysteme kann ein Wettbewerbsvorteil sein, mit dem auch Kunden gebunden werden können – z.B. zur Konfiguration von Möbeln. Dies setzt eine entsprechend modularisierte Produktpalette voraus. Die Produktkonfiguration kann in diesem Sinne

---

[176] Letzteres konnte in der Falllstudie UBS in Kapitel 7.3 beobachtet werden.

sowohl für industrielle Produkte (im B2B- und im B2C-Umfeld) als auch für Dienstleistungen eingesetzt werden.

Funktionalitäten zur Angebotsdefinition und -erstellung, zur Preisfindung und zur Auftragserfassung (KONTAKT & ADMIN): Diese Funktionalitäten umfassen die Definition von fertigen Angeboten, die in einer Offerte gedruckt und/oder dem Kunden elektronisch präsentiert werden können. Dazu können u.a. Daten aus ERP-Systemen erforderlich sein, die mittels Daten- oder Funktionsintegrationen ermöglicht werden. Die Preisfindung kann im direkten Dialog mit dem Kunden stattfinden. Dies ist denkbar unter Einbezug von Technologie, etwa zur erneuten Berechnung von Preisen nach einer Änderung der zu bestellenden Variante oder Konfiguration. Ferner müssen Funktionalitäten bereitgestellt werden, um Auftragsdaten zu erfassen. Bei Bestellungen über die Website sind zusätzlich zu den Bestelldaten allenfalls Stammdaten des Kunden zu erfassen, etwa wenn es sich um einen Neukunden handelt oder wenn Änderungen der Stammdaten anfallen. Die entsprechenden Auftragsdaten, zu denen ein Minimum an Daten bezüglich des Kunden, bezüglich der Bestellung etc. gehört, sind je nach Kontaktpunkt z.b. ins operative CRM zu überführen, dort zu dokumentieren und entsprechend an das ERP-System für die Auftragsabwicklung weiterzuleiten.

Für das Yield Management und die Preiskonfiguration in der Airlinebranche ist die Integration von Daten aus Reservationssystemen, aus CRM-Systemen, aus Revenue-Management-Systemen sowie historischer Daten erforderlich. Im Bereich des Yield Managements sind jedoch auch Kundenverhaltensmodelle wichtig, mittels welcher Preisänderungen und deren Einfluss auf das Kaufverhalten untersucht werden können. Durch die Anwendung entsprechender Modelle wird eine Prognose für die Flugzeugbelegung abgeleitet. Daraus wiederum werden die Preisfindung oder das Pricing des Sitzes und die Berechnung des Ertrags des Flugs möglich. Dies kann u.a. zur Gewinnoptimierung pro Flug eingesetzt werden.[177] Der Einsatz entsprechender Systeme wäre auch in anderen Bereichen mit partiellem Nachfrageüberhang denkbar, beispielsweise bei touristischen Dienstleistungen wie Hotelübernachtungen.

Möglichkeiten des Einsatzes von Verkaufsmethodologien[178] (ADMIN; ANALYSE): Das Ziel ist es, den Verkaufsprozess zu strukturieren, transparenter und vor allem messbarer zu machen. Je nach Datenmengen und CRM-Lösung kann die Analyse über einen Data Mart des Verkaufs erfolgen oder in einfacher Weise auch über die operative CRM-Datenbank.

---

[177] Vgl. zum Yield-Management u.a. Meffert (1998), S. 553 ff. sowie S. 1084, RTS (2002), S. 7 ff., Sheth/Sisodia (1999), S. 217.
[178] Vgl. dazu etwa Holden (1997), Kieliszek (1994), Miller/Heimann (1994), Schulze (2000).

Die Bedeutung von Verkaufsmethodologien ist vor allem deshalb gross, weil persönliche Verkaufskontakte, etwa im Gegensatz zu Verkaufskontakten per Internet oder Telefon, relativ teuer sind. Entsprechend entsteht ein Rechtfertigungsdruck und ein Druck zum Einsatz von Verkaufsmethodiken.[179] Die Einführung von Verkaufsmethodologien wird von Systemanbietern unterstützt. Die Steigerung der Transparenz in Marketing und Verkauf thematisiert u.a. ein Artikel im Tages Anzeiger mit dem Titel „Banken: Gläserne Kundenberater".[180] Darin wird indirekt auf die Grossbanken UBS und Credit Suisse Bezug genommen, auf die auch in den Fallstudien in Kapitel 7 eingegangen wird.

Mit der Strukturierung des Verkaufsprozesses und dem Versehen desselben mit Messpunkten wird nicht nur ein Vorgehen für den Verkäufer definiert, mit fest definierten Informationen und Abklärungen, die zu erheben sind, sondern es wird auch möglich, einheitliche Standards in der Bearbeitung von Leads oder Interessenten, Prospects oder potentiellen Neukunden, Opportunities oder Verkaufsgelegenheiten und bestehenden Kunden zu implementieren, die im operativen CRM festzulegen sind. So kann damit etwa definiert werden, wie ein erhaltener Lead zu bearbeiten ist, welche Gesprächsführung zu wählen ist und über welche Kontaktkanäle bestimmte Kundengruppen zu kontaktieren sind, aber auch, welche Folgeaktivitäten in Unternehmen z.B. in nicht erfolgreichen Verkaufssituationen zu erfolgen haben.

Damit wird der Verkaufsprozess bezüglich der Allokation der Ressourcen und bezüglich des Abgleichs von Effizienz- und Effektivitätssteigerungen im Verkauf vergleichbar und steuerbar. Ferner bieten Verkaufsmethodologien auch die Möglichkeit, dem Verkäufer eine Unterstützung bei der Bearbeitung seiner Kunden zu geben; insbesondere auch dann, wenn sehr komplexe Produkte zu verkaufen sind oder sehr viele verschiedene Kunden pro Verkäufer zu betreuen sind. Die Erfolgsmessung kann im Verkaufsbereich, wie in Abbildung 27 dargestellt, in Form sogenannter Verkaufstrichter und darin etwa anhand der Veränderung der Prozentzahlen dargestellt werden.

---

[179] Vgl. zu Kontaktkosten u.a. Friedman/Furey (2003), S. 6 f., S. 69 ff., S. 152 ff.
[180] Vgl. Tagesanzeiger (2004a), S. 25.

CRM-Systemkomponenten und Integrationsbedarfe 93

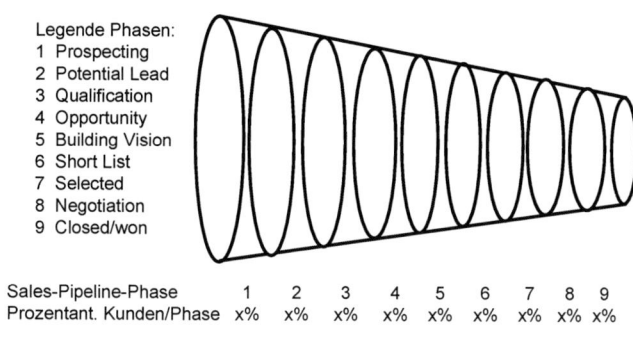

Legende Phasen:
1 Prospecting
2 Potential Lead
3 Qualification
4 Opportunity
5 Building Vision
6 Short List
7 Selected
8 Negotiation
9 Closed/won

Sales-Pipeline-Phase	1	2	3	4	5	6	7	8	9
Prozentat. Kunden/Phase	x%	x%	x%	x%	x%	x%	x%	x%	x%

Abbildung 27: Mögliche Darstellung eines Verkaufstrichters nach Siebel.[181]

Die Aufteilung des Verkaufsprozesses in Abbildung 27 erfolgt in verschiedene Phasen 1 bis 9. Dies entspricht einer möglichen definierten Verkaufsmethodologie, über die sichergestellt werden kann, dass die Abwicklung der Interaktion im Verkauf planmässig und gezielt erfolgt und im Hinblick auf einen möglichen Verkaufsabschluss optimiert wird. Damit kann auch erreicht werden, dass nur erfolgsversprechende Kundenbeziehungen weiter gepflegt werden. Zu beachten ist, dass die Abbildung 27 Bereiche umfasst, die in dieser Arbeit den Marketingprozessen zugeordnet werden, etwa das Prospecting. Die Leadbewertung hingegen kann direkt den Verkaufsprozessen zugeordnet werden.

Funktionalität für den mobilen Verkauf (KONTAKT): Dabei geht es um die Unterstützung des mobilen Verkaufs mit einer maschinellen Schnittstelle, welche differenziertere Bearbeitungen etwa mit Konfiguratoren, strukturierten maschinengestützten Fragebögen zur Eingrenzung der Kundenbedürfnisse, aber auch die Erfassung und direkte Weiterleitung von Kundenkonfigurationen einschliesst und unterstützt. Dafür sind direkte Integrationen des mobilen Endgeräts mit dem CRM-Server erforderlich. Die Synchronisation basiert derzeit mehrheitlich auf der Datenreplikation zwischen mobilem Endgerät und operativer Datenbank des CRM-Systems. Allenfalls kann zusätzlich eine Integration zwischen Front- und Back-Office-Systemen erforderlich sein, etwa um Aufträge oder Abrechnungsdaten weiterzuleiten. Zusätzlich kann es erforderlich sein, Konfigurationskomponenten auf den mobilen Endgeräten zu installieren oder den Zugriff darauf z.B. über das Internet zu ermöglichen, wenn der Konfigurator nicht Teil des CRM-Systems ist. Jedoch ergibt sich im letzten Fall wiederum Integrationsbedarf, etwa um Konfigurationsdetails in Angebote oder Verträge zuhanden des CRM-Systems zu übernehmen.

---

[181] Vgl. Siebel (2003).

Funktionalität für das Territory- oder Gebietsmanagement[182] (ANALYSE & ADMIN): Das Territory- oder Gebiets-Management kann die Grundlage für die Zuordnung von Anrufen, Verkaufsopportunitäten oder anderen Kontaktformen zu den richtigen Verkäufern oder Kontaktpunkten sein. Territories basieren auf geografischen, virtuellen oder anderen Merkmalen. Zur Konzeptionsphase im Territory-Management gehören die Definition der Gebiete und die Zuordnung von Verkaufspersonen (etwa in Contact Centern oder mobilen Verkäufern) zu den definierten Gebieten. Dies kann bezüglich der verschiedenen Kontaktkanäle zudem unterschiedlich erfolgen. Ziele dafür sind: Optimierung von Vertragsabschlüssen oder Kundendeckungsbeiträgen in Verkaufsgebieten sowie die effizientere und effektivere Gestaltung der Verkaufsorganisation.

Der Entscheidungssachverhalt im Gebietsmanagement – etwa bezüglich Aussendienst – wird bei Meffert mit folgenden Variablen charakterisiert: Selektion und Schulung des Aussendienstes, Anzahl der Verkaufsaussendienster, genutzte oder zur Verfügung stehende Verkehrsmittel der Verkaufsaussendienstmitarbeiter, Verkaufsbudget, Besuchsnormen, Reiserouten, Potenziale der Gebiete, Vergütungssystem sowie geografische Grenzen der Verkaufsgebiete.[183] Dies ändert sich dadurch, dass Verkäufe wie erwähnt über unterschiedliche Kontaktpunkte erfolgen können. Die Kriterien für die damit erweiterte Palette an Entscheidungstatbeständen kann etwa Kundenwerte, Scorings der Kunden oder Preise der Verkaufskontakte unterschiedlicher Verkaufspunkte in Relation zum Kundenwert umfassen.

Die Kriterien, die zur Gebietsdefinition führen, zeigen auch auf, welche Integrationsanforderungen sich, etwa für externe mikrogeografische Daten, ergeben. Verkaufsgebiete können unterschiedlich und mittels unterschiedlicher Informationen oder Variablen bestimmt werden, z.B. über die Anzahl Aussendienstmitarbeiter, die Anzahl Kunden, die Kundenart, den Kundenumsatz, den Deckungsbeitrag, die Anzahl zu tätigender Besuche bei Kunden oder die Länge der Besuchswege.[184] Die Lösung des dadurch entstehenden Optimierungsproblems kann u.a. durch Algorithmen unterstützt werden, wie sie im Data Mining zur Anwendung gelangen.[185] Es kann dabei von geografischen Gegebenheiten ausgegangen werden oder von den Personal- und Kontaktpunktressourcen des Unternehmens, sowie üblicherweise auch von soziodemografischen oder mikrogeografischen Attributen. Zur Definition der Verkaufsgebiete

---

[182] Vgl. dazu und zum Folgenden Buck-Emden (2002).
[183] Vgl. Meffert (1998), S. 833.
[184] Vgl. zu Kriterien für die Verkaufsgebietseinteilung z.B. Amberg (2004), S. 64 f., Kotler/Bliemel (1995), S. 1037 ff., Meffert (1998), S. 835 ff.
[185] Vgl. zu modellgestützten Ansätzen für das Gebiets- oder Territory-Management z.B. Albers (1989), S. 428.

können einmalig oder mehrfach Datenintegrationen von geografischen Daten erforderlich sein.

Funktionalität für das Activity Management (KONTAKT & ADMIN): Das Aktivitäten-Management unterstützt Verkaufsmitarbeiter (in allen Kontaktkanälen) dabei, ihre tägliche Verkaufsarbeit zu planen und zu organisieren. Dazu gehört etwa die Planung von Terminen, Besuchen (inklusive deren Lokalisierung und Verbindung), Anrufen oder Email-Versänden. Ebenfalls gehört zum Activity Management die Einrichtung von Stellvertreterregelungen im Falle von Mitarbeiterabwesenheiten. Folgende Elemente können dazu gezählt werden: Kalender, Belege für Geschäftsaktivitäten, Ergebnisse von und Gründe für Aktivitäten oder Routenplanungen. Deshalb sind die Tätigkeiten des Managements von Aktivitäten teilweise gleichzusetzen mit dem Besuchs- und Kontaktmanagement.

Für das Kontaktmanagement können Integrationen von Medien in die Teilkomponente zum Verkauf (Email, Telefon fix und mobil, mobile Websitezugriffe, etc.), die Synchronisation von Daten von mobilen und nicht mobilen Endgeräten über einen CRM-Server oder einen anderen Synchronisations- oder Applikations-Server oder die Integration von persönlichen Daten zum Verkäufer beispielsweise aus einer HR-Komponente eines ERP-Systems erforderlich sein. Letzteres ist in umgekehrter Richtung dafür erforderlich, um variable Anteile an Gehaltsabrechnungen systemunterstützt berechnen zu können. Massgebend dafür kann z.B. der Erfolg des Aussendienstmitarbeiters sein.

Funktionalität für das Opportunity Management (ADMIN): Eine Opportunity ist eine qualifizierte Verkaufschance. Anders ausgedrückt handelt es sich dabei um eine überprüfte Möglichkeit für ein Unternehmen, Produkte oder Dienstleistungen zu verkaufen. Opportunities sind unter Umständen eine Weiterentwicklung von (aus Marketing-Kampagnen resultierenden) Leads oder Interessenten. Opportunities können aber auch direkt vom Verkaufsmitarbeiter angelegt werden. Zur Dokumentation können gehören: Mögliche künftige Produkte oder Dienstleistungen, die empfohlen werden können, sowie deren möglichst standardisierte Beschreibung; möglichst standardisierte Beschreibung des Interessenten (Lead); Budget des Interessenten; Potenzieller Umsatz sowie Wahrscheinlichkeit eines Abschlusses.

Funktionalität für das Management von Offerten und Verträgen (KONTAKT & ADMIN): CRM-Systeme enthalten im Falle von möglichen Abschlüssen Funktionalität, die den Verkaufsmitarbeiter in den Kontaktkanälen bezüglich Offertunterbreitung und Vertragserstellung unterstützt. Es kann beispielsweise erforderlich sein, über Daten- oder Funktionsintegration eine Integration zwischen operativem CRM-System und

ERP- oder SCM-Systemen zu bauen, um für die Vertragsdefinition einen definitiven Liefertermin zu bestimmen oder auf Basis von Ist-Daten Liefertermine und Konditionen festlegen zu können. Jedoch müssen diesbezüglich spätere Änderungswünsche des Kunden wieder integriert an Back-Office-Systeme weitergegeben werden können.

Wichtig ist eine Integration zwischen CRM- und ERP-System u.a. auch für die Abrechnung oder Verrechnung und die Weitergabe der Lieferungsparameter z.b. an zentrale oder dezentrale Distributionsstandorte. In umgekehrter Richtung kann eine Integration ebenso wichtig sein sein für Lieferungsbestätigungen, Teillieferungsbestätigungen und die Abarbeitung von Leistungen. Auch hier sind unterschiedliche zentrale oder dezentrale Standorte betroffener Organisationseinheiten determinierend.

Taktische Verkaufsfunktionen (ADMIN): Im Bereich des operativen Verkaufs sind auch Planungs- und Administrationsaufgaben zu leisten. Dazu gehört etwa Funktionalität für: Langfristige Account-, Kontakt- und Activity-Planung. Dazu gehört ferner die Datenaufbereitung und -auswertung zu Verkaufsprozessen (ANALYSE; in Form der erwähnten Verkaufstrichter-Modelle), zu Wettbewerbern und Produkten sowie zur taktischen Verkaufsgebietsoptimierung (vgl. dazu Angaben zum Territory Management). Jedoch gehört zu den taktischen Verkaufsfunktionen auch der (zentrale) Support des mobilen Verkaufs. Letzteres umfasst den traditionellen Verkaufsinnendienst mit Administrationsaufgaben.

Funktionalität für das Account- und Contact Management: Mittels Account- und Contact-Management (KONTAKT & ADMIN) werden Angaben zu Kunden festgehalten, etwa Ansprechpartner, sowie Kundenkontakte mit Zeitpunkt, Inhalt und Ergebnis dokumentiert. Zur Planung und Dokumentation der Tätigkeiten von Einzelpersonen und zur Weiterleitung von Aufgaben an Verkaufsmitarbeiter dient das oben beschriebene Activity Management. Um dem Kunden jederzeit kompetent Auskunft über zurückliegende Vorgänge geben zu können, muss der Verkaufsmitarbeiter Zugriff auf erforderliche Angaben zu Anfragen, Angeboten, Aufträgen (Hierfür ist unter Umständen über Daten- oder Funktionsintegration eine Integration von operativen CRM-Systemen und Back Office- oder ERP-Systemen erforderlich), aber auch zu Serviceleistungen und Reklamationen des Kunden aus allen Phasen der Kundenbeziehung über alle möglichen Kontaktmedien haben. Neben der Unterstützung des Angebots- und Auftragsprozesses kann die Account-Funktionalität auch zur Erstellung von Umsatzplanung und zur Erstellung von Verkaufsprognosen auf Basis der noch nicht abgeschlossenen Geschäfte genutzt werden.

3.3.1.3 Funktionalitäten des After Sales Service

Die folgende Beschreibung von Funktionalitäten für den After Sales Service basiert teilweise auf Arbeiten von Amberg/Schumacher, Buck-Emden sowie Schulze.[186]

Den Output der Verkaufsprozesse stellen Verkaufsabschlüsse oder Verträge dar. Diese können als Input für die After-Sales-Service-Prozesse verstanden werden. Die Kundenbeziehung geht somit vom Verkauf an den After Sales Service über. Die Grundlage für die Bearbeitung des Kunden durch den After Sales Service ist der Vertrag, der mit dem Kunden abgeschlossen wurde. Dieser Vertrag ist im After Sales Service falls erforderlich an allen Kontaktpunkten verfügbar zu halten, wofür sich im Bereich der elektronischen Datenverarbeitung die Integration von Dokumentenmanagementsystemen in die operative CRM-Umgebung anbietet. Zu diesen Verträgen können weitergehende technische Beschreibungen zu verschiedenen Bauarten, Modellen erforderlich sein. Dazu kann es nötig sein, aus Produktentwicklungs- und -konfigurationssystemen stammende technische Zeichnungen mit dem Vertrag zusammen abzulegen. Sinnvoll kann in CRM-Systemen auch eine Vertragsübersicht mit relevanten Parametern (z.B. Teilverträge) sein, um den Beratern und Verkäufern einen raschen Überblick über die vom Kunden gehaltenen Produkte oder genutzten Leistungen zu bieten. Im Falle des Verkaufs über das Internet bieten sich vor dem Vertragsabschluss die Integration von Content-Management-Systemen an, die mit dem Web Server gekoppelt werden, auf den der Kunde z.B. von aussen zugreift. Das Content-Management-System kann aus den gleichen Gründen wie oben angegeben mit Konfigurationssystemen oder etwa Datenverwaltungssystemen zu Produkten gekoppelt sein, damit etwa Online-Kataloge aktuell geführt werden können. Bei (regelmässig wiederkehrenden) Rechnungen zu Dienstleistungen oder Produkten gehören im Weiteren die Rechnungsdokumente und entsprechende Daten zu den im After Sales Service jederzeit verfügbar zu haltenden Datenbeständen dazu. Von Interesse können auch Hinweise zu Teillieferungen, weiteren Lieferterminen und entsprechende Rechnungsstellungsdetails gehören, die im After Sales Service von Interesse sein können.

Funktionalität zur Kategorisierung von Geschäftsvorfällen im After Sales Service (ANALYSE & KONTAKT): Dazu gehört etwa nebst Workflow-Funktionalität eine die Kategorisierung von Inbound-Kontakten unterstützende Funktionalität zu generellen Kundenanfragen, Beschwerden sowie Anfragen zu Zahlung, Lieferung, Rechnungsstellung, Ge- und Verbrauch oder Nutzung von Produkten und Dienstleistungen, Wartung sowie Reparatur oder zur Entsorgung von Produkten oder Leistungen. Für

---

[186] Vgl. Amberg/Schumacher (2002), Buck-Emden (2002), Schulze (2000).

diese Aspekte stellt die Integration von operativen CRM-Systemen und ERP-Systemen eine massgebliche Voraussetzung dar; dies insbesondere auch dann, wenn Produkte vom Unternehmen zurückgenommen werden. Je besser das Unternehmen für diese Anliegen an den unterschiedlichen Kundenkontaktpunkten vorbereitet ist, desto effizienter können solche Anfragen angenommen, bearbeitet oder weitergeleitet und abgeschlossen werden. Entsprechende Systeme basieren auf einer Falldatenbank, die wiederum in die operative CRM-Applikation zu integrieren ist.[187]

Eine technische Lösung für das Case Based Reasoning kann im After Sales Service für die strukturierte Suche und Abwicklung von Kundengeschäftsvorfällen oder Servicevorfällen eingesetzt werden. Sie umfasst Komponenten wie etwa ein Eingabefrontend oder eine Falldatenbasis zu Produkten, Anlagen und Dienstleistungen. Ferner ist ein GUI erforderlich, über welches Fälle angelegt, verändert, abgerufen und gelöscht werden können. Unter Umständen nutzt die Applikation Algorithmen, um Eingaben aufgrund der Kundenaussagen oder von Kundeneingaben (beim Direktzugriff des Kunden auf die Falldatenbank) zu kombinieren und Lösungsvorschläge zu präsentieren. Cased-Based-Reasoning-Lösungen werden insbesondere im technischen Produktumfeld eingesetzt. Die Datenbanken können auch über Web-Zugriffe in Selbstbedienungsumgebungen implementiert werden. Dabei kann die Nutzung derart überwacht werden, dass Kunden, die ihr Problem über die Selbstbedienung im After Sales Service nicht lösen konnten, z.B. durch das Unternehmen zurückgerufen werden können.[188] Die Integration spielt hier eine Rolle bezüglich der Nachführung von Kundeneingaben im Sinne von Servicegeschäftsvorfällen im operativen CRM. Ebenfalls spielt hier die Integration des operativen CRM mit dem kollaborativen CRM eine wesentliche Rolle (Contact-Center-Umgebung und CTI-Integration, d.h. die Integration von Telefonie und Informationstechnologie). Die im Case Based Reasoning aufgerufenen oder zu lösenden Fälle können weitere Geschäftsvorfälle im CRM anstossen, etwa Reparaturfälle, Rücknahmefälle, Garantiefälle, Beschwerdefälle oder gar eine Kampagne für einen Neuverkauf oder einen Verkäuferkontakt. Dies ergibt die bereits mehrfach erwähnte Integration innerhalb des CBCs. Grundlegend ist jedoch die Integration der After-Sales-Service-Prozesse mit ERP- oder SCM-Prozessen. Zudem können Reparaturequipen zu koordinieren sein. Es muss das relevante Reparaturmaterial geordert werden können, Rechnungen müssen generiert werden können und die Verfügbarkeit von Ersatz- oder Neuprodukten ist zu prüfen und deren Disposition und Distribution ist zu ermöglichen.

---

[187] Vgl. zum Case Based Reasoning u.a. Amherd (2002), Armuelles (2000), Schmidt/Gierl (2002).
[188] Vgl. hierzu die Fallstudie Dell Computer von Amherd (2002).

Im Falle von Telefonanfragen oder Emails kann mittels Interactive Voice Response (IVR) oder Email-Routing-Funktionalität das Management von Servicefällen vereinfacht werden. Auf der Basis von Eingaben des Kunden auf der Telefontastatur oder des Vermerks bestimmter Sachverhalte in der Betreffzeile des Emails werden die Kundenanfragen mittels vordefiniertem Routing zu Agenten oder mittels Texterkennungsalgorithmen[189] zu Sachbearbeitern geleitet.[190] Dies unterstützt eine effizientere Bearbeitung und Abwicklung von Kundenkontakten. Unter dem Routing ist je nach Verteiltheitsgrad und Standortorganisation der Kundenkontaktpunkte die (menschliche oder automatisierte) Verteilung und Weiterleitung der Kontakte zur Abwicklung der Kommunikationsgeschäftsvorfälle zu verstehen.

IVR als wesentliches Medienintegrationskonzept kann wie folgt definiert werden: „Interactive Voice Response (IVR) is a software application that accepts a combination of voice telephone input and touch-tone keypad selection and provides appropriate responses in the form of voice, fax, callback, e-mail and perhaps other media." IVR kann z.B. für automatische Auskünfte beispielsweise im Finanzdienstleistungsbereich, im Telekommunikationsbereich oder für Weiterleitungen oder das Routing von Anrufen genutzt werden. Zur Anwendung gelangen vorerfasste Stimm-Aufforderungen oder -Antworten. Weiter heisst es bei Whatis: „Using computer telephony integration (CTI), IVR applications can hand off a call to a human being who can view data related to the caller at a display [Vgl. Whatis (2005b)]. Die erwähnte CTI oder Computer Telephony Integration kann in Anlehnung an Whatis weiter wie folgt definiert werden: „CTI (computer-telephony integration) [...], is the use of computers to manage telephone calls. The term is used in describing the computerized services of call centers, such as those that direct the customer call to the right department [or the right person with the right skill set] at a business. It is also sometimes used to describe the ability to use your personal computer to initiate and manage phone calls (in which case one can think of the computer as the personal call center)."[191]

Für das erwähnte Management von Mitarbeiterfähigkeiten an den Kontaktpunkten ist unter Umständen eine Integration zwischen kollaborativem CRM (Automatic-Call-Distribution-Komponente (ACD), IVR-Komponente, CTI-Komponente[192]), operativem CRM und der Komponente zum Human Resources Management des ERP-Systems erforderlich, um aktuelle Fähigkeitsprofile der Mitarbeiter in Contact Centern für das Routing zur Verfügung zu haben.

---

[189] Vgl. für das Routing auf Basis des Text-Mining etwa Tkach (1998).
[190] Vgl. Hippner/Wilde (2003), S. 45 ff.
[191] Vgl. Whatis (2005c).
[192] Vgl. zu diesen drei Sachverhalten auch Kapitel 3.4.

Funktionalität für das Beschwerde Management (KONTAKT): Seitens des Unternehmens treten nach Stauss/Seidel die Aktivitäten Beschwerdestimulierung (KONTAKT), Beschwerdeannahme (KONTAKT) sowie Beschwerdebearbeitung (ADMIN) und -reaktion (KONTAKT) auf. Kundenseitig treten nach Stauss/Seidel die Aktivitäten Problemauftritt, Beschwerdeartikulation sowie Warten auf die Problemlösung auf.[193]

Die entsprechende Funktionalität umfasst in Anlehnung an das Prozessmodell von Stauss/Seidel u.a. Funktionalität zum Management von Beschwerdestimulierungs-, Beschwerdeannahme- und -bearbeitungsprozessen (etwa über das operative CRM), Funktionalität für Beschwerdeauswertungen sowie Funktionalität für das Beschwerdecontrolling (etwa über das analytische CRM). Mittels Beschwerdemanagement wird u.a. versucht, möglichst viele unzufriedene Kunden zu Beschwerden anzuregen, damit das Unternehmen der Unzufriedenheit entgegenwirken und die Sicherung der Kundenbindung und die Weiterentwicklung des Kundenportfolios vorantreiben kann.

Ramsauer/Walser definieren teilweise über Stauss/Seidel hinausgehend zuerst Ziele des Beschwerdemanagements. Davon ausgehend verorten sie das Beschwerdemanagement im CRM-Prozessmodell (CBC) und schaffen ein eigenes Prozessmodell des Beschwerdemanagements, das deutlich über die Modelle von Schöber und Stauss/Seidel hinausgeht.[194] Das im Detail beschriebene Prozessmodell von Ramsauer/Walser geht ausserdem von einem Multi-Channel-Ansatz aus, was wesentliche Auswirkungen auf die Beschwerdemanagementprozesse und deren unternehmensinterne Abwicklung hat. Im Beschwerdeprozessmodell nach Ramsauer/Walser können ähnlich dieser Arbeit und den darin unterschiedenen CRM-Managementebenen Ebenen des Beschwerdemanagements unterschieden werden. Ramsauer/Walser unterscheiden strategische Beschwerdemanagementprozesse und operative Beschwerdemanagementprozesse sowie Supportprozesse für das Beschwerdemanagement. Innerhalb der strategischen Managementprozesse des Beschwerdemanagements unterscheiden sie: Controllingprozesse, Organisationsprozesse und Personalmanagementprozesse. Innerhalb der operativen Managementprozesse des Beschwerdemanagements unterscheiden sie: Beschwerdestimulierungsprozesse, Beschwerdeeingangsprozesse, Informationserfassungsprozesse, Fallbearbeitungsprozesse, Follow-Ups und Informationsgewinnungsprozesse. Innerhalb der Managementprozesse des Beschwerdemanagements unterscheiden Ramsauer/-Walser: Prozesse des Informations- und Kommunikationstechnologie-Managements sowie Prozesse der Marketingforschung.

---

[193] Vgl. dazu und zum Folgenden Stauss/Seidel (1998).
[194] Vgl. Schöber (1997), Stauss/Seidel (2002).

Für die Beschwerdebearbeitung kann, wenn dies aus Effizienzgründen angezeigt ist, Workflow-Management-Technologie zur Integration eingesetzt werden, weil zur Problemlösung im Unternehmen unter Umständen diverse Beteiligte zusammen arbeiten müssen.

Self-Service-Prozesse und -Funktionalität (KONTAKT): Diese Funktionalität erlaubt sowohl über das Telefon (etwa mittels Interactive Voice Response – IVR), das Web oder den lokalen Kundenkontaktpunkt die Unterstützung der eigenständigen Befriedigung der Kundenbedürfnisse allenfalls auch für den Verkaufprozessbereich ohne Mitwirkung von Mitarbeitern oder Dritten. Je nach Kontaktmedium sind hierfür unterschiedliche Integrationsmechanismen denkbar. Erwähnt werden kann etwa für den Rechnungsabruf per Web, dass hierfür Web-Server mit CRM-Servern und der operativen CRM-Datenbank oder alternativ dazu mit dem DWH oder einem Dokumentenmanagementsystem zu integrieren sind. Aus den erwähnten Quellen werden die Daten abgezogen und über den Web-Server zum Beispiel als PDF-Dokument präsentiert. Zu denken ist für Self-Service-Szenarien über das Web auch an die Kundendatenverwaltung durch den Kunden. Dies kann etwa bei Umzügen, Kündigungen von Abonnementen oder Anschlüssen genutzt werden. Dabei ist zu berücksichtigen, dass über einen Web-Server geänderte Kundendaten wiederum dem operativen CRM-Server (für Kundenkontaktdaten) sowie dem ERP-Server (für Rechnungsänderungen, Lieferungsmodifikationen, Vertragsänderungen, etc.) zur Verfügung gestellt werden müssen.

Eine ganze Reihe weiterer Funktionalitäten ist denkbar, etwa zur Abfrage von Rechnungsdetails und Tarifmodellen, generellen Preisfindungs-Informationen, zur Freischaltung von Services sowie dem Tracking und Tracing von zu liefernden Produkten.

Funktionalität für die Annahme von Unterhalts-, Reparatur- und Garantiefällen (KONTAKT & ADMIN): Darunter ist die Funktionalität zu verstehen, welche es erlaubt, Unterhaltsarbeiten proaktiv und outbound anzugehen oder reaktiv inbound anzunehmen und zu planen. Ferner fällt darunter das Ticketing, das der Aufnahme und Verwaltung unterschiedlichster Serviceanfragen und -aufträgen von Kunden dient. Ebenfalls gehört dazu die Workflow-basierte Weiterleitung der Tickets durch Dispatcher an die betreffenden möglicherweise mobilen Mitarbeiter. Dadurch kann die Koordination von Service-Mitarbeitern erleichtert werden.

Es sind je nach Geschäftsvorfall, Produkt, Leistung, Branche, Zentralisierungs- oder Dezentralisierungsgrad der betroffenen Organisationseinheiten für Annahme, Abwicklung oder Unterstützung der Geschäftsvorfälle unterschiedliche Integrationsszenarien denkbar. Für die Interaktion ist die Synchronisation von Aussendienstmitarbeitern und dem Disponenten wichtig. Für die Koordination von mehreren Mitarbeitenden des eigenen Unternehmens (und beim Kunden) kann Workflow-Management-Funktionalität eingesetzt werden, die Integration von Kontaktmedien vorangetrieben werden sowie die Synchronisation von mobilen und fixen Arbeitsstationen erforderlich sein.

Das Ticketing ruft nach einer Workflow-gestützten Vermittlung und Quittierung von Tickets. Die Abrechnung sowie die Materialkoordination für Reparaturen können enge Integrationen zwischen operativem CRM und ERP- oder SCM-Lösungen erfordern und die Übermittlung von Daten für die Finanzbuchhaltung und die Betriebsbuchhaltung zur Folge haben. Diese Datengenerierungen führen zu Rechnungsstellungen (Debitoreneröffnung), die wiederum dem operativen CRM-System zur Verfügung gestellt werden müssen. Nichtzahlungen von Rechnungen können Mahnungen durch das Front Office zur Folge haben.

Funktionalität für die Rücknahme von Produkten (KONTAKT & ADMIN): Hier ist aus Kommunikationssicht Funktionalität für die Annahme von zu entsorgenden Produkten zu gewährleisten oder mit entsprechendem Ticketing (und allenfalls wieder Workflow-basiert) Back-Office-Personal für die Abholung, Demontage oder Entsorgung aufzubieten. Auf jeden Fall muss die Produktrücknahme wenn immer möglich mit den Marketingprozessen gekoppelt werden und, allenfalls bereits mit genügendem Vorlauf, eine personalisierte Kampagne für einen Neuverkauf damit verknüpft werden. Bei einer Automatisierung dieses Sachverhalts kann bei einem gewissen Alter eines Produktes mittels Alert-Management versucht werden, proaktiv eine Entsorgung anzuregen, um Potenziale für das Cross- und Up Selling beim Kunden frühzeitig zu sichern und zu realisieren, bevor der Kunde allenfalls zur Konkurrenz wechselt.

3.3.2 Zusammenfassendes zur Funktionalität im operativen CRM

Die Aufgabe der Prozesse im Marketing ist primär die zielgerichtete Steuerung und Unterstützung der kundenbezogenen Interaktionsprozesse im Form von Kampagnen, deren Dokumentation sowie die Informationsvermittlung zuhanden der Kunden. Zu den wichtigsten Funktionen gehören: Operative Abwicklung von Kommunikationskampagnen, Kundengruppenbildungen zur rationelleren Bearbeitung von Kunden etwa in Call-Centern, die Aufbereitung und Sammlung von Marketing-Informationen sowie operative Wirkungsanalysen zum Marketing. Wirkungsanalysen sind ein Instrument für Mitarbeiter im Marketing, um die operative Effektivität an den Kundenkontaktpunkten zu überwachen. Die Marketing-Funktionalität spielt insbesondere in den Kundensegmenten oder bei den Unternehmen mit grossen Kundenzahlen und häufiger Kommunikation zu Marketingzwecken eine wichtige Rolle. Wichtig ist zudem auch, dass die Anbindung entsprechender Kommunikationsmedien im Marketingbereich vielfach dazu dient, um Outbound-Kommunikation mit den Kunden zu betreiben.

Im Gegensatz zur Verkaufs- und After-Sales-Service-Funktionalität ist eine generische Marketing-Funktionalität über unterschiedliche Branchen und in unterschiedlichen Märkten möglich. Allerdings sind bereits sehr grosse Unterschiede zwischen einem Maschinenbauunternehmen und einem Telekommunikationsunternehmen im Bereich des Retailbusiness denkbar; auch wenn dahinter stehende Methoden zur Kundenansprache ähnlich sein können. Erstens kann die Anzahl Kampagnen und zu verarbeitender Leads unterschiedlich sein, zweitens sind Kampagnencharakter und Beziehung zu den Kunden verschieden und drittens sind die Marktgegebenheiten unterschiedlich, was die oben erwähnten Unterschiede begründet.

Zu den Schwerpunkten der Verkaufs-Funktionalität gehören u.a. die Verwaltung der Ansprechpartner, das Aktivitätsmanagement, das Angebotsmanagement, das Territory Management sowie die Möglichkeit, auf Produkt- oder Dienstleistungskonfigurations-Funktionalität zugreifen zu können. Die Verkaufs-Funktionalität spielt insbesondere bei den Unternehmen oder in den Kundensegmenten eine wichtige Rolle, wo es um langfristige und sehr wertvolle Kundenbeziehungen geht. Beispiele dafür sind etwa Käufer von Automobilen hochwertiger Marken, vermögende Privatkundschaft bei Finanzdienstleistern, alle Arten von Key Accounts, Gross- oder Grösstkunden und Firmenkunden.

Im After Sales Service zählt Funktionalität zur Begleitung von Servicevorfällen im Rahmen der Abwicklung der Transaktion, zu Reparatur- und Wartungsvorfällen sowie zum Management von Beschwerdevorfällen zum Kernbestandteil. Dabei kann die Ausprägung der Funktionalität je nach Branche zum Teil sehr unterschiedlich sein. Derweil bei Dienstleistungsunternehmen wohl der Funktionalität für das Beschwerdemanagement eine höhere Bedeutung beizumessen ist, kommt in Unternehmen mit technischen Produkten oder Investitionsgütern wohl der Funktionalität zur Abwicklung von Service-, Wartungs- und Reparaturvorfällen eine wichtigere Rolle zu. Zudem werden – je nach Interaktions- und Kundenzahlen – etwa im Bereich des After Sales Service unterschiedliche Gewichtungen der Funktionalitätsbereitstellung an unterschiedlichen Kundenkontaktpunkten erfolgen. Letzteres bedeutet zudem, dass in der Schilderung der Funktionalität des operativen CRM implizit davon ausgegangen wurde, dass die Bereitstellung der Funktionalität des operativen CRM an verschiedenen Kontaktpunkten ähnlich oder gleich ist.

Für den Einsatz der Funktionalität und deren Integration (auch im Sinne von Integrationsalternativen) mit den im Unternehmen zur Verfügung stehenden Anwendungs- und Kommunikationssystemen stellt sich aus Rentabilitätsgründen die Frage nach den Economies of Scale (schwerpunktmässig Effizienzgewinne betreffend) und nach den Economies of Scope (schwerpunktmässig Effektivitätsgewinne betreffend), welche der Einsatz der Funktionalität und die Integrationsbemühungen bringen.

In Anlehnung an das Kommunikationsmodell, das in Abbildung 8 im Kapitel 2.3.1 zur Darstellung gelangt, kann ein Unternehmen für die Gestaltung der operativen CRM-Prozesse erst einmal nicht nur von einem eigenen Bedürfnis für die Gestaltung der Prozesse ausgehen, sondern hat, bevor eine eigene Infrastruktur geplant werden kann, zu berücksichtigen, dass Kundenbedürfnisse bezüglich Kommunikation vorhanden sind, die möglicherweise vor der Implementierung eigener Funktionalität und vor dem Aufbau entsprechender Front-Office-Kapazitäten zu berücksichtigen sind.

Da die Kundenakquisition und Kundennachbetreuung im Front Office abläuft, aber der Einkauf und die Produktion der gewünschten Güter und Dienstleistungen im Back Office stattfindet und meist auch räumlich unterschiedlich organisiert ist, ergibt sich zwangsläufig eine enge Verzahnung dieser Bereiche. Aus diesem Grund ist eine CRM-Prozessbetrachtung nur sinnvoll, wenn die Integration der Back-Office-Prozesse schon in die Überlegungen zu den CRM-Prozessen mit einbezogen wird. Trotz der hier vorgenommenen Abgrenzungen der operativen CRM-Prozesse sollten diese nicht isoliert betrachtet werden.[195] „Ein wesentlicher Bestandteil des CRM ist die integrierte Betrachtungsweise der Prozesse Marketing, Verkauf und After Sales Service. Um das volle Potenzial ausschöpfen zu können, muss der Informationsfluss innerhalb und zwischen den Prozessen sichergestellt werden."[196] Dies schliesst selbstverständlich auch den Zugriff auf dieselben Daten über alle drei Prozessbereiche ein.

3.4 Teilkomponenten und Funktionalität des kollaborativen CRM

Im kollaborativen CRM werden all die Applikationen und Kommunikationstechnologien zusammengefasst, die für die (direkte) Kundenkommunikation eingesetzt werden. Unter anderem gehört dazu Funktionalität für das Routing von Emails, Telefonanrufen, Funktionalität für die Steuerung des Telefons über den PC, etc. Zudem gehört dazu die Integrationstechnologie für die Integration der Medien in das operative CRM. Im Folgenden wird aus Platzgründen nur auf eine der Kommunikationstechnologien eingegangen. Es ist dies die Telefonie und deren Einsatz in Contact Centern.

---

[195] Vgl. Schulze (2000), Schulze (2002), Winkelmann (2000).
[196] Vgl. Bach/Österle (2000). Vgl. dazu auch Kapitel 4.2.2.

3.4.1 Beispiel SAP Customer Interaction Center Komponente

Die im Folgenden gemachten Aussagen treffen für den Release 3.1 von mySAP CRM zu. Auf eine Aktualisierung wurde verzichtet, weil die Mechanismen auch in neueren Releases sich nicht wesentlich verändert haben.

In Abbildung 28 wird der grundsätzliche Bildschirmaufbau der Customer Interaction Center (CIC) Anwendungskomponente von mySAP CRM dargestellt. In Kapitel 3.4.1.1 werden die nummerierten Bereiche in der Abbildung 28 im Detail beschrieben.

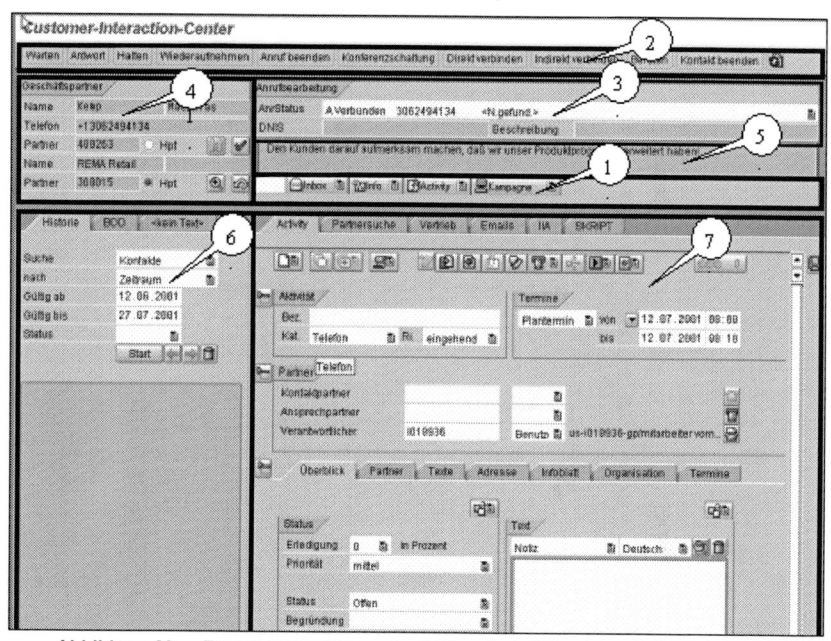

Abbildung 28: Benutzeroberfläche des CIC, unterteilt in sieben Subscreens.

Anhand des CIC-Frameworks erfolgt die Darstellung möglicher und angebotener Funktionalität im CRM-Frontend für das Contact Center.[197] Das Framework kann in maximal sieben Subscreens (Slots) unterteilt werden. Den Slots im Framework können je eine sichtbare Komponente zugeordnet werden. Eine Komponente ist ein Bestandteil der Funktionalität der CIC-Anwendungskomponente. Die Subscreens des Navigations- und Anwendungsbereichs sind konfigurierbar (Container) und können mehrere Komponenten beinhalten. Die Container enthalten Workspaces, denen die sichtbaren Komponenten zugeordnet werden. Die Workspaces (Register) können über die Reiter der Registerkarten gesteuert werden. Die Komponenten können

---
[197] Vgl. zum gesamten Funktionalitätsbeschrieb SAP AG (2003a).

sichtbar oder unsichtbar sein. Für jede CIC-Komponente wird ein Profil hinterlegt. Jedem Framework wird eine Framework-ID zugewiesen. Im CIC-Profil werden die Framework-ID und die Profile der Komponenten abgelegt.

In Abhängigkeit vom CIC-Profil bietet das Framework eine vollständige Gruppe von Komponenten an, welche die Ausführung von Funktionalitäten in der CIC-Anwendungskomponente ermöglichen. Die CIC-Profile werden den Organisationseinheiten zugeordnet. Über das Organisationsmanagement können so allen Anwendern oder Agenten für die tägliche Arbeit ein oder mehrere CIC-Profile zugewiesen werden.

3.4.1.1 Sichtbare Komponenten

Die sichtbaren Komponenten im CIC sind jene, die in den Subscreen-Bereichen des CIC-Frameworks eingeblendet werden (vgl. dazu Abbildung 28). Jede der sichtbaren Komponenten adressiert unterschiedliche Anwendungskomponenten und darauf basierende Funktionen.

1 – Action-Box: Im Customizing ist es möglich, bis zu acht so genannte Action-Boxes zu definieren. Über die Action-Box lassen sich Transaktionen aus verschiedenen Systemen aufrufen. So hat der Call-Agent ab einer einzigen Oberfläche Zugang zu CRM- *und* Transaktionsdaten aus dem R/3-System. Hinter jeder Action-Box kann der Aufruf von einer oder mehreren Transaktionen liegen. Liegen mehrere Transaktionen vor, können diese über eine Auswahllistentaste angezeigt und ausgewählt werden.

2 – Funktionsbuttons zur Telefonsteuerung: Die Druckknöpfe in einem Subscreen steuern die Softphone-Funktionen. D. h. deren Ausführung kann über die Funktionen auf der Telefonieseite über die CTI-Schnittstelle gesteuert werden. Die Funktionen kommunizieren mit den Telefoniekomponenten. Die Funktionalität, die hinter einem Druckknopf liegt, hängt u.a. stark von der Art der Telefonanlage (Hersteller) und von der implementierten CTI-Lösung (Telephony-Server, SAPphone, Telephony Application Programming Interface (TAPI)) ab.

3 – Anrufstatus und Agent Dashboard: Die Komponente Anrufstatus zeigt aktuelle Informationen zum Kontakt (Telefonanruf) an. Die Agenten haben Einsicht in die automatische Nummernidentifikation (ANI), den Status des aktiven Anrufs sowie die automatische Identifizierung der vom Anrufer gewählten Nummer (engl. Dialed Number Identification Service – DNIS). Die ANI-Informationen dienen dazu, den Anrufer anhand seiner Telefonnummer zu identifizieren. DNIS-Informationen unterstützen den Mitarbeiter bei der Ermittlung des Anrufgrunds, indem die vom Anrufer gewählte Zugangsnummer mit einer kurzen Beschreibung angegeben wird. In technischen Umgebungen für das MCM wird die Anrufstatus-Anzeige zu einem Agent-

Dashboard verfeinert. Über das Agent-Dashboard können sich die Agenten manuell oder auch automatisch für die verschiedenen Warteschlangen der Zugangsmedien Email, Chat oder Telefonie anmelden. Bei einem Kontakteingang zeigt das Agent-Dashboard ein Dialogfenster als Meldung an. Wird der Kontakt angenommen, werden dem Agenten in Abhängigkeit vom gewählten Zugangsmedium die Statusanzeigen ausgewiesen und die notwendigen Komponenten bereit gestellt, beispielsweise ein Chat-Fenster im Navigationsbereich.

4 – Geschäftspartnersuche: In der Geschäftspartnersuche können drei Suchmechanismen genutzt werden. Im Falle des CTI-Einsatzes kann der CIC-Agent über die ANI Informationen zum Anrufer erhalten und diese Informationen automatisch in den Feldern der Geschäftspartnersuche anzeigen lassen. Wenn der Agent eine Email bearbeitet, wird der Absender der Email automatisch als Geschäftspartner übernommen. Auch IVR-Daten können für die Identifikation eines Geschäftspartners verwendet werden. Zudem kann der Agent nach Informationen suchen, wenn keine automatische Identifikation stattfindet. Nachdem ein Kunde vorläufig identifiziert wurde, kann der Agent einen Ansprechpartner anlegen oder auswählen, einen neuen Geschäftspartner anlegen, den aktuellen Geschäftspartner aus der Suche zurücknehmen und eine neue Suche starten oder den selektierten Geschäftspartner bestätigen und anzeigen. Nach der Bestätigung wird die Vorgangshistorie (Kontakthistorie) des Geschäftspartners im Navigationsbereich angezeigt.

5 – Scripting: Ein Subscreen kann separat für ein Scripting belegt werden. In diesem Bereich können Daten und Texte für den Agenten angezeigt werden, etwa für die Abwicklung von Telefonaten im Outbound-Bereich im Rahmen von Marketingkampagnen. Für die Ermöglichung der Anzeige von Daten und Texten müssen diese definiert und erfasst werden. Die Texte und Daten können dann mit bestimmten Ereignissen verknüpft werden.

6 – Navigationsbereich: Der Navigationsbereich bietet dem Agenten drei Workspaces an, in denen nach der Kontakthistorie, nach Business-Objekten und nach Ressourcen gesucht werden kann. In der Kontakthistorie wird die Suche nach kundenbezogenen Daten wie Aktivitäten, Kundenaufträgen oder Serviceanforderungen unterstützt. Die Business-Objekt-Anzeige enthält Objekte der aktuellen Interaktion. Im Bereich Ressourcen kann etwa nach Produktvorschlägen, Partner-Produktauswahlen und Partnerfunktionen gesucht werden.

7 – Anwendungsbereich: In diesem Bereich können in den verschiedenen Workspaces (Register) unterschiedliche Komponenten zur Verfügung gestellt werden, z. B.: Vorgangsbearbeitung (z. B. Aktivitäten), detaillierte Geschäftspartnersuche, Kundenstammblatt (Informationsblatt), Interactive Intelligent Agent (ILA), HTML-Seiten, Agent-Inbox sowie Skriptunterstützung. Die Zusammenstellung der Komponenten richtet sich nach dem Aufgabengebiet des Agenten in den jeweiligen Prozessbereichen Marketing, Verkauf und After Sales Service und wird im Customizing des Systems festgelegt und im CIC-Profil hinterlegt.

3.4.1.2 Unsichtbare Komponenten

Die unsichtbaren Komponenten in der CIC-Anwendungskomponente sind Bestandteile von Funktionen, die keine sichtbaren Schnittstellen im Frontend-Bereich aufweisen. Beispiele von unsichtbaren Komponenten im CIC sind: Call-Center, CIC-Funktionsleiste, CTI, Unsichtbarer Gesprächsleitfaden (Skript), Unsichtbare Action-Box, Protokollierung, Kommunikationskanalschnittstelle.

Die Komponente Call Center ist notwendig, wenn die ANI (Automatische (Telefon-)-Nummern-Identifikation) zum Einsatz kommen soll oder die in den Anwendungskomponenten angemeldeten Agenten (Agent-Logins) den Komponenten des externen Kommunikationssystems weiter gegeben werden sollen. Die Komponente stösst die Suchfunktionalität an und ermöglicht, dass die zuständigen Subscreens mit den Kontaktinformationen versorgt werden. Die CTI-Komponente führt die Anrufe über SAPphone aus, falls die Softphone-Funktionen über die Drucktasten auf der Bildschirmoberfläche betätigt werden. Mittels des unsichtbaren Gesprächsleitfadens kann ein Skript aus der Datenbank geholt werden, das bei Bedarf um variable Bestandteile ergänzt werden kann. Die unsichtbaren Action-Boxes sind notwendige Komponenten bei der Ausführung der Transaktionen. Mit der Protokollierung können ausgeführte Aktivitäten in den CIC-Komponenten dokumentiert werden. Die Kommunikationskanalschnittstelle ist eine Komponente bestehend aus mehreren Software-Modulen, welche die Ereignisse und Aktionen – Anmeldung eines Agent-Logins in den Warteschlangen, neuer Kontakteingang – für den Frontend-Bereich koordiniert.

3.4.1.3 Medienanbindung im CIC-Framework

Die Anbindung der Telefonie im Frontend-Bereich erfolgt über die Softphone-Funktionen und die dahinterliegende CTI-Lösung. Die Funktionen für die Emailbearbeitung befinden sich im Workspace bzw. in der Komponente Agent-Inbox im Anwendungsbereich. Dies wird in Abbildung 28 mit dem Register „Emails" bezeichnet. Anhand der bereitgestellten Funktionen können die Agenten Emails direkt in der CIC-Anwendungskomponente bearbeiten und über Message Application Programming Interfaces (MAPI; Schnittstelle zur Integration von Emailprogrammen in das CIC-Framework) über externe Email-Kommunikationssysteme versenden oder über diese empfangen. Beim Chat handelt es sich um einen Workspace mit Chat-Funktionalität im Navigationsbereich, mittels dessen etwa Chat-Anfragen in der CIC-Anwendungskomponente direkt beantwortet werden können.

3.4.2 Funktionalitäten im Communication-Center aus Prozessperspektive

Mit den bereitgestellten Komponenten und Funktionen im CIC-Framework können die Mitarbeiter (Call-Agents) im CIC verschiedenste Aktivitäten in den CRM-Prozessbereichen Marketing, Verkauf und After Sales Service ausführen.

3.4.2.1 Funktionalität im Marketing

Die Call-Agents können in einer Marketing-Kampagne mitwirken, indem sie mittels Anruflisten – von zuvor modellierten Zielgruppen – Outbound-Calls durchführen und Leads im System anlegen und qualifizieren.[198] Dabei werden die Call-Agents mittels Scripting (Gesprächsleitfäden) im Dialog mit dem Kunden unterstützt. Im Weiteren können die angelegten und im Business Warehouse (DWH-Lösung von SAP) ausgewerteten Leads in Opportunities umgewandelt werden. Die angelegten Kontaktinformationen in einer Opportunity oder in einem Lead unterstützen die Mitarbeiter bei weiteren durchzuführenden Aktivitäten in den nachfolgenden Verkaufsprozessen.

3.4.2.2 Funktionalität im Verkauf

Die Informationen aus Leads und Opportunities helfen den Mitarbeitern des Aussendienstes Verkaufsgespräche und Produktpräsentationen vorzubereiten und durchzuführen. Im Outbound-Telesales Szenario können diese Aktivitäten auch durch einen Call-Agent über das Zugangsmedium Telefon oder Email durchgeführt werden. Mit den Komponenten Anruflisten, Produktvorschläge oder Scriptings werden die Call-Agents bei ihren Verkaufsgesprächen unterstützt.[199] Auch kann ein Call-Agent Informationen zu früheren Aktivitäten abrufen und einsehen. In einem anderen Szenario können Call-Agents den Aussendienst unterstützen, indem sie beispielsweise Termine mit Kunden vereinbaren oder Kundenaufträge im System vorbereiten und durchführen. Aussendienstmitarbeiter werden so von administrativen Aufgaben entlastet und können sich auf ihre eigentliche operative Arbeit konzentrieren.

In einem Inbound-Telesales-Szenario werden eingehende Kontakte entgegen genommen. Über die Komponente Geschäftspartnersuche (ANI) wird der Kunde identifiziert. Der Call-Agent kann aber auch einen neuen Geschäftspartner(-Stammsatz) an-

---
[198] Vgl. Hauke/Schuh (2002), S. 167.
[199] Vgl. Hauke/Schuh (2002), S. 177 f.

legen. Über die Kontakthistorie (im Navigationsbereich) oder im Awendungsbereich (Informationsblatt, detaillierte Geschäftspartnersuche, Vorgangsbearbeitung) kann sich der Call-Agent weitere Informationen über den Kunden und die zuvor abgewickelten Aktivitäten beschaffen, bevor der Kunde Informationen über Produkte und Dienstleistungen anfragt. Beispielsweise kann der Call-Agent (mittels Absprung über Action-Box in die Logistikmodule von SAP R/3) dem Kunden Auskunft über die Verfügbarkeit eines bestimmten Produkts geben oder per Email weitere Dokumentationen aus dem Content Management versenden. Mit der Komponente Produktvorschläge können Agent und Kunde im Dialog bei der gemeinsamen Suche nach einem geeigneten Angebot unterstützt werden. Teilweise wird der Call-Agent in der Komponente auf mögliche Cross- und Up-Selling-Angebote hingewiesen, die dem Kunden im weiteren Verlauf des Gesprächs unterbreitet werden können. Verläuft das Verkaufsgespräch erfolgreich, kann der Call-Agent einen Kundenauftrag erfassen. Der Auftrag wird gesichert und zur weiteren Auftragsabwicklung an das R/3-System oder entsprechende CRM-Anwendungskomponenten weiter gegeben.

3.4.2.3 Funktionalität im After Sales Service

Das CIC kann als „Information Help Desk" eingesetzt werden.[200] Im „Information Help Desk" werden insbesondere Kundenanfragen per Telefon, Email oder Chat verarbeitet, die in Zusammenhang mit dem Nutzen von Produkten und Dienstleistungen auftreten können. Mit Hilfe von Skripts und den Werkzeugen der Lösungsdatenbanken (und FAQs) kann der Call-Agent nach Informationen und Lösungsvorschlägen suchen, die vom Kunden benötigt werden.

Bei Problemen mit einem Produkt oder dem Ausfall einer Anlage kann der Kunde das CIC über Telefon, Email oder Chat kontaktieren. Bevor ein Servicevorgang angelegt wird, kann der Call-Agent versuchen, mittels Lösungsvorschlägen das Problem zu lösen. Ist dies nicht möglich, legt der Call-Agent einen Servicevorgang (Servicemeldung oder Ticket) an. Im Servicevorgang werden die Serviceobjekte und Serviceleistungen, unter Berücksichtigung der im System hinterlegten Vertragsvereinbarungen, vom Call-Agent festgelegt.[201] Zusätzlich kann der Call-Agent auch schon für die Wartung oder Reparatur notwendige Materialien bestellen. Nach Abschluss des Servicevorgangs werden Informationen in die Kontakthistorie übernommen. Die Abwicklung der Serviceleistung wird angestossen.

---

[200] Vgl. Hauke/Schuh (2002), S. 181.
[201] Vgl. Hauke/Schuh (2002), S. 186 f.

CRM-Systemkomponenten und Integrationsbedarfe 111

Das CIC kann auch eingesetzt werden, um produktbezogene oder allgemeine Reklamationen von Kunden anzunehmen und als Geschäftsvorgänge zu erfassen.[202] Zur Abwicklung der Reklamation wird der Geschäftsvorgang an die zuständigen Verkaufs- oder Service-Organisationseinheiten weiter geleitet.

3.4.3 Multi-Channel-Architektur mySAP CRM

Damit die unterschiedlichen Zugangsmedien wie beschrieben an das Frontend der CIC-Anwendungskomponente, d.h. das CIC-Framework, angebunden werden können, bietet SAP eine Multi-Channel-Schnittstellenarchitektur an. Die Schnittstellenarchitektur und deren Module werden schematisch in Abbildung 29 illustriert.

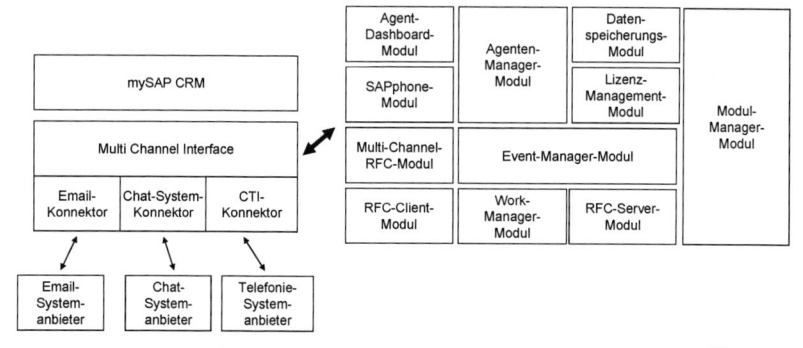

Abbildung 29: MCM-Schnittstellenarchitektur und ihre Softwaremodule.[203]

Mit der Schnittstellenarchitektur wird es möglich, die verschiedenen Zugangsmedien von Herstellern unterschiedlicher hard- und softwarebasierter Kommunikationssysteme (Telefonanlagen, Email- und Faxsysteme) zu integrieren und in die CIC-Anwendungskomponente einzubauen. So können z. B. die Inbound-Call- oder Contact-Warteschlangen der verschiedenen Zugangsmedien zu einer Hauptwarteschlange zusammengefasst werden.

Die Hersteller bzw. Partnerunternehmen stellen dabei sogenannte Konnektoren bereit, mittels der die externen Kommunikationssysteme über die Schnittstellenarchitektur von SAP an die SAP-Systeme angebunden werden können. SAP-eigene Konnektoren sind z. B. die Basiskomponenten SAPphone (Telefon/CTI) und SAPconnect (Email und Fax/MAPI). Neben den Konnektoren von Drittanbietern basiert die Multi-Channel-Schnittstelle auf weiteren Software-Komponenten, mittels welcher die Aktivitäten und Ereignisse der Call-Agents über die verschiedenen Zugangsmedien koordiniert und verwaltet werden können. Die Zusammensetzung der Softwaremodule kann in

---
[202] Vgl. Hauke/Schuh (2002), S. 188 f.
[203] SAP AG (2002), S. 8.

Abhängigkeit von der Art und Anzahl der bereit gestellten Zugangsmedien verschieden aussehen. Die Schnittstellenarchitektur kann so an die Anforderungen des Communication-Centers bzw. an die CIC-Anwendungskomponente angepasst werden. Es werden kurz die Aufgabengebiete der Kernmodule in Abbildung 29 beschrieben.

Der Agent-Dashboard-Manager wird eingesetzt für die synchrone und asynchrone Verteilung und Anzeige der Kontakteingänge in die einzelnen Agent-Dashboards im Frontend-Bereich der Call-Agents.[204]

Die Anmeldung an eine Haupt- oder mehrere medienspezifische Warteschlangen und die Verwaltung der Stati der Agents übernimmt der Agent-Manager. Die Speicherung der kontaktbezogenen Daten (ANI, DNIS) erfolgt im CIC-spezifischen Data Store, der Duplikate aus dem operativen CRM oder aus CRM-Systemen beinhalten kann, die integriert werden müssen.

Damit mögliche technische Konflikte zwischen den einzelnen Modulen vermieden werden können, werden Event-Manager und Module-Manager eingesetzt. Der License-Manager überprüft die Lizenzvereinbarungen. Das Modul für Remote Function Calls (RFC) im Multi-Channel-Bereich erfüllt eine ähnliche Funktion wie das SAPphone-Modul, allerdings für andere Zugangsmedien. Die beiden Module bieten für die Kommunikation mit den externen Kommunikationssystemen eine RFC-Schnittstelle an.

Unter dem RFC ist ein entfernter Funktionsaufruf (Client und Server) in verteilten SAP-Systemen zu verstehen, der über ein BAPI oder Business Application Programming Interface erfolgt. Unter dem BAPI kann eine Schnittstelle zwischen SAP-Systemen oder SAP- und Fremdsystemen verstanden werden, über die Datenaustausche oder Funktionsaufrufe ermöglicht werden.

Die Module RFC-Client und RFC-Server unterstützen die Kommunikation zwischen SAP-Systemen und Nicht-SAP-Systemen auf Basis des RFC-Protokolls. Die Warteschlangen im Frontend werden in der MCM-Umgebung vom Work-Manager verwaltet.

3.4.3.1 Telefonie-spezifische Integration

Am Beispiel des Zugangsmediums Telefon und der Abbildung 30 wird die Integrationsarchitektur beschrieben.

Für andere Zugangsmedien sind andere Architekturen möglich oder erforderlich. Die Integrationsarchitektur wird dabei von oben nach unten in die Hauptgruppen

---

[204] Vgl. zum Folgenden SAP AG (2002), S. 8 ff.

Telefoniekomponenten, Komponenten des SAP-Systems sowie Komponenten der CTI/Gateway-Lösung (Konnektoren) unterteilt. Diese werden in den folgenden Abschnitten ausgehend von der Abbildung 30 detaillierter beschrieben.

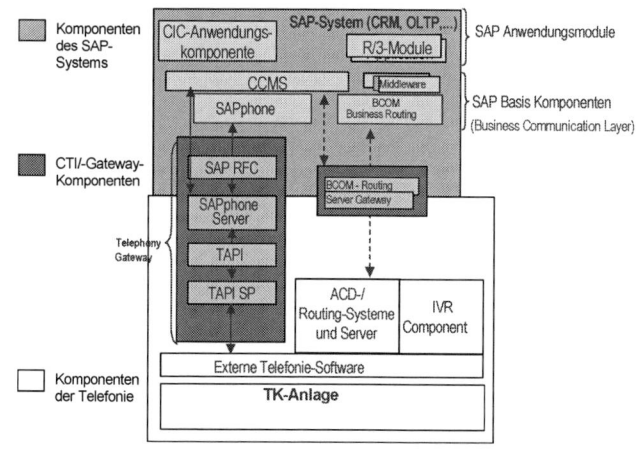

```
Komponenten      CIC-Anwendungs-   SAP-System (CRM, OLTP,...)    SAP Anwendungsmodule
des SAP-         komponente            R/3-Module
Systems
                         CCMS              Middleware
                       SAPphone             BCOM               SAP Basis Komponenten
                                         Business Routing      (Business Communication Layer)

CTI/-Gateway-          SAP RFC
Komponenten                              BCOM - Routing
                       SAPphone          Server Gateway
                        Server
        Telephony       TAPI
        Gateway
                       TAPI SP        ACD-/
                                    Routing-Systeme    IVR
                                      und Server    Component

Komponenten            Externe Telefonie-Software
der Telefonie               TK-Anlage
```

Abbildung 30:   Integrationsarchitektur der Telefonie.[205]

3.4.3.2 Komponenten der Telefonie

Ausserhalb der SAP-Systeme sind Hardware und Software der Telefonie-Komponenten für die Verwaltung und Steuerung der eingehenden und ausgehenden Telefonkontakte notwendig, wie auch die Verbindung zu den Komponenten der SAP-Systeme über eine CTI/Gateway-Lösung. Kernkomponenten des Telefonie-Systems sind dabei die eigentliche Telekommunikationsanlage (TK-Anlage) und der Automatic-Call-Distribution-Komponente (ACD, Anrufverteiler). Die TK-Anlage – auch „Switch" genannt – bündelt die verschiedenen Telefoniearbeitsplätze zu einem oder mehreren Sammelanschlüssen. Die Telefonarbeitsplätze sind so über eine fiktive Rufnummer (Sammelrufnummer zum Beispiel 0800 101 101) erreichbar. Die TK-Anlage ermöglicht im Wesentlichen die technische Verbindung zweier oder mehrerer Telefonteilnehmer.

Unter dem Akronym ACD oder Automatic Call Distributor kann das Folgende verstanden werden: „An Automatic Call Distributor (ACD) is a telephone facility that manages incoming calls and handles them based on the number called and an associated database of handling instructions. Many companies offering sales and service support use ACD's to validate callers, make outgoing responses or calls, forward calls to the right party, allow callers to record messages, gather usage statistics, balance the use of

---
[205] Vgl. Hönninger/Riehm (2001), S. 5. Der obere Kasten bezeichnet wie beschrieben das SAP-System. Die beiden überlappenden Kasten zeigen die CTI-Gateway-Komponenten. Der untere grosse Kasten bezeichnet die Komponenten der Telefonie.

phone lines, and provide other services. ACD's often provide some form of Automatic Customer/Caller Identification (ACIS) such as that provided by Direct Inward Dialing (DID), Dialed Number Identification Service (DNIS), or Automatic Number Identification (ANI).[206]

Eine zentrale Komponente eines externen Telefoniesystems ist das oberhalb definierte ACD-/Routing-System. Das ACD-/Routing-System sammelt und verwaltet die eingehenden Telefonkontakte in einer oder mehreren Warteschlangen, falls nicht alle Anrufe gleich auf freie Telefonarbeitsplätze verteilt werden können. Die Verwaltung und Verteilung der eingehenden Kontakte erfolgt unter bestimmten vom Unternehmen festzulegenden Regeln, die mit Routing oder Business Routing bezeichnet werden (vgl. Kap. 3.4.4). Im Zusammenspiel mit der IVR-Komponente können die Anrufer automatisch begrüsst, über Inhalte informiert oder mit Musik zeitweilig unterhalten werden. Anspruchsvollere ACD-Systeme bieten zudem weitere mögliche Verwaltungsfunktionen an, z. B.:[207] Ansage der ungefähren Wartedauer, Warteschlangen je Agentengruppe einrichten, Prioritätensteuerung im Wartefeld sowie Anrufe bei Überlast abweisen oder an andere Agentengruppe weiterleiten. In Verbindung mit einer CTI-/Gateway-Lösung können ACD-/Routing-Systeme für die Verwaltungs- und Verteilungsprozesse der Anrufe nicht nur anrufbezogene Daten – z. B. die Wartezeit des gehaltenen Anrufes, die DNIS oder IVR-Daten – berücksichtigen, sondern auch geschäftsrelevante Daten im Business Routing (vgl. Kap. 3.4.4).

IVR-Systeme ermöglichen einen computergesteuerten Sprachdialog, der durch die Stimme (meist Ja/Nein-Befehle) oder das Drücken bestimmter Telefontasten automatisiert abgewickelt werden kann. IVR-Systeme werden eingesetzt, um standardisierte Anfragen automatisch zu bearbeiten oder Vorqualifizierungen zum Anrufgrund oder zum Anrufenden durchzuführen (Sprachauswahl per Tastendruck, Eingabe der Kundennummer oder Einwahl in die Agentgruppen).

Die externe Telefonie-Software bietet den Telefonie-Komponenten den Zugang zur CTI-/Gateway-Lösung und führt die Befehle der ACD-/Routing-Systeme an die TK-Anlage aus.

3.4.3.3 Komponenten des SAP-Systems

In der CIC-Anwendungskomponente werden die Funktionalitäten und Komponenten wie besprochen für die Ausführung der Aktivitäten konfiguriert und bereitgestellt. In Abhängigkeit vom Aufgabenumfang der Agenten des Call Centers werden auch

---

[206] Vgl. Whatis (2005d).
[207] Vgl. zum Folgenden Böse/Flieger (1999), S. 146 f.

Transaktionen in anderen R/3-Anwendungsmodulen über die Action-Boxes und dahinter eingerichtete Systemabsprünge ausgeführt. Die Verbindung der Anwendungskomponenten wird über SAP-eigene Middleware und entsprechende Schnittstellen hergestellt.[208]

Unter den erwähnten Systemabsprüngen kann verstanden werden, dass das CRM-System zugunsten des R/3-Systems von SAP verlassen wird. Entsprechende CRM-Geschäftsvorfälle werden jedoch zuletzt wieder im System mySAP CRM abgeschlossen, das heisst es erfolgt auch wieder ein Rücksprung ins System mySAP CRM. Für die Absprünge können proprietäre Remote Function Calls oder Messaging-Technologien von SAP eingesetzt.

Der Business-Communication-Layer (BCOM) beinhaltet Basiskomponenten der SAP-Basisschicht, welche die Anbindung der Applikationen an ein externes Kommunikationssystem ermöglichen. Das Computer-Center-Management-System (CCMS) bietet Funktionen zum Systemmonitoring und ist mit den Komponenten des BCOM sowie der Gateways verbunden. Die Kommunikation über die verschiedenen Zugangsmedien ist somit in das zentrale Systemmonitoring des R/3-Systems integriert.

SAPphone stellt die zentrale Verbindung zwischen der CIC-Anwendungskomponente und der CTI-/Gateway-Lösung bzw. der Telefonie-Komponenten dar. SAPphone übernimmt die eingegebenen Daten von ausgehenden und eingehenden Anrufen und gibt diese an die Applikation weiter. SAPphone unterstützt die Funktionen zur Telefonsteuerung und bietet eine Oberfläche für die Ausführung der Telefonie-Funktionen (Softphone-Funktionen) im Frontend-Bereich. Zusätzlich bietet die Komponente Transaktionen an, mit denen die notwendigen Einstellungen und das Customizing für die Telefonintegration in die SAP-Systeme vorgenommen werden müssen. Für die Anbindung der CTI-/Gateway-Komponenten weist SAPphone eine Remote-Function-Call- (RFC-) Schnittstelle[209] auf. Für die eigentliche Anrufverteilung bietet SAPphone keine Funktionalitäten.

Für die Verteilung der Kontakte spielt die Komponente BCOM-Business-Routing eine wichtige Rolle. Diese Komponente stellt einerseits den Anwendungskomponenten und andererseits einem oder mehreren Routing-Servern Schnittstellen zur Verfügung. Sie ermöglicht derart die Realisierung von im Routing-Server hinterlegten Routing-Szenarien unter Berücksichtigung der bereitgestellten geschäftsrelevanten Daten aus mySAP CRM (vgl. Kap. 3.4.4).

---

[208] Auf die entsprechende CRM-Middleware von SAP kann hier aus Platzgründen nicht im Detail eingegangen werden. Jedoch wird stark verkürzt in Kapitel 5.4.2 ab Seite 188 auf Schnittstellen(technologien) und Integrationsmethoden von SAP eingegangen.
[209] Vgl. zu RFCs u.a. Kapitel 5.4.2.

3.4.3.4 CTI-/Gateway-Komponenten

Vereinfacht formuliert übersetzt ein Gateway (Konnektor) zwischen den unterschiedlichen Sprachen (Protokoll) herstellerabhängiger Systeme bei deren Verbindung. Für die Verbindung von Telefonie, Messaging (Email), Fax und Routing sind dedizierte Gateways zur Integration mit SAP erforderlich.[210] Das CTI-/Telefonie-Gateway besteht aus Komponenten, welche eine integrierte Sprach- und Datenkommunikation zwischen Telefonie-System und den SAP-Anwendungskomponenten ermöglichen. Deshalb werden die Komponenten, die als Bindeglied zwischen den Telefoniekomponenten und den Komponenten eines EDV-Systems fungieren, auch als CTI-Middleware bezeichnet.[211] Mit dem Einsatz einer CTI-Lösung können die Funktionen eines Telefonendgerätes im Frontend-Bereich bzw. auf der Benutzeroberfläche nutzbar gemacht und mit Daten aus dem SAP-System ergänzt werden. Die Grenzen zwischen Arbeitsprozessen am Telefon und am Bildschirm werden vermischt.

Das CTI-/Telefonie-Gateway basiert auf CTI-Middleware-Komponenten, welche eine Kommunikation zwischen Telefonie und dem SAP-System ermöglichen. Das Telephony-Application-Programming-Interface (TAPI) ist eine der gängigsten CTI-Schnittstellen und entstand aus einer Zusammenarbeit von Microsoft und Intel.[212] Ist der Rechner über die CTI-Schnittstelle direkt an das Telefonendgerät und an die TK-Anlage angeschlossen, wird von einer First-Party CTI-Architektur gesprochen. Besteht jedoch keine physikalische Verbindung zwischen Telefon und dem PC, liegt eine sogenannte Third-Party CTI-Architektur vor. In der Third-Party-Architektur werden die einzelnen Arbeitsplatzrechner über einen zentralen Telefonie-Server zusammengefasst. Die einzelnen Arbeitsplätze sind über ein lokales Netzwerk (LAN) damit verbunden.[213] Auf diesem Telefonie-Server ist die CTI-Middleware zu installieren. Der Telefonie-Server und die einzelnen Rechner sind über die TAPI-Schnittstelle mit dem Telefonie-System verbunden.

Der SAPphone Server übersetzt TAPI-Befehle in Aufrufe an SAP und zurück. Zur Kommunikation wird das SAP-eigene RFC-Protokoll verwendet. Der SAPphone-Server ist Bestandteil der Basisschicht und kann in einer zentralen Client-Server-Architektur auf einem Telefonie-Server installiert werden. Damit aber nicht nur auf der Anwenderseite eine genormte Schnittstelle vorhanden ist, braucht es eine TAPI-Service-Provider-Schnittstelle (TAPI SP). Die TAPI-SP-Schnittstelle übersetzt von der

---
[210] Vgl. Hönninger/Riehm (2001), S. 6.
[211] Vgl. Böse/Flieger (1999), S. 155.
[212] Vgl. Wiencke/Koke (2001), S. 128. Vgl. zu den verschiedenen Medienschnittstellen beispielhaft Kapitel 5.4.3 für Telefonieschnittstellen und 5.4.4 für Emailschnittstellen.
[213] Vgl. Grutzeck (2003).

proprietären Sprache der externen Telefonie-Software in die für Windows NT definierte TAPI-Schnittstelle und zurück.[214]

Über die Telefonie-Software werden die übersetzten Befehle und Funktionsaufrufe an die TK-Anlage und an das ACD-/Routing-System weitergegeben. Es ist jedoch zu erwähnen, dass der grosse Funktionsumfang von TAPI von den Herstellern der TK-Anlagen nicht vollumfänglich unterstützt wird. Die Umsetzung ist deshalb nicht völlig herstellerunabhängig, da zwischen den Schnittstellen TAPI SP und der Telefonie-Software durchaus Unterschiede bestehen können.[215]

Analog zum CTI-Gateway ist ein Gateway zwischen der Basiskomponente für das Business Routing in R/3 und dem Business-Routing-Server erforderlich. Dieser soll den Download bzw. die Synchronisation der für das Routing erforderlichen Daten ermöglichen. Dazu gehören je nach Anforderung und Möglichkeit der ACD-/Routing-Systeme unterschiedliche Daten aus R/3 und mySAP CRM.

3.4.4 Konzept und technische Realisierung des Routing

Zusätzlich zu den architektonischen Fragestellungen, die sich im MCM stellen, sollen in diesem Teilkapitel konzeptionelle und technische Aspekte des Routing vertieft werden. Dies erfolgt teilweise an SAP-Komponenten, u.a. der Komponente Business Routing. Entsprechende Routing-Konzepte sind auch für andere Kontaktmedien einsetzbar, etwa für Emails oder Briefpost (wenn Briefe mittels Scanning elektronisch verfügbar gemacht und verteilt werden sollen). Die folgenden Ausführungen gehen von Inbound-Telefon-Anrufen aus, die innerhalb des Unternehmens möglichst ohne menschliches Zutun an den richtigen Mitarbeiter weiter zu vermitteln sind. Die wenig effiziente Alternative zum im Folgenden zu beschreibenden Routing stellt die Möglichkeit dar, für verschiedene Geschäftsvorfälle oder sogar für einzelne Kunden je separate Telefonnummern z.B. von Beratern oder Servicemitarbeitern bekannt zu geben.

3.4.4.1 Konzept des Routing

Im Routing werden die Verteilungsprozesse (Anrufflussplanung) der Kontakteingänge bzw. die Verteilung unterschiedlicher Kundengeschäftsvorfälle geregelt. Die Verteilung erfolgt aufgrund anrufbezogener, technischer und geschäftsrelevanter Kriterien. Das Business Routing ermöglicht somit eine regelbasierte Verteilung eingehender Kontakteingänge (Telefon, Email, Fax) in einem Communication-Center. Die CRM-Lösung mySAP CRM übernimmt nicht das technische Routing an sich, sondern stellt einem

---

[214] Vgl. Hönninger/Riehm (2001), S. 7.
[215] Vgl. Hönninger/Riehm (2001), S. 8.

externen ACD-/Routing-System die verwalteten Geschäftsdaten zur Verfügung. mySAP CRM stellt dabei folgende Anwendungsdaten als geschäftsrelevante Kriterien für das Business Routing bereit:[216] Qualifikationsprofile der Mitarbeiter aus dem Personalwirtschaftsmodul (HR) des R/3-Systems sowie Merkmale der Geschäftspartner (Kunden und Mitarbeiter bzw. Call-Agent) aus mySAP CRM. Neben diesen betriebswirtschaftlichen Kriterien werden anrufbezogene und technische Kriterien in den Routing-Entscheidungen berücksichtigt. Anrufbezogene Kriterien basieren auf jenen Daten, die erst mit dem Kontakteingang berücksichtigt werden. Dies können etwa zeitabhängige, ortsabhängige oder zugangsnummernabhängige Kriterien sein. Technische Routing-Kriterien berücksichtigen Daten aus dem Telefonsystem wie z. B. Verfügbarkeit von Agenten aufgrund von Agent-Logins oder Arbeitslastverteilung. Beim Überlauf der Warteschlangen werden Anrufer z.B. an ein anderes virtuelles Communication-Center weiter geleitet. Technische Routing-Kriterien berücksichtigen aber auch IVR-Daten, etwa dann, wenn der Kunde per Tastendruck eine Agentengruppe auswählt.

Die anrufbezogenen, die geschäftsrelevanten und technischen Routing-Kriterien stellen in einem weiteren Sinne die Gestaltungsbereiche des Communication Centers dar. Die Daten der Qualifikationsprofile der Mitarbeiter widerspiegeln das Personal- und Organisationsmanagement in einem Communication Center. Die Call Agents können in verschiedenen Agentengruppen organisiert sein, die in den Routing-Entscheidungen berücksichtigt werden. Im Prozess- und Technologiemanagement wird entschieden, mit welcher Integrationstiefe die einzelnen Call-Agents oder Agentengruppen Zugriff auf die Front- und Back-Office-Systeme erhalten (Customizing des CIC-Frameworks für die einzelnen Agenten resp. Agentengruppen). Beispielsweise können Call-Agents unterschiedlichen CIC-Profilen zugeordnet werden. Dies bedeutet, dass einzelne Call-Agents Geschäftsvorfälle auch über das Zugangsmedium Email, Chat oder Fax bearbeiten können (Beispiel Komponente Agent-Inbox). Für einzelne Kundenanfragen in der Zahlungsabwicklung genügen ein einfacher Informationsabruf und eine Informationsauskunft zu einer Rechnung durch einen Call-Agent nicht. Call-Agents könnten über mySAP CRM (Absprünge) im R/3 Transaktionen ausführen (Stornierung von Rechnungspositionen, Änderung von Konditionen). Diese Gestaltungsmöglichkeiten müssen im Prozess- und Organisationsmanagement, aber auch was die SAP-Integration betrifft, abgestimmt werden. Auch die Gestaltung des Kundensegmentmanagements im Communication-Center kann im Business Routing abgebildet werden. Kundensegmente können durch das Business Routing verschiedenen Agentengruppen mit unterschiedlichen Qualifikationsprofilen zugeordnet

---

[216] Vgl. zum Folgenden SAP AG (2003b).

werden oder beim erfolgten Kontakteingang mit unterschiedlichen Prioritäten geroutet werden.

In einem engeren Sinne ermöglicht das Business Routing die technische Umsetzung der Aufgabe des MCMs in einem Contact Center. Anhand eines Business-Routing-Szenarios sollen die oben dargestellten Zusammenhänge im nächsten Abschnitt etwas vertiefter betrachtet werden.

3.4.4.2 Business-Routing-Szenario

Ein Business-Routing-Szenario stellt den Zusammenhang der geschäftsrelevanten Daten aus dem SAP-CRM-System hinsichtlich ihrer Nutzung als Routing-Kriterien dar. Im nachfolgenden Szenario werden Beispiele von anrufbezogenen und technischen Routing-Kriterien erwähnt, die im technischen Routing zu berücksichtigen sind.

In einem technischen Routing werden die im Business-Routing-Szenario definierten Kriterien herangezogen. In Abbildung 31 gelangt der Kunde (Geschäftspartner) Paul (vgl. auch Abbildung 32) mit dem Geschäftsvorfall/Kundenaktivität „Preisanfrage" an das Unternehmen bzw. Communication-Center. Das Unternehmen bietet durch den Kontaktkanal Communication-Center verschiedene Zugangsmedien mit den dazugehörenden Zugangsnummern bzw. Empfängeradressen (DNIS: info@company.com, +01 800 4 (Fax), +01 800 5 (Tel.)) an.

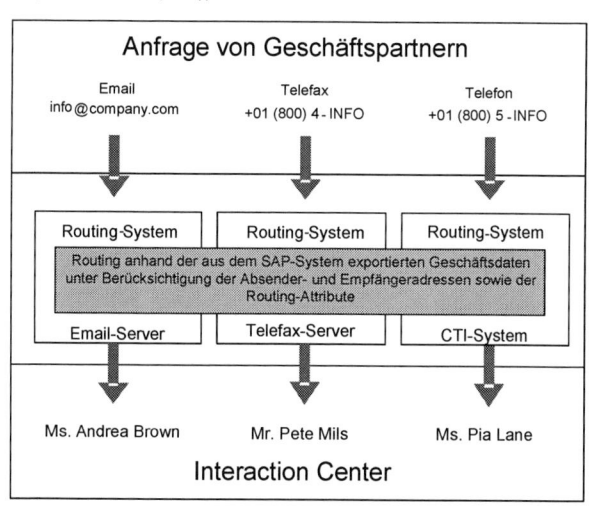

Abbildung 31: Mögliche Routingwege im Business-Routing-Szenario.[217]

---

[217] Vgl. SAP AG (2003c).

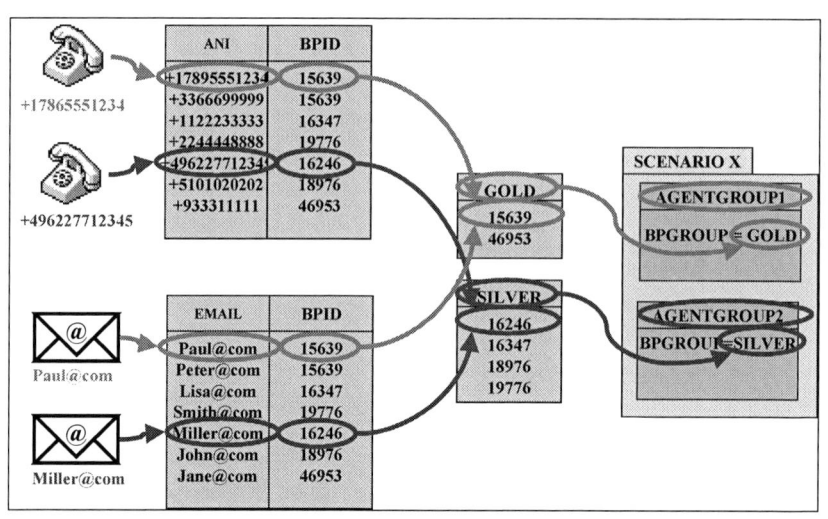

120 CRM-Systemkomponenten und Integrationsbedarfe

Abbildung 32:   Beispiel ANI-LookUp-Tabellen.[218]

Neben den ANI-Nummern (Telefonnummer des Anrufers) und DNIS-Nummern (Gewählte Nummer des Kunden) können beim Kontakteingang weitere anrufbezogene Kriterien wie Anrufzeit oder IVR-Daten (Sprachauswahl per Tastendruck) für das technische Routing entscheidend sein. Ruft Kunde Paul beispielsweise ausserhalb der Öffnungszeiten des Communication-Centers an, so könnte der Anruf an ein externes Communication-Center geroutet werden.

Durch die ANI-Nummer wird Kunde Paul mit der Geschäftspartner-ID (BPID) 15639 in den ANI-LookUp Tabellen identifiziert (vgl. Abbildung 32). Hinter der BPID sind die geschäftsrelevanten Kriterien (Attribute) aus dem R/3-System oder mySAP CRM hinterlegt. In Abbildung 32 werden die Kunden aufgrund der in mySAP CRM durchgeführten und erhobenen Analysen im analytischen CRM nach bestimmten Merkmalen in Geschäftspartner-Routing-Gruppen (Gold oder Silver) eingestuft und angelegt. Kunde Paul wurde in der Kundengruppe Gold angelegt. Die Agenten werden anhand verschiedener Qualifikationsprofile in Bearbeitergruppen (in Abbildung 32 Agentgroups) angelegt. Der Kundengruppe Gold wurde im dargestellten Business-Routing-Szenario die Agentgroup1 (sehr erfahren) zugeordnet. Der „goldene" Kunde Paul tritt nun über das Telefon mit der Kundenaktivität „Preisanfrage" mit der Unternehmung bzw. mit dem Kontaktkanal Communication-Center in Kontakt. Durch die DNIS hat das Business-Routing-Szenario X Gültigkeit. Der Kunde Paul wird mit der sehr erfahrenen Agentin Pia Lane aus der Agentgroup1 verbunden. Vor der eigentlichen Kontaktauf-

---
[218] Vgl. Hönninger/Riehm (2001), S. 11.

nahme können noch technische Routing-Kriterien geprüft werden. Wenn mehrere sehr erfahrene Bearbeiterinnen aus der Agentgroup1 gefunden werden, kann die Routing-Entscheidung durch Gegebenheiten wie z. B. Verfügbarkeit oder der Dauer seit dem letzten abgearbeiteten Anruf gesteuert werden. Ausserdem könnten den Call-Agents auch Prioritäten zugewiesen werden. Agentin Lane hätte in diesem Szenario laut hinterlegten Daten eine hohe Priorität bezüglich der Bearbeitung des Kunden. Hätte Kunde Paul seine Anfrage etwa über Email ausgeführt, so wäre ein anderes Business-Routing-Szenario zum Einsatz gekommen. Der Kunde wäre mit der Agentin Brown verbunden worden, weil in ihrem Qualifikationsprofil eine bessere schriftliche Ausdruckskraft vermerkt ist und sie einen Zugriff auf die Funktionen der Agent-Inbox aufweist.

3.4.4.3 Technische Umsetzung und Ablauf des Business Routing

Business Routing besteht aus technischer Sicht aus mehreren Schichten (vgl. dazu und zum Folgenden auch Abbildung 33). Die Anwendungsschicht bietet die Funktionen für das Auswählen und Bewerten von routingspezifischen Geschäftsdaten. Die Kommunikationsschicht übernimmt die Übertragung der Daten aus dem CRM-Online-System in ein externes Routing-System. Das externe ACD-/Routing-System setzt das Routing in der TK-Anlage um. Dazu muss das externe Routing-System über einen Routing-Gateway, der die BCOM-Business-Routing-Schnittstelle unterstützt[219], integriert sein.

Der erste Schritt der Umsetzung der SAP-CRM-Geschäftsdaten in Routing-Kriterien wird in der Anwendungskomponente mySAP CRM durchgeführt (Anwendungsschicht), indem der Interaction-Center-Manager bestimmt, welche CRM-Daten als Routing-Kriterien berücksichtigt werden sollen. Die Routing-Kriterien werden in den Business-Routing-Szenarios festgelegt. Weiter werden im Business-Routing-Szenario der Routing-Server und die bereitgestellten Zugangsmedien festgelegt.

Im zweiten Schritt werden die Routing-Kriterien als Routing-Szenarios über die Kommunikationsschicht (BCOM-Business-Routing-Schnittstelle) und den integrierten Routing-Gateway in die externen Routing-Server der ACD-/Routing-Systeme exportiert. Der Export erfolgt über eine RFC-Destination. Die exportierten Daten werden nach dem Initialtransfer in regelmässigen Abständen aktualisiert, damit laufend aktuelle Geschäftsdaten bezüglich Routing-Kriterien zur Verfügung stehen. Der Routing-Gateway übernimmt die Funktion eines „Translation-Servers", der die Business-Routing-

---

[219] BCOM steht für Business Component Object Model und zeigt die Zusammenhänge zwischen den verschiedenen SAP-Geschäftsobjekten auf.

Attribute in eine für die Software des ACD-/Routing-Server lesbare Datenbank schreibt. Diese wird auf gleichem Weg aktualisiert.

```
┌─────────────────────────────────────────────────────────────┐
│          Business-Routing-Anwendung                         │
│          als Teil der Online-Anwendung des CRM              │
├─────────────────────────────────────────────────────────────┤
│          Business-Routing-Kommunikation                     │
├─────────────────────────────────────────────────────────────┤
│          Schnittstelle für Remote Function Calls            │
│  ┌──────────────┐                  ┌──────────────┐         │
│  │ Bereitstellen│                  │ Verbindung zwi-│       │
│  │ der im CRM-  │   Routing-       │ schen Routing- │ Lesezugriff auf
│  │ System       │   Gateway        │ System und CRM-│ die exportierten
│  │ gespeicherten│                  │ Online-System  │ Routing-Daten
│  │ Geschäftsdaten│                 └──────────────┘         │
│  │ für den      │                                           │
│  │ externen     │                                           │
│  │ Routing-     │                                           │
│  │ Prozess      │                                           │
│  └──────────────┘                                           │
├─────────────────────────────────────────────────────────────┤
│          Routing-System des CTI-Systems                     │
│          oder des Messaging-Servers                         │
└─────────────────────────────────────────────────────────────┘
```

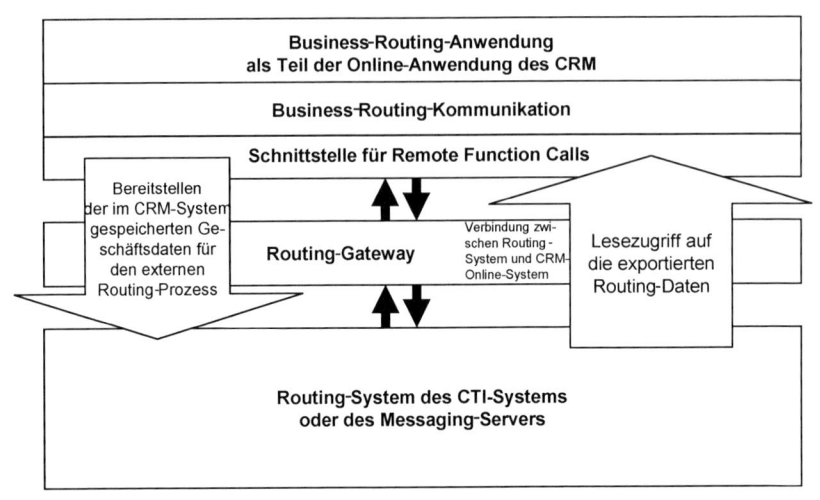

Abbildung 33: Architektur des Business Routing.[220]

Für den dritten Schritt wird vorwiegend im ACD-/Routing-System (Schicht des Routing-Systems) Software eingesetzt, die parametrisierbare Routing-Algorithmen anbietet.[221] Die Routing-Attribute können dann als Parameter für diese Algorithmen verwendet werden. Das Routing wird von der Software (meistens Script-Sprachen) ermittelt und die daraus folgenden Befehle werden über die dazwischen liegende Telefonie-Software an die TK-Anlage übertragen.

3.4.5 Zusammenfassendes zu den Teilkomponenten des kollaborativen CRM

Grundsätzlich ist anzumerken, dass die in diesem Kapitel zur Darstellung gelangenden Sachverhalte SAP-spezifisch sind.[222] Allerdings spielt dies insofern keine Rolle, weil letztlich die Art der technischen Realisierung zwar leicht unterschiedlich ist gegenüber anderen Anbietern, die Grundelemente und die Grundlagen der Problemlösungen jedoch bei allen Anbietern ähnlich sind. Insofern dürfte die Darstellung anhand eines bestimmten Anbieters keine Rolle spielen.

---

[220] Vgl. SAP AG (2003d).
[221] Vgl. SAP AG (2003d).
[222] Im SAP-Umfeld werden statt RPCs (Funktions- oder Objektaufrufe) SAP-spezifische Remote Function Calls eingesetzt (RFC) sowie statt einer allgemeinen API-Schnittstelle (Application Programming Interface) proprietäre Business Application Programming Interfaces (BAPI) eingesetzt. Vgl. dazu allgemein Kapitel 5 und spezifischer Kapitel 5.4.

Wie sich an der Darstellung der Komponente des kollaborativen CRM anhand des Beispiels der CIC-Komponente von SAP zeigte, steht in diesem Bereich der Funktionalität primär die Integration von Kommunikationsmedien in Informationstechnologie oder Anwendungssysteme im Vordergrund. Dabei wird der Bereich der Funktionalität des kollaborativen CRM künftig eine noch wesentlich grössere Bedeutung erhalten. Dies wird insbesondere deshalb der Fall sein, weil durch die laufenden technischen Entwicklungen im Rahmen der Konvergenz von Informations- und Kommunikationstechnologien, die in diesem Kapitel dargestellten Sachverhalte künftig bezüglich aller denkbaren Kommunikationsmedien weiter in den Vordergrund rücken werden. Was explizit oder im Detail nicht dargestellt werden konnte, ist u.a. die Vertiefung der Datenbereitstellungen zu Kunden und Mitarbeitern in Call- oder Contact Centern. In der Regel wird hierfür nämlich nicht auf operative CRM-Systeme zurückgegriffen. Die Integration von Kundendaten wurde faktisch nicht dargestellt, die Integration von Mitarbeiterdaten wurde am Rande erwähnt. Diese Datenarten dienen dazu, dass ein Routing überhaupt möglich wird. Es ist denkbar, dass diese Sachverhalte insbesondere beim integrierten Miteinbezug unterschiedlichster Medien noch komplexer werden, weil dann z.B. zusätzliche medienspezifische Informationen für das Routing erforderlich sind.

Über die in diesem Kapitel hinaus geschilderten Arten des Skill based Routing (Routing entsprechend den Fähigkeiten der Mitarbeiter) kann auch ein mehr oder weniger granulares prozessorientiertes Routing nach dem Konzept des CBCs vorgenommen werden. Das ermöglicht dem Unternehmen unter Umständen auf Basis von Economies of Scale Geschäftsvorfälle spezialisiert(er) abzuwickeln und damit eine höhere Effizienz und Effektivität bei den entsprechenden Prozessen zu erreichen.

Nicht weiter vertieft wurde zudem die technische Darstellung der Abwicklung von Outbound-Geschäftsvorfällen. Hier sind die Kontaktdaten des Kunden vor dem eigentlichen Kontakt erforderlich, damit die Telefonieanlage aus Effizienzgründen den nächsten Kunden bereits automatisch anwählen kann, noch bevor allenfalls das Gespräch mit einem bereits kontaktierten Kunden beendet ist.

Neuerdings beginnt insbesondere das Routing von Emails an Bedeutung zu gewinnen.[223] Es ist denkbar, dass künftig auch Funktionalität zum Routing von SMS oder MMS oder spezifisch für mobile Anrufe oder ähnliches ins Blickfeld des Interesses gerät.

---

[223] Vgl. Kloptchenko (2003), McAllister (2002), Nenkova/Bagga (2003).

3.5 Schlussbemerkungen zu den CRM-Komponenten

Im Kapitel 3 wurde in drei Teilkapiteln im Detail aus der Perspektive der Funktionalität der analytischen, der operativen sowie der kollaborativen CRM-Komponente auf Funktionalitäten und entsprechende Integrationspotenziale oder -erfordernisse eingegangen. Im Vordergrund stand aber die Beschreibung der Funktionalität, um für das folgende Kapitel Grundlagen für das Verständnis der Integration der verschiedenen Komponenten zu schaffen. Die drei CRM-Komponenten sind für das folgende Kapitel von entscheidender Bedeutung. Deshalb soll in sehr kurzer Form rekapituliert werden, welche zentralen Funktionalitätsbereiche und Integrationsaufgaben zu unterscheiden sind.

Das analytische CRM basiert auf der Zusammenführung von für die Analyse relevanten Daten aus unterschiedlichsten operativen Systemen. Auch werden für die Analyse externe Daten beigezogen, die für das strategische, das taktische und das operative Management und dazugehörige Entscheide erforderlich sind. Mittels Integrationstechnologien werden die Daten in DWHs geladen und dort allenfalls in aggregierter oder funktionsspezifischer Form zur Nutzung bereitgestellt. Die Hauptintegrationsart im analytischen CRM stellt die Datenintegration dar, u.a. aus dem operativen CRM. Analyseresultate aus dem analytischen CRM sind in der erforderlichen Form in die operative CRM-Umgebung zur Abwicklung entsprechender Prozesse zu integrieren. Dies konnte anhand der Funktionalität des operativen CRM gezeigt werden. Durch entsprechende Front-Office-Prozesse können aber auch Prozessanstösse in Back-Office-Systemen erfolgen.

Die dokumentierten Ergebnisse aus dem operativen CRM sind wiederum eine Voraussetzung für die Analyse der Daten im analytischen CRM. Ferner sind Prozesse über verschiedene Kontaktmedien abzuwickeln oder werden über verschiedene Kontaktmedien angestossen. In den obigen (Teil-)Kapiteln konnte auch gezeigt werden, dass über die Kommunikationsmedien und eine Integration entsprechender Routing-Funktionalität zudem Möglichkeiten gegeben sind, um die Effizienz der Kommunikationsprozessabwicklung zu steigern und zu steuern. Das operative CRM nimmt so gesehen eine wichtige Stellung in mehreren Dimensionen ein. Diese sowie die abstrakte und modellhafte Darstellung der Integrationsmöglichkeiten sind das Thema des folgenden Kapitels.

4 CRM-Integration

Für das im Folgenden zu definierende und darzustellende Integrationsmodell zum CRM gilt es einige Aspekte zu betonen. CRM-Systeme dienen im Gegensatz zu Back-Office-Systemen der Abwicklung von eingehenden und ausgehenden Kommunikationsgeschäftsvorfällen. Dies kann Transaktionsanbahnungen, die kommunikative Begleitung der Transaktion sowie die Kommunikation nach der Transaktion beinhalten. Back-Office-Systeme dagegen dienen der eigentlichen Transaktionsabwicklung. Zudem treten für die Kommunikation unterschiedliche eingehende oder ausgehende Geschäftsvorfälle auf. Es sind Informationsabrufe oder Informationsweitergaben zu unterscheiden. Weiter sind Interaktionsgeschäftsvorfälle zu unterscheiden. Interaktionen können entsprechend zu Transaktionen führen. Eine länger dauernde Kundenbeziehung führt zu Transformationsgeschäftsvorfällen, innerhalb welcher Kundenintegrationen in die Geschäftsprozesse erfolgen können. Ebenfalls sind anlässlich von Transformationsgeschäftsvorfällen auch Vereinfachungen der Kundenbeziehungen aufgrund des Sich-Kennens und damit Reduktionen der Transaktionskosten denkbar. Diese Geschäftsvorfälle sind die Ausgangslage für die Diskussion der Integration innerhalb des Modells.

4.1 CRM-Integrationsmodell und Komponentenintegration

Das für diese Arbeit zentrale Integrationsmodell setzt sich – wie in den obigen Kapiteln bereits geschildert – aus den unterschiedlichen Komponenten für das kollaborative oder kommunikative CRM, das operative CRM, das analytische CRM und die Back-Office-Komponenten zusammen. In der Abbildung 34 werden Integrationssachverhalte mit ein- oder zweiseitigen schwarzen Pfeilen und in einem Fall mit einem gepunkteten Pfeil dargestellt. Auf den gepunkteten Pfeil in Abbildung 34 wird in der Folge nicht vertiefter eingegangen. Er bezeichnet die Möglichkeit, dass aus dem analytischen CRM direkt Kampagnen über Kontaktmedien abgewickelt werden können, ohne dass dies prozessgeleitet über das operative CRM erfolgt. Hier ergibt sich die Problematik der Dokumentation der entsprechenden Kundeninteraktionen im operativen CRM, etwa im Falle der Kundenhistorie. Entsprechende Rückmeldungen ins operative CRM müssten über entsprechende Schnittstelle erfolgen. Werden keine Rückmeldungen ins operative CRM gemacht, besteht die Gefahr, dass Kunden über unterschiedlichste Kommunikationskanäle parallel und inkonsistent angesprochen werden, weil keine einheitliche Kundenhistorie abbildbar ist. Die durchgezogenen Pfeile stellen uni- oder bidirektionale (Daten-)Integrationen zwischen den erwähnten Komponenten dar.

Ausgehend von unterschiedlichen CRM-Geschäftsvorfällen kann von Integrationen innerhalb der Komponenten (mit arabischen Ziffern dargestellt) und von Integrationen zwischen den Komponenten (mit römischen Ziffern dargestellt) gesprochen werden. In der Abbildung wird nicht explizit angesprochen, dass zwischen den verschiedenen Komponenten unterschiedliche Integrationsarten eingesetzt werden können.[224] Grundlegend für das Modell ist, dass ausgehend vom Kunden die Geschäftsvorfälle für die Frage der Integration relevant sind. Ausgehend von den definierten oder erforderlichen Qualitäten und/oder Quantitäten der Geschäftsvorfälle an den Kontaktpunkten können Effektivitäts- und Effizienzziele definiert sowie mit unterschiedlichen Mitteln Verteilungen der Geschäftsvorfälle auf verschiedene Kanäle oder Standorte erfolgen. Als Steuerungsgrössen können Kundenwerte, Kundensegmentierungen oder Kundenlebensdauern eingesetzt werden. Sind die Kommunikationsaufkommen nicht steuerbar (etwa bei gewissen Inbound-Geschäftsvorfällen), sind nach Bedarf die entsprechenden Kapazitäten zur Verfügung zu stellen.

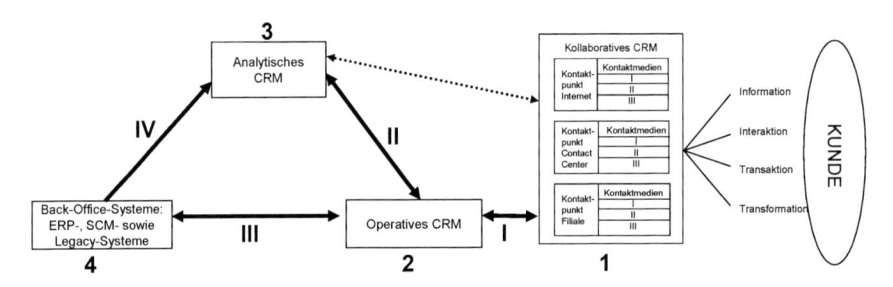

Abbildung 34: CRM-Integrationsmodell auf Basis von Geschäftsvorfällen

Determinierend für die Integration sind weiter betriebliche Aspekte, die Anzahl Systeme, die Anzahl unterschiedlicher Kontaktpunkte, die Anzahl eingesetzter Kontaktmedien, etc. Die betrieblichen Aspekte umfassen etwa die räumliche Verteilung von Kunden, von Kontaktpunkten, von Organisations- und Prozessabwicklungseinheiten im Front- und Back-Office. Diese Aspekte beeinflussen die eingesetzten Integrationsarten und -architekturen, die für die gleiche Branche für unterschiedliche Input-Parameter andere Ausprägungen annehmen können. Technisch ist dabei vieles machbar.

Details zu den rein technischen Integrationsmöglichkeiten werden in Kapitel 5 dargestellt und werden in diesem Kapitel nicht im Detail erläutert. In der Regel beschränken sich die technischen Angaben in diesem Kapitel auf die Nennung einsetzbarer Integrationstechniken.

---

[224] Vgl. hierzu Kapitel 5.2.

4.2 Komponenteninterne Integration

Die im Folgenden dargestellten Integrationsaufgaben sind innerhalb der Komponenten zu leisten.

4.2.1 Fall 1: Integration im kommunikativen CRM

Betriebswirtschaftliche Aspekte der Integration: Unter die betriebswirtschaftliche Integration von Kontaktmedien zu Kontaktplattformen fällt das Routing, d.h. die Zuordnung von Anrufen, Emails oder anderen Kommunikationsformen zu bestimmten Organisationseinheiten. Durch das Routing ist der Mitarbeiter mit den richtigen Eigenschaften dem richtigen Kunden oder dessen Anliegen zuordenbar. Ferner können Anrufe national oder international dorthin geroutet werden, wo freie Kapazitäten qualifizierter Mitarbeiter vorhanden sind. So können Geschäftsvorfälle oder Prozesse unter Umständen zentral eröffnet und dezentral weiter bearbeitet werden oder es wird nur der Anruf verteilt, ohne dass Geschäftsvorfälle eröffnet oder bearbeitet werden. Wiederum kann es sein, dass weiter ein unternehmensinternes Routing nach der Eröffnung des Geschäftsvorfalls erforderlich wird, etwa bei der Weiterleitung einer Kundenanfrage für eine Rechnungsauskunft in die Debitorenbuchhaltung.

Technische Aspekte der Integration: Im Wesentlichen gilt es dabei die verschiedenen Netzzugänge und betrieblichen Komponenten (Server) für Sprach- und Internetanwendungen zu integrieren und zu konfigurieren. Es ist ferner sicherzustellen, dass leistungsstarke Netzzugänge zu verschiedenen Kommunikationsnetzen zur Verfügung stehen. Telefonieapplikationen, aber auch Applikationen anderer Kommunikationsmedien, sind an verschiedenen Standorten virtuell so zu koppeln, dass ein Routing zwischen verschiedenen Standorten und Organisationseinheiten, etwa aus Kapazitätsgründen, möglich ist. Die zunehmende Konvergenz von Informations- und Kommunikationstechnologie trägt dazu bei, dass analoge und digitale Kommunikation oder Voice- und Datendienste künftig über das Internetprotokoll erfolgen können.[225] Zwischen den Netzen und Kommunikationsmedien werden künftig vermehrt Wechsel erforderlich sein, die zu ermöglichen sind. Es muss möglich sein, dass mehrere Medien parallel genutzt werden können. Weiter wird die durchgängige und integrierte Erreichbarkeit von Mitarbeitern und Kunden über Instant- oder Unified-Messaging-Technologie an Bedeutung gewinnen. Dies bedeutet auch eine Herausforderung für die Integration der Medien an sich.

---

[225] Darunter fällt z.B. Voice-over-IP. Vgl. hierzu etwa Amberg/Schumacher 2002.

4.2.2 Fall 2: Integration im operativen CRM

Betriebswirtschaftliche Aspekte der Integration: Vor dem Hintergrund des Konzepts des CBCs bestehen von der Kundeninteraktion aus gesehen verschiedene Phasen oder Prozessbereiche, denen aus Sicht der Kundenbeziehung unterschiedliche Entwicklungsstufen des Transaktionszyklus zugrunde liegen. Die relevanten Prozessbereiche werden unternehmensseitig mit Marketing, Verkauf und After Sales Service bezeichnet.[226] Sie stellen aus Sicht des Unternehmens auch die kommunikativen Phasen vor und nach dem Vertragsabschluss dar. Abbildung 35 zeigt betriebliche Integrationsanforderungen aus Sicht der unterschiedlichen Front-Office-Prozesse.

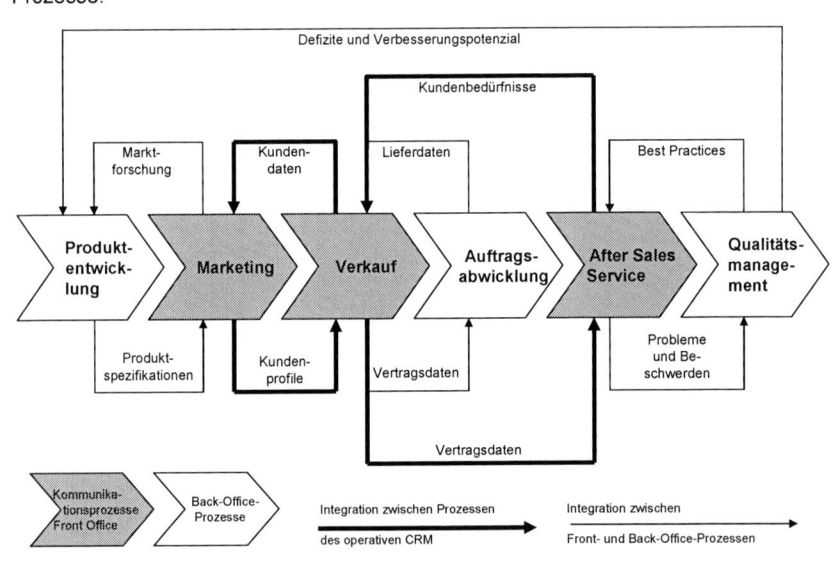

Abbildung 35: Datenflüsse zwischen operativen CRM- und Back-Office-Prozessen.[227]

Schulze nennt jedoch auch Input-Output-Relationen in umgekehrter Richtung als in Abbildung 35 angegeben.[228] So gibt er etwa an: Kundendaten als Output der Verkaufs- und als Input der Marketingprozesse, Lieferdaten als Output der Back-Office- oder ERP-Prozesse und als Input der Verkaufsprozesse im Front Office, Kundenbedürfnisse als Output der After-Sales-Service-Prozesse, die als Input in die Verkaufsprozesse eingehen. In der gleichen Richtung wie in Abbildung 35 nennt Schulze etwa Input-Output-Relationen wie Kundenprofilweitergaben vom Marketing an

---
[226] In Anlehnung an Bach/Österle (2000), Muther (2000), S. 14 ff., Schulze (2002), S. 19 ff.
[227] Vgl. Schulze (2002), S. 19.
[228] Vgl. Schulze (2002), S. 19.

den Verkauf, Vertragsdatenweitergabe als Output der Verkaufsprozesse bilden den Input für After-Sales-Service-Prozesse sowie den Input für Leistungs- oder Produkterstellung oder Lieferung im Back-Office-Bereich etc.

In der Abbildung werden auch mögliche Integrationsbedarfe zwischen Front- und Back-Office-Prozessen dargestellt. Die Inputs für die Marketingprozesse ergeben sich etwa über Datenanalysen und -auswertungen innerhalb des analytischen CRM. Die Outputs der Marketingprozesse, Leads oder Interessenten, sind in die Verkaufsprozesse zu integrieren. Die Verkaufsabschlüsse und -verträge stellen wiederum einen Input für die After-Sales-Service-Prozesse dar. Ausgehend von erfolgreichen After-Sales-Service-Prozessen soll es möglich werden, Kunden wieder in die Marketingprozesse miteinzubeziehen, um derart eine laufende Erneuerung der Kundenbeziehung zu ermöglichen.

Marketingabteilungen sind organisatorisch vielfach zentral und Verkaufsabteilungen vielfach dezentral organisiert. Bei After-Sales-Service-Abteilungen besteht vielfach ein Mix aus zentralen und dezentralen Stellen. Organisatorische Schnittstellen ergeben sich bei der Überbrückung von zentral und dezentral angeordneten Organisationseinheiten. Integrationstechnologie tritt hier als wichtiges Elemente für die organisatorische Integration der erwähnten Zentralisierungs- und Dezentralisierungsausprägungen auf. Mittels Integrationstechnologie ergeben sich somit Freiheitsgrade bei der Implementierung von Organisationseinheiten. Verträge und transaktionsrelevante Kundendokumente sind unabhängig von Zentralisierungs- oder Dezentralisierungsgraden zentral zu archivieren (Archivierungssysteme und deren Integration), jedoch mit Zugriffsmöglichkeiten für dezentrale Kundendienste, Servicemitarbeiter, etc., da entsprechende Dokumente für die Tätigkeit der Mitarbeiter in allen Prozessbereichen zentral sind.

Im Besonderen zu klären ist die Frage bezüglich der internen Integration im operativen CRM, d.h. betreffend der Aufgabenteilung innerhalb der operativen Tätigkeiten. In Anlehnung an Hippner/Wilde[229] kann zwischen operativen Kommunikations- und Kontaktaufgaben, operativen Administrationsaufgaben sowie zwischen operativen Analyseaufgaben unterschieden werden. Für jeden der Aufgabenbereiche stehen, wie im vorangegangenen Kapitel im Detail untersucht wurde, andere Integrationssachverhalte im Vordergrund.

Für die administrativ-operativen und operativ-analytischen Aufgaben ist die Informationsversorgung sicherzustellen. Vielfach ist es in operativen CRM-Systemen möglich, dass für operative Zwecke einfache Auswertungen direkt aus dem operativen CRM-

---
[229] Vgl. Hippner/Wilde (2003), S. 37 ff.

System machbar sind, etwa zur Auswertung von Abschlussquoten im Verkauf (Verkaufsfunnel oder -trichter), zum Call- und Email-Handling im Contact Center oder zur Abfrage von Konversionsraten von Website-Besuchern zu Website-Käufern. Unter Umständen ist aber auch zu klären, inwiefern die Informationen über ein DWH (vgl. Punkt II in Kapitel 4.3.2) oder direkt im operativen CRM-System zu beziehen sind, was wiederum Datenintegrationen zur Folge hätte. Als allgemeine Regel gilt, je eindeutiger die Auswertungen das Ist-Geschäft oder die Ist-Zustände betreffen, desto eher ist als Informationslieferant (sofern nicht zu grosse Datenbestände betroffen sind) das operative CRM beizuziehen. Je eindeutiger die Auswertung Zeitreihen, vergangene Ereignisse sowie Kundenbeziehungsentwicklungen auf aggregierten Datenbeständen aus unterschiedlichsten Systemen betrifft, desto eher sind DWHs und Data Marts zu nutzen, auch für Wirksamkeitsanalysen bezüglich der strategischen CRM-Ziele.

Technische Aspekte der Integration: Es bieten sich Einsatzmöglichkeiten für die Datenintegration, für Funktions- oder Objektaufrufe sowie Workflow-Management im Falle durchgängig zu gestaltender Prozesse an. In der Regel wird zur Integration von Front-Office-Einheiten innerhalb des CBCs in grösseren CRM-Systemen Workflow-Technologie eingesetzt, um unterschiedlich zentral oder dezentral anfallende Aufgaben integriert abwickeln zu können. Vielfach werden jedoch Prozesse, die über das CRM-System hinausgehen (z.B. ins ERP-System), aus Komplexitätsgründen weniger über Funktionsaufrufe oder Workflows als viel eher über Datenintegrationen implementiert.

4.2.3 Fall 3: Integration im analytischen CRM

Betriebswirtschaftliche Aspekte der Integration: Aus betriebswirtschaftlicher Sicht steht bei der Integration im analytischen CRM die strukturierte Zusammenführung von Aktions- und Reaktionsdaten und deren Analyse im Vordergrund. Ausgehend davon kann das Unternehmen künftige Aktivitäten präziser zu gestalten versuchen. Es gewinnt aber auch Informationen über den Kunden aus Sicht der Beziehung. Jedoch können daraus auch Massnahmen für die weitere Bearbeitung des Kunden abgeleitet werden (vgl. hierzu u.a. Kapitel 4.3.2). Diese sind wiederum zu planen und deren Resultate aus der operativen Umsetzung sind wieder zu Analysezwecken zu sammeln. Dadurch kann der erwähnte Regelkreis der Marktbearbeitung geschlossen und sichergestellt werden, dass eine systematische Effektivitätsmessung innerhalb des Kundenbeziehungsmanagements möglich wird. Aus betriebswirtschaftlicher Sicht können dafür unterschiedliche Aspekte zentral sein. Entweder geht es innerhalb des analytischen CRM darum, Daten für spezifische Analyseaufgaben zu replizieren, für bestimmte Analyseaufgaben zu föderieren sowie für bestimmte Aufgaben zu verschmelzen.

Für die Analysezwecke können unterschiedliche Ebenen der Schliessung des Regelkreises der Marktbearbeitung definiert werden, welche andere Datenmodellierungen und -aggregierungen für die (analytischen) Datenbanken erforderlich machen. So sind wie bereits geschildert strategische Analysen – etwa zur Abstimmung von Kunden- und Produktlebenszyklen – und operative Analysen – für das Effizienz- und Effektivitätscontrolling innerhalb der operativen Prozesse – zu unterscheiden. Damit sind allgemeine und längerfristige CRM-Analysen sowie entscheidorientierte (effizienz- versus effektivitätsorientierte) Analysen zu unterscheiden. Ferner können Analysen zur Unterstützung der operativen Interaktion an den Kundenkontaktpunkten, etwa in Contact Centern, erforderlich sein. Weiter sind auch Analysen denkbar, die nötig sind, weil keine Integration zwischen operativem CRM und Back-Office-Systemen möglich ist. Gründe dafür können sein, dass Back-Office-Systeme oder Legacy-Systeme zu veraltet sind, um damit etwa einfache Analysen operativer Back-Office-Prozesse zu ermöglichen. Auch kann die Struktur der Informationssysteme zu monolithisch sein. Dadurch würden Daten dem operativen CRM unter Umständen nicht direkt zur Verfügung stehen.

Technische Aspekte der Integration: Bei der technischen Integration im analytischen CRM geht es darum, Datenspeicher für das gesamte Unternehmen oder auch „Operational-Datastores" mit den relevanten funktionsorientierten Datenbanken zu integrieren. Dies erfolgt wie bereits dargestellt mittels Datenintegration. Dafür werden ETL-Integrationsmechanismen implementiert, d.h. Extraktions-, Transformations- und Ladeprozesse. Die Datenintegration schliesst auch immer die semantische Integration der Daten aus unterschiedlichen Systemen ein, damit bezüglich der Datenanalyse ein für alle Beteiligten gleiches Verständnis der Daten gewährleistet ist. Zudem sind auf den Analysedatenbanken (DWHs oder Data Marts) Analysewerkzeuge und -frontends wie Reporting, OLAP, Data Mining oder Statistikwerkzeuge auf den Datenbanken aufzusetzen. Je nach Bedarf können Datenreplikations-, Datenföderations-, Datenverschmelzungs- oder Datenkopplungsmechanismen innerhalb des analytischen CRM erforderlich sein.[230] Mittels entsprechender Modellierungen sollte zudem ermöglicht werden, dass Daten in unterschiedlichen Aggregationsstufen aufrufbar sind.

Weiter ist an die Möglichkeit zu erinnern, dass auf Basis der Analyseinstrumente Kundenverhaltensmodelle entwickelbar sind. Hier ist etwa an Kundengewinnungs-, Cross- und Up-Selling-, Kundenbindungs- oder Kundenrückgewinnungs-Modelle zu denken,

---

[230] Vgl. zu den erwähnten Datenintegrationsarten Jung (2003).

welche z.B. mittels Data-Mining-Instrumenten entwickelt werden. Outputs der Modelle können Scoringwerte sein, die Kunden zugeordnet werden. Anhand der entsprechenden Scoringwerte und entsprechender Bearbeitungszwecke können Aktivitäten an unterschiedlichen Kontaktpunkten definiert und priorisiert werden.

Auf Basis der erwähnten Kundenverhaltensmodelle können modellbasierte SQL-Statements auf DWHs oder Data Marts aufgesetzt werden. Aufgrund dieser Modellapplikationen können laufend Analysen zu Kunden gefahren werden und daraus laufend Aktionen oder Reaktionen gegenüber Kunden definiert werden, die z.b. mehrheitlich automatisiert ablaufen können (Meldung zu Umsatzeinbruch bei Kunde X an Agent B, welcher darauf bei Kunde X anruft und sich nach Gründen erkundigt etc.).

4.2.4 Fall 4: Integration im ERP- und im Legacy-System-Bereich

Betriebswirtschaftliche Aspekte der Integration: Hier geht es um die in Back-Office- oder ERP- und SCM-Systemen vielfach bereits geleistete Integration von Systemkomponenten für die ERP- oder SCM-Prozesse, insbesondere für die Planung, Distribution, Produktion, Beschaffung, Finanzen und das Personalmanagement.[231] Grundsätzlich sind innerhalb der ERP-Systeme Integrationen einerseits für die Prozessabwicklung, andererseits auch für die Umrechnung von Mengen und Leistungen in finanzielle Angaben erforderlich. Erst dadurch ist eine finanzielle Führung innerhalb der Wertschöpfungskette möglich. Die Entwicklung integrierter ERP-Systeme ergab sich primär aus der Entwicklung von Informationssystemen etwa zur Unterstützung der Finanzbuchhaltung, der Produktion, der Logistik und des Personalwesens, die teilweise auch als selbständige Komponenten entwickelt und zunehmend integriert wurden.

Technische Aspekte der Integration: Innerhalb integrierter ERP-Systeme werden zur Integration meist Objekt- oder Funktionsintegrationen und Workflow-Integrationen eingesetzt. Oft kommt indes auch einfache Datenintegration zum Zug. Bei einer Integration von Best-of-Breed-Komponenten im ERP- oder Back-Office-Bereich stehen Datenintegration, Funktions- oder Objektaufrufe als bevorzugte Methode der Integration zur Verfügung. Denkbar aber eher selten ist auch eine Workflow-Integration auf Basis von Messaging-Infrastrukturen.

---

[231] Vgl. u.a. Mertens (2000), Scheer (1995).

4.3 Integration zwischen den Komponenten

Im Folgenden werden die Integrationsaufgaben zwischen den Komponenten dargestellt.

4.3.1 Fall I: Integration zwischen kollaborativem und operativem CRM

Betriebswirtschaftliche Aspekte der Integration: Abbildung 36 gibt eine Auswahl an möglichen Integrationsfällen wieder. Es werden darin mögliche Datenaustausche zwischen der Komponente des operativen CRM und der Komponente des kollaborativen CRM dargestellt.

Es kann sich dabei um Daten aus dem Human Resources Bereich zu Skills oder Fähigkeiten von Mitarbeitern handeln, die etwa für das Routing von Telefonanfragen oder anderen Kontaktarten im Front Office erforderlich sind. Ferner kommt die eigentliche Datenübertragung im Falle des Routing zum Tragen. In die eine Richtung werden dafür Steuerungsinformationen für das genutzte Medium, etwa das Telefon, das Email, übertragen. In die andere Richtung sind es u.a. Übertragungen von Daten bezüglich der Kommunikationsadresse des Kunden oder allenfalls Erreichbarkeitsstati. Zudem können Übergaben von Kundenangaben an weitere Mitarbeiter im Front Office oder die Übergabe von Bestellparametern des Kunden im Falle von Mensch-Maschinen-Kommunikation etwa im Bereich des E-Shopping zu übertragen sein. Auch Veränderungen von Kundenstammdaten können in der Integration von operativem und kollaborativem CRM ein Thema sein oder der Austausch von Daten zu Controlling- und Steuerungszwecken im Front Office (Routing-Steuerung, Kontaktpunktsteuerung, Bonusabrechnungen für Front-Office-Mitarbeiter, etc.).

Operatives CRM		Kollaboratives CRM
	HR-Daten zu Skills für Planung Kapazitäten, Contact Center und Routing →	
	Übergabe von Kontaktadressen und allenfalls Botschaft zuhanden Kunde →	
	← Routing von Geschäftsvorfällen	
	← Übergabe von Bestelldaten bei Mensch-Maschinen-Schnittstellen	
	← Übergabe von Daten zu Veränderung Kundenstammdaten bei Mensch-Maschinen-Schnittstellen	
	← Controllingdaten	
	Anstoss von operativen Prozessen und allgemeinen Informationsanfragen →	

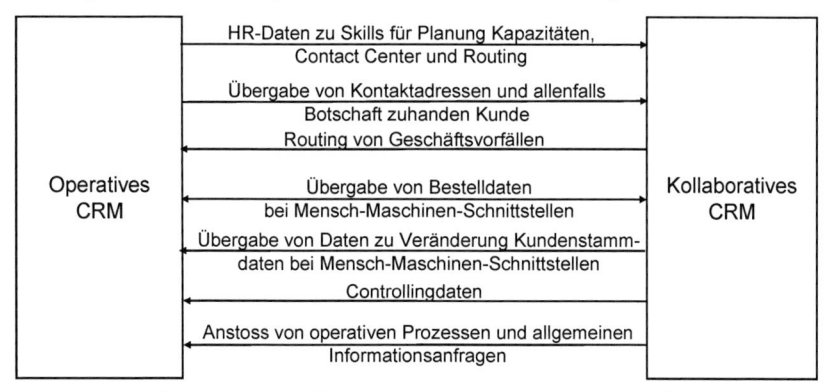

Abbildung 36: Integrationsfälle zwischen kollaborativem und operativem CRM.

Für die Integration ist die Frage der Organisation des Front Office wichtig. Wie bereits weiter oben erwähnt wurde, kann über das Routing innerhalb des kollaborativen CRM definiert werden, wohin die entsprechenden Kontakte zur Abwicklung von Geschäftsvorfällen geroutet werden sollen. Im Falle von Mensch-Maschinen-Schnittstellen zwischen Kunde und Unternehmen kann zudem (wie Abbildung 37 zeigt) auch eine direkte Kopplung zwischen dem analytischen CRM und dem kollaborativen CRM erforderlich sein. Beispiele dazu sind E-Shops, WWW-Portale sowie WAP-Portale für die mobile Kommunikation. Wichtig bei der direkten Kommunikationsauslösung aus analytischen CRM-Systemen ist wie in Abbildung 37 angedeutet, dass die Kontaktdaten und allenfalls die dazugehörigen Responsedaten in der Kundenhistorie im operativen CRM erfasst werden. Nur so ist, falls erwünscht oder erforderlich, ein umfassender Überblick über die Kundeninteraktion unabhängig vom genutzten Kommunikationsmedium möglich.

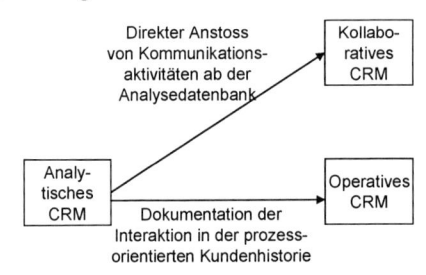

Abbildung 37: **Integration bei direkter Auslösung von Kommunikation über das analytische CRM.**

Im Rahmen der Zentralisierung oder Dezentralisierung von Front-Office-Organisationseinheiten für Marketing-, Verkaufs- und After-Sales-Service-Prozesse können Weiterleitungen von oder Antworten zu Geschäftsvorfällen zwischen den unterschiedlichen Stellen erforderlich sein. Die Ermöglichung der Geschäftsvorfallabwicklung über unterschiedliche Kontaktpunkte kann mittels Kommunikations- und Routing-Funktionalität unterstützt werden. Entsprechende Technologie kann für das Routing von Telefonie, SMS, Emails oder anderen elektronischen Kommunikationsformen eingesetzt werden. Gelegentlich sind hier Medienbrüche in Kauf zu nehmen. So sind Papier-Telefaxe oder Briefe elektronisch zu erfassen oder zu scannen und entsprechend Emails anzuhängen, damit sie im elektronischen Kundendossier abgelegt werden können. Im letzten Fall genügt allenfalls statt eines Routing auch die einfache Ablage des Dokumentes im elektronischen Kundendossier. Im Falle der Ablage in einem Dokumentenmanagementsystem kann darauf aus der Kundenhistorie heraus ein Link geschaltet werden.

Technische Aspekte der Integration: Diese Integration läuft in der Regel über die Kopplung von operativen CRM-Servern mit Telefonie-Servern, Email-Servern, Telefax-Servern, also allen relevanten Kommunikationsservern. Es sind dafür Messaging-, Telefonie- und Mobilkommunikations-Schnittstellen bereitzustellen (vgl. dazu im Detail das Kapitel 3.4.1.3 sowie Kapitel 5.4.3 f.). Die Kopplung von operativen Prozessen und Aktivitäten mit Kommunikationsmedien und entsprechenden Rollen, welche die Aktivitäten ausführen, wird Kontaktkanal genannt.[232] Über die Medien werden somit Kontaktmöglichkeiten mit und ohne menschliche Beteiligung seitens des Unternehmens zur Verfügung gestellt. Dazu sind entsprechende Services bereitzustellen, die aus den Geschäftsvorfällen abzuleiten sind.

4.3.2 Fall II: Integration zwischen operativem und analytischem CRM

Betriebswirtschaftliche Aspekte der Integration[233]: Hier ist alternativ zu klären, was für Analyseanforderungen gegeben sind. Je nach Ausprägung ist eine Integration zwischen prozessorientiertem operativem und analytischem CRM für die Datenabfrage zu tätigen. Umgekehrt ist aber auch die Datenintegration vom operativen CRM ins analytische CRM zur Ermöglichung der Datenanalyse erforderlich. Mit der Integration des analytischen CRM ins operative CRM kann im Idealfall der automatische Anstoss von Prozessen oder Workflows aufgrund von bestimmten Schwellenwerten bezüglich des Kundenverhaltens z.B. auf individueller Basis erfolgen. Auslöser von Alerts, die in der operativen CRM-Lösung auf dem Arbeitsplatz des Mitarbeiters angezeigt werden, können sein: Kundenverhaltensmodelle, Kundenlebenszyklen, Produktlebenszyklen, Produkt- oder Leistungsnutzung sowie Konkurrenzaktivitäten. Dies kann besonders häufig in Unternehmen der Fall sein, die für die Kundeninteraktion schwerpunktmässig auf das Web oder den telefonischen Kontakt setzen. Dadurch werden geschäftskritische Realtime-Analysen des Kundenverhaltens auf Webpages möglich, aber auch die integrierte und automatisierte sowie auf Workflows basierende Weiterbearbeitung des Kunden angestossen. Bei der Realtime-Zusammenführung der Analyse des Kundenverhaltens (Aktion) und der sofortigen Reaktion des Unternehmens aufgrund der Analyse sind je nach Branche oder Geschäftsvorfall die Abschlusswahrscheinlichkeiten aufgrund dieser integrierten Lösung höher als in traditionellen Telefonkampagnen.

Eine Reihe möglicher weiterer Integrationsfälle aus betrieblicher Sicht werden in der Abbildung 38 dargestellt. Es handelt sich dabei, wie im Kapitel zu den Modellansätzen des integrierten CRM dargestellt, um den Austausch von Aktions-, Reaktions-, Poten-

---

[232] Vgl. zum Begriff des Kontaktkanals Bach/Österle (2000), S. 23, Johnston/Marshall (2002), Schulze (2002); S. 21.
[233] Vgl. u.a. Hippner/Wilde (2003), S. 14, Martin (2002), S. 28 ff.

zial- und Stammdaten, die für unterschiedliche Zwecke an den Kontaktpunkten erforderlich sind.

Ein bidirektionaler Stammdatenaustausch tritt dann auf, wenn sich an den Stammdaten Änderungen ergeben. Da jedoch die Verhaltensorientierung der Kundendokumentation zentraler ist, tritt der Stammdatenaustausch teilweise in den Hintergrund. Deshalb ist der entsprechende Pfeil gestrichelt dargestellt.

```
┌─────────────┐   Vorschub von Aktionsdaten auf Basis von      ┌─────────────┐
│             │◄──Kundenverhaltensanalysen und -Modellen───────│             │
│             │                                                │             │
│ Analytisches│           Reaktionsdaten                       │ Operatives  │
│     CRM     │◄───────────────────────────────────────────────│     CRM     │
│             │           Potenzialdaten                       │             │
│             │◄───────────────────────────────────────────────│             │
│             │           Stammdaten                           │             │
│             │◄ ─ ─ ─ ─ ─ ─ ─ ─ ─ ─ ─ ─ ─ ─ ─ ─ ─ ─ ─ ─ ─ ─ ─▶│             │
└─────────────┘                                                └─────────────┘
```

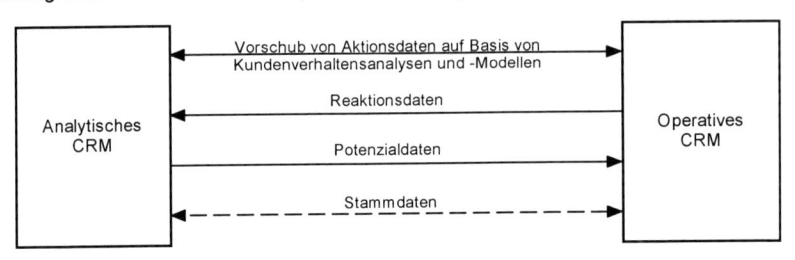

Abbildung 38:   Integration von Kundenstamm-, -potenzial-, Aktions- und Reaktionsdaten.

Technische Aspekte der Integration: In der Regel gelangen für die Übergabe von Daten von operativen Systemen an analytische Systeme ETL-Werkzeuge zum Einsatz. Diese Integrationswerkzeuge dienen dazu, Daten zu festgelegten Zeitpunkten automatisiert aus operativen Systemen in sogenannte Staging- oder Bearbeitungs-Areas zu extrahieren. Dies ist meist eine dem eigentlichen DWH vorgelagerte Bearbeitungs-„Zone". Danach werden die Daten nach festgelegten Regeln (u.a. semantischen Regeln oder Aggregierungsregeln) automatisiert transformiert und zuletzt in die Datensenke des analytischen CRM-Systems geladen. Es kann bei Altapplikationen, oder dort wo die dafür erforderlichen Werkzeuge nicht direkt eingesetzt werden können, auch vorkommen, dass Unternehmen selbst Schnittstellen und Transformationsregeln programmieren. Dies kann dort erforderlich sein, wo es sich um nicht standardisierte oder selbst entwickelte Informationssysteme handelt, für welche keine standardisierten Schnittstellen vorhanden sind. Wichtig für die Übergabe von Daten ist die Transformation, weil die Datenmodelle in operativen Systemen (Prozessorientierung, u.a. mittels prozessorientierter Kopplung von z.B. funktionsorientierten Objekten) und analytischen Systemen (Analyseorientierung; auswertungsorientierte und faktenorientierte Anordnung von Daten) stark unterschiedlich sein können. Transformationen können auch erforderlich sein, weil die Semantik zwischen den unterschiedlichen operativen Systemen nicht kongruent ist. In operativen Systemen ist die Semantik u.a. prozessorientiert, in analytischen Systemen ist sie kennzahlen- oder auswertungsorientiert. Zusätzlich herrschen unterschiedliche Semantiken auch in Front- und Back-Office-Systemen vor, insbesondere bezüglich des Objektes Kunde.

Eine spezielle Situation ergibt sich bei der Implementierung von Kundenverhaltensmodellen in analytischen Systemen. Deren Outputs in Form von Daten oder Scoringwerten sind im Idealfall an operative CRM-Systeme weiterzugeben und dort bei den entsprechenden Kundendaten zu speichern, um eine Umsetzung operativer CRM-Aktivitäten sicherzustellen. Vielfach werden bei Sammelaktivitäten (Kampagnen) manuelle Datenübermittlungen organisiert. Bei kundenindividuellen Einzelaktionen ist je nach Kundenbestand eine Automatisierung der Aktivitäten erforderlich. Hier stellt sich die Frage des Anwendungs- respektive Kommunikationssystems, über welches die Aktivität abgewickelt werden soll.[234] Besteht kein integriertes operatives CRM-System, sind in der Regel unterschiedliche Mechanismen vorhanden, über welche die Daten übermittelt werden sollen. Für Emailaktivitäten sind Treiber und Schnittstellen zu implementieren und zu aktivieren, um den Email-Client aufzurufen. Zudem ist der vordefinierte Inhalt in das Email zu kopieren. Im Falle von Telefonieplattformen sind CTI-Integrationen erforderlich, damit automatisierte Anrufe möglich werden, etwa mittels Predictive Dialing. Predictive Dialing kann wie folgt definiert werden: „A predictive dialer is a telephone control system that automatically calls a list of telephone numbers in sequence and screens out no-answers, busy signals, answering machines, and disconnected numbers while predicting at what point a human caller will be able to handle the next call. Predictive dialers are commonly used for telemarketing, surveys, appointment confirmation, payment collection, and service follow-ups. Sellers of predictive dialer systems claim that they greatly increase caller productivity. The phone calls you receive from "no one there" are often predictive dialer calls in which a manual caller isn't ready yet. Not to be confused with an automatic dialer, a predictive dialer is programmed to predict when a human caller is available to pick up a call. A somewhat related system is the lead generator, which dials a list of telephone numbers and, when a live voice answers, delivers a recorded message."[235]

4.3.3 Fall III: Integration zwischen operativem CRM und ERP-Systemen

Betriebswirtschaftliche Aspekte der Integration[236]: Es gehen aus CRM-Systemen historische Verkaufsdaten, weitere Marketing- und Verkaufsdateninputs (Anzahl Leads, Anzahl Opportunities), Kundeninputs (etwa bei Bestellangaben bei Direktbestellungen über einen E-Shop) in ERP- und SCM-Systeme ein. Anhand dieser

---

[234] Dies ist insbesondere bei Kampagnen der Fall, deren Aktivitäten über unterschiedliche Medien abgewickelt werden sollen oder wenn in mehreren Stufen unterschiedliche Medien für die Kundenkommunikation eingesetzt werden.
[235] Vgl. Whatis (2005e).
[236] Vgl. generell zur Integration von Front- und Back-Office-Applikationen Fochler (2001), S. 139 ff., Stender/Schulz-Klein (1999).

Datenaustausche und Datenaufbereitungen werden in ERP- und SCM-Systemen etwa Daten zur Beschaffung, zur Produktion, zur Lagerhaltung, zum Transportmanagement abgeleitet. All diese Daten bilden die Grundlage sowohl für strategische, taktische und operative Entscheide, analog zur Gliederung in entsprechende Managementebenen.[237]

Es kann davon ausgegangen werden, dass der Planungsprozess im Front Office zu beginnen hat und erst dann mit Back-Office-Daten des ERP- oder SCM-Systems zu konfrontieren ist. Eine integrierte Front- und Back-Office-Planung umfasst auf der Absatzseite unter anderem nebst der oben geschilderten Beschaffungskettenplanung (Beschaffungsseite) die Planung des Produktmarketings, die Planung des Kundenmarketings, die Planung des Zwischenhändlermarketings sowie Preis- und Verkaufsinformationen. Ferner kann argumentiert werden, dass auf der Beschaffungsseite bezüglich der Planung auch Produktionsdaten (Kapazitäten, etc.), Distributionsdaten (Kapazitäten, etc.) sowie Transport- und Lieferanteninformationen mittels Integration in die Planung einzubringen sind.

Die Abbildung 39 zeigt weitere mögliche Datenintegrationsfälle für Datenaustausche zwischen ERP-Systemen und operativen CRM-Komponenten. Es sind unter anderem Datenaustausche oder Funktionsaufrufe denkbar für

- die generelle Planung und Koordination von Front- und Back-Office-Aktivitäten,

- den Austausch von Finanzdaten zur Kampagnenabwicklung für das Kampagnencontrolling und

- den Austausch von Bestelldaten vom operativen CRM in die Back-Office-Applikationen.

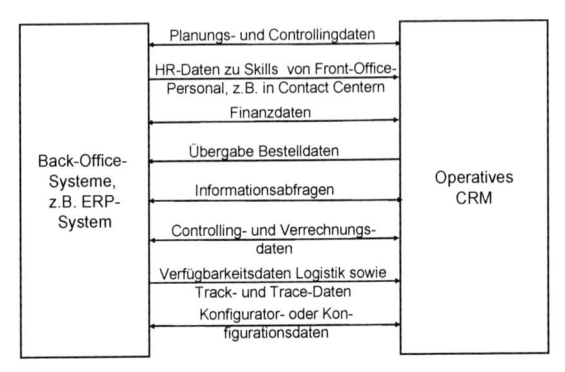

Back-Office-Systeme, z.B. ERP-System	Planungs- und Controllingdaten	Operatives CRM
	HR-Daten zu Skills von Front-Office-Personal, z.B. in Contact Centern	
	Finanzdaten	
	Übergabe Bestelldaten	
	Informationsabfragen	
	Controlling- und Verrechnungsdaten	
	Verfügbarkeitsdaten Logistik sowie Track- und Trace-Daten	
	Konfigurator- oder Konfigurationsdaten	

Abbildung 39: Integrationsfälle zwischen ERP- und operativen CRM-Systemen.

---

[237] Vgl. zu diesem Abschnitt und zum Folgenden Feldmann (2000).

Technische Aspekte der Integration: Integrationen zwischen operativen Applikationen oder OLTP-Systemen können auf drei verschiedenen Ebenen erfolgen, mittels Datenintegration, Funktionsintegration oder Prozessintegration. Dies trifft zumindest teilweise auch für die unter dem Fall I geschilderte Integration von Kommunikationsmedien und operativen CRM-Prozessen zu.

- Auf der ersten Ebene werden unter Umständen von unterschiedlichen Applikationen die gleichen Daten genutzt.

- Auf der zweiten Ebene geht es um den Aufruf von Objekten und Funktionsaufrufen aus anderen Komponenten mit unter Umständen unterschiedlichen Datennutzungen, was auch Datentransformationen erforderlich machen kann.

- Die dritte Ebene meint die Verbindung unterschiedlicher Applikationen oder Anwendungssysteme durch die Implementierung von anwendungsinternen oder anwendungsübergreifenden Workflows auf Basis von Messaging- oder neuerdings von Web-Technologie.

Abbildung 40 zeigt beispielhaft die semantische Integration zwischen Front- und Back-Office-Systemen.[238] In dieser wird das Mapping von Daten zwischen der CRM-Applikation Marketing Manager von Update und der ERP-Applikation SAP R/3 dargestellt.

Marketing Manager	SAP R/3
Firma (Interaktionskunde)	Debitor (Kunde)
Person (Interaktionspartner)	Ansprechpartner
Buchungskreis	Buchungskreis
Angebot und Auftrag sowie Auftragspositionen	Angebot und Auftrag sowie Auftragspositionen
Teillieferungen	Einteilungen
Partnerrollen	Partner
Installierte Basis	Service Management
Installierte Basiskomponenten	Service Management und Stückliste
Vertriebsbereich	Vertriebsbereiche

Abbildung 40: Datenaustauschbereich zwischen dem Marketing Manager von Update und SAP R/3.

Aus der Abbildung wird deutlich, dass Daten in den unterschiedlichen Systemen und ihren Datenbanken unterschiedliche Bezeichnungen haben. Dies ist beim Mapping zu berücksichtigen. Eine Transformation kann erforderlich sein, wenn die Daten in den Datenbanken etwa unterschiedliche Formate haben. Zum Beispiel kann das Geschlecht eines Kunden in der einen Datenbank mit m oder w vermerkt sein, in der

---

[238] Vgl. dazu und zum Folgenden Schulze (2000), S. 43.

anderen Datenbank werden dafür 1 oder 2 als Darstellungsform verwendet. Hier ist z.B. eine Transformation von m zu 1 und von w zu 2 erforderlich.

Beim Datenaustausch wird vom Marketing Manager mittels des SAP Easy Interfaces von Update der Datenaustausch angestossen. Das Schreiben der Daten im SAP R/3-System wird ausschliesslich von Verwaltungsprogrammen von SAP R/3 durchgeführt. Transaktionen oder Batch-Input-Mappen sorgen für den Datenaustausch. Anlässlich der Transaktionen werden die auszutauschenden Daten direkt in der SAP R/3 Datenbank gespeichert. Ein SAP R/3 Benutzer stösst beim Batch-Input die Verarbeitung der erzeugten Daten an, womit die Daten z.B. im Rahmen der Stammdatenverwaltung modifizierbar oder ergänzbar sind. Die Kommunikation zwischen Client und SAP R/3-Server erfolgt über die Verwendung von SAP R/3 Programmbibliotheken und SAP-eigenen Integrationsbausteinen wie Remote Function Call (RFC) und Business Application Programming Interfaces (BAPI). Mittels der Integrationsbausteine werden Informationsabrufe, Transaktionen oder Batch-Input-Verarbeitungen angestossen.

ERP-System Objekt Debitor		CRM-System Objekt Kunde	
Typ	Name	Name	Typ
N(5)	Kundennummer	Account	N (7)
AN (6)	Stammnummer	Name-1	A (15)
A (10)	Vorname	Name-2	A (15)
A (10)	Nachname	Name-3	A (15)
A (20)	Strasse	Strasse	AN (30)
AN (4)	Hausnummer	PLZ	N (4)
AN (15)	Ort	Ort	A (20)
N (15)	Tel-Nr.	Tel. Privat	N (15)
AN (15)	Emailadresse	Tel. Geschäft	N (15)
M (6)	Geburtsdatum	Emailadresse	AN (25)
		Geburtsdatum	N(8)
		Kinder	N (2)
		Zivilstand	A (1)

Abbildung 41: Semantische Datenintegration.[239]

Bei der semantischen Integration geht es darum, die Semantik der Daten des Quellsystems mit der Semantik des Zielsystems in Übereinstimmung zu bringen, was wie bereits geschildert Transformationsfunktionalität erfordert. Ein Beispiel zur semantischen Datenintegration ist in Abbildung 41 dargestellt. Da die Feldbestimmungen in

---

[239] Vgl. für das Beispiel Schulze (2000), S. 186. In der Abbildung treten die folgenden Kürzel auf: A steht für Alphabetisch, N steht für Numerisch, AN steht für Alphanumerisch. Die Ziffern in Klammern hinter den Kürzeln geben an, wie lange das Feld in der entsprechenden Datenbank maximal sein kann. Die Pfeile geben die Integrationsrichtung zwischen ERP- und CRM-System an.

CRM-Integration

den unterschiedlichen Systemen oft variieren, sind Datenabgleiche zu machen. Dabei ist auch zu definieren, wie mit Kürzungen von Einträgen vorzugehen ist, respektive wie z.B. Umlaute angepasst werden oder sonstige Spezialfälle zu lösen sind. Schulze schlägt in seinem Vorgehen für die CRM-Systemeinführung vor, ein Dokument zur semantischen Integration zu erstellen, in dem die Transformationskonventionen definiert werden.[240] Ferner sind darin Schnittstellen zu definieren und Transformationsregeln in das Customizing oder die Programmierung von Schnittstellen zu übernehmen.

Eine beispielhafte Darstellung eines Mapping-Bildschirms des Werkzeugs der Firma Sunopsis zeigt Abbildung 42. Darin sind – in der Abbildung nicht sichtbar – die Datenquellen auf der linken Seite ersichtlich. Diese werden im grau hinterlegten Feld oben links „ausgebreitet". Es ist eine Ziel- oder Mapping-Tabelle oben rechts zu definieren, welche zugleich die Quelldaten (linke Hälfte der Teildarstellung) und die Zieldaten (rechte Seite der Teildarstellung) parallel zueinander darstellt. In der Spalte, auf welche die Legende hindeutet, kann gezeigt werden, ob die Daten eins zu eins übernommen werden können oder ob sie zu transformieren sind.

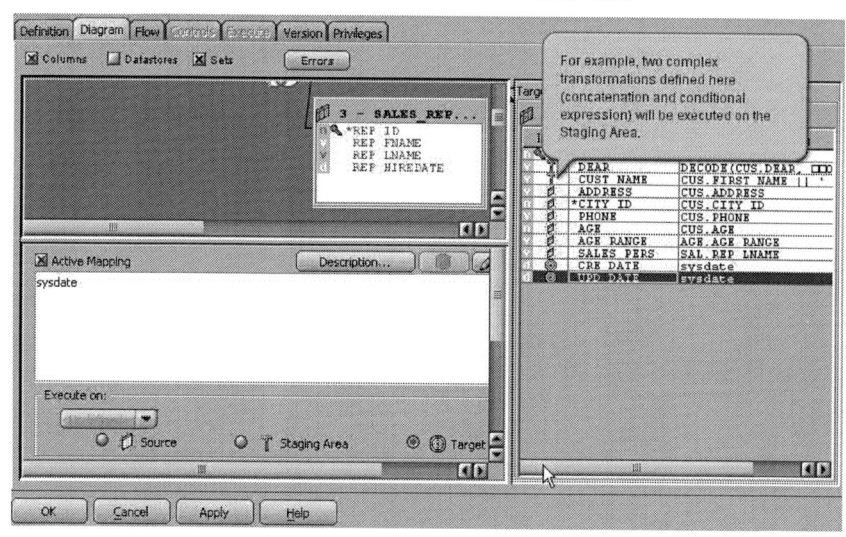

Abbildung 42: Mapping und Transformation von Daten in EAI-Umgebungen am Beispiel des Werkzeugs Sunopsis.[241]

---

[240] Vgl. Schulze (2000), S. 185 f.
[241] Vgl. für eine Flash-Demo des entsprechenden Werkzeugs für die Anwendungssystemintegration Sunopsis (ohne Jahr), ohne Seite.

4.3.4 Fall IV: Integration zwischen ERP Komponenten und dem analytischem CRM

Betriebswirtschaftliche Aspekte der Integration: Zwischen ERP- oder Back-Office-Komponenten und dem analytischen CRM werden unterschiedliche Daten geliefert oder bezogen, etwa Produktions-, Liefer- oder Kundenauftragsdaten, Daten finanz- und betriebsbuchalterischer Art sowie Daten zum Personal, sofern sie für das Kundenbeziehungsmanagement wichtig und nicht direkt im operativen CRM verfügbar sind. Es können u.a. folgende betriebliche Integrationssachverhalte zwischen analytischem CRM und ERP-Systemen unterschieden werden, wie sie Abbildung 43 zeigt. Etwa können Zusammenzüge von Daten aus ERP- oder Back-Office-Systemen zu Planungszwecken im analytischen CRM erforderlich sein. Denkbar ist aber auch, dass Planungsdaten aus CRM-Planungsprozessen aus dem analytischen CRM zuhanden des ERP- oder der Back-Office-Systeme zurückzuschreiben sind. Zudem können auch nicht direkt im operativen CRM erfasste Kundenreaktionen aus dem ERP-System ins analytische CRM zu transferieren sein, um Kundenaktionen und Kundenreaktionen auswerten zu können. Letzteres kann aufgrund von nicht integrierten Front-Office-Systemen oder aufgrund nicht integrierter unterschiedlicher Kommunikationsapplikationen der Fall sein.

Back-Office-Systeme, z.B. ERP-System		Analytisches CRM
	Zusammenzug von Daten für Planungszwecke →	
	← Vortrag Planungsdaten	
	Stammdaten Kunde →	
	Reaktionsdaten zuhanden CRM im Falle nicht integrierter Kommunikationsmedien →	
	Datenabgleich bezüglich Produktlebenszyklen und Kundenlebenszyklen ↔	

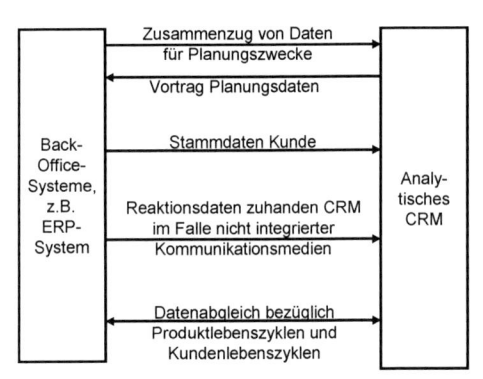

Abbildung 43: Ausgewählte Integrationsfälle zwischen ERP-Systemen und analytischem CRM.

Aus den Daten kann z.B. abgeleitet werden, dass eine Dienstleistung erbracht, ein Produkt geliefert, eine Leistung erstellt oder ein Vertrag abgeschlossen wurde. Ferner können Daten aus ERP- oder Back-Office-Systemen auch zum Abgleich von Produkt- und Kundenlebenszyklen erforderlich sein.[242]

---

[242] Vgl. zum Abgleich von Kunden- und Produktlebenszyklen Welsch (2004), S. 23 ff.

Zu berücksichtigen sind für diese Integration auch Datenintegrationen, die – aus welchen Gründen auch immer – nicht direkt aus Back-Office-Systemen ins operative CRM-System geladen werden können. Die hier diskutierte „Schnittstelle" zwischen Back-Office-Systemen und analytischem CRM stellt dafür nur eine Art Durchgang dar. Anders sieht es aus, wenn Daten darunter sind, die auch im analytischen System erforderlich sind. Die entsprechende Datenintegration kann somit als bidirektional verstanden werden. Es kann sein, dass in die eine oder andere Richtung auch andere Integrationsmethoden eingesetzt werden, etwa Funktionsaufrufe oder gar Messaging (vgl. dazu im Detail Kapitel 5).

Technische Aspekte der Integration: Diese Integration basiert wie unter Fall II angedeutet vorwiegend auf ETL-Prozessen. Dabei steht die Extraktion von Daten aus ERP-, Legacy- oder anderen Back-Office-Systemen im Vordergrund. Die Daten werden entsprechend den Analysebedürfnissen transformiert und in Datensenken abgelegt. Alternativ zum Fall III ist zu überlegen, ob allenfalls beschaffungs- und/oder absatzseitige Daten im DWH einander gegenübergestellt werden sollen. Dabei ist zu beachten, dass im DWH historische Daten in Zeitreihen und unterschiedlichen Aggregationsstufen abrufbar sind. Im operativen System hingegen sind Daten zur aktuellen Ist-Situation pro Datenobjekt abrufbar. Denkbar ist hier ein Datenaustausch zur Abklärung, wie gut „Verkaufskanäle" mit Aufträgen gefüllt sind. Diese Sachverhalte prägen mitunter die Frage, ob Daten aus dem operativen CRM-System bezogen werden oder aber Auswertungen aus dem DWH nötig sind.

Hier sind verschiedene Integrationsarten denkbar. Insbesondere kann die Datenintegration (Replikation von Daten), seltener auch die Funktions- oder Objektintegration zum Einsatz kommen.

4.4 Komponentenübergreifende Integration

Im Folgenden sollen zwei zentrale Fälle detaillierter betrachtet werden, für die Teilintegrationen, wie sie in den obigen Teilkapiteln beschrieben wurden, relevant sind. Es sind dies die Fälle A – Integration zum Regelkreis der Marktbearbeitung – und B – Wertschöpfungsintegration (vgl. hierzu Abbildung 44).

Der Fall A schliesst primär die Teilintegrationsszenarien 2, II und 3 ein. Erweitert können dazu auch die Fälle I und 1 gezählt werden. Der Fall B schliesst die Fälle 1, I, 2, III sowie 4 ein. Die beiden Fälle werden in den folgenden Teilkapiteln behandelt.

B
Wertschöpfungs-
integration

A
Integration zum Regelkreis
der Marktbearbeitung

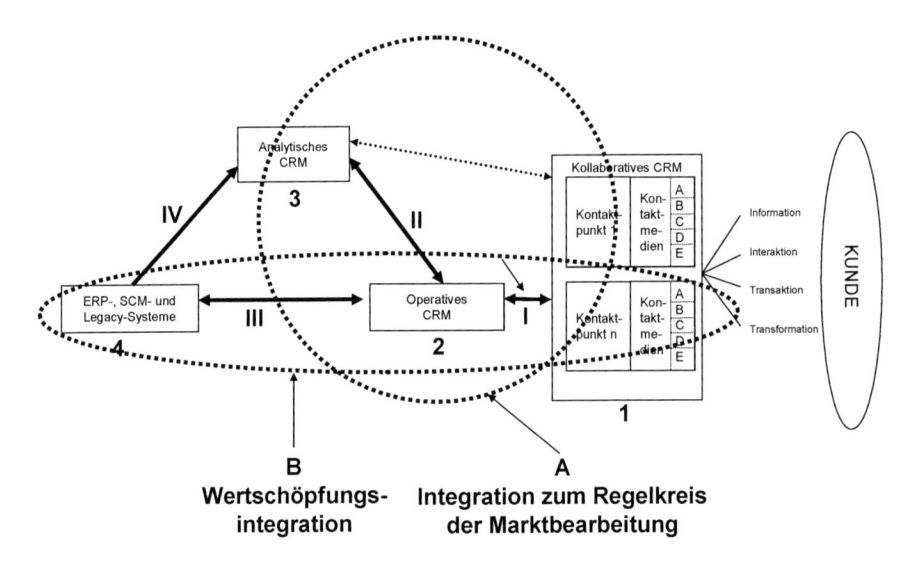

Abbildung 44: Positionierung der komponentenübergreifenden Integrationsszenarien A und B.

Die im Folgenden dargestellten Sachverhalte stellen nur eine Annäherung an die Integrationsprobleme im Bereich des Regelkreises der Marktbearbeitung (vgl. hierzu im Detail Kapitel 2.1.2) und der Wertschöpfungskette dar, die für das Integrationsmodell relevant sind.

4.4.1 Regelkreis der Marktbearbeitung

Der Regelkreis der Marktbearbeitung, auch Closed Loop genannt, kann vereinfacht als die betriebswirtschaftliche und technische Kopplung von Kunden(daten)analyse (analytisches CRM) und prozessorientierter Kundenbearbeitung (operativer CRM) betrachtet werden. Für die Analyse werden in der Regel Stammdaten von Kunden und Potenzialdaten von Kunden verwendet. Potenzialdaten können z.B. als Kaufwahrscheinlichkeiten für ein Produkt in Form von Scoringwerten verstanden werden, die aus Analysen resultieren. Ferner werden Aktions- und Reaktionsdaten in die Analyse miteinbezogen, anhand der künftiges Verhalten der Kunden abgeleitet werden kann.[243] Neuere Datenkategorisierungen im CRM-Umfeld lauten u.a. wie folgt: Kundengrundinformationen, Statische Kundendaten, Berechneter Kundenwert, Kun-

---

[243] Vgl. zu den verschiedenen Datenarten Link/Hildebrand (1993), S. 34.
Im Hinblick auf die in dieser Arbeit als strategisch definierten Ziele des Kundenbeziehungsmanagements unterscheiden Hippner et al. die folgenden Kategorien von Kundendaten: Identifikationsdaten, Deskriptionsdaten, Kontakthistoriendaten. Die Autoren unterscheiden je nach Datenkategorie z.T. noch zwischen B2C- und B2B-Kundschaft [Hippner et al. (2004a), S. 151 ff.].

denreaktionsdaten, Kontakt- und Beziehungsinformationen für die Optimierung des Kundenkontakts, Indikatoren des Kunden- und Kaufverhaltens.[244] Insbesondere die Zusammenführung von Aktions- und Reaktionsdaten von Kunden – u.a. aufgrund der Integration mit operativen CRM-Systemen – bildet die Grundlage des Regelkreises der Marktbearbeitung. Aktionen oder Reaktionen können die Auswirkung eines unternehmens- oder kundenseitigen Prozesses sein. Seitens des Unternehmens werden diese Prozesse im operativen CRM abgewickelt. Im Gegenzug ermöglicht erst die Zusammenführung der verschiedenen Datenkategorien ein Lernen hinsichtlich der Kundenbeziehung, womit künftige Aktionen und Reaktionen in der Kundenbeziehung im Sinne der Individualisierung immer präziser auf den Kunden, seine Bedürfnisse und sein Verhalten ausgerichtet werden können.

Über die Mitarbeiter im direkten Kundenkontakt oder Maschinen in der Mensch-(Kunde)Maschinen-Interaktion können auf Basis strukturierter operativer CRM-Prozesse – vorzugsweise auf Basis des Prozessintegrationskonzepts des CBCs – Daten über Kunden und Interessenten gesammelt werden. Die Daten werden danach zur Analyse mittels Datenintegration in ein DWH oder den entsprechenden Data Mart des analytischen CRM geladen, um Analysen zu den Kunden, zu den Kundenbedürfnissen und zu möglichen Kundenbeziehungsaktivitäten sowie deren Wirksamkeit zu eruieren. Hauptsächlich liefert das analytische CRM aus der Analyse also Erkenntnisse für Marketing-, Verkaufs- und After-Sales-Service-Aktivitäten. Die Analyse führt wiederum zu neuen operativen Aktivitäten, die ausgeführt werden.[245] Mittels des Regelkreises der Marktbearbeitung sollte so im Idealfall eine immer wirksamere und erfolgreichere Marktbearbeitung auf Basis des Lernens über die Kundenbeziehungen möglich werden, was u.a. bei vielen und anonymen Kundenbeziehungen eine für den Markterfolg relevante Bedingung sein kann. Dies kann jedoch unterschiedlich erfolgen. Bei anonymen Massenkundenbeziehungen wird ein Lernen auf Basis der Datenbankanalyse und der Ableitung von Regeln zum Kundenbeziehungsmanagement möglich. Bei hochwertigen Kundenbeziehungen in weniger grosser Anzahl können auch Befragungen durchgeführt werden, auf deren Basis zusätzlich zur Analyse auf Datenbanken Kundenbeziehungen optimiert werden können.

Das Verstehen der Kunden und die erfolgreiche Bereitstellung von Produkten und Dienstleistungen, die den Bedürfnissen des Kunden gerecht werden, ist somit aus organisatorischer oder aus Managementsicht ein fortlaufender iterativer (Lern-) Prozess,

---

[244] Vgl. Wetzel (1997), S. 39 ff.
[245] Vgl. Acquisa (ohne Jahr), S. 22, Marketingportal (ohne Jahr), Martin (1998a), S. 25, Mucksch/Behme (2000a), S. 6 ff.

der wie erwähnt mit dem Begriff des Regelkreises der Marktbearbeitung bezeichnet werden kann.

Innerhalb des strategischen Dreiecks (u.a. nach Simon[246]) bestehend aus Kunden, Unternehmen und Konkurrenten ergeben sich für die Integration im Hinblick auf das betriebswirtschaftliche oder technische Kundenbeziehungsmanagement[247] wettbewerbskritische zeitliche Fragestellungen, für welche die betriebswirtschaftliche[248] und die technische Integration ein Erfolgsfaktor darstellen können.[249]

Im strategischen Dreieck kann eine Modellierung des Kundenbeziehungsmanagements in einem Markt dargestellt werden, wie dies auch Sheth/Sisodia tun. Letztere stellen vor dem Hintergrund der Gesamtheit der Kunden eines Marktes die Kundenbasen des eigenen Unternehmens und der Konkurrenten einander gegenüber. Dies ermöglicht die Modellierung oder Gestaltung des eigenen strategischen Managements des Kundenportfolios.[250] Das Modell von Sheth/Sisodia geht von einem total zu bearbeitenden Markt aus. Ausgehend davon versuchen Unternehmen und deren Konkurrenten Kunden zu gewinnen. Dadurch gelangt das Unternehmen zur eigenen Kundenbasis, genauso wie die Konkurrenzunternehmen. In einem nächsten Schritt können sich Unternehmen gegenseitig Kunden abwerben, d.h. je nach Betrachtungswiese Kunden gewinnen oder verlieren. Das Verhältnis der Abwerbung von Kunden in Relation zum Gesamtbestand der eigenen Kunden wird bei den Autoren und auch sonst in der Fachliteratur mit „Churn Rate" bezeichnet.[251] Die Churn-Rate kann wie folgt definiert werden: „Churn rate is a measure of customer [...] attrition, and is defined as the number of customers who discontinue a service [...] during a specified time period divided by the average total number of customers or employees over that same time period. For example, churn rate has been an ongoing concern of telephone and cell phone services in areas where several companies compete and make it easy to transfer from one service to another."[252]

Unternehmen sowie deren Konkurrenten können auch Kunden verlieren, die jeweils nicht vom anderen oder von anderen Anbietern „aufgenommen" werden, weil sie etwa

---

[246] Vgl. zum strategischen Dreieck Gutenberg (1984), Maurer (1971), Simon (1988),.
[247] Vgl. zur Customer Intimacy Langerak/Verhoef (2003), Treacy/Wiersema (1993), Verhoef/Langerak (2002).
[248] Darunter fallen Aspekte wie das Management des Regelkreises der Marktbearbeitung (analytisches CRM), das Management der Kundenbeziehungsprozesse (CBC (operatives CRM)) und das Management der Kundenkommunikation (kollaboratives CRM).
[249] Innerhalb der Fallstudien in Kapitel 7.2 gilt dies im fortgeschrittensten Masse für die Fallstudie sunrise.
[250] Vgl. Sheth/Sisodia (2002), S. 359.
[251] Vgl. zum Churn im Kundenbeziehungsmanagement u.v.a. auch Stauss (2004), S. 355.
[252] Whatis (2005f).

zu Substitutionsprodukten von Dritten wechseln oder aus verschiedenen Gründen überhaupt nicht mehr kaufen oder Leistungen beziehen.

Sheth/Sisodia modellieren in ihrem Aufsatz verschiedene weitere kundenbeziehungsrelevante Sachverhalte, so ein Systemansatz des CRM, ein Modell zu Kundenakquisition und Churn, ein Modell zum Umsatz pro Kunde versus Totalumsatz sowie ein Modell zum Net Present Value (NPV) pro Kunde.[253] Der Regelkreis der Marktbearbeitung stellt das konzeptionelle Gerüst für die Bewältigung des Problems dar, das von Sheth/Sisodia modellhaft geschildert wird.

4.4.2 Integration der Wertschöpfungskette ausgehend vom Kundenkontaktpunkt

Aus strategischer Sicht der Unternehmensführung können unterschiedliche Perspektiven der Wertschöpfungskettenintegration unterschieden werden: Produkt- oder Leistungsorientierung, Kunden(beziehungs)orientierung, Produktions- oder Leistungserstellungsorientierung.[254] Die verschiedenen Orientierungen haben unterschiedliche Implikationen für die betriebswirtschaftliche und technische Integration (Systemintegration, Prozessintegration, Datenintegration). Bei der Produktorientierung sind unternehmensinterne Integrationen zwischen Produktion, Produktentwicklung und der Distribution erforderlich, was in der Regel in integrierten ERP-Systemen geleistet wird. Es ist und war nicht davon auszugehen, dass Marktforschungsdaten für das Kundenbeziehungsmanagement oder für die Kapazitätsplanung in der Wertschöpfungskette eingesetzt werden können.

Teilweise stellen Marktforscher elektronische Auswertungen zur Verfügung. Allerdings sind diese nicht für die personalisierte Bearbeitung von Kunden einsetzbar. Dies, weil Marktforschungen meist anonym und/oder bei einem Bruchteil der Kundschaft erfolgen (Sample/Stichprobe). Für die Kundendaten relevant sind Marktforschungen, die das Unternehmen selber vornimmt, weil danach kundenindividuelle Daten der Marktforschung vorhanden sind, die wiederum für die Marktbearbeitung und die Kapazitätsplanung in der Wertschöpfungskette eingesetzt werden können. Allerdings stellt sich die Frage, wie objektiv und neutral Kunden dem Unternehmen gegenüber Auskunft über marktforschungsrelevante Aspekte geben. Problemlos ist jedoch die Generierung von Daten aufgrund der Interaktion von Kunden an den Kundenkontaktpunkten. Diese Daten stehen u.a. in aggregierter Form für die Kapazitätsplanung auf Kommunikations- und Erfüllungsprozessebene der Wertschöpfung zur Verfügung. Dadurch hat die in Abbildung 34 (Modellarchitektur) dargestellte und thematisierte bidirektionale

---

[253] Vgl. Sheth/Sisodia (2002), S. 359.
[254] Vgl. zu Kunden- versus Produktorientierung u.a. Kornelius (1999), Rapp (2001).

Medienintegration mit den Front-Office-Prozessen sowie die bidirektionale Integration von Front-Office-Prozessen mit Back-Office-Prozessen für Informationsabfragen, Kommunikationsepisoden und Transaktionen eine besondere Bedeutung.

Für die Marktbearbeitung sind je nach Perspektive des Unternehmens und je nach Produktlebenszyklen entweder laufend neue Produkte zu lancieren oder kundenindividuelle Produkte, Produktkombinationen und die personalisierte oder individualisierte Zusammenstellung von Leistungsbündeln zu ermöglichen. Dies hat je unterschiedliche Implikationen für das Unternehmen und ist auch bezüglich der mehrdimensionalen Zeitaspekte (Produktlebenszyklen, Kundenlebenszyklen, Zyklen der Planung der Marktbearbeitung, Zeitaspekte in der Datenhaltung) unterschiedlich zu gewichten.

Bei Autoren aus dem Produktions- und Produktentwicklungsumfeld wird das Problem der Zeit hinsichtlich der Parallelisierung der Aktivitäten in der Wertschöpfungskette mit dem Begriff Simultaneous Engineering beschrieben.[255] Die Parallelisierung von Wertschöpfungsprozessen kann auch auf das Kundenbeziehungsmanagement übertragen werden und für die Systemintegration wesentliche Auswirkungen haben. Dazu gehört u.a. die Parallelisierung von Kommunikations- und (vorbereitenden) Erfüllungsprozessen. Ein wesentlicher Unterschied indes bleibt, dass die Unsicherheit des Kundenverhaltens die Parallelisierung zugleich erforderlich macht, aber teilweise auch erschwert oder verunmöglicht. Die Unsicherheit des Kundenverhaltens kann somit dominante Auswirkungen auf Produktions- und Logistikprozesse haben. Analytische CRM-Systeme können dafür eingesetzt werden, um Modelle für die künftigen Erwartungen bezüglich des Kundenverhaltens zu errechnen und damit die Kapazitätsplanung in Front- und Back-Office unterstützen.

Es ist vorstellbar, dass die Vermarktung (Marktbearbeitung auf operativer CRM-Ebene) für ein Produkt vor dem Zeitpunkt anfängt, zudem das Produkt entwickelt wird, insbesondere dann, wenn individualisierte Produkte oder Dienstleistungen angeboten werden. Ein wichtiges Kriterium ist in diesem Zusammenhang die Anpassungsfähigkeit des Unternehmens an Veränderungen in der Unternehmensumwelt, im vorliegenden Fall insbesondere an das Kundenverhalten.[256]

Die Einnahme der Perspektive der kundenindividuellen Produktion oder Leistungserstellung durch das Unternehmen bedingt, dass u.a. eine Zusammenstellung von Produkten oder Leistungen aus modularen Teilprodukten oder -leistungen und die Bil-

---

[255] Vgl. hierzu etwa Eversheim et al. (1995), Lincke (1995), Twigg/Voss (1992). Vgl. zu den Gefahren des Beschleunigungsmanagements (Beschleunigungsfalle), etwa durch Simultaneous Engineering, die Autoren Backhaus/Gruner (1998).
[256] Vgl. zu den Auswirkungen von hyberkompetitiven Märkten auf Unternehmen und deren Marktbearbeitung u.a. Bruhn (1997), D'Aveni (1994), Reiss (2003), Zahn/ Foschiani (2000).

dung von Produkt- oder Leistungsbündeln durch den Kunden (Modularisierung von Produkten) möglich sein soll. Dies bedingt wiederum die Gestaltung eines modularen Angebots.[257] Je nach Wettbewerbssituation kann dies eine Möglichkeit sein, um Kunden an das Unternehmen zu binden. Hier steht bezüglich der Integration schwerpunktmässig die Frage der Zeit in Bezug zur Reaktions- oder Aktionsgeschwindigkeit des Unternehmens in der Kundenbeziehung im Vordergrund. Die Zeit kann aber auch für die Schliessung des Regelkreises der Marktbearbeitung oder für den Abgleich von Kunden- und Produktlebenszyklen wichtig sein. In der Produkt- oder Leistungserstellungsorientierung dient sie dazu, um aus der Vergangenheit Produkt-Kunden-Kombinationen für die Bildung von Kundenverhaltensmodellen zu eruieren. In der Kundenorientierung dient sie dazu, die kundenorientierte Produktion oder Leistungserstellung überhaupt erst zu ermöglichen und allenfalls weitere Individualisierungspotenziale bei entsprechenden Kunden zu eruieren.

Da die Entwicklung von Produkten in der Regel Zeit in Anspruch nimmt, können früh genug Kommunikationsmassnahmen oder Kampagnen zu Fragen wie „Zu welchen Kunden passt das Produkt" geplant werden. Diese Perspektive ermöglicht die Ausschöpfung von Economies of Scale durch die massenhafte Bearbeitung von Kunden mittels grossflächigen (direkten) Marketing- oder Verkaufskampagnen. Hingegen kann die Kundenperspektive und der Kundenlebenszyklus unterschiedliche und individuelle kundeninduzierte Aktionen und Aktivitäten auslösen oder erfordern, was wiederum Economies of Scope ermöglicht, wie dies Peppers/Rogers darstellen.[258] Fälschlicherweise wird das Postulat von Peppers/Rogers immer wieder so verstanden, dass entsprechend individualisierte Produkte je Kunde erstellt werden sollen, was teilweise auch für das Konzept der Mass Customization zutrifft. Das Konzept des One-to-One-Marketings wird mit der Begründung abgelehnt, dass dieses nicht vollständig oder für alle Kunden realisierbar sei.[259] Der Ansatz des One-to-One-Marketings von Peppers/Rogers setzt bei der Tatsache an, dass alle Instrumente der Marktbearbeitung, etwa die Instrumente des Marketing Mix oder der Kundenbeziehungsgestaltung, in unterschiedlichem Masse individualisiert werden können. Das Unternehmen kann sich aus CRM-Sicht für individualisierte Kundenkommunikation, für individualisierte Produkte (Mass Customization), für individualisierte Distributionswege oder Preise entscheiden. Wesentlich für das CRM-Konzept ist, dass diese Entscheidungen mehrheitlich vom Kundenwert ausgehen. Abhängig zu machen ist die Wirtschaftlichkeit der Individualisierungsbestrebungen von den Auswirkungen

---

[257] Vgl. dazu Blecker et al. (2003), Knolmayer (1999), Pine (1993), Piller (2001), Piller/Ihl (2002).
[258] Vgl. Peppers/Rogers (1999), S. 19 ff.
[259] Vgl. zur Mass Customization Piller (2003), Pine (1993), Tseng/Piller (2003) sowie zur Individualisierung Hildebrand (1997) und die darin zitierte Literatur.

auf den Kundenwert, von den Kundenlebenszyklen und von den Kundenlebensdauern. Somit ist für ein integriertes Kundenbeziehungsmanagement die Definition von Effizienz- und Effektivitätszielen sowie deren Monitoring und Controlling unerlässlich.

4.4.3 Aspekte der Kombination der Integrationskonzepte

Es können je nach Managementebene unterschiedliche Regelstrecken über die Wertschöpfungskette oder Äquivalente dazu eingeführt werden, über die eine Steuerung der Kunden- oder Marktbearbeitung erfolgt. Dadurch kann gezielt eine Effizienz- und Effektivitätssteuerung des Kundenbeziehungsmanagements in Relation zur Gesamtwertschöpfungskette erfolgen. Weiter lässt die Implementierung unterschiedlicher Regelstrecken auch unterschiedliche Aussagen über Konzeption, Implementierung und Organisation des Kundenbeziehungsmanagements zu. Es lassen sich jedoch auch Optimierungspotentiale derselben ableiten. Aus Kundenbeziehungssicht lauten die Regelkreise wie folgt:

- Auf der strategischen Ebene sind Regelkreise über die folgenden Prozesse denkbar: Kundengewinnungs-, Cross- und Up-Selling-, Kundenbindungs- und Kundenrückgewinnungs-Programme.[260] Als Vorgaben für die taktische Ebene können entsprechend den angegebenen strategischen Prozessen oder Programmen Kundenverhaltensmodelle definiert werden, die entsprechend den Veränderungen in der Unternehmensumwelt und bei den Kunden zu gewichten und anzupassen sind. Beispielsweise kann auf Basis von Data Mining wie bereits dargestellt ein Cross-Selling-Modell gerechnet sowie implementiert werden. Über die Schliessung des Regelkreises der Marktbearbeitung kann das Kundenverhaltensmodell zum Cross Selling immer besser auf das Kundenverhalten abgestimmt werden. Damit kann die Wahrscheinlichkeit eines positiven Reagierens der Kunden gezielt erhöht werden.

- Auf der taktischen Ebene ist zwischen miteinander verzahnten Analyseprozessen und taktischen Prozessen zu unterscheiden. Zu den Analyseprozessen können Datensammlungs-, Datenanalyse-, Modellbildungs-, Modellanwendungs- und Modellevaluationsprozesse unterschieden werden. Auf der taktischen Seite sind Massnahmenplanungsprozesse, Massnahmendesignprozesse, Prozesse zur Überwachung der operativen Umsetzung sowie Massnahmencontrollingprozesse zu definieren. Über diese Prozesse macht es nicht notwendigerweise Sinn Regelkreise zu implementieren. Vielmehr stellen diese die Grundlage für den Aufbau für die Regelkreise auf strategischer und operativer Ebene dar.

---

[260] Vgl. zu den Kundenbeziehungsprogrammen und zum Folgenden Walser (2002), S. 71 ff.

- Auf der operativen Ebene sind Regelkreise über die operativen Prozesse im CBC denkbar: Input-Output-Verhältnisse in den Prozessbereichen Marketing, Verkauf und After Sales Service interessieren hier. Die Regelkreise (Soll-Ist-Vergleiche zu den Input-Output-Verhältnissen) zu kundenbeziehungsspezifischen kommunikativen Marktbearbeitungsprozessen können dabei wie folgt implementiert werden: Über die Marketingprozesse zur Lead- oder Interessentengenerierungsrate; Über die Verkaufsprozesse zur Eruierung der Verkaufsabschlussquote; Über die After-Sales-Service-Prozesse zur Eruierung von Wiederkaufsraten oder Kundenbindungsraten etc. Ferner sind Implementierungen von Regelkreisen denkbar über: Marketing- und Verkaufsprozesse, zur Eruierung von Kundengewinnungsraten; über Marketing- und Verkaufs- und After-Sales-Service-Prozesse, zur Eruierung von Effizienz- und Effektivitätskennziffern über den ganzen CBC.

- Innerhalb der Wertschöpfungskette können die Regelkreise ausgehend vom CBC enger oder weiter gefasst werden. Die Kommunikationsprozesse in Marketing, Verkauf und After Sales Service können etwa um die Erfüllungsprozesse bezüglich Lieferung, Produktion, Beschaffung oder um finanz- oder betriebsbuchhalterische Prozesse erweitert werden. Entsprechend unterschiedlich zu definieren ist die Regelkreisimplementierung für individuell oder auf Vorrat zu produzierende Güter oder Leistungen. Die kommunikationsorientierten Regelkreise können u.a. zusätzlich über operative Back-Office-Prozesse (Transaktionsprozesse) erweitert werden. Dies kann etwa Rechnungsstellungs-, Inkasso-, Lieferungs-, Produktions-, Leistungserstellungs- oder Distributionsprozesse umfassen. Analoge Prozesse können in Dienstleistungsunternehmen unterschieden werden.

Die Architektur und die Integrationstechnologien für die Integration von Front- und Back-Office-Systemen, Kontaktmedien und Kontaktkanälen sind wichtig für die oben erwähnten Aspekte der CRM-Integration. Dies zeigte sich auch an den Fallstudien in Kapitel 7. Es ergeben sich damit unterschiedliche Szenarien der Integration, welche situativ zur Anwendung gelangen können. Im engeren Sinne sind wie erwähnt auch bei der idealtypischen bidirektionalen Kopplung von operativen und analytischen CRM-Systemen noch Varianten denkbar. Es können Aktionen, die über das analytische CRM geplant wurden, direkt über Kontaktmedien kommuniziert werden – insbesondere dann, wenn es sich etwa um elektronische Medien handelt – oder über das operative CRM initialisiert und danach über Medien ausgeführt werden. In allen Fällen sind Texte, Bilder und Werbebotschaften zu definieren und zu designen, allenfalls Abbildungen einzubinden sowie Werbeagenturen zu koordinieren sind. Dies sind Koordinationsaufgaben, die in der Regel der Kampagnenmanager übernimmt.

In den direkten Fällen der Kommunikation stellt sich das Problem der Dokumentation der Aktion, auch um sie mit den Reaktionen der Kunden zusammenzuführen (im Falle des Briefes wiederum mit Medienbrüchen). Entweder das Unternehmen belässt es bei der Dokumentation im analytischen CRM und erfasst die Responses, Kundenantworten oder das Kundenverhalten ebenfalls im analytischen CRM. Denkbar ist aber auch, Aktionsdaten in das operative CRM zu überführen, wo etwa die Erfassung der Kundenresponses erfolgt. Insbesondere dann, wenn in der Kampagne Medienwechsel stattfinden (Aktion per SMS, Reaktion/Response über die Website), treten Konsistenzprobleme und die erwähnten Integrationsprobleme auf, die zu adressieren sind. Es kann deshalb erforderlich sein, dass aufgrund von elektronischen Kontaktkampagnen Kunden sich in Filialen melden, wo dann die Responseerfassung zu ermöglichen ist. Hier treten die erwähnten Integrationsmethoden ins Blickfeld. Einerseits können für die Spiegelung von Daten vom analytischen ins operative CRM und umgekehrt Datenintegrationen eingesetzt werden. Andererseits können aufgrund der prozessorientierten Bearbeitung des Kunden über Marketing, Verkauf und Service auch Workflows oder Funktionsaufrufe erforderlich sein, etwa zur Weiterleitung von Leads oder Opportunities. Dies kann wiederum Datenreplikationen zwischen operativem und analytischem CRM bei Änderungen der Stati der Kundenbeziehung zur Folge haben.

Bei der Integration innerhalb des Regelkreises der Marktbearbeitung steht zudem die Frage der Aktions- und Reaktionsfähigkeit des Unternehmens gegenüber den Kunden aufgrund von Aktionen oder Reaktionen von Wettbewerbern im Vordergrund, welche unterschiedlich dringende Aktionen des eigenen Unternehmens gegenüber den Kunden oder hinsichtlich der Produktentwicklung erfordern.

Die Perspektiven, d.h. die Produktentwicklung langfristig, die Kundenentwicklung kurz- bis langfristig, die Wettbewerberperspektive kurz- bis langfristig, haben eine zentrale Bedeutung und können nebeneinander eingesetzt werden. Unterschiede treten in den Ausprägungen der Perspektiven und der entsprechenden organisatorischen und technischen Integrationstiefen allenfalls in Abhängigkeit von der Branche und von der Wettbewerbsintensität auf. Telekommunikationsmärkte kennen in der Regel ein wesentlich volatileres Kundenbeziehungsverhalten als etwa Märkte für Business-to-Business-Güter. Bei stark volatilem Kundenverhalten steht die Integration von analytischem und operativem CRM stark im Vordergrund. Die Implementierung integrierter CRM-Systeme stellt im Verbund mit den Nutzern gesehen gewisserweise die Implementierung von Sensoren am Markt dar, „mittels der dem Markt oder den Kunden die Temperatur genommen wird", um die dafür adäquaten Massnahmen innerhalb der Wertschöpfungskette so schnell als möglich einzuleiten und diese auf das Kundenbeziehungsmanagement auszurichten.

Im Front-Office-Umfeld kann es je nach eingesetztem Kommunikationsmedium ratsam sein, eine zeitlich mehr oder weniger enge Kopplung oder Integration zwischen analytischem und operativem CRM oder alternativ eine direkte Kopplung zwischen analytischem CRM und den Kommunikationsmedien zu implementieren. Dies trifft insbesondere für die (kurzfristige) kundeninduzierte Ableitung von Aktionen und Reaktionen seitens des Unternehmens zu. Bei der Kopplung zwischen operativem und analytischem CRM ist z.b. an eine Realtime-Kopplung zwischen analytischer und operativer Datenbank zu denken. Dadurch kann das laufende Verhalten des Kunden am Kontaktpunkt über das operative CRM dokumentiert und danach im analytischen CRM allenfalls online analysiert werden, unabhängig von den genutzten Medien. Dies ermöglicht es, das Kundenverhalten und die sich etwa daraus ergebende Affinität zu bestimmten Produkten in sofortige Kaufvorschläge gegenüber dem Kunden umzusetzen und zu kommunizieren. Mittels der Realtime-Kopplung von analytischer und operativer Datenbank lassen sich zudem auf Basis des vergangenen Kundenverhaltens an allen Kontaktpunkten laufend Produktvorschläge errechnen, die danach – unabhängig vom Kontaktpunkt – dem Kunden mit oder ohne Mitarbeiterkontakt etwa am Telefon, Schalter, Web/Bildschirm oder über Email, SMS unterbreitet werden. Wie die bisherigen Schilderungen zeigen, sind aus betriebswirtschaftlicher Sicht dafür diverse konzeptionelle Vorarbeiten zu leisten, um beispielsweise Kundenklassifikationen, Kundenwert- und Kundenbedürfnisabklärungen zu machen, die vernünftige Regelableitungen und die Definition von Kommunikationsprozessen ermöglichen. Die Regeln sind den Mitarbeitern zu kommunizieren oder in Aktionen zuhanden von Kunden umzusetzen. Wichtig sind insbesondere bei Mensch-Maschinen-Interaktionen zwischen Kunde und Unternehmen die konzeptionellen Vorarbeiten, die zur Regeldefinition führen. Grundlegend dazu sind – wie weiter oben erwähnt – Studium und Entwicklungskonzeptionen zu Produktlebenszyklen, Markt- und Technologielebenszyklen sowie Kundenlebenszyklen, die aufeinander abzustimmen sind.

4.5 Wertschöpfungsorientierte Ableitung der CRM-Integration

Ausgehend von den definierten Geschäftsvorfällen, den Systemen, über welche diese abgewickelt werden, sowie den daraus ableitbaren Integrationsfällen zeigt die folgende Abbildung 45 zusammenfassend, welche Datenquelle, ob operatives oder analytisches System, anzusprechen ist. Es kann unterschieden werden nach Geschäftsvorfällen, welche über ein elektronisches Interface mit oder ohne Mitarbeiterkontakt unterstützt werden. Ferner sind entsprechend den Geschäftsvorfällen Quellsysteme für Informationsabrufe oder Zielsysteme für Informationsweitergaben zu definieren. In der Abbildung ist dabei der Informationsabruf derart vereinfacht dargestellt, dass Direktzugriffe auf die relevanten Systeme möglich sind. Beispielsweise wird aus dem operativen CRM-System entweder auf die Kundendaten im ERP-System zugegriffen, wenn aktuelle atomare oder einzelkundenspezifische Ist-Daten erforderlich sind, oder im Falle von Zeitreihen oder historischen Daten auf das analytische CRM-System.

In Abbildung 45 werden auf der rechten Seite die weiter oben dargestellten unterschiedlichen Geschäftsvorfälle dargestellt, die an verschiedenen Kundenkontaktpunkten auftreten können. Die Abbildung 45 zeigt ferner betriebliche Kommunikationssysteme oder betriebliche Systeme zur Unterstützung der Transaktionsabwicklung sowie die dafür relevanten idealtypischen Integrationssachverhalte. Wie bereits weiter oben dargestellt wurde, sind für die integrierte Informationsverarbeitung aus CRM-Sicht anlässlich der Kundengeschäftsvorfälle unterschiedliche Involvierungen von Informationssystemen denkbar, die wiederum zu unterschiedlichen Integrationsanforderungen führen können:

- Operative CRM-Systeme zur Dokumentation der Kommunikationsprozesse zwischen Kunde und Unternehmen
- ERP-Systeme zur Dokumentation und Unterstützung von Transaktionsabwicklungs- oder Erfüllungsprozessen anlässlich von abgeschlossenen Kundenverträgen
- SCM-Systeme zur Unterstützung der Auftragsabwicklung in logistischen Netzwerken.

Nicht zu vergessen sind zudem Informationsabrufe aus analytischen Systemen. In der Abbildung 45 werden ferner Erfüllungs- und Kommunikationsprozesse voneinander abgegrenzt. Die Abbildung zeigt, dass Informationsabrufe technisch statt in operativen CRM-Systemen und Back-Office-Systemen (ERP und SCM) auch in analytischen CRM-Systemen erfolgen können. Ebenfalls wird in der Abbildung eine Integrationsalternative für die Direktintegration dargestellt, wenn zwischen ERP-System und operativem CRM-System nicht direkt integriert wird oder werden kann. Dabei tritt die Datenintegration über das analytische CRM als Lösungsansatz in den Vordergrund.

CRM-Integration

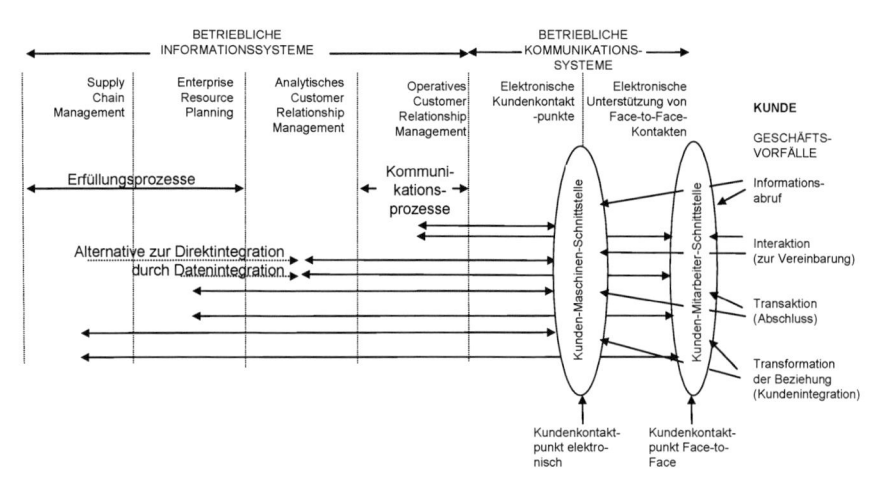

Abbildung 45: Geschäftsvorfälle und daraus ableitbare Integrationsvorfälle.

Grundlegend ist die wertschöpfungsorientierte Integration auch dort, wo bei Unternehmen bei bestimmen Kontaktmedien keine integrierte Sicht auf die Kundendaten möglich ist. Dann ist allenfalls über eine integrierte Wertschöpfungskette z.B. eine Reaktion eines Kunden über die Back-Office-Systeme zu ermöglichen. Denkbar ist hier etwa ein Versand von Rechnungen oder Dokumentationen von durch den Kommunikationsakt erreichten Produkt- oder Leistungsnutzungen. Die entsprechenden Daten werden in analytische Systeme überführt und dort für einen Abruf bereitgehalten. Möglich ist indes auch der Abruf der Daten in Back-Office-Systemen aus Front-Office-Sicht. In einem integrierten Umfeld müsste die Einsicht der Daten über das CRM-System möglich sein.

4.6 Integrationsentscheide und technische Lösungsformen

Ausgehend von den Äusserungen zur Konfiguration von Kontaktkanälen und aufgrund der Schilderung von Geschäftsvorfällen, die in den Phasen des CBCs auftreten, sind die betrieblichen Konfigurationsentscheide den technischen Konfigurationsentscheiden zuzuordnen. Damit erst sind umfassende Integrationslösungen entwickelbar. Für die bildliche Veranschaulichung der verschiedenen Integrationsmöglichkeiten kann erneut die modellhafte Abbildung 34 beigezogen werden. Ausgehend davon werden die Konfigurations- und Integrationsentscheide analog gegliedert und in den folgenden Abbildungen zusammenfassend dargestellt. Auf die technischen Integrationsdetails wird jeweils in der Spalte ganz rechts eingegangen. Eine umfassendere Darstellung dieser Sachverhalte erfolgt in Kapitel 5.

	Integrations-bereich	Mögliche Integrationsszenarien	Technische Methoden
Fall 1	Kontaktpunktintegration und Kommunikationsmedienintegration	• Kontakpunktintegration Contact Center (stationär) • Kontaktpunktintegration Web (stationär) • Kontaktpunktintegration Filiale, Field Sales und Field Service (stationär und mobil)	• „TAPIs" für Voice over IP; TAPIs innerhalb des CTI (PBX) für analoge und digitale Telefonieintegration (JTAPI für die Integration von Telefonieanlagen in Java basierte CRM-Applikationen); Webintegration (Email und Website, Website und Telefon, Laptop und Mobiltelefon; IVR- und ACD-Integration). • Spezifische APIs zur Realisierung des Unified Messaging: Emailintegration über MAPI (Messaging Application Programming Interface, Microsoft), Standardprotokolle SMTP, IMAP und LDAP, aber etwa auch Gateways für die Transformation von Emails zwischen verschiedenen Emailprogrammen, etc., sowie APIs für Video-, SMS- und andere Kommunikationsmedien.
Fall 2	Integration der Front-Office-Systeme und -Prozesse	• Datenintegration für Replikation zwischen unterschiedlichen Marketing-, Verkaufs- und After-Sales-Service-Datenbanken (im Idealfall sollte dies jedoch nur eine Datenbank sein); aber auch zwischen mobilen und stationären Datenbanken. • Funktionsaufrufe zwischen unterschiedlichen Komponenten für Marketing, Verkauf und After Sales Service. • Prozessintegration zwischen Marketing-, Verkaufs- und After-Sales-Service-Prozessen.	• APIs und ODBC-Schnittstellen (nach Bedarf unterschiedlich für Java-basierte, Common-Object-Request-Broker-Architecture(CORBA)-basierte und Windows-basierte CRM-Applikationen), Transformationsmöglichkeiten erforderlich. • Übergabe von ASCII-Daten oder Batch-Input. • Funktions- und Objektaufrufe über APIs, Prozessintegration über APIs und eine Messagingumgebung (beispielsweise bei verteilten Nutzungen von Marketing-, Verkaufs- und After-Sales-Service-Funktionalität).
Fall 3	Integration der analytischen CRM-Systeme	• Datenintegration (Replikation, Föderation, Kopplung und Verschmelzung von Datenbanken).[261] • Methodenintegration im Falle des Aufsetzens von Data-Mining-Modellen auf operativen CRM-Datenbanken, beispielsweise zur Echtzeitprüfung des Kundenverhaltens auf analytischen CRM-Datenbanken.	• APIs und ODBC-Schnittstellen zur Verbindung von DBMS, allenfalls mit Transformationsmöglichkeit. • APIs und ODBC-Schnittstellen nach Bedarf für Java-basierte, CORBA-basierte und Windows-basierte Datenbankapplikationen.
Fall 4	Integration der Back-Office-Systeme und Prozesse	• Datenintegration für Replikation zwischen unterschiedlichen Back-Office-Datenbanken; aber auch zwischen mobilen und stationären Datenbanken. • Funktionsaufrufe zwischen unterschiedlichen Back-Office-Komponenten und Legacy-Systemen. • Prozessintegration zwischen unterschiedlichen Back-Office-Komponenten und Legacy-Systemen.	• APIs und ODBC-Schnittstellen, mit Transformationsmöglichkeiten erforderlich (APIs und ODBC-Schnittstellen nach Bedarf unterschiedlich für Java-basierte, CORBA-basierte und Windows-basierte Datenbankapplikationen); Übergabe von ASCII-Daten oder Batch-Input. Funktions- und Objektaufrufe über APIs, Prozessintegration über APIs und eine Messagingumgebung (beispielsweise bei verteilten Nutzungen von Marketing-, Verkaufs-, und After-Sales-Service-Teilapplikationen der operativen Front-Office-Lösung).

Abbildung 46: Integrationsentscheide innerhalb der CRM-Komponenten.

---

[261] Vgl. Jung (2003), S. 305 ff. Diese vier Möglichkeiten der Datenintegration sind für alle in dieser Tabelle angesprochenen Datenintegrationsmöglichkeiten denkbar.

CRM-Integration

Die Integrationsentscheide zwischen den CRM-Komponenten lauten wie im Folgenden in den Abbildung 47 (Fall I und Fall II) und 48 (Fall III und Fall IV) dargestellt. Auf die technischen Details in der Spalte ganz rechts wird in Kapitel 5 eingegangen.

	Technische Integrationsanforderung	Mögliche Integrationsszenarien	Technische Methoden
Fall I	Integration zwischen Kommunikationsmedien und Front-Office-Systemen	• Verbindung der Kommunikationsapplikationen (stationär oder mobil) mit der Computer Applikation (stationär oder mobil) zur integrierten Handhabung von Kommunikationsmedien und IT-Applikationen im Front (und Back-) Office Umfeld. • Dadurch ist kein manuelles Wählen von Telefonnummern am Telefonapparat mehr erforderlich, Emailein- und -ausgänge sind aus CRM- (oder anderen Office Applikationen) heraus möglich. • Anwendungsbeispiel: Outbound-Kampagnen, Inbound-Reaktion auf Zeitungsinserate und Werbespots im CRM.	• TAPIs für Voice-over-IP; TAPIs innerhalb des CTI (PBX) für Telefonieintegration (JTAPI für auf Java basierende CTI-Integration); Web-Integration (Email und Website, Website und Telefon, Laptop und Mobiltelefon; IVR- und ACD-Integration). • Spezifische APIs zur Realisierung des Unified Messaging: Emailintegration über MAPI (Messaging Application Programming Interface, Microsoft), Standardprotokolle SMTP, IMAP und LDAP, aber auch diverse Gateways etwa für die Transformation von Emails zwischen verschiedenen Emailprogrammen.
Fall II	Integration zwischen Front-Office-System und analytischem CRM. Gelegentlich kann auch eine direkte Integration von analytischem CRM und Kommunikationsmedien gegeben sein, etwa für Reportingzwecke an Mitarbeiter oder aber direkte Kampagnen aufgrund des laufenden Kundenverhaltens-Monitorings auf Basis des DWHs.	• Datenintegration von Front Office zu analytischem CRM zur Schreibung der operativen Daten in die analytische Umgebung. • Datenintegration von analytischem CRM ins Front-Office-System (etwa für Planung). • ETL-Werkzeuge für Datenintegrationsprozesse. • Kampagnendesign- und -planungswerkzeuge zur Weitergabe von Daten etwa an Contact Center, Verkauf, Email-Servern zur Bearbeitung von Leads. • Bei SAP etwa werden Messaging Funktionen unter Umständen kombiniert mit Funktionsaufrufen eingesetzt, um abzurufen, ob Deltadownloads ab den operativen CRM-Datenbanken ins DWH erforderlich sind.	• APIs und ODBC-Schnittstellen; nach Bedarf unterschiedlich für Java-basierte, CORBA-basierte und Windows-basierte Front-Office- und DBMS-Applikationen.

Abbildung 47: Integrationsentscheide zwischen den CRM-Komponenten (Fall I und Fall II).

	Technische Integrationsanforderung	Mögliche Integrationsszenarien	Technische Methoden
Fall III	Integration zwischen Front-Office-System und Back-Office-System(en).	• Datenintegration (z.B. bei simpler Replikation von bestimmten Daten aus Front und Back-Office-Applikationen). • Funktionsintegration (bei Funktions- oder Objektaufrufen). • Prozessintegration auf Basis von Messaging (über lokale Netzwerke, allenfalls aber auch über Inter- oder Intranet). • Web Services auf Basis des Internets oder lokaler Netzwerke.	• APIs und ODBC-Schnittstellen; nach Bedarf unterschiedlich für Java-basierte, CORBA-basierte und Windows-basierte Front und Back-Office-Applikationen.
Fall IV	Integration zwischen Back-Office-System(en) und analytischem CRM.	• Datenintegration von Back-Office-Systemen zu analytischem CRM zur Kopierung der für die Analyse relevanten Daten aus dem operativen CRM. • Datenintegration von analytischem CRM ins Back Office etwa zur Planung. • ETL-Werkzeuge für Datenintegrationsprozess • Kampagnendesign- und -planungswerkzeuge zur Weitergabe von Daten an Contact Center, Verkauf, zur Bearbeitung von Leads, etc. • Bei SAP werden Messaging Funktionen unter Umständen kombiniert mit Funktionsaufrufen eingesetzt, um abzurufen, ob Deltadownloads ab den operativen ERP- Daten (SAP) ins DWH erforderlich sind.	• APIs und ODBC-Schnittstellen; nach Bedarf unterschiedlich für Java-basierte, CORBA-basierte und Windows-basierte Back-Office- und DBMS-Applikationen.

Abbildung 48: **Integrationsentscheide zwischen den CRM-Komponenten (Fall III und Fall IV).**

Die komponentenübergreifenden Integrationsentscheide zwischen CRM- und anderen Systemen lauten wie im Folgenden in Abbildung 49 dargestellt. Auf die technischen Details in der Spalte ganz rechts wird in Kapitel 5 eingegangen.

	Technische Integrationsanforderung	Mögliche Integrationsszenarien	Technische Methoden
Fall A	Integration innerhalb des Regelkreises der Marktbearbeitung	• Zwei mögliche Arten können unterschieden werden: *Erstens*: Bei nicht integrierten Kontaktkanälen, beispielsweise über eine standardisierte Schnittstelle zwischen den Kontaktmedien und den CRM-Systemen und Prozessen entstehen sogenannte Stovepipe-Architekturen[262], innerhalb welcher es allenfalls erforderlich sein kann das DWH als sogenannte „Brücke" einzusetzen, um erst über das DWH eine einheltliche Sicht über die Kontaktmedien und die darin abgearbeiteten Interaktionsgeschäftsvorfälle zu erhalten. *Zweitens*: Die direkteste Integrationsvariante ist diejenige zwischen analytischem und operativem CRM, mit allfälligen Zusatzinformationen über das DWH, wenn beispielsweise ohne CRM-Interaktion Produkte oder Leistungen beschafft werden können, z.b. im Mobilkommunikationsbereich, wo Rückmeldungen aus Netzkomponenten dazu erforderlich sein können, dass etwa Leistungen bezogen wurden.	• Vgl. im Detail die Angaben in Abbildung 46 bis Abbildung 48. Basiert in den meisten Fällen auf der Datenintegration.
Fall B	Integration innerhalb der Wertschöpfungskette	• Je nach Informationsbedürfnissen, Informationsmengen und zeitlichen, qualitativen und kostenspezifischen Aspekten, welche für die Bereitstellung von Information in der Wertschöpfungskette relevant sind, ist eine je andere Integrationsart erforderlich. • Zudem ist je nach Informationsbedürfnis eine unterschiedliche Kopplung der Komponenten über Datenintegration, Funktionsintegration oder Prozessintegration erforderlich. Über die gesamte Wertschöpfung hinweg können auch unterschiedlichste Kombinationen der angegebenen Integrationsarten eingesetzt werden, unter Umständen mit unterschiedlichen Integrationsinfrastrukturen.	• Vgl. im Detail die Angaben in Abbildung 46 bis Abbildung 48. • Hier können alle möglichen Integrationsmethoden und Architekturtypen zum Zug kommen, die in den Theoriekapiteln zur Sprache kamen und kommen.

Abbildung 49: Komponentenübergreifende Integrationsentscheide.

---

[262] Stovepipe bezeichnet im Englischen das Ofenrohr und spricht die Geschlossenheit respektive Isoliertheit und Nicht-Integriertheit von Applikationen vom Daten- über den Applikations- bis zum Presentation Layer an. „In the most extreme case of a *stovepipe* architecture, an entire infrastructure and application are designed as a unit." [Vgl. dazu Messerschmidt (1999) sowie Kapitel 4.6 dieser Arbeit].

5 Technische Grundlagen der CRM-Integration

Das folgende Kapitel gibt einen Überblick über technische Grundlagen der Integration von Anwendungssystemen, wie sie in den vorangegangenen Kapiteln am Rande bereits mehrfach erwähnt wurden. Dieses Kapitel scheint auch deshalb erforderlich zu sein, um die technischen und architektonischen Schilderungen der Fallstudien besser verstehen zu können. Es werden die einsetzbaren Integrationsarten dargestellt und Integrationstechnologien sowie paradigmatische Integrationsarchitekturen betrachtet. Zum Schluss folgt eine kurze Darstellung verschiedener Schnittstellentechnologien. Im Hinblick auf die Applikationsintegration, Integrationsinfrastrukturen und Integrationsarchitekturen kommt den Schnittstellen insofern eine wichtige Rolle zu, als dass sie die eigentlichen verbindenden Elemente oder „Stecker" zwischen den Applikationen darstellen. Erst über Schnittstellen ist es möglich, Daten in andere oder entfernte Systeme zu integrieren, Funktionsaufrufe oder Objektaufrufe in anderen oder entfernten Applikationen zu starten. Die Schnittstellen erlauben im weitesten Sinne auch, dass ganze Applikationen oder Funktionalitätsbereiche davon kapselbar sind und von aussen als ein Objekt mit verschiedenen Teilobjekten oder verschiedener Funktionalität verstanden werden können.

In der Zusammenschau sind die dargestellten Bereiche wie folgt zu verstehen. Für die Integration sind Schnittstellen und Adapter zu den verschiedenen Applikationen zu (be-)schaffen. Zudem sind Strukturen oder Infrastrukturen in unterschiedlicher Art zu definieren, etwa in Form gezielt aufzubauender Architekturen. Über diese sind die strukturierten und planmässigen Integrationen der verschiedenen Systeme oder Systemkomponenten zu ermöglichen. Insbesondere wenn Unternehmen sehr viele verschiedene Applikationen einsetzen – dies ist etwa dann der Fall, wenn Komponenten für die Gesamtarchitektur in unterschiedlichem Granularitätsgrad von verschiedenen Anbietern beschafft werden – stellt die Bereitstellung einer Integrationsinfrastruktur oder Architektur insbesondere auch aus CRM-Sicht eine Grundbedingung für eine strukturierte, einheitliche und erfolgreiche Integration dar.

5.1 Entwicklung der Anwendungssystemintegration

5.1.1 Entwicklung von der Middleware über EAI zu Web Services

Zu Beginn wird ein kurzer Überblick über die Entwicklungen heute diskutierter Integrationsmöglichkeiten gegeben.[263] Die Entwicklung kreiste mehr oder weniger immer um dieselbe Frage, nämlich um die Verteilung von Applikationen oder Anwendungen auf

---

[263] Vgl. zu Kapitel 5.1.1, sofern nicht anders vermerkt, Alonso et al. (2004).

mehreren so genannten Layern. Mit dem Client Server Computing wurde die Einschichtarchitektur (1-tier) auf mehrere – in der Regel werden drei genannt (3-tier) – Schichten erweitert.[264] Die Gründe dafür waren, dass die Unabhängigmachung von Presentation Layer, Application Layer und Data Layer ein je unabhängiges Management der Informationsverarbeitungsaspekte zuliess, was vorher nicht möglich war. Dies brachte u.a. Performanceverbesserungen mit sich und es ermöglichte, dass die (leistungsorientierte) Optimierung und Entwicklung von Datenlayer, Application Layer und Presentation Layer getrennt und unabhängig voneinander vorangetrieben werden konnte.

Der zweite Entwicklungsschritt erfolgte primär auf der Ebene der Applikationen, wobei sogenannte Middleware gebaut wurde, mittels der es möglich wurde, unterschiedliche und unterschiedlich verteilte Applikationen auf unterschiedlichen Servern zu gebrauchen und Clients und Server miteinander zu verbinden, um auf diese zugreifen zu können. Unter anderem lassen sich folgende Arten von Middleware unterscheiden: Remote Procedure Call (RPC) Middleware, Transaction Processing Monitors, Object Brokers, Object Monitors, Message Oriented Middleware sowie Message Brokers.

RPC-Middleware ermöglicht Prozeduraufrufe in entfernten Applikationen/Servern in verteilten Systemen. Mittels des für Web Services zentralen SOAP- oder Simple-Object-Access-Protokolls können RPCs in XML-Messages verpackt werden und so gleich genutzt werden wie im Bereich der Middleware. RPCs sind auch heute noch weit verbreitet und die Grundlage für viele verteilte Systeme.

Transaction-Processing-Monitore (TPM) sind zu verstehen als RPCs mit Transaktionsfähigkeiten. Einfache TPM's haben einzig Interfaces zu Datenbanken oder entsprechenden Systemen. Komplexe TPM's hingegen haben sehr grosse Funktionalitätsumfänge und ermöglichen teilweise mehr Nutzungsmöglichkeiten als entsprechende Integrationsmechanismen in Applikationen selber. Unter Umständen sind sie heutigen Integrationsservern (im EAI-Umfeld) vergleichbar, die als grosse „Werkzeugkästen" zu verstehen sind, um eine ganze Reihe von Systemen im Verbund auf unterschiedlichen Stufen/Layern und mit unterschiedlichen Mechanismen zu steuern.

Object Brokers sind Middleware-Applikationen, die Objektaufrufe respektive Prozeduraufrufe im objektorientierten Umfeld ermöglichen. Ein Standard dafür ist CORBA, der durch die Object Management Group entwickelt wurde. In den meisten CORBA-Umgebungen wurden traditionelle RPCs genutzt, um Remote Object Calls (ROC) betreiben zu können.

---

[264] Vgl. zum Client Server Computing u.a. Boar (1992), Renaud (1993), Umar (1993).

Object Monitors sind Hybriden aus RPC-Monitoren und Transaction-Processing-Monitoren. Weil RPCs auch im objektorientierten Umfeld gebraucht wurden, analog zur weiteren Funktionalität von Transaction-Processing-Monitoren, galt es die Prozeduren und darunter liegenden Mechanismen an die objektorientierte Welt anzupassen, wodurch die Object Monitore entstanden.

Unter Message oriented Middleware (MOM) ist der Aufbau eines Netzwerks zu verstehen, über das Messages von Applikation zu Applikation versendet werden, meist oder fast immer über ein LAN, ein WAN, ein Intranet oder allenfalls das Internet. Zusätzlich ermöglicht MOM im Gegensatz zu den bisherigen Middleware-Arten auch asynchrone Kommunikation. Message-Systeme sind „bloss" sogenannte Queuing-Systeme, über die der Transport der Messages erfolgt. Komplementär zum reinen Transportmechanismus (synchron oder asynchron), der durch MOM ermöglicht wird, können Workflow-Management-Lösungen verstanden werden. Für diese ist, damit die durch die entsprechenden Workflow-Engines abzuspielenden Prozesse abgewickelt werden können, eine MOM-Umgebung eine notwendige Voraussetzung. Workflow-Managementsysteme und MOM können derart als zueinander komplementär verstanden werden.

Die Middleware stellt eine der Voraussetzungen dafür dar, dass die verschiedenen Layer einer 3-tier-Architektur – wie etwa im Falle der Client-Server-Architektur – auch verteilt genutzt werden können. Systemnutzer wollen oder müssen u.a. auf dezentrale Server oder Datenbanken zugreifen sowie zentrale oder dezentrale Programmeinheiten oder Daten nutzen können. Grundsätzlich kann Middleware als Programmabstraktion gesehen werden, mittels welcher die verteilte Nutzung von Daten und Applikationen ermöglicht wird.

Ein dritter Entwicklungsschritt war in den 1990er-Jahren der Bau von sogenannten Enterprise-Application-Integration- oder EAI-Lösungen (vgl. hierzu im Detail Kapitel 5.3). Bei diesen handelt es sich im Wesentlichen um Erweiterungen der Transportmöglichkeiten, aber auch um den Aufbau von sogenannten Integration-Server- oder Bus-Architekturen, über welche Applikationen auf Servern miteinander verbunden werden können. Hub&Spoke-Architekturen nutzen als sogenannten Hub den Integration-Server, der „wie die Spinne im Netz" unterschiedliche Applikationen miteinander verbindet oder koordiniert. Allerdings sind solche Architekturen in den meisten Fällen angewiesen auf ein bestehendes Netzwerk, beispielsweise ein LAN oder ein WAN, und die Möglichkeit der (semantischen) Transformation der auszutauschenden Datenformate. Dazu existiert umfangreiche Transformationsfunktionalität u.a. im Hub oder im Integration-Server. EAI-Lösungen sind in der Regel sehr teuer. Es lohnt sich nur bei einer gewissen Anzahl zu verbindender Applikationen oder einer grossen Zahl von Transaktionen oder Informationsabrufen (mit grossen und laufend sich ändernden Anpassungen etwa im Bereich der Transformation) über das entsprechende Netz erforderliche Hub&Spoke-Architekturen aufzubauen. Limitierend für den Aufbau entsprechender Hub&Spoke-Architekturen kann unter Umständen die Menge an darüber abzuwickelnden Integrationsfällen sein. Hier können unter Umständen andere Topologien für Rechnernetzwerke Abhilfe schaffen.

Die META Group führt als wesentliche Entwicklung im Bereich der Systemintegration ab Mitte der 1990er-Jahre bis ca. 2002 die Server-Entwicklung im Bereich der Integration an, die in der Abbildung 50 veranschaulicht wird.[265] Von den bereits dargestellten Transaction Processing Monitoren ging die Server-Entwicklung einerseits in Richtung der Application Server und andererseits in die Richtung der Integration Server, mit teilweise unterschiedlichen Funktionalitäten. Letzteres wird weiter unten im Detail erläutert und mit der Erwähnung von Produktbeispielen ergänzt.

Application-Server
Execution
Gateway
Integrity

Transaction-Processing-Monitore
Execution
Integrity
Gateway
Transaction Workflow
Routing
Transformation

Integration-Server
Transaction Workflow
Routing
Transformation

Application-Services
Execution
Transaction Workflow
Integrity
Routing
Gateway
Transformation

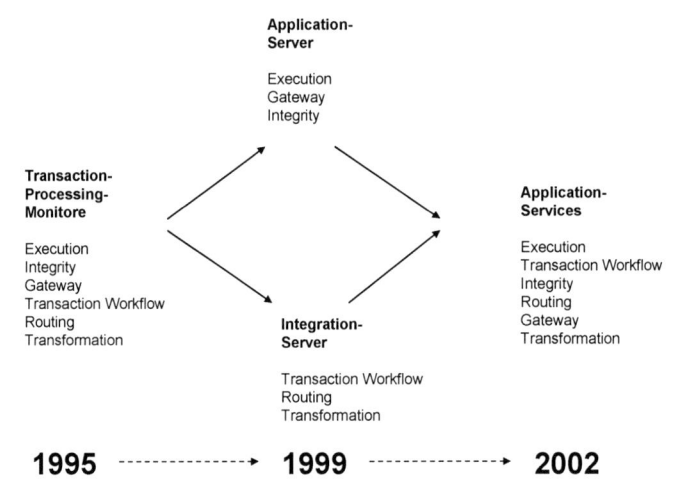

1995 ─────────▶ 1999 ─────────▶ 2002

Abbildung 50: Entwicklung von Middleware- und EAI-Lösungen hinsichtlich Funktionalitätsumfang.[266]

Die in der Abbildung 50 genannten Funktionalität der Servertypen respektive die Services sind wie folgt zu verstehen:

- **Execution**: Datenübertragungsausführung und Ausführung von Befehlen in verteilten Anwendungen, sei es über RPCs oder Messages, etc.

---

[265] In der Abbildung 50 wird der Bereich der Web Services nicht erwähnt. Vgl. dazu die unmittelbar anschliessenden Ausführungen.
[266] Vgl. zur Abbildung und dem erläuternden Text dazu META Group (2001), S. 59 f.

- **Integrity**: Funktionalität zur Sicherstellung der Datenintegrität; Datenintegritätsservices adressieren u.a. Securityaspekte (COM/Crypto, CORBA/Security, EJB/Java 2.0 Sec.) und die Transaktionssicherheit.

- **Gateway**: Über Schnittstellendienste ist das über einen Application Server integrierte System in der Lage, auf CICS- oder IMS-Transaktionen zuzugreifen und deren Inhalte zu verstehen. CICS steht für das Folgende: „CICS (Customer Information Control System) is an online transaction processing (OLTP) program from IBM that, together with the COBOL programming language, has formed over the past several decades the most common set of tools for building customer transaction applications in the world of large enterprise mainframe computing." Ein CICS kann als Legacy- und ev. auch als Back-Office-System bezeichnet werden. IMS steht für ein hauptsächlich im Finanzdienstleistungsbereich eingesetztes Datenbanksystem. Auch IMS-Datenbanksysteme können teilweise als Legacy-Systeme bezeichnet werden.

- **Transaction Workflows**: Dies umfasst die Definition von Prozessabläufen und deren Abarbeitung bis auf Stufe zu versendender Messages und des entsprechenden Routings, etc.

- **Transformation**: Dies umfasst die Transformation von Daten für die (semantische) Integration derselben von einem Informationssystem in ein anderes.

Die folgende Abbildung 51 zur Entwicklung im EAI-Bereich zeigt die Entwicklung der entsprechenden Serverarten im EAI-Bereich aus Sicht der Anbieter.

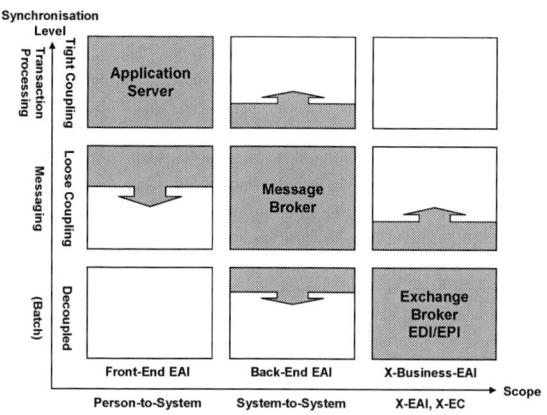

Abbildung 51: Entwicklung der EAI-Angebote aus der Perspektive der Anbieter und der Produktnutzung.[267]

---

[267] Vgl. META Group (2001), S. 59 ff.

Die Entwicklungen werden auf Basis der Dimensionen Synchronisationslevel und Fokus der Integrationsmechanismen kategorisiert. Konkret zeigt sich anhand der Abbildung 51, dass sich Anbieter von Application Servern mit dem Fokus einer engen Kopplung immer mehr in Richtung lose Kopplung entwickeln.[268] Anbieter von Application Servern sind etwa: IBM mit MQ Series, BEA, Microsoft, Oracle, Sun iPlanet. Anbieter von Message Servern für die lose Kopplung entwickeln sich immer mehr in Richtung der engen Kopplung mit ihren Serverprodukten, aber auch in die Richtung einer völligen Entkopplung von Systemen.[269] Anbieter von Message Servern und Integration Brokern sind etwa: SeeBeyond, webMethods, Vitria, Tibco, Neon (heute Sybase), CrossWorlds, Mercator, Seeburger, WRQ. Anbieter von Exchange Brokern entwickeln sich immer mehr von ihrer Domäne der vollständig losen Kopplung in Richtung lose *und* enge Kopplung.[270]

Kaib unterscheidet traditionelle Middleware-Produkte, zu denen er u.a. die folgenden Anbieter zählt: RPC-Produkte (NC Laboratories, Netbula); Datenzugriffsorientierte Middleware (Attunity, Cross Access, Data Mirror sowie Sybase), Message oriented Middleware/MOM (IBM, Microsoft, Tibco, iPlanet/Sun, BEA, Candle); Transaction Monitore (BEA, Fujitsu-Siemens, IBM, Microsoft, Sybase) sowie Object Request Broker (Bea, Inprise, Iona, Microsoft, Software AG).[271] Kaib unterscheidet im Weiteren Prozessmanagementprodukte, zu denen er Werkzeuge für die Prozessmodellierung etwa von Firmen wie ATOSS Software, IDS Scheer, Intraware, Knowledge Based Systems, magna solutions, Mega International zählt. Zu den Anbietern von Workflow Management Werkzeugen zählt Kaib etwa Accelio, BanctTec, COI GmbH, Dialogika, IBM, Ley, Staffware sowie Versata.

Im Folgenden wird, ausgehend von den erwähnten Lösungsanbietern, weiter auf die Abbildung 51 Bezug genommen. Die X-Achse zeigt die verschiedenen Ebenen der Integration, die mit den entsprechenden Lösungen abgedeckt werden. Application Server dienen der Integration von Front-End-Systemen (Presentation Layer und Applikationen; z.B. Web-Server). Message Broker werden zumeist für die Integration von Servern untereinander eingesetzt. Messages werden unter Umständen aufgrund von Front-End-Transaktionen angestossen und z.B. zwischen einem CRM- und einem ERP-Server ausgetauscht. Die Exchange-Broker wiederum dienen der allgemeinen überbetrieblichen Integration z.B. von Marktplätzen oder Supply Chains.[272]

---

[268] Vgl. META Group (2001), S. 145 ff.
[269] Vgl. META Group (2001), S. 147 ff.
[270] Vgl. Kaib (2004), S. 225.
[271] Vgl. Kaib (2004), S. 224.
[272] Das X in den Bezeichnungen der X-Achse in Abbildung 51 ganz rechts steht für Extended: Extended Enterprise Application Integration und Extended Electronic Commerce.

Technische Grundlagen der CRM-Integration 167

Die Entwicklung verlief – bezüglich der Integrationsmechanismen – von den traditionellen und oben beschriebenen Transaktionsmonitoren (mit einem eher geringen Funktionsumfang) zu den Integration Servern, die einen doch relativ grossen Leistungsumfang haben und mithilfe derer es möglich wird, eine intelligente Steuerung und Integration von verschiedenen Anwendungssystemen in komplexen Architekturen zu erreichen. Die sich ergebende Entwicklung in Application- und Integration-Server war auch verbunden mit unterschiedlichen Aufgabenzuordnungen, wie dies Abbildung 50 zeigt. In einer etwas anderen Darstellung gliedert Kaib den Funktionsumfang von Integration-Servern in Anlehnung an Ring wie folgt (vgl. hierzu Abbildung 52).[273]

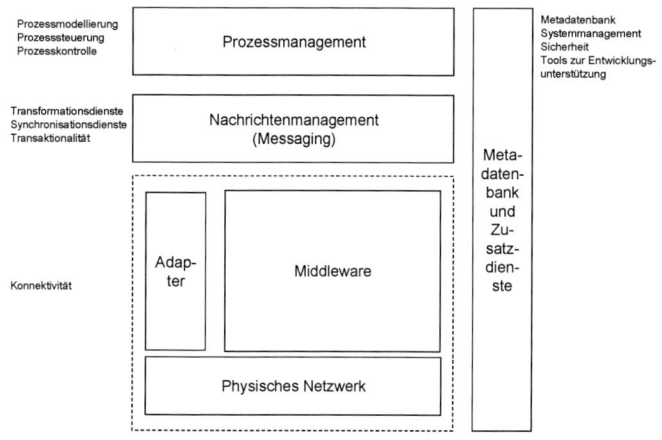

Abbildung 52: Funktionalität von Integrationslösungen.[274]

In den vorangegangenen und folgenden Kapiteln dieser Arbeit werden Teile der EAI-Bestandteile, wie sie in Abbildung 52 in Anlehnung an Kaib sowie Ring dargestellt werden, spezifisch im Hinblick auf das CRM und die CRM-Integration erläutert: Prozessmanagement (Kapitel 3.3), Nachrichtenmanagement (Kapitel 5.3.3), Schnittstellen (Kapitel 5.4), Middleware (Kapitel 5.3.3) und Physische Netzwerke (vgl. u.a. Kapitel 5.1.2).[275] Ein Metadaten-Repository umfasst Beschreibungsdaten zu Daten in einem DWH oder auch in anderen Datensenken.

Integration-Server für EAI-Belange stellen Prozessmanagement-Funktionalität zur Verfügung, die etwa Prozessmodellierungs-Funktionalität, Prozesssteuerungs- und Prozessmonitoring-Funktionalität sowie Prozesskontrollfunktionalität beinhaltet. Weiter stellen EAI-Lösungen Komponenten für das Nachrichtenmanagement oder Messaging

---

[273] Vgl. Kaib (2004), S. 99 f., Ring (1999), S. 41.
[274] Vgl. Kaib (2004), S. 100, Ring (1999), S. 41.
[275] Vgl. zum Bereich Metadaten-Repository, das in dieser Arbeit in keinem Kapitel vertiefter dargestellt wird, Kaib (2004), S. 121 ff.

zur Verfügung. Dies ist eine Voraussetzung für das Prozessmanagement. Dazu gehört insbesondere Funktionalität wie Transformationsdienste, Synchronisationsdienste sowie Transaktionsdienste und -funktionalität. Als Basislayer definiert Kaib nach Ring für das EAI die drei Bereiche Middleware, Adapter und Physisches Netzwerk. Diese machen die Komponenten zum Prozessmanagement und zum Nachrichtenmanagement erst funktionsfähig. Begleitend zu den drei Layern unterscheidet Kaib nach Ring ein Metadaten-Repository, das Metadaten-Funktionalität, Systemmanagement-Funktionalität, Funktionalität für das Security-Management und Werkzeuge zur Integrationsentwicklungsunterstützung umfasst.

Seit wenigen Jahren werden als neuere Entwicklung innerhalb der Technologien für das Management verteilter Systeme in der Datenverarbeitung Web Services diskutiert. Die Definition von Web Services durch das UDDI Konsortium lautet wie folgt: Web Services sind „[...] self-contained, modular business applications that have open, Internet-oriented, standard-based interfaces [...]"[276]. UDDI steht für Universal Description Discovery and Integration. Grob und vereinfacht gesagt können Web Services bezeichnet werden als Message-oriented-Middleware-Umgebung, mittels der Messages über das Internet oder über ein unternehmensinternes Netz, statt über ein unternehmensinternes (proprietäres) Netz[277] versendet oder ausgetauscht werden können.

Spahni et al. definieren Web Services wie folgt:[278] „Web Services sind wohldefinierte Funktionen, angeboten über standardisierte Protokolle, zur entfernten Ausführung von Business-Funktionen oder Teilen davon in offenen Netzen. Die Details der Implementierung von Web Services bleiben hinter offengelegten Schnittstellen verborgen." Web Services sind gekapselt und lose (integriert oder) gekoppelt.[279] Dazu ist eine ganze Reihe von zusätzlichen Services im Internet erforderlich, die im Rahmen der Middleware-Entwicklung nicht erforderlich oder in den bestehenden Middleware-Lösungen nicht integriert waren:

- Directories oder Listen (UDDI: Universal Description Discovery and Integration), über welche die Web Service gesucht werden können (vergleichbar mit Yellow Pages).

- Beschreibungsservices, die Web Services und die durch sie erledigbaren Aufgaben/Funktionen beschreiben (WSDL: Web Service Definition Language).

---
[276] UDDI Consortium (2000).
[277] Web Services können auch über proprietäre Netzwerke wie Intranet, LANs oder WANs implementiert werden.
[278] Vgl. Spahni et al. (2003), S. 7.
[279] Vgl. Spahni et al. (2003), S. 7.

- Services zur Verpackung und zum Austausch von Nachrichten über das SOAP-Transportprotokoll (SOAP: Simple Object Access Protocol).

- XML (Extensible Markup Language) als umfassende Beschreibungssprache für Messages im Informationsaustausch zwischen den Web Services nutzenden und den Web Services zur Verfügung stellenden Applikationen.

Ein Ziel der Initiative der Web Services ist, Applikationen oder Services – im Kontext dieser Arbeit etwa zur Abwicklung von Kundengeschäftsvorfällen – verteilt im Netz zur Verfügung zu stellen und damit einen neuen Grad (der Integration respektive) der Verteiltheit und Mehrfachnutzung sowie der Flexibilisierung von Applikationen über das Web (oder auch interne Netze) zu erreichen. Die erwähnte Mehrfachnutzung wird auch mit Reusability bezeichnet. Wiederverwendbar sollen etwa sein Integrationsprogrammierungen (Code), Schnittstellen oder Services. Dadurch ergeben sich bei systematischem Vorgehen zumeist Einsparpotenziale bei den Software-Engineering- und Integrationskosten.[280]

Die Implementierung von Web Services sowie die entsprechenden Integrationskonzepte machen Integrationsbemühungen laut Alonso et al. kostengünstiger, als wenn diese mittels traditioneller EAI- oder Middleware-Implementierungen durchgeführt, angestrebt oder realisiert würden. Argumentiert wird unter anderem von den Anbietern der Web-Services-Technologie auch damit, dass herkömmliche EAI- oder Middleware-Lösungen zu sehr an Unternehmen gebunden bleiben und im Bereich der entsprechenden Lösungen zugleich ein zu grosses Customizing erfahren. Für tiefer gehende Integrationen in sich transformierenden Kunden-Lieferanten-Beziehungen ergeben sich damit Schwierigkeiten vor allem auf der prozessspezifischen und technischen Ebene. Es fehlen derzeit das Vertrauen in und der Glaube an die vertiefte Integration etwa von Kunden- und Anbieterapplikationen in B2B-Märkten oder in Supply Chains. Die bisherigen Lösungen bieten zudem zu wenig Flexibilität und sind zu sehr an eigene Netze oder Applikationslandschaften gebunden, sodass Web Services nicht unbedingt eine Lösung bieten. Ausserdem sind EAI-Lösungen für Unternehmen mit einer nicht zu grossen Anzahl von Applikationen vielfach zu teuer.

Mittels Web Services wird u.a. der Aufbau der Infrastruktur zum Austausch zwischen Layern, u.a. in Client-Server-Umgebungen oder in verteilten Architekturen, unterstützt. Web Services können somit als vorläufiger Endpunkt der in diesem Abschnitt geschilderten Entwicklung der Technologien zur Integration von verteilten Anwen-

---

[280] Vgl. als Beispiel für Einsparpotenziale aufgrund des Reuse von (CORBA-)Services innerhalb der Architektur der Credit Suisse Hagen (2002), S. 1 ff. Die Architektur der Credit Suisse wird im Detail in der Fallstudie Credit Suisse in Kapitel 7.1.3 dargestellt.

dungssystemen gesehen werden. Ihre Verbreitung ist derzeit noch nicht so gross, nimmt jedoch zu. Es wird sich noch weisen müssen, ob die unzähligen Standardisierungsbemühungen für den Abruf oder die Zurverfügungstellung von Web Services den grossen Durchbruch von Web Services und die Akzeptanz von Web Services bei den „Nutzern" ermöglichen.

5.1.2 Mögliche Standards je Integrationslayer oder -schicht

Folgende Integrationslayer oder Integrationsschichten können aus Sicht der technischen Integration in Anlehnung an die META Group spezifiziert werden:[281] Workflow-Layer, Semantischer Layer, Format-Layer, Layer zu Security-, Integrity- und Interaction-Aspekten sowie ein Transport Layer. Für die relevanten Layer bildeten sich im Verlauf der vergangenen Jahre De-Facto-Standards heraus. Diese sind in der folgenden Abbildung 53 dargestellt.[282] Für den Workflow-Layer ist es u.a. die Unified Modeling Language UML als mögliches Modellierungswerkzeug. Für die Semantik können BizTalk (Microsoft), .NET (Microsoft) oder ebXML (Electronic Business XML) und OAG (Object Application Group) als De-Facto-Standards bezeichnet werden. Für den Formatlayer ist XML als Grunddialekt zu verstehen, auf dem etwa branchenspezifische oder funktionsspezifische Dialekte von XML aufbauen.

Workflow-Management	UML		
Semantics	BizTalk, .NET, ebXML, OAG		
Format	XML		
Security	Micro-soft .NET (Com+)	J2EE (EJB)	COR-BA
Integrity			
Interaction			
Transport	IP Internet Protocol		

Abbildung 53: Integrationslayer und entsprechende technische Plattformen.[283]

Security, Integrity und Interaction Layer kennen parallel drei Integrations-De-Facto-Standards, die sich bis heute durchgesetzt haben, nämlich Microsofts .NET und deren Com+ Standard, Java to Enterprise (J2EE) mit den Enterprise Java Beans von Sun

---

[281] Vgl. dazu Literaturangaben weiter unten.
[282] Vgl. META Group (2001), S. 139.
[283] Vgl. META Group (2001), S. 139.

sowie CORBA (Common Object Request Broker Architecture) der Object Management Group (OMG).

5.2 Konzepte der Anwendungssystemintegration

Zur Integration von Systemen hat sich bis heute ein breites und unübersichtliches Spektrum an Lösungen herausgebildet. Ruh et al. teilen die verschiedenen Lösungen im Application-to-Application-Bereich drei umfassenden Integrationsmodellen zu:[284]

- Presentation Integration oder Integration auf der Ebene des Präsentationslayers[285]
- Data Integration oder Integration auf der Ebene des Datenlayers[286]
- Functional Integration oder Integration auf der Ebene des Funktions- oder Objektaufrufslayers (Applikationslayer).[287]

Diese Unterteilung orientiert sich an den möglichen Integrationspunkten einer Applikation. Die Modelle unterscheiden sich in der Wiederverwendbarkeit der Integration in anderen Integrationsfällen, der Breite der Integrationsmöglichkeiten und dem dazu erforderlichen Wissensstand.[288] Die erwähnten Integrationsmodelle werden im Folgenden behandelt.

5.2.1 Präsentationsintegration

Bei einer Präsentations- (Layer) Integration wird normalerweise ein neues User Interface (UI) entwickelt, das Funktionen von mehreren Applikationen unter einer einheitlichen Oberfläche verfügbar macht (vgl. hierzu Abbildung 54). Integrationspunkte für das gemeinsame UI sind die Präsentationslayer oder -schichten der integrierten Applikationen, die nach wie vor erhalten bleiben. Jede Funktion der neuen Oberfläche wird auf eine Funktion der bestehenden UIs gemappt.[289]

---

[284] Allerdings werden in der Literatur unterschiedliche Abgrenzungen diskutiert: Ferstl/Sinz sowie Mantel et al. unterscheiden laut Kaib [Vgl. Kaib (2004), S. 99 ff.] zwischen der „datenflussorientierten Funktionsintegration", der „Datenintegration" und der „Objektintegration" [Vgl. Ferstl/Sinz (2001), S. 220 ff., Mantel (2000), S. 6 ff.]. Linthicum beschreibt laut Kaib bezüglich der Integration den „Data Level", den „Application Interface Level", den „Method Level" sowie den „User Interface Level" [Vgl. Linthicum (2000), S. 23 ff.]. Riehm/Vogler betrachten laut Kaib die Integrationspotenziale von Präsentations-, Daten-/Dokumentenmanagement- und Applikations-/Koordinationsdiensten [Vgl. Riehm/Vogler (1996), S. 37 ff.]. Die im Folgenden präsentierte Abgrenzung entspricht Ruh et al. (2001), S. 17 ff.
[285] Wobei dazu laut Kaib die physische Präsentation und das Präsentationsmanagement gehören [Vgl. Kaib (2004), S. 61].
[286] Wobei dazu laut Kaib die Präsentationsfunktionalität, die Fachfunktionalität und die Datenzugriffsfunktionalität gehören [Vgl. Kaib (2004), S. 61].
[287] Wobei dazu laut Kaib das Datenmanagement sowie die physische Datenhaltung gehören [Vgl. Kaib (2004), S. 61].
[288] Vgl. Ruh et al. (2001), S. 18 ff.
[289] Vgl. zur Präsentationsintegration auch Kaib (2002), S. 62 f.

Eine typische Anwendung dieses Integrationsmodells ist das Zusammenführen von mehreren textbasierten Mainframe- oder Legacy-UIs in einem einzigen grafischen UI.[290] Vielfach ist eine andere Integration auf Host-Basis gar nicht möglich, weshalb Zeichen oder Daten ab der Host-Applikation und deren UI abgelesen werden – was mit Screen-Scraping bezeichnet wird[291] – und der anderen Applikation in deren Darstellungsmodus übertragen werden.[292] In neueren Anwendungsarchitekturen, etwa von SAP, kommt der Präsentationsintegration im Rahmen von Portaltechnologien erneut eine wichtige Bedeutung zu.[293] Dadurch wird Funktionalität unterschiedlicher SAP-Komponenten oder Drittsysteme in einem SAP-Portal via einen Browser zugänglich gemacht.

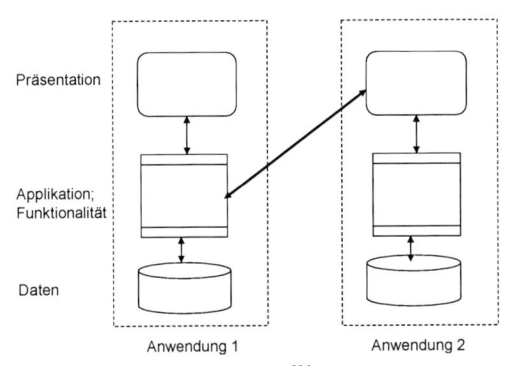

Abbildung 54: Präsentationsintegration.[294]

Die eingesetzten Integrationswerkzeuge übernehmen den Grossteil der Kommunikationsarbeit zwischen den betroffenen Präsentations-Layern. Der Entwickler kann sich auf die Gestaltung des neuen UIs konzentrieren. Ein limitierender Faktor ist die Tatsache, dass die gemeinsame Benutzeroberfläche nur Funktionen aufweisen kann, die in der Präsentation der integrierten Systeme bereits vorhanden waren. Auch können Performanceprobleme auftreten, da mit der gemeinsamen Präsentation eine zusätzliche Softwareebene hinzugefügt wird (Vierter Layer).[295]

Eine Integration auf der Stufe Präsentations-Layer ist von allen drei Integrationsarten am einfachsten durchzuführen. Die Präsentationslogik ist in der Regel leichter zu verstehen als die Applikationslogik und die Datenbanklogik, da sie meist gut dokumentiert

---

[290] Dies trifft mehrheitlich für die Finanzdienstleister-Fallstudien in Kapitel 7 zu. Bei diesen werden in unterschiedlichem Umfang Host- oder Legacy-Applikationen eingesetzt.
[291] Dies ist in der Fallstudie ZKB in Kapitel 7.4 der Fall.
[292] Vgl. Kaib (2004), S. 62, Riehm/Vogler (1996), S. 47.
[293] Vgl. hierzu beispielsweise Leu (2004).
[294] Vgl. Kaib (2004), S. 63, Riehm/Vogler (1996), S. 30.
[295] Vgl. Ruh et al. (2001), S. 22 f.

ist und Fehler bei der Integration sofort sichtbar werden. Jedoch sind die Performanz des Datenaustausches und die Sicherheit des Verfahrens kritisch zu prüfen. Die Präsentations-Layer-Integration kann insbesondere im Bereich der Integration zwischen Legacy-, Host- oder Mainframe-Rechnern als Notlösung bezeichnet werden.[296]

5.2.2 Datenintegration

Mittels Datenintegration kann sichergestellt werden, dass über eine Applikation auf verschiedene Datenbanken zugegriffen werden kann, dass Datenbanken zusammengelegt werden oder dass verschiedene Datenbanken als eine gelesen werden können (vgl. Abbildung 55).

Wenn nicht von einer Applikation auf verschiedene Datenbanken zugegriffen wird, werden Daten aus der Datenbank des Quellsystems extrahiert, anschliessend transformiert, um u.a. dem Datenmodell der Zielapplikation zu entsprechen, und schliesslich in die Datenbank des Zielsystems geschrieben. Dabei kann es sich um ein analytisches (Data Warehousing) oder um ein prozessorientiertes (Datenreplikation von mobilen CRM-Systemen auf stationären CRM-Server) Informationssystem handeln. Mittels Datenintegration wird also die Präsentations- oder Applikationsebene des Informationssystems bestehen gelassen. Datenintegration dient typischerweise dem gemeinsamen Gebrauch oder dem Abgleich von (redundanten) Daten zwischen Anwendungen.[297] Datenintegration (und -replikation) ist im CRM-Bereich wie bereits mehrfach erwähnt in unterschiedlichen Varianten verbreitet.

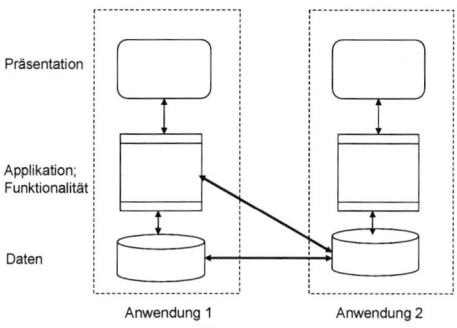

Abbildung 55: Datenintegration.[298]

Für relationale Datenbanken gibt es mit „Open Database Connectivity" (ODBC) eine weit verbreitete Standard-Schnittstelle. Für die Datenintegration wurden traditionellerweise Batch-Programme geschrieben. Heute kann durch den Einsatz von „Database

---

[296] Vgl. dazu etwa Kaib (2004), S. 63, Riehm/Vogler (1996), S. 47 f.
[297] Vgl. dazu Kaib (2004), S. 63.
[298] Vgl. Kaib (2004), S. 64, Riehm/Vogler (1996), S. 30.

Access Middleware"[299], welche Funktionalität zur Kommunikation zwischen Datenbanken und zum Extrahieren, Transformieren und Laden bzw. Schreiben von Daten bietet, ein grosser Teil an Individualprogrammierung eingespart werden.[300] Diese Systeme schaffen damit auch die Harmonisierung zwischen Datentypen unterschiedlicher Datenbanken und deren Modellierung (relationale Datenbanken, objekt-orientierte Datenbanken, multidimensionale Datenbanken, etc.).[301]

Es sind grundsätzlich und nicht abschliessend zwei Ansätze differenzierbar:

- Erstens gehört der Ansatz des direkten Austauschs von Daten zwischen verschiedenen, spezifizierten Datenbanken dazu.

- Zweitens gehört der Ansatz flexibler Zugriffe auf eine Vielzahl von Datenbanken durch die Verwendung eines einheitlichen konzeptionellen Datenschemas im Sinne einer virtuellen Datenbank dazu. Dies kann auch mit der Föderierung von Datenbanken bezeichnet werden.[302]

Eine Anwendung des Data Integration Models stellt die Speisung eines DWH aus mehreren Datenquellen dar; z.B. über eine Bus-Architektur (vgl. zu Letzterem auch Kapitel 5.3.3). Bei einer Integration auf Datenebene können grosse Datenmengen auf einmal an ein Zielsystem übergeben werden (File Transfer). In der Datenbank gespeicherte und im User Interface nicht angezeigte Daten lassen sich auch übertragen. Ein Nachteil ist die Duplikation der Applikationslogik für die Manipulation und Validierung der Daten im Quell- und Zielsystem. Da die Daten meist im Batch-Verfahren ausgetauscht werden, können temporäre Dateninkonsistenzen zwischen den integrierten Datenbanken auftreten.[303]

Vorteile dieses Integrationsmodells liegen darin, dass keine Modifikationen der Datenbanken oder der Anwendungslogik der zu integrierenden Systeme erforderlich sind. Dies ermöglicht oft schnell einsetzbare Lösungen für spezifische Integrationsprobleme und reduziert die Risiken und Kosten, die mit der Integration verbunden sind.[304] Die Nachteile liegen in der Gefahr möglicher Integritätsprobleme und der Umgehung der Applikationslogik. Ausserdem unterstützt die Datenintegration nicht die Wieder-

---

[299] Diese wird heute mit dem Akronym ETL bezeichnet. ETL-Werkzeuge dienen der Extraktion, der Transformation und dem Laden von Daten zwischen Quellsystemen und dem DWH. Vgl. hierzu auch Kapitel 3.2.3.
[300] Vgl. zur Datenintegration auch Kaib (2002), S. 63 ff.
[301] Vgl. Kaib (2004), S. 65 und S. 107 ff.
[302] Vgl. Kaib (2004), S. 64; Linthicum (2000), S. 28 ff. Wobei laut Stahlknecht/Hasenkamp ein solches Unterfangen meist nicht praktikabel ist, weil die Erstellung und die Pflege eines derart einheitlichen Datenmodells vielfach zu aufwändig ist und die Komplexität (eines Unternehmensdatenmodells) meist zu gross wird [Vgl. Stahlknecht/Hasenkamp (1999), S. 346].
[303] Vgl. Altman (2001), S. 1 f., Ruh et al. (2001), S. 24 ff.
[304] Vgl. Kaib (2004), S. 64, Linthicum (2000), S. 29.

verwendung der Anwendungslogik. Bestehende Funktions- oder Funktionalitätsredundanz wird durch das Konzept der Datenintegration nicht reduziert.[305]

5.2.3 Funktionsintegration

Die Integrationspunkte liegen beim funktionalen Modell auf der Applikationslogikebene[306]. Ruh et al. unterscheiden drei Unterformen der funktionalen Integration:[307]

- Data Consistency Integration
- Multistep Process Integration
- Plug-and-Play Component Integration.

Daten über Kunden und Produkte sind oft in mehreren Systemen dupliziert vorhanden. Ein Beispiel dafür sind Geschäftspartner- oder Kundendaten, welche sowohl in einem CRM- als auch in einem ERP-System benötigt werden.[308] Zur standardisierten Verbindung der verschiedenen Applikationen oder deren Objekte[309] werden in der Regel sogenannte APIs eingesetzt (Application Programming Interfaces oder Schnittstellen), mittels der Funktionseinheiten oder Objekte anderer Anwendungen aufgerufen werden können. Mit diesem Verfahren sind keine Veränderungen der parallel genutzten Anwendungen erforderlich.[310]

Bei der Data Consistency Integration werden diese Daten über die Applikationslogik repliziert und synchron gehalten. Dieser Ansatz ist gegenüber dem Data Integration Model dort besonders geeignet, wo bestimmte Daten beim Vorliegen von Ereignissen echtzeitnah ausgetauscht werden müssen. Dies kann z.B. der Fall sein, wenn aus einem CRM-System Realtime-Daten zu einem Kundengeschäftsvorfall im Bereich Distributionslogistik (des ERP-Systems) erforderlich sind. Die Nutzung der Applika-

---

[305] Vgl. Kaib (2004), S. 65, Ruh et al. (2001), S. 27.
[306] Kaib bezeichnet in Anlehnung an Ruh et al. das Funktionsintegrationskonzept als das am weitesten gehende Integrationskonzept, da es ein weites Spektrum zu lösender Integrationsaufgaben umfasst, inklusive der typischen Anwendungen der Präsentations- oder Datenintegration. [Vgl. Kaib (2004), S. 65, Ruh et al. (2001), S. 27 ff.]. Die Funktionsintegration erlaubt einen hohen Grad der Wiederverwendbarkeit und des flexiblen Austauschs von Anwendungsfunktionalität (Methoden) durch Integration auf der Ebene der Anwendungs- oder Applikationslogik [Vgl. Kaib (2004), S. 65].
[307] Vgl. dazu und zum Folgenden Ruh et al. (2001), S. 29 ff. Vgl. zur Funktionsintegration zudem Kaib (2002), S. 65 ff.
[308] Vgl. zur Funktionsintegration Abbildung 56.
[309] Für objektorientierte Funktionsaufrufe sind verschiedene Middleware-Ansätze entstanden, etwa die CORBA-Infrastruktur (Common Object Request Broker Architecture) der Object Management Group (OMG), das Component Object Model (COM) von Microsoft und die EJB (Enterprise Java Beans) von Sun Microsystems, die im Wesentlichen die Koordinationsfunktion für die Funktions- oder Objektaufrufe übernehmen (vgl. dazu auch Kapitel 5.1.2).
[310] Vgl. Kaib (2004), S. 66, Linthicum (2000), S. 37 ff.

tionslogik des Zielsystems stellt sicher, dass die Daten richtig in die Datenbanktabellen geschrieben werden.

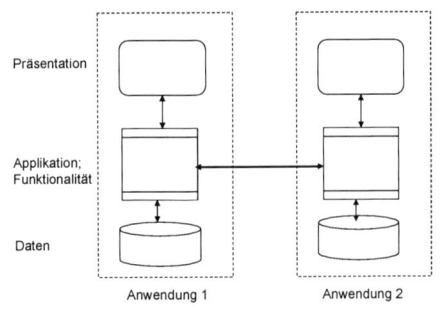

Abbildung 56: Funktionsintegration.[311]

Die Integration von CRM- und ERP-Systemen basiert heute primär auf dem Data-Consistency- oder Replikations-Ansatz.[312] Die Tatsache, dass Daten in beiden Systemen redundant gehalten werden, lässt sich durch Performancevorteile gegenüber den ansonsten erforderlichen – meist zahlreichen – Zugriffen auf das jeweils andere System rechtfertigen. Durch den Replikationsansatz kann die Schnittstellenzahl tief gehalten werden, da die verschiedenen (Funktions-)Module der beiden Systeme auf Daten in der eigenen Datenbank zugreifen können. Zudem wird damit ermöglicht, dass beide Systeme temporär auch autonom voneinander betrieben werden können. Dies ist etwa bei der Auftragseingabe im CRM-System bei nicht verfügbarem ERP-System der Fall.

Bei der Multistep Process Integration geht es darum, dass ein Prozessfluss, in den mehrere Applikationen involviert sind, von einer EAI-Lösung gesteuert wird. Diese auch unter Businessware oder Processware bekannten Lösungen beinhalten in der Regel eine Workflow Engine und ein Workflow-Designwerkzeug. Eine wichtige Anforderung dafür ist meist die Einrichtung einer messagingorientierten Kommunikationsplattform und ein Integration Broker zur Steuerung der Workflows, sofern die Steuerung nicht vom Applikationsserver übernommen wird, der den Workflow anstösst. Im Gegensatz zu anderen Integrationsansätzen befindet sich ein Teil der Businesslogik nicht mehr in den verbundenen Systemen. Sie wird in die EAI-Lösung verlegt.[313]

---

[311] Vgl. Kaib (2004), S. 66, Riehm/Vogler (1996), S. 30.
[312] Die von Schulze vertretene Ansicht einer Integration ohne Datenredundanzen entspricht nicht dem heute zur Anwendung gelangenden Stand der Technik [Vgl. Schulze (2000), S. 42]. Auch künftig dürften die dupliziert gehaltenen Datenbestände gemäss einer Einschätzung der Gartner Group zunehmen [Vgl. Altman (2001), S. 1].
[313] Vgl. Ruh et al. (2001), S. 31 ff.

Plug-and-Play Integration von Softwarekomponenten wird seit den 1980er-Jahren diskutiert. Dieser Ansatz basiert auf gut definierten Standardschnittstellen von Softwarekomponenten, so dass diese ohne Modifikation mit anderen Komponenten zusammenarbeiten können. Intelligente Konnektoren verbinden die Komponenten, führen das Mapping der Requests durch und bieten Unterstützung beim Applikationsmanagement, der Sicherheit und beim Error-Handling an.[314] Dieser Ansatz entspricht dem Idealfall einer vollständigen funktionalen Integration. In Systemlandschaften auf Unternehmensebene wird er heute selten oder gar nicht genutzt.[315]

Das funktionale Integrationsmodell ist das flexibelste aller drei vorgestellten Modelle. Sowohl Integrationsprobleme auf der Präsentations- als auch auf der Datenebene können damit gelöst werden. Weiter kann in diesem Modell ein grösserer Teil der erstellten Integration für andere Fälle weiterverwendet werden (Reusability). Bei neuer Software, die Standard-APIs aufweist, ist dieses Modell einfacher umzusetzen als bei Legacy-Systemen, bei denen eine Zusammenarbeit mit anderen Systemen zum Zeitpunkt der Entwicklung oft nicht vorgesehen war. Nachteile der Funktionsintegration sind in ihrer Komplexität zu suchen sowie den häufig notwendigen und erheblichen Modifikationen der zu integrierenden Anwendungen, aber auch den damit verbundenen Risiken und Kosten.[316] Eine Integration auf der Ebene der Applikationslogik wird zudem erschwert, wenn z.B. bei Standardsoftware Zugriffe auf den Quellcode oder Anwendungsschnittstellen nicht möglich sind.[317]

5.3 Integrationsarchitekturen

Zur Integration von Systemen können unterschiedliche Strategien mit verschiedenen Mechanismen angewendet werden. Die folgenden Unterkapitel stellen diese vor. Sie werden in der Folge gelegentlich auch mit Integrationsinfrastrukturen oder Integrationstopologien bezeichnet. Dabei wird der Fokus nicht nur auf den Einsatz einer EAI-Lösung gelegt. Es wird vielmehr den in der Praxis nach wie vor hohe Bedeutung aufweisenden P2P-Integrationen und dem ERP-zentrierten Ansatz Beachtung geschenkt.

---

[314] Vgl. Altman (2001), S. 2 f., Ruh et al. (2001), S. 33 f.
[315] Dieser Ansatz wird oft auch mit RPCs umgesetzt, für die unterschiedliche Standards bei unterschiedlichen Anbietern bestehen. SAP setzt für die gleiche Aufgabe u.a. den sogenannten RFC oder Remote Function Call ein.
[316] Vgl. Kaib (2004), S. 67, Ruh et al. (2001), S. 37 f.
[317] Vgl. Kaib (2004), S. 67.

5.3.1 Punkt-zu-Punkt-orientierter Ansatz

Als Point-to-Point- (P2P) oder Punkt-zu-Punkt- (P2P) Verbindung wird eine Verbindung zwischen zwei gleichberechtigten Systemen bezeichnet.[318] Ist eine Applikation mit mehreren Systemen zu integrieren, besteht zu jedem System eine je eigene P2P-Verbindung.

Dieser Ansatz ist meist das Resultat von im Zeitverlauf gewachsenen Strukturen. Neue Systeme wurden in die bestehende Systemlandschaft eingefügt, ohne die grundsätzliche Architektur neu zu überdenken und neu zu organisieren. Bei einer kleinen Zahl an Schnittstellen, der Integrator eJiva nennt eine Zahl von 10-15[319], ist eine P2P-Verbindung nach wie vor eine prüfenswerte Integrationsvariante. Wird aber eine grosse Anzahl an Systemen auf diese Weise integriert, stösst dieser Ansatz rasch an seine Grenzen. Dies ist aus den folgenden Gründen so:

- Die hohe Schnittstellenzahl verursacht einen hohen Aufwand in der Wartung und Anbindung neuer Systeme (oder beispielsweise bei Releasewechseln von einzelnen Systemteilen).
- Änderungen an einzelnen Applikationen können die Anpassung aller Schnittstellen zu dieser Applikation nach sich ziehen.
- Es stehen keine Werkzeuge zur Verfügung, welche die Festlegung und das Management von systemübergreifenden Prozessen ermöglichen (Process Manager).
- Die Bereitstellung von Datenänderungen in den empfangenden Systemen erfolgt zeitlich verzögert, da die sendende Applikation nicht alle Empfänger gleichzeitig bedienen kann.[320]

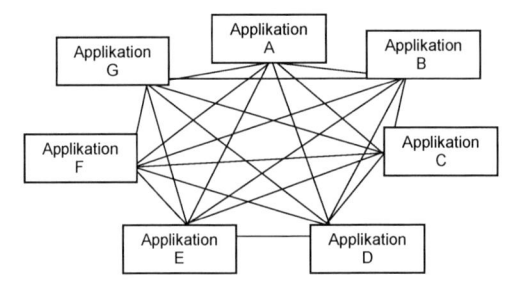

Abbildung 57: P2P-Integrationsansatz.

---

[318] Vgl. zum P2P-Ansatz u.a. Kaib (2002), S. 68 f.
[319] Vgl. eJiva (2001), S. 9.
[320] Vgl. eJiva (2001), S. 7 f., Nussdorfer (2000), S. 110, Winkeler et al. (2001), S. 8.

5.3.2 ERP-basierter Ansatz

Grosse Fortschritte bei der Integration von Anwendungen wurden durch den Einsatz von ERP-Systemen gemacht.[321] Statt viele Systeme über selbst entwickelte P2P-Verbindungen zu integrieren, ist die umfassende Integration der Anwendungsmodule eines ERP-Systemes bereits „vorgefertigt".

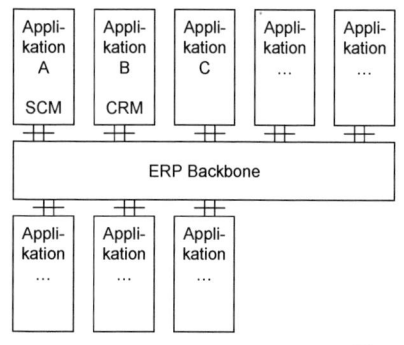

```
┌────────┐ ┌────────┐ ┌────────┐  ┌────────┐ ┌────────┐
│ Appli- │ │ Appli- │ │ Appli- │  │ Appli- │ │ Appli- │
│ kation │ │ kation │ │ kation │  │ kation │ │ kation │
│   A    │ │   B    │ │   C    │  │  ...   │ │  ...   │
│  SCM   │ │  CRM   │ │        │  │        │ │        │
└───╥────┘ └───╥────┘ └───╥────┘  └───╥────┘ └───╥────┘
┌─────────────────────────────────────────────────────┐
│                   ERP Backbone                      │
└───╥─────────────╥─────────────╥─────────────────────┘
┌────────┐ ┌────────┐ ┌────────┐
│ Appli- │ │ Appli- │ │ Appli- │
│ kation │ │ kation │ │ kation │
│  ...   │ │  ...   │ │  ...   │
└────────┘ └────────┘ └────────┘
```

Abbildung 58: Auf ERP-System basierende Integration.[322]

Die ERP-Hersteller versuchten ihre Systeme durch die ständige Erweiterung der Funktionalität und der Entwicklung von Schnittstellen als Integrationsrückgrat im Unternehmen „zu verkaufen". Dies trifft je nach Implementierung insbesondere für die Bereiche der Finanz- und Betriebsbuchhaltung zu. Mit einer gemeinsamen Datenbank für alle Module wären ERP-Systeme dafür grundsätzlich auch geeignet. Es hat sich aber gezeigt, dass solche Systeme – etwa aufgrund der zunehmenden Funktionsbreite – in der Weiterentwicklung schwerfällig und komplex sind und bezüglich des Angebots an Funktionalität durch spezialisierte Wettbewerber wie Siebel im CRM-Bereich oder i2 bei SCM-Anwendungen überholt werden. Ebenso sind der Grösse von ERP-Projekten und den damit verbundenen Zeitdauern und Risiken Grenzen gesetzt. Trotz eines eingeführten ERP-Systems kann es in einem Unternehmen immer auch Alt-, Legacy- oder Spezialsysteme geben, die weiter betrieben werden müssen. ERP-Systeme bieten zur Integration dieser Systeme Schnittstellen an, doch selbst beim Branchenführer SAP R/3 konnten sich daraus keine Industriestandards entwickeln. Mit der Nutzung eines ERP-Systems als Integrationsrückgrat begibt sich ein Unternehmen in ein nicht zu unterschätzendes Abhängigkeitsverhältnis zum ERP-Anbieter, der durch seine Schnittstellenpolitik indirekt die Wahl neuer (Um-)Systeme beeinflusst.[323] Dies ist zweifelsohne eine der wichtigsten Ausstiegsbarrieren aus der Kundenbe-

---

[321] Vgl. zu ERP-basierten Ansatz auch Kaib (2002), S. 69 ff.
[322] Vgl. Kaib (2004), S. 69 ff.
[323] Vgl. Gümbel (2000), S. 7 f., Schott/Mäurer (2001), S. 41, Winkeler et al. (2001), S. 8 f.

ziehung (nicht nur) im Markt für ERP-Lösungen, um die Kundenbeziehung derart mit Lock-in-ähnlichen Mechanismen langfristig auszubauen und zu gestalten.

Ferner besteht mit dem ERP-Ansatz aus der Sicht der CRM-Integration auch die Gefahr, dass CRM als Erweiterung des ERP-Systems gesehen wird. Dies kann insofern gefährlich werden, als, wie weiter oben dargestellt, die Funktionen der beiden Systembereiche stark unterschiedlich sind und insofern als gleichberechtigte Teile nebeneinander zu verstehen sind. Zur Erinnerung: CRM-Systeme werden als Systeme für die Abwicklung der Kundeninteraktion vor und nach der Transaktionsabwicklung verstanden, zu denen analytische, operative und kommunikative Komponenten gehören. ERP-Systeme dagegen werden als Systeme verstanden, deren Aufgabe in der Abwicklung von Transaktionen für Produkte oder Leistungen besteht. Die Abwicklung der Transaktion umfasst dabei verkürzt gesagt sowohl den eigentlichen Leistungsteil an sich (Auslieferung, Produktion, Leistungserstellung, etc.) als auch den damit verknüpften finanziellen Teil (finanz- und betriebsbuchhalterisch). Eine Trennung der beiden Aspekte drängt sich deshalb auf, weil Kommunikationsgeschäftsvorfälle und Transaktionsgeschäftsvorfälle ihrer Natur nach stark unterschiedlich sind.

5.3.3 Middleware-Ansatz

Zur Lösung des Integrationsproblems kann eine Mittelschicht oder Middleware zwischen die zu integrierenden Komponenten, Layer oder Anwendungssysteme eingezogen werden. Dadurch wird ein gegebenenfalls Hersteller- und Plattformunabhängiger Datenaustausch ermöglicht, wodurch wiederum eine höhere Standardisierung als bei P2P-Integrationen erreicht wird. Derart sinken die Integrationskosten.[324]

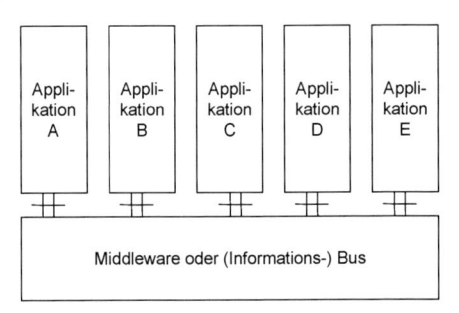

Abbildung 59: Bus-Architektur zur syntaktischen Anwendungssystemintegration.

---

[324] Vgl. Gould (1999), S. 82 f., Kaib (2004), S. 72 f., Winkeler (2001), S. 9.

Mittels Middleware kann die Konnektivität zwischen verschiedenen verteilten Anwendungen erreicht werden. Mit ihr kann auch die Datenintegration unterstützt werden. Die semantische Integration und Abstimmung zwischen den verschiedenen Systemen leistet die Middleware nicht.[325] Vielfach wird die auf Middleware basierende Integration auch mit Bus Integration bezeichnet (vgl. Abbildung 59). Dabei werden unterschiedliche Anwendungen oder Komponenten über den Informationsbus verbunden. Middleware wird in P2P-Integrationen oft eingesetzt, um zwei Anwendungen miteinander zu verbinden. Gleichzeitig ermöglicht Middleware auch die Verbindung verschiedener Systeme durch den Anschluss an einen Bus im Sinne einer gemeinsamen Nachrichtenübertragungsschicht.[326] Dadurch kann ein P2P-basierendes Schnittstellenchaos, das auch als Spaghetti-Architektur bezeichnet wird, bereinigt oder vermieden werden.[327]

Der Middleware-Ansatz eliminiert die Nachteile von P2P-Architekturen durch die stärkere Standardisierung der Integration und ev. des Integrationsvorgehens. Der Entwicklungsaufwand ist jedoch nicht zu unterschätzen. Zudem beschränkt sich der Middleware-Ansatz auf die Datenintegration auf syntaktischer Ebene, weshalb zur Integration auf der Ebene der Datentransformation – hauptsächlich zur semantischen Integration – sowie für die Prozessintegration und -steuerung vielfach separate Integrationsmechanismen erforderlich sind.[328]

5.3.4 Vergleich der bis hierhin präsentierten Ansätze

Die Nachteile der bis hierhin geschilderten Integrationsansätze bilden die Grundlage für die Entwicklung des EAI-Ansatzes (Enterprise Application Integration). Zum anderen werden die geschilderten Integrationsansätze nicht überflüssig. Sie sind vielmehr die Grundlage für die Entwicklung des EAI-Ansatzes. Meist werden zudem EAI-Lösungen parallel oder ergänzend zu traditionellen Integrationskonzepten eingesetzt.[329] Allen drei Integrationsansätzen sind laut Kaib die folgenden Eigenschaften gemeinsam:[330]

- Fixierte und damit unflexible syntaktische Definitionen
- „Händische Verknüpfung" durch Individualentwicklung

---

[325] Vgl. Kaib (2004), S. 73, basierend auf Gould (1999), S. 83.
[326] Vgl. zu den verschiedenen Schichten des OSI-Referenzmodells Kapitel 2.1.1.2.
[327] Vgl. Kaib (2004), S. 73.
[328] Vgl. Kaib (2004), S. 73.
[329] Vgl. Kaib (2004), S. 74 sowie umfassend zum EAI-Ansatz S. 79 ff.
[330] Vgl. Kaib (2004), S. 74.

- Mangelnde semantische Tiefe, die Transformationen sowie eine Prozesssteuerung nur in einem begrenzten Umfang zulässt
- Enormer Zuwachs an Schnittstellen, wenn in komplexen Umgebungen ein umfassender Datenfluss gewährleistet werden soll.

5.3.5 Ansatz mittels Einsatz von EAI-Werkzeugen

Für EAI-Lösungen gibt es zwei wesentliche Integrationsarchitekturen: Die Hub&Spoke-Architektur und die netzwerkorientierte Architektur, die ab einer gewissen Anzahl an zu integrierenden Applikationen unter Umständen lohnender sein kann als eine P2P-Integration.

Die *Hub&Spoke-Architektur* ist der im Markt vorherrschende Architekturtyp (vgl. hierzu Abbildung 60). Eine zentrale Softwareeinheit (Hub) verbindet unterschiedliche Anwendungen über Speichen (Spokes) über verschiedene Plattformen hinweg. Als Hub kann ein Integration-Server verwendet werden. Die integrierten Anwendungen werden mit Adaptern an die Integration-Server angeschlossen und kommunizieren z.B. über eine asynchrone Messaging Middleware miteinander. Die Datentransformationsfunktionen und – falls vorhanden – das Prozessmanagement erfolgen zentral über den Hub.

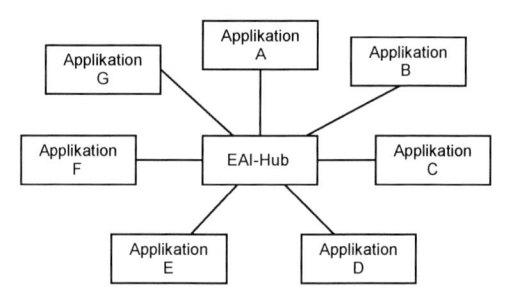

Abbildung 60: Hub&Spoke-Ansatz.

Das asynchrone Messaging steht im Gegensatz zum synchronen Funktions- oder Objektaufruf zwischen Client und Server (klassisches Client-Server-Computing), bei dem Client und Server während der Transaktion synchron gebunden sind und für keine anderen Transaktionen zur Verfügung stehen. Theoretisch ist es aber auch möglich, dass das Messaging synchron verwendet werden kann.[331] Ein weiterer Nachteil der synchronen Funktions- und Objektaufrufe ist, dass immer nur ein Client und ein Server miteinander synchron kommunizieren können. Beim Messaging können grundsätzlich mehrere Applikationen miteinander asynchron kommunizieren. Beim Mes-

---

[331] Vgl. Ehr (2000), S. 12.

saging sind die betroffenen Applikationen während des Sendens und Empfangens nicht gebunden, weil die Messages in Queues gehalten werden (die Sender- und Empfänger-seitig vorhanden sind) und dann abgearbeitet werden, wenn die Applikation dazu freie Kapazitäten hat. Eine Definition des Messaging lautet wie folgt: "In programming, messaging is the exchange of messages (specially-formatted data describing events, requests, and replies) to a messaging server, which acts as a message exchange program for client programs. There are two major messaging server models: the point-to-point model and the publish/subscribe model. Messaging allows programs to share common message-handling code, to isolate resources and interdependencies, and to easily handle an increase in message volume. Messaging also makes it easier for programs to communicate across different programming environments (languages, compilers, and operating systems) since the only thing that each environment needs to understand is the common messaging format and protocol."[332]

In Erweiterung zu den in der Definition erwähnten zwei Messaging-Kategorien oder Messaging-Modellen (P2P versus Publish-Subscribe) kann nach Ehr auch von einer Einteilung in drei Modelle gesprochen werden:[333] Einfaches Senden; Publish-Subscribe und Request-Reply, wobei theoretisch Architekturen mit Topologien wie 1:n, m:1, 1:1 oder m:n denkbar sind. Die erwähnten Arten des Messaging können falls nötig auch miteinander kombiniert werden. Die Modelle werden im Folgenden kurz beschrieben. Dabei wird auf das einfache Senden nicht mehr im Detail eingegangen.

- Publish-Subscribe stellt einen Mechanismus dar, in dem ein oder mehrere Informationssysteme Messages publizieren und ein oder mehrere Informationssysteme für Messages unterschreiben, d.h. solche bestellen.

- Request-Reply stellt ein Verfahren dar, in welchem eine Applikation eine oder mehrere Messages versendet, auf die eine Antwort einer zweiten oder mehrerer anderer Applikationen erfolgen soll. Die Antwort kann mit sehr kurzer zeitlicher Verzögerung oder aber auch mit grösserer zeitlicher Verzögerung eintreffen, je nach „Beschäftigungsgrad" des antwortenden Systems.

Messages enthalten zudem – unabhängig vom Hersteller; analog zum bekannten asynchronen Internetdienst Email – drei wesentliche Komponenten: Messagetyp (Sendung, Antwort); Destination (Empfängersystem) sowie Messagedaten. Bei Letzteren kann es sich um Daten unterschiedlichster Art handeln, von einfachem ASCII-Code bis zu Multimediadaten. Es können auch Funktions- oder Objektaufrufe in

---

[332] Vgl. Whatis (2005g).
[333] Vgl. Ehr (2000).

Messages verpackt werden, über die in einem entfernten oder anderen System ein Funktions- oder Objektaufruf über das Messaging erfolgt. Es kann zudem erforderlich sein, dass Daten, die mittels Messages transportiert werden, transformiert werden müssen, damit sie vom Sender „verstanden" werden können. Anbieter von Messaging-Infrastrukturen sind u.a. IBM mit MQ Series, Tibco sowie BEA. Allerdings gibt es viele Messaging-Infrastrukturanbieter, die das Produkt von IBM (MQ Series) in ihre Plattform integrierten.[334]

SAP hat eigene Messagingstandards entwickelt, die u.a. mit BDoc (Business Document) bezeichnet werden. Bei SAP werden folgende Kategorien von BDocs unterschieden:

- Messaging-BDocs: zur Kommunikation zwischen CRM-Server und anderen stationären Servern

- Synchronisations-BDocs: zur Kommunikation zwischen CRM-Server und mobilen Clients

- Mobile-Application-BDocs: zur lokalen Nutzung von Mobile Sales und Mobile Service auf mobilen Clients für optimierte Datenbankzugriffe.[335]

Der Hauptvorteil des Hub&Spoke-Ansatzes liegt im Vergleich zum P2P-Ansatz in der kleineren Schnittstellenzahl. Bei n Applikationen sind dies in einer Hub&Spoke-Architektur so viele Verbindungen zum Hub, wie Systeme (n) vorhanden sind. n steht somit für die Anzahl zu integrierender Systeme. Bei P2P-Verbindungen ergibt sich die Anzahl durch die folgende Formel: $n*(n-1)/2$. Durch den Einsatz von vorgefertigten Adaptern und einheitlichen Entwicklungswerkzeugen wird der Know-how-Bedarf über die zu integrierenden Applikationen geringer. Ein Nachteil ist, dass der Hub bei einem Ausfall die Interaktion zwischen mehreren Systemen oder Applikationen lahm legen kann. Dadurch können Performance-Engpässe an den zentralen Schnittstellen auftreten.[336] Gegen die Probleme, die ein Ausfall des Hubs mit sich bringt, könnten unter Umständen andere Netzwerk-Topologien weiter helfen (etwa kreisförmige). Jedoch entfällt dann der Vorteil der Hub&Spoke-Architektur mit dem zentralen Integration Server, mittels dessen die Steuerung und integrationsrelevante Verwaltung von Routinen, Regeln, Workflows, etc. ermöglicht und die Anzahl Verbindungen reduziert wird. Sinnvoller kann unter Umständen eine Spiegelung der Integrationsarchitektur sein, in welcher mit einem zweiten Integration Server ein Ausfall sofort kompensiert werden könnte. Diese Möglichkeit der Spiegelung von

---

[334] Vgl. Ehr (2000), Jeffery (2001).
[335] Vgl. hierzu Buck-Emden/Zencke (2004), S. 410.
[336] Vgl. dazu und zum Folgenden Gümbel (2000), S. 9, Winkeler et al. (2001), S. 12.

Integrationsarchitekturen gilt auch für die Busarchitektur. Für die P2P-Architektur scheint sie nur bei einer kleinen Anzahl zu integrierender Systeme sinnvoll zu sein.

Der *netzwerkorientierte Ansatz* baut auf im Netz dezentral verteilten Softwarekomponenten auf. Dazu wird ein Message Broker verwendet, der den Austausch von Nachrichten gemäss definierten Workflows zwischen den Anwendungen unterstützt. Datentransformationsfunktionen und das Prozessmanagement sind dezentral auf die integrierten Applikationen aufgeteilt. Ein wesentliches Merkmal dieses Architekturtyps ist, dass Teile eines Integration-Servers als kleine Softwarekomponenten auf jedem Anwendungsserver installiert sind. Im Netz sind zudem Server für die Verwaltung von Routing-Informationen der Nachrichten vorhanden.

Ein Vorteil des netzwerkorientierten Ansatzes ist die flexible Reaktion auf Performance- und Verfügbarkeitsanforderungen, die beim Informationsversand an eine zahlreiche Empfängerschaft zum Tragen kommt. Nachteile sind darin zu sehen, dass die Aktualisierung von Informationen nicht an allen Stellen des Netzwerks zur gleichen Zeit erfolgen kann. Weitere Nachteile bestehen in der höheren Schnittstellenzahl als bei der Hub&Spoke-Architektur.[337]

5.4 Schnittstellentechnologien der Anwendungssystemintegration

Für die Integration unterschiedlicher Systeme können unterschiedliche Arten von Schnittstellen eingesetzt werden. Grundsätzlich ist diesbezüglich zwischen den Begriffen Adapter und Konnektor zu unterscheiden. Intelligente Konnektoren verbinden die Software Komponenten, führen das Mapping der Anfragen oder Requests durch und bieten Unterstützung beim Applikationsmanagement, der Sicherheit und beim Error-Handling.[338] Ein Konnektor besteht aus mehreren Integrationsmechanismen. Er enthält Adapter (Datentransport, Formatkonvertierungen), vorgefertigte Datenmappings für wichtige Entitäten wie Kunde oder Auftrag und definierte Integrationsworkflows.

5.4.1 Schnittstellen für die Integration von Anwendungssystemen

Die führende Integrationstechnologie im Umfeld von Client-Server-Computing-Lösungen stellte die Middleware dar.[339] Middleware-Lösungen bieten eine ganze Reihe von möglichen, vordefinierten oder anpassbaren Schnittstellen an, die je nach Aufgabe und zu integrierendem Systemtyp eingesetzt werden können. Mittels Middleware können auf Basis entsprechender Modelle unterschiedlichste Daten- mit Applikations-

---

[337] Vgl. Nussdorfer (2000), S. 114, Winkeler et al. (2001), S. 12 f.
[338] Vgl. Altman (2001), S. 2 f., Ruh et al. (2001), S. 33 f.
[339] Posch unterscheidet unterschiedliche Middlewarearten, die entsprechend zur Einbindung von Kommunikation, Applikationen, Objekten, Daten etc. dienen können [Vgl. Posch (2000), S. 191 f.].

sowie Applikations- mit Präsentationslayern (auch) unterschiedlicher Systeme in Layerarchitekturen integriert werden. Mögliche Ausprägungen von Middleware sind etwa objektorientierte Methoden zur Integration von Systemen. Dazu können etwa DCOM von Microsoft, CORBA der Object Management Group (OMG) oder die Java-Umgebung von Sun Microsystems gezählt werden.[340] Darin werden über Middleware-Schnittstellen Objekte in verteilten Systemen aufgerufen, wobei es aufgrund des Standards „egal" ist, von wem die Softwarebestandteile stammen. Im Gegensatz zur Middleware, die zur Integration unterschiedlicher Layer verschiedener Systeme und Systemtypen eingesetzt wird, mittels der sichergestellt wird, dass Informationssysteme verteilt genutzt werden können, werden APIs (Application Programming Interfaces) zur Integration bestimmter Systemkategorien eingesetzt und z.B. für einen bestimmten Releasestand dieser Applikationen programmiert.

Generelle Schnittstellentechnologien sind somit Application Programming Interfaces (API) und Open Database Connectivity (ODBC), die im Folgenden einer genaueren Betrachtung unterzogen werden.

5.4.1.1 Application Programming Interfaces

API steht für Application Programming Interface. Ein API ist ein Set von Funktionen oder Instruktionen, die zum Arbeiten mit einer Komponente, Applikation oder mit einem Operating System genutzt werden können und welche wie Regeln befolgt werden müssen, wenn zwei Softwareprogramme miteinander kommunizieren. Typischerweise besteht ein API aus einer oder mehreren DLLs, die spezifische Funktionalität zur Verfügung stellen. Unter einer DLL kann das Folgende verstanden werden: „[DLL] stands for 'Dynamic Link Library'. A DLL (.dll) file contains a library of functions and other information that can be accessed by a Windows program. When a program is launched, links to the necessary .dll files are created. If a static link is created, the .dll files will be in use as long as the program is active. If a dynamic link is created, the .dll files will only be used when needed. Dynamic links help programs use resources, such as memory and hard drive space, more efficiently."[341] DLLs sind somit Files, die Funktionen enthalten, welche von Applikationen, die auf der Microsoft-Windows-Plattform laufen, aufgerufen werden können. In der Runtime wird eine Funktion in einer DLL dynamisch verbunden mit einer Applikation, die sie aufruft. Unabhängig davon, wie viele Applikationen eine Funktion in einer DLL aufruft, besteht die Funktion in einem einzigen File auf der Festplatte und die DLL wird nur kreiert, wenn sie im Memory/Zwischenspeicher gespeichert ist. Das meist erwähnte API ist das Windows-

---

[340] Vgl. hierzu Kapitel 5.1.
[341] Vgl. www.sharpened.net (2004).

API, das die DLLs enthält, die das Windows-Betriebssystem betreffen. Jede Windows Applikation interagiert mit dem Windows-API direkt oder indirekt. Das Windows-API stellt sicher, dass alle Applikationen, die unter Windows laufen, sich in einer konsistenten Art verhalten.

Mit der zunehmenden Entwicklung des Windows Systems wurden verschiedene Versionen des Windows-API publiziert. Windows 3.1 nutzt das Win16 API. Die Betriebssysteme Microsoft Windows NT, Windows 95, und Windows 98 nutzen das Microsoft Win32 API. Es existieren aber auch andere APIs, die zusätzlich zu den Windows-APIs publiziert wurden, etwa die weiter unten kurz beschriebenen Mail Application Programming Interfaces (MAPI), welche ein Set von DLLs bilden, die zur Integration von Email-Applikationen eingesetzt werden. Üblicherweise werden APIs für C- und C++-Programmierer beschrieben, die Applikationen zusammenstellen oder -bauen. Die Funktionen in einer DLL jedoch können auch durch andere Programmiersprachen aufgerufen werden, etwa VBA. Weil die meisten DLLs wie erwähnt meist für C- und C++-Programmierer ge- oder beschrieben werden, kann der Aufruf einer DLL Funktion in bestimmter Weise abweichen – etwa vom Aufruf einer VBA-Funktion. Um mit einem API zu arbeiten, ist zu definieren und zu verstehen, wie Argumente zu einer DLL-Funktion zu bringen sind.[342]

Ein Einsatz von APIs ist im CRM-Umfeld beispielsweise denkbar bei der Integration von CRM- und ERP-Applikationen oder bei der Integration von CRM-Systemen mit Dokumentenmanagement- oder Archivierungs-Systemen.

5.4.1.2 Open Database Connectivity

Das Kürzel ODBC steht für Open Database Connectivity. Dabei handelt es sich um eine Schnittstelle zur Integration von Datenbanksystemen in Applikationen. Die ODBC-Schnittstelle steht im Gegensatz zum API, das auch für die Datenintegration eingesetzt werden kann. Während ein API meist im Hinblick auf eine bestimmte Applikation oder ein spezifisches Datenbanksystem programmiert oder zugeschnitten ist, stellt die ODBC-Schnittstelle eine Art Standard dar, der zwischen unterschiedlichen Systemen, sofern sie ODBC-fähig sind, eingesetzt werden kann. Mittels ODBC-Schnittstellen können Funktionen bereitgestellt werden für:

- die Etablierung einer Verbindung mit einer Datenquelle
- den Versand von Abfragen und Update Statements zur anderen Datenquelle
- die Verarbeitung der Resultate.[343]

---

[342] Vgl. Microsoft MSDN Library (2004), Wordlingo (2004).
[343] Vgl. fifi.org (2004).

ODBC-Schnittstellen sind, im Gegensatz zu APIs, nicht auf bestimmte Applikationen und deren Releasestände zugeschnitten. Vielmehr handelt es sich dabei um offene Schnittstellen, die, sofern die relevanten Systeme ODBC-fähig sind, zum Einsatz gelangen können. Im Gegensatz zu einem API ist der Durchlass an Daten pro Zeiteinheit bei einer ODBC-Schnittstelle kleiner.

ODBC-Schnittstellen werden vielfach für die in dieser Arbeit sehr häufig erwähnte Datenintegration eingesetzt. Dies kann im CRM-Umfeld etwa für die Datenintegration zwischen operativen Systemen und DWHs der Fall sein.

5.4.2 Auszug von SAP-Schnittstellen und -Integrationsmechanismen

Bezüglich des in Kapitel 5.3.2 thematisierten ERP-orientierten Integrationsansatzes kann auf die folgende Abbildung 61 verwiesen werden, welche eine Auswahl an SAP-Schnittstellen und -Integrationsmechanismen darstellt. SAP ist der Marktführer von ERP-Systemen.

Im Wesentlichen können Batch Data Communication, Remote Function Calls (RFC), Transaktionaler RFC, Queued RFC, Application Link Enabling (ALE), Intermediate Document (IDoc), Business Application Programming Interface (BAPI), Business Connector, DCOM Converter, Web-Variante des SAP Business Workflow sowie Legacy-System Migration Workbench unterschieden werden, die im Folgenden kurz beschrieben werden.

In den folgenden Kapiteln 5.4.3 und 5.4.4 werden zusätzlich zwei Schnittstellentypen zwischen Kommunikationsmedien und operativen Systemen beschrieben, einerseits zur Integration der Telefonie und andererseits zur Integration von Email-Anwendungen in operative (CRM-) Systeme. Es handelt sich dabei um sogenannte TAPIs oder Telephony Application Programming Interfaces sowie MAPIs oder Mail Application Programming Interfaces.

Technische Grundlagen der CRM-Integration

SAP-Bezeichnung	Beschreibung der Funktionalität	Analogon in Nicht-SAP-spezifischer Umgebung
Batch Data Communication (BDC)	Import von Daten als Flat File. Diese Dateien lassen sich über Standardtransaktionen ins System einspielen.	Batch-Input-Datenverarbeitung oder Stapelverarbeitung
Remote Function Call (RFC)	Aufruf von Funktionsbausteinen in SAP-Modulen auch durch Nicht-SAP-Systeme. Aufruf von Funktionalität in fremden Anwendungen aus SAP R/3 heraus.	RPC
Transactionaler RFC (tRFC)	Wie RFC; tRFC ermöglicht zusätzlich, dass der beabsichtigte Vorgang wirklich nur einmal abläuft und dass bei einem Abbruch ein kontrollierter Neustart erfolgt.	Dito
Queued RFC (qRFC)	Wie RFC; qRFC sichert zusätzlich die Abarbeitungsreihenfolge von Funktionsaufrufen im Empfängersystem.	Dito
Application Link Enabling (ALE)	Dient primär zur Kopplung mehrerer verteilter SAP-Systeme; erlaubt die Bearbeitung vollständiger Geschäftsprozesse innerhalb verteilter SAP R/3-Systeme. Basiert auf RFC als Kommunikationsmechanismus. ALE organisiert den Datentransport und die Zwischenspeicherungen, wenn eine Seite (Client/Server) nicht verfügbar ist.	Sehr weit entfernt vergleichbar mit dem Transaction Processing Monitor
Intermediate Document (IDoc)	Strukturiertes Datenformat, um Nachrichten in und aus SAP Systemen zu bewegen (ähnelt EDI-Dokumenten, ist aber kein Standard). Für betriebswirtschaftliche Objekte wie Rechnung, Auftrag, Bestellung sind IDoc-Typen vordefiniert.	Messaging; je nach Bedarf mit Daten oder Funktionsaufrufen im Body der Message
Business Application Programming Interface (BAPI)	Technik, um synchrone Verbindungen z.B. über das Internet anzubieten. Objektorientierter Mechanismus, um auf Daten und Prozesse zuzugreifen. Als RFC-fähiger Funktionsbaustein implementiert und in ein Objektmodell eingebettet.	API (Application Programming Interface) zum Starten von RPCs
Business Connector (BC) lizenziert von webMethods	Fungiert als Konverter- und Umsetzungsschicht, um Daten im XML-Format aus dem Internet zu übernehmen und als IDoc, BAPI-Aufruf oder RFC weiterzuleiten.	
DCOM Converter	Lässt BAPIs als Microsoft-Objekte erscheinen. Denkbare Anwendung etwa als Erfassungsprogramm in Form von Microsoft-Produkten.	
Web-Variante des SAP-Business-Workflow (Webflow)	Koordiniert Nachrichten und Dokumente, die mit anderen Unternehmen sowie zwischen SAP-Komponenten ausgetauscht werden. Einsatzmöglichkeiten bestehen etwa zur Steuerung kurzer Standardprozesse	Workflow-Management - Funktionalität
Legacy-System-Migration-Workbench	Entwicklungsumgebung zur Realisierung von Schnittstellen zu Altsystemen über ABAP-Programme oder BAPIs.	

Abbildung 61: Schnittstellen und Mechanismen im ERP-Bereich am Beispiel von SAP R/3.[344]

5.4.3 Schnittstellen für die Telefonieintegration

Für die Computer Telephony Integration (CTI) sind sogenannte Telephony Application Programming Interfaces (TAPI) als Schnittstelle zwischen IT (z.B. das operative CRM-System) und Telefonieapplikationen erforderlich.[345]

---

[344] Vgl. Kaib (2004), S. 71, Linthicum (2000), S. 241 ff., Weeke (2001), S. 32 f.
[345] Vgl. zum betriebswirtschaftlichen Einsatz der CTI-Integration und entsprechender TAPIs auch Kapitel 3.4 und 3.4.3.4.

Den Begriff Computer Telephony Integration (CTI) versteht Kruse wie folgt: [346] CTI bezeichnet die Verbindung von Computer und Telefonie, um neue Funktionen innerhalb der Steuerung und Abwicklung von Anrufen zu realisieren. Mit dem Ertönen eines ersten Klingelzeichens können beispielsweise durch Identifikation der Rufnummer auf dem Bildschirm aus einer Datenbank Kundeninformationen auf dem GUI des CRM-Systems (integriert) aufgerufen werden, so dass der Agent sofort mit dem Gespräch beginnen kann und dabei bestmöglich mit für das Gespräch relevanten Informationen unterstützt wird. Zur Integration von IT-Anlagen (in der Regel Server) mit den Kommunikationsservern der Telefonieseite werden sogenannte TAPIs (Telephony Application Programming Interfaces) eingesetzt.

Mittels des TAPI wird sichergestellt, dass von der IT zum Telefon oder zur Telefonieanlage und umgekehrt die erforderlichen Informationen übermittelt werden (z.B. Telefonnummerninformationen des Anrufers und des Angerufenen). Zudem können über TAPIs auch erforderliche Informationen zum Routing von Anrufen übermittelt werden, die über das ACD gesteuert werden, aber auch Routing-relevante Basisdaten von Back-Office-Systemen können übertragen werden. Für die Outbound-Kampagnen erfolgt die Nummernübermittlung in die Telekommunikationsanlage über das TAPI im Sinne des bereits erwähnten Predictive Dialing für Outbound Calls. Bei den Routing-relevanten Basisdaten kann es sich etwa um Daten zu den Fähigkeiten der Mitarbeiter im Contact Center handeln, die z.B. in Human-Resources-Datenbanken von ERP-Lösungen vorhanden sind, die als Grundinformation für das Routing an die entsprechende operative CRM-Komponente übertragen werden. Natürlich kann die Routing-Funktionalität auch auf das gesamte Front Office ausgedehnt werden.

TAPIs übernehmen u.a. die Steuerung der Telefoniekomponenten vom PC-Arbeitsplatz des Agenten aus. Funktionen, die dabei zur Anwendung gelangen können, sind etwa Annehmen des Anrufes, Weiterleiten von Anrufen, Wiederwählen einer bereits gewählten Nummer, etc. Andererseits werden, wie bereits erwähnt, über das TAPI die relevanten Datenbestände (Kundenstammdaten, Kundenpotenzialdaten, Aktionsdaten, Reaktionsdaten) zum Anzurufenden oder Anrufenden im operativen CRM-System aufgerufen.

Die hier geschilderten Mechanismen gelten angepasst auch für die Schnittstellen zu anderen Kommunikationsmedien wie Internet (Web) Services, Email oder Voice-over-IP. Das TAPI (Telephony Application Programming Interface) ist eine Schnittstelle, die von Microsoft und Intel entwickelt wurde und heute teilweise einem De-Facto-

---

[346] Vgl. dazu und zum Folgenden u.a. Klein (1998), S. 335 ff., Kruse (1998), S. 23, Schulze (2000), S. 49 ff.

Standard entspricht. Jedoch sind daneben eine Reihe weiterer Standardisierungsbemühungen zu erwähnen, etwa:

- CSTA (Computer Supported Telecommunications Applications) der European Computer Manufacturer Association, eingeführt ab 1992
- SCAI (Switch Computer Applications Interface) des American National Standards Institute, eingeführt ab 1993
- TSAPI (Telephone Services API), entwickelt von Novell und AT&T zur Verbindung von Novell-Netzwerken und Telefonanlagen ab 1992
- JTAPI (Java basiertes API von Sun Microsystems), bei dessen Entwicklung Lucent, Intel, Nortel und Novell mitgewirkt haben und das ab 1996 publiziert wurde

Verschiedene dieser Bemühungen wurden später wiederum vereinigt, etwa im ECTF Verbund (Enterprise Computer Telephony Forum).[347]

5.4.4 Schnittstellen für Email- oder Messaging-Integration

Die Email-Integration in CRM-Lösungen erfolgt mittels Messaging Application Programming Interfaces (MAPI).

Das MAPI oder Messaging Application Programming Interface kann wie folgt definiert werden: „MAPI (Messaging Application Program Interface) is a Microsoft Windows program interface that enables [the user] to send e-mail from within a Windows application [or a Windows compliant CRM-Software] and attach the document [the user is] working on to the e-mail note. Applications that take advantage of MAPI include word processors, spreadsheets, and graphics applications. MAPI-compatible applications typically include a Send Mail or Send in the File pulldown menu of the application. Selecting one of these sends a request to a MAPI server."[348]

Die Emailintegration in CRM-Lösungen ist komplex. Es gibt unterschiedlichste Möglichkeiten der Integration. Die Integration ist jedoch abhängig davon, ob es sich um ausgehende oder eingehende Emails handelt sowie davon, ob die Integration auf dem Presentation Layer, dem Application Layer oder dem Data-Layer erfolgen soll. Die Applikation zum Senden von Emails aus einer CRM-Applikation wird meist über ActiveX[349] in das GUI der CRM-Software eingebunden (Presentation Layer Integration). Die Verbindung zum Exchange Server von Microsoft (Application Layer Integra-

---

[347] Vgl. zu den verschiedenen Standardisierungsbemühungen Klein (1998), S. 363 ff.
[348] Vgl. Techtarget (ohne Jahr).
[349] Bei ActiveX handelt es sich um Microsofts Antwort auf Java und deren Java Applets. Bei ActieX handelt es sich um kleine Programme, die z.B. über einen Browser aufgerufen werden können.

tion) erfolgt über die Microsoft spezifischen MAPIs. Eingehende Emails müssen allenfalls über einen (vom CRM-Anbieter) eigenentwickelten Software-Client eingerichtet werden, der dann mit dem Exchange Server oder dem Email-Client integriert und synchronisiert werden muss.

Mit weiteren Messagingarten – wie etwa Voice Mail – tritt für die einheitliche Verwaltung von Messages, unabhängig davon ob es sich um Telefax, Voice Mail oder Email handelt, das Konzept des Unified Messaging (UM) in den Blickpunkt des Interesses. Innerhalb des UM können über *einen* Server unterschiedliche Mail-Arten, Meldungsarten oder -typen verwaltet werden. Dafür können Kombinationen von TAPIs und MAPIs erforderlich sein.[350] Mit UM wird somit eine Konsolidierung der Kommunikationsmedien über ein Interface angestrebt. Die Schlüssel-Funktionalität dazu ist der Zugang zu den unterschiedlichen Kommunikations-Messages unterschiedlicher Kommunikationsmedien in einem einheitlichen Browser oder GUI. Dies könnte auf der Client-Seite etwa ähnlich wie das Produkt von Microsoft Outlook für die Verwaltung von Emails funktionieren. Zudem sind die Messages im Idealfall von überall her (teilweise auch über verschiedene Kommunikationsmedien) abrufbar. Weitere Medien, die in UM-Lösungen integriert werden können, sind Videomail, Chat, Paging und Internettelefonie.

---

[350] Vgl. zum Unified Messaging Acken (1998), S. 70 ff., Paszkowsky (1999), S. 28 f., Schulze (2000), S. 49, Wagner (1998), S. 42.

6 Methodik der Fallstudienforschung

6.1 Problemstellung

Ausgehend von den theoretischen Kapiteln interessiert bei den zu untersuchenden Unternehmen, welche Integrationsbedarfe und welche entsprechenden Integrationsrealisationen sich aufgrund des Einsatzes von CRM-Systemen ergeben und ergaben.

Es wird für die Prüfung der Integrationssachverhalte davon ausgegangen, dass nicht alle Unternehmen, die in den Fallstudien untersucht werden, eine vollständige Integration bezüglich des CRM anstreben. Eine vollständige Integration muss nicht notwendigerweise wirtschaftlich sein. Insofern wäre je nach Grad der Integration oder des eingesetzten Integrationsszenarios je eine eigene Wirtschaftlichkeitsrechnung aufzustellen. Wirtschaftlichkeitsaspekte der betriebswirtschaftlichen und technischen CRM-Integration interessieren in dieser Arbeit nur am Rande.[351] Der Fokus der Untersuchung liegt viel mehr darin herauszufinden, welche Überlegungen zur Integration geführt haben und wie die Integration angegangen wurde.

Das in Kapitel 4.1 dargestellte Integrationsmodell und entsprechende Teilaspekte stellen das Hauptinteresse an der Fallstudienuntersuchung zur CRM-Integration dar. Ausgehend von generischen Geschäftsvorfällen wurden darin die verschiedenen Integrationsfälle zwischen unterschiedlichen generischen CRM-Komponenten diskutiert. Wie so oft an der Schnittstelle von Theorie und Praxis geht das Modell von einer Idealvorstellung aus.[352] Dies macht es schwierig, dasselbe eins zu eins in der Wirklichkeit bestätigt zu finden. Die Unterschiede, die sich in der Realität zeigen, beginnen schon da, dass nicht überall die gleichen idealen Komponenten mit den gleichen Bezeichnungen verwendet werden. Zudem werden nicht die im Modell verwendeten generischen Kommunikationsgeschäftsvorfälle verwendet, sondern es handelt sich um pragmatisch an Branchengegebenheiten ausgerichtete reale Geschäftsvorfälle wie Umzug, Neukunde, Zivilstandsänderung, Bestellung, etc. Hinter diesen verbergen sich indes die im Modell angesprochenen generischen Geschäftsvorfälle.

Die Vielfalt der Integrationsausprägungen ist auch in Fallstudien fast nicht umfassend darzustellen. Die Untersuchung anhand von Modellen, wie sie in den theoretischen Kapiteln behandelt wurden, drängt sich deshalb auf, insbesondere da, wo sehr viele Informationssysteme, die direkt oder indirekt vom Kundenbeziehungsmanagement betroffen sind, vorhanden sind.

---

[351] Vgl. zu diesem Thema etwa Kaib (2000), S. 22 ff. und Scheckenbach (1997).
[352] Vgl. Eichhorn (1979), Stachowiak (1992).

6.2 Untersuchungsleitende Fragen zur Fallstudienforschung

Die allgemeinen Forschungsfragen, wie sie in Kapitel 1.2 dargestellt wurden, lauten wie folgt:

- Frage 1: Welche ausgewählten betriebswirtschaftlichen und technischen Integrationsfragestellungen lassen sich im Umfeld des CRM anführen und darstellen?
- Frage 2: Welche Gründe führen zu unterschiedlichen Ausprägungen der Integration in CRM-Umgebungen?
- Frage 3: Wie sehen Integrationslösungen für CRM-Lösungen in Unternehmen aus?
- Frage 4: Können anhand von Fallstudien Methodiken zur Integration von Informationssystemen zur Unterstützung des CRM in Anwendungsumgebungen aufgezeigt werden?

Ausgehend von den theoretischen Kapiteln 2 bis 5 ergaben sich Grundlagen, die ergänzend zu den obigen allgemeinen forschungsleitenden Fragen die Grundlage für die Definition der Forschungsthemenbereich für die empirische Forschung darstellen.

- Aufarbeitung der Grundlagen zu CRM-Systemen und zur modellhaften Integration von CRM-Systemen in sich und mit anderen Informationssystemen des Unternehmens
- Darstellung kundenbeziehungsrelevanter Prozesse, deren Abwicklung durch CRM-Systeme unterstützt wird, sowie der dafür erforderlichen Integrationsanforderungen
- Darstellung der durch die Integrationsmöglichkeiten von CRM-Systemen in Anwendungsarchitekturen sich ergebenden betrieblichen Freiheitsgrade der Gestaltung des Kundenbeziehungsmanagements
- Diskussion und Präzisierung eines CRM-Integrationsmodells
- Anhand des erwähnten Integrationsmodells wurden wichtige theoretische Integrationsfragen und Gestaltungsmöglichkeiten veranschaulicht.

Die empirische Untersuchung, die sich auf einer ersten Ebene aus Desk Research sowie auf einer zweiten Ebene aus der qualitativen Forschung mittels Fallstudien zusammensetzt, ist somit ausgerichtet auf die Ausprägungen des CRM in den Unternehmen, auf die Gründe und Arten der Integration von CRM-Systemen und CRM-Komponenten sowie auf die Komponenten-übergreifenden Integrationsaspekte.

Die folgenden Fragestellungen ergeben sich für die qualitative Untersuchung mittels Fallstudien anhand der allgemeinen forschungsleitenden Fragen:

- In welcher Art erfolgt die CRM-Implementierung im Unternehmen; im Sinne der Bildung einer Grundlage für das Verständnis der Integration von CRM-Systemen und -Komponenten?

- Wie erfolgt die Integration innerhalb und zwischen den CRM-Komponenten für das analytische, das operative und das kollaborative CRM sowie Back-Office-Systemen und entsprechenden Komponenten?

- Wie werden strategische, taktische und operative CRM-Managementebenen durch integrierte CRM-Systeme unterstützt?

- Welche Integrationsinfrastrukturen, Integrationsmethoden und Integrationsarten werden für die CRM-Integration eingesetzt?

- Sind Ähnlichkeiten zwischen den unterschiedlichen und vereinfachenden in der Theorie diskutierten Modelle und der CRM-Umsetzung und -Integration in den Unternehmen ersichtlich? Die erwähnten Modelle betreffen insbesondere die in der Theorie diskutierten Konzepte, die wie folgt lauten:

    - Implementierung und Schliessung des CBCs (Prozessintegration)
    - Implementierung und Schliessung des Regelkreises der Marktbearbeitung (Steuerung der Marktbearbeitung mittels Einsatz von integrierter Informationstechnologie)
    - Schliessung des „Reissverschlusses" im Kommunikationsmodell (Multi-Channel-Integration)
    - Integration der Wertschöpfungskette.

Es interessieren aus Sicht dieser Arbeit zudem weitere Forschungsfragen, die wie folgt lauten:

- Welche Treiber und/oder Gründe der Integration sind aus Sicht von Unternehmen im Rahmen des Kundenbeziehungsmanagements relevant? Sind es strategische oder organisatorische Sachverhalte? Sind es Sachverhalte der geografischen Verteiltheit von Organisationseinheiten, Prozess-Sachverhalte oder technische Sachverhalte? Für Letzteres interessieren Daten- und Workflow-Integration, etc.

- Welche Integrationstiefen werden aus CRM-Sicht realisiert?

- Welche Methoden sowie Architekturen werden zur Integration eingesetzt? Dies umfasst die Gründe für die Wahl der Integrationsmethoden und wenn möglich die Trade-Off-Überlegungen dazu.

- Welche Methodik zur Ableitung von Integrationsfragen besteht im Unternehmen? Aus Sicht des situativen Entscheidens fragt sich, ob unterschiedliche Managementebenen oder vorwiegend die strategische Managementebene daran beteiligt sind.
- Besteht ein Zusammenhang zwischen der Integration und der Ermöglichung einer kundenwertorientierten Marktbearbeitung? Falls möglich soll untersucht werden, ob die Kundenportfolioperspektive in den Unternehmen eingesetzt wird und eine systematische wertbasierte Entwicklung des Kundenportfolios aufgrund integrierter analytischer und operativer Kundenbeziehungsmanagementsysteme Realität ist.
- Welche historischen Entwicklungen innerhalb des Unternehmens bezüglich verschiedener betriebswirtschaftlicher und technischer Integrationsvorgänge sind für die CRM-Integration bedeutsam?

Theorien und Modelle sind Denkkonstrukte, deren Ziel es ist, einen Sachverhalt der Realität vereinfachend wiederzugeben. Die modellhafte Vereinfachung ist ein Mittel zur Komplexitätsreduktion.

Wie Aier/Schönherr[353] zeigen, wird im Rahmen der Diskussion der Integration von Anwendungssystemen zur Komplexitätsreduktion auf das Mittel der Modularisierung zurückgegriffen.[354] Die Überlegung der Modularisierung steht zumindest teilweise auch hinter dem Modell zur Integration von CRM-Systemen in betriebliche Anwendungsumgebungen. Einerseits werden logische Funktionalitäts-Cluster im Sinne von CRM-Komponenten betrachtet, andererseits wird gezielt und ausgehend von betriebswirtschaftlichen Überlegungen die Integration innerhalb der Komponenten, zwischen den Komponenten und die Komponenten übergreifend betrachtet. Im Rahmen dieser Arbeit kann nicht allen Gründen für die Integration im Detail nachgegangen werden. Sie fokussiert daher auf funktionale und aufgabenorientierte Gründe der Integration.

Anhand von Fallstudien wird der Grad der Integration gegenüber dem modellhaften Idealzustand untersucht. Ein weiteres Ziel dieser Untersuchung ist es, die Abbildung der erwähnten Konzepte in Architektur und Integrationsinfrastrukturen der Unternehmen nachzuvollziehen und auf ihre Wirkung hin zu untersuchen.

Die Integration von CRM-Systemen und -Komponenten hat Ursachen und Wirkungen und verfolgt keinen Selbstzweck. Die Ursachen sind in der Regel vielfältig, die Wirkungen ebenso. Es erscheint anhand des vorliegenden Untersuchungsgegenstandes nicht sinnvoll zu sein, die Ursache-Wirkungs-Zusammenhänge anhand von Hypothesen und mittels Hypothesenprüfungen zu untersuchen, auch aufgrund der gegebenen

---

[353] Vgl. Aier/Schönherr (2004a).
[354] Vgl. hierzu auch Kapitel 9.4.5.

thematischen Komplexität. Der Verfasser entschied sich somit für eine qualitative Forschung anhand von Fallstudien und forschungsleitenden Fragen. Dies ermöglicht es auch, und das ist einer der Vorteile der qualitativen Forschung, anhand von Fallstudien interessante Lösungen faktisch „wie unter einem Vergrösserungsglas" zu untersuchen und dafür andere weniger interessante Bereiche auszublenden.

Bei den Forschungsfragen wurde versucht, betriebswirtschaftliche und technische Fragestellungen zu koppeln, um die technische Integrationsseite aus einer betriebswirtschaftlichen Sicht zu thematisieren. Dieses Vorgehen wird insbesondere deshalb gewählt, weil Forschungsarbeiten zur Integration ihren Forschungsgegenstand vielfach aus eher technischer Sicht thematisieren, dies möglicherweise auch aus Gründen der raschen technischen Entwicklungen, die sich in diesem Bereich in den letzten Jahren ergaben.[355] Die Problematik der Integration von Anwendungssystemen für das Kundenbeziehungsmanagement in IS-Architekturen besteht gerade darin, dass sie an einer Schnittstelle von betriebswirtschaftlichen und technischen Fragestellungen liegt. Jedoch wird der Untersuchungsgegenstand auch dadurch determiniert, dass er innerhalb der Wertschöpfungskette an der Schnittstelle zwischen Unternehmen und Kunde liegt.

6.3 Vorgehensweise

Die Darstellung der Fallstudien hat in bestimmten modellrelevanten Bereichen sowie in den Bereichen der Architekturfragen eine relativ grosse Tiefe. Das ist gerade einer der Vorteile der Fallstudienfoschung.[356] Deshalb werden auch „nur" vier Fallstudien berücksichtigt.

6.3.1 Untersuchungsverfahren

Aus der Sicht der oben dargestellten forschungsleitenden Fragen lassen sich folgende Anforderungen an das Untersuchungsverfahren nach Eisenhardt ableiten:[357]

- Definition von forschungsleitenden Fragen oder Thesen; Im Falle dieser Arbeit handelt es sich dabei um Forschungsfragen, die aus den Integrationsmodellen abgeleitet werden können

- Auswahl von Fallstudien

---

[355] Eine stark technische Integrationsperspektive vertreten Aier/Schönherr (2004a), Aier/Schönherr (2004b), Kaib (2004), Linthicum (2000), Ruh et al. (2001). Beispiele für eine betriebswirtschaftlichere Sicht auf die Integration sind etwa Mertens (2000), Scheckenbach (1997), Scheer (1990), Scheer 1995).
[356] Vgl. Lamnek (1995), S. 5 ff.
[357] Vgl. Eisenhardt (1989), S. 533.

- Definition auszuwählender unterschiedlicher Erhebungs- oder Datensammlungsmethoden (Triangulation; Vgl. hierzu Kapitel 6.3)
- Kombination qualitativer und quantitativer Daten; Die Erhebung der Fallstudien erfolgte, u.a. aufgrund der Komplexität des Themenbereichs, vorwiegend aufgrund qualitativer Datenerhebungsmethoden. Schwerpunktmässig wurden dafür Interviews eingesetzt
- Analyse der Fallstudien und der dazu verfügbaren Informationen (vgl. hierzu Kapitel 8 und Kapitel 1)
- Iterative Ableitung und Darstellung von Sachverhalten für die untersuchten Forschungsfragen und -modelle
- Suche nach Erklärungen für die (verschiedenen) Ausprägungen der Ergebnisse aufgrund der Befragung
- Vergleich mit (allenfalls konträr argumentierender) Literatur.
- Zusammenführung der Ergebnisse im Sinne einer Schlusswürdigung; Dies umfasst die Validierung der Ergebnisse durch mehrfaches Gegenlesen der Fallstudien durch die Interviewpartner der untersuchten Unternehmen.

Wichtige Fragen bezüglich des Vorgehens mittels qualitativer Fallstudienforschung lauten zusammengefasst nach Yin wie folgt.[358]

- Welche „Fragen" sind den Interviewpartnern zu stellen? Dabei geht es um eine Ableitung von Interviewfragen aus den für die CRM-Integrationsforschung entwickelten Integrationsmodellen. Der Fragebogen ist zu finden in „Anhang 1: Interviewleitfaden zur Erhebung der Fallstudien".
- Welche Daten sind relevant? Dabei geht es um die Verifikation des CRM-Einsatzes und der Integration im Sinne der aufgestellten Modelle. Es stellt sich die Frage, über welche Forschungsarten (Desk Research, Interviews, Beobachtungen) die erforderlichen Daten erhoben werden können. Da schwerpunktmässig auf Interviews gesetzt wird, stehen entsprechend die Fragen des Interviewleitfadens im Vordergrund.
- Welche Daten sind zu sammeln und wie sind die Daten zu erheben? Es wurde schwerpunktmässig Literatur zu den Fallstudien gesucht. Dieses Material wurde ergänzt mit dem Interviewmaterial. Zusätzliches Material stammte von den Interviewpartnern.

---

[358] Vgl. Yin (1990).

Methodik der Fallstudienforschung

- Wie sind die Daten zu analysieren? In erster Linie geht es darum, eine Darstellung des CRM-Einsatzes und der CRM-Integration im Sinne der dargestellten Modelle zu erarbeiten. Zusätzlich war zu überprüfen, ob die entwickelten Modelle brauchbar sind.

Die Untersuchung setzt somit auf ein qualitatives und nicht auf ein quantitatives Verfahren. Die Interviews erfolgen mittels des Interviewleitfadens, der auf den Forschungsfragen und den erarbeiteten Integrationsmodellen aufbaut. Zudem wurden auf Basis der ersten Interviews Fallstudien geschrieben, die danach den betreffenden Mitarbeitern ein erstes Mal zum Gegenlesen zugestellt wurden. Falls erforderlich wurde darauf ein zweites Interview gemacht und die Fallstudiendarstellung mit den Interviewten auf deren Richtigkeit geprüft oder weitere Vertiefungen von interessierenden Sachverhalten vorgenommen.

Eine weitere Begründung für das qualitative Vorgehen liegt darin, dass das komplexe Thema der Integration mehrdimensional ist (organisatorisch, technisch). Bei quantitativen empirischen Untersuchungen stehen in der Regel zwar auch komplexe Sachverhalte zur Analyse an, jedoch resultieren aufgrund der Befragungen auf Basis von Skalenniveaus für die vorliegende Untersuchung wenig ergiebige Aussagen. Bei Face-to-Face-Interviews konnte versucht werden, Antworten mündlich so lange auszudiskutieren, dass präzisere und konkretere Aussagen zur Integration aus Sicht des CRM resultierten.

Zusammenfassend dargestellt erfolgt die empirische Forschung somit auf zwei Ebenen. Auf einer ersten Ebene erfolgt Desk Research und die Zusammenfassung von bereits erarbeiteten Fallstudien und empirischen Resultaten zur Integrationsproblematik für das betrachtete Unternehmen. Zudem werden in einigen Fällen auch Unternehmenspräsentationen der betrachteten Unternehmen zur Integration von CRM-Systemen an Fachkonferenzen beigezogen, da deren Inhalte in Teilen die Bereiche des hier behandelten Themas abdeckten. Die Begründung für die Wahl dieser ersten Ebene lautet wie folgt:

- Dadurch lassen sich Gründe der Integration aus bereits bestehenden (empirischen) Dokumenten im Themengebiet ableiten.

- Zudem kann die Auswertung von Dokumenten dazu führen, dass bereits intendierte Fragen ad hoc oder im Interviewleitfaden weiter vertieft werden können.

- In verschiedener Art sollen zudem Vergleiche zwischen den untersuchten Unternehmen angestellt werden können. Dies soll wo möglich anhand von Tabellen erfolgen.

Diese erste Ebene bezweckt die Zusammenstellung und Zusammenfassung relevanter Resultate empirischer Forschung, insbesondere solcher, die bereits in Fallstudienform vorhanden sind. Auf der zweiten Ebene werden die Fallstudien zu den relevanten Unternehmen aufgrund der Interviews erstellt. Die Fragen für die Interviews wurden in einem Interviewleitfaden gefasst, der auf den Modellen im Theorieteil dieser Arbeit beruht. Die Untersuchung erfolgt wie bereits erwähnt aus drei verschiedenen Richtungen:

- Strukturierte Interviews mit gleichen Fragen mit unterschiedlichen Rolleninhabern in den Unternehmen

- Studium weiterer Dokumente zur Evaluation der Antworten der Interviewten

- Mehrfache Reviews durch die Interviewpartner zur Autorisierung und zur Objektivierung der beschriebenen Sachverhalte.

Da drei Unternehmen der gleichen Branche angehören, konnte ausserdem über Quervergleiche in einzelnen Bereichen eine Validierung erfolgen.

6.3.2 Methoden zur Steigerung der Objektivität der Untersuchung

In vielen Fällen geniessen quantitative Umfragen bezüglich Verallgemeinerbarkeit, bezüglich Reliabilität und bezüglich Validität der Ergebnisse grösseres Gewicht als die qualitative Forschung. Jedoch können auch bei Fallstudien valide Ergebnisse erwartet werden, die jedoch eher zur Theoriebildung beigezogen werden können, als dass sie verallgemeinerbar sind.[359]

Eine Methode zur Steigerung der Objektivität der qualitativen Forschung ist die Triangulation.[360] Darunter wird die Untersuchung eines Forschungsgegenstandes von unterschiedlichen Seiten, über unterschiedliche Personen und mit unterschiedlichen Forschungsmethoden verstanden.

Eine Triangulation erfolgte im Rahmen dieser Arbeit einerseits dadurch, dass, sofern möglich, in den Unternehmen mündliche Interviews mit IT-Architekten und CRM-(Technologie-)Verantwortlichen, aber auch mit Fachleuten der betriebswirtschaftlichen Seite des Kundenbeziehungsmanagements oder CRM-Projektleitern gemacht wurden. In den Interviews wurden zur Verständigung u.a. Modelldarstellungen aus

---

[359] Vgl. Mayring (2002), S. 103 ff., Strauss/Corbin (1990).
[360] Vgl. dazu und zum Folgenden Bonoma (1985), Jick (1979), Yin (1990). Jick unterscheidet eine „Within-Triangulation" und eine „Between-Triangulation". Ersteres umfasst die Triangulation zwischen verschiedensten Datenquellen (Z.B. Dokumentationen, Befragungen, Experimente). Zweiteres umfasst die Triangulation anhand unterschiedlicher Forschungsmethoden (Z.B. Fallstudien, Experteninterviews, Literatur). Beide Arten von Triangulationen kommen hier zum Einsatz, schwerpunktmässig indes die Within-Triangulation.

dem Theorieteil dieser Arbeit präsentiert. Die Aussagen der Interviewpartner wurden nachträglich konfrontiert mit schriftlichen Dokumenten wie wissenschaftlichen Arbeiten[361] und Präsentationen. Im Falle der Fallstudie sunrise wurde in einem bestimmten Bereich auch auf eine Beobachtung gesetzt.[362] Zudem wurden den Befragten zu den Kernthemen der Untersuchung, sofern möglich und sinnvoll, dieselben Fragen zur Beantwortung vorgelegt. Die Beantwortung der Fragen erfolgte mit wenigen Ausnahmen mündlich und wurde vom Verfasser handschriftlich dokumentiert.

Durch die erwähnten Aspekte der Triangulation lässt sich die Unschärfe, wie sie der Fallstudienforschung im Vergleich zur quantitativen Forschung häufig vorgeworfen wird, zwar nicht ganz ausschliessen.[363] Jedoch kann durch die mehrfache Betrachtung des gleichen Sachverhalts aus unterschiedlichen Perspektiven oder mittels unterschiedlicher Methoden sichergestellt werden, dass ein gewisses Mass an Objektivität in den für die Untersuchung relevanten Bereichen entsteht.

Wie erwähnt erfolgt die Triangulation aus unterschiedlichen Richtungen (vgl. hierzu Abbildung 62 und 63). Einerseits erfolgte sie über unterschiedliche befragte Personen zu bestimmten Sachverhalten, womit die sogenannte Interbeobachter-Reliabilität gewährleistet werden kann. Dies gilt insbesondere für das analytische und das operative CRM im Bereich des Kampagnenmanagements. Andererseits erfolgte die Untersuchung über unterschiedliche befragte Organisationseinheiten in den Unternehmen. In der Regel wurden Mitglieder von betriebswirtschaftlichen und technischen Organisationseinheiten berücksichtigt. Dies ergab die Möglichkeit, Antworten aus beiden Richtungen auf ihre Schlüssigkeit zu überprüfen.

Eine weitere Triangulation erfolgte durch die Berücksichtigung von (unternehmensexternen oder -internen) Dokumenten, sei es von den Unternehmen selbst oder anlässlich von Vorträgen zu für diese Arbeit relevanten Themen, die von Vertretern der Unternehmen an Veranstaltungen gehalten wurden. Zu diesen Dokumenten gehört bezüglich Credit Suisse und UBS auch eine Dissertation[364], in der Fallstudien (zum MCM) verfasst wurden, die für die vorliegende Arbeit relevant waren.

---

[361] In den schriftlichen Arbeiten wurden ebenfalls Fallstudien zu den betreffenden Unternehmen gefunden.
[362] Vgl. dazu die Fallstudie sunrise (in Kapitel 7.2.2.4) und darin spezifisch das IVR-Routing der Kunden im Contact Center. Es wurde zu diesem Zweck auf die betreffende Telefonnummer angerufen und alle „IVR-Pfade" systematisch durchgegangen und dokumentiert.
[363] Vgl. zur Triangulation Denzin (1970), Köckeis-Stangl (1980), Lamnek (1995), S. 2 und S. 395 ff.
[364] Vgl. dazu die entsprechenden Literaturhinweise in den Fallstudien.

Triangulations-kriterium \ Fallstudie	Credit Suisse	sunrise	UBS	ZKB
Triangulation mittels mehreren Fallstudien-Erhebungen (u.a. in Lizentiats- und Diplomarbeiten)		Zwei Lizentiats- und eine Diplomarbeit u.a. zum Regelkreis der Marktbearbeitung sowie zur Integration des analytischen und operativen CRM.	Fallstudie zu analytischem CRM für eigene Lizentiatsarbeit in den Jahren 1999/2000.	Erarbeitung einer CRM-Fallstudie für ein zur Publikation bereit stehendes Buch zum CRM des Verfassers dieser Arbeit.
Triangulation durch Beiträge in der Literatur	Diverse Fallstudien und Buchbeiträge zum CRM in der Credit Suisse (vgl. entsprechende in Fallstudie gegebene Literaturhinweise).			
Triangulation durch Unterlagen in Vorträgen an Konferenzen	Vortrag an Anwenderforum St. Gallen zu Management des Regelkreises der Marktbearbeitung (vgl. in Fallstudie gegebene Literaturhinweise).	Vortrag an Anwenderforum St. Gallen zu strategischem CRM bei sunrise (vgl. in Fallstudie gegebene Literaturhinweise).	Vortrag am Financeforum Zürich zum analytischen CRM bei der UBS durch Herr Rüegge (vgl. in Fallstudie gegebene Literaturhinweise).	Vortrag am EAI-Forum Schweiz und nachträgliches Gespräch mit dem Vortragenden auf Basis des Interviewleitfadens.
Triangulation durch andere Dissertation	Dissertation Kaufmann zum MCM im Finanzdienstleistungsbereich (vgl. in Fallstudie gegebene Literaturhinweise).		Dissertation Kaufmann zum MCM im Finanzdienstleistungsbereich (vgl. in Fallstudie gegebene Literaturhinweise).	
Triangulation durch Interviews mit verschiedenen Rolleninhabern	Strategisches MCM, Multi-Channel-Plattform Projekt-Verantwortlicher, FrontNet Projektverantwortliche, Architekturverantwortlicher, Analytisches CRM (Loyalty Based Management).	Strategisches CRM, Projektmanagement analytisches und operatives CRM, Chef-Architekt.	Verantwortlicher Analytisches CRM, Projektleiter Operatives CRM, Architekt, Architekturverantwortliche für Client Advisor Workbenches.	Vertriebssteuerung und interner IT-Account-Manager.

Abbildung 62: Triangulationsarten dieser Arbeit – Teil I

Ferner wurden im Verlauf der Zeit eine Reihe von nicht dokumentierten Gesprächen mit diversen ehemaligen oder bestehenden Mitarbeitern der Unternehmen geführt, die nicht direkt mit dem CRM-Thema und dieser Arbeit zu tun hatten. Diese eher unstrukturierten Interviews dienten letztlich dazu, die erarbeiteten Grundlagen und Darstellungen aus weiteren Sichtweisen zu verifizieren und zu validieren. Natürlich war seitens des Verfassers immer wieder der Versuch vorhanden, Einzelheiten zur CRM-Integration zu erfahren, was vielfach im Sinne von Bestätigungen oder Nicht-Bestätigungen der Fall war.

Methodik der Fallstudienforschung

Auch wenn ein Quervergleich zwischen den Fallstudien erst nach Abfassung derselben intendiert war, konnte auch durch die laufende parallele Arbeit an den Fallstudien sichergestellt werden, dass der Fokus der Fallstudien und deren Erarbeitungsart richtig war. Mittels der im Interviewleitfaden dargestellten Fragen konnten die für die Arbeit relevanten Sachverhalte zuverlässig erhoben werden.

Die Triangulation erfolgte somit bezüglich der Fallstudien des Dissertationsvorhabens zusammengefasst wie in den Abbildung 62 und 63 dargestellt.

Fallstudie / Triangulationskriterium	Credit Suisse	sunrise	UBS	ZKB
Triangulation durch Interviews mit verschiedenen Organisationseinheiten	Fünf verschiedene Organisationseinheiten.	Drei verschiedene Organisationseinheiten.	Drei verschiedene Organisationseinheiten.	Zwei verschiedene Organisationseinheiten. Mit einem Vertreter der Architekturabteilung wurde ein nicht dokumentiertes Interview nach dem Vortrag am EAI-Forum geführt.
Anzahl Interviews und Zahl der Reviews	Total sieben Interviewpartner, durch die bis zu dreifache Reviews erfolgten.	Interviews mit drei Personen sowie eine dreifache Review durch einen Interviewpartner.	Fünf Interviewpartner sowie einfache bis dreifache Review durch die Interviewpartner.	Zwei Interviewpartner, ein oder zweimalige Review durch Interviewpartner.
Reviews Fallstudien im Hinblick auf Logik und Schlüssigkeit durch weitere Personen	Assistent IWI sowie Korrektor.	Assistent IWI sowie Korrektor.	Assistent IWI sowie Korrektor.	Assistent IWI sowie Korrektor.
Abbildung der Fallstudie auf das CRM-Integrationsmodell	Ja.	Ja.	Ja.	Ja.

Abbildung 63: Triangulationsarten dieser Arbeit – Teil II.

6.3.3 Auswahl und Auswahlkriterien für die Fallstudien

Das Ziel war es, die Resultate der empirischen Studie zur Integration des Kundenbeziehungsmanagements in Anwendungsumgebungen der komplexen Materie wegen in Fallstudien darzustellen. Es war nicht das Ziel, eine Generalisierbarkeit der Erkenntnisse ausgehend von einem einzelnen Fall oder allen betrachteten Fällen zu erreichen. Gelegentlich können zudem untypische Fälle gewisse Sachverhalte besser illustrieren als typische Fälle. Das Ziel ist ferner, das Beispielhafte aus den Fallstudien herauszuarbeiten. Zentral für die Definition der Fälle waren die folgenden Kriterien: Einfache Erreichbarkeit, Auskunftsbereitschaft der Kontaktpersonen sowie die Eignung für die eigene Untersuchung.³⁶⁵ Das Suchen von auskunftsbereiten Personen kann bewirken, weil vielleicht gewisse Personen nicht bereit sind, Auskunft zu geben, dass die Schwerpunkte der Fallstudien trotz des gleichen Erhebungs- oder Fragenrasters unterschiedlich sein können. Daraus kann auch abgeleitet werden, dass unter Umständen auch die Fallstudien so ausgewählt werden können, dass sie unterschiedliche Schwerpunkte der interessierenden Sachverhalte abdecken können. Ein Einsatz von CRM-Systemen sowie deren Integration mussten realisiert sein oder auf dem Weg der Realisation sein.

Repräsentativität ist, auch aufgrund der geringen Anzahl Fallstudien, damit nicht zu erreichen. Jedoch können typische Sachverhalte heraus gearbeitet werden, welche bei starker Übereinstimmung unter den Fallstudien in künftige quantitative Studien zur CRM-Integration einbezogen werden können. Im vorliegenden Untersuchungsbereich ist eine repräsentative Untersuchung, insbesondere wegen der Komplexität des Themas, nur schwer erreichbar. Dazu kommt, dass die Herangehensweise an das Thema der Integration im Front Office und zwischen Front- und Back-Office ausserordentlich unterschiedlich sein kann, etwa weil die IT-Strategie verschiedener Unternehmen unterschiedlich ist. Die IT-Strategie hat auf die Integrationsfragestellungen je nach Betrachtungsweise eine mehr oder weniger dominante Auswirkung, die unter Umständen Schlussfolgerungen für Hinweise in unterschiedlichen Richtungen zulassen.

Das Thema der CRM-Integration ist, bezüglich der Auskunftsbereitschaft der Interviewpartner, insbesondere deshalb nicht unproblematisch, weil es einen starken Einfluss auf die Wettbewerbfähigkeit des Unternehmens hat und somit allenfalls Restriktionen bezüglich der Auskunftsbereitschaft bestehen. Zudem waren nicht bei allen Unternehmen genau die gleichen Interviewpartner hinsichtlich Rolle und Funktion ermittelbar und erreichbar. Dadurch ergaben sich unterschiedliche Schwerpunkte in den Fallstudien. Auch variierte die Tiefe, mit der innerhalb der Interviewpartner über den betreffenden Untersuchungsgegenstand oder Themenkomplex gesprochen werden konnte. Wichtig war für die Auswahl der Fallstudienunternehmen auch, dass in unterschiedlichem Masse bereits Fallstudienmaterial über die Unternehmen vorhanden war, das miteinbezogen werden konnte, etwa Fallstudien von Diplomanden.

Es liegt, wie bereits weiter oben angesprochen, entsprechend dem Ansatz des Diversity Sampling³⁶⁶ und in Anbetracht der nicht überall gleichen Auskunftspersonen Diversität bezüglich der Schwerpunkte der verschiedenen Fallstudien vor. Diese kam teilweise auch dadurch zustande, dass aufgrund der Fülle des Materials Kürzungen

---

[365] Vgl. dazu und zum Folgenden Stake (1995).
[366] Vgl. Stake (1995).

der Fallstudien vorzunehmen waren und bezüglich der theoretischen Modelle besonders bemerkenswerte Aspekte herauszuarbeiten waren. Es wäre auch gar nicht möglich gewesen, fachlich und rollenspezifisch überall die gleichen Interviewpartner zu finden, da die Organisationen der betroffenen Unternehmen teilweise stark unterschiedlich sind. Aufgrund der unterschiedlich weit gehenden Integrations-Lösungen ist es möglich zu zeigen, inwiefern die Praxis theoretische Konstrukte bewusst oder nicht bewusst berücksichtigt.

In Anlehnung an die theoretischen Aspekten der Fallstudienauswahl gilt für diese Arbeit das Folgende:

- Gesucht waren Fallstudien im Dienstleistungsbereich

- Ausgewählt wurden drei Unternehmen der Finanzdienstleistungsbranche und ein Unternehmen der Telekommunikationsbranche

- Untersucht wurden sowohl grosse wie mittlere Unternehmen. Dies auch deshalb, weil bei mittleren und grösseren Unternehmen im Gegensatz zu Kleinunternehmen eine grössere Wahrscheinlichkeit dafür besteht, dass das Integrationsproblem zu einem durch entsprechende Organisationseinheiten abgedeckten Thema im Unternehmen wird, was für die Befragung zentral war. Zur Grösse der Unternehmen kann weiter Folgendes vermerkt werden: UBS und Credit Suisse können als Grossunternehmen bezeichnet werden, sunrise und ZKB sind als mittlere Unternehmen zu bezeichnen

- Gesucht waren Unternehmen, welche die CRM-Lösung selbst erstellten und Unternehmen, welche eine CRM-Lösung einkauften.

Für die Auswahl der Fallstudien waren weiter folgende Kriterien relevant:

- Unterschiedliche geografische Verbreitung und Verteiltheit (insbesondere der Front-Office-Einheiten etwa gegenüber den Back-Office-Einheiten) des Unternehmens bezüglich der Marktbearbeitung und der Bearbeitung der Kunden

- Unterschiedliche zeitliche Erreichbarkeit des Unternehmens aus Kundensicht

- Unterschiedliche Arten der Kundenbeziehung, d.h. Firmenkunden (B2B), Privatkunden (Retail; B2C) und andere Kundengruppen sowie Mix unterschiedlicher Kundengruppen in der Unternehmung

- Unterschiedliche Zuordnungen von Kundenbeziehungsaufgaben zu organisatorischen Einheiten

- Breite der Kontaktmedien, die für die Kundenbeziehung zur Verfügung gestellt werden
- Zu untersuchende Unternehmen setzen eigene Architekturabteilungen ein
- Zu untersuchende Unternehmen lassen die Integration nicht (nur) von spezialisierten Beratern oder Dienstleistern vornehmen.

6.3.4 Ableitung des Fragebogens aus Forschungsfragen und -modellen

Aufgrund der theoretischen Erörterungen zur Integration im CRM-Umfeld, der Diskussion der verschiedenen Integrationssachverhalte in Form von CRM-Integrationsmodellen sowie der geschilderten Untersuchungsfragen und -ziele wurde ein Interviewleitfaden generiert. Dieser betraf die folgen Themen: Betriebswirtschaftliche Implementierung des CRM, CRM-Komponenten-Einsatz sowie Einsatz von Integrationsmechanismen und -infrastrukturen für das CRM.[367] Die Fragen wurden in unterschiedliche Kategorien eingeteilt, welche die Themenbereiche Strategie, Aufbau- und Ablauforganisation sowie Technologie abdeckten.

6.4 Inhaltliche Schwerpunkte der Fallstudien und Fallstudienstruktur

Für alle untersuchten Unternehmen trifft zu, dass sie CRM-Systeme einsetzen, was die wichtige Voraussetzung für die Abfassung der Fallstudien auf Basis der gleichen Fragestellung war. Die Schwerpunkte der Fallstudien lauten im Einzelnen:[368]

- Credit Suisse: Der Schwerpunkt der Fallstudie liegt auf der CRM-Implementierung sowie der IT- und Service-Integration aus Sicht einer heterogenen IT-Umgebung. Weiter werden darin die Front-Office-Integration und das Konzept des Regelkreises der Marktbearbeitung untersucht. Zudem gelangen strategische Aspekte etwa bezüglich des MCMs und des Aufbaus einer Multi-Channel-Plattform (MCP) zur Darstellung. Der Schwerpunkt der Interviews lag im Umfeld des analytischen und des operativen CRM und damit des Regelkreises der Marktbearbeitung. In der Fallstudie wurde auch die Architekturseite vertieft dargestellt. Innerhalb derselben wurden die unterschiedlichen Applikationen, die aus Front-Office-Sicht zu koordinieren sind, dargestellt und Architekturkonzepte untersucht, welche für die Integration dieser Applikationen auf verschiedenen Ebenen eingesetzt werden.

---

[367] Vgl. hierzu Anhang 1: Interviewleitfaden zur Erhebung der Fallstudien".
[368] Vgl. zu Schwerpunkten oder wesentlichen Unterschieden der Fallstudien auch die tabellarischen Auswertungen von Abbildung 118 bis Abbildung 122 ab Seite 350.

- sunrise: Der Schwerpunkt der Fallstudie liegt auf den architektonischen Aspekten der Front- und Back-Office-Integration. Im Vordergrund standen in der Untersuchung die Implementierung der CRM-Komponenten sowie am Rande die Mehrkanalarchitektur und Vorgehensweisen der IT-Integration. Das Unternehmen hat schon aufgrund des technischen Produktportfolios ein sehr komplexes IT-Umfeld, was hohe Integrationsanforderungen an Front- und Back-Office-Applikationen ergibt. Zudem kommt die Integration von Front-Office-Applikationen zu Applikationen für den Netzbetrieb zu Fix- und Mobilfunknetzen hinzu, wobei als Mittler Billing-Systeme auftreten. Ausserdem ist das Unternehmen sunrise einer starken Wettbewerbsdynamik ausgesetzt, wie dies generell im Telekommunikationssektor der Fall ist. Dies macht die Untersuchung der Integration des Regelkreises der Marktbearbeitung hinsichtlich Zeit- und Automatisierungsaspekten (im operativen und analytischen CRM) besonders interessant. Ein Hauptaspekt der Untersuchung war aufgrund der Interviewpartner die Einbettung des CRM in die Gesamtarchitektur. Ferner konnte ein Vorgehensmodell für die Definition von Integrationsfällen erhoben werden. Weitere thematisierte Aspekte in der Fallstudie betrafen die Wertschöpfungsaspekte und deren Integrationsanforderungen.

- UBS: Der Schwerpunkt der Fallstudie liegt auf der Front-Office-Integration und dem Regelkreis der Marktbearbeitung. Schwerpunktmässig wurden Interviews im Umfeld des analytischen und des operativen CRM geführt. Vertieft wurden in der Fallstudie auch architektonische Aspekte der Front-Office-Integration. Zudem gelangten ausgewählte strategische CRM-Aspekte zur Diskussion. Spannend waren die unübersehbaren Parallelen zur Credit Suisse, aber auch die Differenzen zwischen den beiden Unternehmen primär in den Bereichen des Architekturaufbaus.

- ZKB: Der Schwerpunkt der Fallstudie liegt im Bereich der technischen Integration und den Auswirkungen der Wertschöpfungsorientierung auf die Front- und Back-Office-Integration. Dies war deshalb der Fall, weil kein weiterer Interviewpartner auf der betriebswirtschaftlichen Seite des Unternehmens bereit war, in der erforderlichen Weise parallel zur technischen Seite Auskunft zu geben. Zudem ist für die Grösse der Unternehmung sowie bezüglich der Bedürfnisse im Bereich der technischen Integration insbesondere die Einfachheit der Lösung bestechend, ausgehend von der die verschiedenen zentralen Integrationsbedürfnisse besonders beispielhaft ablesbar sind und entsprechenden Geschäftsvorfällen zugeordnet werden können.

Die Fallstudien sind nicht deckungsgleich. Eine Deckungsgleichheit war indes auch nicht intendiert. Dies liegt u.a. auch an den unterschiedlichen Grössen der

Unternehmen und den unterschiedlichen Arbeitsteilungen bezüglich der in den Fallstudien dokumentierten Themen. Diese Ungleichheiten spiegelten sich auch bereits in den Interviews und deren thematischen Vertiefungen.

Im Hintergrund der Fallstudienerhebung spielte auch die Frage eine Rolle, ob die Realisation der betriebswirtschaftlichen und technischen Integration zusammen oder getrennt voneinander zu betrachten ist. Insbesondere die Architekturuntersuchung im Hinblick auf die erwähnten Modelle war diesbezüglich ergiebig. Sie erfolgt in unterschiedlicher Breite oder Tiefe in den Fallstudien. Im Vordergrund stand dabei – immer in Anlehnung an die Front- und Back-Office-Integration – nicht die Darstellung technischer Details, sondern jene der Struktur im Hinblick auf die zu untersuchenden Modelle, die Architektur, das Integrationsvorgehen sowie die Entwicklungspfade der Integration und entsprechender methodischer Sachverhalte.

Aufgrund der unterschiedlichen Schwerpunkte der Fallstudien war es nicht möglich, ein einheitliches Raster für die Darstellung der Fallstudien zu finden. Indes richtet sich die Darstellung der Fallstudien in Analogie zu den Fragen im Fragebogen ungefähr an den folgenden Inhaltsbereichen aus: Firmenporträt; Tätigkeit, Vertriebsorganisation (und Produktportfolio); Aufbau und Implementierung des analytischen CRM; Aufbau und Implementierung des operativen CRM; Aufbau und Implementierung des MCMs; Integration des Regelkreises der Marktbearbeitung; Technologische Aspekte der Integration der CRM-Komponenten und der Back-Office-Systeme sowie zwischen diesen; Zusammenfassung der wesentlichen Erkenntnisse oder des Nutzens der CRM-Integration.

7 Fallstudien

Die Fallstudien wurden Januar bis März 2004 aufgenommen. Der Stand der Erhebung wurde im Hinblick auf dieses Datum eingefroren. Es erfolgte seit März 2004 also keine Anpassung der neueren Entwicklungen in den Fallstudien-Unternehmen. Die Hauptreviews waren bis Ende April 2004 abgeschlossen. Kurz vor der Publikation der Arbeit erfolgte ein Final Review mit dem ausdrücklichen Vermerk, dass die Fallstudien den Stand vom Frühjahr 2004 haben. Eine laufende Nachführung der Fallstudien um die Entwicklungen, die sich in den Unternehmen in der Zwischenzeit ergaben, schien auch deshalb nicht sinnvoll, weil es bei der Darstellung der Fallstudien nicht auf grösstmögliche Aktualität ankam, sondern auf die Art, wie die CRM-Integration erfolgte. Dazu war die laufende Aktualisierung nicht erforderlich.

7.1 Fallstudie Credit Suisse

Die Fallstudie zum CRM und dessen Integration bei der Credit Suisse ist so aufgebaut, dass nach einem kurzen Firmenporträt sowohl analytisches, operatives und kollaboratives CRM (MCM) und ihre technische Implementierung dargestellt werden. Am Schluss wird auf die IT-Architektur eingegangen, mittels der u.a. die CRM-Applikationen in die bankbetriebliche Gesamtarchitektur integriert werden.

Unter anderem wird in der Theorie, aber auch in dieser Fallstudie, auf das Straight Through Processing eingegangen. Da es anhand der Credit Suisse möglich war, dieses Konzept präziser zu untersuchen, dies aber die Fallstudie zu umfangreich hätte werden lassen, wurde dieser Textteil in der Arbeit in „Anhang 3: Straight Through Processing aus Sicht von Credit Suisse Operations" dargestellt.

7.1.1 Firmenporträt

Die Credit Suisse wurde 1856 in Zürich als Schweizerische Kreditanstalt gegründet und ab 1989 als CS Holding weitergeführt.[369] 1996 wurde sie in die Credit Suisse Group umgewandelt. In jüngerer Zeit wurden u. a. 1990 die Bank Leu, 1993 die Schweizerische Volksbank und 2000 Donaldson, Lufkin & Jeanrette akquiriert. Die Akquisitionsliste umfasste in der Schweiz neben den erwähnten Finanzdienstleistern auch die Claridenbank, die Bank Hoffmann, die Neue Aargauer Bank (NAB) und die Winterthur Versicherungen. Der Finanzdienstleister Credit Suisse gehört zur Credit Suisse Group, welcher auch die Credit Suisse First Boston und seit 1997 die Winterthur Versicherung angehören. Die Credit Suisse Group ist ein global tätiges

---

[369] Vgl. zum Folgenden bis und mit Kapitel 7.1.2.2 in weiten Teilen Kaufmann (2002). Weitere Quellen sind in den entsprechenden Fussnoten aufgeführt.

Finanzdienstleistungsunternehmen mit Hauptsitz in Zürich.[370] Im Januar 2002 straffte der Konzern seine Organisationsstruktur und schuf zwei Geschäftseinheiten: die Credit Suisse Financial Services, damals mit CSFS bezeichnet, beinhaltend das schweizerische Private Banking und das Retail Banking[371], sowie die Credit Suisse First Boston (CSFB), beinhaltend das Investmentbanking und das Asset Management (Vgl. Abbildung 64).[372] Diese Organisation wurde per 2004-07-13 derart geändert, dass unter dem Dach der CSG (Credit Suisse Group) drei eigenständige Unternehmenseinheiten geschaffen wurden (vgl. Abbildung 64).[373] Es handelt sich dabei um die Credit Suisse (umfassend Private Banking Schweiz, Retail Banking Schweiz), die Credit Suisse First Boston (umfassend Investmentbanking und Asset Management) und die Winterhur (umfassend Lebens- und Nichtlebensversicherung).

CSG Credit Suisse Group		
Credit Suisse	**Credit Suisse First Boston**	**„Winterthur"**
Private Banking Vermögensverwaltung für wohlhabende Privatkunden in der Schweiz	Investmentbanking Wertschriftengeschäft	Lebens- und Nichtlebens-Versicherung
Retail Banking Spar- und Kreditgeschäft in der Schweiz	Asset Management Vermögensverwaltung für Privatkunden im Ausland und Profianleger	

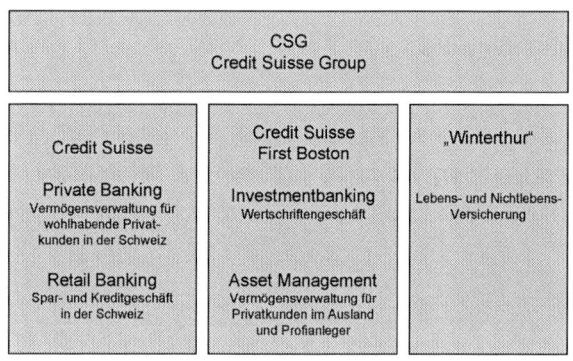

Abbildung 64: Organisation der Credit Suisse Group.[374]

Das Kundensegment Private Banking hat weltweit 640'000 Kunden. Die Einheit Corporate & Retail Banking erbringt weltweit Dienstleistungen für zwei Millionen Kunden. In der Schweiz ist die Bank an 220 Standorten vertreten. Der Bereich Corporate & Retail Banking verwaltet Vermögen in der Höhe von ca. 67 Mia. CHF. Über 340'000 der zwei Millionen Kunden in der Schweiz sind Online-Kunden. 21% aller schweizerischen KMUs haben eine Bankbeziehung mit der Credit Suisse. Für das Segment der Firmenkunden stehen in der Schweiz über 900 Berater und Spezialisten in 34 Corporate Centers zur Verfügung. Die Credit Suisse Group ist zudem in ca. 50 Ländern weltweit vertreten.

Die folgende Gliederung in Kundensegmente ist bereits im Organigramm ersichtlich: Retail Banking (rund 1,7 Mio Kunden in der Schweiz), Private Banking (Wealth

---

[370] Vgl. Credit Suisse (2002a), ohne Seitenangabe.
[371] Die Credit Suisse Financial Services (CSFS) ist seit 2004 in Credit Suisse umbenannt worden.
[372] Die folgende Fallstudie bezieht sich ausschliesslich auf die Credit Suisse.
[373] Vgl. dazu und zum Folgenden Eiselin (2004), S. 25.
[374] Vgl. Eiselin (2004), S. 25. Es handelt sich dabei um das Organigramm gültig ab 2004-07-13.

Management; rund 640'000 Kunden weltweit) sowie Corporate Banking (rund 100'000 Kunden weltweit). Die weitere Segmentierung dieser drei Kundensegmente erfolgt primär aufgrund der Rechtsnatur (Rechtsform) und der Tätigkeit des Kunden, wobei zwischen Privatkunden (natürliche Person) und Firmenkunden (juristische Person) unterschieden werden kann. In zweiter Linie erfolgt eine weitere Segmentierung vor allem nach den Kriterien Bruttoanlagevermögen und Produktenutzung. Diese weitere Segmentierung bestimmt die Differenzierung in Private-Banking-Kunden und Retail-Banking-Kunden.

Retail Banking

Über das Retail Banking werden in der Schweiz domizilierte Privatkunden mit weniger als CHF 250'000.- Anlagevermögen oder mit einer Hypothek von weniger als CHF 1'000'000.- betreut. Der Kundenstamm des Retail Banking wird primär aufgrund des Anlagevermögens in weitere Segmente unterteilt. Kunden mit einem Anlagevermögen von mehr als CHF 50'000.- werden durch einen persönlichen Berater in einer Geschäftsstelle vor Ort betreut. Den übrigen Kunden können von einem Contact Center bei Bedarf Kundenberater für spezifische Fragen zugewiesen werden.

Private Banking

Im Private Banking werden Kunden mit einem Anlagevermögen von mehr als CHF 250'000.-, einer Hypothek von mehr als CHF 1'000'000.- sowie im Ausland domizilierte Kunden und Kunden mit spezifischen Anlagebedürfnissen betreut. Jeder Kunde im Private Banking verfügt über einen persönlichen Kundenberater. Bei Private-Banking-Kunden steht der persönliche Kontakt zu den Kunden stark im Zentrum. Die Berater haben wiederum abgestuft nach Gewicht der Kunden unterschiedlich viele Kunden zu betreuen. Vielfach sind Private-Banking-Kunden nicht anschreibbar und noch weniger per Email erreichbar, etwa weil der Kunde keine schriftliche Korrespondenz wünscht.

Corporate Banking

Firmenkunden werden im Corporate Banking betreut. Die weiteren Segmentierungskriterien im Corporate Banking lauten etwa auf Branche, Firmengrösse und Kreditvolumen. Dies ergibt die folgenden Teilbereiche:[375]

- F2: Grossunternehmen, Branchenführer
- F3: Nationale und regionale Firmen

---

[375] Auf das im Folgenden fehlende F1 darf nicht weiter eingegangen werden.

- F4: Kleinere und mittlere Unternehmen mit Anlage- und/oder Kreditbedarf
- F5: Übrige Kleinunternehmen
- Weitere, branchenspezifische Segmente.

Die Firmenkunden werden je nach Segment persönlich vor Ort oder aus einem spezialisierten Contact Center für Firmen heraus, dem so genannten Business Center, betreut. Mailings machen aus Marketingsicht hier keinen Sinn, weil es fast unmöglich ist, die teilweise sehr komplexen Strukturen von Firmenkunden – mehrere Ansprechpartner mit unterschiedlichen Rollen und Berechtigungen – adäquat in Informationssystemen abzubilden und per Email oder Briefpost die richtigen Entscheidungsträger für die eigenen Anliegen zu adressieren.

Die Credit Suisse spricht in Zusammenhang mit der Segmentierung auch von einer Geschäftsmodellzuordnung. Zum Geschäftsmodell gehört u.a. die Kombination von Kontaktmedien, die dem Kunden zur Verfügung stehen. Die weitere Differenzierung erfolgt mittels der angesprochenen Regelwerke. Kunden werden Kundenberatern im entsprechenden Informationssystem sichtbar zugeordnet. Dadurch wird bestimmt, welcher Betreuungseinheit der Kunde angehören soll. Die Verkaufsorganisation ist auf die Kundenbedürfnisse ausgerichtet. Mit speziellen Prozessen wird sichergestellt, dass Kunden, die einen Segmentswechsel erfahren (Up- oder Downgrading), auch in die vorgesehene segmentsspezifische Betreuungseinheit transferiert werden, wobei nicht jeder Segmentswechsel auch einen Betreuungswechsel zur Folge haben muss.

7.1.2 CRM und dessen Unterstützung durch Informationssysteme

Im Folgenden wird auf die für die Credit Suisse relevanten Informationssysteme des Kundenbeziehungsmanagements eingegangen. Es handelt sich dabei um das analytische CRM, das der Organisationseinheit für das Loyalty Based Management (LBM) zugeordnet ist, das operative CRM (Applikation FrontNet; von der Credit Suisse selber entwickelte operative CRM-Lösung), das den operativen Beratungs- und Verkaufsorganisationseinheiten zugeordnet ist, sowie die Multi-Channel-Plattform (MCP), welche unternehmens- und segmentübergreifend zum Einsatz gelangen soll.

Bezüglich der Kanalintegration hat die Credit Suisse in der Absicht, in Bezug auf die Einführung neuer Kontakt- und Distributionskanäle führend zu sein, Konzessionen an das Datenmanagement gemacht. Vor der Einführung alternativer Bankkanäle existierte hauptsächlich die Filiale als Kontaktpunkt. Kundenspezifische Daten wurden dort in *einem* System integriert für den entsprechenden Kontaktpunkt dargestellt. Mit der Einführung neuer Kommunikations- und Distributionskanäle entstanden isolierte Applikationsverbünde und Daten-Silos. Heute ist es so, dass kanalübergreifend zwar keine Echtzeitsicht auf die Daten gewährleistet ist, jedoch z.b. mit Datenintegrationen über Nacht am nächsten Tag auf die Internetnutzungsdaten im DWH zugegriffen werden kann. Möglich wäre eine Ansicht der Daten im entsprechenden System, falls der Mitarbeiter Zugriff auf dasselbe besitzt. Diese Defizite wurden erkannt. Es wurden Gegenmassnahmen zur Konsolidierung der Daten, der Funktionalität, der Kontaktmedien und der Kontaktpunkte ergriffen.

Multi Channel Banking kann jedoch nur betrieben werden, wenn die Daten aus Kundenbeziehungssicht an allen relevanten Stellen integriert und aktuell zur Verfügung stehen. Das Projekt MCP oder Multi-Channel-Plattform der Credit Suisse dient genau diesem Zweck. Derzeit ist den Relationship Managern das Kanalnutzungsverhalten der Kunden in Echtzeit nicht transparent. Dies zeigt die Komplexität der Handhabung generisch entstandener Informationssysteme des Front Office und historisch entstandener Stovepipe-Architekturen. Trotz der genannten Defizite ist der Wissensstand der Credit Suisse in Bezug auf ihre Kunden dank der Datenintegration über das DWH, wenn auch zeitlich verzögert, sehr gut. Alternativ könnte über eine direkte Abfrage des entsprechenden Systems ein Istzustand eruiert werden.

Die Daten aus den wichtigsten Kontaktkanälen stehen dank des analytischen CRM mit einer gewissen zeitlichen Verzögerung zur Verfügung. Möglich ist auch eine Abfrage entsprechender operativer Systeme, falls die erforderlichen Zugriffsberechtigungen erteilt wurden. Diese unterschiedlichen Möglichkeiten werden heute alle für die Schliessung des Regelkreises der Marktbearbeitung eingesetzt. In beiden Systemen, dem analytischen CRM (Loyalty Based Management/LBM) und dem operativen CRM (FrontNet), ist das Kanalnutzungsverhalten der Kunden erst nach der Realisierung der MCP vollständig und in Echtzeit nachvollziehbar. Die Nutzung elektronischer Kanäle, etwa des Emails, ist aus rechtlichen und technologischen Gründen (Security) zum Teil Einschränkungen unterworfen. Hinzu kommt, dass die Akzeptanz neuer Medien im Finanzdenstleistungsbereich je nach Kundensegment teilweise gering ist. Das Unternehmen bietet seit Ende 2003 Secumail an. Dies ist eine sichere Emailfunktionalität innerhalb des Internetauftritts der Credit Suisse.

Die Vision im Datenmanagement und aus Integrationssicht ist es, dem Kundenberater in Echtzeit ein vollständiges Abbild der Kundendaten und zum Kundenverhalten zur Verfügung zu stellen, sofern sich dies wirtschaftlich rechnet. Die automatische Generierung von Verkaufsvorschlägen für den Kunden wird als letzter Schritt im Ausbau des CRM-Systems der Credit Suisse vor allem im Retail Banking gesehen.

7.1.2.1 Ziele und Aufgaben des analytischen CRM

7.1.2.1.1 Ermöglichung des strategischen und operativen Kundenbeziehungsmanagements

Die Organisationseinheit Loyalty Based Management (LBM), verantwortlich für das analytische CRM, arbeitet mit den Organisationseinheiten für das strategische und das operative CRM (segmentspezifische Front Organisationen) zusammen.[376]

Die Organisationseinheit LBM hat innerhalb der Bank für die verschiedenen Segmente ganz unterschiedliche Bedeutung. Während generelle Analyseaufgaben, die Zurverfügungstellung von Analyseinstrumenten sowie individueller Auswertungen nach Mass für alle Kundensegmente gleichbedeutend sind, hat das analytische CRM in der Bank für das Push-Marketing und das proaktive Kampagnenmanagement vor allem im Retail Banking eine besondere Bedeutung. Diese Bedeutung kann das analytische CRM für die anderen beiden Segmente, aufgrund der teilweise anders ausgestalteten Betreuungsansätze, nicht einnehmen. Zudem sind die Skaleneffekte sowie der Nutzen von komplexen Analysen bei der anonymeren Massenkundschaft im Retail Banking höher. Der Auftragseingang und die Nutzung der LBM-Infrastruktur nehmen jedoch auch seitens der anderen Kundensegmente zu.

Für die für das analytische CRM zuständige Organisationseinheit LBM lauten die Hauptaufgaben: Zurverfügungstellung konzeptioneller und technischer Werkzeuge für das strategische und operative CRM. Dazu gehören die Analyse von Kunden-, Dienstleistungsnutzungs- und Transaktionsdaten als Grundlage für die Entscheidfindung für das strategische und operative CRM. Derart kann z.B. eine bedürfnisorientierte Segmentierung oder eine spezifische Produktanpassung erfolgen. Die Analyse der Daten dient dazu, Verhaltensmuster bei den Kunden zu erkennen und daraus zielorientierte Massnahmen abzuleiten.

Die Hauptziele des analytischen CRM sind: Bereitstellung von Datenanalysen für das strategische CRM, Planung und Design von operativen CRM-Aktivitäten in Zusammenarbeit mit den betroffenen Stellen, Wiederverwendung von durch CRM-Massnahmen entstandenen Daten in künftigen Analysen (Sicherstellung eines Regelkreises zur Marktbearbeitung), Sicherstellung der technischen Rahmenbedingungen des analytischen CRM sowie die Weiterentwicklung des DWH.

Die im analytischen CRM eingesetzten Werkzeuge, die auf Basis des DWH und des entsprechenden Data Marts eingesetzt werden, sind: Data Mining, Campaign Processing sowie Reporting-Instrumente. Beispiele von Analysen, die von LBM mittels

---

[376] Vgl. dazu und zum Folgenden Ackermann/Nippe (2003), S. 125 ff.

dieser Instrumente gemacht werden, lauten wie folgt: Auf der strategischen Ebene erfolgen Analysen zur Unterstützung des Fokuswechsels von der Produkt- zur Kundensicht sowie Analysen zur Kundensegmentierung und Produkteanalysen, etwa für die Kombination von Kunden und Produkten; auf der operativen Ebene erfolgen Analysen zur Auswahl von Adressen für Direct Mailings (Kundenauswahl für Kampagnen), zur Definition beratergestützter Kampagnen, zur Implementierung von automatisierten ereignisgesteuerten Kampagnen sowie zur Messung der Wirkung des operativen CRM.

Die Kernfrage im analytischen CRM ist also nicht mehr, welchem Kunden ein bestimmtes Produkt angeboten werden kann, sondern welche Kunden für welche Produkte und Produktbündel affin sind.

Die Credit Suisse versteht unter dem CRM einen Kreislauf oder Regelkreis und damit CRM als ganzheitlichen und systemübergreifenden Ansatz. Den drei organisatorischen Bereichen (inkl. LBM) sind deshalb aus Sicht von LBM die folgenden Aufgaben zugeordnet. Im strategischen CRM lauten die Hauptaufgaben: Definition von Zielgruppen, Definition von Kontaktmedienzuordnungen im Sinne des MCMs sowie Definition von Produkt- und Dienstleistungsangeboten. Es stellen sich in diesem Zusammenhang folgende Fragen: Welche Kunden werden mit welchen Angeboten bedient? Welche Bedürfnisse haben diese Kunden? Mit welchen Produkten und Dienstleistungen sollen diese Bedürfnisse befriedigt werden? Über welche Kanäle werden den Kunden die jeweiligen Produkte und Dienstleistungen angeboten? Zu welchem Preis erfolgt das Angebot?

Die Hauptziele, die sich die Bank im strategischen CRM aus Sicht von LBM gesetzt hat, lauten: Definition von Zielkunden und Feinsegmenten, Identifikation von Kundenbedürfnissen sowie Definition der Kontakt-, der Produkt- und der Servicestrategie. Als analytische Hauptwerkzeuge werden dafür Reporting-Instrumente eingesetzt.

Im operativen CRM lauten die Hauptaufgaben Umsetzung der strategischen Vorgaben und Entscheide in Massnahmen, u.a. an den Kundenkontaktpunkten, sowie die Umsetzung von Verkaufsaktivitäten. Die Dokumentation des Aktions- und Reaktionsverhaltens von Front-Office-Mitarbeitern und Kunden im CBC, respektive bankeigenen Beratungsprozessen[377], erfolgt über die noch im Detail darzustellende operative CRM-Applikation FrontNet. Die Fragestellungen, die auf Basis des analytischen CRM hinsichtlich des operativen CRM zu beantworten sind, lauten: Mit welchen Marketing-

---

[377] Vgl. für das Private Banking entsprechend Kapitel 7.1.2.3. Der Beratungsprozess ist im Retail Banking ähnlich aufgebaut, das Kundenbetreuungsverhältnis ist aber teilweise weniger exklusiv ausgerichtet.

und Verkaufsmassnahmen werden die Verkaufs- und Betreuungszielsetzungen erreicht? Wie werden Kunden über verschiedene Kanäle betreut? Wie wird der Regelkreis der Marktbearbeitung (Closed Loop) oder Informationskreislauf bei Kundenkontakten geschlossen?

Die Hauptziele für das operative CRM aus Sicht von LBM lauten: Sicherstellung der Umsetzung der CRM-Strategie, Realisation von Marketingaktivitäten zur Kundenakquisition und Kundenbindung, Erhöhung der Marketingeffizienz sowie die Sicherstellung der Schliessung des Regelkreises der Marktbearbeitung (Closed Loop). Für das operative CRM wird FrontNet eingesetzt. Für das Kampagnen-Management wird ein Campaign-Processing-System eingesetzt und für die Analyse und das Monitoring werden Reporting-Instrumente auf Basis des Data Mart eingesetzt.

Mittels des Campaign Processing werden die Ladeprozesse der Kampagnen und ereignisbasierten LBM-Programme gesteuert. Dabei werden die Frontend-Systeme (operatives CRM; vor allem FrontNet) mit Leads beliefert. Zum Campaign Processing gehört auch eine Funktion, die dem Relationship Manager im Intranet anhand von Servlets die Leads (Interessenten) anzeigt, die von LBM-Programmen generiert werden. Im Falle von Leads aufgrund von LBM-Programmen ist jedoch zu beachten, dass der Informationsgehalt der Lead-Anzeige (Umfang der Angaben) im Intranet und im Frontend-System unterschiedlich ist. Das Campaign-Processing-System stellt dabei die Verbindung zwischen operativem CRM und analytischem CRM (LBM) dar. Es handelt sich somit um ein System, welches organisationsübergreifend eingesetzt wird. Das Campaign Processing wird eingesetzt für die Initialisierung (teilweise Planung und Design) und Abarbeitung von Kontaktkampagnen. Verbunden sind darüber operative Front-Office-Einheiten und die für das analytische CRM zuständige Organisationseinheit LBM.

7.1.2.1.2 Regelkreis der Marktbearbeitung (Closed Loop)

Zwei wesentliche Themen beschäftigen die Organisationseinheit LBM: Einerseits der Regelkreis der Marktbearbeitung (auch Closed-Loop genannt) und andererseits die Ermöglichung einer (einheitlichen) Sicht des Kundenverhaltens über verschiedene Kontaktkanäle. Das Konzept des Regelkreises der Marktbearbeitung (Closed Loop) ist für LBM wichtig (vgl.Abbildung 65). Es werden die folgenden direkten Kontaktmedien eingesetzt: Telefon, persönliche Face-to-Face-Kontakte mit dem Relationship Manager und Briefe. Nicht eingesetzt werden für die proaktive direkte Kundenkontaktierung aus Sicht von LBM derzeit Emails, Automatic Teller Machines (ATM; Geldautomaten) sowie Cash-Services. Jedoch wird derzeit der Beleg für den Geldbezug an ATMs etwa zu Werbezwecken für neue Produkte genutzt. Von LBM aus wird auch nicht direkt outbound über das Internet-Portal der Credit Suisse (DirectNet) kommuniziert. Die Organisation von DirectNet selbst schaltet zeitweise Pop-Ups, z.b. für Produktewerbung im Auftrag des Produktmanagements der Bank.

Mit der Einrichtung einer umfangreichen analytischen Umgebung, wie sie weiter unten detaillierter geschildert wird, ist die Lancierung und Durchführung der Kampagnen von der Planung bis zur Erfolgsmessung deutlich kürzer geworden. Die Verkürzung der Time-to-Market für die operative Umsetzung strategischer CRM-Programme für die Kundengewinnung, das Cross- und das Up Selling hat hohe Priorität. Für eine kurz vor den Interviews des Verfassers im Februar 2004 angestossene Kampagne hatte LBM vier Tage Zeit für die Vorbereitung (Listengenerierung). Danach wurden die Listen an die internen Kundenberater übermittelt. Diese hatten zwei Wochen Zeit, um die auf den Listen genannten Kunden zu bearbeiten. Die Dauer ist immer auch abhängig von der Art der erforderlichen Analysen und der Komplexität der Abwicklung der Kampagne (Vorbereitung Contact Center, Konzipierung Mehrstufenkampagnen etc.).

Aus der LBM-Umgebung generierte Leads werden über das Campaign Processing (z.B. als CIF-Listen[378]) in die operative CRM-Umgebung FrontNet (oder für Contact-Center-Aktivitäten in die relevanten Host-Systeme) geladen und können dort vom Relationship Manager (oder dem Agenten) aufgerufen und bearbeitet werden (vgl. dazu Abbildung 65). Die Datenladung erfolgt am Ende des Tages. Es werden keine Pendenzen generiert.

Statt mit FrontNet wird fall- oder kanalweise noch mit Legacy- oder Alt-Applikationen gearbeitet, den Systemen VP03 (Kontakterfassung), WR20 und WR21 (Leadanzeige). WR20 wird in gleicher Weise wie FrontNet über das Campaign Processing mit Daten bedient.[379] Das System VP03 wird derzeit noch als Response-Erfassungsapplikation[380] z.B. für Briefkampagnen, aber auch im Contact Center genutzt. Im Contact Center der Credit Suisse werden Kampagnen über das System M&V abgewickelt, ebenfalls einer Alt- oder Legacy-Applikation, mit der die Arbeitsabläufe im Contact Center unterstützt werden. Dazu gehören u.a. die Responseerfassung bei Mailings, das Management der Follow-up-Kontakte und die Auslösung von Folgeaktivitäten, etwa der Zustellung von Unterlagen (Informations-Material-Fulfillment). Mittels eines manuellen Vorgangs werden Leads in das System M&V geladen. Für Outbound-

---

[378] CIF steht für Customer Information File. Dies sind die Kundenstammdaten von Finanzdienstleistern.
[379] Vgl. zur Positionierung dieser Informationssysteme Abbildung 65.
[380] Unter Responses werden Antworten auf Kampagnen oder positive oder negative Reaktionen auf Aktionen des Unternehmens gegenüber dem Kunden verstanden.

Aktivitäten (z.B. über Kundenberater) werden teilweise auch Papier-Lead-Listen eingesetzt. Sowohl die Systeme VP03 wie WR21 werden mittelfristig durch FrontNet abgelöst. In VP03/FN werden keine Kostendaten geführt. Daten aus diesen Systemen dienen aber zur Kalkulation verschiedener Kenngrössen für die Erfolgsmessung, z.B. bezüglich der Responserate, der Abschlussrate oder der Wirtschaftlichkeit im Sinne des Net Present Value der Kampagne. Die im FrontNet sowie den Systemen VP03 und M&V erfassten Aktivitäten (Anzahl Responses, Anzahl Kontakte, etc.) gehen in die Erfolgsmessung der Kampagnen ein, die über das DWH respektive den Data Mart erfolgt.

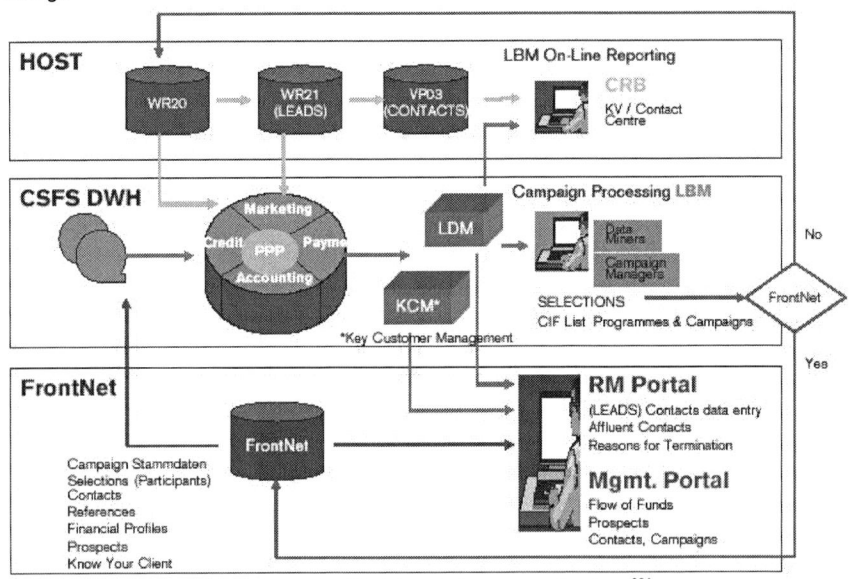

Abbildung 65: Darstellung des Marktbearbeitungsregelkreises.[381]

In der Regel werden die Kunden über die für die Kunden verantwortlichen Kontaktpunkte bearbeitet. Je nach Kundensegment ist dies ein persönlicher Kundenberater oder ein Beratungsteam (in der Filiale oder im Contact Center). Die hochwertigen Kunden werden im Retail Banking sowie im Private Banking von persönlichen Relationship Managern betreut. Weniger hochwertige Kunden werden im Retailbereich über Beraterteams im Contact Center bearbeitet. LBM tätigt am meisten Kampagnen

---

[381] Godelmann (2004), S. 10. Die Abkürzungen in der Abbildung lauten wie folgt. LBM: Loyalty Based Management; KCM: Key Customer Management; Mgmt.: Management; RM: Relationship Manager; CIF: Customer Information File; CSFS DWH: Credit Suisse Financial Services Data Warehouse. Die weiteren Abkürzungen in der Abbildung werden hier nicht weiter erläutert, weil sie für den mit der Abbildung gezeigten Kernsachverhalt, der Darstellung des Regelkreises der Marktbearbeitung, nicht so relevant sind. CSFS steht für Credit Suisse Financial Services, einer heute nicht mehr genutzten Firmenbezeichnung für Unternehmensteile der Credit Suisse Group.

für das Retail Banking. Diese werden teilweise von anderen Organisationseinheiten über Mailings, über das Telefon oder Face-to-Face ausgeführt. Die Beziehungen von LBM zu und die Aufträge aus den Segmentorganisationseinheiten Firmenkunden und Private Banking werden jedoch immer intensiver, weil beide unter grossem Rentabilitätsdruck stehen und damit eine verstärkte Nachfrage nach analysegestützten Beratungs- und Verkaufsmassnahmen entsteht. Das interne Marketing für die eigenen Fähigkeiten und Dienstleistungen wurde verstärkt und zeigt vermehrt Wirkung. Weitere Aufgaben der Organisationseinheit LBM sind zudem die Segmentcodepflege (es bestehen klare Regeln für die Zuordnung von Kunden zu bestimmten Grobsegmenten) sowie die Pflege des Betreuungsortes der Kunden. Alternativ zur direkten Zuordnung von Responses zu Kampagnen in den dafür relevanten alten und neuen Front-Office-Applikationen kann in den operativen bankfachlichen Applikationen überprüft werden, ob der Kunde etwa einen Vertrag abgeschlossen oder einen Fonds, der ihm angeboten wurde, gekauft hat. Auch so lässt sich der Regelkreis der Marktbearbeitung (Closed Loop) schliessen. Es bestehen also drei Möglichkeiten der Verifizierung der Reaktionen oder Aktionen des Kunden:

- Über die diversen Front-Office-Applikationen
- Über die Back-Office-Applikationen
- Über das DWH, wobei aufgrund der Zugriffsberechtigungen in der Regel das DWH als Zusammenführung aller dieser Informationsquellen zur Analyse des Erfolgs der Marktbearbeitung dient.

Nicht nur die Relationship Manager, sondern auch etwa deren Vorgesetzte oder Verkaufskader haben ein immer grösseres Interesse an Auswertungen, die auch eine Voraussetzung für die Führung mit Zielvereinbarungen bei der Credit Suisse sind. Die Nutzer der bereichsspezifischen Data Marts sind zudem zunehmend Controlling-Stellen, die über die ganze Bank verteilt sind.

7.1.2.1.3 Architektur des Data Warehouse und relevanter Data Marts bei LBM

LBM ist der Eigner der Bereichsdatenbanken, die auf einem einheitlichen unternehmensweiten DWH basieren.[382] Owner der Daten sind die entsprechenden Fachabteilungen. Über das FrontNet sind standardisierte Abfragen auf dem DWH (spezielle Data Marts) möglich. Innerhalb des operativen CRM-Systems FrontNet entsteht ein Managementportal auf dem Standardreports zur Verfügung stehen.

---

[382] Insgesamt nutzt Credit Suisse auf Basis des DWH ca. 20 verschiedene Data Marts (Bereichsdatenbanken). Einer davon ist derjenige von LBM (vgl. hierzu auch Abbildung 66). Neben dem DWH, auf dem die von LBM genutzte Bereichsdatenbank basiert, besteht noch ein zweites DWH für die Konsolidierung und Konzernbilanzierung der Credit Suisse Group (CSG).

Individuelle Ad-hoc-Auswertungen sind bei LBM zu bestellen. Mit dem Bau des DWH und der relevanten Data Marts wurde im Jahre 1997 begonnen. Damals waren Business-Seite und IT auch organisatorisch ein Bereich und damit nahe zusammen. Später wurden der Business- und der Technologieteil getrennt und unterschiedlichen Abteilungen zugeordnet. Für den Betrieb ist die nahe Zusammenarbeit auch nicht mehr erforderlich. Das technische DWH-Projekt wurde Ende 2000 abgeschlossen. Seither ist das DWH mit geringen Weiterentwicklungen erfolgreich im Produktivbetrieb.

Die Architektur des DWHs ist klassisch aufgebaut (vgl. Abbildung 66). Es können als wesentliche Bereiche die Zuliefersysteme (Feeder), eine Staging-Area (Datenbereitstellung), Bereichsdatenbanken (funktionsspezifische Data Marts) und deren Darstellung in OLAP-Cubes (aus dem Bereich Business Intelligence) unterschieden werden.

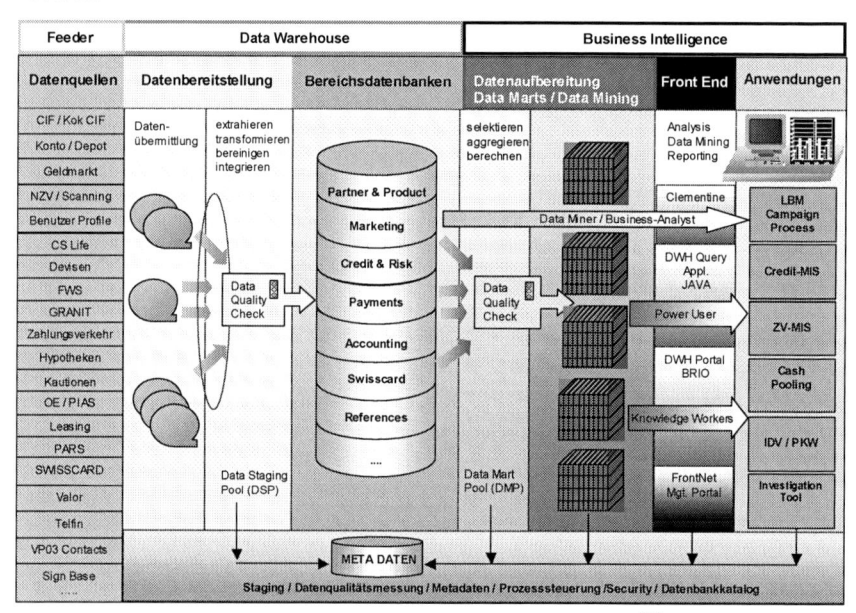

Abbildung 66: Data-Warehouse-Architektur der Credit Suisse.[383]

Die DWH-Loads erfolgen täglich, wöchentlich und monatlich. Dies ist meist abhängig von den Möglichkeiten der Liefersysteme, bei denen es sich vielfach um Legacy-Systeme und Grossrechner handelt. Zu den Daten, die ins DWH geladen werden,

---

[383] Vgl. Godelmann (2004), S. 4. Eine detaillierte Darstellung und Erläuterung aller Abkürzungen und der verschiedenen Hauptaufgaben, etwa der Sourcing-Systeme, würde an diesem Orte zu weit führen. Es wird deshalb darauf verzichtet.

gehören u.a.: Kundenstammdaten, Daten zu Privatkredit- und Kreditkartentransaktionen, Daten zu Hypotheken und Krediten, Daten zur Organisationsstruktur sowie Verkaufs- und Kontaktberichtsdaten. Für den Daten-Load aus den Quellsystemen werden derzeit File-Transfer und das entsprechende Protokoll genutzt. Die Architekturabteilung der Credit Suisse konzipierte und implementierte ab 2004 einen für die Übertragung von grossen Datenmengen konzipierten Bulk Service Bus für das Feeding des DWH.

Für die Auswertung besteht die Ebene der Front-End-Reporting- und OLAP-Analyseinstrumente auf Mitarbeiter- und Managementstufe, etwa für Anwendungen der Analysen im Tagesgeschäft. Letztere umfassen u.a. Kampagnen-Management (Campaign Processing) sowie Informationsmanagement für das Kreditgeschäft (Risikoüberwachung). Zu den Frontend-Instrumenten gehört auch die in Kapitel 7.1.2.3 im Detail darzustellende operative CRM-Applikation FrontNet. Zu den Datenquellen zählen ferner Zahlungsverkehrssysteme, Kreditmanagementsysteme, Buchungssysteme, Systeme für die Produktdatenhaltung sowie Kundenbeziehungsmanagementsysteme.

Über die weiter oben geschilderten Bereiche der DWH-Architektur wurde orthogonal ein Metadatenmanagementlayer eingerichtet, über den dokumentiert wird, in welcher Form von welchen Systemen zu welchen Zeiten welche Daten in das DWH geladen werden und welche Transformationsschritte dafür erforderlich sind. Begleitet wird der gesamte Datenlogistikprozess auch durch zweifache Zwischenchecks der Datenqualität. Zum Metadatenlayer gehört somit auch das Datenqualitäts- und Prozesssteuerungsmanagement über den gesamten Datenlogistikprozess. Auch wenn die FrontNet-Lösung in der Abbildung 66 integriert dargestellt ist, ist eine engere Koppelung zwischen operativer CRM-Lösung und analytischem CRM nicht geplant. Das ist auch ein Grund dafür, dass der Regelkreis der Marktbearbeitung nur teilweise und in unterschiedlicher Art geschlossen wird.

7.1.2.1.4 Strategische und kundenindividuelle Beziehungsprogramme

Zusätzlich zu den produktspezifischen Kampagnen werden bei LBM auch so genannte Kundenbeziehungsprogramme lanciert. Die Kundenbeziehungsprogramme entsprechen exakt den bei Walser beschriebenen strategischen CRM-Zielsetzungen und Programmen, die hinsichtlich der direkten Kundenverhaltensbeeinflussung primär der Kundengewinnung, dem Cross- und Up Selling, der Kundenbindung sowie sekundär der Rückgewinnung abgesprungener Kunden dienen.[384]

---

[384] Vgl. Walser (2002), S. 71 ff.

Beim Loyalitätsprogramm Bonviva der Credit Suisse besteht keine Verbindung zu LBM. Es handelt sich um ein Dienstleistungspaket, mit dem Kundenbeziehungen verstärkt, aufgebaut und vertieft werden. Das Kundenbindungsprogramm Bonviva ist auf die Retailkundschaft ausgerichtet. Bonviva hat auch mit den strategichen LBM-Programmen zur Kundengewinnung, zum Cross- und Up Selling sowie zur Kundenbindung nichts zu tun. Beispiele für ereignisbasierte LBM-Programme sind: Hohe Zahlungseingänge, hohe Liquiditätsbestände, Vermögensrückgänge, Fälligkeiten sowie runde Geburtstage.

Über diese Programme ist es auf Basis des Data Warehousing möglich, ein Monitoring der strategischen Zielsetzungen bezüglich der Kunden zu betreiben. Beispielsweise werden Neukunden einige Wochen nach dem Erstkontakt wieder kontaktiert und gefragt, wie sie mit den Dienstleistungen zufrieden sind. Dazu wird dem Kundenberater eine Benachrichtigung mit Aufforderungscharakter (Alert) per Email übermittelt. Aber wie erwähnt werden nebst spezifischen Neukundenprogrammen auch Cross- und Up-Selling-Programme sowie Retention-Programme[385] definiert. Retention-Programme dienen der Vermeidung der Beziehungsaufgabe bei saldierungsgefährdeten Kunden. Gelingt dies nicht, kommen Rückgewinnungsprogramme zum Einsatz. Das Prinzip dafür ist immer dasselbe. Die Datenbankanalyse ermöglicht die Zuordnung von Aktivitäten über die Platzierung von Events auf den Kundenbetreuerportalen. Automatisierte Regelwerke identifizieren Kunden, bei denen bestimmte Ereignisse oder Konstellationen eingetroffen sind, und zeigen diese dem Kundenberater an.

7.1.2.2 Multi Channel Management

7.1.2.2.1 Kanalstrategie

Mit dem Angebot multipler Kanäle wird in erster Linie den veränderten Kundenbedürfnissen nach Flexibilität in der Abwicklung von Bankgeschäften Rechnung getragen. Vor dem Hintergrund des allgemein gestiegenen Kostendrucks im Retail Banking und der Erkenntnis, dass Kunden, welche ein sehr geringes Vermögen ausweisen, nicht rentabel in der Filiale betreut werden können,[386] hat sich die Credit Suisse Mitte der 1990er-Jahre für eine Multi-Channel-Strategie entschieden (u.a. mit der Neuentwicklung des Internetkontaktpunktes DirectNet). Darin wird u.a. festgehalten, und dies ist für die Integrationsproblematik des CRM nicht unwesentlich, dass Kunden grundsätz-

---

[385] Vgl. zu Letzterem Gams (2002).
[386] Je nach Studie kann von CHF 10'000 bis 20'000 Grundeinlage oder -kapital pro Konto (oder ev. Kontostamm) ausgegangen werden, die einen Bankkunden für die Bank rentabel werden lassen [Vgl. Kaufmann (2002), S. 136].

lich frei sind in der Wahl des Kontaktkanals zur Bank. Jedoch werden zumindest im Retail-Banking Möglichkeiten diskutiert, die Kunden mittels pretialer Lenkung auf für den Finanzdienstleister kostengünstigere oder alternative Kontaktkanäle zu lenken.

Die Credit Suisse unterhielt 2002 in der Schweiz folgende Kundenkontaktpunkte:[387] Rund 240 Filialen, 550 ATMs, Multifunktionale Automaten (Pilotprojekt „alternative fixe Standorte" seit 2002), Phonebanking u.a. über vier Contact Center (Mensch-Mensch-Interaktion seit 1993, Mensch-Maschine-Interaktion (IVR) seit 1994), Internetbanking (seit 1997) sowie Mobile Banking (Nur zu Abrufzwecken von Information (Börsen- und andere Indizes; Kurse Wertpapiere); keine Transaktionsmöglichkeit; besteht seit 2000).

Die bewusst frühe Fokussierung auf die veränderten Kundenbedürfnisse – die Credit Suisse positionierte sich in den 1990er-Jahren sowohl in Bezug auf die Einführung von Phonebanking wie auch von Internet- und Mobile Banking als Leader – hatte in den 1990er-Jahren zum Ziel, der Credit Suisse das Image einer stark innovativen Bank zu verleihen. Die Ziele haben sich nach dem Internet Hype verändert. Vom Ziel, alle Kunden zur Nutzung des Online Banking zu bewegen, hat sich die Credit Suisse vorzeitig gelöst. Die Bank geht davon aus, künftig 10% bis 15% reine Internetkunden im Portfolio zu haben, die keine weiteren (multifunktionalen) Kontakt- und Transaktionskanäle in Anspruch nehmen. Die Bank geht von einer grösseren Anzahl Multi Kanal Kunden aus und von einer kleineren Gruppe von Kunden, welche Online Banking nicht nutzen werden.

Das Filialnetz der Credit Suisse weist ein abgestuftes Leistungsangebot aus. Dabei werden Filialtypen nach Grösse und Region differenziert. Je nach Standort decken so die Filialen das gesamte Dienstleistungsspektrum oder nur einen Teil desselben ab. Der Aufbau weiterer und neuer Kontaktkanäle steht derzeit nicht an. Es sollen vielmehr die bestehenden Kanäle Basis für Kosteneinsparungen bieten. So hat beispielsweise der Ausbau multifunktionaler Automaten nachrangige Bedeutung und wird, obwohl ein entsprechendes Pilot-Projekt angelaufen ist, im Gegensatz zum Online Banking mittelfristig vorangetrieben. Gleiches gilt für das Mobile Banking. Ausgewählte standardisierte Beratungsleistungen werden im Retail Banking abhängig vom Produkt mittelfristig mittels Internetbanking unterstützt. Diese konzentrieren sich je nach Produkt teilweise eher auf die Vertragsvorbereitung, indem sich der Kunde grundsätzlich im Internet informieren kann, bevor er eine persönliche Beratungsdienstleistung in Anspruch nimmt. Die bewusste Kopplung von (günstigen) Kontakt- und Transaktionskanälen, etwa dem E-Banking und dem Telefon (beispielsweise, in

---

[387] Vgl. Credit Suisse (2002b), ohne Seitenangabe.

dem auf der E-Banking Plattform Call-me-buttons anklickbar sind) wird von der Credit Suisse, wo dies aus wirtschaftlicher Sicht Sinn macht, gefördert. Die Kombination von Offline und Online steht auch hier im Vordergrund. Davon, die gesamte Beratung online abwickeln zu können, ist die Credit Suisse mittlerweile abgekommen, auch wenn sie aus wirtschaftlicher Sicht interessant wäre, weil so beim Gros der derart erhobenen Aufträge eine menschliche Interaktion am Schalter oder im Contact Center entfällt, was die Kosten der Auftragsbearbeitung sinken lässt.

7.1.2.2.2 Steuerungsinstrumente zur Marktbearbeitung

Studien der Credit Suisse zeigten, dass für den Kunden monetäre Vorteile bei der Nutzung alternativer Kontaktkanäle im Gegensatz zur Situation im Online Broking nicht ausschlaggebend sind. Wichtiger ist dem Kunden die Bequemlichkeit. Vor dem Hintergrund der Tatsache, dass keine Quersubventionierung innerhalb des Retail Bankings geschehen darf, rückt die Preisfindung oder das Pricing von Bankdienstleistungen in Abhängigkeit von der Kontakt- und Distributionskanalnutzung in den Vordergrund des Interesses. Bei Credit Suisse werden schon seit Längerem die Ideen diskutiert, das Pricing von Filialdienstleistungen nach Kundengruppen zu differenzieren oder ein „Negative Pricing" in Form einer Reduktion der Kontoführungsgebühren für Nutzer alternativer Bankkanäle einzuführen. Der Channel-Mix sieht je nach Hauptsegment, also Retail Banking, Private Banking oder Firmenkundengeschäft, unterschiedlich aus. In der Schweiz ist im Private Banking (und vielfach auch im Retailgeschäft) der persönliche Kontakt für die Kunden mit Abstand die wichtigste Kontaktart. Der Schweizer Kunde scheint bezüglich der Nutzung der Kontaktkanäle eine eher konservative Einstellung zu haben.

Innerhalb der Abbildung 67, die Gültigkeit für das Kundensegment Private Banking hat, wird für das MCM der Credit Suisse dargestellt, welche Produkte welchen Kundengruppen über welche Kontaktmedienbündel oder Kontaktpunkte anzubieten sind. Nachdem in den vergangenen Jahren[388] die Vielfalt der eingesetzten Kontaktmedien[389] und die Bearbeitungs- und Beratungsmöglichkeiten über das Internet[390] stark zugenommen hat, steht heute die Konsolidierung, Redimensionierung und Integration im Vordergrund. Erweiterungen um neue Kontaktmedien erfolgen nur noch dort, wo sich dies rechnet. Die Mehrung und Implementierung der Kontaktmedien vor und nach der Jahrtausendwende hatte auch dominante Auswirkungen auf die technische Integration, wie dies in dieser Fallstudie weiter unten dargestellt wird.

---

[388] Insbesondere in der zweiten Hälfte der 1990er-Jahre.
[389] U.a. Internet/Email, WAP, PDA´s.
[390] U.a. Fund Lab, Insurance Lab, DirectNet, youtrade sowie yourhome.

Fallstudien 225

Die Credit Suisse baut zu diesem Zweck derzeit eine integrierte Multi Channel Plattform (MCP) auf.

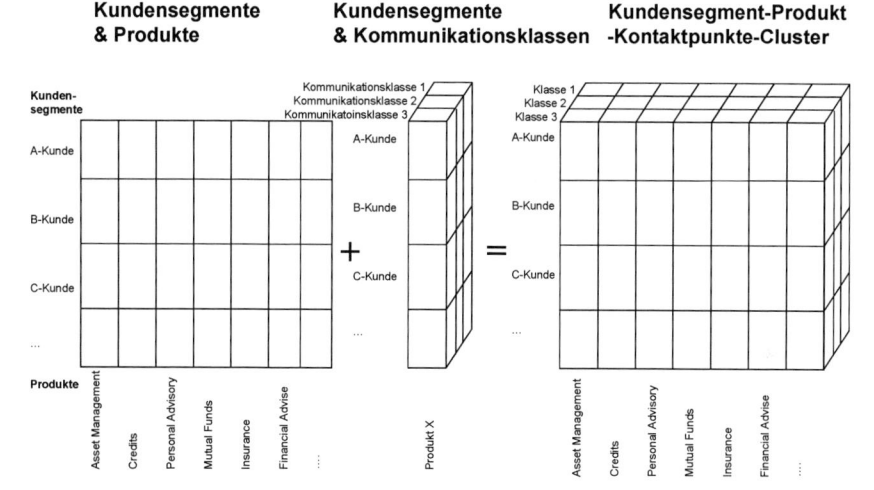

Abbildung 67: Segment-Kontaktpunkt-Produkt-Kubus für das Credit Suisse Private Banking.[391]

7.1.2.3 Operatives CRM mit der Applikation FrontNet

Für die Eigenentwicklung einer Portalumgebung für das operative CRM, wie sie bei der Credit Suisse im Private Banking entwickelt wurde, müssen verschiedene Voraussetzungen gegeben sein. Die finanziellen Mittel für die Eigenentwicklung müssen vorhanden sein, das Humankapital für die Konzipierung und Entwicklung muss vorhanden sein sowie der Wille der Verantwortlichen, das Projekt zum Erfolg zu führen. Alle diese Voraussetzungen waren im Bereich des Private Banking bei der Credit Suisse gegeben. Das Projekt FrontNet ist nach wie vor im Kundensegment Private Banking beheimatet. Die Applikation wird aber im Rahmen eines erweiterten Roll Outs für die Kundensegmente Retail Banking sowie Corporate Clients weiter entwickelt und an deren Bedürfnisse angepasst.

Das Ziel der Applikation FrontNet ist es, Kundeninformationen (Dazu können gezählt werden: Geschäftsinformationen, Risikoprofile, Investitionsprofile, Finanzielle Profile, Gesetzliche Bestimmungen, etc.) mit den bankinternen Informationen (Darunter sind zu verstehen: Informationen zur Anlagestrategie, Informationen über strukturierte Produkte, Investitionspolicies, Daten der internen Financial-Research-Stellen) so zusam-

---

[391] Vgl. zu Darstellung und Ausführungen dazu Janson/Heller (2003), S. 292 ff.

men zu bringen, dass für die Beziehung der Bank zwischen Kunde und Relationship Manager am Kontaktpunkt eine ideale Unterstützung resultiert.

7.1.2.3.1 Applikation FrontNet

Das System FrontNet, über das neben der eigentlichen Funktionalität für das operative Kundenbeziehungsmanagement auch unterschiedliche Back-Office-Applikationen über eine Web-Plattform eingebunden sind, wurde mehrdimensional entwickelt. Es wurde ein Projekt für das FrontNet im Corporate Center Private Banking eröffnet, das die verschiedenen Rollen im Private Banking und deren Beziehungen untereinander aufnahm (vgl. Abbildung 68).

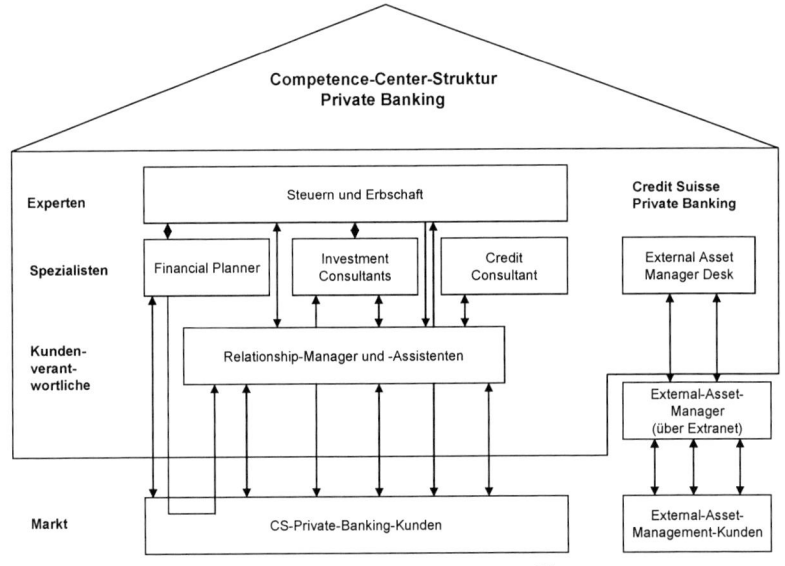

Abbildung 68: Center-of-Competence Private Banking. [392]

Zu den Rollen gehören analog zur erwähnten Abbildung: Expertenrollen, Spezialisten- und Kundenbeziehungsrollen sowie Management-Rollen. Auf Basis der Tätigkeitsgebiete dieser Rollen wurden Portale mit entsprechender Funktionalität wie folgt entwickelt: Financial Planner, Investment Consultants, Steuer- und Erbschaftsexperten, Externe Asset Manager, Relationship Manager und deren Assistenten sowie leitende Manager. Zum Management Informationsportal gehören u.a. Auswertungsmöglichkeiten zu strategischen Produkten und deren Verkaufsentwicklung (Deals in Pipeline), Informationen zu Produktkampagnen, Auswertungs- und Alarmfunktionen zum Beratungsprozess. In die Entwicklung der verschiedenen rollenspezifischen

---
[392] Vgl. zur Darstellung auch Janson/Heller (2003).

Portale war mit einzubeziehen, welche Zugriffe auf Daten die Rollen nutzen sowie welche Prozesse von ihnen zu bearbeiten sind (vgl. hierzu Abbildung 68).

Hinter den verschiedenen Sichten auf die Daten je Rolle stehen verschiedene Applikationskategorien: CRM-, Transaktions-, Beratungs-, Administrationsapplikationen sowie Applikationen für das Management von Assets und Liabilities. Applikations- und Datensichten wurden für jede Nutzergruppe bedürfnisgerecht angepasst. Jeder User kann personalisierte Sichten auf die Daten generieren. Workflows (Mehrheitlich auf Basis von programmierten GUI- oder Maskensteuerungen oder -abfolgen, also nicht im Sinne von Prozessabwicklungsapplikationen auf Applikationsebene) verbinden die unterschiedlichen Nutzergruppen, wie sie in Abbildung 68 dargestellt werden, teilweise untereinander.

Ab 2001 wurde zuerst das Portal für die Relationship Manager und die Investment Consultants ausgerollt (Total ca. 2'000 Personen). Danach folgten Portalentwicklungen für die externen Berater (External Asset Manager) sowie für Kredit-, Steuer- und Erbschaftsberater. Ebenfalls wurden für die zur Credit Suisse gehörenden Privatbanken (External Asset Manager; u.a. Bank Leu, Bank Hoffmann, Neue Aargauer Bank) Portale entwickelt. Es können alle Rollen direkten Kundenkontakt haben. Gewisse Rollen haben eine Kundenverantwortung, andere nicht. So kann zwischen indirekter und direkter Kundenverantwortung unterschieden werden. Dies musste beim Portaldesign berücksichtigt werden. Nach dem Private-Banking-Kundensegment wurde das modifizierte Portal auch für die ca. 1'500 persönlichen Berater im Retail Banking ausgerollt. Bis Ende Januar 2004 wurden 4'200 Arbeitsplätze u.a. im Private Banking implementiert. Bis ende 2004 wurden in der Credit Suisse insgesamt 6'000 Arbeitsplätze implementiert.

Für das eigentliche Relationship Management bestehen zwei primäre Bereiche. Ein Bereich für das Relationship Management und ein Bereich für das Management von Kundentransaktionen. Dazu ist die Integration von Host-Applikationen zu zählen. Einige Applikationen sind derzeit noch nicht integriert und müssen von den Relationship Managern teilweise separat über ein Scroll-Down-Menue in FrontNet aufgerufen werden (vgl. Abbildung 69 rechts oben).

Grob können zudem vier Funktionsbereiche von FrontNet definiert werden: Mitarbeiterunterstützung bei der Kundenberatung, Bewirtschaftung von Wertschriftenportfolios von Kunden, auf Listen basierende Analysen für gezielte Akquisitions-, Cross- und Up-Selling- sowie Kundenbindungs-Massnahmen (auf Basis von LBM und dem analytischen CRM) sowie die Integration von Prozessen aus den Back-Office-Bereichen. Letzteres umfasst die bankfachliche Weiterverarbeitung der generierten

Aufträge inklusive Legal & Compliance.[393] Im FrontNet können auf einer ersten kampagnenrelevanten Seite Leads aufgenommen werden und Kontakterfassungen gemacht werden. Relationship Manager können zudem über verschieden setzbare Filter selber Kundenlisten über FrontNet generieren; etwa für eine künftige Kundenbearbeitung bezüglich eines neuen Produkts in ihrem Kundenportefeuille.

Das Management-Portal für das Relationship Management (Verkaufsleitung, Teamleiter von Relationship Managern) umfasst u.a. die folgenden Sichten auf Daten: Überblick über Verkaufsfortschritte für strategische Produkte, Überblick über Fortschritte spezifischer Produktkampagnen, „Warnleuchten" für Portfolios mit hohen Abweichungen aus Sicht der strategischen Asset Allocation, Schätzungen zu Nettoneugeldzuflüssen sowie Reports über Follow-up-Aktivitäten und deren Erfolgsraten.

Das Relationship Manager Portal ist wie folgt aufgebaut (vgl. dazu Abbildung 69). Auf der linken Seite besteht die Möglichkeit, direkt nach einem Auftrag zu suchen (oben); darunter können über ein Fenster auf der gleichen Höhe wie das Hauptfenster Aktivitäten oder Datenansichten ausgewählt werden. Im Hauptfenster erfolgt die Präsentation der Daten oder sind Eingaben möglich. Innerhalb des Hauptfensters kann z.B. nach dem Kundenoffice oder nach anderen Attributen gesucht werden.

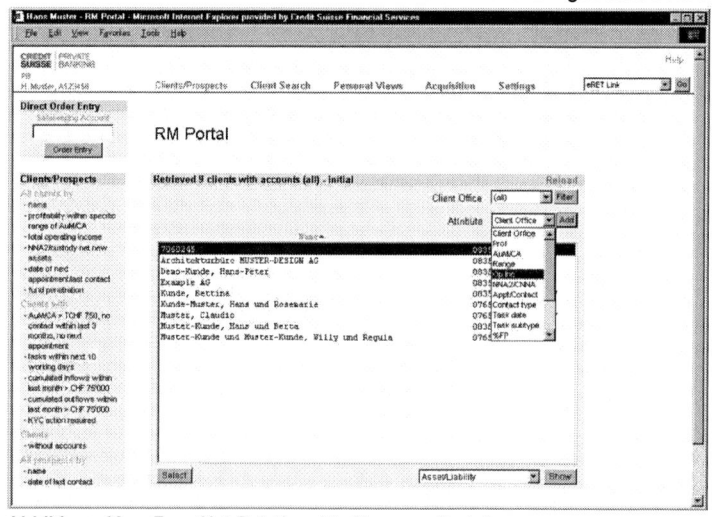

Abbildung 69: FrontNet Relationship Manager Portal.

Es bestehen für die Systemnutzer immer mehrere Pfadmöglichkeiten, zu Daten und Eingabemasken zu kommen. Ebenfalls ermöglicht das Portal für Relationship Manager den Zugang zu Listen und Auswertungen nach bestimmten Kriterien. Dafür

---

[393] Vgl. dazu Janson/Heller (2003), S. 280.

kann nicht nur auf die operativen CRM-Applikationen zugegriffen werden, sondern auch auf die DWH-Umgebung. Dadurch kann Rechnerkapazität geschickt verteilt genutzt werden. Erforderliche Auswertungen könnten, mit erhöhtem Rechneraufwand, auch über operative Systeme gemacht werden. Die Portale erlauben somit je nach Rolle und deren Aufgaben eine unterschiedliche Bündelung von Applikationen. Für eine Management-Rolle, etwa einen Leiter eines Relationship Management Teams, sind Management-Auswertungen wichtiger, was die Einbindung der LBM-Plattform und des DWH gegenüber der Anbindung von bankfachlichen Applikationen in den Vordergrund rückt.

7.1.2.3.2 Beratungsprozess und -phasen im Private Banking

Der für das Private Banking definierte und durch das Relationship Manager Portal von FrontNet unterstützte Beratungsprozess umfasst folgende Phasen und Teilaktivitäten:

1. Bedürfnisanalyse und -aufnahme: Dies beinhaltet die Sammlung von Kundeninformationen, die spezifische Informationsbeschaffung zu Liabilities; Definition der Kundenbedürfnisse.

2. Finanzkonzept: Dazu gehört die Definition der Liabilities, die abzudecken sind. Ferner gehört die Auswahl und Definition von Anlagemöglichkeiten dazu.

3. Investitions- und Investorenprofil: Dies umfasst die Definition des Investorenprofils für die frei verfügbaren Mittel, aber auch die Definition des Risiko- und des Service-Profils.

4. Investitionsstrategie: Dies beinhaltet die Entwicklung und Definition der Investitionsstrategie entsprechend dem Risikoprofil des Kunden.

5. Entwicklung und Unterhalt: Dies umfasst die Implementierung der Strategie sowie das aktive und laufende Monitoring sowie entsprechende Optimierungen.

Der Beratungsprozess ist dabei in einen grösseren Zusammenhang eingebettet und von folgenden vor- und nachgelagerten Prozessen bezüglich des Kunden begleitet (vgl. hierzu Abbildung 70):[394]

- Prospecting und Akquisition vor dem Beratungsprozess und

- frühzeitige Einleitung von Nachfolgeregelungen nach dem Beratungsprozess.

---

[394] Die definierten Phasen entsprechen mit zum Teil erheblichen Abweichungen dem CBC, wie er im theoretischen Teil dieser Arbeit erläutert wurde.

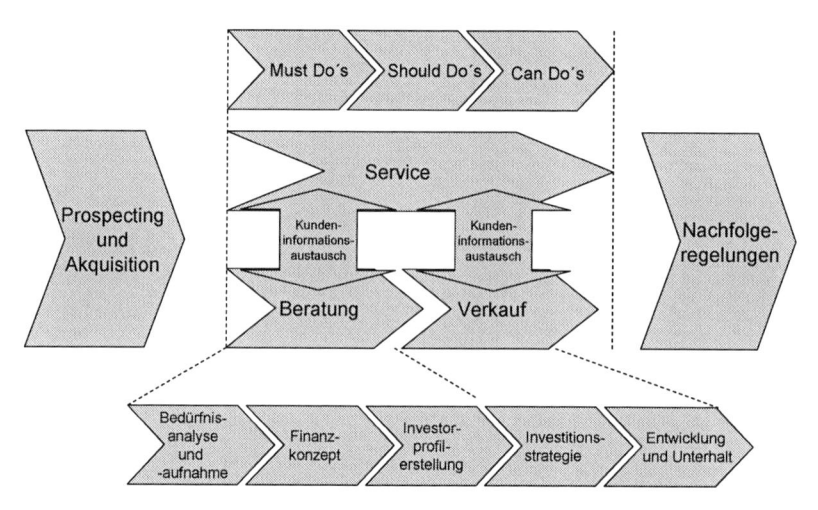

Abbildung 70: Kernprozesse für Beratung und Verkauf.

Zur Gliederung der Anstrengungen zur Kundenbeziehungsgestaltung wurde eine Priorisierung der Tasks pro Kunde definiert: Must Dos, Should Dos und Can Dos. Diese Kategorisierung von Prioritäten, Aktivitäten oder Pendenzen ist in der Literatur bisher wenig diskutiert worden. In der Praxis entsteht aufgrund der verschiedenen Gründe, die zu Pendenzen führen, häufig das Phänomen oder Problem des Pendenzen-Overload. Diesem Problem wird mit dieser Kategorisierung entgegen gewirkt. Diese Priorisierung kommt auch zum Tragen, wenn es um die Klassifikation von proaktiven Alerts geht, die an verschiedenen Stellen in der Beratung für das Private Banking generiert werden und im FrontNet geführt werden. Der in Abbildung 70 dargestellte Prozess Prospecting und Akquisition kann, wie die weiteren Prozesse auch, in Teilprozesse unterteilt werden, die durch Workflows (Wiederum auf Basis von GUI- oder Maskensteuerungen oder -abfolgen) und mehrdimensionale Regelwerke gesteuert werden. Die Teilprozesse lauten wie folgt: Verifizierung der Identität des Kunden und Abklärung über nicht genehme Kunden, Eröffnung der Beziehung und Vorbereitung der relevanten Dokumente, Installation des Know-Your-Client (KYC)-Profils und Ermöglichung der Due Diligence, Abklärung von Geldwäscherei-Sachverhalten und Durchsetzung der Geldwäschereibestimmungen, Kundenorientierung bezüglich Risiken der Anlagestrategien und Anlageprodukte sowie des Starts des Beratungsprozesses und des Aufsetzens des Asset Monitoring. Dieser Prozess ist im FrontNet als ein Workflow abgebildet. Damit kann gezeigt werden, dass die Front Mitarbeiter durch das System bank-, beziehungs-, compliance- und administrationsspezifisch unterstützt werden.

Der in Abbildung 70 dargestellte Kundeninformationsaustausch zwischen Service sowie Verkauf und Beratung umfasst Informationen aus dem CRM (z.b. Risikoprofile), aus dem Kundenportfolio, aus Task Managern sowie aus dem Management Portal. Dadurch können, in Kombination mit finanzdienstleistungs- und kundenspezifischen Research-Daten (Zu Märkten und Produkten) und der Definition der Strategie der Asset-Allokation (Über wöchentliche Reviews.), in einem laufenden Monitoring Alerts oder Aktionshinweise für die Berater generiert werden. Diese werden im FrontNet den Relationship Managern in die Aufgabenliste übertragen. Derart können Kunden etwa Kauf- oder Verkaufsempfehlungen weiter gegeben werden. Der Output des Monitorings fliesst auch in das Produktmanagement ein.

Aus der Sicht von FrontNet sieht die angebotene Funktionalität für das Private Banking und das Retail Banking anders aus. Der Beratungsansatz für das Private Banking wird in Ansätzen zwar auch für die Retailkunden angewendet. Der Anbindung von LBM und der Integration des Kampagnen-Managements kommt im Retail-Banking jedoch die grössere Bedeutung für produktorientiertes Push-Marketing zu, u.a. weil der Beratungsprozess aus wirtschaftlichen Gründen nicht so individuell wie im Private Banking erfolgen kann. Für die Kampagnendetails und deren Aufruf, etwa für die Responseerfassung durch mögliche Kundenberater im Retail Banking (Face-to-Face oder per Telefon), sind umfassende Sichten auf Kampagnendaten möglich sowie Kundenaktivitäten aus diesen Kampagnen mit den Kundendaten problemlos koppelbar. Dadurch sind mehrfache Möglichkeiten für die Schliessung des Regelkreises der Marktbearbeitung gegeben.

Die Kampagnen sind mit Identifikationsnummern versehen, über die der Kundenberater, ob Face-to-Face oder im Contact Center, im FrontNet sehen kann, welche Kampagnen für bestimmte Kunden laufen und welchen Status die Kampagnen bei bestimmten Kunden haben. Über diese Nummern sind Responses den Kampagnen zu Auswertungszwecken zuordenbar. Auf einer weiteren Seite können Stati erfasst und Aktionscodes für die Auswertung der Kampagne verändert werden. Der Regelkreis der Marktbearbeitung (Closed Loop) über die Kampagnenabwicklung ist somit derzeit partiell und über verschiedene Systeme schliessbar. Es wird versucht, alle erhältlichen Daten im (zentralen) DWH (oder LBM Data Mart) zusammenzuführen. Die Applikation FrontNet deckt derzeit je nach Kundensegment noch keinen sehr grossen Umfang an Funktionalität für Marketing und Verkauf ab. Die vertiefte Entwicklung von FrontNet sowie die stärkere Integration aller Applikationen in die FrontNet-Umgebung sind teilweise in der Projektierungs- und Realisierungsphase.

7.1.2.3.3 Workflow- und Business-Rules-Management und ihre Integration.

Innerhalb des Systems FrontNet wird u.a. in bestimmten Bereichen geschäftsregelbasiert gearbeitet, insbesondere dort, wo es um das Management von Formularen innerhalb von Kundenbeziehungsprozessen geht.[395] Es kommen laut Credit Suisse im Private Banking derzeit über 60'000 Regeln in einem entsprechenden Regel-Repository zur Anwendung. Der gesamte Beratungsprozess wird mit Regeln unterstützt, die unterschiedlichster Herkunft sein können: CRM, Compliance (Verfassungs- und Verordnungsrahmen, etc.), Geschäftsprozessregeln, etc. Durch die regelbasierte Abwicklung der Beratungsprozesse kann die Effizienz und Effektivität der Beratung massiv gesteigert werden.

Mit Bus Architekturen für synchronen und asynchronen Datenaustausch und Funktionsaufrufe ist es möglich, zwischen Front- und Back-Office Prozesse laufen zu lassen, die mitunter mehrere Systeme oder Systemkomponenten berühren. Es stellt sich bezüglich des entsprechenden Regel-Repository die Frage, ob dieses zentralisiert oder in den Applikationen gehalten werden soll.

Ein zentralisiertes Regel-Repository für die gesamte Bank inklusive aller ihrer Töchter scheint unrealistisch, da die Geschäfte (und Geschäftsmodelle) in den verschiedenen Kundensegmenten teilweise stark differieren. Regelbasierte Technologie wird heute bei der Credit Suisse bei der Beziehungseröffnung eingesetzt. Die Einsatzmöglichkeiten sehen wie in Abbildung 71 gezeigt aus. Der Einsatz des regelbasierten Vertragsmanagementsystems bietet Fakten, also Fragen, Antworten, Textbausteine für die Verträge an, sowie Regeln, die auf Frage-Antwort-Spezifikationen basieren und deren Abarbeitung zu korrekt ausgefüllten Formularen sowie Verträgen führt.

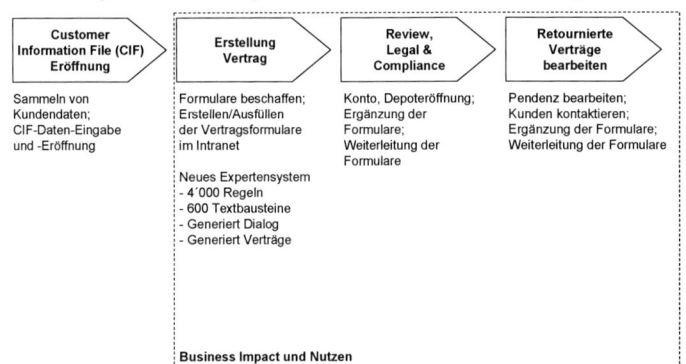

Customer Information File (CIF) Eröffnung	Erstellung Vertrag	Review, Legal & Compliance	Retournierte Verträge bearbeiten
Sammeln von Kundendaten; CIF-Daten-Eingabe und -Eröffnung	Formulare beschaffen; Erstellen/Ausfüllen der Vertragsformulare im Intranet Neues Expertensystem - 4'000 Regeln - 600 Textbausteine - Generiert Dialog - Generiert Verträge	Konto, Depoteröffnung; Ergänzung der Formulare; Weiterleitung der Formulare	Pendenz bearbeiten; Kunden kontaktieren; Ergänzung der Formulare; Weiterleitung der Formulare
Business Impact und Nutzen			

Abbildung 71: Regelunterstützung bei der Beziehungseröffnung und Kundendatenmutation.

---

[395] Vgl. dazu und zum Folgenden in diesem Abschnitt Domenig/Schleich (2003), S. 3 ff.

Mit der Regelunterstützung der Kundenbeziehungsprozesse ergab sich gegenüber der herkömmlichen Vorgehensweise ein mehrfacher Nutzen (vgl. Abbildung 71). Innerhalb der CIF-Eröffnung (Anlegen eines Kundenstammsatzes), der Erstellung eines Vertrags, der Review Legal & Compliance sowie der Bearbeitung retournierter Verträge resultierten Zeiteinsparungen von rund 30%. Zudem wurde durch die Regelunterstützung eine Fehlerreduktion von ca. 40% erreicht.

Die regelbasierte Vertragserstellung und Formalitätenkontrolle ist insbesondere dort geeignet, wo der Prozess- und Kontrollfluss von vielen Bedingungen abhängt, die sich schnell ändern können (etwa im Formularwesen oder bei Gesetzen). Die regelbasierte Bearbeitung ist deshalb auch geeignet für die dialogorientierte Mensch-Maschinen-Kommunikation im Front-Office-Bereich.

7.1.3 IT-Architektur und Integration

Die technische Integration innerhalb der Credit Suisse IT-Architektur hat eine lange Geschichte. Sie ist auf verschiedene Gründe zurückzuführen und entspricht einer Evolution. Viele der Evolutionsschritte können im engeren oder entfernteren Sinne mit dem Management von Kundenbeziehungen in Verbindung gebracht werden. Wie Abbildung 72 zeigt und wie eingangs der Fallstudie geschildert wurde, hat die frühere SKA und heutige CSG verschiedene Zukäufe von Finanzdienstleistern getätigt, dies insbesondere im Bereich Private Banking. Der Grund für diese Zukäufe ist vor dem Hintergrund des damals hart umkämpften Marktes im Bereich vermögender Privatkunden in der Schweiz zu sehen. Es wurden in der Schweiz somit Marktanteile zugekauft. Dies erfolgte über den Zukauf von anderen Banken. Mit diesen Banken wurden auch IT-Systeme und Kundendaten(banken) übernommen. Weitere Gründe, die den Anpassungsdruck und die Evolution der Architektur beschleunigten, waren: das Aufkommen des Internets, des Online Banking und den damit einhergehenden Miteinbezug (Integration) von Kunden in die Bankprozesse; die Einrichtung einer Financial Supply Chain im Bereich Verarbeitung und Logistik; die Integration von unterschiedlichen Kundenkontaktkanälen und -punkten aufgrund der Zunahme der unterschiedlichen Kontaktmedien und der sich dadurch verändernden Betreuungskonzepte; der Druck auf die Front im Sinne grösserer Transparenz, was Effizienz und Effektivität der Kundenbeziehungspflege anbelangt (Grund allgemeiner Kostendruck in der Bank); die Unterstützung der Beziehungsarbeit durch Informationstechnologie (Aufbau und Integration von (bankeigenen) CRM-Lösungen wie FrontNet).

7.1.3.1 Integrationsfolgen aus Firmenakquisitionen

Die frühere SKA (Schweizerische Kreditanstalt) und die heutige Credit Suisse Group haben in der Vergangenheit verschiedene Banken und einen grossen Versicherungskonzern übernommen (vgl. Abbildung 72).

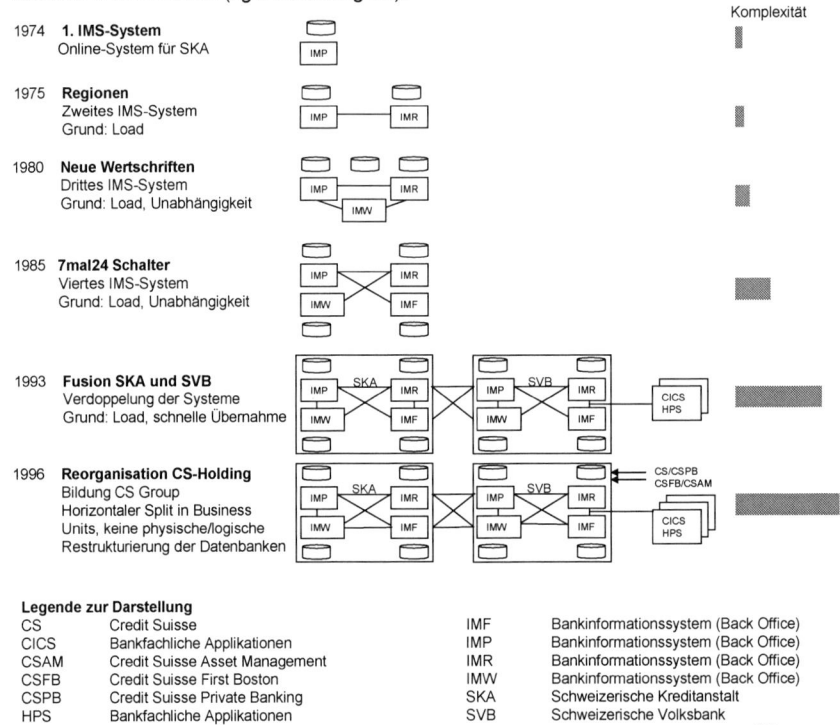

Jahr	Ereignis		Komplexität
1974	1. IMS-System Online-System für SKA	IMP	
1975	Regionen Zweites IMS-System Grund: Load	IMP — IMR	
1980	Neue Wertschriften Drittes IMS-System Grund: Load, Unabhängigkeit	IMP — IMR IMW	
1985	7mal24 Schalter Viertes IMS-System Grund: Load, Unabhängigkeit	IMP — IMR IMW — IMF	
1993	Fusion SKA und SVB Verdoppelung der Systeme Grund: Load, schnelle Übernahme	IMP-SKA-IMR IMP-SVB-IMR IMW — IMF IMW — IMF CICS HPS	
1996	Reorganisation CS-Holding Bildung CS Group Horizontaler Split in Business Units, keine physische/logische Restrukturierung der Datenbanken	IMP-SKA-IMR IMP-SVB-IMR IMW — IMF IMW — IMF CS/CSPB CSFB/CSAM CICS HPS	

Legende zur Darstellung
CS	Credit Suisse	IMF	Bankinformationssystem (Back Office)
CICS	Bankfachliche Applikationen	IMP	Bankinformationssystem (Back Office)
CSAM	Credit Suisse Asset Management	IMR	Bankinformationssystem (Back Office)
CSFB	Credit Suisse First Boston	IMW	Bankinformationssystem (Back Office)
CSPB	Credit Suisse Private Banking	SKA	Schweizerische Kreditanstalt
HPS	Bankfachliche Applikationen	SVB	Schweizerische Volksbank

Abbildung 72: Komplexitätszuwachs in Rechenzentren durch Akquisitionen.[396]

Die strategischen Grundsätze, welche diesen Akquisitionen u.a. zugrunde lagen, waren die Realisation von Synergiepotenzialen auf Kosten- und Kundenseite. Die Akquisition der Winterthur Versicherungen, damals noch unter der Synergieidee im Bereich Allfinanzstrategie, zahlte sich aus bankgesetzlichen Gründen nur bedingt aus. Das Bankgeheimnis, die Gesetzgebung für Finanzdienstleister und Vorgaben durch die Eidgenössische Bankenkommission verhindern beispielsweise eine vertiefte Integration von IT-Architekturen, entsprechenden IT- oder Front-Office-Organisationseinheiten oder den Austausch von Kundendaten. Sowohl im Bereich Kundenbeziehungsmanagement als auch im Bereich IT wird eine separate Strategie gefahren. Gemeinsame CRM-Aktivitäten zwischen der Einheit Winterthur und der Bankeinheit

---

[396] Vgl. Siegrist (2003), S. 11.

erfolgen nicht oder allerhöchstens über den Austausch von Algorithmen oder Modellen zum Kundenverhalten. Da keine Kundenidentitäten ausgetauscht werden dürfen (Bankgeheimnis), werden „bloss" Algorithmen (oder Modelle) zur Eruierung von bestimmten Kundengruppen oder zum Kundenverhalten weitergegeben. Im Wesentlichen handelt es sich dabei um Algorithmen zur Kundengewinnung, zum Cross Selling, zum Up Selling sowie zur Bindung und Rückgewinnung von Kunden. Angaben zu Kunden oder Kundengruppen werden aber nicht namentlich oder auf Basis von Kundenidentitäten oder -Nummern oder gar der Bekanntgabe von Personendaten von der Winterthur an die Credit Suisse weitergegeben.

Die Akquisition der Neuen Aargauer Bank ist derzeit nur partiell bis auf die IT-Plattform fortgeschritten. Die Neue Aargauer Bank hat zum Teil eine eigene IT-Plattform. Die Schnittstellen sind derzeit noch nicht optimal. Kundendaten werden nur teilweise mehrfach genutzt und meist redundant gehalten.

Die grösste (schweizerische) Firmenakquisition (ausser dem Winterthur Konzern) war der Erwerb der Schweizerischen Volksbank (SVB). Dabei wurde aus Sicht von Operations, aber auch aus Sicht der IT eine Vollintegration angestrebt und erreicht. Es wurden, in verschiedenen Paketen, aber auf einen Stichtag hin, die Kundendaten auf die Applikationen und Rechenzentren der Credit Suisse migriert. Dies erfolgte nach einer Phase der Parallelführung der Plattformen. Die Integration der Kundendaten erfolgte über eine Referenzierung des alten CIF (Customer Information File) mit einem neuen CIF. In einer Übergangszeit war es für alte SVB-Kunden möglich, an (bankeigenen) Geldautomaten der Credit Suisse und des ehemaligen SVB Geld zu beziehen.

7.1.3.2 Grundlagen zur Architektur der Credit Suisse

Als Einstieg ins Thema Architekturaufbau der Credit Suisse dienen die folgenden Angaben zur Infrastruktur, anhand der die weiteren Angaben zur Integrationsarchitektur besser verstanden werden können. Die Credit Suisse verzeichnet:[397]

- Über 40'000 PCs mit Zugang zu 70'000 GB Daten, gespeichert auf 21 Mainframe-Rechnern mit ca. 14'000 MIPS im 7x24-Stunden-Betrieb
- Ca. 700 verschiedene Applikationen mit insgesamt 20 Mio. Source Lines of Code (SLOC) und 40 Mio. Lines of Code (LOC) in den Zentralrechnern
- 20 Mio. Transaktionen pro Tag auf den Mainframe-Rechnern
- 1'400 verteilte und 400 zentrale Server (auf UNIX- und NT-Basis)

---

[397] Vgl. dazu und zum Folgenden Hagen (2002), S. 1 ff., Strüver (2002), S. 79 ff.;

- Multiple automatisierte (Kunden-)Zugangsmedien (Internet, Videotext, Telefon, ATMs, Filialen unterschiedlicher Art)
- IT-Kosten von insgesamt 1´000´000´000 CHF jährlich
- 2´500 IT-Angestellte
- Über 100 eigengefertigte Client-Server-Applikationen
- Mehr als 100 parallele IT-Projekte.

Verschiedene Schlussfolgerungen ergaben sich für die Credit Suisse aufgrund der angegebenen Zahlen.[398] Jede Plattform besteht aus einer sehr grossen Zahl von Applikationen. Im Bankgeschäft Schweiz sind alleine 600 Applikationen zu verzeichnen. Zudem wurde konstatiert, dass die Lebenszyklen verschiedener Applikationsteile sehr unterschiedlich waren. Generell haben Backend-Applikationen (Applikationslogiken und Datenbanksystem) längere Lebenszyklen als Frontend-Applikationen (GUIs, etwa für das CRM oder das Online Banking).

Weiter wurde festgestellt, dass eine enorme Heterogenität von Plattformen, Programmiersprachen und Entwicklungsmethoden gegeben war. Trotzdem mussten der Datenaustausch und die Interaktion zwischen den Applikationen ermöglicht werden, also ein „gemeinsamer Integrationsnenner" gefunden werden. Die Heterogenität der Organisation im IT-Bereich war gross, daher war die Gründung einer Integrations-Organisationseinheit, die standardisierend, organisatorisch koordinierend und zentral planerisch bezüglich der Gesamtarchitektur wirkte, ein Muss.

Zudem realisierte die Credit Suisse, dass gerade mit dem Aufkommen des Internets und des E-Banking die Dynamik der Entwicklung an der Front hoch war. Die Komplexität und Dynamik des Geschäfts, dessen Abwicklung und die Komplexität der Applikationslandschaft verunmöglichen die Definition eines definitiven Zielzustands der Architektur. Zudem trat aufgrund der verschiedenen Unternehmen, die mit der Zeit integriert wurden, eine strukturelle (technische) Komplexität und teilweise eine Redundanz von Daten, Funktion(alität)en, etc. zutage. Die technischen Integrationsprobleme, die sich für die CS ergaben, lauteten wie folgt: Mehrfache und verschiedene Zugangsarten zu Applikationen (RPC, Message-basiert, etc.); unterschiedliche Arten von Datenformaten (ASCII, (packaged) XML, EDI, etc.); unterschiedliche Schnittstellen für die Integration zwischen den verschiedenen Applikationen; unterschiedliche Datensemantik; Notwendigkeit von n:m-Verbindungen zwischen Applikationen.

---

[398] Vgl. dazu und zum Folgenden Hagen (2004), S. 68.

Wie die Abbildung 73 zeigt, führten die erwähnten Gründe, darstellbar auch mit Kennzahlen zur IT und zur Architektur, zur Managed Evolution, einer zielorientierten Veränderung der IT-Architektur. Diese ist in der Abbildung für den Idealfall mit einer gepunkteten (helleren) Linie dargestellt. IT-getriebene Projekte hatten eher IT-Effizienz-Steigerungs-Charakter. Geschäftsgetriebene Projekte hatten eher betriebswirtschaftlich orientierten Effizienzsteigerungs-Charakter, etwa bezüglich Kosten, Qualität und Zeit von Geschäftprozessen.

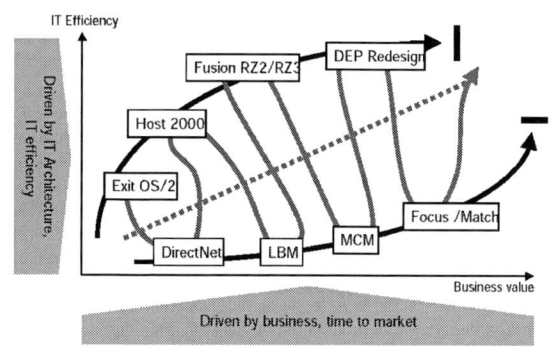

Abbildung 73: Managed Evolution der Credit Suisse IT-Architektur.[399]

Diese Unterschiede führten zu den schwarzen Kurven, welche im Rahmen der Managed Evolution im Hinblick auf die ideale Entwicklung, wie sie mit der gepunkteten Linie dargestellt ist, auszugleichen waren.

In der Abbildung werden schwarze Pfade (Kurven) dargestellt. Dies umfasst einerseits den technologieorientierten Pfad des Managements von (Host-)Informationssystemen und deren serviceorientiertes Redesign innerhalb der Gesamtarchitektur. Dazu gehört u.a. die Zusammenführung von Rechenzentren (RZ). Andererseits ist der businessorientierte Pfad mit Initiativen wie DirectNet (Online Banking), Loyalty Based Management (LBM; analytisches CRM), Multi Channel Management (MCM; u.a. Aufbau einer Multi-Channel-Architektur) und, in dieser Abbildung noch nicht aufgeführt, dem CRM auf Basis von FrontNet, zu unterscheiden.

Ein Ausgleich der beiden extremeren Pfade in Richtung der Ideallinie erfolgte in der Vergangenheit in einer Art Mäanderform. Künftige Veränderungen haben deshalb noch gezielter unter der simultanen Berücksichtigung der zwei Dimensionen IT-Effizienz und Wertschöpfungssteigerung zu erfolgen.

---

[399] Vgl. Hagen (2000), S. 7.

Aufgespannt wird der zweidimensionale Raum, innerhalb dessen die Managed Evolution dargestellt werden kann, durch eine Dimension IT-Effizienz (y-Achse). Mit der IT-Effizienz wird gemessen, wie leicht, schnell und kostengünstig Änderungen oder Erweiterungen am System (und der Integration) durchgeführt werden können. Andererseits wird der Raum der Managed Evolution determiniert durch die Dimension Geschäftswert oder -nutzen (x-Achse). Dieses Kriterium zeigt an, welchen Wert die Applikationslandschaft für die Nutzer (innerhalb der Bankwertschöpfungskette) hat. Die Applikationslandschaft und deren Nutzen wird bestimmt durch den Markt und die darin stattfindenden Entwicklungen, aber auch durch die sich laufend entwickelnden technischen Möglichkeiten im Bereich der Anwendungsapplikationen.

Eine eigentliche IT-Architekturabteilung wurde bei der Credit Suisse 1998 eingeführt. Das Ziel der Organisationseinheit ist die Definition von Architekturgrundsätzen. U.a. ging es anfänglich darum, Gruppierungen von Applikationen (Code und Daten) gemäss Bankkriterien (Entitäten, Funktionen) vorzunehmen. Das Ziel war es ferner, jede Applikation genau einer Domain zuzuordnen.[400] Die Domain ist aus Sicht der Credit Suisse unabhängig von organisatorischen Strukturen. Eine Domain kann aus Sicht der Fallstudie Credit Suisse damit definiert werden als Funktionalitäts-Cluster.

Bei der CS ist weiter eine nationale (Swiss IT-Platform) von einer internationalen IT-Plattform zu unterscheiden (International IT-Plattform). In dieser Fallstudie ist nur von der schweizerischen IT-Plattform die Rede. Die Integration zwischen den beiden Plattformen ist, u.a. auch aus rechtlichen Gründen, nicht weit fortgeschritten. Sie beschränkt sich derzeit darauf, dass Daten zur internationalen Konsolidierung von der internationalen Plattform auf die nationale Plattform (in ein eintsprechendes DWH) übertragen werden. Seit dem Jahr 2004 ist die internationale Integration verstärkt ein Thema, insbesondere auch im CRM-Umfeld.

---

[400] Der Begriff der Domain wird in dieser Arbeit nicht einheitlich genutzt. Dies hat auch damit zu tun, dass er in den Fallstudien von den Interviewpartnern in unterschiedlicher Form gebraucht wurde und insbesondere auch im Architekturbereich in unterschiedlicher Bedeutung auftrat. Der Begriff der Domain stammt aus der Datenbanktheorie, wo darunter der Wertebereich verstanden wird, den eine Variable annehmen kann (Beispiel Monat: Wertebereich 1 – 12). Unter einer Domain kann laut Searchwebservices jedoch auch das Folgende verstanden werden: „In general, a domain is an area of control or a sphere of knowledge. In computing and telecommunication in general, a domain is a sphere of knowledge identified by a name. Typically, the knowledge is a collection of facts about some program entities or a number of network points or addresses." [Vgl. Searchwebservices (2005b)].

7.1.3.3 Architekturaufbau der Credit Suisse

Überlegungen zu und Ziele der CS-Architektur

Aufgrund der in Kapitel 7.1.3.2 geschilderten Sachverhalte und der sich daraus ergebenden Komplexitäten zielten die Initiativen der Architekturabteilung der Credit Suisse in erster Linie darauf ab, die strukturelle Komplexität durch die folgenden Massnahmen zu reduzieren:

- Einführung von Struktur (Domains als Funktionalitätscluster; Client- und Server-Definitionen; unterschiedliche Integrationsplattformen)
- Verwendung unterschiedlicher Integrationsgrade
- Durchsetzung einer konsequenten Kapselung (von Services, Applikationen, etc.)
- Standardisierung zulässiger Interaktionsmuster und -technologien.

Dadurch haben Änderungen in Datenbanken einer Applikation keinen Einfluss mehr auf andere Applikationen, solange die Schnittstellen nicht betroffen sind. Änderungen einer Applikation haben allenfalls Einfluss auf die Applikationen derselben Gruppe. Andere Applikationen sehen nur die (stabilen) Schnittstellen, solange diese nicht von Änderungen betroffen sind. Die einheitliche Busintegrationsinfrastruktur ermöglicht:

- Die Definition von Funktionalitätsangeboten
- Eine Steigerung der Effizienz der IT-Plattform durch die Wiederverwendung von Funktionalität (Services) und Schnittstellen.

Die Integrationsarchitektur hat fünf Teilbereiche, innerhalb der Integrationsprobleme zu lösen sind. Dies führte auch zu den im Folgenden darzustellenden Integrationsinfrastrukturen (Bus-Architekturen):

- Technische Integration: Management von Abhängigkeiten von technischen Plattformen
- Logische versus physische Integration: Management von Abhängigkeiten zwischen Applikationen und Komponenten auf der Ebene der fachlichen Bedeutung und der physischen Kopplung
- Prozess- und Desktopintegration: Integration entlang von Geschäftsprozessen und Arbeitsplätzen der Endbenutzer
- Integration neu eingekaufter Software: Einführung von Methoden und Werkzeugen zur Integration neu akquirierter Software

- B2B-Integration: Integration mit Partnern (Depotbanken), Lieferanten, Kunden.

Die Ziele der Schaffung einer Integrationsinfrastruktur lauteten:

- Architektur muss effektiv zur Komplexitätsreduktion und damit zur IT-Effizienz beitragen
- Bestimmung des optimalen Kopplungsgrades[401]
- Sicherstellung einer maximalen Wiederverwendung und einer minimalen Redundanz bezüglich Daten und Funktionalität
- Optimale Gestaltung des Technologieportfolios (Integrationstechnologie, Anwendungstechnologie, etc.).[402]

Architekturdarstellung und -prinzipien

Bevor auf die allgemeinen Prinzipien des Architekturaufbaus im Detail eingegangen wird, ist auf diverse Eigenheiten einzugehen. Es gibt verschiedene Möglichkeiten des Vorgehens für die Gestaltung einer Architektur. Grundsätzlich kann zwischen einem Top-Down- und einem Bottom-Up-Verfahren unterschieden werden. Dies bedeutet, dass von der Geschäftsprozessseite aus Prozesse implementiert werden, für die danach die Implementierung in der IT gesucht wird, wohingegen beim Bottom-Up-Verfahren ausgehend von der Applikation eine Infrastruktur gebaut wird, welche die flexible Konfiguration von Geschäftsprozessen ermöglicht. Das Top-Down-Verfahren wird aus IT-Sicht im Grobsegment Private Banking angewandt. Deren IT-Infrastruktur ist strukturell teilweise getrennt von der Retail-Banking-Infrastruktur. Das Bottom-Up-Verfahren kommt schwerpunktmässig im Grobsegment Retail Banking zur Anwendung. Deren IT-Infrastruktur steht ausschliesslich in der Schweiz. Die Credit Suisse hat sich aus Sicht des Architekturmanagements für ein Bottom-Up-Verfahren entschieden. Das erfolgte so auch aufgrund der gegebenen bestehenden Architektur, die auf Grossrechnern basiert. Bottom Up bedeutet, dass (konkret ausgehend vom Datenlayer) Services definiert werden, die über den Applikationslayer zu fest verdrahteten Serviceketten konfiguriert werden. Der Aufbau einer fest konfigurierten Servicekette kann z.B. innerhalb der folgenden Geschäftsvorfälle erforderlich sein: Kunde (CIF) anlegen, Konto anlegen, Depot eröffnen.

---

[401] Mit Methoden und Werkzeugen muss dabei sichergestellt werden, dass nicht zu eng und nicht zu lose gekoppelt wird. Bei einer zu engen Kopplung (zu stark synchrone Kopplung) nehmen die Abhängigkeiten überdimensional zu. Bei einer zu losen Kopplung werden die Aufwände für die Interakton zur Laufzeit zu gross.
[402] Auch für die Integration und deren Werkzeuge gilt die Vermeidung von Redundanz, daher sollte die Anzahl der eingesetzten Integrationslösungen (u.a. Middlewares) so gering wie möglich gehalten werden.

Wie bereits geschildert, wurden die alten Bank-Host-Systeme zur besseren Verwaltbarkeit aufgeteilt in unterschiedliche Funktionsbereiche. Diese werden mit Domains bezeichnet (vgl. dazu im Detail die Abbildung 74 und die Abbildung 75). Client-Server-Systeme und andere Nicht-Host-Systeme wurden entsprechend in die Domains integriert. Dies erfolgte im Sinne des Aufbaus einer Service-orientierten Architektur (SOA[403]). Die folgende Definition einer SOA kann angeführt werden: „A service-oriented architecture [...] defines how two computing entities interact in such a way as to enable one entity to perform a unit of work on behalf of another entity. The unit of work is referred to as a service, and the service interactions are defined using a description language. Each interaction is self-contained and loosely coupled, so that each interaction is independent of any other interaction." Ferner gilt bezüglich des Protokolls innerhalb der SOA das Folgende: „Simple Object Access Protocol (SOAP)-based Web services are becoming the most common implementation of SOA. However, there are non-Web services implementations of SOA that provide similar benefits. The protocol independence of SOA means that different consumers can use services by communicating with the service in different ways. Ideally, there should be a management layer between the providers and consumers to ensure complete flexibility regarding implementation protocols."

PRODUCTS					CUST.	DISTRIBUTION	
TRE	SEC	PAY	CRE	ACC	CUS	SAL	CHA
Clientapplikationen TREASURY Servicemodule	Clientapplikationen SECURITIES Servicemodule	Clientapplikationen PAYMENTS Servicemodule	Clientapplikationen CREDITS Servicemodule	Clientapplikationen ACCOUNTS Servicemodule	Clientapplikationen CUSTOMERS Servicemodule	Clientapplikationen SALES SUPPORT Servicemodule	Clientapplikationen CHANNELS Servicemodule

⇧⇩ ⇧⇩ ⇧⇩ ⇧⇩ ⇧⇩ ⇧⇩ ⇧⇩ ⇧⇩

CS INFORMATION BUS

⇧⇩ ⇧⇩ ⇧⇩ ⇧⇩ ⇧⇩ ⇧⇩ ⇧⇩

MAN	DAT	BAS	DOC	LOG	FAC	OPR
Clientapplikationen MGT. REPORTING Servicemodule	Clientapplikationen DATA ANALYSIS Servicemodule	Clientapplikationen BASIC FACIL. Servicemodule	Clientapplikationen DOCUMENTATION Servicemodule	Clientapplikationen LOGISTICS Servicemodule	Clientapplikationen FINANC. ACCT. Servicemodule	Clientapplikationen OPERAT. MGT. Servicemodule

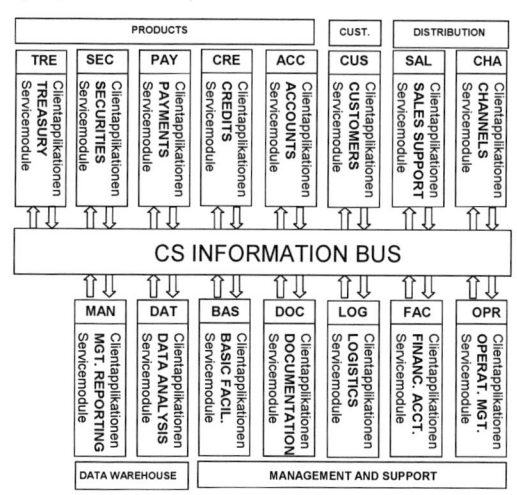

DATA WAREHOUSE	MANAGEMENT AND SUPPORT

Abbildung 74: Credit Suisse Information Bus Architektur (Grafik entstanden im Jahr 2002).[404]

---

[403] Vgl. Searchwebservices (2005a).
[404] Für das CRM direkt relevant sind etwa die Domains mit den Bezeichnungen Customers, Sales Support und Channels sowie Data Analysis. Indirekt sind es ausgehend von CRM-relevanten Domains in der Wertschöpfungskette etwa die Domains unter der Überschrift Products in Abbildung 74.

Domains und Services wurden über den so genannten CSIB (Credit Suisse Information Bus: logische Bezeichnung für einen „Standard" mit dem Informationen ausgetauscht werden; physikalisch implementiert durch CORBA) integriert. Dabei wurden die Daten entsprechend gekapselt. Der CS Information Bus kann auch umschrieben werden als zentrale Architektur für die Applikationsarchitektur, die aus der CORBA-Infrastruktur besteht (Client-Server-Computing, Remote-Proceedure-Call-basiert und synchron). Die Domains und Business Services wurden zur verbesserten Ansprache und zu einer für das Business verständlicheren Form mit bankfachlich orientierten Domainnamen versehen. Es existieren in der Credit Suisse – wie ebenfalls bereits erwähnt – zweierlei Bus-Architekturen, eine für die synchrone (CSIB) und eine für die asynchrone (CS Event-Bus (CSEB)) Integration zwischen Applikationen. Geplant ist zudem, einen dritten Bus für den Bulk-Transfer einzuführen. Über diesen können grosse Datenmengen mittels File Transfer (und das FTP-Protokoll) von verschiedenen operativen Applikationen ins DWH (oder allenfalls in andere Applikationen) übertragen werden (vgl. Kapitel 7.1.2.1.3).

Eine Domain kann sowohl Servicebezüger respektive -caller – dann ist die Seite Client-Applikationen in der Domaindarstellung angesprochen – als auch Serviceprovider sein – dann ist die Domain ein Service-Modul, was dem eigentlichen CORBA-Service entspricht.[405] Zudem sind in der genannten Abbildung so genannte Businessbereiche unterscheidbar, die mehrere Domains miteinschliessen. Die Funktionsaufrufe zwischen den Domains über den CSIB binden für den kurzen Moment des Funktionsaufrufs den Client und den Server. Sie werden nach dem Serviceaufruf wieder frei gegeben. Aus logischer Sicht sind somit über den CSIB verschiedene Applikationen miteinander über Service-Interfaces und den CSIB verbindbar. Aus physikalischer Sicht bilden die CORBA-Aufrufe die Verbindung zwischen den Leistungseinheiten auf dem Mainframe über CORBA-Operationen. Leistungseinheiten entsprechen nicht notwendigerweise Services.

Die in Abbildung 75 dargestellte Domain-Architektur wurde neuerdings in anderer Form und businessnäher (wertschöpfungsorientiert) dargestellt. Die Kundenbeziehungsorientierung und die entsprechende Anordnung der Domains sind hier offensichtlicher. Die Intradomain-Integration zur Verbindung von Komponenten in Domains ist zudem so eng wie möglich (teilweise Zugriff auf gleiche Datenbanken; synchron). Die Interdomain-Integration ist abhängig vom Geschäftsvorfall und den Schnittstellen enger oder loser möglich, so eng oder so lose wie wirtschaftlich vertretbar. Die veränderte Darstellungsart in Abbildung 75 hat auch damit zu tun, dass

---

[405] Vgl. dazu Abbildung 74

die Architekturabteilung die Möglichkeiten, die mit der neuen Architektur gegeben sind, im jetzigen Zustand unternehmensintern aktiver zu „verkaufen" beginnt und damit unternehmensintern Kunden- oder Business-nähere Argumentarien und Darstellungen erforderlich werden. Es beginnt ganz links mit dem Kunden, danach folgen in den zwei folgenden Spalten die bankfachlichen Domains. Je weiter rechts und je weiter unten in der Darstellung eine Domain erscheint, desto stärker ist sie unterstützend und dient der Infrastruktur der Bank.

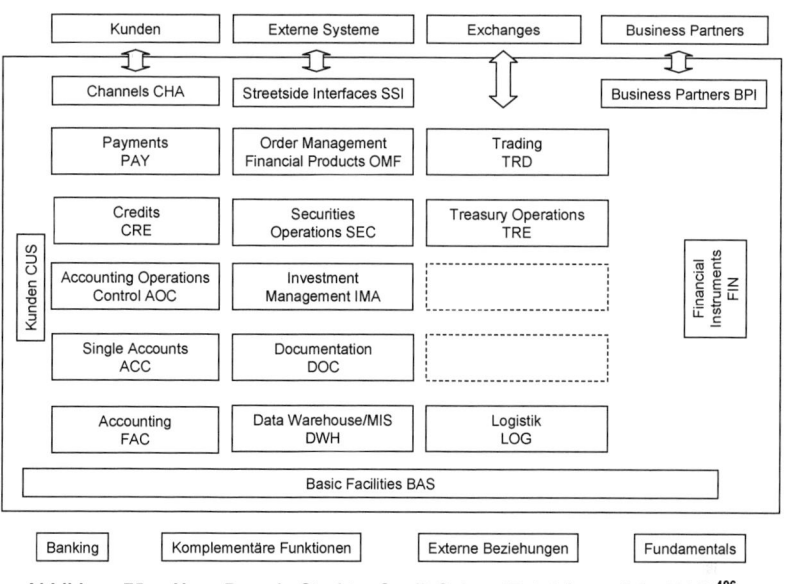

Kunden	Externe Systeme	Exchanges	Business Partners
Channels CHA	Streetside Interfaces SSI		Business Partners BPI
Payments PAY	Order Management Financial Products OMF	Trading TRD	
Credits CRE	Securities Operations SEC	Treasury Operations TRE	
Accounting Operations Control AOC	Investment Management IMA		
Single Accounts ACC	Documentation DOC		
Accounting FAC	Data Warehouse/MIS DWH	Logistik LOG	
Basic Facilities BAS			

(Kunden CUS links außen; Financial Instruments FIN rechts außen)

| Banking | Komplementäre Funktionen | Externe Beziehungen | Fundamentals |

Abbildung 75: Neue Domain-Struktur Credit Suisse (Entstehungsjahr 2003).[406]

Teilweise sind in Abbildung 75 gegenüber Abbildung 74 Domains ergänzt oder weggelassen worden. Rund um die Domainstruktur (im Rahmen) erscheinen externe Domains im B2B-Bereich, mit denen intensive Interaktionen gegeben sind. Die verschiedenen Domains in Abbildung 75 sind nun beispielsweise je nach Geschäftsvorfall, Informationsbedürfnis und erforderlichen Verteilungs- oder Bezugsmechanismen von Informationen aus Sicht des Front Office über unterschiedliche Busse miteinander verbunden.

Bus Infrastrukturen bei der CS

Die Busse und Informationsverarbeitungsmechanismen zwischen den unterschiedlichen Applikationen werden als Vermittlung von Services verstanden. Deswegen

---

[406] Die Abkürzungen in Abbildung 75 entsprechen mehrheitlich den Abkürzungen in Abbildung 74. Für das CRM relevant sind etwa die Domains mit den Bezeichnungen Channels und DWH.

kann bei der Architektur und Infrastruktur der Credit Suisse von der erwähnten Service-orientierten Architektur (SOA) gesprochen werden.

In einer ersten Infrastrukturbildung für die Integration ging es darum, die synchrone Kopplung von Applikationen sicherstellen zu können. Darin rufen Applikationen verschiedene Services hintereinander auf. Dies erfolgte mit der Busarchitektur für die synchrone Kopplung von Applikationen (auf Basis von CORBA-Services; der Bus wird Credit Suisse Information Bus genannt). Ausgehend von dieser Entwicklung ergaben sich neue Anforderungen, die zur Entwicklung der zweiten Bus-Architektur führten, mittels welcher der Nachteil der ersten Bus-Architektur (d.h. des CSIB mit synchroner „Fest-Verdrahtung") behoben wurde. Der Zweck dieser Bus-Architektur war es, flexiblere Konfigurationen der bereits erwähnten fest verdrahteten Services zu gestalten, so dass die Abwicklung flexibler Workflows ermöglicht wurde. Um Events oder Ereignisse auf Basis asynchroner Kommunikation zwischen den Servern innerhalb der verschiedenen Architektureinheiten zu ermöglichen, wurde als eine unter verschiedenen möglichen Lösungen MQ-Series von IBM als Message oriented Middleware eingesetzt. Daraus ergab sich der Aufbau des Credit Suisse Event Bus als Ergänzung des Credit Suisse Information Bus. Mit dieser Infrastruktur wurde der Tatsache Rechnung getragen, dass beispielsweise Änderungen des CIF-Files bezüglich Kreditlimiten Änderungen für verschiedenste andere Bankapplikationen haben können (Übertragung mittels Publish-and-Subscribe-Mechanismen). Die Information ist somit allen Applikationen (und entsprechenden Datenbanken) zu versenden, für welche diese Änderung ebenfalls relevant ist, beziehungsweise die zu den Unterzeichnern gehören. Dafür ist auch Transformationsfunktionalität erforderlich, die sowohl auf Publisher-, Message Oriented Middleware- oder auf Subscriber-Seite vorhanden sein kann. Bei der Credit Suisse kann dafür beispielsweise die MQ-Series-Umgebung von IBM genutzt werden.

Aus architektonischer Sicht kann Publish/Subscribe in einer Three-Tier-Architektur als die Verbindung von „Publisher" und „Subscriber" über Messages (in der Regel auf Applikationsebene) und einen Integration- oder Middleware Broker verstanden werden (Push-Technologie). Das Subscribing bedeutet, dass, wenn gewisse Daten geändert werden, automatisch die entsprechenden Änderungen per Message vom Publisher (dem Sender) dem Empfänger übertragen werden.[407]

Zur architekturübergreifenden Steuerung der auf Messaging basierenden Services, deren Kopplung flexibler ist als diejenige der fest verdrahteten Services, waren zusätzlich neue Mechanismen erforderlich. Diese mussten – im Sinne eines Vorgängers

---

[407] Vgl. ebenfalls Ehr (2000), S. 33.

einer bankumfassenden Order-Management-Applikation – die Konfiguration und Koordination der Workflows über das Event Management – sowie teilweise die Kopplung von Services des Information- und des Event Bus – übernehmen.

Die Architektur über alle drei Infrastrukturbereiche, d.h. den Information-, den Eventsowie den Bulk Service Bus, sind in Abbildung 76 dargestellt. Die drei Busarten unterscheiden sich aus ihrer Funktion heraus auch in der Art der Verbindung der relevanten Frontends, Server oder Datenbanken.

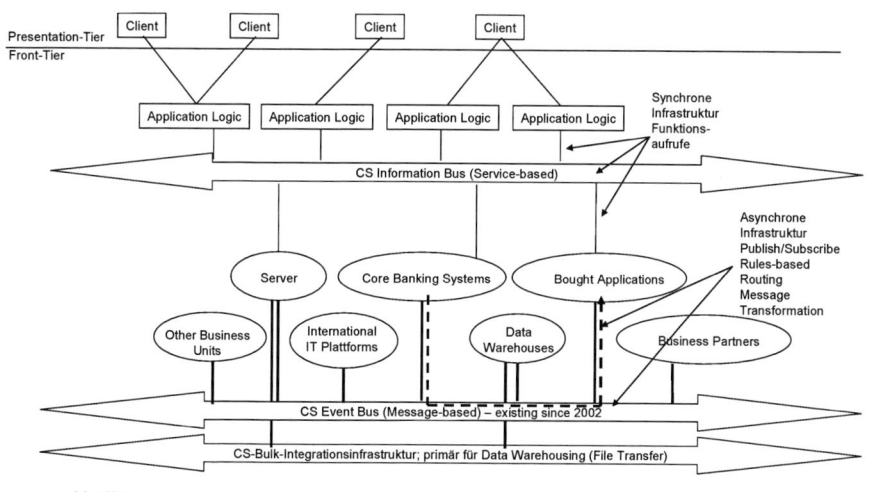

Abbildung 76: Credit Suisse Integrationsinfrastruktur.

Der Information Bus bindet die betroffenen Applikationen synchron, der Event Bus (messagebasiert und seit ca. 2002 implementiert) verbindet in unterschiedlichster Form Programme miteinander über Messaging und demzufolge asynchron. Der Credit Suisse Event Bus stellt Publish/Subscribe-Dienste, Rules-based-Routing-Dienste sowie Message-Transformation als Services zur Verfügung. Der CS Event Bus ergänzt damit die CORBA-Infrastruktur. Die Kommunikation darüber ist asynchron (vgl. dazu in Abbildung 76 im unteren Teil die gestrichelte Linie). Publish-Subscribe-Mechanismen und Datentransformationen sind darüber abwickelbar. CORBA indes bleibt der einzige Weg für Client-Server-Zugang zu den Host-Services und zu entsprechenden Daten. Der Event-Bus wird im Gegensatz dazu für den asynchronen Inter-Server-Datenaustausch eingesetzt. Unter Anderem wird der Event-Bus auch für die Verbindung der lokalen IT-Plattform mit der internationalen (Hardware-)Plattform genutzt oder zur zwischenbetrieblichen Integration der CS mit anderen Geschäftspartnern, etwa der Telekurs oder dem SWIFT-Netzwerk.

Vorgehen für die Schnittstellendefinition

Für die bisher beschriebenen Bus-Architekturen wird – über die Architektur-Abteilung als Prozess initialisiert und strukturiert – eine Art „Vertrag" etwa über die Integration von Applikationen über die vorhandenen Businfrastrukturen zwischen den verschiedenen Applikationsverantwortlichen und der Architekturabteilung geschlossen. Der Vertrag ist ein mehrseitiges Dokument. Für den synchronen Verkehr (Client Server Computing über den Credit Suisse Information Bus) werden Schnittstellenanträge mit IDL-Spezifikationen zur Prüfung und Spezifikation vorgelegt. Unter IDL wird eine formale Sprache zur implementierungsneutralen Spezifikation von Schnittstellen verstanden. IDL bedeutet Interface Definition Language. Mittels dieser IDL-Spezifikation kann das Interface geprüft und danach auch programmiert werden.[408] Für den asynchronen Verkehr (Messaging über Credit Suisse Event Bus) ist die erwähnte IDL-Spezifikation erforderlich. Für den im Jahr 2004 gebauten Bulk Service Bus ist ein gleiches Vertragsprozedere vorgesehen, wobei dort der Vertrag auch Auskunft zur Record- (oder Daten-)Struktur gibt, die zu transferieren ist (beispielsweise um Angaben zur Transformation der Daten zu erhalten). Bei Letzterem kann es um gesamte Datenbanken mit einem bestehenden Datenmodell gehen (etwa zur Replikation) oder aber um einzelne Daten, die z.B. vor oder nach dem Transport transformiert werden müssen.

7.1.3.4 Multi-Channel-Management-Architektur oder -plattform

In der Vergangenheit, insbesondere während des Internet Hypes, in der die Bank eine Spitzenposition in Electronic Banking einnahm, entstanden gerade im Internetbereich diverse abgeschlossene Architekturen für die entsprechenden Channel-Applikationen. Dazu gehörten das in Kapitel 7.1.2.3 beschriebene FrontNet, das E-Banking-Portal DirectNet sowie das unterdessen stillgelegte Portal Youtrade. Für jedes dieser Portale waren Presentation Layer, Applikations- und Datenlayer und je separate Sicherheits- und Login-Funktionalität zu implementieren. Alle diese Applikationen können nachträglich als Silos mit je eigenen Projektorganisationen bezeichnet werden. Bei der Credit Suisse wurde diesbezüglich auch von Towers gesprochen, die den ganzen Software-Lebenszyklus abdeckten mit Produktdefinition, Funktionalitätsdefinition, Technologiedefinition, Support und Wartung. Dies führte zu relativ grosser Heterogenität aber auch zu einer sehr grossen Anzahl an Spezialisten in unterschiedlichen Bereichen. Die Entwicklung der MCP bezweckte, die verstreut eingesetzten Ressourcen in einer Projektorganisation zu bündeln. In der Projektorganisation wurde auch ein einheitlicher Software-Lebenszyklus aufgesetzt, bestehend aus den Phasen

---

[408] Vgl. Whatis (2005h).

Design, Build und Support der Bereiche Funktionalität, Technologie, Operations, Support und Maintenance.

Die Nachteile der alten Silo-Applikationen waren augenfällig: Wenn der Kunde das Kontaktmedium oder den Kontaktpunkt wechselte, war beispielsweise keine aktuelle Echtzeitsicht eines gehandelten Aktienbestandes an einem anderen Kontaktpunkt ersichtlich. Die Sachverhalte wurden nur in der entsprechenden Silo-Applikation gespeichert und mussten für eine Gesamtsicht etwa über das DWH zusammengefasst werden. Dies hatte Konsequenzen bezüglich Aktualität. Aktualisierte Zustände von Konto- oder Wertschriftenbeständen waren beim Wechsel eines Mediums also nicht einsehbar, auch nicht notwendigerweise für den Bankangestellten. Ein Wechsel eines Mediums – z.B. vom Internet ins Contact-Center – hatte deshalb zur Folge, dass der Agent im Extremfall den Kunden zuerst fragen musste, welcher aktuelle Stand sich etwa aufgrund des Handels auf dem Internet ergab.

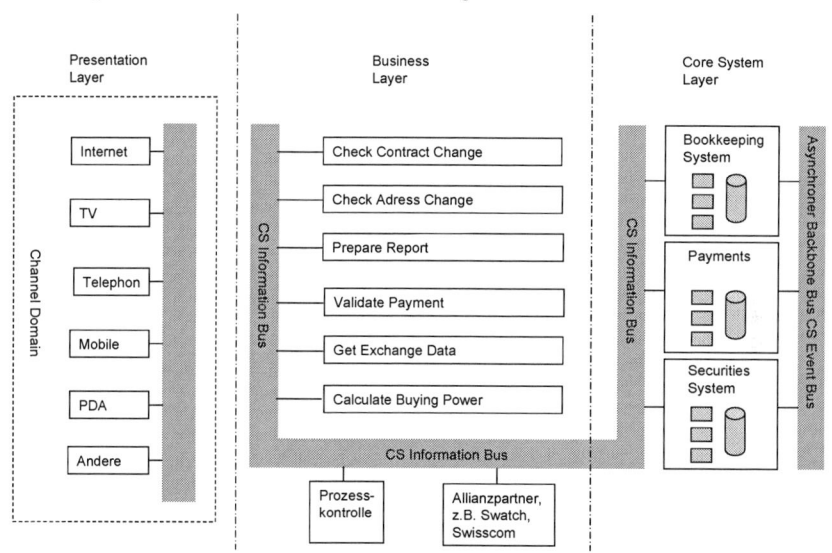

Abbildung 77: Zielarchitektur zum Multi Channel Management bei der CS.

Die neu aufzubauende MCP will diesen Missstand beheben und echtzeitähnlich Veränderungen von Datenbeständen allen Beteiligten an den Kontaktpunkten zur Verfügung stellen. Dafür ist eine Entkopplung der früheren Silos erforderlich. In der Abbildung 77 sind auf der Seite der Kontaktmedien (Presentation Layer) u.a. gegenüber dem Kunden unterschiedliche Medien eingetragen. Ein Teil davon besteht von der Infrastruktur her noch, ein Teil wurde nach dem Internet Hype deaktiviert. Zu Letzteren gehören etwa TV, PDA (mit Youtrade für PDAs). Die derzeit hauptsächlich genutzten Kontaktmedien sind neben dem persönlichen Kontakt das Telephon und das Internet.

Die Credit Suisse hat in der Schweiz über die Sprachregionen verteilt fünf Contact Center im Betrieb. Die Contact Center sind für alle Kundensegmente zuständig und es bestehen darin z.T. auf bestimmte Kunden ausgerichtete Teams.

Über die Presentation Layer der Front-Office-Applikationen (vgl. dazu ganz links in Abbildung 77 die Channel Domain) können Services aufgerufen werden (vgl. Business Layer). Diese werden synchron über den Credit Suisse Information Bus im Core System Layer ausgeführt. Die Systeme im Core System Layer kommunizieren auch mittels Credit Suisse Event Bus untereinander. Der Credit Suisse Event Bus bietet Enterprise Application Integration Services an, etwa für die Integration neu hinzukommender Systeme.

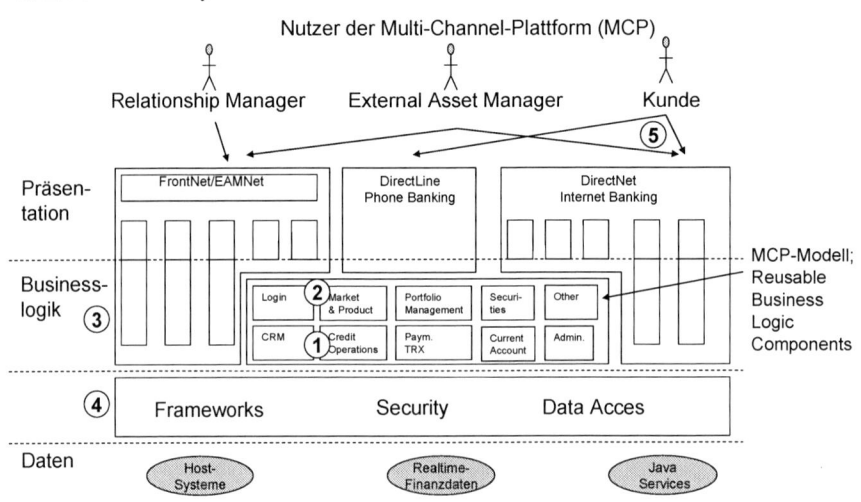

Abbildung 78: Architektur der neuen Multi-Channel-Plattform aus Layersicht.

Die Ziele des Projkts MCP können aufgeteilt werden in Business-orientierte und IT-orientierte Ziele. Es sind dies, nummeriert und analog zur Abbildung 78, die folgenden Ziele:

1. Definition eines standardisierten Funktionalitätsangebots[409] an betroffene Channels in Form sogenannter Reusable Business Logic Components (Business-Seite)

---

[409] Sogenannte Fassaden, wobei darunter vereinfacht „Schnittstellen" verstanden werden können, über die entsprechende Serviceaufrufe initialisiert werden können, analog zur Abbildung 77 in der Mitte.

2. Steigerung der Wirksamkeit von IT-Dienstleistungsbereitstellungen etwa durch Reuse von Best-of-Breed-Komponenten der bestehenden Silo-Applikationen (Business- und IT-Seite)

3. Steigerung der Effizienz durch die Reduktion von redundanten Systemen, Services und Datenbeständen (infolge Reuse) sowie Steigerung der Effizienz in Unterhalt und Entwicklung von Services und Applikationen (IT-Seite)

4. Besserer Kundenservice durch Verbesserung der Datenkonsistenz und -qualität sowie höherer Service Levels (Business-Seite)

5. Ermöglichung eines echten segmentspezifischen Channel Managements (Business-Seite).

Mit dem Aufbau der MCP wurde 2004 begonnen. Die unterschiedlichen Layer sind wie folgt aufgebaut (vgl. Abbildung 78). Den Kern der neuen Plattform bildet die gebündelte Businesslogik des Business Logic Layers. Ebenfalls war die Zentralisierung der Basis-Plattformdienste wie Frameworks, Security und Datenzugang unterhalb des Business Logik Layers wichtig für das Projekt MCP, wie sie in der Abbildung 77 durch den grauen Balken innerhalb der Channel Domain ganz links dargestellt wird.

Die Vorteile der MCP lauten wie folgt: Reuse von bereits bestehenden Applikationen und Prozessen, effiziente Entwicklung und ebensolcher Unterhalt der verschiedenen Kanalapplikationen, Verbesserung der Datenkonsistenz sowie Ermöglichung eines eigentlichen MCMs (in Echtzeit). Der Nutzen der Schaffung einer MCP kann u.a. auch mit der Metapher des „Reihenhausbaus" veranschaulicht werden. Die Multi-Channel-Plattfom ermöglicht für neue Channel-Applikationen oder die Erweiterung derselben den Reihenhausbau, der vor Ort noch an die individuellen Bedürfnisse der User (ob das Endkunden der Bank, Berater der Bank, Assistenten der Berater oder externe Berater sind) angepasst wird. Erreicht wird dieser Nutzen vor allem durch die Entbündelung der Silo-Applikationen und der Neubündelung der Silo-Applikationen über Plattformen für die Präsentation, für die Applikationen und für die Daten. Die Basis dazu ist die in den Kapiteln 7.1.3.2 und 7.1.3.3 dargestellte Service-orientierte-Architektur. Ein weiterer Nutzen war die Redundanzreduktion in personellen und organisationalen Aspekten, indem statt fünf verschiedener IT-Organisationseinheiten für die verschiedenen Silos noch eine Organisation erforderlich war. Somit entfiel auch die IT-spezifische Redundanz auf Daten-, Applikations- und Präsentationsebene. Aus Integrationssicht hat die Multi-Channel-Platform zudem den Vorteil, dass Veränderungen im Präsentations-, Applikations- und Datenlayer nur noch Anpassungen der Adapter zur Folge haben, weil die Adapter der verschiedenen Layer standardisiert werden können.

7.1.4 Schlussfolgerungen

Die Schlussfolgerungen aus der Fallstudie Credit Suisse sind in solche aus Marktbearbeitungssicht und in solche aus Technologiesicht aufzuteilen.

Die Schlussfolgerungen aus Sicht der Marktbearbeitung lauten wie folgt.

Die Gründe für die verschiedenen technologischen Anpassungen bis in die Gegenwart sind einerseits in den Unternehmenszukäufen der Vergangenheit zu suchen, mittels der gezielt die Anzahl Kunden in strategisch wichtigen Kundensegmenten erweitert wurde (Private Banking). Andererseits hat die Zunahme der Kontaktmedien um die Jahrtausendwende zum Überdenken der Kundenbeziehungsgestaltung geführt. Wo dies möglich ist werden die elektronischen Kontaktmedien aus Effizienzgründen eingesetzt. Dies führte jedoch zur Neukonzeption des MCMs, was ebenfalls Auswirkungen auf die Schaffung der MCP hatte. Die Effizienzsteigerung im Bankumfeld war jedoch schon länger ein Thema, auch aufgrund der vergangenen Rezessionen und des dadurch steigenden Kostendrucks. Eine Automatisierung der Back-Office-Prozesse erfolgte in der Vergangenheit. Die Chance bei der Neuentwicklung einer MCP liegt darin, möglichst viele der Aufträge möglichst durch die Kunden eingeben zu lassen, und sie dann voll automatisiert durch die Back-Office-„Factory" laufen zu lassen. Damit ist die MCP eigentlich die „Andockstelle" für die „Factory" an den Markt. Der Anteil von Interaktionen und Transaktionen mit menschlicher Beteiligung seitens der Bank soll, wo das aus Kundenbeziehungssicht und Effizienzgründen sinnvoll ist, auf ein Minimum reduziert werden.

Die Integration der operativen und analytischen Informationssysteme ist auf gutem Wege. Es werden teilweise unterschiedliche Methoden zur Schliessung des Regelkreises der Marktbearbeitung auch über Datenintegration aus Back-Office-Systemen genutzt. Die konsequente Nutzung aller nutzenbringenden Kundenkontaktpunkte zur Interaktion mit dem Kunden wird sich weiterentwickeln und daher die Bedeutung neuer Medien, insbesondere was die Kundenintegration betrifft, noch zunehmen, wenngleich diese Entwicklung langsamer vor sich gehen wird, als während des Internet-Hypes erwartet wurde. Entsprechende Veränderungen des Kundenverhaltens können dabei möglicherweise erst mit einem Generationenwechsel möglich sein. Die Kundenintegration wird derzeit so weiter entwickelt, dass die Übernahme von Kundengeschäftsvorfällen in die Back-Office-Systeme und deren Abarbeitung so weit als möglich automatisiert werden können. Dadurch sollen der kostenintensive Verkauf und die kostenintensive Beratung an den Kundenkontaktpunkten wenn möglich dort zum Einsatz kommen, wo die Nutzenstiftung für den Finanzdienstleister am Grössten ist. Das war schon früher der Grund für die Kundenbearbeitungsdifferenzierung in Retail- und Private Banking.

Das Interesse an der Schliessung des Regelkreises ist in unterschiedlichen Kundensegmenten verschieden weit fortgeschritten. Das Schwergewicht bezüglich des Treibens der Marktbearbeitung aufgrund des Regelkreises differeriert ebenfalls. Dies macht die Stellung der in der Gesamtorganisation zentral und strategisch positionierten LBM-Einheit für die unterschiedlichen Kundensegmente speziell und unterschiedlich. Für das Private Banking liegt der Fokus der Zusammenarbeit eher auf der Nutzung von auswertungsorientierten Datensammlungen und Instrumenten. Jedoch zählen hier auch spezifische und stark auf die entsprechenden Bedürfnisse der Adressaten zugeschnittene Einzelanalysen zum Aufgabenportfolio. Für das Segment Retail kann LBM als Treiber der Marktbearbeitung und teilweise der Abwicklung gesehen werden, d.h. dem Fulfillment oder der Initialisierung von Marketingkampagnen. Last but not least bleibt die Funktion des LBM als Sparring-Partner der strategischen Gremien und Organisationseinheiten zu erwähnen.

Die unterschiedlichen Busarchitekturen zur Integration der Anwendungssysteme der Credit Suisse haben aus betrieblicher Sicht folgende Wirkungen. Einerseits steigt die Flexibilität der Gestaltung der Kundenkontaktpunkte und des operativen CRM. Die Applikationen zur Unterstützung des operativen CRM können dadurch gezielt weiter entwickelt werden, weil dafür eine brauchbare Infrastruktur vorhanden ist. Nicht zuletzt wird auch die Kanalintegration mittels einer entsprechenden Infrastruktur einfacher und dank der MCP wird die Echtzeitsituation von Kunden in der Beratung besser, was einerseits eine einfachere Überprüfung der Kunden hinsichtlich rechtlicher Aspekte ermöglicht, andererseits aber auch Optimierungspotenzial für das Kundenbeziehungsmanagement bietet.

Die Schlussfolgerungen aus Sicht der Technologie lauten wie folgt.

Eine Vielzahl von Backend- und Frontend-Applikationen sind zu unterscheiden, die in der Vergangenheit zusammen kamen, sei es aufgrund der Neuimplementierung von Kommunikationsmedien (E-Banking), sei es durch Zukäufe von Banken und damit von Kundenbeziehungen in hart umkämpften, lukrativen Märkten, wie beispielsweise den USA oder der Schweiz. Primär wurden für die Integration der dadurch immer heterogener werdenden IT-Umgebung P2P-Verbindungen eingesetzt, was zu unüberschaubaren Applikationslandschaften führte. Das erhöhte den Druck zur Bildung einer strukturierten und auf klar definierten Integrationsrichtlinien basierenden Architektur, die laufend an die Bedürfnisse der Endbenutzer angepasst und IT-spezifisch effizienter gestaltet werden muss („Managed Evolution"). Unter anderem wird dafür mit der Metapher der Stadtplanung gearbeitet.[410]

Die Architektur muss auch für betriebliche Organisationseinheiten und Mitarbeiter verständlich sein, damit Benutzerbedürfnisse und daraus ableitbare Integrationsanforderungen aus der betrieblichen Sicht abgeleitet werden können. Auch die Kundenorientierung des Managements der Credit Suisse IT-Architektur wird laufend weiter entwickelt. Die Darstellung der Domains erfolgte in einer Erweiterung wie in Abbildung 75 dargestellt wertschöpfungsorientiert.

Das Wachstum an Kommunikationsmedien erfordert eine Aufweichung der Grenzen der Stovepipe-Architekturen verschiedener Kanäle, wie sie heute teilweise noch bestehen. Dafür wird derzeit die MCP gebaut. Neben Sicherheitsaspekten spielt es keine dominante Rolle mehr, ob die Applikation von Kunden oder von Mitarbeitern gebraucht wird. Im Gegenteil, die web-basierte Kommunikation von Stakeholdern, Kunden und Mitarbeitern nimmt an Bedeutung zu. Damit erhöht sich der Druck auf eine konsistente Integration der Multi-Channel-Architektur.

Die Trennung von Applikations-, von Präsentations- und von Daten- oder Infrastrukturlayern (Presentation Tier (-Layer), Middle Tier (-Layer) und Data Tier (-Layer)) ermöglicht eine flexiblere und von alten Host-Applikationen immer unabhängigere Gestaltbarkeit der mit stark unterschiedlichen Lebenszyklen versehenen Layer. Dies ermöglicht schnellere Entwicklungszyklen des Presentation Tiers sowie mittel- bis langfristigen Entwicklungszyklen des Middle- (oder Application-) und des Data Tiers. Dies ermöglicht (derzeit) auch die schnellere Entwicklung von Front-Office-Systemen und die langsamere Entwicklung von Back-Office-Systemen. Die Clusterbildung alter Legacy-Applikationen in Domains und Services und deren Integrationsunterstützung über unterschiedliche Busse erhöht die Flexibilität und erlaubt die rasche Identifikation von Integrationsanforderungen im Falle der Erweiterung von Funktionalität. Durch die flexible Architektur und EAI-Infrastruktur ist auch eine neue Unabhängigkeit von bestimmten Anbietern gewährleistet.

Das Splitting in Funktionsbereiche sowie die Organisation der IT haben in der Vergangenheit auch die Organisation der IT innerhalb der Credit Suisse beeinflusst. Die Architekturabteilung nimmt eine immer wesentlichere Rolle als Standardisierungsgremium ein. Sie definiert Richtlinien und Vorgaben für die Integration und z.T. auch für die Beschaffung oder Eigenentwicklung von neuen Applikationen. Sie tritt aber auch als Vermittlerin zwischen den verschiedenen Verantwortlichen für Hardware, Soft-

---

[410] Vgl. Hagen (2000).

Fallstudien 253

ware, Services, etc. auf, weil sie für alle betroffenen Abteilungen innerhalb der IT eine wichtige strategische Rolle spielt.

Die unterschiedlichen Busarchitekturen zur Integration der Anwendungssysteme der Credit Suisse haben aus technischer Sicht folgende Wirkungen. Die zuerst eingerichtete synchrone Integration mittels des Credit Suisse Information Bus (CSIB) erleichterte u.a. aus operativer CRM-Sicht die Integration von an der Front definierten Auftragsdaten in die Back-Office-Systeme. Neuerdings kommen auch Integrationen der neuen elektronischen Kanäle dazu. Auch für die Entwicklung und Integration der operativen CRM-Applikation FrontNet ist der CSIB und der in der Folge entwickelte CSEB für die asynchrone Kommunikation eine massive Erleichterung. Der Bulk Service Bus ermöglicht u.a. die Integration der Daten von Front- und Back-Office-Applikationen in die analytische (CRM-)Applikation von LBM.

7.1.5 Zusammenfassung der Integrationssachverhalte

Zusammenfassend kann die Integration am für die Arbeit relevanten Integrationsmodell wie in Abbildung 79 dargestellt werden.

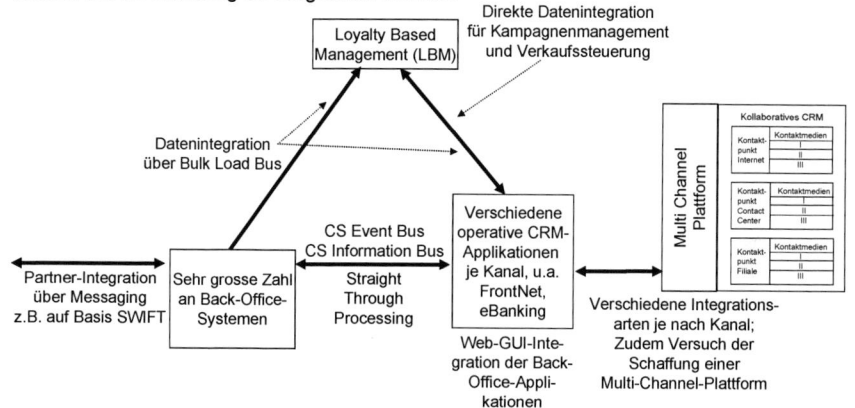

Abbildung 79: Darstellung der Architektur der Credit Suisse am CRM-Integrationsmodell.

Multi Channel Management

Es besteht beim Finanzdienstleister eine sehr grosse Anzahl an Kontaktpunkten, weniger was die unterschiedlichen Arten, als vielmehr was die Gesamtzahl an Kontaktpunkten an sich betrifft. Als Medien werden neben dem persönlichen Kontakt im Wesentlichen das Internet, das Telefon und Automaten eingesetzt. Im Gegensatz zur UBS verzichtet die Credit Suisse jedoch auf multifunktionale Automaten in den Filialen. Die Integration der Kontaktpunkte und -medien kann hier nicht im Detail geschildert werden, jedoch sind schwerpunktmässig Stovepipe-Architekturen entstanden, die der Finanzdienstleister derzeit mittels einer MCP zu integrieren versucht.

Schliessung des Regelkreises der Marktbearbeitung

Die Schliessung des Regelkreises der Marktbearbeitung ist zum Teil auch über Back-Office-Systeme sichergestellt, insbesondere was die Bearbeitung der Kunden durch die persönlichen Betreuer betrifft. Ausserdem lässt das Kundenbeziehungsportal für die Relationship Manager (gilt auch für die Contact Center und andere Portale, die für verschiedene Rollen im CRM gebaut wurden) eine Zuordnung von Kundenreaktionen zu Kampagnen zu.

Es ist geplant, die rollenspezifischen Portale für das Kundenbeziehungsmanagement längerfristig auch im Retailkundensegment sowie im Firmenkundensegment auszurollen.

Straight Through Processing

Besondere Bedeutung kommt dem Straight Through Processing zu, das insbesondere für die Masse an abzuwickelnden Geschäftsvorfällen über die unterschiedlichen Produktbereiche (und unterschiedlicher Applikationen) aus Effizienzgründen im Vordergrund steht. Besonders ist in diesem Bereich auf die ausführlichen Schilderungen zum Straigth Through Processing in „Anhang 3: Straigth Through Processing aus Sicht von CS Operations" zu verweisen.

Integration Front-, Back-Office sowie analytisches CRM

Es sind verschiedene Datenintegrationen zwischen Front- und Back-Office-Systemen und dem DWH erforderlich, da Produktnutzungen direkt im Back-Office-System ersichtlich werden. Dies um ein einheitliches Bild der Kundeninteraktionen zu erhalten (aufgrund Stovepipe-Architekturen), die nicht oder erst mit zeitlicher Verzögerung im DWH im Überblick zu sehen sind.

Integrationsinfrastruktur

Die Credit Suisse hat verschiedene Busse für unterschiedliche Integrationsdienstleistungen zwischen den verschiedenen Applikationen und Applikationsebenen aufgebaut. Beispielsweise existiert je ein Bus für die enge Kopplung (CSIB), für die lose

Kooplung (CSEB) und für die Datenintegration (Credit Suisse Bulk Service Bus für die Uploads von Daten ins DWH).

Ein solches Vorgehen drängte sich auch auf, weil eine sehr grosse Anzahl an verschiedenen Applikationen sowohl im Back Office als auch im Front Office vorhanden ist, was die Bearbeitung von Integrationsvorfällen etwa mit P2P-Verbindungen völlig intransparent gemacht hätte.

Prinzip Serviceorientierung

Die Architektur basiert stark auf dem Konzept der Serviceorientierung, womit die rasch sich verändernden Informationsbereitstellungs- und -verarbeitungsbedürfnisse im Front Office besser abgedeckt werden können. Die Architektur umfasst bezüglich Granularität übergeordnete Domains, die im weitesten Sinne aus Services bestehen. Die relevanten Domains sind je nach Layer über den Credit Suisse Information Bus (enge Kopplung), den Credit Suisse Event Bus (lose Kopplung) und den Credit Suisse Bulk Service Bus (Datenintegration in grossen Mengen) miteinander verbunden. Die CRM-Lösung FrontNet basiert mehrheitlich auf dem Portalkonzept. Über das Portal werden zum Teil indirekt die entsprechenden betroffenen Domains mittels loser (oder enger) Kopplung angesprochen.

7.2 Fallstudie sunrise (TDC Switzerland AG)

7.2.1 Firmenporträt

Die TDC Switzerland AG entstand zu Beginn des Jahres 2001 durch die Fusion zwischen den Telekommunikationsfirmen diAx und der alten sunrise. TDC Switzerland AG ist eine Tochtergesellschaft der Tele Danmark (TDC), welche im Besitz der Aktienmehrheit von TDC Switzerland ist. Der Auftritt von TDC Switzerland AG erfolgt in der Schweiz mit der Marke sunrise. Die Marke diAx wurde im August 2001 vom Markt genommen. TDC Switzerland AG wird in der Folge sunrise genannt. sunrise ist, gemessen an der Anzahl Kunden und der Anzahl angebotener Produkte, das zweitgrösste Telekommunikationsunternehmen und der zweitgrösste Vollserviceanbieter im Schweizer Markt neben der Swisscom AG.[411] Sie bietet Produkte in den Bereichen Festnetz, Mobilfunk und Internet an. sunrise verfolgt im Schweizer Markt eine Preisstrategie, d.h. vergleichbare Produkte und Dienstleistungen werden bei ebenbürtiger Qualität günstiger als bei den Hauptkonkurrenten angeboten. Die Hauptkonkurrenten sind im Mobilfunkbereich Orange und Swisscom, in den Bereichen Festnetz und Internet hingegen die Swisscom.

---

[411] Vgl. Tagesanzeiger (2004b), TDC Switzerland AG (2002a), o. S.

7.2.2 CRM und dessen Unterstützung durch Informationssysteme

7.2.2.1 Strategisches CRM

Der Leiter CRM definiert pro Jahr die Ziele für die Bereiche Acquisition (Kundengewinnung), Growth (Kundenentwicklung z.b. durch Cross- und Up Selling), Retain (Kundenbindung), Reconcile (Kündigungsprävention) und Win-Back (Kundenrückgewinnung). Diese Ziele gilt es durch das Kampagnenmanagement zu erreichen. Um die einzelnen Kampagnen zeitlich zu koordinieren und aufeinander abzustimmen, werden sie in einem CRM-Aktionsplan abgebildet. Das Ziel für 2002 lautete etwa für den Bereich Acquisition 200'000 Neukunden zu gewinnen, die einen durchschnittlichen Umsatz von CHF 80 bis CHF 100 pro Monat generieren. Der erzielbare durchschnittliche Deckungsbeitrag ist bekannt, kann im Rahmen dieser Arbeit jedoch nicht angegeben werden. Je nach Aufgabenstellung werden mehr oder weniger detaillierte Analysen durchgeführt. So können z. B. für Cross-Selling-Kampagnen die Kundendaten im DWH mittels Data Mining ausgewertet und Kundenprofile von typischen Produktnutzern erstellt werden. Die bestehenden Kundendaten werden daraufhin mit dem Profil verglichen und mit einem Scoringwert versehen. Basierend auf den zur Verfügung stehenden Ressourcen und in Abhängigkeit vom Scoringwert wird die Zielgruppe für die Kampagne festgelegt. Diese unternehmensseitig initiierten und geplanten Kampagnen bilden den Schwerpunkt des Kampagnenmanagements bei sunrise.

Agenten im Call Center werden daraufhin ausgebildet, Kunden aufgrund kundenindividueller Faktoren bei kundenseitig angestossenen Interaktionen mit der Unternehmung im Rahmen des strategischen Growth-Ziels auf weitere Angebote aufmerksam zu machen. Dies kann z.B. aufgrund von kundenindividuellen Faktoren wie Umsatz, Zugehörigkeit zu einem Segment, konsumierten oder genutzten Produkten und Dienstleistungen oder der Zahlungsmoral der Kunden erfolgen. Die operative Selektion der Kunden und das Unterbreiten eines Angebots liegen im Einflussbereich des jeweiligen Agenten. Beides erfolgt derzeit wenig automatisiert. Kundeninduzierte Kampagnen, die etwa basierend auf durch Data Mining eruierten Business Rules implementiert werden, sind mit der Einführung und Integration der NCR-Teradata-Lösung in Echtzeit möglich.[412] Auch dann jedoch müssen vorgängig Regeln definiert werden, anhand der eine kundenspezifische Kampagne abzulaufen hat.

Kampagnen werden bei ungefähr 10% der Zielgruppe einem Pretest unterzogen. Weitere 10% der Zielgruppe bilden die Kontrollgruppe und werden im Rahmen der Kampagne nicht angesprochen, um so die Kampagnenwirkung sauber ermitteln zu

---

[412] Vgl. hierzu Kapitel 7.2.2.5.

Fallstudien 257

können. Die Kampagne selber wird schliesslich bei ca. 80% der ursprünglichen Zielgruppe durchgeführt.

Im Bereich der Neukundengewinnung wird über die CRM-Plattform eine qualitative Akquisition betrieben. Anhand der erstellten Kundenprofile werden Kundendaten von externen Anbietern zugekauft, die Daten werden abgeglichen und potenzielle Interessenten angeschrieben oder kontaktiert. Zur Strategie der qualitativen Akquisition gehört zudem, dass Kunden von Partnerfirmen, welche eine besondere Affinität zu sunrise aufweisen, Angebote unterbreitet werden. Diese Art der qualitativen Neukundengewinnung hat den Vorteil, dass von vornherein nur die profitablen Kunden der Partnerfirmen für Kampagnen ausgewählt werden können. Zudem kann durch die qualitative Akquisition der Streuverlust verringert und die Effektivität der eingesetzten Ressourcen gesteigert werden. Von der qualitativen Akquisition ist die quantitative Akquisition zu unterscheiden, die von sunrise in regelmässigen Abständen u.a. im Point-of-Sale-Bereich (mobil) in verschiedenen Bahnhöfen der Schweiz oder vor grossen Einkaufszentren durchgeführt wird. sunrise beauftragt für die Durchführung eine Drittfirma. Diese liefert entsprechend Leads, die sunrise wiederum weiter bearbeitet.

7.2.2.2 Operatives CRM und Zusammenspiel der Front-Office-Organisation

Im Folgenden wird detaillierter auf die Marketingprozesse und darin im Detail auf den Kampagnenmanagementprozess eingegangen. Der Verkauf und der After Sales Service, der bei sunrise mit Customer Care bezeichnet wird, werden bewusst vernachlässigt. Zu den Geschäftsvorfällen, die im Verkauf anfallen, gehören die üblichen Definitionen von Opportunities, die Weiterbearbeitung von Leads aus Kampagnen, je nach Wert und Kategorie des Kunden über entsprechende Kontaktkanäle. Zu den Geschäftsvorfällen, die im Bereich After Sales Service anfallen, gehören etwa Mutationen, Kündigungen und Informationsabrufe etwa bei Störungen, etc., die über Shops, telefonisch oder über das Internet anfallen können. Beispielhaft kann an den geschilderten Marketingprozessen dargestellt werden, wie unterschiedlichste Organisationseinheiten „integriert" zusammenarbeiten. Bei der Erläuterung der technischen Integration wird dabei auch ersichtlich, dass die technische Integration die betriebliche Zusammenarbeit im Unternehmen erleichtert. Nicht zu vernachlässigen ist ausserdem in der Phase der Planung, des Designs und der Auswertung der abgewickelten Kampagne(n) die Datenanalyse, wie sie im Folgenden u.a. anhand des Data Mining erwähnt wird. Bei Kampagnen mit Mitarbeiterinteraktion ist zudem der Ausbildung der Mitarbeiter an den Kundenkontaktpunkten das nötige Gewicht beizumessen. In der planerischen Vorbereitung der Kampagne sind flexible Datenverdichtungen unterschiedlicher Art erforderlich, um die in die Kampagne mit einzubeziehenden Kunden zu definieren oder über Ein- und Ausschliessungen zu spezifizieren. Die Abwicklung der Kampagne erfolgt dann je nach Bedarf und Zweck mit oder ohne menschliche Interaktion seitens des Unternehmens. Wichtig ist im Kampagnenmanagement und für die anderen Prozessbereiche die Schliessung des Regelkreises der Marktbearbeitung, worauf in Kapitel 7.2.2.5 näher eingegangen wird.

Ein wesentlicher Nutzen des Kampagnenmanagements liegt gemäss der Aussage des Unternehmens im Bereich des Cross- und Up Selling bzw. bei der Einführung von neuen Produkten. Beispielsweise wurde für die Markteinführung von ADSL mittels Data Mining ein Kundenprofil von potenziellen ADSL-Kunden erstellt. Diesen wurde ein Angebot zum Wechsel auf ADSL unterbreitet.

Im Folgenden soll auf das Zusammenspiel zwischen den verschiedenen Organisationseinheiten im Rahmen des Kampagnenmanagements vertiefter eingegangen werden.[413] Die Abbildung 80 gibt den Kampagnenmanagementprozess von sunrise wieder. Darin ist ersichtlich, wie für die Kampagnen unterschiedliche Organisationseinheiten (CRM, MARCOM[414] und CUSTOMER CARE) voneinander abgegrenzt werden und welche Koordinationserfordernisse gegeben sind. Abbildung 81 gibt Beschreibungen von Tätigkeiten aus dem Prozessbeschrieb in Abbildung 80 wieder.

Das CRM-Team trägt die Verantwortung für das Kampagnenmanagement und die Ausgestaltung des Prozesses. Die hell gezeichneten Rechtecke stellen einzelne Aktivitäten dar. Den Aktivitäten sind Aufgaben und spezielle Punkte zugeordnet, die es bei der Ausgestaltung der Kampagne zu beachten gilt. Die Rhomben entsprechen den Wahlmöglichkeiten bei der Kampagnenplanung und das Sechseck stellt die Roll-out-Planung der Kampagne für deren operative Umsetzung dar. Die Rechtecke entsprechen Abstimmungen zwischen den Organisationseinheiten CRM[415], MARCOM und CUSTOMER CARE[416] bzw. dem Einbezug der IT bei systemspezifischen Fragen. Die Pfeile stellen den Prozessablauf dar. Die einen Pfeile kennzeichnen die Übergabe von einem Bereich zum anderen. Andere Pfeile wiederum kennzeichnen bereichsübergreifende Aufgaben und Entscheidungen. Eine dritte Kategorie von Pfeilen entspricht der Rückmeldung von Kampagnenresultaten bzw. der Weitergabe der Resultate im Debriefing am Ende der Kampagne, wodurch der Kampagnenprozess abge-

---

[413] Vgl. dazu und zum Folgenden TDC Switzerland AG (2002a).
[414] Die Organisationseinheit ist zuständig für Marketing und Kommunikation.
[415] Die Organisationseinheit ist zuständig für das CRM im Unternehmen.
[416] Die Organisationseinheit ist zuständig für die Kundenbetreuung.

Fallstudien

schlossen wird und je nach Produktbereich auch eine Schliessung des Regelkreises der Markbearbeitung (Closed Loop) erreicht wird.

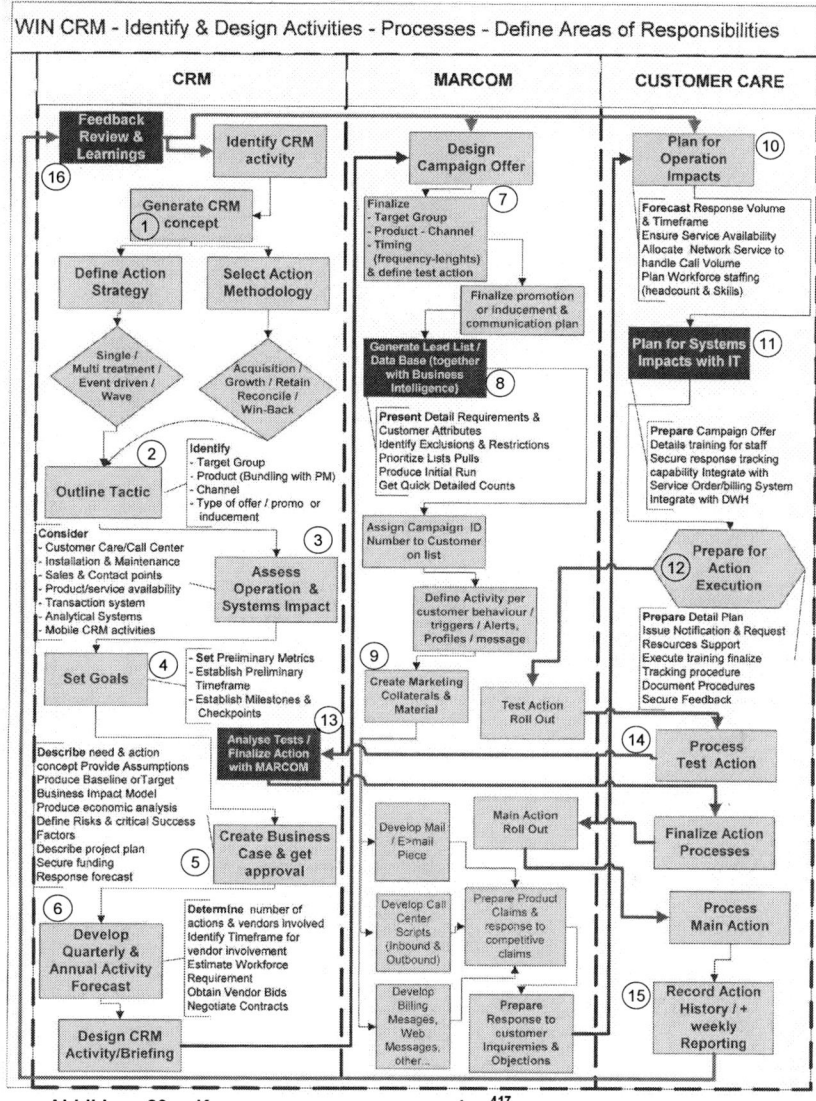

Abbildung 80: Kampagnenprozess von sunrise.[417]

Innerhalb des Kampagnenprozesses übernimmt das CRM-Team Planungsaufgaben, indem in einem Business Case die Art der Kampagne (Acquisition, Growth, Retain,

---

[417] TDC Switzerland AG (2002a), o. S.

Reconcile und Win-Back) sowie die Anzahl Stufen festgelegt werden, über welche die Kampagne laufen soll. Weiter werden die Zielgruppe umschrieben und konkrete Ziele definiert. Auch muss vorgängig eine Bewilligung für die Abwicklung der geplanten Kampagne eingeholt werden.

Die Organisationseinheit MARCOM ist für das Design der Kampagnendokumente sowie das Timing der Kampagne zuständig. Die Organisationseinheit MARCOM stellt ferner die Bereitstellung des für die Kampagne aufzubietenden Materials sicher, d.h. von Prospekten, elektronischen Dokumenten, Argumentationshilfen, etc. Die Organisationseinheit CUSTOMER CARE übernimmt die Detailplanung für die operative Durchführung. Sie führt die Schulung der Kampagnenmitarbeiter durch. Sie initiiert gegebenenfalls einen Pretest der Kampagne und bereitet den Roll-out der Kampagne vor.

	Nr.	Aktivität	Hauptaufgaben
CRM	1	Generate CRM concept	Art der Kampagne definieren (Acquisition, Growth, Retain, Reconcile oder Win-Back) und Strategie festlegen (Anzahl Stufen, Kanäle, etc.).
	2	Outline Tactic	Beschreibung darüber, welche Zielgruppe über welchen Kanal mit welchem Angebot angesprochen werden soll und wie das Angebot aussieht.
	3	Assess Operation & Systems Impact	Check ob Kapazitäten für Abwicklung der Kampagne vorhanden. Produktverfügbarkeit sicherstellen, Kontakt mit betroffenen Stellen aufnehmen und evtl. Data-Mining-Analysen in Auftrag geben.
	4	Set Goals	Zielsetzung bezüglich erwarteter Response, Kosten, Ertrag, usw. festlegen.
	5	Create Business Case & get approval	Auf einer DIN A4 Seite beschreiben, welcher Nutzen die Kampagne bringt, Risiken und kritische Erfolgsfaktoren definieren, Schätzung des Responses etc.
	6	Develop Quarterly & Annual Activity Forecast	Dauer der Kampagne im Aktionsplan eintragen. Grobe Ressourcenplanung durchführen.
MARCOM	7	Design Campaign Offer	Verfeinerung der Zielgruppe und Ablaufplanung erstellen.
	8	Generate Lead List / Data Base	Generieren der Lead-List sowie zum gegebenen Zeitpunkt Erweiterung der Kundenhistorie mit der Kampagnen-ID.
	9	Create Marketing Collaterals & Material	Kampagnenmaterial bereitstellen, evtl. Call-Center-Skripts aufbereiten, Email-Vorlagen erstellen und gegebenenfalls Web-Anzeigen generieren.
CUSTOMER CARE	10	Plan for Operation Impacts	Planung des Response-Volumens, Sicherstellen des Servicelevels und Einsatzplanung der Mitarbeiter.
	11	Plan for Systems Impacts with IT	Sicherstellen der Responsebearbeitung, Check der Systemverfügbarkeit und Integration in DWH.
	12	Prepare for Action Execution	Planung des Kampagnen-Roll-Outs, Schulung der Kampagnenmitarbeiter, Sicherstellung des Supports.
	13	Analyse Tests / Finalize Action with MARCOM	Nach dem Pretest werden die Resultate analysiert und falls notwendig Anpassungen vorgenommen.
	14	Process Main Action	Abarbeiten der Lead-List in den vorgesehen Kanälen.
	15	Record Action History / + weekly Reporting	Erfassen der Reaktionen, Initiierung der Auftragsabwicklung sowie Erstellen laufender Reports des Kampagnenverlaufs.
	16	Feedback Review & Learnings	Besprechung der Wirkung der Kampagne sowie der aufgetretenen Probleme in einem Debriefing.

Abbildung 81: Aktivitäten und Hauptaufgaben des Kampagnenprozesses.[418]

---

[418] Vgl. TDC Switzerland AG (2002a), o. S.

Schliesslich wird durch CUSTOMER CARE die Kampagne operativ umgesetzt und der Response erfasst. Die wichtigsten Aktivitäten des Kampagnenprozesses und deren Hauptaufgaben sind in Abbildung 81 ersichtlich. Die Nummern in der Spalte ganz links verweisen auf die Nummern in der Abbildung 80. Die Dauer für die Planung von Kampagnen liegt je nach Tiefe der Analyse und der Anzahl der vorzubereitenden Kontaktmedien und -kanäle derzeit zwischen vier bis sechs Wochen. Es können bei weitem nicht alle Kampagnen, welche einen Teil zur Erreichung der Kundenstrategie beitragen würden, auch wirklich durchgeführt werden. Für die Koordination und Zulassung der Kampagnen aufgrund von Business Cases, die von den die Kampagne lancierenden Organisationseinheiten dafür erstellt werden, ist ein organisationseinheitsübergreifendes Gremium (eine Art Steering Committee) mit der Bezeichnung Wincom zuständig. Dieses prüft die Konsistenz der Kampagne mit den strategischen CRM- und Kommunikationszielen.

7.2.2.3 Analytisches CRM

Anhand der Unterscheidung zwischen strategischer, taktischer und operativer Ebene des Kampagnenmanagements werden im Folgenden einzelne Funktionalitäten von IS-Komponenten dargestellt, die für das Kampagnenmanagement auf den unterschiedlichen Ebenen genutzt werden.[419]

Die strategische Ebene des Kampagnenmanagements – darunter fallen sämtliche übergeordneten Tätigkeiten im Bereich der Planung, der Zieldefinition, der Zuteilung des Budgets zur Kampagne sowie die zeitliche Einbettung der Kampagne im Jahresplan – wird derzeit nicht durch Informationssysteme unterstützt. Die Kampagnen werden in einer Excel-Tabelle verwaltet, in der die Dauer und die Positionierung in der Jahresplanung sowie das anzusprechende Zielsegment festgehalten werden.

Auf der taktischen Ebene wird der Kampagnenprozess vor allem im Bereich Analyse und Zielgruppendefinition unterstützt. Einerseits können, basierend auf ausgewählten Datenfeldern wie z. B. Umsatz, Gesprächsvolumen oder Anzahl Taxminuten, Daten aus dem Billing-System (gegebenenfalls auch aus dem DWH) in das ältere Kampagnen-Design-Werkzeug Market Expert geladen und Listen mit einer potenziellen Zielgruppe generiert werden. Andererseits werden komplexere Data-Mining-Analysen mittels des Data-Mining-Werkzeugs von SAS (heute Clementine von SPSS) durchgeführt. Data-Mining-Analysen haben zum Ziel, neue Erkenntnisse aus den bestehenden Daten zu generieren. Als weiteres Beispiel wurde die Erstellung von Kundenprofilen zu potenziellen ADSL-Kunden erwähnt. Aufgrund der ermittelten Erkennt-

---

[419] Vgl. analog zur Gliederung der unterschiedlichen hierarchischen Stufen und deren aufeinander abgestimmte Aufgaben Walser (2002).

nisse können mit dem Planungs- und Designwerkzeug für Kampagnen wiederum Listen mit der Kampagnenzielgruppe generiert werden. Das Design von Kampagnen wird durch das Werkzeug nicht unterstützt und muss, z.B. was die erforderlichen Operationen auf der Datenbank betrifft, manuell (oder auf Papier) ausgeführt werden. Anhand des zugeteilten Budgets und in Abhängigkeit von den Kontaktkosten wird die definitive Zielgruppe abgegrenzt. Die Kontaktkanäle werden manuell eingerichtet. Gegebenenfalls wird das Kampagnenpersonal (Call-Agents) geschult und die Kundenhistorie zu Beginn mit den Kampagnendaten ergänzt. Nach Abschluss der Kampagne werden die Informationen des operativen CRM-Systems Clarify[420] bzw. den Billing-Systemen ins DWH hochgeladen, wodurch die Wirkung der Kampagne ermittelt und weitere Auswertungen durchgeführt werden können.

Auf der operativen Ebene können Call-Agents anhand eines Pull-Down-Menüs in Clarify die Kundenreaktionen den laufenden Kampagnen zuordnen. Diese Zuordnung ermöglicht zu einem späteren Zeitpunkt die Auswertung der Kampagnendaten und damit die Wirkungsmessung der Kampagne.

Seit dem Jahr 2004 setzt sunrise eine neue und integriertere Kampagnen-Management-Lösung ein. Es handelt sich dabei um T-CRM (T-CRM steht für Teradata CRM; ehemals Ceres) für die Kampagnenplanung und das Kampagnendesign von NCR, die auf einer Teradata Datenbank aufsetzt.[421] Für Teradata von NCR sowie die entsprechende Kampagnenlösung T-CRM haben die folgenden Gründe gesprochen: Performanz der Lösung, direkte Ansprache aller möglichen Daten auf feinster Granularitätsstufe, Entfallen einer komplexen Architektur von DWHs und Data-Marts, etc. Weitere Vorteile sind durch das Potenzial der Lösung zur Automatisierung von Kampagnen gegeben, aber auch durch die hohe Zahl von hochperformanten Analysen mit Beizug von komplexen Scoring-Modellen.

Der Einsatz dieser neuen Umgebung erfolgte per drittes Quartal 2004. Die Einsparpotenziale für das integrierte Kampagnenmanagement sind laut Business Case enorm (vgl. hierzu Abbildung 82).[422]

Die Einsparpotenziale betreffen die bereits erwähnten Tätigkeitsbereiche der Planung, der Entwicklung oder des Designs, der Durchführung und der Effizienz- und Effektivitätsanalyse von Kampagnen. Die grössten Einsparungen ergaben sich, wie Abbildung

---

[420] Clarify ist das von sunrise eingesetzte operative CRM-Werkzeug, das u.a. im Call Center genutzt wird. Für die Internet-Kommunikation wird ATG Dynamo (www.atg.com) eingesetzt. Die Datenhaltung zu den Kunden, was die Kontakte sowie die Kontakthistorie betrifft, erfolgt in Clarify.
[421] Der Softwareanbieter Ceres, von dem die derzeit eingesetzte Kampagnenmanagementlösung ursprünglich stammt, wurde im Jahre 2000 von NCR übernommen [Vgl. Tillett (2000)].
[422] Vgl. De Carli/Lange (2003), S. 29 ff.

Fallstudien 263

82 zeigt, in den Bereichen Planung und Development/Design. Dies insbesondere aufgrund der Integration der Analyselösung mit den operativen Systemen (Beseitigung von Schnittstellen/Medienbrüchen), aber auch aufgrund der Neustrukturierung und Integration der Planungs-, Design-, Durchführungs- und Analyseprozesse.

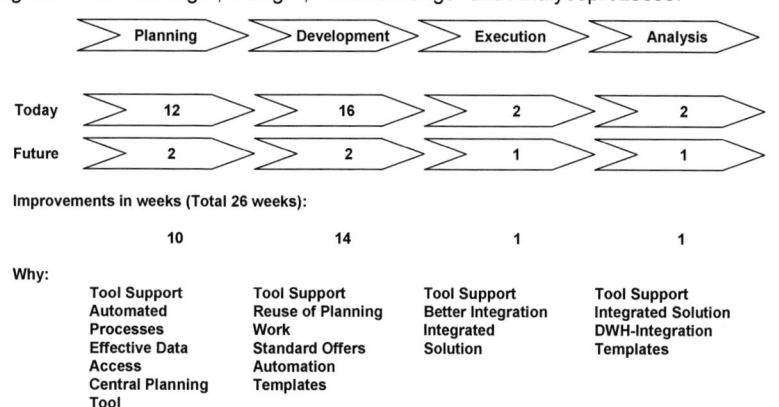

	Planning	Development	Execution	Analysis
Today	12	16	2	2
Future	2	2	1	1

Improvements in weeks (Total 26 weeks):

	10	14	1	1
Why:	Tool Support Automated Processes Effective Data Access Central Planning Tool	Tool Support Reuse of Planning Work Standard Offers Automation Templates	Tool Support Better Integration Integrated Solution	Tool Support Integrated Solution DWH-Integration Templates

Abbildung 82: Gründe und zeitliche Einsparungspotenziale dank integrierter Kampagnen-Managementlösung.

Die Architektur der neuen Kampagnenmanagementlösung ist in Abbildung 83 dargestellt. In der Architektur wird auch ein vereinfachtes Kontaktkanalkonzept gezeigt, mit dem sunrise für Kampagnen arbeiten will, wobei schwerpunktmässig die angegebenen Medien eingesetzt werden sollen, grundsätzlich aber alle möglichen Kontaktmedien adressierbar sind. Als Schnittstellen gelangen APIs, MAPIs sowie TAPIs zum Einsatz.

Es erfolgt eine Integration der verschiedenen Komponenten, d.h. zwischen DWH und operativer CRM-Komponente und zwischen der operativen CRM-Komponente und dem MCM, sowohl für die Contact Center Umgebung als auch für die Web- oder E-Care-Plattform.[423] Dies ist erstens abhängig von den Business Units (Mobile oder Wireline) und deren unterschiedlicher Nutzung von Internet und Telefon für die Kundenkommunikation und zweitens vom Typ der Kampagne. Ein weiterer Vorteil der neuen DWH-Lösung liegt nebst der Integriertheit der Kampagnenplanung mittels T-CRM und der Ausführung in der Wiederverwendung von Kampagnenbestandteilen in der systematischen Nutzung von Kampagnenvorlagen. Zudem wird der Kampagnenprozess je nach Kampagnentyp weitgehend automatisiert. Damit wird u.a.

---

[423] D.h. die Integration des DWH zur ATG-Multi-Channel-Plattform (WWW-Site; Email, etc.), aber auch die Integration des DWH mit dem operativen CRM (Clarify und darüber mit der Telefonie (über Computer Telephony Integration)).

die in Abbildung 82 angesprochene Verkürzung der Planungs- und Entwicklungszeiten erklärbar.

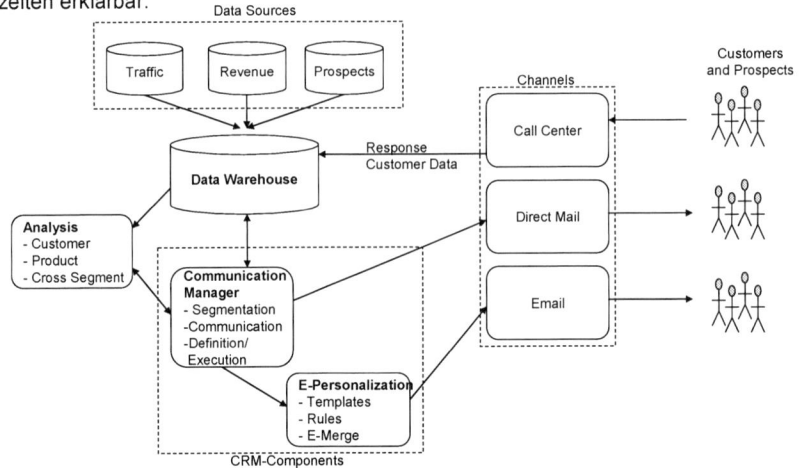

Abbildung 83: Neue Architektur für das Kampagnenmanagement.

Weiter können als Vorteile genannt werden: Verkürzung der Reaktionszeiten aufgrund kürzerer und mit weniger Schnittstellen versehener Verbindungen und des Einsatzes eines Personalisierungs-Werkzeugs, die direkte Anbindung der Kommunikationsmedien an die Lösung sowie die direkte Erfassung der Responses im Teradata DWH. Dies erlaubt durch bereits vorbereitete Schnittstellen künftig die Implementierung von Echtzeitkampagnen etwa auf Basis der Verhaltensanalyse von Kunden auf der Homepage von sunrise oder der SIM-Karten-Nutzung (etwa für Location Based Services) in der Mobilkommunikation.

7.2.2.4 Multi Channel Management

Es erfolgte in der Vergangenheit eine (segmentspezifische) Zusammenlegung der Organisationseinheiten (Mobile, Wireline und Internet), jedoch nur bezüglich der Contact Center und der Internetumgebung, nicht aber für die Shops. Ab dem Jahr 2004 wird nicht mehr nur im Contact-Center-Bereich produktbereichsübergreifend gearbeitet. Es werden auch die CRM-Abteilungen der unterschiedlichen Produktbereiche segmentspezifisch und nicht mehr produktspezifisch organisiert. Die Shops werden wie alle Kontaktpunkte von sunrise alle Produkte und Produktbündel anbieten. Das Thema MCM hängt für sunrise eng mit der Aktivitäts- und Prozesslandschaft oder -landkarte des Unternehmens zusammen und erfuhr und erfährt wie erläutert starke Verände-

Fallstudien

rungen.[424] Für sunrise ist das MCM zudem in Zusammenhang mit der Strategie der Kostenführerschaft aus Produktsicht zu verstehen. Dies hat Auswirkungen auf die Kundenwert- und -segmentsicht und dadurch letztlich auf die Politik oder Steuerung der Kanalnutzung und des „Kontaktpreises" (Vgl. Abbildung 84). Entscheidungen sind in Frageform bezüglich der folgenden Dimensionen zu treffen: Welche Kommunikationsmöglichkeiten (-medien und Kontaktpunkte) sind für welche Kunden-(fein)segmente für welche Kundenaktivitäten und Kundengeschäftsvorfälle zur Verfügung zu stellen? Innerhalb eines Segmentes können aufgrund von Scoringwerten für unterschiedliche Feinsegmente verschiedene Prioritäten der Bearbeitung des Kundenanliegens zugeordnet werden. A-Kunden rutschen in der Warteschlange im Contact Center automatisch weiter nach vorne als B- und C-Kunden. Die Wartezeiten verlängern oder verkürzen sich somit entsprechend des Scoringwerts und je nach Auslastung des Contact Centers.

Bis circa im Jahre 2002 wurden für Mobile, Wireline und Internet separate Contact Center mit Gruppen für Outbound-Kampagnen und für die Abwicklung von Inbound-Geschäftsvorfällen geführt. Heute werden klar problemfokussierte Contact-Center-Gruppen für Verkaufsbedürfnisse und Billing-Probleme (Customer Care oder After Sales Service) je Kundensegment geführt. Für beide existiert virtuell je ein Contact Center als Kundenkontaktpunkt. Die realen Standorte sind in Biel, Lausanne und Zürich (Thurgauerstr.). Die Contact Center nehmen gleichermassen Inbound-Kontakte von Mobile-, Internet- oder Fixedline-Kunden an. Aus Sicht von sunrise wird zudem versucht, wertbasierend Kunden für After-Sales-Service-Geschäftsvorfälle auf das Internet umzulenken. Technisch wird für Letzteres die bei sunrise zum Einsatz gelangende E-Care-Plattform auf Basis der Lösung von ATG eingesetzt.[425] Für Internet-Kampagnen (Z.B. Emails oder Newsletter mit Linkverweisen auf kampagnenrelevante Websites der sunrise Homepage.) wird sowohl die ATG-Plattform als auch die neue NCR-Teradata-Plattform genutzt. Eine Integration erfolgt in der Regel über die zu Bus Infrastruktur oder EAI-Lösung auf der Basis von Vitria.

---

[424] Vgl. dazu „Anhang 2: sunrise IT-Architektur". In der dort aufgeführten Abbildung 133 auf Seite 453 wird, im Gegensatz zu den Darstellungen im folgenden Kapitel 7.2.3, auf eine ältere Architekturdarstellung referenziert. Anhand der Darstellung im Anhang wird aber auch das für die neue Architektur relevante Zusammenspiel der verschiedenen Front- und Back-Office-Applikationen beispielhaft dargestellt. Diese Veränderung setzt aber voraus, dass die technische Integration vereinheitlicht wird. Das bedeutet die Zusammenführung der DWHs auf die NCR-Lösung sowie die bereits realisierte Zusammenführung des Mobile Post Paid sowie des Wireline Billings auf der Arbor Billing Lösung und die durchgängige Systematisierung der Integrationsplattform. Die mehrdimensionale technische Integration ist aber die Voraussetzung für die „360-Grad-Sicht des Kunden" und die entsprechend veränderte Bearbeitung des Kunden. Organisatorisch sind die produktorientierten Contact Center bereits zusammengeführt worden.
[425] Vgl. zum Produkt ATG die Website www.atg.com. ATG steht für Art Technology Group. Das Produkt heisst Dynamo Suite.

Der Grossteil der Inbound-Kommunikation erfolgt im Retailgeschäft nach wie vor über das Telefon. Der Face-to-Face-Kontakt ist im Verhältnis zu den elektronischen Kontaktpunkten weniger wichtig. Im Webbereich könnten ferner weitere Medien eingesetzt werden, etwa Collaborative Browsing oder Chat. Allerdings müsste dazu aus Sicht der Firma ein Business-Case vorliegen, der sich rechnet. Die Firma setzt somit nicht einfach alle möglichen Kontaktmedien ein, sondern evaluiert zuerst den Nutzen oder macht Versuche, um mehr über den Nutzen aus Kundensicht zu erfahren. Im Business-to-Business-Geschäft hängt der Anteil der elektronischen Medien von der Grösse und vom Umsatz (oder Kundendeckungsbeitrag) der Kunden ab. Je grösser die Kunden und deren Deckungsbeiträge sind, desto persönlicher werden sie je nach Beziehungsprozess bearbeitet. Gross- und Grösstkunden sowie Wholesale-Kunden und Intermediäre (Migros, Media Markt, etc.) haben einen persönlichen Ansprechpartner im Verkauf (Key-Account-Management). Die Zwischenhändler haben zudem beschränkte Zugriffe auf ein Web-Frontend, mit dem sie etwa Kunden erfassen und einfache Kundeninformationen abrufen können. Bei Gross- und Grösstkunden wird der elektronische Kanal höchstens zur Präsentation der Rechnungen oder für allgemeine Auskünfte im Customer Care erforderlich. Das Telefon spielt gegenüber dem persönlichen Kontakt bei Gross- und Grösstkunden eine untergeordnetere Rolle.

Mit der Abbildung 84 wird versucht, die mehrdimensionale Komplexität eines umfassenden MCM für die ZKB darzustellen. Dabei gilt es u.a. die Dimensionen Kundenprozesse, Kundensegmente und Kundenkontaktpunkte aufeinander abzustimmen und zu integrieren.

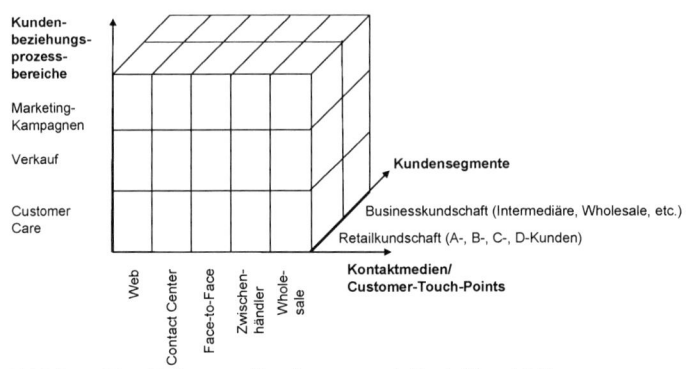

Abbildung 84: Kubus aus Kundensegment, Kontaktpunkt, Prozess.

Allerdings gelingt es mit der Abbildung nicht, den sehr umfangreichen Katalog unterschiedlicher prozessspezifischer Geschäftsvorfälle darzustellen, die sunrise an den Kontaktpunkten abzuwickeln und zu unterstützen hat, dies würde auch den Rahmen dieser Arbeit sprengen.

Fallstudien 267

Es kann, wie aus den obigen Äusserungen abgeleitet werden kann, von zwei unterschiedlichen Kundenbetreuungskonzepten für Privat- und Geschäftskunden ausgegangen werden.

Das im Folgenden diskutierte Konzept für das IVR-Routing gelangt am Kontaktpunkt Contact Center im Prozessbereich After Sales Service zum Einsatz. Das IVR-Routingkonzept für Privat- und Geschäftskunden sieht für die zentrale Zugangsnummer (Retailkunden) 0800 707 707 wie folgt aus (vgl. Abbildung 85 und 86).

IVR-Hierarchie 0800 707 707

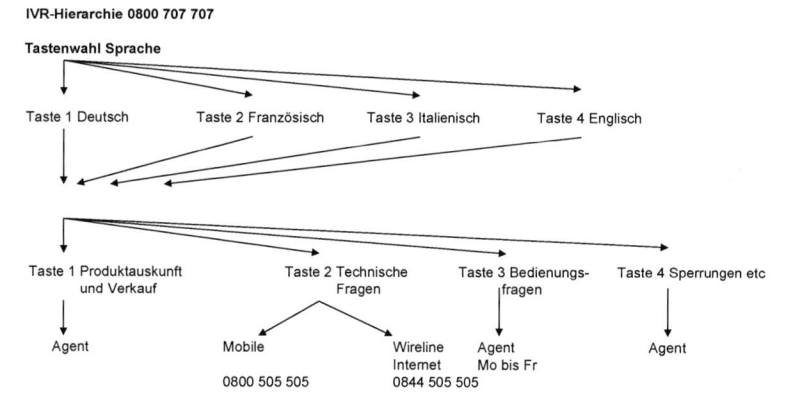

Tastenwahl Sprache

Taste 1 Deutsch — Taste 2 Französisch — Taste 3 Italienisch — Taste 4 Englisch

Taste 1 Produktauskunft und Verkauf — Taste 2 Technische Fragen — Taste 3 Bedienungsfragen — Taste 4 Sperrungen etc

Agent — Mobile 0800 505 505 — Wireline Internet / Agent Mo bis Fr 0844 505 505 — Agent

Abbildung 85: IVR-Hierarchie für generelle sunrise Zugangs-Nr. 0800 707 707 (Stand 2003-11-16).

IVR-Hierarchie 0800 505 505

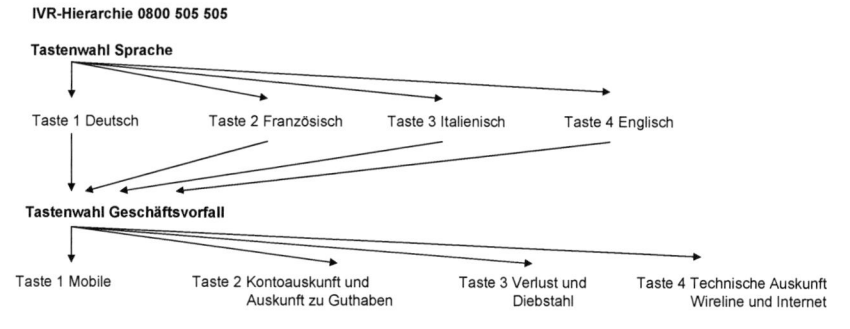

Tastenwahl Sprache

Taste 1 Deutsch — Taste 2 Französisch — Taste 3 Italienisch — Taste 4 Englisch

Tastenwahl Geschäftsvorfall

Taste 1 Mobile — Taste 2 Kontoauskunft und Auskunft zu Guthaben — Taste 3 Verlust und Diebstahl — Taste 4 Technische Auskunft Wireline und Internet

Abbildung 86: IVR-Hierarchie für sunrise Zugangs-Nr. für technische Auskünfte Mobile 0800 505 505 (Stand 2003-11-16).

Im Rahmen des IVR-Routings auf Basis von Scoringwerten ist es sunrise möglich zu eruieren, welche A-Kunden in der Warteschlange abgesprungen sind oder aufgehängt haben. Diese können danach durch sunrise outbound kontaktiert und zu ihrem Anliegen befragt werden. In einer ersten Auswahl gilt es zwischen vier Sprachen zu wählen. In der zweiten Auswahl ist der Geschäftsvorfall zu wählen. Teilweise wird darauf der Anrufer direkt mit einem Agenten verbunden oder aber auf Öffnungszeiten des Bereichs hingewiesen. In einem Fall werden zudem weitere kostenpflichtige oder kostenlose Nummern für vertiefte technische Auskünfte angeboten. Ein Beispiel für die IVR-Hierarchie ist zudem mit ähnlichem Wählvorgang in Abbildung 86 dargestellt.

Eine allgemeine Darstellung für die Kontaktpunktstruktur von sunrise bietet die Abbildung 87. In ihr werden die groben und feinen Kundensegmente unterschieden und die Zuordnung und Priorisierung der Kontaktpunkte für die Kundenfeinsegmente dargestellt.

Im Umfeld der Web-Applikationen von sunrise werden derzeit Business- und Retailkundenanliegen noch getrennt behandelt. Längerfristig will sunrise die Trennung des Web Touch Points aber vereinheitlichen, so dass die Produktgruppentrennungen verschwinden und die Kundensegmentzugehörigkeit bei den Angeboten dominanter in den Vordergrund treten. Das Ziel ist es, dass der Kunde im Hintergrund über alle Produktbereiche als ein Kunde wahrgenommen und bearbeitet wird.

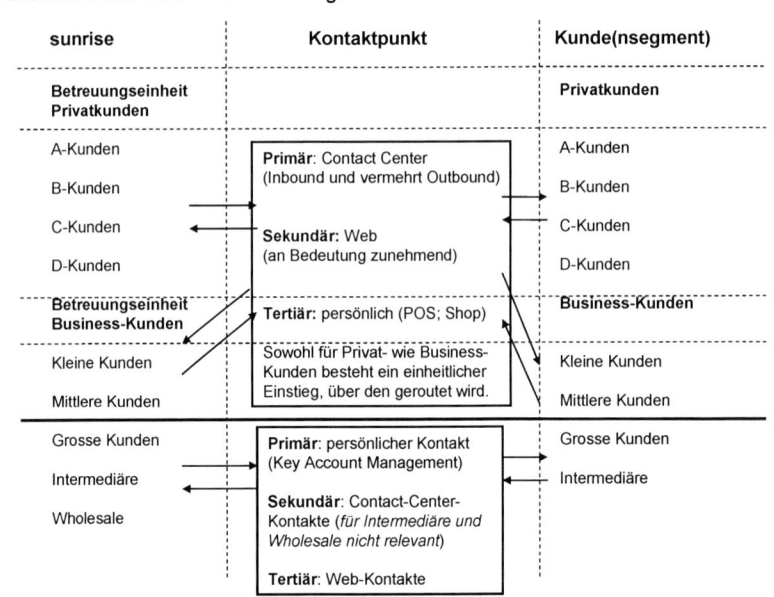

sunrise	Kontaktpunkt	Kunde(nsegment)
Betreuungseinheit Privatkunden		Privatkunden
A-Kunden	Primär: Contact Center (Inbound und vermehrt Outbound)	A-Kunden
B-Kunden		B-Kunden
C-Kunden	Sekundär: Web (an Bedeutung zunehmend)	C-Kunden
D-Kunden		D-Kunden
Betreuungseinheit Business-Kunden	Tertiär: persönlich (POS; Shop)	Business-Kunden
Kleine Kunden	Sowohl für Privat- wie Business-Kunden besteht ein einheitlicher Einstieg, über den geroutet wird.	Kleine Kunden
Mittlere Kunden		Mittlere Kunden
Grosse Kunden	Primär: persönlicher Kontakt (Key Account Management)	Grosse Kunden
Intermediäre		Intermediäre
Wholesale	Sekundär: Contact-Center-Kontakte (für Intermediäre und Wholesale nicht relevant)	
	Tertiär: Web-Kontakte	

Abbildung 87: Multi-Channel-Konzept der sunrise.

Derzeit werden von der Web-Nutzung der Kunden nicht personalisiert Logfiles zu den Kundenstammdaten im Clarify oder im DWH gespeichert. Jedoch wird die Kundeninteraktion auf dem E-Care-Portal der sunrise dahingehend überwacht, ob die Kunden mittels des Informationsabrufs (z.B. als FAQs) ihr Problem gelöst erhielten oder ob ihr

Informationsbedürfnis nicht befriedigt werden konnte. Beim E-Care-Portal handelt es sich um den Selbstbedienungsbereich des sunrise Portals, auf den über eine entsprechende Kunden-ID und ein Kundenpasswort zugegriffen werden kann. Im Web-Umfeld ist es dem Kunden möglich, seine eigenen Daten zu verändern (Adresse, Namen, etc.) sowie weitere Mutationen vorzunehmen. Diese Daten werden nach einem Plausibilitätscheck im Clarify aufdatiert. Wenn weitere Systeme von den Änderungen betroffen sind, werden auch die entsprechenden weiteren Datenbestände synchronisiert (via Messaging).

Aus technischer Sicht wird auch künftig fallweise entschieden, welche der Applikations-Plattformen für die Interaktion anlässlich von Kundengeschäftsvorfällen eingesetzt wird. Sollte Clarify künftig über ähnliche Funktionalität wie ATG verfügen, ist vorstellbar, dass im Sinne einer Softwarekonsolidierung auf Clarify gesetzt wird. Zudem sind bereits heute Clarify und ATG fallweise unterschiedlich miteinander integriert. Dies wird auch künftig immer wieder da erfolgen, wo eine Neuproduktlancierung dies verlangt oder die Zusammenführung von Daten dies sinnvoll macht. Die Daten aus ATG werden teilweise im Clarify erfasst oder sind später über das DWH abrufbar. Direkte Abfragen aus dem DWH sind aus dem Clarify heraus nur im Falle von Analysen von Daten möglich, nicht aber zu Einzelkunden. Customer Care nutzt üblicherweise keine Daten direkt ab dem DWH, es sei denn für Analysen des Managements. Für den täglichen Informationsbedarf im Kundenservice haben die Agenten direkten Zugriff auf die Clarify-Datenbank (operatives CRM), die alle für den Bedarf erforderlichen Daten enthält. Für spezielle Bedürfnisse (z.B. Rechnungen, Briefe) haben die Agenten Zugriff auf entsprechende Frontends (üblicherweise verbunden mit dem Clarify-GUI), um entsprechende erforderliche archivierte Dokumente aus dem Dokumentenmanagementsystem abzurufen. Im operativen CRM-System Clarify des Contact Centers sind Produkt- und Kundendaten (inklusive Segment- oder Feinsegmentzugehörigkeit) teilweise in aggregierter Form vorhanden, nicht aber (atomare) Billing-Daten oder Dienstenutzungsdaten. Diese sind über das Dokumentenmanagementsystem abzurufen (Rechnungen).

7.2.2.5 Regelkreis der Marktbearbeitung (Closed-Loop)

Sämtliche Kampagnen werden mit speziellen Codes versehen. Der Regelkreis kann dadurch über die Zuordnung der Responses (vordefinierte Antwortmöglichkeiten der Kunden auf Kampagnen) der Kunden zu den entsprechenden Codes geschlossen werden. Dadurch werden Rentabilitätsüberprüfungen der Kampagnen möglich. Es kann ferner über andere Systeme (Billing) analysiert werden, welche Produkte und Dienstleistungen im Rahmen der Kampagne oder im Nachgang dazu verkauft wurden, womit der Regelkreis geschlossen ist. In einem Pull-down-Menu in Clarify sind alle laufenden Kampagnen auswählbar. Der Call-Agent oder andere Erfasser können die Responses als Kundenkontakte erfassen und den laufenden Kampagnen zuordnen. Für die Schliessung des Regelkreises (Bestehend aus der Dokumentation von Aktion und Reaktion im Kampagnenmanagement) werden bei Kampagnen mit Responses in Papierform wenn möglich OCR-Leser für Codes oder Scanner eingesetzt. Die derart generierten Dateninputs werden im Dokumentenmanagementsystem direkt als PDF in Clarify abrufbar gehalten. Mittels eines in der Kundenhistorie erscheinenden Links kann das entsprechende PDF-Dokument später im DWH für Historien und Analysen aufgerufen werden. Zudem besteht die Möglichkeit, bei telefonischem Response Erfassungen im System Clarify zu tätigen. Diese Responseart wird auch als Hard-Response bezeichnet. Über das DWH sind danach Auswertungen machbar zum Erfolg der Kampagne. Die Erfassung des Soft-Response geschieht wie folgt: Verhaltensänderungen bei Kunden aufgrund einer Kampagne werden über die Billing-Systeme aufgenommen und analysiert. So wird beispielsweise analysiert, ob die Kunden bestimmte Dienste oder Dienstleistungen und Produkte nach der Kampagne häufiger nutzen. Diese Analysen werden auch über das DWH gemacht. Das Schliessen des Regelkreises der Marktbearbeitung anlässlich von Marketingaktivitäten ist nicht immer gleich gut möglich. Es hängt vom genutzten Medium für die Kampagne sowie von der technischen Infrastruktur ab.

Schwierig erfassbar ist der Response auf gewisse Massnahmen bei Produkten, bei denen der Nutzer nicht bekannt ist, etwa für Prepaid-Karten im Bereich Mobilkommunikation oder beim Freesurf-Angebot. In der Regel sind solche Kunden auch nicht direkt, sondern nur indirekt über Mediakampagnen ansprechbar. Dies änderte sich mit der gesetzlich erforderlichen Registrierung von Prepaid-Kunden ab Herbst 2004. Schmackhaft versuchte man in der Vergangenheit den Kunden eine Identifizierung dadurch zu machen, dass für die Abgabe der Adresse etwa Bonuspunkte auf dem SWISS-Meilensammelprogramm gebucht werden konnten.

Eine Voraussetzung für die Erreichung der Schliessung des Regelkreises der Marktbearbeitung ist die Integration der Systeme Clarify und IVR/Genesys sowie des Billing-Systems über Vitria für den Kontaktpunkt Contact Center. Für den Internetkanal ist es die Integration von ATG, Billing-System, DWH, teilweise über Vitria. Meist ist es zudem wie bereits mehrfach erwähnt produkt- oder medienspezifisch unterschiedlich, ob die Schliessung des Regelkreises erreicht wird. Schwierig wird die Schliessung des Regelkreises bei verschiedenen beteiligten Partnern an der Kampagne. Ebenfalls erschwerend wirken schwierig erfassbare Responsearten.

Fallstudien 271

7.2.3 IT-Architektur und Integration

7.2.3.1 Gründe für die Integration und Architekturmodell

Die wesentlichen Gründe und Treiber für die forcierte Zusammenführung der bisher vor allem durch P2P-Verbindungen dominierten Architektur von sunrise auf eine einheitliche Enterprise-Application-Integration-Architektur hin lauteten wie folgt:

- Stabilität und Erreichbarkeit der Systeme und der Gesamtarchitektur
- Kostendruck
- Geschäftsrelevante Treiber.

Aus Sicht der Treiber können wiederum drei strategische Stossrichtungen definiert werden, welche für die Integration wichtig sind:[426]

- Customer Intimacy: Dies beinhaltet für sunrise auf der betriebswirtschaftlichen und technischen Seite die Ermöglichung des Managements von 1-to-1-Kundenbeziehungen, der Kundenprofilbildung sowie die Erhöhung der organisatorischen Flexibilität in der Kundenbeziehungsgestaltung.

- Operational Excellence: Dies beinhaltet für sunrise die kostengünstige Bereitstellung der Architektur, durchgängige und effiziente Prozesse sowie die sichere, performante Bewältigung auch grosser Kommunikations- und Transaktionsvolumen.

- Produktführerschaft. Dies beinhaltet für sunrise die Verkürzung der Time-to-Market nicht nur für Produkte, sondern auch für die Kommunikation mit dem Kunden, die Bereitstellung einer überzeugenden Funktionalität sowie die Verkürzung der Rolloutzeiten für Neuprodukte aus Architektur- und Applikationssicht.

Von der Gründung der sunrise bis zum Merger mit der diAx 2000/2001 lag der IT-Strategiefokus vor allem auf der Produktführerschaft und weniger auf der Customer Intimacy sowie der Operational Excellence. Dies hat unterdessen geändert. Der Strategiefokus liegt aus Architektursicht heute stärker auf der Customer Intimacy und der Operational Excellence. Der wichtigste Treiber dafür ist die Marktsituation in der Schweiz, die in allen Produktbereichen als gesättigt betrachtet werden kann.

Die folgenden Bereiche wurden im Zusammenhang mit dem Treiber Operational Excellence wichtiger: Veränderung der Architektur zugunsten von weniger P2P-Verbindungen, Standardisierung und Systematisierung der Architektur und der Systeme sowie deren Interfaces. Bezüglich Customer Intimacy haben die Aspekte des

---

[426] Vgl. zu den drei im Folgenden dargestellten Sachverhalten die bereits zitierten Autoren Langerak/Verhoef (2003), Treacy/Wiersema (1993), Verhoef/Langerak (2002).

Zugriffs auf (fast alle) Kundendaten (Datenintegration) sowie die Integration und Standardisierung des Workflow-Managements (Prozessintegration) zugenommen. Ziel ist es, die Kosten aus den Prozessen zu nehmen, was durch die Ablösung von proprietären Workflow-Management-Lösungen innerhalb von Einzelapplikationen und deren Migration in die EAI-Infrastruktur, die auf Vitria basiert, erfolgt. Als Workflow-Technologie (Design, Abwicklung sowie Monitoring von Workflows) wird je nach Bedürfnis für das interne Handling von Rechnungen ixos eingesetzt. Für Customer Care wird Clarify für das Workflow-Management eingesetzt und Inter-Applikationsworkflows werden derzeit mit Vitria unterstützt. Die alte Architektur wurde wegen der vielen P2P-Verbindungen zunehmend instabil.[427] Zwar sind nach eigenen Angaben die P2P-Verbindungen mit Einem günstiger als eine EAI-Lösung. Allerdings bieten P2P-Verbindungen kein Monitoring, wie dies über eine integrierte Messaging-Umgebung, welche die unterschiedlichen Applikationen miteinander verbindet, ermöglicht wird. Aus dieser Sicht hat der zusätzliche Preis auch einen mehrfachen Nutzen bezüglich Überwachung der Kommunikation in der Systemlandschaft.

Die ehemaligen und teilweise noch bestehenden P2P-Verbindungen – auch sie wurden mehrheitlich auf die Vitria-Plattform migriert, welche auch die Definition und Implementierung von P2P-Verbindungen unterstützt – umfassten im Gegensatz zur heutigen Layer-Architektur die Layer Infrastruktur, Daten und Applikationen, die in die Integration miteinbezogen waren. Mit der umfassenden Integrationsinfrastruktur wurde auch der Geschäftsprozesslayer in die Integrationsaspekte miteinbezogen.

TDC (Switzerland) hat sich für die Migration der P2P-Verbindungen zur integrierten EAI-Plattform ein Framework zu Recht gelegt, das die stark heterogene IT-Landschaft (Meist Best-of-Breed-Lösungen) in vereinfachter Form darstellt, um so die Komplexität[428] der sunrise-Architektur zu vereinfachen und Integrationsfragen vereinfachter diskutieren zu können. In einer ersten Phase wurden aus der Unternehmensorganisation und der Applikationslandschaft heraus sogenannte Domains gebildet. Diese

---

[427] Im „Anhang 2: sunrise IT-Architektur" ist eine Übersicht der IT-Systemarchitektur von sunrise mit Stand 2000/2001 und den entsprechenden P2P-Verbindungen dargestellt. Diese P2P-Verbindungen wurden durch die neue Auffassung der Architektur in Ebenen, wie sie weiter unten dargestellt wird, zunehmend abgelöst. Im entsprechenden Anhang erfolgt auch eine Beschreibung ausgewählter kundenbeziehungsrelevanter Prozesse (respektive Datenübergaben), wie sie von Dursun/Oehri (2001) und Häfner (2003) erarbeitet wurde. Häfners Ergänzungen in der Abbildung im Vergleich zu Darstellungen von Dursun/Oehri sind dunkelgrau gekennzeichnet. Die Komponenten, welche das Kampagnenmanagement unterstützen, sind hellgrau hervorgehoben.
[428] Vgl. zur Bildung von Architektur-Domains als Mittler zwischen der Business- und der IT-Sicht in Unternehmen sowie zur Komplexitätsreduktion Ebner/Schapner (2003), S. 1 ff. Die Autoren verwenden analog zum Ansatz bei der Credit Suisse Financial Services (vgl. entsprechende Fallstudie in Kapitel 7.1.3.1) den Begriff „Managed Evolution" für die Transformation von alten IT-Systemarchitekturen, zumeist mit Host- und Legacy-Systemen, zu moderneren (z.B. auf das Multi Channel Management ausgerichteten) IT-Architekturen.

Domains bilden in der Übersicht eine Level 0 Schicht des Integrationsframeworks. Eine Domain wurde dabei entweder aus Sicht der IT oder aus der Sicht von Systemen oder Systemgruppen definiert oder aber als Repräsentation von Organisationseinheiten, welche Systeme nutzen. Es ist ferner ein Level 1 und ein Level 2 zu unterscheiden.

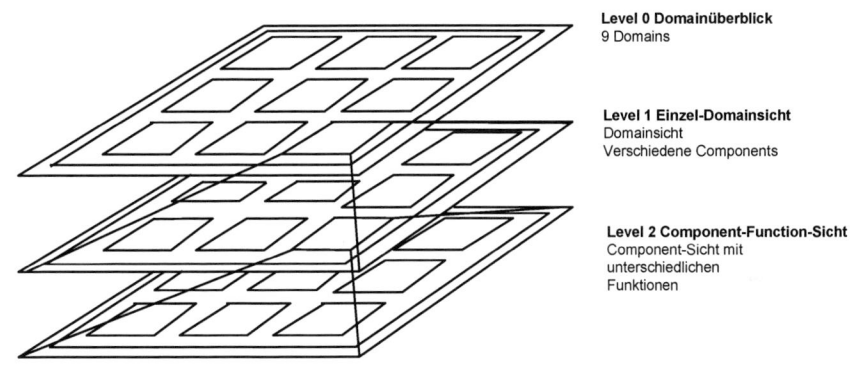

Level 0 Domainüberblick
9 Domains

Level 1 Einzel-Domainsicht
Domainsicht
Verschiedene Components

Level 2 Component-Function-Sicht
Component-Sicht mit
unterschiedlichen
Funktionen

Abbildung 88: EAI-Layermodell.

Die neun Domains lauten (vgl. Abbildung 89): IT CRM, IT DWH & Reporting, OSS (OSS steht für Operational Support Systems), IT Billing, IT EAI, CC Systems, IT Corporate Systems, ISP sowie Network. Die letzten beiden Domains stellen die technische Infrastruktur des eigenen Telekommunikationsnetzes für Retail- und Wholesale-Kunden (Wiederverkäufer). Die Domain-Bereiche wurden teilweise in Analogie zur Enhanced Telecom Operations Map (eTOM) verwendet.[429]

Die Domains sind dabei mehrdimensional zu verstehen, einerseits abteilungsspezifisch (Netz versus IT versus CRM), andererseits gibt es eine Reihe von Domains, die IT- und zugleich abteilungsspezifisch zu verstehen sind (Abteilungsspezifisch, weil sich hinter den Systemen Funktionsbereiche verbergen, welche die Systeme nutzen). Die Objekte, welche zur Definition von Domains führten, sind somit u.a. Produkte, Kunden, Organisation, Prozesse und Information.

Wie der Abbildung 89 ferner zu entnehmen ist, bestehen die Layer immer aus einem zentralen Tableau, das die Domains oder Components enthält, sowie einem Rahmen, in dem jeweilen für die betroffenen Domains oder Components die entsprechenden Schnittstellen dargestellt werden. Die Schnittstellen sind auf Layer 1 jeweilen mit den relevanten Components verbunden. Der Level 0 gibt im Rahmen vor allem die Con-

---

[429] Vgl. TeleManagementForum (2002). Das eTOM ist ein Referenzmodell für Prozesse und Architekturen für Telekommunikationsunternehmen, das von unterschiedlichsten Telekommunikationsunternehmen unterstützt wird.

tent-Provider oder Partner an, mit denen sunrise zusammenarbeitet. Mit Swiss wird z.B. für den Austausch und die Verrechnung von Punkten für Loyalitätsprogramme zusammengearbeitet.

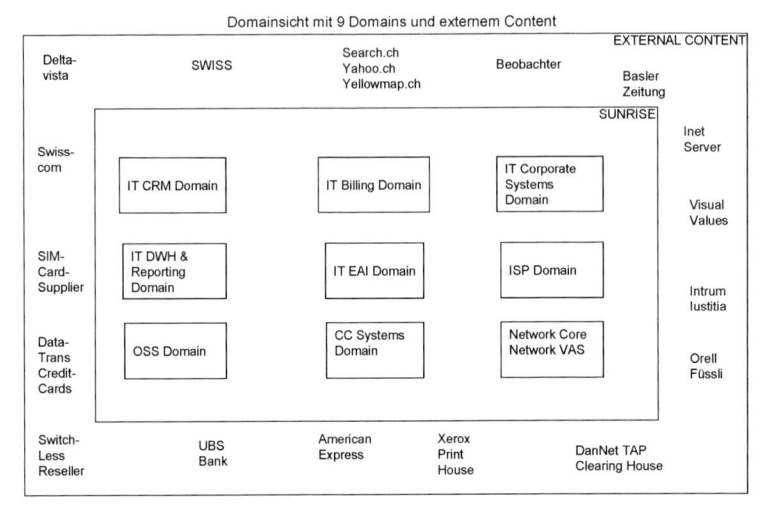

```
                    Domainsicht mit 9 Domains und externem Content
                                                                    EXTERNAL CONTENT
Delta-                       Search.ch
vista       SWISS            Yahoo.ch         Beobachter
                             Yellowmap.ch                           Basler
                                                                    Zeitung
                                                          SUNRISE
                                                                    Inet
Swiss-                                                              Server
com                                           IT Corporate
            IT CRM Domain    IT Billing Domain Systems
                                              Domain                Visual
                                                                    Values
SIM-        IT DWH &
Card-       Reporting        IT EAI Domain    ISP Domain
Supplier    Domain                                                  Intrum
                                                                    Iustitia
Data-                        CC Systems       Network Core
Trans       OSS Domain       Domain           Network VAS
Credit-                                                             Orell
Cards                                                               Füssli

Switch-                      American         Xerox
Less        UBS              Express          Print       DanNet TAP
Reseller    Bank                              House       Clearing House
```

Abbildung 89: Domains der Architektur auf Layer 0.

Die Components der CRM-Domain lauten im Einzelnen wie folgt:

- Clarify: POS-Systeme; Kassensysteme, auf andere Applikationen (z.B. Clarify) haben nur eigene sunrise Shops (sunrise Flagship Stores) Zugriff

- Dealers: POS (Partner-Web), Zugriff darauf haben alle (Mobile-) Händler.

- ATG: Portal- und Servicelösung, darüber ist auch das oben genannte Partner-Web eingebunden

- DMS: Dokumenten-Management- und -Archivierungssystem[430]

- Clarify: eigentliche Front-Office- oder operative CRM-Lösung.

Die CRM-Domain ist die Domain, die am meisten Verknüpfungen mit anderen Domains hat. Der Layer 1 zeigt somit die hier angegebenen CRM-Komponenten im Einzelnen. Im Rahmen der Layer-1-Darstellung werden wie erwähnt detailliert die domain-internen und -externen Schnittstellen gezeigt. Die Unterscheidung erfolgt je nach Integrationsmuster farblich und/oder in der Darstellung. Dies gilt auch für alle

---

[430] Hier werden zweierlei Systeme eingesetzt. Für die Dokumente, die für das SAP-System relevant sind, wird IXOS genutzt, für die Dokumente, die in Relation zu anderen Systemen stehen, wird Ascent & Capture der Firma SER eingesetzt.

Fallstudien 275

weiteren Darstellungsebenen. Auf die Detailerläuterung des Layers 2, etwa für eine CRM-Komponente, wird aus Platzgründen verzichtet.

7.2.3.2 Beispiele von Integrationsfällen

Eingangs zur Architekturdarstellung im Detail soll anhand zweier Beispiele gezeigt werden, welche konkreten Integrationsfälle für sunrise in der täglichen Arbeit anfallen können. Insbesondere das zweite Beispiel zeigt den ganzen Komplexitätsgrad der CRM-Integration. Zu verweisen ist zudem auf die weiteren Erläuterungen zum Integrationsvorgehen bei sunrise, das, weil es vom Vorgehen her beispielhaft ist, in Kapitel 9.4 im Sinne der Synthese mit der Theorie dargestellt wird. Das im Folgenden dargestellte Integrationsmuster Fire-and-Forget wird in Abbildung 90 gezeigt und im Folgenden in der für sunrise üblichen Abfolge kurz beschrieben (Eine Anwendung erfolgt u.a. im CRM-Umfeld). Die im Folgenden dargestellten Punkte stellen auch die Vorlage für die Beschreibung der Integrationsmuster bei sunrise dar.

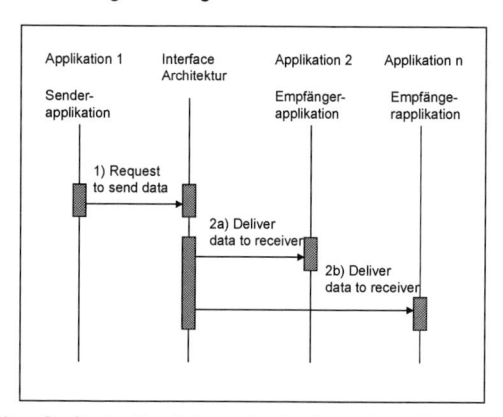

Abbildung 90: Grafische Darstellung des Business Case Fire-and-Forget.

- Beschreibung: Eine Senderapplikation hat in einer Richtung Daten zu einer anderen Applikation und zu weiteren Applikationen zu senden. Die Integrationsarchitektur prüft Daten und prüft die Adressen der Empfänger und sendet die Daten an die betroffenen Applikationen ohne Antwort zu erwarten.

- Beabsichtigte Wirkung: Prüfung durch Integrationsschicht und Validierung sowie Versendung zu den angegebenen Empfängerapplikationen. Im Falle von Fehlern bezüglich des Inhalts der Message oder der Adressaten gelangt die Nachricht mit einer Fehlermeldung zurück an den Sender.

- Bedingungen, welche die beabsichtigte Wirkung bestimmen: Empfängerapplikationen müssen fähig sein, die Daten/Message zu empfangen. Eine der Empfängerapplikationen kann nicht erreicht werden über das Netzwerk.
- Zusätzliche Bemerkungen: Die Integrationsschicht sollte die Daten/Message so lange halten, bis der Empfänger frei wird. Wird dieser nicht frei, muss dem Sender die Message zurückgegeben werden und um eine synchrone Verbindung ersucht werden.
- Einsatzbereiche: Nutzung des Kommunikationspatterns etwa für SMS, Email, etc.
- Beispiel für die Nutzung bei TDC (Switzerland).

Ein weiterer Business Case, der die ganze Komplexität der Integrationsaufgaben bei sunrise beschreibt, schildert Wasem-Gutensohn.[431] Es wurde dafür die Vitria Integrations-Plattform eingesetzt. Konkret ging es dabei um die Integrationsfragestellung anlässlich der Prozessintegration für das sunrise-Produkt für Mobilkommunikationskunden mit dem Namen „Myzone".

Dieses Produkt erlaubt es, dass der Kunde von einem frei wählbaren Standort aus zum Festnetztarif mit seinem Mobiltelefon telefonieren kann. Dazu waren Registrationsservices nötig, für die eine spezifische Gratisnummer anzurufen ist. Durch die Nutzung einer Netzwerksoftware, die von TDC selber entwickelt wurde, kann TDC die vom Kunden zu nutzende Zelle in Echtzeit erkennen. Von dort können dann ab sofort Anrufe auf das Festnetz gemacht werden. Auf der Prozessebene machte das die Integration von unterschiedlichsten Applikationen notwendig, der eben genannten Netzwerksoftware, der Billing-Applikation, der Clarify- und der SAP-Applikation. Dazu müssen alle erforderlichen Kunden- und Technikdaten zwischen den genannten Systemen ausgetauscht werden. Dafür wurde eine separate Technologieplattform gebaut. Die über die Mobilkommunikations-Netzwerkarchitektur entstehenden Call-Detail-Records (CDR´s) müssen geprüft, unterschiedlich bewertet und verdichtet werden, bevor ein Workflow sie an die relevanten Abrechnungssysteme weiter leitet. Die Grundlage zur Zuweisung zu einem Vertrag ergibt sich aus dem CRM-System Clarify.

7.2.3.3 sunrise (Portal-)Architektur

Im Folgenden wird auf die Architektur für Portallösungen vertieft eingegangen (vgl. Abbildung 91). Vereinfacht dargestellt unterscheidet die Portalarchitektur drei Ebenen: Zugangskanäle, Präsentationslayer und Backend-Funktionalität. Dabei können alle drei Ebenen zum Bereich der CRM-Systeme gezählt werden.

---

[431] Vgl. Wasem-Gutensohn (2002), ohne Seite.

Die einzelnen Layer werden durch die implementierte EAI-Lösung von Vitria (sowie je nach Integrationsgegenstand andere Lösungen) integriert. Sie bildet die Integrationsschicht innerhalb und über alle drei Layer, etwa auch zu den Kunden- und Partner-Netzen (vgl. Abbildung 91 ganz rechts senkrecht). Die Abbildung gibt ausserdem im Detail auch die unterschiedlichen Teile oder Komponenten der verschiedenen Layer wieder. Vitria stellt, zur Backendschicht gehörend, die Integrationsinfrastruktur für die Zusammenführung von Front-Office-Lösung (Presentation Layer/u.a. Clarify) und Back-Office-Applikationen (u.a. Billing-Systeme, SAP) zur Verfügung. Weitere Schnittstellen stellen ganz rechts in der obigen Abbildung zudem die Verbindungen zu (anderen) Netzwerken und Content-Providern sicher. Vitria unterstützt zudem die asynchrone Kommunikation zwischen den Frontend- und Backend-Applikationen. Hingegen wird für die Integration von Präsentationslayern im Portalbereich sowie dem Frontend-System (z.B. Clarify) synchrone Kommunikation erforderlich. Dafür wird das Produkt von ATG eingesetzt, das Web-Server, Applikationsserver und Datenbank umfasst.

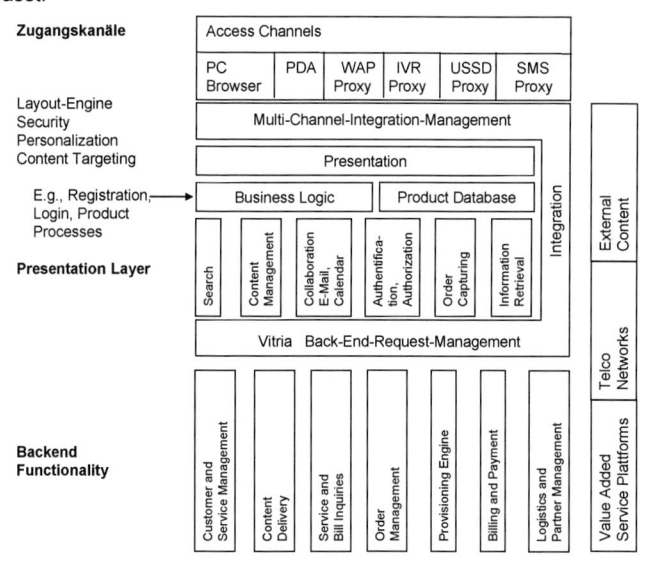

Abbildung 91: Portalarchitektur TDC (Switzerland).

7.2.3.4 Überblick über die IT-Systeme von sunrise

Die ursprüngliche (Übergangs-)Systemarchitektur, wie sie in „Anhang 2: sunrise IT-Architektur" dargestellt wird, war stark durch die Fusion der diAx mit der alten sunrise geprägt. Es bestehen in unterschiedlichen Bereichen Mehrspurigkeiten.

Im Front-Office-Bereich wird Clarify als CRM-System zur Unterstützung der Kundenprozesse eingesetzt. Clarify bildet das Front-End zur Bearbeitung von Kundenanliegen im Contact Center und in gewissen Shop-Kategorien. Im Web hingegen stellt ATG die (CRM-)Applikation für die Kundeninteraktion dar. Einmal pro Tag werden die Daten von Clarify in das DWH Wireline hochgeladen. Ein Abgleich von Clarify mit dem DWH Mobile findet nicht direkt statt. POS (Point-of-sale) ist eine Applikation, welche es den Vertragshändlern (wie z. B. Media Markt, Migros) ermöglicht, die Neukundenaktivierung durchzuführen. Im Call-Center-Bereich werden die eingehenden Calls durch Interactive-Voice-Response (IVR; IVR-Werkzeug: Periphonics) nach Sprache und Anliegen aufgeteilt. Genesis wird als ACD-Werkzeug eingesetzt. Für die Verteilung der Calls mittels Genesis spielen u.a. auch die Skills der Mitarbeiter eine wesentliche Rolle.

Im ERP-Bereich waren zwei Systeme im Einsatz – einerseits Oracle Financials und anderseits SAP R/3. Im Verlauf des Jahres 2002 mirgrierte sunrise von Oracle vollständig auf SAP R/3 und u.a. deren Komponenten CO, FI, SD, MM, HR.

Vitria ist die bei sunrise eingesetzte EAI-Lösung. Damit wurde Bus-Infrastruktur aufgebaut. ES handelt sich bei der Vitria-Lösung um den Integration Server „Business Ware". Interessanterweise setzten beide Firmen, diAx und sunrise. vor deren Fusion Vitria als EAI-Lösung ein. Deshalb fiel der Entscheid, dieses Produkt beizubehalten, nicht schwer. Der Einsatz der genannten EAI-Lösung bedeutet aber nicht, dass sämtliche bestehenden P2P-Verbindungen durch eine Anbindung an Vitria ersetzt worden sind. Bei Veränderungen an den Interfaces wird im Einzelfall evaluiert, ob die P2P-Verbindungen aufrechterhalten werden sollen oder ob die Systeme durch über den Vitria-Bus integriert werden sollen.

In der Vergangenheit wurden mit dem DWH Wireline (von sunrise) und DWH Mobile (ex-diAx) zwei DWHs betrieben, was historisch bedingt ist. Das Betreiben von zwei DWHs erforderte einen hohen Koordinationsaufwand, weshalb die Zusammenlegung der beiden DWHs in ein Corporate DWH (NCR-Teradata-Lösung ab drittem Quartal 2004) erfolgte. Darüber werden heute das Kampagnendesign und die Kampagnenplanung sowie die Definition von Event-getriebenen Kampagnen und das Kampagnen-Controlling abgewickelt. Erst mit der Zusammenführung der DWHs und der Billing-Plattformen sind integrierte End-to-Endprozesse und deren Analyse (unabhängig davon, ob es sich dabei um Mobile- oder Fixedline-Kunden handelt) möglich. Im DWH sind nebst vielen anderen Attributen auch Rechnungsdaten über sechs Monate sowie CDRs der letzten sechs Monate gespeichert.

Für das Billing wurden in der Vergangenheit mehrere Systeme eingesetzt. Arbor wurde für das Billing im Bereich Wireline und Mobile-Postpaid-Kunden eingesetzt. Es war integriert mit SAP. Eine Migration von Oracle-Financials auf die entsprechende SAP-Funktionalität wurde im Jahre 2002 abgeschlossen. Rechnungen für Wireline-Kunden werden durch Arbor ausgestellt. Die Debitorenverwaltung wird durch SAP ausgeführt. Die Lösung ORGAs Prepaid Service Center (OPSC) dient dem Billing von Mobile-Pre-Paid-Karten. Im Gegensatz zu den ERP-Systemen sind die Billing-Systeme für die Verarbeitung und Verwaltung einer hohen Menge von Call-Detail-Records (CDR) ausgelegt. Bei jedem Gespräch – ein Gespräch entspricht einer zu entgeltenden Transaktion oder Dienstenutzung – werden CDRs generiert. sunrise verfügt alleine im Bereich Wireline über ein CDR-Volumen von ca. 3 Mio. Transaktionen pro Tag. Der Abgleich mit dem dazugehörigen DWH erfolgt mindestens einmal täglich.

Die CDRs werden von den einzelnen Switches von Siemens (MD/UDC; Zentralensysteme der Telekommunikationsnetzwerke) für Wireline bzw. durch Comptel für Mobile erfasst und zu den Billing-Systemen weitergeleitet. Zwischen den Switches und dem Billing-System werden somit enorme Datenmengen transferiert. Da für den Transfer dieser Daten keine Business-Logik oder andere Services des EAI-Systems notwendig sind, würden die enormen Datenmengen Vitria nur unnötig belasten. Für den Datenaustausch zwischen den Switches und dem Billing-System wurden daher die hochperformanten und bestehenden P2P-Verbindungen beibehalten.

Das lückenlose Erfassen der CDRs ist für die Abrechnung der Leistungen, aber auch für Analysen, Auswertungen und schliesslich für die Kundensegmentierung von entscheidender Bedeutung (Kundensegmentierung z.B. anhand der Anzahl Gesprächsminuten). Ein spezielles Integrationsproblem ergibt sich zwischen den Billing-Systemen und den Netzwerkkomponenten von Siemens und Comptel. Aus den Netzwerkkomponenten werden die Daten in die DWHs (CDR´s) sowie in die Billing-Systeme (CDR´s) eingespiesen. Vom Billing-System in die Netzkomponenten werden etwa Daten zur Freischaltung von SIM-Karten im Mobiltelekommunikationsbereich geliefert. Damit die Daten in beiden Richtungen (zwischen Billing und Netzkomponenten) geroutet und transformiert werden können, ist eine sogenannte Mediation erforderlich. Die Mediation erfolgt typischerweise in einer Hauptrichtung (Flow). Für die Mediation vom Netzwerk zu den IT-Anwendungssystemen handelt es sich um einen Vermittler der Kommunikation(-sdaten), mittels dessen die zwei Welten integriert werden können. Der Begriff Mediation wird auch in die andere Richtung gebraucht, etwa um die erforderlichen Daten neuer Kunden im Netz verfügbar zu machen (sowohl im mobilen Bereich wie für Fixedline). Normalerweise ergeben sich je nach Produktkategorie unterschiedliche Typen der Mediation und entsprechender Daten.

Es erfolgte bereits (Abschluss 2003) eine Zusammenlegung der Billing-Systeme (ohne das Prepaid-System OPSC). Heute wird nur noch Arbor eingesetzt: Jupiter wurde auf Arbor migriert. Somit werden Wireline- und Mobile-Postpaid-Billing auf einer Applikation zusammengefasst. Dies erlaubt die umfassendere Betreuung der Kunden etwa in Customer Care Centern, aber auch die integrierte Bearbeitung von Kunden, die mehrere Produkte von sunrise nutzen. Je nach Auswirkungen kann dies auch organisatorische Veränderungen zur Folge haben. Zudem wird dadurch die Zusammenführung der beiden DWHs auf die NCR-Teradata-Lösung zur (Kunden-)Datenanalyse erleichtert.

Kunden- und Produktdaten werden in mehreren Systemen – in POS, in Clarify, in der Web-Applikation ATG, in den Billing-Systemen, im DWH und im Kampagnenmanagement-Werkzeug – gespeichert. Dem Problem der Mehrfachspeicherung von Kunden- und Produktdaten wird begegnet, indem jeweils ein Master definiert wurde. Im Bereich der Kundendaten ist der Master das Front-Office-System Clarify für den Produktbereich Wireline. Arbor (oder generell die Billing-Systeme) ist der Master für den Produktbereich Mobile. Der Master für die Produktdaten für Mobile, Wireline und Internet ist Clarify. Zudem stellt Clarify den Master für alle Kunden(interaktions)daten der drei Produktbereiche dar, mit Ausnahmen im Internet-Bereich (Internet Service Providing ISP). Beim SAP-System handelt es sich um den Master etwa für interne Finanz- und Rechnungsstellungs- sowie Logistikdaten über alle Produktbereiche. ATG hat eine Masterfunktion für interaktionsspezifische Datentypen, etwa den Download von Ringtones, MMS-Daten oder anderer ATG-spezifischer Services, deren Daten nur im ATG gespeichert sind.

Für die Zielgruppendefinition und teilweise das Controlling von Kampagnen wird bei Mobile teilweise noch das Kampagnenmanagement-Werkzeug Market Expert eingesetzt. Ursprünglich war Market Expert zum Aufbau eines Loyalty-Programmes, vergleichbar mit dem Joker-Programm von Swisscom, eingeführt worden. Nachdem Swisscom sein Joker-Programm in den Jahren 2000/2001 abgesetzt hatte, wurde Market Expert zur Unterstützung des Kampagnenprozesses im Bereich Mobile beibehalten. Für die Bereiche Wireline und Internet ist ab sofort die NCR Teradata Campaign Management Lösung im Einsatz.

Es können drei unterschiedliche Bereiche für die Implementierung von Geschäftsregeln und Geschäftsregellogiken unterschieden werden:

Fallstudien

- Genesis/IVR-Lösung für das regel-, respektive scoringbasierte Routing von Inbound-Kundeninteraktionen im Contact Center[432]
- Clarify-Lösung für das Clarify-interne Handling von Kundenbeziehungsregeln, wo nicht in einem anderen Regellayer erfolgend
- Vitria beinhaltet die applikationsübergreifenden Regelwerke beinhaltet, mittels welchen etwa applikationsübergreifende Workflows abgewickelt werden.

7.2.4 Schlussfolgerungen

Folgende Schlussfolgerungen können aus der Fallstudie für die Integration der CRM-Lösung in die Anwendungsumgebung gezogen werden.

Die Integration der CRM-Umgebung ist von Pragmatismus geprägt.

Sowohl die Integration des operativen und des analytischen wie des kollaborativen und des operativen CRM sind weit fortgeschritten. Neu ist zudem eine direkte Anbindung des analytischen CRM an die erforderlichen Kontaktmedien für die Kundeninteraktion (und Kundenlokalisierung), dies um noch unmittelbarer auf Kommunikationsbedürfnisse reagieren zu können.

Die Integrationsarchitektur und das Integrationsvorgehen sind von aussen betrachtet in jeder Beziehung vorbildlich.[433] Das Integrationsvorgehen und dessen Stand zeigen, dass sunrise in einem hart umkämpften Markt arbeitet. Das Unternehmen treibt die für die Branche wichtige Integration von Front- und Back-Office seit Jahren gezielt und erfolgreich voran.

Die Medienintegration nimmt bei einem Telekommunikationsunternehmen eine besondere Stellung ein und ist vergleichsweise weit fortgeschritten

Mit der neuen Data Warehousing Umgebung ist Gewähr geboten, dass auch Realtime-Analysen und -Kampagnen gefahren werden können; subtil und heikel bleibt dabei die Frage der Dokumentation von direkten Kampagnen aus der DWH-Umgebung in die CRM-Umgebung über Front- und Back-Office-Systeme.

Die organisatorische Zusammenarbeit zwischen den Beteiligten seitens Architekturabteilung, seitens der Applikationsverantwortlichen sowie seitens der Front-Office-Einheiten scheint von aussen betrachtet gut, wenngleich sie nicht ohne Friktionen abläuft.

---

[432] Das heisst es sind sowohl kundenspezifische als auch mitarbeiterspezifische Regeln, die das Routing über Interactive Voice Response oder Automatic Call Distribution sicherstellen helfen. Die kundenspezifischen Regeln basieren dabei auf Analysen und Data-Mining-Modellen aus dem analytischen CRM.
[433] Vgl. Kapitel 7.2.3 der Fallstudie zur Darstellung der Integration. Vgl. ferner Kapitel 9.4.3, das ebenfalls der Fallstudie sunrise entstammt, zum vorbildlichen Integrationsvorgehen.

Die Architekturabteilung nimmt innerhalb der sunrise Organisation eine immer wichtigere Stellung ein. Sie spielt eine wichtige Vermittlerrolle, eine Standardisierungsrolle und eine Enablerrolle sowie die Rolle einer Choreografin in der Wertschöpfung des Unternehmens, etwa bezüglich Produktentwicklung, Produktbereitstellung und der Kundeninteraktion rund um Marketing, Verkauf und After Sales Service.

Die IT-Systemarchitektur war aufgrund der Übernahme der diAx durch die sunrise durch Mehrspurigkeiten in den Bereichen DWH, Billing- und ERP-Systeme geprägt. Diese Doppelspurigkeiten wurden unterdessen weitgehend behoben.

Es wurden mit der Beschaffung der NCR-DWH-Lösung Anstrengungen unternommen, um die Effektivität der eingesetzten Ressourcen im CRM zu erhöhen, was zu höheren monetären Kundenwerten führt und sich schliesslich in höheren Gewinnen niederschlägt. Mit der neuen DWH-Umgebung wird auch die Effizienz des Kampagnenprozesses massiv gesteigert.

Auf der Ebene einzelner Kampagnen werden Anzahl Kontakte, Responseraten, Kosten pro Kontakt und durchschnittlicher Deckungsbeitrag eines Responses als wichtigste Kennzahlen erhoben. Diese Kennzahlen dienen einerseits zum Vergleich mit bereits durchgeführten Kampagnen und anderseits der Messung der Wirksamkeit der Kampagne (anhand des Vergleichs mit der Kontrollgruppe). Durch einen Generate-and-Test-Ansatz wird versucht, die optimale Kampagnengrösse zu finden.

sunrise versucht durch Kampagnenmanagement den Customer Lifetime Value bzw. die Customer-Equity mittels aufeinander abgestimmter Aktivitäten im Bereich Neukundengewinnung, Kundenbindung und Kundenrückgewinnung gezielt zu maximieren. Einzelne Kampagnen werden anhand eines strukturierten Prozesses geplant, designt und durchgeführt. Der Prozess ist standardisiert und wird mit der neuen DWH-Lösung weitgehend automatisiert.

7.2.5 Zusammenfassung der Integrationssachverhalte

Zusammenfassend kann die CRM-Integration am für die Arbeit relevanten Integrationsmodell für sunrise wie in Abbildung 92 dargestellt werden.

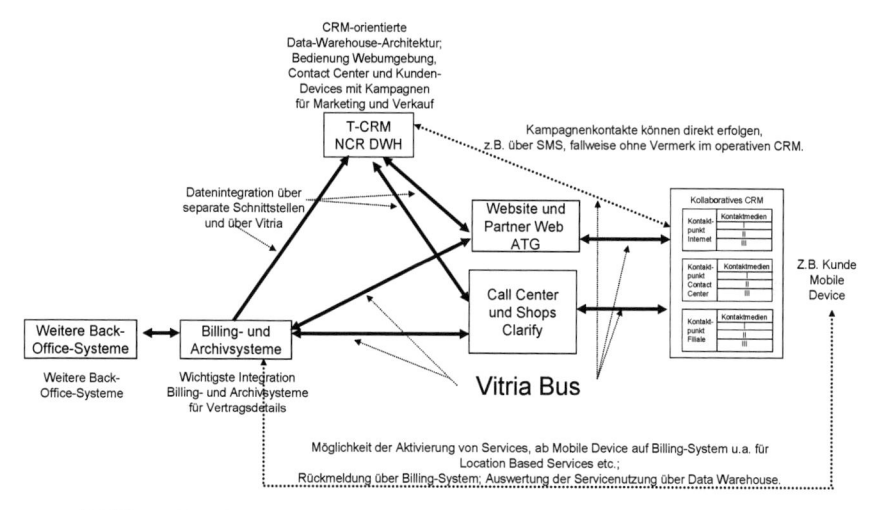

Abbildung 92: Darstellung der sunrise-Architektur am CRM-Integrationsmodell.

Multi Channel Management

Grundsätzlich bestehen zwei unterschiedliche Applikationsbereiche pro Kanal, einerseits die ATG-Umgebung für alle Web-relevanten Portale, andererseits die operative CRM-Applikation von Clarify für die Einbindung der Contact Center und teilweise der Shops. Allerdings sind über die Vitria-Bus-Infrastruktur im Prinzip Mutationen in beiden Umfeldern online verfügbar.

Schliessung des Regelkreises der Marktbearbeitung

Es wurde eine spezifisch für das CRM eingesetzte hoch performante und gut integrierte DWH-Architektur aufgebaut. Zurückzuführen ist der Aufbau dieser DWH-Plattform letztlich auf die strategische Zielrichtung der Vertiefung der Customer Intimacy, die durch den grossen Wettbewerbsdruck im Telekommunikationsmarkt Schweiz bedingt ist. Dadurch ist auch eine Effizienzsteigerung und Effektivitätssteigerung im Kundendialog möglich, was durch die Plattform in der Planung, Abwicklung und dem Controlling von Kampagnen ermöglicht wird. Ferner ist dadurch die Individualisierung der Kundenkommunikation erweiterbar. Eine vergleichbare

Infrastruktur für die Initialisierung und Steuerung von Marketing- und Verkaufsaktivitäten hat keines der sonst in den Fallstudien betrachteten Unternehmen. In gewissen Fällen, insbesondere auch bei Mobile Devices bei Kunden, erfolgt je nach Produkt die Akzeptierung von Angeboten (eigentliche Responseerfassung) teilweise direkt im entsprechenden Billing-System statt im DWH oder im operativen CRM.

Als einheitliche Integrationsplattform zwischen den verschiedenen Front-Office-Systemen dient der Vitria Bus. Er verbindet sowohl Call Center, eigene oder Partner-Shops sowie die Web-Plattform von ATG falls erforderlich mit den CRM-Systemen oder mit den Back-Office-Systemen. Ferner dient der Bus auch der Integration von Daten, Applikationen und Präsentationen in bestimmten Bereichen.

Wertschöpfungsintegration

Die Wertschöpfungskette umfasst vereinfacht gesagt die Bereiche Kontaktmedien, operatives CRM oder Web-Umgebung, Billing und fixer sowie mobiler Netzwerkinfrastruktur. Wichtig für die Integration der Wertschöpfung ist die sehr potente Übermittlung von Auftragsparametern aus der CRM- oder Front-Office-Umgebung in die Billing-Umgebung und von dort in die fixen und mobilen Telekommunikationsnetzwerke sowie umgekehrt. Dafür nimmt die Schnittstelle zwischen Billing und Netzwerkinfrastruktur eine Schlüsselfunktion ein. Die Wertschöpfungsintegration bestimmt massgeblich auch die Agilität des Handelns des Unternehmens gegenüber den Kunden, weil etwa der Zusammenzug von Daten aus Billing- und Netzwerkumfeld Auskunft über das Kundenverhalten geben kann und somit wesentlich ist für die strategische Bearbeitung des Kundenportfolios.

Granularität und Aufbau der Architektur

Das Unternehmen geht aus Sicht der Granularität und Modularisierung der Architektur von Domains, Function Blocks und Services aus, welche aufeinander aufbauen. Eine Gliederung erfolgt in einem Mehrebenenmodell. Die Rahmen um die Darstellungen herum ermöglichen die Aufzeichnung der zu integrierenden Domains, Funktionsblöcke oder Services sowie die dafür erforderlichen Schnittstellen. Die Domains sind teilweise der Wertschöpfungskette des Unternehmens nachempfunden und basieren mehrheitlich auf dem Telecom Referenzmodell der Enhanced Telecom Operations Map von www.tmforum.org.

Als verbindendes Element zwischen Kontaktmedien, Front-Office-Applikationen und Back-Office-Applikationen dient die Vitria-Bus-Infrastruktur, über die unterschiedliche Integrationsbedürfnisse realisiert werden können.

Fallstudien 285

7.3 Fallstudie UBS

7.3.1 Firmenporträt

Die UBS entstand im Jahre 1998 aus der Fusion der Union Bank of Switzerland und dem Schweizerischen Bankverein.[434] In jüngerer Zeit wurden u. a. 1991 Chase Investors, 1995 S. G. Warburg Plc., 1997 Dillon, Read & Co., 1999 Global Asset Management und 2000 PaineWebber übernommen.[435] Die UBS Group ist ein global tätiges Finanzdienstleistungs-Unternehmen mit Hauptsitz in Basel und Zürich. Die Schweizerische Bankgesellschaft (SBG) wurde 1912 gegründet. Der Schweizerische Bankverein (SBV) nahm 1872 unter dem Namen Basler Bankverein mit Sitz in Basel seine Geschäftstätigkeit auf. 1897 änderte das Institut seinen Firmennamen in Schweizerischer Bankverein.[436]

Die UBS Group besteht aus vier Unternehmensgruppen: UBS Wealth Management & Business Banking betreut im Rahmen von Business Banking Switzerland in der Schweiz rund 4 Mio. Kunden und gehört im Private Banking weltweit zu den führenden Unternehmen. Die im Organigramm in Abbildung 93 aufgeführte Einheit Private Banking wird neu mit Wealth Management bezeichnet. Das Retail Banking ist Teil des Business Banking. UBS Warburg ist global im Wertschriftengeschäft, Investment Banking und im Vermögensverwaltungsgeschäft tätig. UBS Global Asset Management agiert als Fondsanbieter und Verwalter institutioneller Vermögen. UBS PaineWebber ist weltweit tätig und einer der führenden amerikanischen Vermögensverwalter (vgl. Abbildung 93).[437]

UBS Group				
UBS Wealth Management & Business Banking	UBS Warburg	UBS Global Asset Management	UBS PaineWebber	Corporate Center
Business Banking Switzerland	...	...		
Private Banking Switzerland		...		
Private Banking International	...	...		
	...	...		
	...			

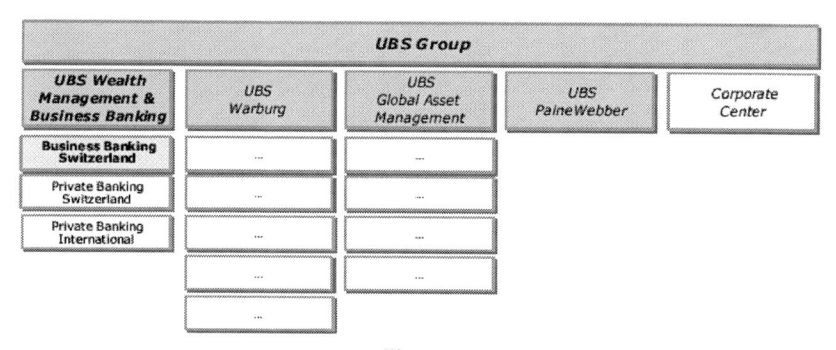

Abbildung 93: Organigramm UBS.[438]

---

[434] Vgl. UBS (2002a), S. 1.
[435] Vgl. UBS (2002a), S. 1.
[436] Vgl. UBS (2002b), S. 1.
[437] Vgl. UBS (2002d), ohne Seite.
[438] Vgl. UBS (2002d), ohne Seite.

Die UBS ist auf allen bedeutenden internationalen Finanzplätzen in ca. 50 Ländern mit ca. 1'500 Geschäftsstellen vertreten.

Auf der Basis einer Segmentierung, welche sich auf das Anlagevermögen abstützt,[439] lassen sich grob folgende Subsegmente des Retail Bankings unterscheiden, denen unterschiedliche Dienstleistungspaletten zugeordnet sind:[440]

- *Privatkunden Basic*   Anlagevermögen < CHF 50'000

- *Privatkunden Individual*   Anlagevermögen < CHF 250'000

Kunden des Kundensegments Privatkunden Basic werden im Gegensatz zu Kunden des Kundensegments Privatkunden Individual nicht von einem individuell definierten Bankmitarbeiter, sondern von einem Beraterpool in der Filiale betreut. Kunden mit einem sehr geringen Vermögen werden dazu angehalten, Beratungsleistungen über die Call Center zu nutzen. Der Kontakt zum Filialmitarbeiter ist jedoch auch für diese weiterhin möglich. Die Betreuung der Privatkunden mit einem Anlagevermögen von CHF 250'000 ist in Kombination mit dem Schweizer Firmenkundengeschäft in der Einheit Business Banking Switzerland integriert. Business Banking Switzerland, Private Banking Switzerland[441] und Private Banking International[442] wiederum sind in der Organisationseinheit UBS Wealth Management & Business Banking zusammengefasst.[443] Die Grobsegmentierungen im Wealth Management Schweiz sehen dabei wie folgt aus:[444]

- *Core Affluent Clients*:   Anlagevermögen > CHF 250'000

- *High Networth Individuals*:   Anlagevermögen > CHF 1 Mio.

- *Ultra High Networth Individuals*: Anlagevermögen > CHF 50 Mio.

Den unterschiedlichen Teilsegmenten sind unterschiedliche Dienstleistungspaletten zugeordnet. Die Ultra High Networth Individuals werden auch als Key Clients bezeichnet. Für das Kundensegment Wealth Management International gelten teilweise andere Grenzen und Kategorisierungen. Ebenfalls unterscheidet sich bei diesem Seg-

---

[439] Weitere Kriterien wie das Halten eines Hypothekenvertrags oder der Familienstand haben ebenfalls einen Einfluss auf die Segmentierung.
[440] Auf eine mathematisch korrekte Intervalldefinition wird aufgrund der Tatsache, dass eine CHF-genaue Zuordnung der Kunden nicht stattfindet, verzichtet. Zudem kann es vorkommen, dass ein Kunde bei entsprechender Rentabilität mit einem kleineren Vermögensbetrag trotzdem persönlich beraten wird.
[441] Neu Wealth Management Switzerland.
[442] Neu Wealth Management International.
[443] Vgl. UBS (2002c), S. 1. Vgl. zur detaillierten Darstellung der Organisation von UBS WM&BB auch Abbildung 94.
[444] Die Grenzen sind nicht trennscharf und lassen unterschiedliche Zuordnungen der Kunden zu entsprechenden Feinsegmenten zu.

ment die Dienstleistungspalette. Zur weiteren Segmentierung der Firmenkunden lässt sich an dieser Stelle nichts Verlässliches sagen.

7.3.2 Multi Channel Management

Das MCM war für die UBS schon seit ca. 1997 ein Thema, als neben den Standardkontakt- und -distributionskanälen die neuen elektronischen Kontaktkanäle dazu kamen. Die UBS hielt im Rahmen der Definition einer Multi-Channel-Strategie konsequent daran fest, dass der Kunde entscheiden sollte, welchen Kanal er für seine Bedürfnisse nutzt.

Das Ziel der UBS lautet, ausgehend von den Bedürfnissen des Retailkunden nach Bequemlichkeit oder Komfort in der Abwicklung seiner Informations-, Kommunikations- und Transaktionsbedürfnisse,[445] dass mittels Abwicklung dieser Bedürfnisse über die neuen Kanäle mehr Effizienz erreicht werden soll. Eine explizite Verlagerung der Kundenkontakte auf günstigere Kanäle wird bei der UBS jedoch nicht angestrebt. Die UBS unterhält 2002 in der Schweiz folgende Kontaktpunkte:[446] 317 Filialen, 978 ATMs, 216 Multifunktionale Automaten (Multimat[447]), Phonebanking (Mensch-Maschine-Informationsdienst seit 1994, Mensch-Maschine-Interaktion (IVR) seit 1997)[448], Internetbanking (seit 1998) sowie Mobile Banking (seit 2000). Im Bereich des traditionellen Kanals Filiale weist die UBS ein nach Leistungsangebot differenziertes Geschäftsstellennetz auf, wobei verschiedene Filialkonzepte existieren. So sind die Filialen je nach Bedürfnis mit einer Selbstbedienungszone und/oder einer Abwicklungszone und/oder einer Beratungszone ausgestattet.[449] Die UBS fuhr im letzten Jahrzehnt des 20. Jhts bezüglich der Neueinführung von Kontakt- und Distributionskanälen keine First-Mover-Strategie. Der Anspruch eine alleinstehende Internetbank aufzubauen hatte die UBS nie. Viel eher versucht sie, sich über das Angebot zu differenzieren, das über das Internet und andere Kontaktmedien angeboten wird. Mit der Einführung des Online-Banking wurde solange zugewartet, bis die dazu erforderliche Plattform erarbeitet war, um die Prozesse im Hintergrund vollständig integriert abwickeln zu können (Processing & Operations). Dies war z.B. auch bei der Abwicklung von Online-Börsenaufträgen der Fall, wo die entsprechenden Prozesse im Sinne des Straight Through Processing im Hintergrund voll automatisiert wurden. Derart realisierte die UBS kosten- und zeitspezifische Effizienzgewinne, die

---

[445] Vgl. Kaufmann (2002), S. 146 sowie UBS (2002c).
[446] Vgl. UBS (2002c), S. 1.
[447] Die Adoption des multifunktionalen Automaten der UBS, des UBS Multimats, ist seit der breiten Einführung 1995 über die ursprünglich festgelegten Ziele hinaus erfolgt [Vgl. dazu und zum Folgenden Kaufmann (2002), S. 146].
[448] Vgl. Schmid (1998), S. 286.
[449] Vgl. Kaufmann (2002), S. 146.

auch an die Kunden weiter gegeben werden konnten. Mobile Banking über WAP wiederum, das die UBS als erste Bank in der Schweiz angeboten hat, konnte auf der bestehenden Infrastruktur unter geringem Aufwand als zusätzlicher Kontakt- und Transaktionskanal aufgeschaltet werden. Auf der Applikationsseite war eine entsprechende WAP-Umgebung aufzubauen. Die Transaktionen im Hintergrund waren mehrheitlich die gleichen wie bei anderen Kontakt- und Transaktionsmedien.[450]

Aus den diversen Kunden Contact Centern der UBS werden keine Outbound Calls oder Kampagen getätigt (etwa für Marketingkampagnen). Dies wäre auch nicht mit der Einstellung der Kunden zur Bankkundenbeziehung und zum Bankgeschäft vereinbar. Mit Blick auf die von der Kanalnutzung abhängige Kundenkommunikation bietet die UBS Secure Messaging im Internetbanking an, mit welchem eine sichere Kommunikation über UBS-eigene Internetserver gewährleistet wird. Der Anteil der Kunden, welche die neuen Services nutzen, ist gering. Die UBS zählte im Jahr 2002 rund 6'000 Nutzer. Der (elektronische) Versand des monatlichen Kontoauszugs beispielsweise als PDF-Datei sowie die Möglichkeit, einen beliebigen Kontoauszug aus der Vergangenheit einsehen zu können, ist auch im Jahr 2003 noch nicht umgesetzt. Der Grund dafür ist weniger bei technischen Herausforderungen zu suchen, die es zu überwinden gilt, als vielmehr bei rechtlichen Aspekten. Jedoch besteht auf dem erwähnten UBS Multimat für Kunden die Möglichkeit, einen Auszug der Buchungen auf dem Bildschirm oder als Ausdruck abrufen zu können.

7.3.3 Organisation des Multi Channel Managements

Die Entwicklung zur Organisation des Kanalmanagements, wie sie sich im Jahr 2002 präsentierte, erfolgte bei der UBS über drei Phasen oder Stufen hinweg (vgl. Abbildung 94).[451]

In einer ersten Phase des MCMs in den Jahren 1996 und 1997 galt es, die Entwicklungen neuer Kanäle zu beobachten und einen Entscheid bezüglich Implementierung auf der Basis eines tatsächlich im Markt existierenden Bedürfnisses herbeizuführen. Vor diesem Hintergrund wurde die Kanalverantwortung der Distribution einem Kundensegment zugeteilt, dem Individualkundengeschäft. Die Distribution des Individualgeschäfts war dabei für alle Kanäle verantwortlich.

In einer zweiten Phase wurde die organisatorische Eingliederung Segment-unabhängig gestaltet. In der Folge wurde die Unit E-Channels und Products direkt dem CEO der UBS Schweiz unterstellt. Damit war eine gewisse Neutralität gewährleistet, weil

---
[450] Vgl. Kaufmann (2002), S. 147 ff.
[451] Vgl. zum Folgenden Kaufmann (2002), S. 149 ff.

die E-Channels damit nicht einem Segment zugeordnet waren. Die Abteilung war damit für die elektronischen Kanäle Phonebanking und Internetbanking verantwortlich. Das Vorgehen bis und mit der zweiten Phase hatte den Vorteil, dass die Integration aus Sicht der neuen Kontaktmedien und -kanäle möglichst businessnahe erfolgte und entsprechend eher kontaktkanalspezifische Stovepipe-Integrationen erfolgten. Im Rahmen eines UBS weiten Projektes (Architekturreengineering) mit der Bezeichnung Strategic Solution Program (SSP) werden u.a. die Stovepipe-Applikationen zunehmend aufgelöst und für unterschiedliche Kontaktpunkte einheitliche Schnittstellen erstellt.

In einer dritten Phase, in welcher sich die neuen Kanäle etabliert haben, wurde die segmentsunabhängige Funktionsweise hinfällig. In diesem Sinn ist die Abteilung Marketing Technology, welche Plattformen für Betreuer und Kunden entwickelt, zusammen mit den anderen Kanälen in einer Business Area Market Strategy & Development integriert worden, welche eine Art Competence Center darstellt. Dieses Competence Center ist ab dem Jahr 2002 für Kunden- und Kundenberater-Plattformen zuständig.

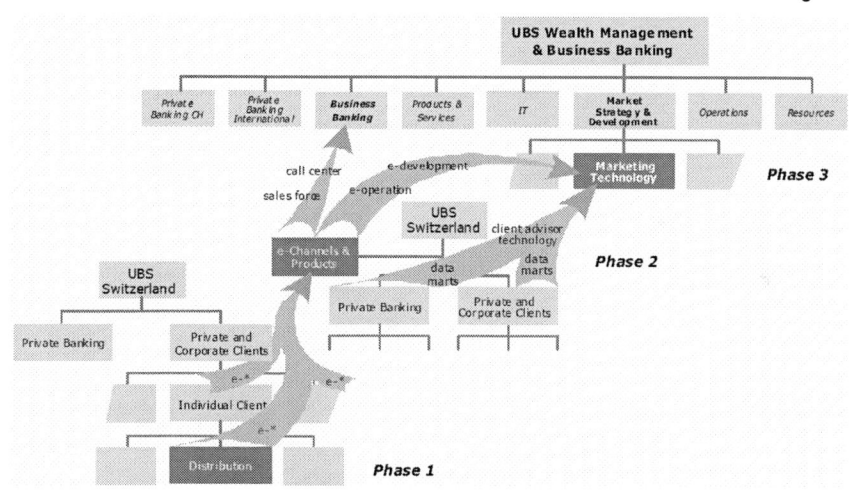

Abbildung 94: Phasen der organisatorischen Zuordnung des Kontakt- und Distributionskanalmanagements der UBS.[452]

Folgende Verantwortungsbereiche und deren Zuständigkeiten ergeben sich:[453] Die Business Area Market Strategy & Development ist nicht nur für E-Kanäle verantwortlich, sondern für die Koordination der Gesamtmarktbearbeitung und deren Massnah-

---

[452] Vgl. zu Abbildung 94 Kaufmann (2002), S. 149.
[453] Vgl. dazu Kaufmann (2002), S. 150.

men. Der Business Sector Marketing Technology, in welchem die Kunden- und Kundenberater-Plattformen in Abstimmung mit den Kundensegmenten entwickelt (Client Technology) und betrieben (Functional Management) werden, ist so getrennt von den Distributionskanälen Filiale und Automat sowie von den Produktmanagement-Units. In Bezug auf die Definition der Kanalstrategie üben die Kundensegmente starken Einfluss aus. Es ist deshalb aus Sicht des Multi-Channel-Ansatzes verständlich, dass Market Strategy & Development keine eigenen Kunden hat. Trotz der Existenz verschiedener Kontakt- und Distributionskanäle liegt die Kundenverantwortung in den einzelnen Frontsegmenten (Filialregionen) der Märkte. In gemeinsamer Abstimmung mit den Kundensegmenten und unter Miteinbezug der Produktverantwortlichen wird definiert, welche Dienstleistungen und Produkte über welche Kontaktkanäle kommuniziert und über welche Distributionskanäle distribuiert werden. Eine zukünftige Reintegration des Ressorts Marketing Technology, in welcher dieses abschliessend wieder in ein Kundensegment, bzw. eine Produkteinheit integriert wird, wird aus Sicht der UBS als nicht konsistent mit einem konsequent durchgesetzten Multi-Channel-Management-Ansatz betrachtet. In einer Multi-Channel-Management-Strategie eines Grossunternehmens gilt es intern Synergien zu nutzen. Bei einer Zuordnung zu einzelnen Segmenten entstehen Redundanzen, bei welchen Kundenbeziehungsmanagement- und Distributionssysteme für verschiedene Segmente entwickelt und segmentspezifisch ausgestaltet werden.

7.3.4 Vertriebssteuerung

Vor dem Hintergrund der hohen Kosten, welche insbesondere Schaltertransaktionen generieren, drängt sich eine pretiale Lenkung der Kontakt- und Distributionskanalnutzung auf.[454] Dazu bietet sich eine Preisermittlung an, mittels welcher die entstehenden Kosten zwar nicht gedeckt, jedoch ein bezüglich Kundenprofitabilität effizienterer Umgang mit Ressourcen der Bank ermöglicht wird. Intendiert war ab 2000/2001 eine Steuerung gewisser Kundengruppen in Richtung elektronischer Kanäle, die effizienter sind.[455] Die UBS betrachtet die Umsetzung einer neuen Form der Preisgestaltung in Richtung mehr Kostengerechtigkeit bezüglich Dienstleistungserbringung über unterschiedliche Kanäle als mittel- bis langfristiges Ziel. Dieses Ziel wird insbesondere auch deshalb angestrebt, um Quersubventionierungen zu verhindern. Entstanden ist die bestehende Situation dadurch, dass im Verlauf der Jahre das Dienstleistungsangebot der Bank immer grösser wurde, ohne dass

---

[454] Vgl. dazu Kaufmann (2002), S. 148.
[455] Vgl. Kaufmann (2002), S. 148. Ab 2002 betrugen die entsprechenden Gebühren für den Schalterbezug CHF 1.50, ab 2003 wurde dafür CHF 3.00 verrechnet (vgl. Heim (2002), S. 17). Kunden, welche bei der UBS ein Gesamtvermögen von über CHF 10'000 haben oder eine Hypothek aufgenommen haben, sind von diesen Dienstleistungspreisen befreit.

überhaupt ein Pricing oder eine Anpassung des Pricings erfolgten. Kostentransparenz ist letztlich im Sinne des Kunden und eine Kommunikation entsprechender Preise kann nur über deren saubere Eruierung erfolgen. Im Rahmen der Steuerungsinstrumente zieht die UBS künftig Abonnementsangebote etwa im Sinne von Paket-Pricing-Angeboten in Betracht. Dabei können Kunden ihr Angebot aussuchen, wie dies heute z.b. bei den unterschiedlichen Preisplänen von Telekommunikationsunternehmen der Fall ist. Ebenfalls ist die Vergabe von Bonuspunkten beispielsweise basierend auf dem Anlagevermögen oder dem Selbstbedienungsgrad denkbar, für welche z.b. Kundenberatungsdienstleistungen bezogen werden können. Unternehmensintern werden die Filialmitarbeiter der UBS über Zielvorgaben motiviert und geführt, die aus den Segmentleitungen stammen und eine zu erreichende Penetration (Anzahl abgeschlossene Verträge) bezeichnen, etwa zum Verkauf von Internetbanking-Verträgen. Anreize in Abhängigkeit von der eigentlichen Nutzung der Kanalinfrastruktur existieren auch deshalb nicht, weil die Datenintegration über die unterschiedlichen Kontaktkanäle derzeit noch nicht vollständig gegeben ist.

7.3.5 Systeme für das Kundenbeziehungsmanagement bei der UBS

7.3.5.1 Analytisches CRM

Das Competence Center Analytisches CRM besteht in der heutigen Form seit 2001.[456] Erste Schritte gehen bis ins Jahr 1996 zurück. Die Aufgaben ab 1996 bis 2001 lauteten wie folgt: Information Based Marketing und Einführung des Data Mining sowie der Start eines strategischen Programms zum Aufbau einer Organisationseinheit für das analytische CRM und für allgemeine Analysen. Der Start mit einer fokussierten Business Strategie umfasste die im Folgenden aufgeführten Tätigkeiten (strategische CRM-Zielsetzungen): Erhöhung der Effektivität von Direct Mails, Auslösen von Cross Selling in den Geschäftseinheiten sowie die Lancierung von Retention-Programmen, aber auch der Einsatz von Data Mining und Predictive Models. Dies wurde u.a. durch umfangreiche Datenintegrationen ermöglicht. Eine weitere Ausbaustufe war auf die Konzentration auf den Retailbereich und den schnellen Erfolg ausgerichtet. Dazu gehörten u.a. die Erstellung von Analysen zu Fondskonten, Kreditkarten und E-Banking, Analysen zur Steigerung der Abschlussraten (40-70%) im Vergleich zu traditionellen Methoden sowie die Erzielung eines ausgewiesenen Geschäftsnutzens und so genannter Quick-Wins.

---

[456] Vgl. Rüegge (2003). Die Tätigkeitsbereiche des analytischen CRM betreffen u.a. Analysen für die Kundensegmente Wealth Management und Business Banking.

Analytisches CRM wird bei der UBS heute für alle Unternehmensbereiche und Kundensegmente und in verschiedenen Richtungen für die Schweiz von einer zentralisierten Organisationseinheit in Zürich angeboten und betrieben. Es ist nicht nur die Voraussetzung für das Kampagnen-Management. Die „Analyse-Fabrik" bietet UBS-intern folgende Arten von „Analysen am Fliessband" an: Analysen zur Strategischen Ausrichtung des Unternehmens sowie Analysen zur strategischen Führung des Unternehmens; Analysen zur Effektivitätssteigerung, d.h. strategische Analysen, die zu Kommunikationsmassnahmen verschiedener Art führen; Analysen zur Effizienzsteigerung des Verkaufs, dazu gehören Analysen, die zur Verteilung von spezifischen Informationen an das operative Front-Office-Personal führen (etwa ganze marktspezifische Kampagnen oder Opportunities). Allerdings ist die Führung des analytischen CRM sich bewusst, dass die Kundenbeziehungsorientierung zuallererst in den Köpfen der Mitarbeiter erfolgen muss und, dass alle Information, die an die Client Advisors weitergegeben wird, bloss eine Unterstützung dafür sein soll, dass der Client Advisor die richtigen Schlüsse für die (persönliche) Kundenbeziehungsgestaltung ziehen kann.

Die Analyseabteilung hat sich zum Ziel gesetzt, Erkenntnisse zu allen Kundenbearbeitungsmassnahmen zu gewinnen und entsprechende Analysen im Sinne von proaktiven Massnahmen umzusetzen. Ein Beispiel dazu lautet wie folgt: Über die verschiedenen Stammnummern eines Kunden ist die erweiterte Bankbeziehung über ein bestimmtes Kundensegment hinweg abzubilden, daraus sind Schlüsse für die Kundenbearbeitung und mögliche Potenziale des Kunden (z.B. bezüglich seines Share-of-Wallet) ziehbar. Eines der Ziele ist somit, innerhalb und ausserhalb der Firma verschiedene Informationssachverhalte zu definieren, auf Basis der Events oder Alerts definiert werden können. Diese werden danach den Client Advisors im Sinne von Arbeitsanweisungen (früher mehrheitlich auf Papier und heute) zunehmend elektronisch zugeführt. Ein Event-generierender Bereich ist der Lebenszyklus des Kunden, in dem die Gewinnung des Kunden, das Cross- und Up Selling sowie grundsätzlich die Erweiterung des Share-of-Wallet abhängig etwa von Ereignissen im Leben des Kunden im Vordergrund stehen.

Grundlegend ist für die UBS, dass die Kundenbindung als Ziel nicht im Vordergrund steht, weil die UBS der Ansicht ist, dass Kundenbindungsmassnahmen, wenn der Kunde sich gut behandelt fühlt, nicht mehr nötig sind. Das Kundenbindungsmanagement ist für die verschiedenen Kundensegmente unterschiedlich. Bei Wealth-Management-Kunden, deren Bearbeitung vorwiegend persönlich erfolgt, steht die Bindung dank der starken persönlichen Beziehung weniger im Vordergrund als beim Retailkunden. Deswegen existiert u.a. für die Retailkunden das Kundenbindungsprogramm KeyClub. Darin können vom Kunden Punkte gesammelt werden, was auf drei verschiedene Arten der Fall sein kann:

- Durch die inerhalb des KeyClub verwalteten Kundenvermögen
- Für Transaktionen mit der Kreditkarte
- Durch die Anzahl Jahre, die der Kunde im KeyClub ist (Treuepunkte).

Die CRM-Analysen führen zu individuellen Kampagnen beim Kunden, mit der Folge, dass das nächste zu empfehlende Produkt auf der Client Advisor Workbench[457] angezeigt wird. Die Resultate der Analyse, sofern sie die Front betreffen, werden im Push-Verfahren dezentral auf die Client Advisor Workbenches gestellt und danach hinsichtlich der Abarbeitung automatisiert überwacht.

Das Competence Center Analytisches CRM hat firmenintern derzeit bis zu 15 Ansprechpersonen als interne Kunden und wickelt etwa 150 bis 200 Analyseprojekte pro Jahr ab. Es laufen bis zu 16 Aktivitäten parallel bei einem Mitarbeiter. Die Gründe, die u.a. zu Analysen zu Kunden und daraus abgeleiteten Aktivitäten führen, sind: Der Kunde und sein Lebenszyklus, seine gehaltenen Produkte, die an ihn zu vermarktenden Produkte, sein Verhalten und sein Share-of-Wallet, aber auch Veränderungen im Markt und bei Konkurrenten sowie die gesetzlichen Bestimmungen und deren Auswirkungen auf und die Veränderungen bezüglich der Kundenbeziehung.

Das Competence Center für analytisches CRM richtet sich künftig auf folgende Anforderungen ein: Schnellerer Service und Visualisierungen. Zudem will die UBS weg vom „mittleren" Kunden". Das Competence Center Analytisches CRM bietet nicht nur analytische Dienstleistungen an, sondern ist auch verantwortlich für die technische Entwicklung, die Realisation und den Betrieb des Systems CIBAS (Customer Information and Business Analysis System; Vgl. dazu Abbildung 95). Nach 2002/2003 wurde beschlossen, das alte DWH oder Datensystem in das Strategic Solution Program (SSP) der UBS zu integrieren (IBM- statt Unix-Rechner, DB2- statt Oracle-Datenbanken). Dokumentiert sind im CIBAS zu Beginn des Jahres 2004: 7 Mio. Kundenbeziehungen, 48 Monate Kundenhistorie sowie maximal 2'000 Attribute pro Kunde. Die technische Lösung dazu umfasst: Hardware und Software von IBM (Datenbank DB2), 5 TB Daten im DWH (CIBAS), die Nutzung von SAS für das Datenmanagement, für Statistik und für Data Mining (für das Data Mining wird der Enterprise Miner von SAS genutzt). Zurzeit sind etwa 20 Quellsysteme für die Datenanalyse integriert. Der Upload erfolgt monatlich, beginnend mit den am

---

[457] Vgl. zur detaillierteren Erläuterung der Client Advisor Workbench (operatives CRM) Kapitel 7.3.5.3.

schnellsten Daten verarbeitenden Systemen des Vormonats am Anfang des Monats, gefolgt von später eintreffenden Daten des Vormonats. Die Uploads erfolgen je in wenigen Stunden in Batchinput Verarbeitung.

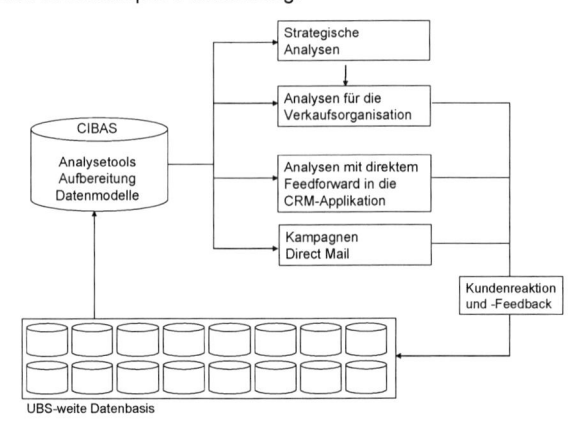

Abbildung 95: Datenlogistik aus Sicht des analytischen CRM bei der UBS.

7.3.5.2 Regelkreis der Marktbearbeitung (Closed Loop)

Die Schliessung des Regelkreises der Marktbearbeitung (Closed-Loop) erfolgt, wie mit Pfeilen bereits in Abbildung 95 summarisch dargestellt, über mehrere Ebenen. Primär erfolgt ein Pull der Daten von den bankinternen operativen Systemen in das DWH, das dem analytischen CRM zur Verfügung steht. Aus den Analysen ergeben sich wie oben dargestellt Kampagnen oder Alerts zuhanden der Client Advisors (My Campaigns). Ebenfalls ergeben sich aus den Analysen Opportunitäten (My Opportunities). Beide können Teil von Kundenbeziehungsaktivitäten sein, die zentral gesteuert werden.

Der Upload der Daten in die Client Advisor Workbench (Portal für das operative CRM, das zunächst im Wealth Management, heute jedoch vermehrt auch in anderen Kundensegmenen eingesetzt wird) oder in die ältere operative CRM- oder Front-Office-Lösung Subitop erfolgt bei der UBS über List-Uploads oder direkte Datenintegrationen mittels FTP-Schnittstellen (im ASCII-Format). Die UBS setzt eine eigene Applikation zur Datenübertragung auf ihrem Netz ein, die den Anforderungen an Datensicherheit und Datenschutz innerhalb des UBS-Netzwerks gerecht wird. Die Client Advisors wiederum geben Kommentare als Response in Subitop oder in der Client Advisor Workbench ein (meist formalisiert). Diese können ausgewertet und damit eine Auswertung der Kampagne erstellt werden. Zudem kann in den operativen Back-Office-Systemen analysiert werden, ob der Kunde z.B. das beworbene Produkt gekauft hat oder nicht. Es werden wohl künftig auch offene Informationen zu Kundenreaktionen oder Aktionen im Zusammenhang mit Kampagnen erfasst. Dabei besteht allerdings das Problem der Analysierbarkeit unstrukturierter Daten.

Weiter werden Antworttalons als Response von der Front zentral in einem Response Center erfasst und Einschätzungen der Client Advisors zu Möglichkeiten und Grenzen der Kundenentwicklung aufgrund von zentral gesteuerten Leads erfasst. Der Regelkreis der Marktbearbeitung oder Closed Loop ist somit mehrheitlich – z. T. auch über bankfachliche operative Back-Office-Systeme – geschlossen.

Je kürzer die zeitliche Schliessung des Regelkreises ist, desto agiler ist das Unternehmen auf dem Markt. Die Abbildung 96 zeigt eine grafische Darstellung des technischen Regelkreises der Marktbearbeitung. Die Pfeile, die von Avis Local (Dies ist eine von der UBS selber erstellte Kampagnendesign- und planungslösung) auf Clients und Client Advisors zeigen, verweisen auf die operative CRM-Lösung Client Advisor Workbench, auf der die entsprechenden Events, Alerts, Pendenzen oder Kampagnen operativ abgewickelt werden (Contact, Task, MIS). Als Mechanismus für das Sourcing und das Laden von Daten von Avis Local aus werden je nach Empfängersystem Schnittstellen für den File Transfer mittels FTP sowie Schnittstellen für den Datentransfer auf Basis von ASCII-Code und/oder XML eingesetzt. Die Häufigkeit der Updates in der Client Advisor Workbench erfolgt je nach Bedürfnis unterschiedlich. Wenn eine Aktion gefahren wird, erfolgt ein Transfer (unregelmässig) zur Client Advisor Workbench. Die Client Advisors werden über ihre Zielvereinbarungen teilweise dazu „gezwungen", die zentralen Analysedienstleistungen und deren Output zu nutzen. Nur so sind die Effizienzsteigerungszielsetzungen einer auch im CRM-Bereich sich zunehmend industrialisierenden Finanzbranche zu erreichen.

Die Kundenorientierung und die Nachführung der systemrelevanten Informationen aus der Kundenbeziehung werden u.a. sichergestellt durch eine Verknüpfung der sogenannten PMMs (Performance Measurement Metrics) mit den Eingaben der relevanten Daten zu Kundenaktivitäten, -Interaktionen und -Transaktionen (Nachführen der Kundenhistorie). Das heisst, die Kundendatenpflege ist bonusrelevant. Sie kann überwacht werden durch die mehrheitliche Schliessung des Regelkreises der Marktbearbeitung auf Basis der operativen Abwicklung des Kontaktmanagements. Die Kundendatenpflege ist in die Zielvereinbarungen einbezogen und überwachbar.

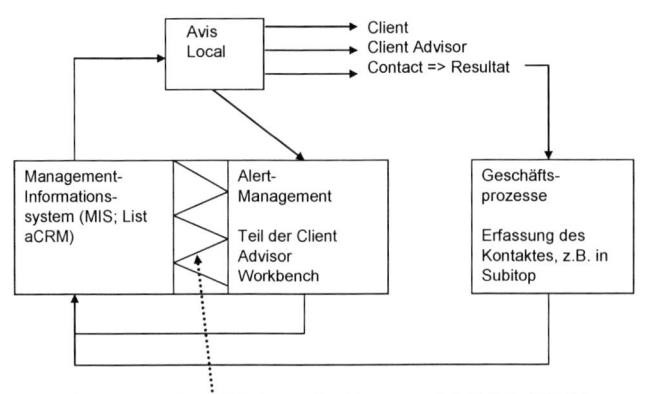

```
┌─────────┐     Client
│ Avis    │───▶ Client Advisor
│ Local   │───▶ Contact => Resultat
└─────────┘

┌──────────────┐  ┌──────────────┐  ┌──────────────┐
│ Management-  │  │ Alert-       │  │ Geschäfts-   │
│ Informations-│  │ Management   │  │ prozesse     │
│ system (MIS; │  │              │  │              │
│ List aCRM)   │  │ Teil der     │  │ Erfassung des│
│              │  │ Client       │  │ Kontaktes,   │
│              │  │ Advisor      │  │ z.B. in      │
│              │  │ Workbench    │  │ Subitop      │
└──────────────┘  └──────────────┘  └──────────────┘
```

Philosophische Streitfrage bei der UBS: Ist das Alert Management ein Teil des MIS (Management Informationssystems) oder nicht? Damit zusammenhängend stellt sich die Frage, ob der Kunde im Push- oder Pull-Verfahren angesprochen werden soll.
Das Ziel muss sein, dass der Client-Advisor, ob im Pull- oder im Push-Verfahren ist egal, dem Kunden gegenüber konsistent auftreten kann.

Abbildung 96: Architektur des Regelkreises der Marktbearbeitung.

Die in Abbildung 96 dargestellte Architektur enthält Systeme, die erst in den Folgekapiteln dargestellt werden (vgl. zur Client Advisor Workbench Kapitel 7.3.5.3). Avis Local stellt das Bindeglied zwischen analytischem CRM und operativer Abwicklung der Kampagne innerhalb der Client Advisor Workbench dar. Über Avis Local wird zudem die „Integration" zwischen operativen und analytischen Organisationseinheiten und -systemen sichergestellt. Die Verifikation der Wirkung der Kampagnen kann etwa auf der Basis des DWH, direkt über die Client Advisor Workbench (ist ein Task abgearbeitet worden) oder die bankfachlichen Applikationen geprüft werden. Dabei kann analysiert werden, ob z.B. ein Produkt gekauft wurde oder eine Dienstleistung genutzt wird.

Äusserungen der Interviewpartner zufolge ist aus CRM-Sicht heute bei vielen Unternehmen technisch das Wesentliche oder Mögliche und Sinnvolle realisiert (Architektur, Integration, Analyseinstrumente, etc.). Wichtig sind die *rentable* Nutzung der vorhandenen (analytischen) Infrastruktur sowie deren umfassende Integration auf Prozessebene sowie der Ebene des Regelkreises. Die Analyse und die operativen Prozesse sind somit im Sinne des Regelkreises der Marktbearbeitung je nach Bedarf in den Bereichen Adaptivität und Flexibilität im Hinblick auf die Kunden, den Markt oder die Wettbewerbsintensität nach Bedarf noch stärker zu integrieren. Beispielsweise sollte das hinsichtlich Basel II zu einer integrierten Risikoabschätzung für die Kreditvergabe einerseits und der Ableitung der entsprechenden Massnahmen bei den Client Advisors im Firmenkundengeschäft andererseits führen.

Fallstudien 297

7.3.5.3 Operatives CRM mit der Client Advisor Workbench

7.3.5.3.1 Ziele und Fokus des Projekts

Die UBS CRM Initiative Schweiz begann ihre Tätigkeit (im Sinne von Projekten) im Kundensegment Wealth Management. Das bereits erwähnte System Subitop, das bereits seit 1996 läuft, stellt im Gegensatz zur neuen operativen CRM-Lösung Client Advisor Workbench, über die primär das Kundenbeziehungsmanagement abgewickelt wird, eine einheitliche Systemoberfläche für den Zugriff auf die Back-Office-Legacy-Systeme dar. Auch von den Mitarbeitern im Wealth Management wird Subitop genutzt. Subitop bietet aber keine umfassende Unterstützung des Kundenbeziehungsmanagements. Längerfristig ist geplant, die Funktionalität des Systems Subitop in die neue operative CRM-Lösung Client Advisor Workbench zu integrieren

Das Ziel der UBS CRM Initiative Schweiz ist es, die eigenerstellte operative CRM-Lösung Client Advisor Workbench bis Ende 2005 in allen drei Kundensegmenten einzusetzen, also auch im Retail- und Firmenkundengeschäft, und damit die schon seit ca. 1996 laufende CRM-Applikation Subitop durch einen moderneren Desktop (Browser/Portal) abzulösen. Im Firmenkundensegment existiert bereits eine Eigenentwicklung einer CRM-Lösung (Kufo: Fundenfokus) mit einer spezifischen Komponente für die (Kunden-)Gruppenverwaltung, welche Funktionalität umfasst, um komplexe Mehrpersonenbeziehungen im B2B-Geschäft verwalten zu können. In das System Kufo werden zunächst Teilportlets aus der Client Advisor Workbench eingefügt. Bereits erfolgt ist die Integration des Pendenzenmanagements. Eine spätere volle Integration auf Workbenchebene ist per Ende 2005 vorgesehen.

Derzeit sind wie gesagt die Kundenbetreuer des Segments Affluent Clients im Private Banking das Zielpublikum der CRM-Initiative. Als nächstes folgt das Firmenkundensegment. Die Ziele und der Fokus des CRM-Projektes UBS CRM Initiative Schweiz waren die Folgenden:

- Zeitgewinn: Das Motto dafür lautete „Zeit für Chancen". Mit Chancen sind die Chancen für Geschäftsabschlüsse mit Kunden gemeint, für die durch die Systemunterstützung mehr Zeit zur Verfügung stehen soll.

- Qualitätssteigerung im Kundenservice und Verbesserung quantitativer Kennzahlen zu (Front Office) Prozessen und Kundenbeziehungen.

- Kundenberater sollen dank verbesserter Informationsgrundlagen mehr Zeit für ihre Kunden und Opportunities einsetzen können.

- Chancen bei Kunden und am Markt schneller erkennen dank besserer Übersicht über relevante Kunden und entsprechende Daten. Dies schliesst eine Steigerung des Umsatzes und der Assets under Management durch produktiveres und proaktiveres Kundenbeziehungsmanagement mit ein.
- Eine für die Front effizientere IT-Architektur erreichen und dadurch Kosteneinsparungen realisieren.
- Professionalität und Strukturiertheit des Verkaufsprozesses steigern.
- Reduktion diverser bestehender nicht integrierter Systeme und Fokus auf Integration diverser nicht integrierter Prozesse im Verkauf durch ein einheitliches CRM-Portal.
- Das Relationship-Management war in die Beratungs- und Verkaufsprozesse zu integrieren.
- Es wurde zudem eine bessere Ausschöpfung von Potenzialen beim Wealth Management und darin dem Teilsegment der „Affluent Clients" angestrebt.
- Erstellung einer umfassenden CRM-Lösung für die Kunden des Booking-Centers Schweiz. Das Booking Center Schweiz umfasst die Verkaufsregion Schweiz, inklusive der ausländischen Kunden, die in der Schweiz betreut werden.

Wesentlich für die Definition des Projektes waren die Steigerung der Kundenprofitabilität und Kundenzufriedenheit sowie die Erreichung eines Kulturwandels bei den Front-Office-Mitarbeitern. Zudem konnte dadurch die Unternehmensstrategie noch stärker auf die Kunden ausgerichtet werden.

7.3.5.3.2 Funktionsumfang der Client Advisor Workbench

Das vollständig integrierte Portal für die Kundenberater stellt die Drehscheibe über die verschiedenen Applikationen und beratungsrelevanten Datenbanken für das Personal mit Kundenkontakt dar. Zu den Business-seitigen Anbindungen gehört etwa die Integration des UBS-weiten analytischen CRM. Das analytische CRM ist sowohl „Lieferant" wie „Abholer" von Daten aus operativen Front-Office-Systemen (Client Advisor Workbench und Subitop). Vom analytischen CRM her erfolgt der Datenupload zu Kunden, die in Kampagnen eingeschlossen wurden. Dies wird unterstützt durch das bereits erwähnte Kampagnen-Design- und -Planungstool Avis Local. (Outbound-)Kontakte in Kampagnen erfolgen prioritär über traditionelle indirekte Kontaktmedien, d.h. Briefe, Beilagen zu Kontoauszügen, etc. Weiter erfolgt der Daten-Upload für elektronische Kontaktmedien sowie Face-to-Face-Kontakte. Daneben ist auf dem CRM-Portal ein Bereich Relationship Management vorhanden. Dieser dient mehrheitlich der effizienten operativen Abwicklung des Verkaufsgeschäfts. Zudem sind die Produkte sowie die Produktberatung für Bank- oder Investment-Produkte sowie für Investment-Lösungen – aber auch die Finanzplanung – in die Client Advisor Workbench integriert (vgl. hierzu auch Abbildung 98). Zusätzlich ist das Order-Management direkt angebunden. Somit können Aufträge für einen Kunden aus der Plattform heraus direkt ausgeführt werden.

Organisatorisch kann der Anstoss für Beratungs- und Verkaufsaktionen bei den regionalen Einheiten und für grössere Verkaufsaktionen jedoch auch bei der zentralen Verkaufssteuerung liegen. Dies ist wiederum abhängig von der Quelle für die Generierung von Kontaktkampagnen oder Kundenbeziehungsaktivitäten (Gesetzliche Regeländerungen, Konkurrenzaktivitäten, kundeninduzierte Verhaltensänderungen, etc.). Nach der Lancierung der Massnahmen wird der Kontakt dezentral auf den CRM-Portalen der Kundenberater platziert. Diese haben die Opportunities weiter zu bearbeiten. Der Regelkreis zwischen zentraler Verkaufssteuerung und dezentralen Verkaufseinheiten ist nur teilweise geschlossen, so dass auf operativer als auch strategischer Ebene noch nicht integriert rapportiert und gesteuert werden kann.

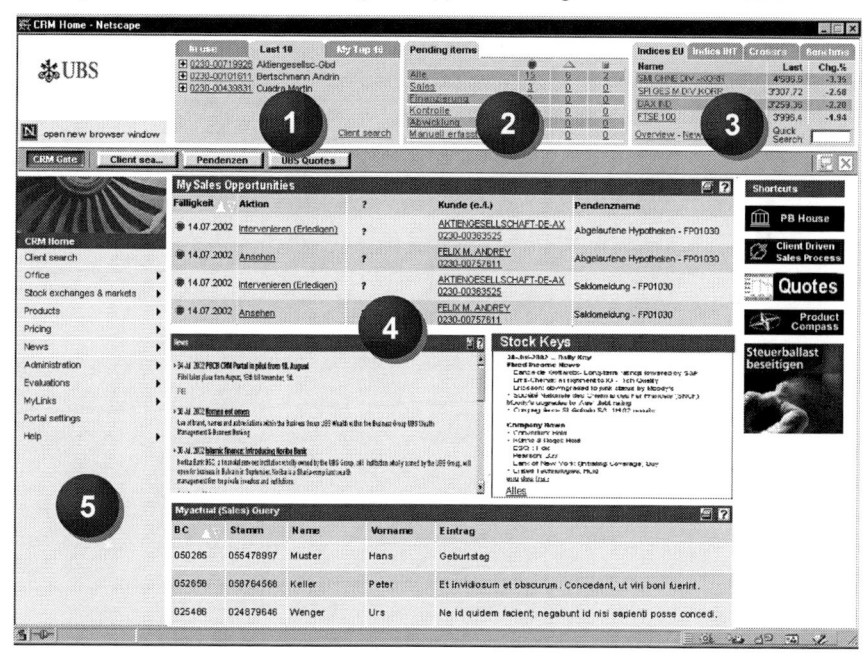

Abbildung 97: Client Advisor Workbench: Portalansicht.

Wichtig ist jedoch, dass Opportunitäten, falls sie vom betreffenden Advisor nicht bearbeitet werden, nach einer bestimmten Frist automatisch an dessen Vorgesetzten und in bestimmten Fällen (in Abhängigkeit vom Kundenwert) die Linie weiter hoch bis zum Direktorium Private Banking eskaliert werden können. Damit soll verhindert werden, dass zentral ausgelöste Alerts nicht bearbeitet werden.

Folgende Subportale oder Portlets sind Teil der portalartigen Kundenberatungsoberfläche (vgl. zum Portal Abbildung 97).

- **CRM Home:** Kundenbetreuerportal mit:[458] 1. Kundensuche, 2. Pendenzen-Verwaltungssystem (Alerts werden entweder rot, gelb oder grün angezeigt), 3. Allgemeine und spezifische Indizes, 4. Betreuer und kundenspezifische Informationen, 5 Gate.

Unter anderem werden mit den erwähnten Subportalen und Portlets folgende Informationen zugänglich gemacht:

- **Kundeneinzelübersicht:** Kundenbasis- und Softdaten sowie Assets in Echtzeit
- **Auswertungswerkzeug:** Vordefinierte Reports über das Kundenportfolio.
- **Pendenzenmanagement:** Automatische Überwachung der Kundendaten hinsichtlich Sales-Themen (Opportunitäten) sowie Generierung und Visualisierung von Pendenzen für den Kundenberater
- **Gate:** Kein eigenständiges Werkzeug, sondern Linksammlung, etwa zu www.map24.de, unter anderem mit Kundendatenvererbung, d.h. die Kundenadresse muss für eine Suche etwa auf www.map24.de, das standardmässig eingebunden ist, zur Routenplanung nicht nochmals eingegeben werden
- **Contact:** Management und Planung von erfolgten und zukünftigen Kontakten.

Bei der Initiative Client-Contact-Campaign (CCC) handelt es sich um ein Instrument für das proaktive strategische oder taktische Verkaufs- und Beratungs-Management mit wechselnden Themenbereichen. In der zweiten Phase des CRM-Rollouts wurden Produktempfehlungen für Kunden und Kundengruppen innerhalb des Private Banking möglich (z.B. angestossen durch das analytische CRM). Darin können für unterschiedliche „Kundenverhalten" und -Strategien Client-Opportunities, Lösungen und Research-Papers sowie Kundenauswahlkriterien definiert werden. Drei Beispiele von verwendbaren Kundenselektionskriterien sind etwa: bondorientierte Kundenstrategien,

---

[458] Die Nummerierung in der folgenden Aufzählung entspricht den Nummern in der Abbildung 97.

Fallstudien 301

sicherheitsorientierte Kundenstrategie (Hedging-Angebote zur Prävention des Wertzerfalls) sowie forciert gewinnorientierte Kundenstrategien.

Über das Web-GUI, das in Deutsch, Französisch, Italienisch und Englisch abrufbar ist, können erforderliche Listen generiert werden, die danach für Kampagnen gebraucht werden können.

7.3.5.3.3 Funktionalität der Client Advisor Workbench und Sales Methodologie

Mittels der Client Advisor Workbench werden diverse alte Applikationen (u.a. auch die weiter oben erwähnte Applikation Subitop) durch eine zeitgemässe und neue Applikation auf Portalbasis ersetzt und der Applikationsgedanken durch einen Funktions- und Prozessgedanken ersetzt. Die Client Advisor Workbench umfasst vier Bereiche für unterschiedliche Aufgabenbereiche in der Front-Office-Organisation: Review & Management of Sales & Advisor, Portal und Relationship-Management, produktneutrale Beratung, produktspezifische Beratung und Verkauf sowie Review- und Management von Verkauf und Beratung durch die Zentrale (vgl. dazu Abbildung 98).

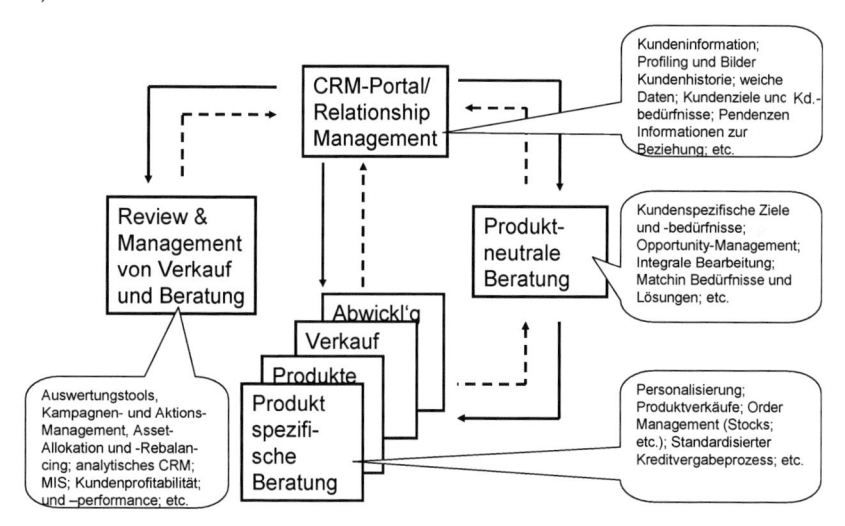

Abbildung 98: Integrationsschema der Client Advisor Workbench.

Die Abbildung zeigt die technischen Zusammenhänge zwischen den verschiedenen Subportalen und Portlets in Abbildung 97. Die Funktionalität der geschilderten vier Bereiche in Abbildung 98 lautet im Detail wie folgt.

Review & Management of Sales & Advisor: Darin eingebunden sind verschiedene Systeme und Analysekomponenten, etwa für das Kampagnen- und Aktions-Management, für das Rebalancing der Vermögensallokation, Managementinformationssysteme, Instrumente zur Messung der Kunden-Profitabilität und der Performance der Kundenvermögen, etc. Diese Funktionalitäten sind in der Schweiz teilweise auch begründet durch die schweizerische Bankgesetzgebung.

Portal und Relationship Management: Dazu gehören Instrumente zur Verwaltung von Kundeninformation und für das Portfolio-Management, Instrumente zur Profilbildung von Kunden, Instrumente zur Sammlung und Aufbereitung von weichen Daten (Kundeninteressen oder soziodemografische Daten), Kundenhistorien, aber auch Funktionalität zum Kontaktmanagement, zur Erreichung der Kundenziele und -Bedürfnisse, zur Verwaltung von Pendenzen und anderer Informationen. Ebenfalls gehört dazu die Unterstützung von Beratungsdienstleistungen, die unabhängig von Produkten sind.

Produktneutrale Beratung: Dazu gehört etwa Funktionalität zur Definition von Kundenbeziehungszielen und -Bedürfnissen, zum Opportunity Management, zur integrierten Beratung, zum Management von Produkt-Kunden-Kombinationen, aber auch unterschiedliche Funktionalität zur Unterstützung der Beratungstätigkeit.

Produktspezifischer Verkauf und Beratung: Dazu gehört etwa Funktionalität zur Personalisierung der Kundenbearbeitung, zur Unterstützung von Produktverkäufen, Informationssysteme zum Abruf von Wertpapierkursen und das Management des Wertpapierhandels, Funktionalität für die Abwicklung standardisierter Kreditvergabeprozesse, was u.a. das Order Management oder das Stammdatenmanagement zu Kunden umfasst.

7.3.5.3.4 Abdeckung operativer CRM-Prozesse in der Client Advisor Workbench

Im Folgenden wird aus Sicht des CBC kurz auf die verschiedenen Phasen der Verkaufsmethodik eingegangen, die konzeptionell der Client Advisor Workbench hinterlegt sind.

Marketingprozesse: Wichtig für die Organisation des Marketings aus Prozesssicht ist, dass das Database-Marketing und der Einsatz des analytischen CRM über die gesamte UBS zentral für alle Kundensegmente erfolgt. Leads, Alerts oder Action Items können theoretisch überall von der Bank her initialisiert werden und werden künftig direkt an die erforderlichen Kundenberater geleitet. Je nach Art der Kampagne werden die Daten durch das analytische CRM oder durch zentrale Marketingeinheiten definiert.

Verkaufsprozesse: Hier existiert für das Kundensegment Private Banking in der Schweiz eine zentrale Steuerung am Paradeplatz in Zürich, welche nebst anderen

Einheiten die Weiterleitung der entsprechenden Opportunities und Prospects an die dezentralen Verkaufseinheiten (ca. 12 Standorte) in der Schweiz vornimmt.

Für den **After Sales Service** ist der persönliche Berater der Kunden zuständig. Es besteht für die Kunden aber auch die Möglichkeit, ein Service Call Center zu nutzen sowie eine sicherere Art des Emailverkehrs über einen gesicherten UBS-internen Server zu tätigen.

Die Datenintegration zwischen den verschiedenen Prozessbereichen des CBCs ist derzeit nicht durchgängig und systematisch über alle möglichen Kontaktmedien erreicht. Dies hängt u.a. damit zusammen, dass (noch) nicht an allen Kundenkontaktpunkten mit der Client Advisor Workbench gearbeitet wird. Jedoch steht dies auch im Zusammenhang mit der Tatsache, dass insbesondere im Private Banking die Kunden-Berater-Beziehung so ausschliesslich ist, dass eine weitere Integration von anderen Kontaktpunkten nicht im Vordergrund steht. Im Retail Banking dürfte dies teilweise anders sein. Rückwärts gerichtete Informationsflüsse vom Verkauf an das Marketing oder vom After Sales Service an den Verkauf und an das Marketing sind nur punktuell realisiert. Statt der Einführung eines umfassenden und durchgängigen, Front- und Back-Office-Systeme umfassenden, Workflow Managements im Umfeld der Client Advisor Workbench, wird daran gedacht, Maskenabfolgen für unterschiedliche Betreuungsprozesse allenfalls auf Basis von Geschäftsregeln zu automatisieren.

7.3.5.3.5 Sales-Methodologie der UBS CRM-Initiative Schweiz

Das Sales Management wird mit einem Sales-Cycle methodisch unterstützt, der fünf Phasen kennt:[459] Strategisches oder taktisches Verkaufsmanagement für die Initiierung von Beratungs- und Verkaufsleistungen (Kampagnen-Initiierung); Entgegennahme der Verkaufs-Opportunitäten und Empfehlungsabgabe an betroffene Kunden; Generierung von individuellen Vorschlägen an relevante Kunden (inkl. Abfrage zu relevanten Produkten); Planung von Kontakten und Wahl des relevanten Kommunikationskanals (eigentliche Kampagnen-Ausführung) sowie das Controlling über ein dafür bereitgestelltes Reporting- und Auswertungs-Instrumentarium. Zudem unterstützt die UBS die Automatisierung des CRM innerhalb der Firma mittels Alert-Management. Der Verkauf wird dabei mittels Action-Items (Pendenzen) unterstützt. Das heisst, dass z.B. der zentrale Verkauf Kundenbetreuungsvorschläge für eine bestimmte Kategorie von Kunden auslöst. Die Perspektiven, aus denen solche Alerts primär definiert wer-

---

[459] Vgl. dazu Abbildung 98 und darin den dem Sales Cycle entsprechenden Aufbau der Client Advisor Workbench. Vgl. in Abbildung 97 zudem ganz rechts die Action Box Client Driven Sales Process.

den, sind die Produktsicht oder die Produktmanager (gezieltes Cross- und Up Selling), die Verkaufs- oder Beratersicht sowie die Compliance-Sicht. Dies umfasst länderspezifische Gesetze und Verordnungen, die einzuhalten sind, beispielsweise die gesetzlichen Regeln der Branche (Geldwäscherei, Sorgfaltspflichtverletzungen) in Form von Regelungen und Vorgehensweisen der Eidgenössischen Bankenkommission EBK. Diese haben teilweise einen massiven Einfluss auf das Management von Kundenbeziehungen. Dazu gehört etwa die Definition aller Dokumente, die vom Kunden unterzeichnet werden müssen, oder die Prüfung von grossen Neueinlagen. Über alle drei Sichten können Action Items ausgelöst werden, die beim Advisor auf dem Bildschirm angezeigt werden. Solche Items können auch vom zentralen analytischen CRM ausgehen und über den zentralen Verkauf an die Advisor „gepusht" werden. Weitere Auslöser für Action Items sind etwa Sponsoring-Events, Analysen des zentralen Verkaufs oder generell Pendenzen von Stakeholdern. Für das Alert-Management und für ein künftiges umfassendes Business Process Management ist die UBS daran, konzeptionelle Vorarbeiten für umfassende Regelwerke zu formalisieren (Management von Geschäftsregeln oder Business Rules). Die Business Rules werden dabei nicht primär für das Management von Workflows eingesetzt, sondern für die Unterstützung der Client Advisor bei der Kundenbearbeitung z.B. aus Sicht der unterschiedlichen Regularien.

7.3.6 IT-Architektur und Strategic Solution Program

Im Bereich der Informationssysteme besteht aus Sicht der UBS das Ziel, Synergiepotenziale zu nutzen, indem künftig über eine Plattform sowohl dem Client Advisor als auch dem After Sales Service die relevanten Kundeninformationen zur Verfügung stehen. Die Herausforderungen der Kanalintegration bei der UBS können wie folgt differenziert werden:[460]

- Abwicklungsprozesse: Bei wichtigen Prozessen – beispielsweise bei der Abwicklung eines Zahlungsauftrags – ist die Kanalnutzung irrelevant und die Datenlage vollständig.

- Kundendaten: In Bezug auf individuelle Kundendaten sind evolutionär heterogene Systeme entstanden. Hier besteht Handlungsbedarf, indem diese Systeme sukzessive zusammengeführt werden.

Unter diesen Umständen ist ein kundenindividuelles *Tracking* nur bedingt möglich. Wenn Kunden unmittelbar vor einem Filialbesuch oder einem Meeting mit dem Client Advisor Bancomaten nutzten oder ins Call Center angerufen haben, weiss der Agent

---

[460] Vgl. dazu und zum Folgenden Kaufmann (2002), S. 150 ff.

das heute nicht (teilweise weiche Kundendaten). Jedoch weiss er, dass beispielsweise ein Zahlungsauftrag oder ein elektronischer Dauerauftrag aufgesetzt wurde (harte Kundendaten).

Geplant ist mit der neuen UBS-Architektur und dem Strategic Solution Program die Etablierung eines Echtzeit-Informationssystems für das Kundenbeziehungsmanagement über alle Kontaktkanäle. Dabei gilt es, die Datenangebote in den entstandenen getrennten und z.t. redundanten Datenbeständen der einzelnen Kanäle aufzubrechen, um sie in der Client Advisor Workbench[461] oder über das Internet-Frontend des Kunden in Echtzeit zur Verfügung zu stellen.[462] Ergänzend werden die Daten für analytische Auswertungen periodisch in ein konsolidiertes DWH geladen.

Die UBS unterscheidet zwischen Operational Processing und Analytical Processing. Im Umfeld des Data Warehousing wird der Begriff Daten-Silo für fachlich abgegrenzte Datenbereiche in einem DWH oder Data Mart verwendet, z.B. Partner, Vertrag, Depot.

Mit diesem Transformationsprozess muss auch die Organisation Schritt halten können. Die Kundenbetreuung wurde ab 2003 vollständig in das neue internetbasierte Kundenbeziehungsmanagementssystem Client Advisor Workbench der CRM-Inititiative Schweiz integriert. In diesem können Rollen- und Profildefinitionen erfolgen. Organisatorisch ist das CRM der UBS ebenfalls der Business Area Market Development und Strategy unterstellt (vgl. hierzu Abbildung 94). Diese Abteilung setzt das gesamte CRM-Programm um und sorgt für dessen auch technische Integration, indem etwa der Datenaustausch der Applikationen gewährleistet wird. Aufgrund seiner Rollenzuteilung(en) erhält der Kundenberater bankfachliche Rechte (Profil). Das CRM-System das 2003 eingeführt wurde ist die Client Advisor Workbench (vgl. hierzu Kapitel 7.3.5.3). Diese neu entwickelte CRM-Applikation soll in den Folgejahren auch auf die anderen Kundensegmente, wie sie weiter oben erwähnt wurden, ausgerollt werden und damit z.T. alte Applikationen ablösen.

Dem Betreuer können so, je nachdem für welches Segment er zuständig ist, die für ihn relevanten Werkzeuge zur Verfügung gestellt werden. Vielfach wurden die weichen Kundendaten bei den Client Advisors in Karteien gehalten. Unter harten (Kunden-)Daten können z.B. Transaktionsdaten, Interaktionsprotokolle, Daten zur Zahlungsmoral oder zur Segmentzuordnung etc. verstanden werden. Unter weichen Kundendaten können beziehungsrelevante Daten wie Interessen und Hobbies des Kunden sowie teilweise soziodemografische Daten verstanden werden. Technisch gesprochen sind harte Daten solche, die in Zusammenhang mit den Back-Office-

---

[461] Vgl. dazu Kapitel 7.3.5.3.
[462] Vgl. dazu Kapitel 7.3.5.3.

Funktionen und Back-Office-Systemen stehen. Weiche Daten sind Daten die nur im Front Office relevant sind und der Analyse von Kundendaten oder der Unterstützung der Beziehungsarbeit dienen.

Die Umstellung auf ein elektronisches System zur Pflege der Kundendaten im Rahmen der Einführung der Client Advisor Workbench fiel vielen Client Advisors nicht leicht. Jedoch erwies sich auch für die UBS, dass zentral gehaltene Daten bei multiplen Bankkontakten der Kunden (mit unterschiedlichen Personen) einen grösseren Wert haben. Eine proaktive Kundenbetreuung i. e. S. entlang des Customer Life Cycles wird im Retail Banking der UBS nicht betrieben.

Je nach Segmentzugehörigkeit sollen künftig dem Kundenberater Werkzeuge über die einheitliche Client Advisor Workbench zur Verfügung gestellt werden, um Kundenbedürfnissen entsprechend individualisierte Angebote machen zu können. Eine weiterführende Segmentierung der Kunden sieht vor, eine Konfiguration auf der Basis der Kanalnutzung und der Kundenbedürfnisse machen zu können.

Komplexe Dienstleistungen über das Internet anzubieten wird von der UBS als nicht sinnvoll erachtet. Die Mehrdimensionalität der Beratungssituation aus Kunden- und aus Banksicht kann von einer internetbasierten Lösung nicht aufgefangen werden. Ein Kunde hat im Normalfall mehrere Bankbeziehungen. Wenn über die internetbasierte Lösung jedoch nur das bei der eigenen Bank angelegte Vermögen in Betracht gezogen und daraus ein Vorschlag abgeleitet wird, kann das für die Beratung Konsequenzen haben und allenfalls falsch sein.[463]

7.3.6.1 Fokus und Gründe für die Transformation der UBS IT-Architektur

Die UBS-Architektur, für deren Transformation die Integrationsanforderungen aus Sicht des Kundenbeziehungsmanagements eine massgebliche Rolle spiel(t)en, befindet sich in einem grossen Transformationsprozess. 1998 haben UBS und Schweizerischer Bankverein fusioniert. Eine erste grosse Herausforderung war es, die Kundenstämme der beiden Institute zusammenzuführen. Dies gelang in der Rekordzeit von sechs Monaten nach der Fusion. Die Zusammenführung der Kundenstämme erfolgte im Wesentlichen auf dem IT-System der UBS. Das IT-System des Schweizerischen Bankvereins wurde nach der Migration weitgehend abgelöst. Eines von verschiedenen Zielen des Strategic Solution Program ist die Überführung in ein neues komponentenbasiertes Zielsystem. Dazu werden u.a. die Hardwarekomponenten auf der Business Component Ebene[464] (Applikation/Funktionalität, Daten) bis 2007 vollständig von UNI-

---
[463] Vgl. Kaufmann (2002), S. 152.
[464] Vgl. zur Definition von Business Components Kapitel 7.3.6.3.

Fallstudien

SYS OS2200 Hardware bzw. UNIX auf IBM Z/OS Hardware migriert. Dies erfolgt, damit zwischen und in den zu definierenden Business Systems (eines für die Kundenbeziehungen und eines für die Transaktionsabwicklung) die erforderliche Performanz gegeben ist, die bei unterschiedlichen Hardware-Komponenten (es waren parallel IBM- und Unix- und Unisys-Rechner im Einsatz) teilweise in Frage gestellt war.[465]

Die Gründe, welche in der Vergangenheit aus Sicht des Kundenbeziehungsmanagements weiter zur Erneuerung der Architektur (Strategic Solution Program) führten, lauten wie folgt: Ermöglichung einer integrierten Multi-Channel-Sicht des Kunden; starke Zunahme von E-Banking-Applikationen und damit Erweiterung der Multi-Channel-Palette aufgrund des Aufkommens des Internets; Integration von analytischem CRM und operativem CRM zur zunehmenden Schliessung des Regelkreises der Marktbearbeitung (Closed Loop) bestehend aus Aktions- und Reaktionserfassung und Analyse oder Controlling; Aufbau von operativen CRM-Lösungen, zunächst Subitop (auf das nicht weiter eingegangen wird) und später die Client Advisor Workbench (vgl. Kapitel 7.3.5.3).

Allgemeine betriebliche Gründe sind:[466] Verbesserung der unternehmerischen Flexibilität; Reduktion der IT-Kosten; Effiziente Integration zwischen IT-Komponenten in der Schweiz, aber auch global, ist ein längerfristiges Ziel.

Technische Gründe sind: Historisch gewachsene Stovepipe-Architekturen für verschiedene bankfachliche Bereiche (z.B. Wertschriften, Zahlungsverkehr, Wertschriften); unklare Integrationsdefinitionen; über verschiedene Kundensegmente sind und waren unterschiedlichste Applikationen vorhanden (Insgesamt sind es 15 verschiedene Front-Office-Applikationen; nicht mitgezählt sind hier die eigentlichen Back-Office-Applikationszugänge für die Front-Office-Mitarbeiter), die unterschiedlich integriert waren. Im Kern ging es immer um die Integration von Stovepipe-Applikationen in *ein* (Web-; Fat-Client) Frontend oder Portal (vgl. Kapitel 7.3.5.3 zur Client Advisor Workbench), über welches Back-Office-Applikationen aufgerufen werden können.

Aus architektonischer Sicht drängte sich eine Entkoppelung in eine Layerarchitektur mit Präsentation, Funktionalität und Daten als Komponenten auf, um erforderliche Services bereitstellen zu können. Mittels Services lässt sich zudem auf segment- und kanalspezifische Eigenheiten flexibler reagieren. Dies wiederum verschafft der Bank bei der Marktbearbeitung mehr Flexibilität und längerfristig mehr Effektivität der Marktbearbeitung. Dies war erforderlich, weil innerhalb der Software-Architektur die

---

[465] Die Workbench Portal Server werden zudem längerfristig ebenfalls auf IBM Hardware migriert.
[466] Vgl. Knecht (2003).

Lebenszyklen des Präsentationslayers (GUIs/Portals) wesentlich kürzer sind als diejenigen der Funktions- (Business Process Management) oder Datenlayer (Datenmodelle).

Zusätzlich sprach die Tatsache für die Erneuerung der Architektur, dass starke Datenredundanzen vorhanden waren. In 50 verschiedenen Systemen werden Kundendaten (Adressdaten, etc.) gehalten, auf die zu Bearbeitungszwecken aus acht verschiedenen Systemen zugegriffen wird. Die UBS strebt zudem eine höhere Integrationsflexibilität für In- oder Outsourcing von (neuen) Geschäfts- und Funktionsbereichen an. Ferner ist es ein erklärtes Ziel, eine längerfristige globale Integration der UBS-Gesellschaften weltweit zu ermöglichen, aber auch die Unabhängigkeit von organisatorischen und gesetzlichen Einheiten sicherzustellen, auch wenn Business Systems teilweise legalen Einheiten (Mandanten) entsprechen können.[467]

7.3.6.2 Grobes Vorgehen

Die UBS Schweiz wählte angesichts der geschilderten Situation das folgende Vorgehen, das bankintern mit Strategic Solution Program bezeichnet wurde. Erstens wurde, für den Bau eines komponentenbasierenden Applikationssystems, eine Zielapplikationsarchitektur Schweiz definiert. Die Kernfunktionen werden bis zum Jahr 2005 sukzessive in die neue Zielarchitektur überführt. Hinter der erwähnten Zielarchitektur stehen:

- Ein Geschäftsmodell, das sich aus Strategie und Produktdefinition sowie der Definition von unterschiedlichen Kundensegmenten definiert.
- Ein Organisationsmodell hinter dem Geschäftsmodell.
- Eine Kontakt- und Distributionskanalstrategie, die pro Segment unterschiedlich aussehen kann.
- Ein Prozessmodell.

Ausgehend vom Geschäftsmodell wurde ein Referenzmodell entworfen, das aus einem Datenmodell und einem Funktionsmodell besteht.[468]

Beeinflusst werden die darin zu lösenden Integrationsfragestellungen ausgehend vom Geschäftsmodell von den folgenden Sachverhalten: Ausrichtung, Ziele und Verantwortlichkeiten der Bank, Produkte und Dienstleistungen, Partner, Kanäle (Distribution und Kommunikation), örtliche Gegebenheiten und Zeitzonen, über die in der Bank, aber auch über die Bank hinaus geschäftet wird, regulatorische Bedingungen, In-

---

[467] Vgl. hierzu Knecht (2003).
[468] Vgl. hierzu die Kapitel 7.3.6.4 und 7.3.6.5.

sowie Outsourcing-Fragestellungen, Hauptgeschäftsprozesse, zu verarbeitende Volumen, erforderliche Service Levels, Eignerschaft der Daten und Ist-Zustand bezüglich Integration.

7.3.6.3 Definition der Architekturbestandteile der UBS

Die UBS hat für die Definition der Architektur die Metapher der Stadtplanung und des Stadtplans beigezogen.[469] Die Elemente der Applikationsarchitektur lauten wie folgt und werden im Folgenden mit den der Metapher entsprechenden Bezeichnungen im Detail erläutert: Area, Business System, Function Block, Software-Component, Business Application, Business Component, Interface/Schnittstelle, Business Service.

Area (in der Metapher der Stadtplanung): Dabei handelt es sich um einen homogenen architektonischen Raum, in welchem gleiche Geschäftsprinzipien und -regeln gelten. Rechtliche wie interne und externe Regelungen setzten die Rahmenbedingungen für eine Area, darin kommen keine signifikanten Zeitzonenüberschreitungen vor. Ein Beispiel lautet Area Schweiz.

Business System (in der Metapher der Stadtplanung Kreis/Quartier/Stadtteil): Ein Business System repräsentiert einen Kompetenz- und Verantwortungsbereich, der sich nicht nach der Aufbauorganisation orientiert. Ein Business System stellt ferner eine Bündelung einer Reihe von Business Components und Business Applications dar, die sich für Insourcing wie Outsourcing eignen (Modularisierung). Grosse Business Systems können in Business Subsystems eingeteilt werden, welche dieselben Eigenschaften ausweisen wie Business Systems.

Function Block (in der Metapher der Stadtplanung Zone; Gliederung von Stadträumen nach ihren Funktionen (Wohnzonen, Geschäftszonen, Erholungszonen)): Ein Function Block umfasst Business-Funktionalitäten einer Klasse. Der Function Block ist nicht nach Organisation, Prozessen oder Daten ausgerichtet, sondern nach Gesichtspunkten der generischen Grundfunktionen der Bank. Ein Function Block (Zone) kann in mehreren Business Systems (Stadtteilen) vorkommen. Die Function Blocks werden mit Farben unterschieden (nicht in den Darstellungen dieser Arbeit) und lauten wie folgt. Front-Function-Blocks für Sales und kundenorientierte Funktionen (Blau); Production Function Blocks für abwicklungsorientierte Funktionen (Gelb); Integral Function Blocks für übergreifende Funktionen (Grün); Shared Function Blocks für gemeinsam nutzbare Funktionen (Rot); Logistics Function Blocks für unterstützende Funktionen (Grau).

---

[469] Vgl. zum Folgenden UBS (2003a); UBS (2003b).

Software Component (in der Metapher der Stadtplanung Gebäude (Wohnhaus, Fabrikgebäude, Turnhalle, Verwaltungsgebäude, Spital)): Eine Software Component erfüllt bestimmte Funktionen, die über Schnittstellen angesprochen werden. Es existieren verschiedene Typen von Software Components. Relevant für die Applikationsarchitektur sind Business Application Components und Business Components. Eine Business Application Component stellt dem Benutzer verschiedene Funktionalitäten via ein GUI zur Verfügung. Sie bietet weder Datenhaltung noch Business Services an. Eine Business Component verfügt über eine klar definierte bankfachliche Funktionalität. Diese kann über Business Services von anderen Software-Komponenten genutzt werden. Im Gegensatz zur Business Application bietet eine Business Component keine direkte Benutzerschnittstelle an. Zwei Typen von Business Components können zudem unterschieden werden, einerseits Business Entity Components (dabei handelt es sich um gekapselte Daten) sowie Business Process Components (dabei handelt es sich um implementierte bankfachliche Prozesse).

Interface/Schnittstelle (in der Metapher der Stadtplanung ein Verkehrsweg (Strasse, Schiene oder Wanderweg)): Standard-Schnittstellen sichern die Verständigung und Kommunikation innerhalb und zwischen Business-Systemen, Business-Subsystemen und Business Components. Die Schnittstellen basieren wiederum auf Datenstandards (Data Item Catalog). Standard-Schnittstellen beschreiben die minimalen Anforderungen an die Kommunikation zwischen Business-Systemen und Software-Komponenten.

Business Service (in der Metapher der Stadtplanung entspricht dies dem Verkehrsmittelangebot (Fahrplan, Schaufenster, Auslage)): Ein Business Service unterstützt die Ausführung einer bankfachlichen Funktion, die von einer Business Component angeboten wird. Das Ziel ist es, Busines Services so zu gestalten, dass sie von mehreren Konsumenten (Business Applications und Business Components) wieder verwendet werden können. In Originalgrafiken werden die Business Services durch rote Punkte illustriert. Zur Definition oder Beschreibung eines Business Service ist die in der folgenden Abbildung 99 definierte Grundstruktur einzuhalten.[470] Sie umfasst die Bezeichnung des Business Service, dessen Beschreibung, den Zweck, Input- und Outputparameter, Business Systeme und Komponenten, die durch den Business Service tangiert werden sowie Informationsobjekte und weitere Business Services, die zu spezifizieren sind, aber auch Constraints (Nebenbedingungen), die für den Business Service Gültigkeit haben.

---

[470] Vgl. dazu und zum Folgenden Knecht (2003).

Fallstudien 311

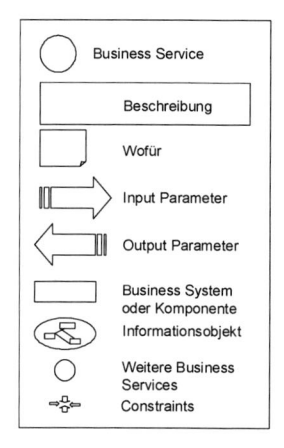

Abbildung 99: Darstellungsformat für einen UBS Business Service.

Im Folgenden werden CRM-Aspekte der UBS-Architektur thematisiert.

7.3.6.4 Architektur und Positionierung des CRM

Die folgende Abbildung 100 gibt einen Überblick über die einzelnen Funktionsbereiche auf der Architekturebene 0, die in so genannten Business Systems zusammengefasst werden.

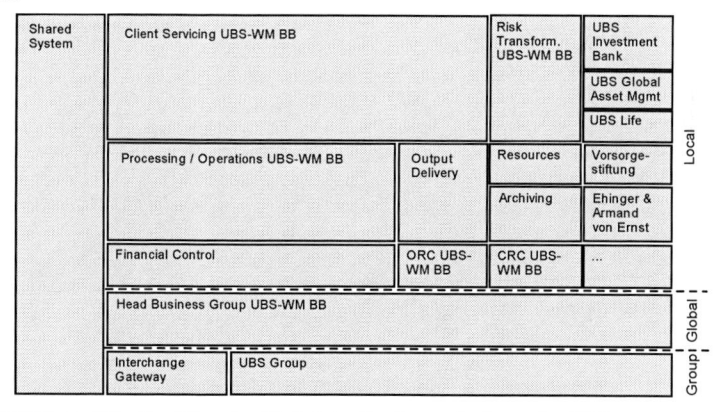

Abbildung 100: Funktionales Modell der Business Systems der UBS-Zielarchitektur.[471]

Es können unterschiedliche Arten von Business Systems unterschieden werden: Lokale Business Systems, Globale Business Systems sowie gruppenweite Business Systems. Je weiter unten ein Business System in Abbildung 100 steht, desto eher

---
[471] Vgl. Knecht (2003), S. 8.

dient das Business System dem Management Support und desto weniger dient es operativen Aufgaben.

Die wichtigsten für das Kundenbeziehungsmanagement zu unterscheidenden Business Systems sind: Client Servicing sowie Processing/Operations.

Zum Business System Client Servicing gehört unter anderem folgende Funktionalität: Sales Support, Channel Management, Client Information Management, Card Banking, Spezifikation von Ordern, Pricing, Investment Solutions, Client Reporting, Financial Assets, etc. Zum Business System Processing/Operations gehört Funktionalität wie Payment-, Cash- und Securities Processing. Die Business Systems sind untereinander lose gekoppelt (loosely coupled) und mehrheitlich über Messaging – dafür wird künftig Websphere von IBM eingesetzt – verbunden.[472] Im Gegensatz dazu sind die innerhalb von Business Systems vorkommenden Components meist eng gekoppelt (tightly coupled). Die Business Systems werden als Ganzes mandantenfähig gehalten, um – wie bereits angesprochen – grösstmögliche Flexibilität für In- und Outsourcing zu ermöglichen. Auf Basis der geschilderten Zielarchitektur soll für jedes Business System ein eigenes DWH aufgebaut werden, auf dem wiederum Data Marts aufgesetzt werden können. So hat auch das Client Servicing sein eigenes DWH, auf dem CIBAS als Data Mart basiert (vgl. zu CIBAS Kapitel 7.3.5.1).

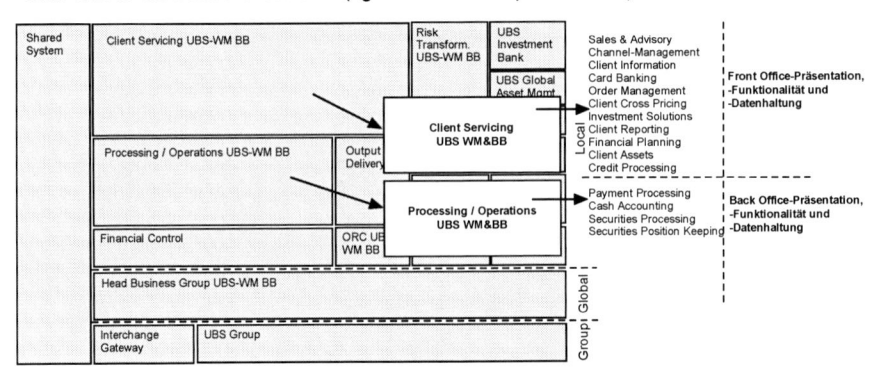

Abbildung 101: Positionierung der vertikalen Integration aus (funktionaler) Business Systems Sicht.

Die auf der Abbildung 100 basierende Abbildung 101 zeigt die Positionierung der aus vertikaler Integrationssicht zentralen Business Systems für das Client Servicing (Front-Office- und Interaktionsunterstützung) sowie Processing und Operations (Back Office und Transaktionsabwicklung). Die Koppelung zwischen Client Servicing und

---

[472] Primär wird eine Eigenentwicklung eines Messaging basierend auf CICS/COBOL/DB2 eingesetzt.

Fallstudien 313

Processing/Operations erfolgt über eine Messaging-Plattform, welche z.B. Schnittstellen für die Übermittlung von SWIFT-Messages, EDI-Messages oder proprietären Formaten (z.B. SAP BAPI) aufweist.

In Abbildung 102 werden die verschiedenen in Kapitel 7.3.6.3 beschriebenen Einheiten oder Architekturbestandteile aus Sicht des Kundenbeziehungsmanagements dargestellt.

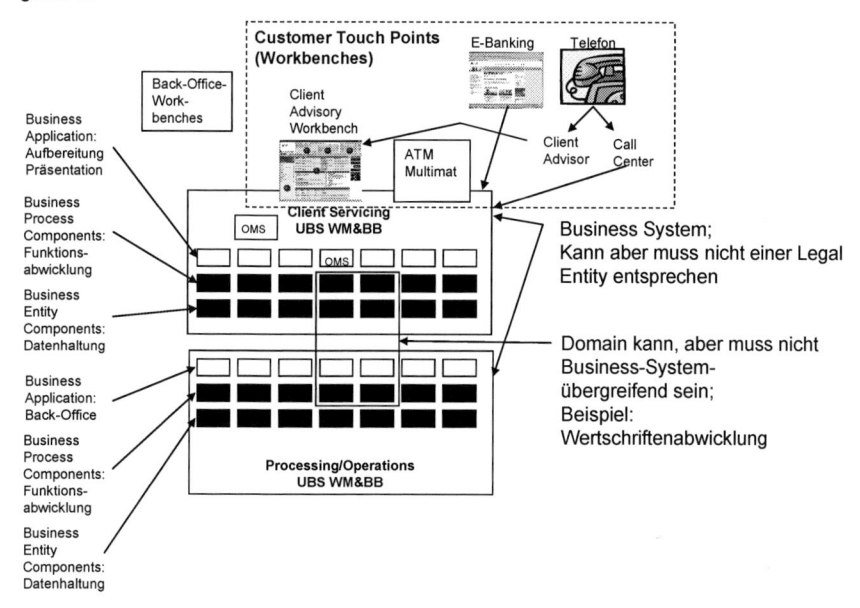

Abbildung 102: Gegenüberstellungen von Business Systems, Components, Domains und Workbenches.

Im Wesentlichen sind aus Kundenbeziehungssicht drei Arten von Kundenkontaktpunkten mit entsprechenden Workbenches zu unterscheiden:

- Workbench am Platz der Bank mit persönlichem Kontakt (Client Advisor Workbench, vgl. dazu Kapitel 7.3.5.3)

- Workbench am Platz der Bank ohne persönlichen Kontakt (Automatic Teller Machine (ATM) und UBS Multimat)

- Workbench beim Kunden für den Web-Zugriff (z.B. Quicken/E-Banking-Applikation).

Die Workbenches an den Kundenkontaktpunkten haben teilweise unterschiedliche Sichten auf Daten und Funktionen in den für das CRM-Umfeld relevanten Front-

Office-Applikationen des Business Systems Client Servicing. Die Sicht auf die Daten ist je genutztes Kommunikationsmedium teilweise unterschiedlich. Künftig sollen Daten und Funktionen vom Medium oder entsprechenden kanalspezifischen Applikationen entkoppelt und standardisiert werden sowie in Form von Services aufrufbar sein.

Weiter können, wie in Kapitel 7.3.6.3 dargestellt, Domains unterschieden werden, die über Business Systems hinausgehen können und Components von anderen Business Systems einschliessen können. Es bestehen im Bereich WM&BB derzeit 35 Domains. Domains können im UBS-Umfeld somit wie folgt definiert werden: Funktionsintegrierte Mengen von Business-Applikationen oder -Komponenten über einen oder mehrere Prozessschritte der Bankwertschöpfungskette. Nicht eingezeichnet in Abbildung 102 sind die Presentation Services für unterschiedlichste Workbenches (Web-Application-Server). Diese Presentation Services sind gekoppelt mit den Business Applications.

Ferner sind Order-Management-Systeme (OMS) zu unterscheiden, die als Einheit oder Komponente definiert werden können, deren Aufgabe die konsistente Abwicklung von Banktransaktionen über unterschiedliche Schnittstellen, Komponenten, z.B. innerhalb einer Domain, aber auch über Business Systems Grenzen hinweg, ist. Im übertragenen Sinne kann das OMS auch als „Prozessor" oder Steuerungseinheit zwischen den verschiedenen Architekturbestandteilen oder allenfalls Business Systems gesehen werden, welche sicherstellt, dass diese z.B. aus Front-Office-Sicht für die Abwicklung von Kundenbeziehungen effizient zusammen arbeiten.

Es können bei der UBS ein bis künftig zwei OMS (Order Management Systeme; Vgl. dazu Abbildung 102) unterschieden werden. Ein OMS ist ein Eigenbau und ist integriert im Business Component Layer des Business Systems Client Servicing. Es stellt die Auftragsabwicklung im Business System Client Servicing sowie die Zusammenarbeit mit dem Business System Processing und Operations sicher. Diese erfolgt lose gekoppelt mittels der Messaging-Infrastruktur. Im Weiteren wird eine OMS-Applikation evaluiert, mittels welcher das Order Management über die gesamte Wertschöpfungskette des Finanzdienstleisters einheitlich sichergestellt werden soll. Dieses OMS steht über den Components (vgl. dazu Abbildung 102), wie sie weiter oben beschrieben wurden. Im Zusammenhang mit der Evaluation eines umfassenden Order Management Systems wird derzeit überlegt, ob etwa aus Sicht des Client Advisors eine feste Reihenfolge aus Bildschirmabfolgen programmiert werden soll, womit eine Automatisierung und Führung in der Kundenbearbeitung aus GUI-Sicht ermöglicht wird.[473]

---

[473] Der Mitarbeiter kann dabei selber entscheiden, ob er geführt werden will oder nicht.

Business Process Components sind in der Zielarchitektur, wie sie in Abbildung 102 dargestellt ist, getrennt zu verstehen. Sie sind abzugrenzen gegenüber den Business Components auf Applikations- und Datenlayerebene. Business Process und Business Entity Components sollen in der Zielarchitektur kontaktkanalunabhängig geführt werden. Jedoch sind Links zwischen den Workbenches und den Components auf dem Presentation Layer erforderlich (über Presentation Services).

7.3.6.5 Datenlandkarte UBS aus Front-Office-Sicht

Die Datenlandkarte in Abbildung 103[474] ist aus Sicht der drei Business Systems Client Servicing, Processing/Operations sowie des Business Shared Systems zusammengesetzt. Shared Systems können als bankneutral und als kundenneutral verstanden werden und sind deshalb in einem separaten Business System zusammengefasst. Dazu gehören u.a. Login-Funktionalität (etwa für Workbenches), Security-, Berechtigungs- und Zulassungssoftwarekomponenten.

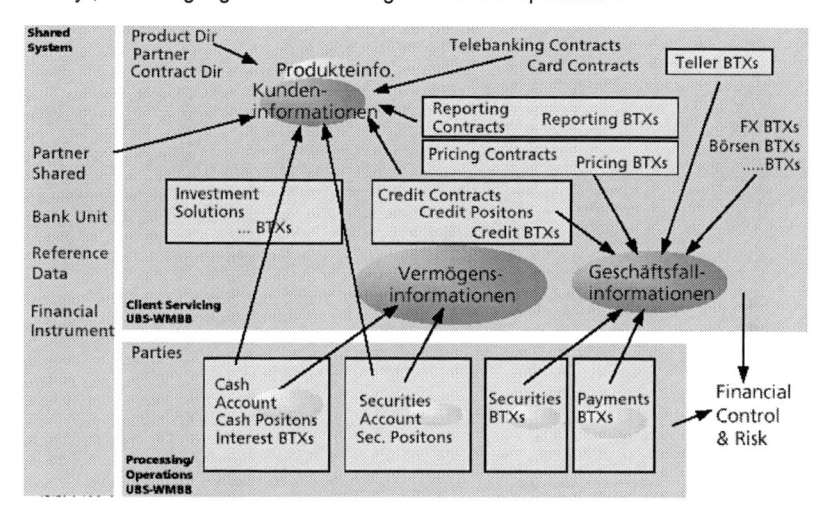

Abbildung 103: UBS-Datenlandkarte.

Darin ist ersichtlich, dass aus den erwähnten Business Systems und darin befindlichen Business Components für die Datenhaltung Informationen zu Produkten, Kunden, Vermögen sowie Geschäftsvorfällen in Operational Data Pools zusammengezogen werden, um sie (über DWHs) entweder auszuwerten oder anderen

---

[474] Die in der Abbildungen vorkommenden Akronyme mit den Endungen tx stellen verschiedene Banktransaktionen dar, seien dies nun kommune Banktransaktionen (BTX) oder Devisentransaktionen (FTX); Vgl. dazu und zur Abbildung Knecht (2003).

Components respektive Business Systems (etwa Financial Control & Risk) zur Verfügung zu stellen. Dabei unterscheiden sich die verschiedenen Datenzusammenzüge insofern, als dass das Business System Client Servicing eine Produktbetrachtungs- und eine Kundenbetrachtungsperspektive einnimmt. Ersichtlich wird in der Abbildung auch, dass Daten aus Back-Office-Systemen (TRX), aber auch von Kontaktpunkten und Front-Office-Systemen zusammenzuführen sind. Zudem sind Vermögensinformationen die Basis für die Zusammenstellung aus Produkt- und Kundenperspektive, andererseits die Geschäftsvorfälle die Grundlage für Financial und Risk Controlling. Die elliptischen Darstellungen in der Abbildung zeigen Daten- oder Informationssichten, für die auf Basis etwa eines DWH oder Data Marts Daten zur Verfügung gestellt werden. Die schwarzen Pfeile stellen aus logischer Sicht somit Datenintegrationsszenarien für Daten innerhalb von WM&BB dar.

7.3.7 Schlussfolgerungen

CRM ist in der UBS grundsätzlich eingeführt. Die Bank fokussierte in erster Linie auf die Client Advisor (Kundenberater im Private Banking) und aus der Sicht des operativen CRM auf die Sales Force Automation. Proaktive Elemente auf Basis unterschiedlicher Alert-Kategorien sind in Entwicklung. An deren Akzeptanz wird mittels zweier Instrumente gearbeitet: Abhängigmachung der Boni von der Dokumentation der Kontakte; Eskalationsmöglichkeiten der Alerts vom Client-Advisor zu dessen Vorgesetzten und weiter die Linie hoch. Der Fokus der Lösung und deren Integration liegt in einer ersten Phase auf der persönlichen Beratung und der Integration des analytischen CRM in das Portal Client Advisor Workbench.

Die Eigenheiten der CRM-Lösung bei der UBS sind: Eigenentwicklung – auf möglichst offenen Standards beruhend; dadurch wird die Integration in die UBS-eigenen Umsysteme möglichst einfach; Integration erfolgt auf Datenintegrations-, Funktionsaufrufs- und Prozessintegrationsebene. Das CRM-Frontend für die Mitarbeiter im Bereich Verkauf und Beratung ist portalorientiert aufgebaut und bietet dadurch Zugriff auf verschiedenste Datenbestände, Informationssysteme und Prozesse des Unternehmens.

Die operative CRM-Lösung zeichnet sich durch einen sehr hohen Grad an Pragmatismus aus und durch eine gezielte und wettbewerbsorientierte Vorwärtsstrategie. Ebenfalls ist dem Projekt eine starke Top-Management-Sponsorship eigen und die Mitarbeiter wurden sehr früh und umfassend in das CRM-Projekt miteinbezogen. Das Change Management der UBS für die CRM-Einführung wurde ausserordentlich professionell und auch mithilfe von elektronischen Medien aufgezogen. Auf das

Change Management konnte in der Fallstudie aus Platzgründen nicht im Detail eingegangen werden.

Die Eigenarten der Integration der CRM-Lösung lauten wie folgt. Die UBS verfolgt einen komponentenorientierten Ansatz. Es erfolgte bei der UBS eine Definition je einer separaten Architektur (Business System) für das Front- und das Back Office, die beide aus unterschiedlichen Komponenten bestehen. Der Regelkreis der Marktbearbeitung ist geschlossen. Jedoch erfolgt die Schliessung über Back- und Front-Office-Systeme und nicht nur innerhalb der Front-Office-Systeme.

Die Einführung der operativen CRM-Lösung Client Advisor Workbench war in jeder Beziehung ein Erfolg. Ein Ausrollen der Lösung in den anderen Kundensegmenten ist angedacht. Die Lösung für das analytische CRM besteht schon relativ lange und wurde ursprünglich für Database Marketing Aktivitäten sowie für die strategische Führung des Finanzdienstleisters eingesetzt. Deren Integration mit dem operativen CRM dürfte grosse Effizienz- und Effektivitätsgewinne in der Marktbearbeitung der UBS bringen und gebracht haben.

Auf die Integration im Rahmen des MCMs konnte aus Platzgründen nicht im Detail eingegangen werden.

7.3.8 Zusammenfassung der Integrationssachverhalte der Fallstudie UBS

Zusammenfassend kann die Integration am für die Arbeit relevanten Integrationsmodell wie in Abbildung 104 dargestellt werden.

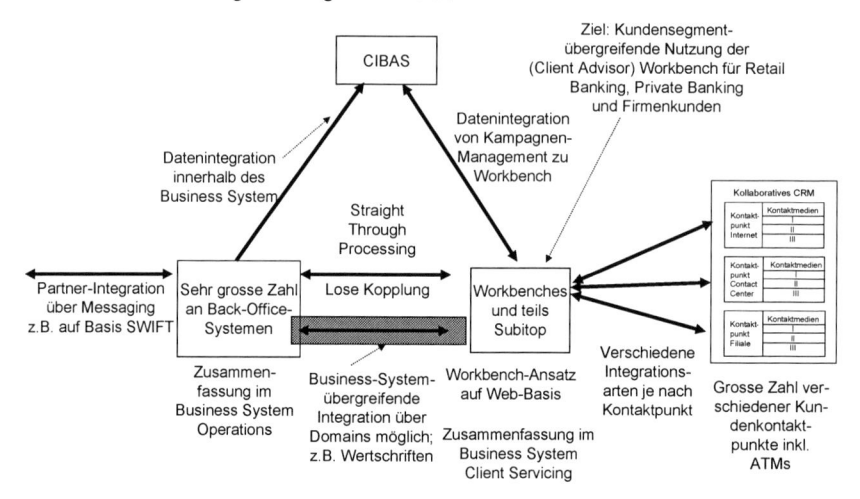

Abbildung 104: Darstellung der UBS-Architektur am CRM-Integrationsmodell.

Aus Architektursicht stellen Front- und Back-Office-Systeme unterschiedliche Business Systems dar, die verschiedene Komponenten für Präsentation, Applikation und Daten enthalten. Innerhalb der Business Systems erfolgt eine enge Kopplung zwischen verschiedenen Komponenten. Domains stellen Komponenten in einen betrieblichen Zusammenhang (beispielsweise wertschöpfungsorientiert). Domains können Business-System-übergreifend sein. Je Business System ist ein separates Data Warehouse vorgesehen.

Multi Channel Management

Es besteht beim Finanzdienstleister eine sehr grosse Anzahl von Kundenkontaktpunkten (je Kategorie). Als Medien werden neben dem persönlichen Kontakt im Wesentlichen das Internet, das Telefon und Automaten eingesetzt. Im Gegensatz zur Credit Suisse setzt die UBS auch multifunktionale Automaten in den Filialen ein. Die Integration der Kontaktpunkte und -medien erfolgt aus Kontaktpunktsicht mit unterschiedlichen GUIs, welche auf das Business System Client Servicing zugreifen.

Schliessung des Regelkreises der Marktbearbeitung

Für das analytische CRM besteht eine eigene Organisationseinheit (im Umfeld des Marketings in der Hierarchie sehr hoch aufgehängt), die ein eigenes technisches Umfeld nutzt und für unterschiedlichste hierarchische Stellen mit besonderer Berücksichtigung des CRM arbeitet.

Der Regelkreis der Marktbearbeitung ist für verschiedene Bereiche geschlossen, einerseits für die Database Marketing Umgebung, aber auch für die Verkaufssteuerung aufgrund von Alerts, die an Kundenberater weiter gegeben werden. Zusätzlich bestehen unterschiedliche Möglichkeiten die Effizienz des Verkaufs auch aus dem operativen CRM-System heraus zu steuern. Wichtig sind dabei erstens eine strikt zentrale Steuerung etwa von Verkaufsaktivitäten im Private-Banking-Bereich sowie zweitens die über mehrere Systeme zu planende und zu implementierende Erfassungsmöglichkeit für die Reaktion der Kunden auf die Initiativen von Marketing und Verkauf. Im Retailkundensegment hat die Marketing-Funktionalität und das Kampagnenmanagement eine grössere Bedeutung. Für beide Bereiche gilt, dass Kampagnen oder Verkaufsaktivitäten über Datenintegration in den Front-Office-Applikationen geführt werden. Dadurch können Kundenberater oder Agenten einfach eine Erfassung der Resultate oder Reaktionen den definierten Aktionen zuordnen.

Straight Through Processing

Das Straight Through Processing geht beim Unternehmen sehr weit. Insbesondere, was das in sich geschlossene Business System Operations betrifft. Beide Business Systems, Client Servicing und Operations können mandantenfähig betrieben werden. Konsequent greift die UBS laut Architekturdarstellung mit allen Kontaktpunkt-GUIs auf das Business System Client Servicing zu und mit Automaten-GUIs beispielsweise nicht direkt auf das Business System Operations. Dies eröffnet dem Unternehmen die Möglichkeit, CRM-Logik an allen Kontaktpunkten einsetzen zu können.

Granularität und Aufbau der Architektur

Dem in der Theorie gezeigten Integrationsmodell aus CRM-Sicht liegt wohl das Vorgehen der UBS am nächsten. Sie baute zwei je unterschiedliche mandantenfähige Systeme. Das Business System Client Servicing kann mit dem operativen CRM (und entsprechender Logik) gleichgesetzt werden. Das Business System Operations kann dabei mit den Back-Office-Systemen gleichgesetzt werden.

Die Business Systems bestehen aus Komponenten. Pro Applikation sind dies Komponenten für die Präsentation, für die Funktionalität/Applikation sowie für die Daten.

7.4 Fallstudie Zürcher Kantonalbank

7.4.1 Firmenporträt

Die Zürcher Kantonalbank (ZKB) ist als Finanzdienstleister die Nr. 1 im Wirtschaftsraum Zürich. Die ZKB ist die einzige AAA-Bank der Schweiz (Standard & Poors; Stand Frühjahr 2003) und zudem nach der UBS und der Credit Suisse der drittgrösste Schweizer Finanzdienstleister mit einer ungefähren Bilanzsumme von 80 Mia. CHF per 2003-12-31. Der Return-on-Equity beträgt ebenfalls per 2003-12-31 13 %. Per Ende 2003 erwirtschaftete der Finanzdienstleister einen Gewinn von CHF 600 Mio. Das Finanzdienstleistungsunternehmen wurde 1870 gegründet und ist eine selbständige öffentliche Anstalt mit Staatsgarantie des Kantons Zürich. Jeder zweite Einwohner des Kantons Zürich ist Kunde der ZKB. Die ZKB ist Leaderin in Kundenzufriedenheitsstudien am Bankplatz Zürich. Sie beschäftigte per Ende 2003 4'249 Mitarbeiter. Davon arbeiten 580 in der Informatik, wobei zusätzlich mit 200 externen Mitarbeitern gearbeitet wird. Die ZKB hat rund 900'000 Kunden und betreibt rund 114 Geschäftsstellen im Grossraum Zürich. Es handelt sich dabei um 86 Filialen und 26 Agenturen. Zudem werden zwei reine Automatenbanken betrieben.

7.4.2 Strategisches Kundenportfolio-Management und dessen operative Implikationen

Die folgende Darstellung erfolgt aus Sicht des Privatkunden Segmentes. CRM orientiert sich bei der ZKB analog zu den Darstellungen in dieser Arbeit und bei Walser mit strategischen Beziehungsprogrammen und auf Basis eines konsistenten Kundenportfoliomanagements, das auf dem Kundenwert und den Kundenbedürfnissen aufbaut.[475] In der Geschäftseinheit Privatkunden werden die Kunden (quartalsweise) entsprechend der zwei Dimensionen segmentiert. Der Kundenwert entspricht einer Annäherung an den realen Kundenwert (dynamisch, über eine längere Dauer) und umfasst die Werte der jeweils letzten vier Quartale. Von den bis auf Einzelkunde geschlüsselten Erlösen auf Produktebene zieht die ZKB die entsprechenden Standardstückkosten für Gestehungs-, Verwaltungs- sowie Transaktionskosten ab. Schliesslich werden auf Basis des Kundenwerts die vier Kundenkategorien A-, B-, C- und D-Kunden unterschieden, wobei die Kategorie D eine negative Rentabilität aufweist.

Die Kundenbedürfnisse sind über das frei verfügbare Anlagevolumen, die Produktnutzung und das Verhalten definiert. Die ZKB unterscheidet zwischen Ruhenden Basis-

---

[475] Vgl. Walser (2002).

kunden, Aktiven Basiskunden, Standardkunden sowie Vermögenden Privatkunden (Affluent-Kunden).

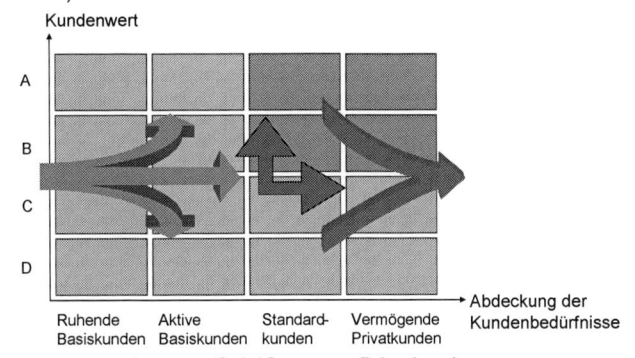

Abbildung 105: Aufbau der (Sub-)Segmente Privatkunden.

Als dritte (in der Abbildung 105 nicht dargestellte) Segmentierungsebene werden Zielgruppen definiert, z.B. Jugendliche, Online-Banking-Nutzer, Senioren. Durch Abbildung 105 kann eine Diagonale von links oben nach rechts unten gezogen werden. Dadurch können zwei unterschiedliche Bearbeitungsarten charakterisiert werden. Für die Kunden oder Subsegmente links unterhalb der Diagonale steht das Multi-Channel-Management oder die Steuerung der Kunden in Richtung der kostengünstigeren Kontaktkanäle im Vordergrund. Im Gegensatz dazu stehen für die Subsegmente rechts oberhalb der Diagonale das Relationship Management oder die persönliche Betreuung als Kontaktkanal im Vordergrund.

Die von der ZKB gefahrenen strategischen CRM-Programme entsprechen exakt den im Theorieteil angegebenen direkten strategischen Kundenbeziehungsprogrammen. Die den direkten Kundenbeziehungsprogrammen zugrunde liegenden strategischen Ziele entsprechen aus der Sicht der ZKB den Werthebeln des Kundenbeziehungsmanagements. Das Verständnis dafür, welche Werte durch Kundengewinnung, -entwicklung und -abgänge geschaffen und vernichtet werden, ist im Vertrieb elementar und kann mittels der nachfolgend geschilderten Architektur der ZKB detailliert nachvollzogen werden. Die strategischen CRM-Ziele und -Programme zur Neukundengewinnung, zum Cross- und Up Selling, zum Retention Management sowie zur Rückgewinnung verlorener Kunden hat aus der Sicht der Bank einen direkten Einfluss auf die Rentabilität des Finanzdienstleisters und beeinflusst somit sämtliche Entscheide zur Kundenbeziehungsgestaltung entlang des Kauf- und Dienstleistungsnutzungszyklus.[476]

---

[476] Vgl. zu den entsprechenden Programmen die in Abbildung 105 dargestellten Pfeile, welche die intendierten Ziele der strategischen Kundenbeziehungsprogramme darstellen.

Folglich ist die Transparenz über die entsprechende Ist-Situation der Werthebel wesentlich. Mittels Analyse von Kundenmigrationen innerhalb der (16 Sub-) Segmente lässt sich die Wertschöpfung und Wertvernichtung qualitativ und quantitativ von der Vergangenheit zur Gegenwart dokumentieren. Es sei ein Beispiel dazu gegeben. Die ZKB weiss, wie viele Kunden sich über einen bestimmten Planungshorizont üblicherweise von Basiskunden zu Standardkunden entwickeln und welche Mehrerträge dadurch zu erwarten sind. Zusätzliche Wertschöpfung generiert die ZKB dadurch, dass diese bestehende Dynamik im Kundenportfolio verbessert wird. Das gilt hinsichtlich der Entwicklung von einfacheren Kundenbedürfnissen eines Basiskunden zum Standard- oder vermögenden Privatkunden, aber auch innerhalb eines Segmentes zu höheren Wertsegmenten durch Up Selling oder Effizienzsteigerungsmassnahmen und besserem Kostenmanagement. Es ist ein Vorteil der zweidimensional konzipierten Segmentierung, dass sämtliche strategischen CRM-Programme damit direkt abgebildet werden können. Das Verständnis der erwähnten Werthebel ermöglicht die strategische Kundenverhaltensmodellierung und die Bildung von strategischen Programmen zur Beeinflussung des gegenwärtigen Kundenportfolios im Hinblick auf morgen. Es können von jedem beliebigen Werthebel quantitative (Anzahl Kunden, Volumen, Erträge) wie auch qualitative (z.B. dazugehörige Kundenprofile) Auswertungen erstellt werden, aber auch Ziel-Mittel-Relationen für entsprechende Programme definiert werden. Die quantitativen Resultate priorisieren die Optionen und geben das Kostendach für die Marktbearbeitung vor. Die ZKB steht etwa vor der Wahl, entweder in die bestehenden Kunden des Segmentes (x) zu investieren, um die Abgangsrate zu senken, oder eine Akquisitionskampagne im Segment (y) auszulösen. Die beschriebene Transparenz führt dazu, dass der jeweilige Grenznutzen abgeschätzt werden kann. Dadurch wird die Priorisierung der Kundenbearbeitung unterstützt und dafür gesorgt, dass Kosten und Grenznutzen der Marktbearbeitung aufeinander abgestimmt sind.

Eine weitere Illustration der Operationalisierung der strategisch definierten Kundenbeziehungsgestaltung stellt das folgende Vorgehen auf Basis der Balanced Scorecard (BSC) dar, um vom strategischen Ziel die Zielsetzung für den Mitarbeiter in Verkauf und After Sales Service an den Kontaktpunkten definieren oder ableiten zu können. Dafür sind die thematisierten strategischen Werttreiber essenziell. Ein Rahmenwerk von Schlüsselkennzahlen zeigt dem Management effizient die wesentlichen Soll-Ist-Differenzen auf. Jedoch ist eine mathematisch oder wissenschaftlich korrekte Kaskadierung der Balanced Scorecard nicht möglich. Dies scheitert bereits bei der Ursache-Wirkungsanalyse. Die geschilderten Zusammenhänge lassen sich mit der Abbildung 106 vereinfacht darstellen.

Das Beispiel zeigt, dass das Volumen der anvertrauten Kundengelder im Privatkundengeschäft der wesentlichste vom Vertriebsmitarbeiter (in Abbildung 106 mit MA abgekürzt) beeinflussbare Treiber für die Erlöse ist. Das Volumen wiederum ist – aus Sicht des strategischen CRM und der relevanten direkten strategischen Programme – durch die Gewinnung von Neukunden, das Cross- und Up Selling, die Akquisition von Neugeld sowie die Bekämpfung des Abgangs rentabler Kunden determiniert. Dies entspricht einer einfachen Portfoliodynamik. Neugeld ist generierbar durch die Reaktivierung von schlafenden oder ruhenden Kundenbeziehungen oder durch die Entwicklung der aktiven Kundschaft, usw.

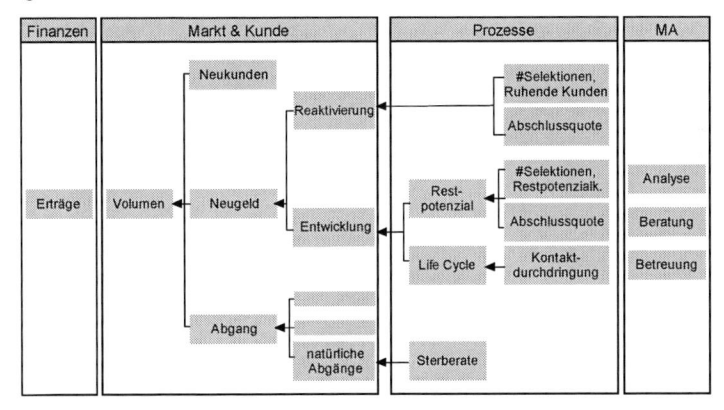

Abbildung 106: Key Performance Indikatoren in der Balanced Scorecard der ZKB.

Ein weiteres Beispiel für eine Operationalisierung strategischer Kundenbeziehungszielsetzungen ist in der Abbildung 107 ersichtlich, in welcher das Resultat innerhalb der BSC-Dimension Kunde/Markt auf der Stufe Filialleiter gezeigt wird.

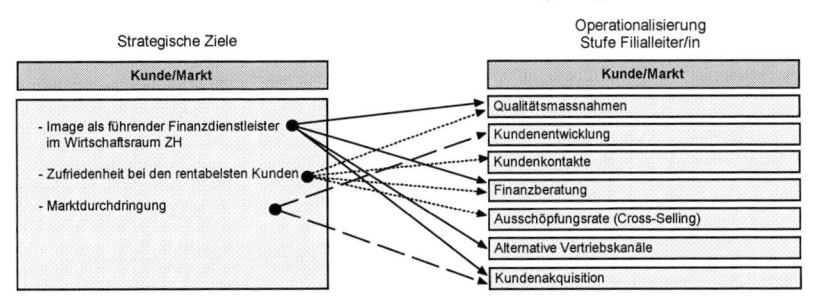

Abbildung 107: Operationalisierung strategischer Zielsetzungen für Filialleiter.

Im Folgenden wird vertiefter auf die systemsspezifische Unterstützung und die architektonische Integration der CRM-Systeme in die gesamte IT-Architektur eingegangen.

7.4.3 Kundenbeziehungsmanagement bei der ZKB und entsprechende Systeme

7.4.3.1 Analytisches CRM

Ein DWH (Abfrageorientierte Datenbank, Vgl. dazu Kapitel 7.4.5.5.2) wird täglich aus allen für das DWH relevanten operativen ZKB-Systemen (Anzahl: ca. 150) mit Daten versorgt. Daraus wird ein Subset von Daten im Siebel-CRM-Data-Mart für CRM-spezifische Analysen zur Verfügung gestellt. Weiter existiert auch ein Data Mart für das Contact Center oder das Online Banking. Mittels der Daten können Auswertungen für das gesamte Unternehmen erstellt werden. Die ZKB nutzt das analytische CRM u.a. für die folgenden Analysen:

- Analyse der Kundenportfolio-Dynamik

- Analyse der Werthebel, die das Kundenportfolio beeinflussen (Key-Performance-Indicator)

- Restpotenzialanalysen („Share-of-Wallet'-Analysen)

- Retention-Analysen

- Analyse des Marktpotenzials bezüglich Neukunden (gekoppelt mit Daten aus Geografischen Informationssystemen (GIS))

- Analyse von Zusammenhängen bezüglich Kundenbetreuung sowie der Nutzung von Dienstleistungen am Wohnort (ebenfalls mittels Einsatzes von Geografischen Informationssystemen (GIS))

- Situative Analysen zur Wirkung des Kontosortiments der Zukunft. Dadurch können Anpassungen der künftigen Dienstleistungspalette und künftiger Dienstleistungspreise rund um das Konto definiert werden.

Zu den aufgezählten Analysearten gehören auch Analysen zur Entwicklung der Feinsegmente und der Migration zwischen den Feinsegmenten des Kundenportfolios. Grundsätzlich sind die Ergebnisse strategischer Kunden(wert)analysen immer etwa ähnlich. Es gibt viele Kunden mit wenig Ertrag und wenige Kunden mit viel Ertrag. Das Ziel der Analysen ist es, z.B. Kundenverhaltensmodelle dazu zu bilden, welche neuen Kunden zu denen gehören, die viel Ertrag generieren werden oder bei denen die Wahrscheinlichkeit für einen hohen Share-of-Wallet besonders gross ist. Bei der Bildung von Kundenverhaltensmodellen – etwa bezüglich des Absprungs von Kunden – wird zwischen zwei Arten von Fehlern unterschieden, die für die Nutzung der gebildeten Modelle wichtig sind, erstens dem Alpha-Fehler und zweitens dem Beta-Fehler. Unter dem Alpha-Fehler wird verstanden, dass beispielsweise bei einem

Retention-Programm die Kunden, die als Abgänger identifiziert wurden, effektiv auch abgehen nach deren Identifikation. Der Beta-Fehler gibt an, wie viele Kunden effektiv nicht abgegangen sind, jedoch als potenzielle Abgänger identifiziert wurden. In der Regel beträgt der Beta-Fehler aus Sicht der ZKB ca. zwanzig bis vierzig Prozent. Das heisst, dass Modellbildungen und daraus abgeleitete Aktionen immer vor dem Hintergrund des Kundenbeziehungsportfolios gesehen werden müssen. Somit sollte für einen Programm-Business-Case zusätzlich nur auf die Kunden fokussiert werden, deren Abgang relevant ist, weil sie z.b. zu den zwanzig Prozent sehr rentablen Kunden gehören. Kundenverhaltensmodelle werden nicht direkt auf dem DWH oder dem Data Mart für die laufende Kundenanalyse eingesetzt. Die Analysen auf Basis der Kundenverhaltensmodelle auf dem Data Mart führen u.a. zur Definition von Alerts, Opportunities oder Angaben zu möglichen Geldwäschereifällen, die von der Vertriebssteuerung an das operative CRM weitergeleitet werden (vgl. Abbildung 110 links von unten nach oben). Die Alerts werden auf Basis von SAS-Auswertungen eruiert, die danach derzeit noch als Papierlisten an die für die Kundenbeziehung verantwortlichen Kundenberater gehen. Es ist geplant, die Funktionalität mittels der analytischen Umgebung von Siebel zur Verfügung zu stellen und die Alerts ins Siebel-Front-Office zu integrieren. Dann werden auch elektronische Eskalationsprozesse von Alerts möglich sein.

Wesentlich für die Vertriebssteuerung ist es, auf Basis des analytischen CRM Messkriterien zu definieren, anhand der die Effizienz der Marktbearbeitung sowie die Wirksamkeit des Kundenbeziehungsmanagements festgestellt werden kann. Die ZKB plant ein Kennzahlensystem auf Basis der Balanced Scorecard einzuführen. Erfolgsrelevant für die Einführung ist die Operationalisierbarkeit der Kennzahlen innerhalb der Front-Office-Organisation. Ein Startpunkt für die Festlegung solcher Messkriterien ist die Definition differenzierter Zielvereinbarungen mit den Front-Office-Einheiten. Die zentrale Frage in diesem Zusammenhang lautet: Ist die Zielvereinbarung pro Standort und/oder pro Team effizient und/oder effektiv? Die ZKB betreibt im Segment Privatkunden ein Monitoring der Kundenbewegungen innerhalb der Feinsegmente (Bedürfnis- und Wertachse) des Kundenportfolios und somit der gesamten Wertschöpfung und Wertvernichtung der Geschäftseinheit aus Kundenbeziehungssicht.

7.4.3.2 Operatives Kundenbeziehungsmanagement und Back-Office

Als wichtigste, auf der operativen CRM-Lösung eFinance von Siebel basierende, Kundenbeziehungsfunktionalität der ZKB kann genannt werden:

- Kampagnen- und Kontaktmanagement

- Lead Management
- Opportunity Management
- Anlageberatungsprozess; ist durch die ZKB in Siebel selber mittels Siebel-eScript[477] programmiert worden.

Eine frühere teilweise auf Basis von Internettechnologie auf einem Webscreen implementierte Beratungsmethodik basierte auf der ZKB-eigenen Beratungsmethodologie BBS (Beratung und Betreuung mit System; Vgl. dazu Abbildung 108). Dadurch kann sichergestellt werden, dass der Berater alle für die Beratung wesentlichen Produkt- (und Applikations-) Bereiche berücksichtigt und mit dem Kunden durchgeht. Hinter jeder der dargestellten Kugeln steht eine je separate Applikation oder ein separater Applikationsbereich.

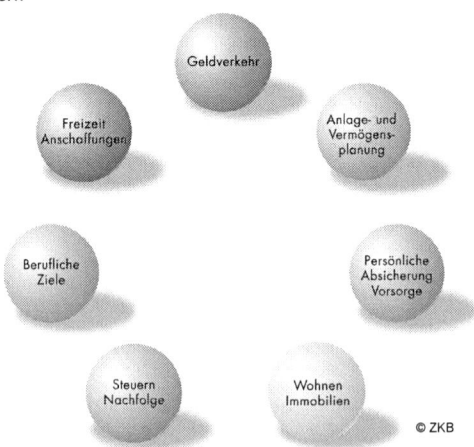

Abbildung 108: Beratung und Betreuung mit System (BBS) bei der Zürcher Kantonalbank.

BBS existiert nach wie vor und ist teilweise in Siebel nachgebildet und entsprechend programmiert worden. In einer selbst erstellten Internet-Applikation konnte durch einen Klick auf eine bestimmte Kugel die entsprechende Back-Office-Applikation aufgerufen werden. Die ZKB hat diese Methodik heute mit entsprechender Programmierung in Siebel-eScript realisiert. Innerhalb des erwähnten Opportunity Managements werden bei der ZKB in Siebel entsprechend BBS Pendenzen geführt, welche mögliche

---

[477] eScript ist eine Siebel-eigene Programmiersprache und kann etwa mit ABAP im SAP-Umfeld verglichen werden. Die Bank realisierte, dass je grösser der Anteil an selbst programmierten Prozessapplikationen ist, die auf Basis von eScript programmiert sind, die Integrationsaufwände in Umsysteme umso grösser werden. Deshalb wird bei der Einführung des Siebel-Folge-Releases so wenig wie möglich selber programmiert.

Verkaufschancen darstellen, die dem Kundenberater – später in Siebel, heute als Alerts u.a. auch auf Papier – präsentiert werden. Es können auch Teampendenzen geführt werden. Die Pendenzen sind im System innerhalb der Front-Office-Organisationshierarchie eskalierbar, falls sie in einem definierten Zeitraum nicht abgearbeitet werden.

Aus der Perspektives des Managements von Finandienstleistungen können für die verschiedenen Grobkundensegmente unterschiedliche Szenarien unterschieden werden.[478] Einerseits geht es aus Sicht der Finanzdienstleistungsindustrie für weniger rentable Kunden – aber auch für die Integration des Kunden – um die zunehmende Verschiebung der Visibilität der Bank zum Kunden hin (z.B. durch Hinterfragung von Filialen zugunsten von Automatenbanken). Zudem geht es darum, dass Kunden ehemals unsichtbare bankinterne Aktivitäten übernehmen (Kundendatenerfassung, Kundenauftragserfassung, etc.). Zudem können im Firmenkundengeschäft auch Datentransfers ermöglicht werden, mittels welcher die bankinternen Erfassungs- und Mutationsaktivitäten auf ein Minimum reduziert werden können.

In zweiter Linie geht es darum, so viele Backstage-Aktivitäten wie möglich zu automatisieren und zu zentralisieren. Selbstverständlich macht es bei der erforderlichen Standardisierung keinen Sinn, in unzähligen Filialen auch eine breite Back-Office-Prozesspalette anzubieten, deren Effizienz mehrheitlich nicht oder nur wenig transparent ist. Dazu bildet die ZKB künftig immer mehr firmeninterne „Fabriken" und zieht die Back-Office-Prozesse aus den Filialen im Sinne einer Zentralisierung so weit wie möglich ab, womit die dezentralen Filialen reine „Interaktions-Interfaces" für Kunden werden, mit dem für das Segment oder für den Kunden relevanten Personalbesetzungs- oder Automatisierungsgrad.[479]

7.4.3.3 Multi Channel Management

Im Folgenden wird auf die für die ZKB im MCM relevanten Kundenkontaktpunkte eingegangen. Zudem werden Chancen einer Wirkungsanalyse bezüglich Kundenkontakten indirekt und direkt aus Sicht der ZKB diskutiert. Die eingesetzten Kontaktpunkte

---

[478] Das Dienstleistungs-Management wird aus der Perspektive des Prozess-Managements auch als Service Blueprinting bezeichnet. Darin werden unterschiedliche integrationsrelevante Schnittstellen oder „Lines" genannt, welche kundenspezifische(re) von nicht (weniger) kundenspezifischen Prozessen im Unternehmen trennen, u.a. Becker/Knackstedt (2002), S. 131 ff., Fliess/Jacob (1996), S. 25 ff., Kleinaltenkamp (1996), S. 13 ff., Knackstedt/Dahlke (2002), S. 89 ff., Shostack (1981), Shostack (1984).
[479] Zum Vergleich: Die Zuger Kantonalbank hat per Ende 2003 einen Grad von ca. 90% Selbstbedienungsquote über Automatenbanken und Online Banking erreicht. Die Zürcher Kantonalbank hat derzeit einen Selbstbedienungsgrad von ca. 80% über Automatenbanken und Online Banking erreicht.

sind: Filiale (Fiba; direkter Kontakt), Telefon (Conba; Contact Center) sowie das Online Banking (Onba).

Für diverse Kampagnen hat die ZKB begonnen, die Abschlusskosten pro ‚Kanal' resp. Kontakttyp zu rechnen. Es handelt sich dabei um grobe Analysen, da die Abschlusskosten pro Kanal korrekterweise um das Kundenverhalten ohne bankeigene Aktivität bereinigt werden müssten. Es sind somit grundsätzliche Aussagen zur relativen Effizienz etwa von Kampagnen, aber auch zu anderen Kundenaktivitäten in Marketing und Verkauf möglich.

Kritisch ist aus der Sicht des MCMs und dem Regelkreis der Marktbearbeitung die Erfassung von Kontaktdaten an der Front. Es ist laut der ZKB eine Ermessensfrage, wie weit sie gehen soll, ob vollständig alle Kontaktdaten erhoben werden sollen oder nur solche, die von der ZKB und den Kundenberatern als relevant eingeschätzt werden. Die Kosten für die Datenqualität und die Datenpflege sind hoch. Eine systematische Überprüfbarkeit ist nicht wirklich möglich. Die ZKB verzichtet auch künftig bewusst auf die Analyse des ‚Clickverhaltens' von Kunden im Online Banking. Im Übrigen ist das Nutzungsverhalten der unterschiedlichen Kanäle ein Kriterium für die Analyse bezüglich der Kundensegmentierung und der Eruierung „ruhender Kundenbeziehungen".

Die Filialbank ist der Hauptkommunikations- und -erfüllungskanal der ZKB. Die anderen Kanäle sind Ergänzungskanäle und nicht als Profit-Center ausgerichtet. Nebst der höchst problematischen Kanalrechnung – eine Kostenzuordnung wäre noch relativ einfach möglich – sind die Ertragszuordnungen faktisch unmöglich. Für die ZKB ist es jedoch eine Tatsache, dass die Einkanalnutzer künftig zu einer Minderheit gehören werden. Die Weiterentwicklung der elektronischen Kanäle wird (bei der ZKB) ohnehin aus Kosten/Nutzen-Überlegungen nicht so vorangetrieben werden können, dass sie als eigenständige Kanäle oder ‚Finanzdienstleister' positioniert werden können. Nach dem Internet-Hype vor der Jahrtausendwende sind die realistischen Vertriebsmodelle übrig geblieben. Dies sind eher integrierte Multi-Channel-Strategien.

Für die Zuordnung von Kontaktmedien zu den einzelnen Kundensegmenten gilt, dass bei den höherwertigen Feinsegmenten die elektronischen Kanäle aus Bequemlichkeitsgründen wichtig sind. Der Kunde soll den Finanzdienstleister auf allen Kanälen erreichen und den Kanal wählen können. Die Betreuung erfolgt über die Filialbank. Bei den Basiskunden spielt die Filialbank – aus Sicht des Finanzdienstleisters – eher aus Potenzialausschöpfungsgründen eine Rolle. Aus Kundensicht wird der teuerste Kanal (Filiale) ‚leider' noch immer zu stark für den Bargeldverkehr genutzt. Immerhin zeigt seit Jahren die Tendenz der Kanalnutzung klar in die erwünschte Richtung

Fallstudien 329

kostengünstigerer Kontaktkanäle. Zur Betreuung der Basiskundschaft sollte das Potenzial des Contact Centers ausgenützt werden. Im Contact Center werden monatlich ca. 30'000 Anrufe bearbeitet, wobei ca. 70% der Anrufe Kontostand oder Saldoabfragen und die letzten Buchungen betreffen. Dies sind aber Geschäftsvorfälle, deren Abwicklung die Bank billiger zu stehen käme, wenn dazu das Online Banking oder die Automaten in entsprechenden Automatenbanken genutzt würden. Der Grund für die noch immer andauernde Dominanz der Filiale als Kontakt- und Erfüllungskanal ist u.a. auch im (staatlichen) Leistungsauftrag des Finanzdienstleisters zu suchen.

Aus Sicht des MCMs stellt sich die Frage, wie noch im Architektur- und Technologieteil zu zeigen sein wird, welche unterschiedlichen Integrationsmechanismen zur Überbrückung der kontaktkanalspezifischen IT-Architekturen (Stovepipes) eingesetzt werden. Primär werden bei der ZKB-Datenintegration und Funktionsaufrufe als Integrationsmethoden eingesetzt. Dafür wurden unterschiedliche Architekturen gebaut. Eine komplette und umfassende Multi-Channel-Architektur (die nur auf Siebel aufbaut) existiert nicht. Die Online-Banking-Lösung ist eigenständig und steht separat. Auf deren Daten kann aber mittels Datenintegration zugegriffen werden.

7.4.3.4 CRM-Applikationen

Die ZKB setzt wie bereits erwähnt die Siebel-eFinance-Lösung mit dem Release 6.4 ein. Der Release 7.5 der Siebel-eFinance-Lösung ist in Einführung begriffen. Der Roll-Out erfolgte im November 2004. Es wird in Siebel teilweise mit einer automatisierten Bildschirmmaskensteuerung gearbeitet. Ein Workflow Management im eigentlichen Sinne zwischen Front- und Back-Office kommt bei der ZKB derzeit nicht zum Einsatz. Dies wäre aus Siebel heraus in Legacy- oder Back-Office-Systeme hinein derzeit auch gar nicht möglich.

Das Online Banking Front-End ist eine Eigenentwicklung der Zürcher Kantonalbank in Zusammenarbeit mit den AGI-Banken.[480] Es ist nicht direkt mit dem Siebel-System verbunden, jedoch werden über DWH und Siebel-Data-Mart Daten des Online Banking über das Siebel-System abrufbar, allerdings erst am nächsten Morgen.

Bei der ersten Siebel-Einführung (Die ZKB-eigene Siebellösung heisst ZKBconnect) wurde die Software zu stark auf die bankfachlichen Geschäftsprozesse der ZKB angepasst, was die Integrationskosten überdurchschnittlich hoch werden liess. Beim Release 7.5 der Siebel-eFinance-Lösung wird das Customizing möglichst gering

---
[480] Bei den AGI-Banken handelt es sich um Finanzdienstleister, u.a. Kantonalbanken, die zur Erstellung von IT-Dienstleistungen eine neue Firma gründeten, die AGI. Das Unternehmen AGI ist mittlerweile vom schweizerischen Telekommunikationsdienstleister Swisscom aufgekauft worden und in den Unternehmensbereich Swisscom IT Services integriert worden.

gehalten, was verschiedene Prozessanpassungen oder Prozessänderungen z.b. im Kampagnen-Management zur Folge hat und dafür die Integrationskosten teilweise massiv sinken lässt.

7.4.4 Regelkreis der Marktbearbeitung (Closed Loop)

Technisch gesprochen wird der Closed-Loop nur teilweise und bruchstückhaft realisiert. Konkret erfolgt die Schliessung des Regelkreises der Marktbearbeitung bezüglich Aktionen und Reaktionen von Unternehmen und Kunden über verschiedene Kontaktkanäle oder Kundenkontaktpunkte unterschiedlich. Wie erwähnt kann zwischen den Kontaktpunkten Conba (Contact Center), Onba (Online Banking) und Fiba (Filialbanking) differenziert werden. Für Aktivitäten, die im Siebel dem Kundenberater zur Abarbeitung vorgelegt werden, kann die Überprüfung der Wirkung und damit die Schliessung des Regelkreises auch im Siebel-System vorgenommen werden, sofern die Aktivität abgearbeitet wurde. Im Falle von harten Auftragsdaten sind die Regelkreise allenfalls über die Back-Office- oder Legacy-Systeme zu schliessen. In jedem Fall erfolgt die Schliessung des Regelkreises über die DWH-Architektur (ADB) und den Siebel-CRM-Data-Mart. Onba-Daten können aus Beratersicht nur über die Legacy- und die ADB-Datenbanken – in der ADB mit Aktualisierung alle 24 Stunden – abgerufen werden. Talonantwortkarten anlässlich von Kampagnen werden im Conba (Contact Center) direkt in Siebel erfasst, da die Contact-Center-Agenten direkten Zugriff auf Siebel haben.

Mehrheitlich laufen die Kampagnen über den Kundenberater oder über Brief/Post. Neu wird auch über das Call- oder Contact Center in Stettbach versucht, Leads zu generieren. Dazu werden die potenziellen Leads aus der Kampagne statt zu den Kundenberatern in den Filialen direkt in die Contact-Center-Umgebung zu den Agenten übermittelt. Mehrheitlich kann bei der ZKB aufgrund der operativen Systeme und über die Datenpflege der Kundenberater festgestellt werden, ob ein Kunde positiv auf die Kampagne reagiert hat. Systematisch technisch geschlossen ist der Loop somit nicht. Alerts können aber nach weiteren Integrationsarbeiten von Siebel und der Implementierung eines umfassenderen MCMs später bei Nichtabarbeitung zu den Vorgesetzten eskaliert werden. Agenten können darauf angestossen werden zu reagieren und so beim Kunden einen Response etwa auf eine Postsendung aktiv abzuholen. Die Verteilung von Kundenanrufen erfolgt über das Contact Center. Bei Inbound Calls können die Telefonnummern des eingehenden Anrufs und damit die Herkunft des Kunden eruiert werden. Der Contact-Center-Agent nimmt im Falle von Inbound Calls für den Kundenberater statt einer Durchstellung auch Namen und Anliegen des

Fallstudien 331

Kunden auf und bearbeitet unter Benachrichtigung des Kundenberaters Kundenanliegen teilweise selbst oder durch die Eröffnung von Kundenaufträgen in Siebel.

7.4.5 IT-Architektur und Integration

7.4.5.1 Architekturlayer 0

Bei der Zürcher Kantonalbank besteht eine langfristig ausgerichtete Zielarchitektur. Die Architektur zeigt beispielhaft die Bankwertschöpfungskette der ZKB. Die Entwicklung in Richtung dieser Zielarchitektur wird als längerfristiger Transformationsprozess verstanden. Auf dem Weg zu einem möglichen Endzustand der IT-Infrastruktur (Planungshorizont von drei bis fünf Jahren; rollend weiter entwickelt) werden so genannte Zielphotos geschossen. Diese stellen die Grundlage für die Integration und die strategische Weiterentwicklung der Applikationslandschaft vor dem Hintergrund von deren Finanzierbarkeit dar. Die in Abbildung 109 dargestellte Architektur des Layers 0 zeigt in der groben Übersicht ein logisches Modell der Bank.

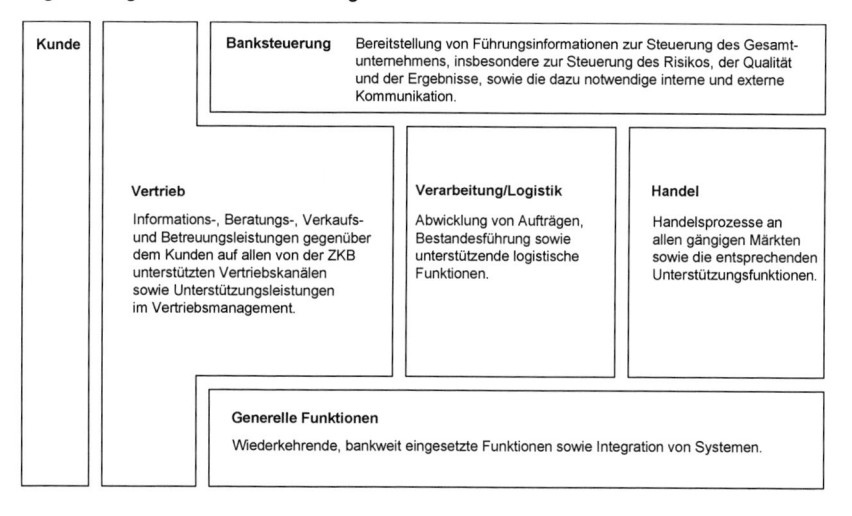

Kunde	Banksteuerung	Bereitstellung von Führungsinformationen zur Steuerung des Gesamtunternehmens, insbesondere zur Steuerung des Risikos, der Qualität und der Ergebnisse, sowie die dazu notwendige interne und externe Kommunikation.
	Vertrieb	Verarbeitung/Logistik	Handel
	Informations-, Beratungs-, Verkaufs- und Betreuungsleistungen gegenüber dem Kunden auf allen von der ZKB unterstützten Vertriebskanälen sowie Unterstützungsleistungen im Vertriebsmanagement.	Abwicklung von Aufträgen, Bestandesführung sowie unterstützende logistische Funktionen.	Handelsprozesse an allen gängigen Märkten sowie die entsprechenden Unterstützungsfunktionen.
	Generelle Funktionen		
	Wiederkehrende, bankweit eingesetzte Funktionen sowie Integration von Systemen.		

Abbildung 109: Layer 0 der ZKB-Architektur.

Die Funktionsblöcke in Abbildung 109 und deren Reengineering sehen derzeit wie folgt aus. Der Funktionsblock Vertrieb ist derzeit modular aufgebaut. Hier ist Buy before Make realisiert. Modularität ist auch gegeben für die kundennahen Funktionen Basisdienstleistungen, Sparen – Anlegen, Vermögensverwaltung, etc. Der Funktionsblock Verarbeitung und Logistik ist derzeit noch stark Legacy-lastig. Hier wird das Reengineering wie erwähnt zur Folge haben, dass neue modernere Systeme die Legacy-Applikationen allmählich ablösen. Eine weitere Grossbaustelle stellen die beiden

Teilfunktionalitäten Resultatsteuerung und Risikosteuerung der Bank im Funktionsblock Banksteuerung dar. Bereits sehr modular sind bereits die Funktionsblöcke Generelle Funktionen und Banksteuerung ausgerichtet.

Die Zielarchitektur wurde in Zusammenarbeit mit der Firma Value First im Jahre 2000 erstellt. Dabei wurde in diversen Workshops die entsprechende, der Bankwertschöpfungskette nachempfundene, Mehrlayerarchitektur erstellt, wie sie in dieser Fallstudie dargestellt wird. Die Zielarchitektur bildet zudem die Basis für die Aufgabenabgrenzung der Organisationseinheit Business und Technologie. Business und Technology ist die Auftraggeberin für IT-Projekte und kennt auf der IT-Seite Account-Manager, die für ihre verschiedenen Anliegen zuständig sind. Business und Technology kann IT-Dienstleistungen auch ausserhalb der Bank beziehen. Die Architektur stellt zudem die Basis für die Prozessoptik in der Projektarbeit dar und gibt ausgehend von der Kundenbeziehung an, welche Systeme von einem Kundengeschäftsvorfall betroffen sein könnten. Aus der Applikationsarchitektur und den im folgenden Kapitel 7.4.5.5.1 dargestellten Integrationsarten lässt sich leicht ableiten, welche Integrationsproblemstellungen etwa bei Neuentwicklungen oder -beschaffungen relevant sind.

Erste Architekturüberlegungen erfolgten bei der ZKB ab 1998 und intensivierten sich mit der Einführung des Online Banking sowie ab 2000 mit der Konzeption der Siebel-Einführung. Davor war keine entsprechende CRM-orientierte Zielarchitektur vorhanden. Es domierten Legacy-Systeme, die über entsprechende Host-Masken gesteuert wurden. Es existierte zudem auch keine CRM-Lösung. Für die Kundenbeziehungsarbeit mussten entsprechend diverse Host-Systeme über je separate Anfragen augerufen werden. Die einfache BBS- (Betreuung und Beratung mit System) Internet-Applikation war eine erste Möglichkeit, die Back-Office-Systeme über eine einheitliches Interface für die Front Mitarbeiter verfügbar zu machen. Allerdings musste dabei jedes der entsprechenden (Back-Office- und Legacy-)Systeme separat bedient werden. Ab 2001 erfolgte die Siebeleinführung, die heute unter dem Namen ZKBconnect geführt wird. Vor der Siebel-Einführung führte die ZKB ein entsprechendes selbst erstelltes Kundeninformationssystem, welches mit CIS-BBS bezeichnet wurde (Customer Information System für Beratung und Betreuung mit System) und einen Lifecycle von drei Jahren hatte. Ab 1998 galt zudem die Devise Buy before Make, was den Weg frei machte für die Siebel-Beschaffung.

7.4.5.2 Architekturlayer I

Im Folgenden wird in Abbildung 110 der Layer I der ZKB-Architektur dargestellt. Zum Funktionsblock oder zur Domain Vertrieb gehören z.B. das Kundenbeziehungsmanagement (Siebel-eFinance-Applikation), das Vertriebsmanagement sowie Basisdienstleistungen und Sparen – Anlegen, welche die bankinterne Verarbeitung von Aufträgen in der Logistik anstossen. Das DWH (ADB) gehört zum Funktionsblock Generelle Funktionen. Alle Channel-Applikationen inklusive Online Banking und Contact Center gehören auch zum Funktionsblock Vertrieb. Zum Funktionsblock Verarbeitung und Logistik gehören ca. 50 Applikationen, wobei geplant ist, diese Anzahl durch die Einführung von Avaloq- und SAP-Komponenten zu reduzieren und modularer zu gestalten. Im Funktionsblock Handel gelangen etwa 20 Informationssysteme zum Einsatz. Zum Funktionsblock Generelle Funktionen gehören unterschiedliche Applikationen, von der EAI-Lösung bis zum DWH oder der Public Key Infrastructure. Die Public Key Infrastructure dient zur Verwaltung der Zugriffsrechte bankintern, aber auch im Online Banking. Insgesamt gehören auch zum Funktionsblock Generelle Funktionen mehr als ein Dutzend Applikationen.

Im Funktionsblock Verarbeitung und Logistik sind derzeit primär verschiedene alte Host-Applikationen im Einsatz. Deren Ablösung durch moderne Banking-Lösungen wird eine künftige modulare Architektur mit durchgängiger Integration unterstützen und vereinfachen. Die Abbildung 110 gibt die einzelnen Funktionsbereiche in den Domains oder Funktionsblöcken wieder. Auf Basis dieser Funktionsblöcke können Geschäftsprozesse abgebildet werden. Den Funktionsblöcken entsprechen teilweise auch bestimmte Informationssysteme oder Kombinationen von Informationssystemen.

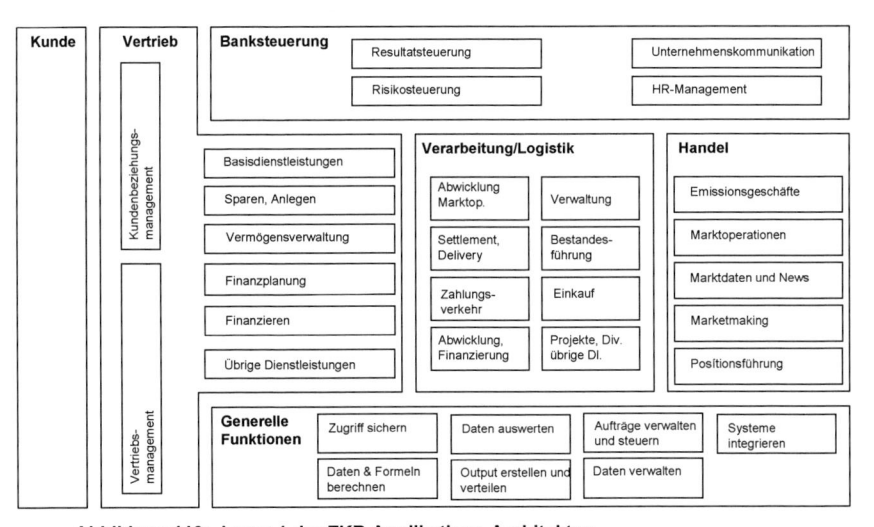

Abbildung 110: Layer 1 der ZKB Applikations-Architektur.

7.4.5.3 Weitere Architekturlayer

Neben den oben geschilderten Architekturlayern 0 und 1 werden von der ZKB ferner die Layer 2 und 3 unterschieden. Auf Layer 2 werden die Kernprozesse in den Blöcken dargestellt sowie auf Layer 3 die Systeme im Detail auf Produktebene dargestellt, wobei u.a. auf Layer 3 auch die Details zum Migrationspfad dargestellt werden. Auf dem Layer 2 folgt auch eine erste und präzisere Darstellung der Schnittstellen, für die in der Folge beispielhaft ein Muster abgebildet ist (vgl. Abbildung 111). Dabei handelt es sich um eine Schnittstelle zwischen der Online-Banking-Applikation und der Applikation für die Abwicklung von Börsentransaktionen. Die wesentlichen Aspekte des Designs oder der Modellierung von Schnittstellen sind in der Abbildung 111 aufgeführt.

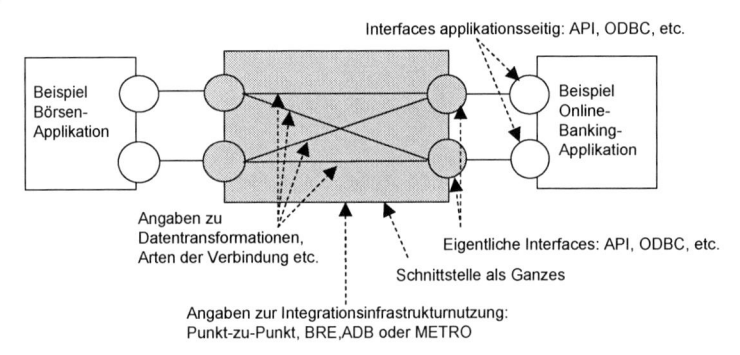

Abbildung 111: Mögliche Schnittstellendarstellung.[481]

Die Grundlage für die Modellierung innerhalb der unterschiedlichen Layer, aber insbesondere auch im Bereich der Schnittstellen, bildet UML. Insbesondere für die Definition von Schnittstellen werden Use Cases mittels UML modelliert, anhand der die Integrationsbedürfnisse abgeleitet werden.

7.4.5.4 Beschreibung eines Prozessablaufs in der modularen Architektur

Im Folgenden wird der Prozess „Sparen Anlagen" kurz beschrieben, um die Funktionalitätszuordnungen, die Systemnutzungen und die erforderlichen Integrationsbedürfnisse an einem Beispiel aufzuzeigen. Der Prozess ist im Detail wesentlich komplexer. In den entsprechenden Fussnoten werden die Integrationsmechanismen aufgeführt, die zwischen den entsprechenden nummerierten Schritten eingesetzt werden. Für die detaillierte Schilderung dieser Integrationsarchitekturen (ADB: Abfra-

---

[481] Vgl. zur Bereitstellung der Integrationsinfrastruktur ganz unten in der Abbildung Kapitel 7.4.5.5.

Fallstudien 335

georientierte Datenbank; BRE: Business Request Exchange; Metro: Message Transformation Gateway) sei auf das Kapitel 7.4.5.5 verwiesen.

1. Gestartet wird der Auftrag aufgrund der Anlage eines Kundenauftrags im Siebel-System (Funktionsblock Vertrieb, Funktionen Kundenbeziehungsmanagement und Sparen – Anlegen).[482]

2. Danach stellt sich die Frage, welche Anlagearten vom Kunden präferiert werden (Absprung aus dem Siebel-System in Funktion Sparen – Anlagen). Der Entscheid fällt auf Aktien (Funktionsblock Vertrieb, Funktionen Kundenbeziehungsmanagement und Sparen – Anlegen).[483]

3. Der Handelsauftrag wird danach bei Marktoperationen platziert, wo der Handel getätigt wird. Davor werden über Marktoperationen, wenn das zu beschaffende Portfolio noch unklar ist, Marktdaten und News bezogen (Funktionsblock Handel, Funktion Marktoperationen).

4. Das Order-Booking-Verfahren löst einen Auftrag bei Settlement und Delivery aus (Funktionsblock Verarbeitung/Logistik, Funktion Settlement und Delivery).[484]

5. Die gehandelten Wertpapiere müssen in einem internen oder externen Depot verwaltet und dafür intern oder bankextern weiter verarbeitet werden, was über die Bankgrenzen hinausgehende Prozesse anstossen kann (ev. Funktion Bestandesführung in Funktionsblock Verarbeitung/Logistik betroffen).

6. Weiter ist vom Handel wieder über die Funktion Settlement und Delivery der Handel abzuschliessen.[485]

7. Nach der Einbuchung der gekauften Titel in der Bestandesführung (Funktionsblock Verarbeitung/Logistik, Funktion Bestandesführung) wird ein so genannter Output-Report (Abrechnung; Domain Generelle Funktionen) erstellt.[486]

---

[482] Kundenbeziehungsmanagement und Sparen – Anlegen gehören zur selben Applikation, deshalb kommt hier kein Integrationsmechanismus zum Tragen. Falls der Kundenberater sich am Morgen einen Überblick über das entsprechende Kundenportfolio machen will, greift er auf Daten zu, die ab der ADB und dem Siebel Data Mart zur Verfügung gestellt werden. Wenn eine Kundenberatung z.B. am Nachmittag stattfindet und der Kundenberater unmittelbar davor noch feststellen will, ob der Kunde online Wertpapiere gehandelt hat, kann er das nur über einen direkten Abruf aus dem Onba-System tun, worauf er aber keinen Zugriff hat. Hier bleibt nichts anderes übrig, als bis am nächsten Tag/Morgen zu warten, bis wieder ein ADB-Lauf der Datenaktualisierung erfolgte.
[483] Von 2 zu 3 erfolgt ein BRE-Aufruf.
[484] Von 4 zu 5 erfolgt ein BRE-Aufruf.
[485] Von 5 zu 6 erfolgt erneut ein BRE Aufruf, ebenso von 6 zu 7.
[486] Von 7 zu 8 erfolgt erneut ein BRE Aufruf, innerhalb von 8 ist wieder kein BRE-Aufruf erforderlich, weil es sich dabei um die gleiche Applikation handelt.

8. Danach kann der Anlageauftrag abgeschlossen werden, indem über Sparen – Anlegen in die Siebel-Applikation zurückgesprungen wird (Funktionsblock Vertrieb, Funktionen Sparen – Anlegen, Kundenbeziehungsmanagement).

7.4.5.5 Grundsätzliche Überlegungen zur Integration

Der Finanzdienstleister fährt, was den Einsatz von Informationssystemen betrifft, seit 1998 weitgehend einen Best-of-Breed-Ansatz. Die Ausnahme bildet hier der Kontaktpunkt für das Online Banking. Dieser ist mit Java programmiert. Für das Online Banking kann sich die ZKB jedoch vorstellen, künftig auf die Online-Banking-Funktionalität von Siebel auszuweichen. Zunächst wurde damit begonnen, verschiedene Integrationsfälle zu definieren, welche in Kapitel 7.4.5.5 dargestellt werden.

Die ZKB nutzt zudem wo möglich eine Kombination von applikationsinternen und applikationsfremden Integrationsframeworks und -mechanismen. Beispielsweise soll von Siebel künftig das UAN-Framework (UAN steht für Universal Application Network) für die Siebel-interne Integration zum Tragen kommen. Heute wird ein grosser Teil der Siebel-Integration mittels der BRE-Plattform (vgl. Kapitel 7.4.5.5.3) vorgenommen.

Für die Integration und den Aufbau der bankeigenen Integrationsmechanismen und Integrationsinfrastrukturen werden im Sinne des Best-of-Breed-Ansatzes unterschiedliche Lösungen mehrerer EAI-Anbieter eingesetzt (u.a. SeeBeyond, IBM). Für die im Folgenden zu schildernde BRE-Plattform wird als Middleware CORBA[487] und das Messagingprodukt MQSeries[488] von IBM eingesetzt. Für die METRO-Plattform wird das Produkt eGate von SeeBeyond eingesetzt. Der Finanzdienstleister ist zudem im Besitz anderer Lizenzen für weitere EAI-Lösungen, die partiell oder gar nicht eingesetzt werden.

Der ZKB fehlt derzeit teilweise eine einheitliche (Prozess- und Hardware-) Architektur, was die verschiedenen Layer, aber auch das logische Zusammenspiel der unterschiedlichen Komponenten und Systeme betrifft. Die Integration wird applikationsgetrieben diskutiert und nicht vor dem Hintergrund einer einheitlichen Vorstellung von Layern zur Vereinfachung der Integration. Zudem fehlt ein einheitliches Prozessmodell, so dass der gleiche Wertschriftenprozess für den Kundenberater und das Online Banking separat aufgesetzt und integriert wird. Es wird von einer Free-Tier-Architektur statt von einer vereinheitlichten Three-Tier-Architektur gesprochen.

---

[487] Für die Verbindung von Clients mit Host- oder Mainframe-Systemen. Dabei wird auf das darin zur Verfügung stehende IIOP (Internet Interoperability Protokoll) als Element von CORBA gesetzt. Mittels diesem können etwa auch ab Java-Clients CORBA-Aufrufe über das Internet erfolgen (Vorläufer von Web Services).
[488] Für das Messaging über das LAN und das WAN der ZKB.

Letztere wird aber längerfristig angestrebt. Auch besteht derzeit kein in sich konsistentes Bus-Konzept und auch der Hub von SeeBeyond wird nicht für alle möglichen Anwendungssystemintegrationen eingesetzt. Intendiert ist aber, SeeBeyond in einem späteren Zeitpunkt als eigentlichen Integrationshub zu verwenden. Insgesamt wird bei der ZKB von ca. 400 verschiedenen Applikationen auf unterschiedlichen Betriebssystemen und in sich unterschiedlichsten Architekturen gesprochen.

Es ist bei der ZKB geplant, die Architektur aus verschiedenen Sichten künftig noch stärker wertschöpfungsorientiert auszurichten. Aus Sicht einer Presentation-, Application- und Data-Layer-Architektur wird eine Drei-Layer-Architektur mit weitgehender Unabhängigkeit der einzelnen Layer angestrebt. Dazu gehören u.a. eine Bus- und Integrationssicht (Strukturierung von Geschäftsvorfällen, die entweder eine synchrone oder asynchrone Integration verlangen), eine System- oder Domainsicht. Somit will die ZKB künftig weg kommen von applikationsgetriebenen Integrationsvorhaben (Meist resultierend in einer P2P- oder Spaghetti-Architektur) hin zu einer Integrationsmethodik, die von einer einheitlichen Architektur ausgeht. Erste Schritte dazu wurden bereits unternommen, etwa durch die Definition einer Zielarchitektur. Auf Basis derselben kann die Integration strategisch gesteuert werden. Dadurch resultieren letztlich Kosteneinsparungen durch den Reuse von Schnittstellen sowie die Verwendung der Anwendungssoftware in ihrer Standardvariante, d.h. mit geringstmöglichem Customizing.

Im Folgenden ist auf die Integrationsmethodik sowie die Integrationsinfrastruktur noch kurz einzugehen. Was die Gesamtarchitektur betrifft, werden verschiedene Integrationsmechanismen in den zu schildernden Integrationsinfrastrukturen eingesetzt, die auch der CRM-Integration dienen:[489]

- P2P-Verbindungen als direkte File-Schnittstellen
- Hub&Spoke-Infrastruktur auf Basis von Messaging (Produkt MQSeries, etwa für Request-Reply-Einsatz)
- über die letztgenannte Infrastruktur erfolgen auch P2P-Verbindungen; zudem existiert eine Bus-Architektur.

7.4.5.5.1 Integrationsmethodik

Die ZKB hat sich aus Informatiksicht die Strategie „Buy before Make" gegeben. Die Informatik der ZKB basiert vielfach auf Mainframe-Rechnern auf Unix-Basis. NT wird

---

[489] Vgl. zu den folgenden Ausführungen zu den verschiedenen Integrationsinfrastrukturen auch Friederich (2003).

als Server-Plattform geführt. Die wichtigsten Anwendungssysteme, die eingesetzt werden, sind Siebel im Front-Office sowie Avaloq und SAP für das Back-Office. Erste grundsätzliche Überlegungen bei der ZKB zur Anwendungssystemintegration erfolgten ab 1998. Die ZKB hat dabei eine Daten- und Funktionsdrehscheibe zu Integrationszwecken gebaut. Aus den oben erwähnten eingesetzten Anwendungssystemen können derzeit als wichtigste zu lösende Integrationsprobleme die SAP-(Buchungssystem) sowie die Avaloq-Integration (Wertschriftenbereich) bezeichnet werden. Dazu musste eine Plattform mit erforderlichen Technologien sowie ein Integrationsprozess definiert werden.

Drei verschiedene Integrationsinfrastrukturen setzt die ZKB ein, die im Folgenden im Detail betrachtet werden:

- Abfrageorientierte Datenbasis (ADB): Dabei handelt es sich um die Datenintegrationsplattform, die auch als ODS oder Operational Datastore bezeichnet werden kann.

- Business Request Exchange (BRE): Dabei handelt es sich um die eigentliche Drehscheibe für Funktionsaufrufe.

- Metro (Message Transformation Gateway): Dabei handelt es sich um die Infrastruktur zur Integration externer Partner des Finanzdienstleisters auf Basis von SeeBeyond und dessen Produkt eGate.

Als Integrationsbasistechnologien werden eingesetzt: Messaging, CORBA sowie File Transfer.

7.4.5.5.2 ADB-Architektur

In der ADB-Architektur werden Daten zu Auswertungszwecken redundant zu den operativen Leadsystemen gehalten (Massendatendistribution; Vgl. dazu Abbildung 112).

Die ADB ist als firmeninterne Drehscheibe für Daten auf Basis einer Hub&Spoke-Architektur zu verstehen. Die Existenz eines zentralen logischen Datenmodells integriert die Sicht der einzelnen Liefersysteme. Die Load- und Extract-Vorgänge erfolgen einmal täglich. Somit liefert das System im aktuellen Fall täglich den Vortagesstand entsprechender Daten/Bestände auf den Bildschirm der das System nutzenden Mitarbeiter. Im ADS wird auch die Kundenhistorie über die unterschiedlichen darin geführten Objekte (etwa Kunde) geführt. In die ADB werden nicht nur inkrementelle Uploads gemacht. Es erfolgt immer der vollständige Upload aller für das DWH relevanten Daten (Daily Snapshot). Dies hängt u.a. damit zusammen, dass die ADB das Grund-

Fallstudien 339

datenmaterial für alle Kundenbestände aus Sicht des Kundenkontaktpunktes liefert. Die Ladeprozedur dauert bei den sehr grossen Datenmengen (nachts) relativ lang.

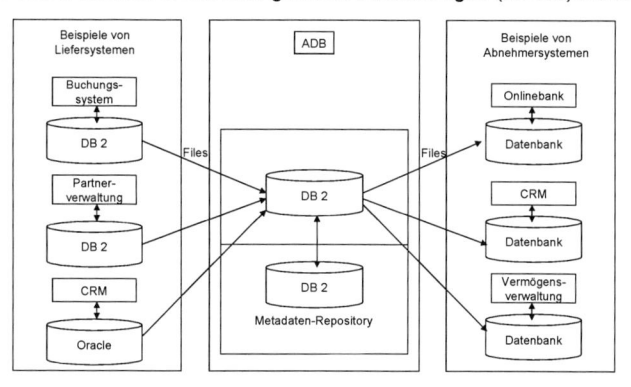

Abbildung 112: ADB-Architektur.

Falls einmal ein System einen Ladeengpass oder eine Ladeverzögerung hat, kann dies eine Verzögerung der für den Kundenberater zur Verfügung stehenden Kundendaten um drei oder vier Stunden bedeuten. Die ZKB hat, was die Kundendaten betrifft, ein klares Master-Slave-Konzept definiert. Der Master für Kundenstamm- und Kontaktdaten, aber u.a. auch Daten zu Vorlieben der Kunden, ist Siebel. Braucht also ein weiteres System (Slave) entsprechende Kundendaten, sind diese von Siebel zu beziehen. Alle weiteren (harten Kunden-) Daten erhält der Siebel-Data-Mart oder der ODS (z.B. Wertschriftenbestände des Kunden, Historie des Zahlungsverkehrs) aus den Umsystemen zugeliefert.

Die ADB ist zudem die Grundlage für den Load über den Operational Datastore an den Data Mart von Siebel. Über Siebel können nicht nur die internen operativen Daten in der entsprechenden Datenbank abgerufen nutzt neben einer operativen Datenbank auch den so genannten Siebel-Data-Mart für die Siebel-spezifschen Auswertungen für die Kundenbeziehungsprozesse.

Die DWHs werden doppelt geführt (einmal auf Basis von DB2 und einmal auf Basis von Oracle) und sind gespiegelt an zwei unterschiedlichen Standorten (Zürich-Wipkingen und Neue Hard) vorhanden. Zudem wurden aus Sicherheitsgründen die Leitungen zu den DWHs über zwei unterschiedliche Brücken über die Limmat verlegt (Kornhaus- und Hardbrücke).

Es erfolgen tägliche Uploads von Daten an das DWH. An das zentrale DWH liefern derzeit rund 150 Systeme der ZKB Daten. Massgeblich für die meist täglichen Extraktionen, Transformationen und Ladungen von Daten sind im Einzelfall die

Service Level Agreements mit den internen Kunden. Es wird ein klassischer ETL-Prozess eingesetzt. Queries und Reporting erfolgen auf Basis von DB2-, SQL- und SAS-Abfragen ab dem DWH.

7.4.5.5.3 BRE-Architektur

Die Motivation für die BRE-Architektur kann aus der ADB-Eigenart abgeleitet werden. Braucht der interne Informationskunde oder Kundenberater über ADB nicht verfügbare oder aktuellere Daten, startet er – ohne dass er dies merken würde – aus dem Siebel-System über die BRE-Plattform einen Funktionsaufruf, um den aktuellen Stand einer Informationsart abzufragen.

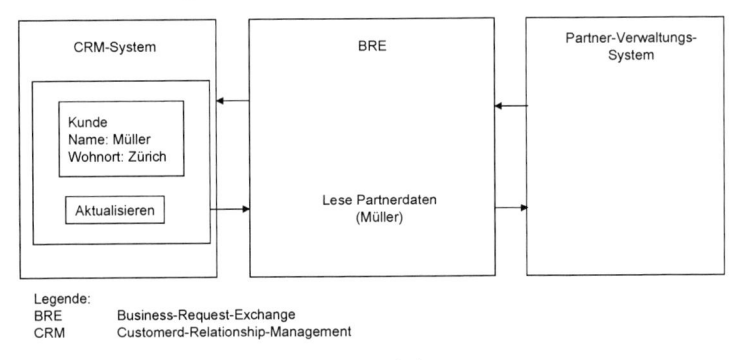

```
┌─────────────────┐      ┌─────────┐      ┌──────────────────────┐
│   CRM-System    │      │   BRE   │      │ Partner-Verwaltungs- │
│                 │      │         │      │       System         │
├─────────────────┤◄─────┤         ├─────►│                      │
│ Kunde           │      │         │      │                      │
│ Name: Müller    │      │         │      │                      │
│ Wohnort: Zürich │      │         │      │                      │
├─────────────────┤      │ Lese Partnerdaten │                    │
│ │Aktualisieren│ ├─────►│      (Müller)    ├───►│                │
└─────────────────┘      └─────────┘      └──────────────────────┘
```

Legende:
BRE   Business-Request-Exchange
CRM   Customerd-Relationship-Management

Abbildung 113: Funktionsweise BRE-Architektur.

Die Architektur ermöglicht es somit, unter dem Tag bestimmte Daten gezielt und per sofort zu aktualisieren. Die Funktionsweise des BRE sieht wie in Abbildung 113 dargestellt aus. Eine detailliertere Architektur des BRE zeigt im Detail Abbildung 114. Die Abkürzungen darin lauten wie folgt: RPMS steht für Reuter Portfolio Management System; IMS steht für ein bei Finanzdienstleistern häufig eingesetztes Datenbanksystem. Als Schnittstellen sind derzeit MQSeries von IBM, CORBA, COM/-CORBA, MQSeries/IMS im Einsatz. Darüber werden u.a. verschiedenste Request- und Reply-Patterns abgewickelt. Ferner werden auch MQSeries und EHLLAPI (Enhanced High Level Language Application Programming Interface (EHLLAPI)) gekoppelt angeboten. Nebst Request-Reply (asynchron) ist somit auch eine synchrone Interaktion über die BRE-Architektur gewährleistet. Beim EHLLAPI handelt es sich um ein API, mittels dessen Host-Bildschirme abgetastet/abgelesen werden, entsprechende (Kunden-)Daten eingelesen werden und beispielsweise dem Siebelsystem über Messaging zur Verfügung gestellt werden (sogenanntes Screen Scraping). Damit braucht der Kundenberater nicht mehr alte Host-Applikationen zu bedienen.

Fallstudien 341

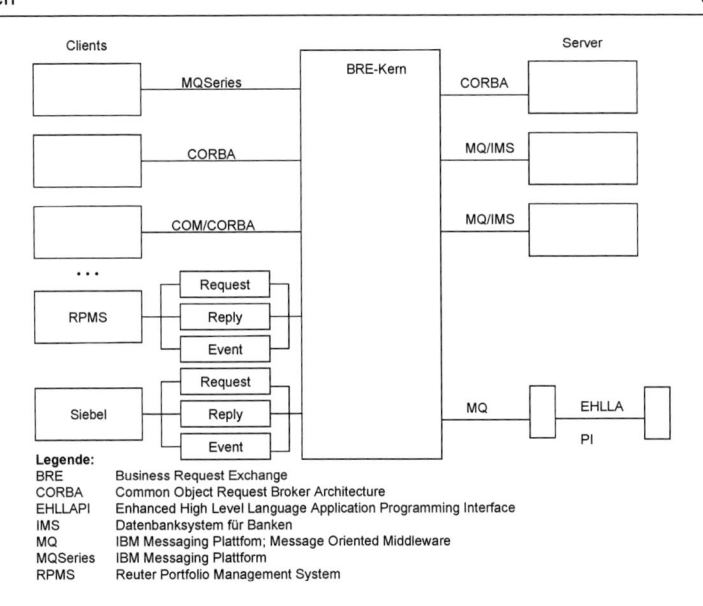

Legende:
- BRE — Business Request Exchange
- CORBA — Common Object Request Broker Architecture
- EHLLAPI — Enhanced High Level Language Application Programming Interface
- IMS — Datenbanksystem für Banken
- MQ — IBM Messaging Plattfom; Message Oriented Middleware
- MQSeries — IBM Messaging Plattform
- RPMS — Reuter Portfolio Management System

Abbildung 114: BRE-Architektur.

Diese Methodik kommt, falls erforderlich, für alle Kontaktpunkte und deren Applikationen zum Einsatz. Probleme bereiten bei diesem Verfahren insbesondere die Suche in Siebel nach Kunden mit fremdländischen Namen oder mit Lauten wie ä, ö oder ü. In diesen Fällen muss meist trotzdem im Host-System eine entsprechende Abfrage gemacht werden.

Bei der BRE-Architektur handelt es sich um eine Hub&Spoke-Architektur. Es sind damit objektorientierte Clients und Client-Schnittstellen über einen Hub verbunden. Ein integriertes Business-Object-Model ist auf der BRE-Plattform aufgebaut worden. Die fachlichen Funktionen, die aufgerufen werden, sind wieder verwendbar. Es sind explizite Schnittstellen sowie Versionierungen zu den Clients vorhanden und zum Teil zu den Servern. Die Architektur unterstützt wie in Abbildung 114 dargelegt Request-and-Reply-Mechanismen (für Just-in-Time-Informationslogistik) sowie Publish-and-Subscribe-Mechanismen, aber auch simple Meldungsweiterleitungen von A nach B.

Die Eigenheit des oben dargestellten Hubs ist, dass es sich dabei nicht nur um einen technologischen Hub, sondern auch um einen semantischen Hub handelt. Die Semantik der unterschiedlichen an den BRE-Hub angeschlossenen Systeme und damit auch die semantische Transformation kann so zentral vollzogen werden.

Für die CORBA-Schnittstellen wird u.a. als Element von CORBA das so genannte IIOP (Internet Operability Protocol) eingesetzt. Dieses erlaubt, selbstverständlich gesichert, Funktionsaufrufe über Inter- oder Intranet. Das IIOP erlaubt es u.a. auch, von Java-Clients aus Requests (ORB) an Host-Systeme abzusetzen. Der Finanzdienstleister nutzt dieses Protokoll auch für Funktionsaufrufe über das bankeigene LAN bzw. WAN. IIOP kann als Vorläufer der Web Services für das Host-Zeitalter verstanden werden. Es erleichtert den dezentralen (verteilten) Zugriff auf Services der zentralen Host-Applikationen. Dies ist u.a. auch eine Voraussetzung für das Online-Banking.

Die BRE-Architektur wird nicht nur für die Abwicklung partieller Informationsabfragen in Realtime eingesetzt, sondern auch für die Weitergabe von Informationen im Sinne der Front-Back-Office-Integration. Aus Siebel sind beispielsweise über die BRE-Architektur wie geschildert Absprünge in die Back-Office-Systeme möglich. Das dafür erforderliche Messaging bleibt jedoch „dumm". Messages enthalten je nach betroffenen Zielsystemen gekapselte Funktionsaufrufe, die im Zielsystem entpackt und ausgeführt werden. Im erforderlichen Fall werden Rückantworten rückverpackt und rückversendet (Request-Reply-Mechanismus). Mit anderen Worten, ein intelligenter Hub mit intelligentem Routing fehlt derzeit. Per Mitte 2004 evaluiert der Finanzdienstleister, ob die bestehende SeeBeyond-Architektur zu einer (intelligenten) Hub-Architektur für die Gesamtbank ausgedehnt werden soll.

Insgesamt sind in der Architektur 16 verschiedene Clientsysteme mit 17 verschiedenen Serversystemen verbunden. Die Architektur und die betroffenen Systeme sind somit verhältnismässig überblickbar.

7.4.5.5.4 Metro-Architektur

Die Motivation für die Metro-Architektur bestand darin, die Kommunikation bezüglich zwischenbetrieblicher EDI-Dienstleistungen (und Dienstleistungen, die auf anderen Protokollen basieren) und den internen Systemen sicherzustellen.

Dies führte zur Frage des Transports und der Konversion/Transformation von Meldungen bzw. Meldungsformaten (SWIFT-, EDIFACT-Meldungsformate). Die Metro-Architektur wird in Abbildung 115 dargestellt.

Die Metro-Architektur besteht aus einem Bus, basierend auf SeeBeyond. Die Philosophie dabei ist, eine Anpassung der Datenformate von Client- bzw. Server-Systemen zu erreichen. Der Transfer von Meldungen erfolgt basierend auf den Standardformaten SWIFT und EDIFACT. Die verteilte Architektur ist skalierbar und auf Massenverarbeitung ausgerichtet. Eine rasche Integration neuer Datenbezüger (oder seltener Lieferanten) ist möglich. Über die Metro-Architektur werden etwa 150'000 Meldungen pro Tag verarbeitet. Es sind etwa zehn Systeme darüber verbunden.

Fallstudien 343

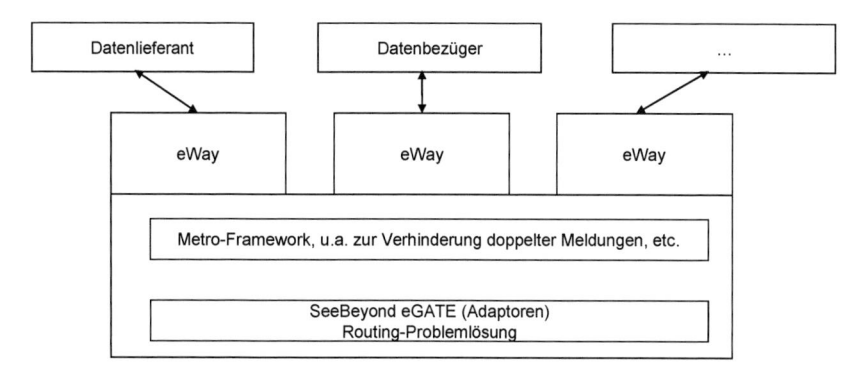

```
┌─────────────────┐     ┌─────────────────┐     ┌─────────────────┐
│  Datenlieferant │     │   Datenbezüger  │     │       ...       │
└─────────────────┘     └─────────────────┘     └─────────────────┘

┌─────────────────┐     ┌─────────────────┐     ┌─────────────────┐
│       eWay      │     │       eWay      │     │       eWay      │
└─────────────────┘     └─────────────────┘     └─────────────────┘

┌─────────────────────────────────────────────────────────────────┐
│   Metro-Framework, u.a. zur Verhinderung doppelter Meldungen, etc. │
├─────────────────────────────────────────────────────────────────┤
│              SeeBeyond eGATE (Adaptoren)                        │
│              Routing-Problemlösung                              │
└─────────────────────────────────────────────────────────────────┘
```

Abbildung 115: Metro-Architektur.

Aus Sicht des Kundenbeziehungsmanagements werden alle drei Integrationsarten gebraucht und eingesetzt. Tagesaktuelle firmeninterne Daten ermöglichen den Kundenberatern für die Beratung die Zusammenstellung von Istdaten zu Portfolios, auf Konti, etc. Für firmeninterne Daten, die kurzfristig aktueller erforderlich sind, wird BRE eingesetzt. Für die Abwicklung etwa von Transaktionen und Transaktionsprozessen, mit Folgen etwa für Partnerbanken und Partnerinstitute, wird das Metro-Framework eingesetzt.

7.4.5.6 Integrationsszenarien und -vorgehensmodell

Auf Basis der unter Kapitel 7.4.5.5.1 geschilderten Architekturen lassen sich relativ einfach Integrationsszenarien ableiten. Die Frage lautet, ob generell eine tagfertige Aktualisierung redundant gehaltener Datenbestande erforderlich ist, ob eine gezielte sofort wirksame Aktualisierung einzelner ausgewählter Daten (bzw. Aufruf von Funktionen) erforderlich ist oder ob eine unmittelbare Weiterleitung von Datenänderungen an alle diese Daten redundant haltenden bzw. nutzenden Systemen in Realtime erforderlich ist.

Die erste Anforderung erfüllt die ADB-Achitektur, die zweite Anforderung erfüllt die BRE-Architektur und die dritte Anforderung erfüllt die Metro-Achitektur. Die wesentlichen Kriterien, nach denen die Integrationsfragen gelöst werden können, lauten somit wie folgt:

- Ist ein Datenaustausch in Realtime (synchron) oder nicht in Realtime (asynchron) erforderlich?

- Ist ein Request-Reply-Mechanismus oder ein Datenverteilungsmechanismus erforderlich (Anstoss durch Datennutzer versus Anstoss durch Datenlieferanten)?

- Wie sehen die Verhältnisse zwischen Datenmenge versus Datendurchsatz aus?
- Welche Plattformen und Programmiersprachen der zu integrierenden Systeme sind gegeben?

Weitere Kriterien zur Wahl der Integrationstechnologie sind oder waren:

- Reuse-Potenzial der Anbindung/Schnittstelle für andere Verbindungen
- Mengen zu transportierender Daten (Durchsatz)
- Art bzw. Auslöser der Kommunikation
- Kommunikationsrichtung bezüglich der unterschiedlichen Systeme
- Niveau, Layer der Integration
- „Strecke" der Integration
- Bankfachlicher Charakter des Liefersystems
- Programmiersprache sowie Plattform des zu integrierenden Systems
- Angebot an Schnittstellen des zu integrierenden Systems
- Meldungsformate an der Schnittstelle zwischen Systemen im Falle von Systemausfällen
- Zuverlässigkeit der Schnittstelle bzw. Verbindung im Falle von Systemausfällen
- Notwendigkeit zur Versionierung von Schnittstellen
- Sicherheit der Verbindung
- Skalierbarkeit
- Unterstützung von Transaktionen
- Existenz einer bestimmten Technologie im betrachteten Kontext (Server Systeme mit einer bestimmten Technologie angebunden, ja oder nein)
- Gebrauch einer bestimmten Technologie für andere Integrationsbelange im selben Projekt, Verminderung der Technologieanzahlen in einzelnen Projekten
- Vorhandensein von Know-how über einzelne Technologien in einem Projekt.

Damit ergab sich folgende Matrix zur Bestimmung der Integrationsprobleme und zur Definition der Architektur, über welche die Integration vorzunehmen ist (vgl. Abbildung 116).

Fallstudien 345

	Request/Reply	Datenverteilung
"Realtime"	BRE	Metro
Tagfertig		ADB

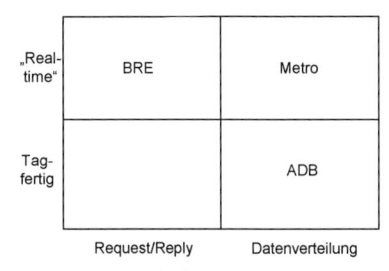

Abbildung 116: Entscheidungsmatrix für das Integrationsproblem.

Die Matrix umfasst zwei Dimensionen, eine zum Zeitaspekt (Realtime oder tagfertig) und eine zum Mechanismus der Integration (Request/Reply sowie Datenverteilung) über die Schnittstelle. Über diese vier Teildimensionen lassen sich die Integrationsanforderungen definieren, wie sie durch die weiter oben definierten Architekturen ermöglicht werden. Es sind unterschiedliche Einsatzkombinationen von ADB-, BRE- und Metro-Architektur für komplexere Geschäftsvorfälle denkbar und teilweise auch implementiert. Deren detaillierte Darstellung würde für diese Arbeit zu weit führen.

7.4.6 Schlussbemerkungen zur Fallstudie

Die Gründe für die Entwicklung dieser Methodologie für die Implementierung von Integrationsgeschäftsvorfällen sind in der starken Veränderung der Applikationslandschaft und der Integrationslandschaft des Finanzdienstleisters zu suchen, was eine Flexibilisierung der Architektur erforderlich macht. In einem Unternehmen wird das Total an Werkzeugen und Konzepten, insbesondere bei einer Best-of-Breed- und einer Buy-before-Make-Strategie, sehr rasch heterogen, dies umso mehr, als die Anbieter von Standard-Software eigene Integrationskonzepte und -werkzeuge anbieten.

Die Erkenntnisse aus den Integrationsvorhaben in der ZKB werden im Folgenden summarisch aufgeführt.

Die Haupterkenntnis ist, dass die ZKB mehrheitlich Datenintegration über unterschiedliche Transportarten einsetzt, auch die BRE-Plattform liefert aufgrund entfernter Funktionsaufrufe einzig Daten. Ein eigentliches Workflow Management wird aus Sicht des Kundenbeziehungsmanagements derzeit nicht eingesetzt.

Alles Realtime zu integrieren ist heute (noch) nicht wirtschaftlich, oft nicht nötig und teilweise gar nicht möglich (Tagesendverarbeitungs-orientierte Systeme); eine Tagesendverarbeitung reicht für verschiedene Geschäftsvorfälle problemlos aus.

Die Frage nach den Zeitaspekten von Daten aus Kundenbeziehungssicht – Realtime versus Nicht-Realtime – ist elementar bzw. hat Konsequenzen.

Hub&Spoke-Architekturen sind dann wertvoll, wenn der Hub nicht nur technologische, sondern auch semantische Funktionalität aufweist. Erst dann ist eine umfassendere Integration und nicht nur eine Verbindung der Systeme möglich.

Die Spezifikation eines Hubs (Struktur, Schnittstellen) benötigt umfangreiches Wissen über die fachliche Domäne.

Für das CRM kommen primär und je nach Geschäftsvorfall die ADB- (tagesaktuelle Daten- respektive Informationsabrufe) und BRE-Mechanismen (Realtime Daten- oder Informationsabrufe) zum Tragen.

Die Integrationskonzeptionen und die fachlichen Konzeptionen sind in der Regel wichtiger als die Werkzeuge zur Integration.

Die „Werkzeugkiste" zur Integration bei der ZKB enthält heute mehrere Werkzeuge. Es fehlt der ZKB teilweise bislang eine einheitlich modularisierte Gesamtarchitektur.

Für die ZKB stehen noch immer je eigene Applikationen für das Contact Center, das Online Banking und Siebel zur Verfügung (Stovepipe-Architekturen). Die fehlende Kunden-Gesamtsicht wird über die ADB-, die BRE- und die Metro-Architektur sichergestellt. Früher und teilweise noch heute existiert dafür eine P2P- oder Spaghetti-Architektur, die im Rahmen des Migrationspfades seit 1998 abgelöst werden soll.

Das Online Banking ist mittlerweile über die genannten Integrationsmechanismen in die ZKB Architektur integriert. Eine CTI-Integration im Contact Center existiert nicht. Über Siebel sind mittels der erwähnten Integrationsmechanismen Altapplikationen in die Siebel-Lösung integriert.

Heute wird vielfach eine reine Backend-Integration aus Sicht des Frontend betrieben, künftig soll eine Bus-/Domain-Architektur betrieben werden, wie sie auch in der Fallstudie zur sunrise und zur Credit Suisse thematisiert wird. Die Folge sollte sein, dass das Unternehmen zunehmend zu einer integrationsspezifischeren Sicht der Abwicklung von Geschäftsvorfällen und -prozessen kommt und applikationsspezifische Funktionen zu einem Teil eines gesamten Funktionalitäts- oder Domain-Portfolios werden (Kapselung von Funktionen/Services statt ganzen Best-of-Breed-Komponenten). Künftig sollte zudem beispielsweise das Muster einer Schnittstelle für Börsenaufträge, sei es dass diese direkt über das Siebel-System (Siebel-eigener Adapter) oder über das Online Banking (MQSeries-Schnittstelle) getätigt werden, gleich aussehen.

7.4.7 Zusammenfassung der Integrationssachverhalte der Fallstudie ZKB

Zusammenfassend kann die Integration am für die Arbeit relevanten Integrationsmodell wie in Abbildung 117 dargestellt werden.

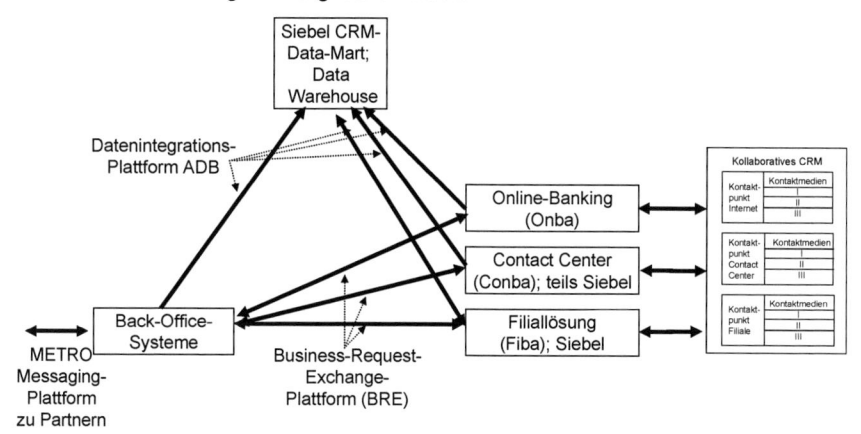

Abbildung 117: Darstellung der ZKB-Architektur am CRM-Integrationsmodell.

Multi Channel Management

Die Architektur ist aus Sicht des CRM geprägt durch Stovepipes, was Medien und kanalspezifische CRM-Systeme betrifft. Für jeden der drei Hauptkanäle Internet, Contact Center und Filiale existiert je eine Stovepipe-Architektur mit mehr oder weniger CRM-Funktionalität. Der Bau einer Multi-Channel-Plattform ist für das Unternehmen kein Thema. Einen Ersatz dafür stellen teilweise die erwähnten Integrationsarchitekturen dar, die für die unterschiedlichen Integrationsbedürfnisse aus Sicht der verschiedenen Kanäle aufgebaut wurden.

Schliessung des Regelkreises der Marktbearbeitung

Der Regelkreis der Marktbearbeitung ist wegen der mehrheitlich getrennten Kanalapplikationen (Stovepipes) recht komplex. Dies lässt die Datenintegration bezüglich Produktnutzung der Kunden über verschiedene Kanäle ins analytische CRM noch wichtiger werden.

Straight Through Processing und Integrationsinfrastrukturen

Über den konsequent wertschöpfungsorientierten Aufbau der Architektur hat das Unternehmen den Grundstein für die wertschöpfungsorientierte Integration im Sinne des Straight Through Processing gelegt. Hinter den wertschöpfungsorientierten Aufbau der Architektur legt das Unternehmen die unterschiedlichen Integrationsinfrastrukturen, mittels der im Einzelfall die Integration für die Datenintegration, das Messaging und Funktionsaufrufe realisiert werden können.

Interessant ist das Konzept der Integrationsinfrastrukturen, die entsprechend den Integrationsbedürfnissen gebaut wurden. Es wurde je eine Datenintegrationsplattform (tagfertige Auswertungen für einzelne Kunden oder ganze Kundengruppen), eine Business-Request-Exchange-Plattform (BRE; ermöglicht Online-Datenabrufe, z.B. zu bestimmten Kunden durch Berater oder Front-Personal, sowie unternehmensinternes Messaging) sowie eine Messaging-Plattform (für den Message-Austausch zwischen ZKB und den Partnerbanken) gebaut. Die verschiedenen Integrationsplattformen werden auch kombiniert genutzt.

Granularität und Aufbau der Architektur

Es lassen sich in der Architekturdarstellung der ZKB verschiedene Domains oder Funktionsblöcke unterscheiden, die strikt der Wertschöpfung des Finanzdienstleisters nachgebildet sind. Auf einer weiteren Ebene werden die Domains in die Applikationen aufgegliedert, die wiederum auf verschiedenen Services beruhen, die von den Applikationen angeboten und abgerufen werden können. Die Domain- oder Komponentenbildung und die Zuordnung von Applikationen zu den Domains ermöglicht ein systematisches Management der Weiterentwicklung oder des Ersatzes von Applikationen innerhalb der Gesamtarchitektur der ZKB.

8 Auswertung und Vergleich der Fallstudien

Im folgenden Kapitel erfolgt nach einem summarischen tabellarischen Quervergleich der Fallstudien ein verbaler Quervergleich zum Realisierungsgrad der in Kapitel 6 erwähnten CRM-Integrationskonzepte. Dies umfasst die fallstudienübergreifenden Vergleiche zu den Themenbereichen Regelkreis der Marktbearbeitung, Integration des CBCs, Integration des MCMs sowie Integration der Wertschöpfungskette. Innerhalb der entsprechenden Kapitel wird weiter wie folgt differenziert.

Im Teilkapitel zur Integration des Regelkreises der Marktbearbeitung wird diese insbesondere aus der Perspektive des strategischen CRMs sowie des MCMs diskutiert.

Im Bereich des CBCs wird ein Vergleich zur Schliessung des Regelkreises der Marktbearbeitung innerhalb der Fallstudien gezogen sowie ferner kurz auf die Verkaufsmethodiken eingegangen, welche eine der Grundlagen für die Dokumentation zuhanden der Prozesssteuerung darstellen. Insbesondere wenn über unterschiedliche Kontaktpunkte integriert werden soll, stellen Verkaufsmethodiken eine wichtige Möglichkeit zur Definition von Messpunkten im operativen CRM, aber auch zur Komplexitätsreduktion des MCMs dar. Allerdings konnte eine detaillierte Dokumentation der Messpunkte für die Fallstudien sowohl aus Zeit- als auch aus Platzgründen nicht erbracht werden.

Im Teilkapitel zur Multi-Channel-Integration stehen ausgehend von den Fallstudien beispielhaft drei Integrationsszenarien zur Diskussion, die sich anhand der Fallstudien und der Theorie als zentral herausstellten. Last but not least liegt der Schwerpunkt des letzten Teilkapitels bei der Frage der Wertschöpfungskette und damit implizit der Front- und Back-Office-Integration. Im entsprechenden Teilkapitel werden Aspekte der Wertschöpfungsintegration im Finanzdienstleistungsbereich sowie im Telekommunikationsbereich separat diskutiert. Zudem wird auf die Frage eingegangen, welche Auswirkungen die Wertschöpfungsintegration auf die Architektur hat, respektive inwiefern die Architektur wertschöpfungsorientiert dargestellt oder aufgebaut wird.

8.1 Allgemeiner tabellarischer Vergleich

Abbildung 118 zeigt eine Kurzübersicht über die bearbeiteten Fallstudien. Darin werden die Fallstudien wie folgt charakterisiert: Allgemeine Tätigkeit, geografisches Tätigkeitsgebiet und für Fallstudie relevantes Tätigkeitsgebiet, vorhandene CRM-Komponenten sowie Fokus der CRM-Initiativen. Es wurden insbesondere Einheiten der erwähnten Unternehmen untersucht, welche den schweizerischen Markt bearbeiten.

350 Auswertung und Vergleich der Fallstudien

Firma	Tätigkeit	Geografisches Tätigkeitsgebiet	Vorhandene CRM-Komponenten	Fokus der CRM-Initiativen
CSG Credit Suisse Group (Weltweiter Konzern)	Erbringung von Finanz- und Versicherungsdienstleistungen aller Art Fokus Fallstudie auf Finanzdienstleistungs-Organisationseinheiten; Markt Schweiz	Weltweit Fokus Fallstudie: Schweiz 7x24-Stunden.	Analytisches, teilweise operatives CRM, kollaboratives CRM	Separate analytische und operative Initiative, separate kollaborative Initiative dafür unterschiedliche organisatorische Einheiten
TDC Switzerland AG (sunrise) (Schweizerisches Telekommunikationsunternehmen; Vollservice-Anbieter)	Erbringung von Telekommunikationsdienstleistungen aller Art Vollserviceanbieter; Fokus Fallstudie: Retailsegment	Schweizweit 7x24-Stunden	Analytisches CRM, operatives CRM, kollaboratives CRM	Separate analytische und operative Initiative, separate kollaborative Initiative dafür unterschiedliche organisatorische Einheiten
UBS (Weltweiter Konzern)	Erbringung von Finanzdienstleistungen aller Art Fokus Fallstudie auf Markt Schweiz	Weltweit Fokus Fallstudie: Schweiz 7x24-Stunden.	Analytisches, teilweise operatives CRM, kollaboratives CRM	Separate analytische und operative Initiative, separate kollaborative Initiative dafür unterschiedliche organisatorische Einheiten
Zürcher Kantonalbank (Finanzdienstleister im Kanton Zürich)	Erbringung von Finanzdienstleistungen aller Art	Kanton und Grossregion Zürich (Schweiz) 7x24-Stunden.	Analytisches, operatives CRM, kollaboratives CRM	Sehr nahe zueinander liegende operative und analytische Bereiche; Versuch zu einer ganzheitlichen Kundensicht

Abbildung 118: **Allgemeiner Vergleich der Fallstudienunternehmen.**

Ein differenzierterer tabellarischer Vergleich erfolgt in den folgenden Abbildungen. In Abbildung 119119 und 120 wird auf allgemeine IT-strategische Fragen zum Make or Buy sowie zu Zentralisierungs- und Dezentralisierungsgraden aus CRM-Sicht eingegangen. Die Abbildungen geben einen Überblick über die Positionierung gewisser Aspekte der Fallstudien auf unterschiedlichen Kontinuen. Die Kontinuen haben die folgenden Pole: Grosse versus mittlere Unternehmen, Make-or-Buy bezüglich CRM- und Integrationslösungen, Best-of-Breed versus Single Sourcing im Falle des Buy bei CRM-Lösungen, Dezentralisierungs- und Zentralisierungsgrade in der Organisation der Kundenkontaktpunkte.

Auswertung und Vergleich der Fallstudien

		Credit Suisse	sunrise	UBS	ZKB
Grösse des Unternehmens		Grosses Unternehmen	Mittleres Unternehmen	Grosses Unternehmen	Mittleres Unternehmen
Tätigkeitsgebiet (Geografische Verteiltheit) International versus Lokal		Weltweit Operatives CRM-Projekt von Private Banking ausgehend, auf Schweiz bezogen Analytisches CRM war zuerst auf Retail Banking bezogen	Firmenname TDK (Switzerland) AG; Markt Schweiz Mutterfirma: TDK Danmark; weltweit tätig	Weltweit Operatives CRM-Projekt von Private Banking ausgehend, auf Schweiz bezogen Analytisches CRM war zuerst auf Retail Banking bezogen	Regional, Schweiz
Struktur des Marktes		Offener Markt; unterschiedliche Wettbewerbsintensität je Segment; beschränkt volatiles Kundenverhalten	Offener Markt; wenige Anbieter, je nach Produkt unterschiedliche Intensität des Wettbewerbs; sehr volatiles Kundenverhalten	Offener Markt; unterschiedliche Wettbewerbsintensität je Segment; beschränkt volatiles Kundenverhalten	Offener Markt; unterschiedliche Wettbewerbs-intensität je Segment; beschränkt volatiles Kundenverhalten
Make or Buy	**CRM-Lösung**	Operatives CRM: Make (FrontNet; Portallösung) Analytisches CRM: Buy und Make (verschiedenste Anbieter)	Operatives CRM: Buy (Clarify (Contact Center) und ATG (Web)) Analytisches CRM: Buy (Teradata CRM/NCR)	Operatives CRM (Client Advisor Workbench): Make (Portallösung) Analytisches CRM: Make/Buy	Operatives CRM: Buy (Siebel; Face-to-Face und Contact Center) und teilweise Make/Buy (Online Banking) Analytisches CRM: Buy (SAS u.a.)
	Integration	Make auf Basis eingekaufter Komponenten; drei Bus-Architekturen für Massendaten, Client-Server-Aufrufe und Messaging	Make auf Basis eingekaufter Komponenten; eine Bus-Architektur für unterschiedliche Integrationsbedürfnisse	Make auf Basis eingekaufter Komponenten; Komponenten-basierte Integration für lose und enge Kopplung	Make auf Basis eingekaufter Komponenten; drei Plattformen für drei unterschiedliche (oder mehr) Integrations-bedürfnisse; Zeit-abhängigkeit
Im Falle des Buy	**Best-of-Breed**	Ja Integration	Ja CRM und Integration	Ja Integration	Ja CRM und Integration
	Single Sourcing	Nein	Nein	Nein	Nein
Genutzte CRM-Funktionalität im operativen CRM		Verkauf und Beratung, sowie je nach Kundensegment Marketing; After Sales Service partiell zu Beratung gehörend; Funktionalität teilweise unterschiedlich je Segment	Marketing, Verkauf und After Sales Service	Verkauf und Beratung, sowie je nach Kundensegment Marketing; After Sales Service partiell zu Beratung gehörend; Funktionalität teilweise unterschiedlich je Segment	Verkauf und Beratung, sowie je nach Kundensegment Marketing; After Sales Service partiell zu Beratung gehörend; eigenerstellte Prozesse im operativen CRM

Abbildung 119: Allgemeiner Vergleich der Fallstudien – Teil I.[490]

---

[490] Die Abkürzungen in Abbildung 119 und Abbildung 120 lauten wie folgt: aCRM steht für analytisches CRM; oCRM steht für operatives CRM; cCRM steht für kollaboratives CRM, CH steht für Schweiz und BRD für Bundesrepublik Deutschland. BoB steht für Best-of-Breed-Lösung.

		Credit Suisse	sunrise	UBS	ZKB
Zentralisierung und Dezentralisierung CRM-Organisationseinheiten und entsprechender Organisationseinheiten	aCRM	Starke zentrale Analyseeinheit (LBM) bezüglich strategischen Programmen Retail Banking, sonst eher dezentrale Auswertungen auch über operatives CRM und dezentrale Zugriffe auf Data Marts (Private Banking)	Starke zentrale aCRM-Einheit, mit NCR-Einführung starke Automatisierung von Analyse und operativer Umsetzung auf Basis Analyse	Starke zentrale Analyseeinheit (aCRM) bezüglich strategischen Programmen Retail Banking, sonst eher dezentrale Auswertungen auch über operatives CRM und dezentrale Zugriffe auf Data Marts (Private Banking)	Starke zentrale Analyseeinheit (Vertriebssteuerung) bezüglich strategischen Programmen Retail Banking, sonst eher dezentrale Auswertungen auch über operatives CRM und dezentrale Zugriffe auf Data Marts (Private Banking)
	oCRM	Unterschiedlich dezentral je nach Kontaktpunkt und Kundensegment	Einheitlich für alle Kundensegmente, mit unterschiedlichen Feinausprägungen etwa im Contact Center (single point of contact) und zentrales Content Management, Echannel stark positioniert im Service	Unterschiedlich dezentral je nach Kontaktpunkt und Kundensegment	Unterschiedlich dezentral je nach Kontaktpunkt und Kundensegment
	cCRM	Hauptkontaktpunkte Telefon, Face-to-Face, Web; reduzierte integrierte Sicht über alle Kanäle; MCP-Projekt für Kontaktkanalintegration über Stovepipes hinweg; segmentspezifische Unterschiede bezüglich Nutzung der Kontaktpunkte	Hauptkontaktpunkte Telefon, Face-to-Face, Web; teilweise gute integrierte Sicht über Kontakte über unterschiedliche Kontaktpunkte auf Basis Bus-Integration von Kontaktmedien über CRM-Prozesse ujnd Back-Office-Prozesse; segmentspezifische Unterschiede bezüglich Kontaktpunktnutzung	Hauptkontaktpunkte Telefon, Face-to-Face, Web; reduzierte integrierte Sicht über alle Kanäle; Fokus Bereitstellung von Kontaktpunkt-Interfaces an Business Systeme Client Servicing; segmentspezifische Unterschiede bezüglich Kontaktpunktnutzung	Hauptkontaktpunkte Telefon, Face-to-Face, Web; reduzierte integrierte Sicht über alle Kanäle; segmentspezifische Unterschiede bezüglich Kontaktpunktnutzung

Abbildung 120:   Allgemeiner Vergleich der Fallstudien – Teil II.

Die Abbildung 121 und die Abbildung 122 geben einen summarischen tabellarischen Vergleich der Fallstudien hinsichtlich des Konzeptes des Regelkreises der Marktbearbeitung wieder, wie es in Kapitel 2.1.2 theoretisch eingeführt und besprochen wurde. Im Detail wird auf den Regelkreis der Marktbearbeitung im Rahmen des Quervergleichs der Fallstudien auch in Kapitel 8.2 eingegangen. Die Fallstudien wurden geprüft hinsichtlich: Vorhandensein von technischen Realisierungen und gewählten Produkten je CRM-Komponente (auch wenn diese Aufzählung nicht abschliessend ist), summarischer Vergleich der für den Regelkreis der Marktbearbeitung relevanten Integrationsaspekte, Darstellung alternativer Schliessungsmöglichkeiten des Regelkreises der Marktbearbeitung.

Auswertung und Vergleich der Fallstudien

Thema \ Unternehmen	Credit Suisse	sunrise	UBS	ZKB
DWH vorhanden	Ja	Ja; Neu: NCR Teradata	Ja	Ja (inklusive Siebel-Data-Mart für CRM)
Analytisches CRM vorhanden	Ja Auf Basis von SAS-Produkten; umfangreiche Data-Mining-Anwendung	Ja Umfangreiche Data-Mining-Anwendungen; Künftige Analysen auf Basis von NCR Teradata Produkten	Ja Auf Basis von SAS-Produkten; umfangreiche Data-Mining-Anwendung	Ja Auf Basis von SAS-Produkten
Operatives CRM vorhanden	Ja Eigenentwicklung der Lösung FrontNet für Relationship Manager und verschiedene zusätzliche Rollen im Umfeld der Relationship Manager	Ja Clarify für Contact Center; ATG für Internet-Plattform	Ja Eigenentwicklung Client Advisor Workbench für Client Advisors; kein explizites Portfolio an Frontends für unterschiedliche Rollen; Workbench kann aber an Bedürfnisse der Rollen angepasst werden	Ja Siebel-Systems für Kundenberater und Contact Center – Eigenentwicklung der Beratungsmethodik auf Basis von Siebel-eScript; E-Banking-Lösung als Eigenentwicklung
Datendown- und Datenuploadmechanismen Von operativen Systemen zu analytischem CRM	ETL-Prozess Für Datenladeprozess ist Bulk Service Bus gebaut worden	Umfangreicher ETL-Prozess, teilweise über entsprechenden ETL-Applikationen oder Vitria-Plattform	ETL-Prozess	ETL-Prozess; für Datenladeprozess ist ADB-Plattfom gebaut worden
Datendown- und Datenuploadmechanismen Von analytischem CRM zu operativem CRM	Je nach Zielsystem unterschiedlich (Campaign Processing als Transportinfrastruktur), in FrontNet (Relationship Manager) elektronisch, ansonsten z.T. elektronische Listuploads oder Papierlisten; es erfolgt eine Priorisierung der Alerts oder Events	Künftig direkt von der Analyse an die Kontaktmedien, teilweise aber auch über elektronischen Transfer ins Contact Center	Über Avis Local (als Transportinfrastruktur, elektronisch) an Client Advisor Workbench; teilweise auch über Listuploads, etc., je nach Kontaktmedium. Es wurden unterschiedliche Event- oder Alertkategorien für Aktionen definiert	Mehrheitlich elektronisch direkt in die Lösung von Siebel-Systems; Pendenzen; Mechanismen zur Priorisierung teilweise vorhanden oder angedacht
Quellsysteme des DWH	Einige Front- und sehr viele Back-Office-Systeme inklusive alter Host-Systeme	Einige Front- und viele Back-Office-Systeme	Einige Front- und sehr viele Back-Office-Systeme inklusive alter Host-Systeme	Diverse Front- und Back-Office-Systeme inklusive alter Host-Systeme
Kundenverhaltensmodellbildung	Ja, u.a. zu den strategischen CRM-Zielsetzungen	Ja, zu den strategischen CRM-Zielsetzungen; Bildung von Scoring-Modellen, die mehrfach für Kundenbetreuung eingesetzt werden, u.a. auch für die Priorisierung der Kontaktbearbeitung in Contact Centern	Ja, u.a. zu den strategischen CRM-Zielsetzungen	Ja

Abbildung 121: Vergleich zum Regelkreis der Marktbearbeitung – Teil I.

Unternehmen / Thema	Credit Suisse	sunrise	UBS	ZKB
Multi-Channel-Kampagnen möglich	Nur partiell; nicht integriert aus der FrontNet-Umgebung heraus; aber partiell integriert aus dem analytischen CRM heraus	Ja, teilweise direkt aus analytischem CRM heraus	Ja; partiell; nicht integriert aus der Client Advisor Workbench heraus; jedoch partiell vom analytischen CRM aus	Ja, partiell; Stovepipe-Architekturen
Relevanz von Zeitaspekten bei der Schliessung des Regelkreises	Teilweise zentral, aber im Wettbewerb nicht entscheidend Implizites Thema in den verschiedenen Bus-Infrastrukturen zur Integration	Sehr zentral; Anstreben einer Integration von operativem und analytischem CRM in Echtzeit Implizites Thema in verschiedenen Arten der Integration innerhalb der Architektur	Teilweise zentral, aber im Wettbewerb nicht entscheidend Implizites Thema in verschiedenen Arten der Integration innerhalb der Architektur	In Methodik zur Definition des Integrationsvorfalls und entsprechender Integrationsinfrastrukturen explizit ein Thema (tagesaktuelle versus Echtzeit-Daten)
Besonderes zum Regelkreis der Marktbearbeitung	Mehrere Möglichkeiten zur Schliessung des Regelkreises über Front- und Back-Office-Systeme	Mehrere Möglichkeiten zur Schliessung des Regelkreises über Front- und Back-Office-Systeme Wesentlich ist immer stärker die Möglichkeit zur Schliessung des Regelkreises in Echtzeit	Mehrere Möglichkeiten zur Schliessung des Regelkreises über Front- und Back-Office-Systeme	Mehrere Möglichkeiten zur Schliessung des Regelkreises über Front- und Back-Office-Systeme

Abbildung 122: Vergleich zum Regelkreis der Marktbearbeitung – Teil II.

8.2 Integration des Regelkreises der Marktbearbeitung

In traditionellen Vorstellungen zum Zusammenspiel von analytischen (OLAP) und operativen Anwendungssystemen (OLTP) geht es in der Regel darum, Daten aus operativen Systemen zur Analyse in analytische Anwendungsumgebungen zu integrieren und dort zu analysieren. In der Regel ergibt sich durch die Analyse nicht notwendigerweise eine Rückschreibung von Daten in die operativen (CRM-)Systeme. Dies ist, wie in den Fallstudien gezeigt werden konnte, im CRM-Umfeld nicht so. Vielmehr erfolgt, wie bereits im CRM-Integrationsmodell dargestellt, eine bidirektionale Integration von Daten, um aus systemtheoretischer Sicht unmittelbar auf das Zusammenspiel von Kunden, Unternehmen und der Konkurrenz Einfluss nehmen zu können.

8.2.1 Schwerpunkte der Regelkreis-Implementierung und -Integration

Die Schliessung des Regelkreises der Marktbearbeitung der untersuchten Finanzdienstleister erfolgt ähnlich. Allerdings bestehen systemspezifische Unterschiede der Implementierung und unterschiedliche Schwerpunkte in den unterschiedlichen Kundensegmenten. Ebenfalls ähnlich sind die Ausprägungen der Regelkreis-Schwerpunkte bei den verschiedenen Kundensegmenten. Sehr dominant ist das bei den

Finanzdienstleistern der Fall. Die Implementierung des Regelkreises der Marktbearbeitung steht im Retailsegment insbesondere im Bereich der Marketingprozesse im Vordergrund. Dies beinhaltet

- die Generierung von Leads mittels Marketingkampagnen über unterschiedliche Medien

- die Abarbeitung von Kampagnen über unterschiedliche zentrale und dezentrale Kontaktpunkte und

- die Überprüfung des Erfolgs der Abarbeitung anhand von Analysen.

Beim Relationship Management im Kundensegment Private Banking steht die Schliessung des Regelkreises der Marktbearbeitung insbesondere im Bereich der persönlichen Verkaufsberatung im Vordergrund. Entsprechend werden mögliche Leads oder Opportunitäten von den Beratern abgearbeitet und mittels Analysen auf ihren Erfolg hin geprüft. Verkaufsmethodiken helfen dabei, Messpunkte für die Abarbeitung von Verkaufsaktivitäten zu definieren, über welche die Erfolgssteuerung ermöglicht wird. Dies ist am umfassendsten bei der UBS angedacht und teilweise realisiert. Quellen für vertriebssteuerungsrelevante Alerts – und insofern Determinanten für das Management von Beratungs- und Verkaufsaktivitäten – sind bei der UBS: Produktsicht/Produktmanager, Verkaufs- und Beratersicht, Compliance- und Marktsicht. Dies ergibt eine systematische Struktur für das Management von Kundenbeziehungen aus der Verkaufs- oder Beziehungsperspektive. Eine entsprechende Implementierung von Verkaufsmethodiken dient somit allen betrachteten Finanzdienstleistern dazu, die Analyse mittels des Regelkreises der Marktbearbeitung zur Generierung von Verkaufschancen und zur Überwachung von deren Abarbeitung einzusetzen. Allerdings werden hier statt der alleinigen Überwachung über die Implementierung des Regelkreises auch Szenarien eingesetzt, über welche im operativen CRM z.B. mit Eskalierungen von Alerts zuhanden von höheren Managementebenen gearbeitet wird. Dies ist z.B. bei der UBS und der ZKB der Fall.

Die Realisierung oder Implementierung von Verkaufsmethodiken – welche eine der Grundlagen für das Definieren von Messpunkten darstellt – über die u.a. eine Regelkreis-Schliessung ins Auge gefasst werden kann, sieht bei den drei Finanzdienstleistern unterschiedlich aus.[491]

Das Telekommunikationsunternehmen hat die höchsten Ansprüche an die Implementierung und Integration des Regelkreises der Marktbearbeitung. Es ist damit auch sehr weit fortgeschritten. Allerdings gibt es unterschiedliche Perspektiven der Schliessung

---

[491] Vgl. zu den von den Finanzdienstleistern eingesetzten Verkaufsmethodiken Kapitel 8.3.2.

des Regelkreises, einerseits zur Steuerung der Front-Office-Prozesseinheiten, andererseits zum Management der strategischen Zielsetzungen der Kundengewinnung, des Cross- und Up Selling, der Kundenbindung und der Kundenrückgewinnung. Beim Telekommunikationsdienstleister werden – im Gegensatz zu den Finanzdienstleistern – mehr Kontaktkanäle zwischen Kunden und Unternehmen angesprochen. Zudem ist die Überwachung des Grades der Dienstleistungsnutzung ein zentrales Anliegen der Realisierung des Regelkreises der Marktbearbeitung. Dies ist deshalb so, weil das Nutzungsverhalten der Kunden Rückschlüsse auf die Rentabilität und die Art der Beziehung des Kunden zum Unternehmen zulässt. Die Schwerpunkte bei der Schliessung des Regelkreises liegen im Bereich von Marketing- und After-Sales-Service-Prozessen.

Besonders augenfällig ist die Ähnlichkeit bezüglich der Implementierung des Regelkreises der Marktbearbeitung zwischen Credit Suisse und UBS, was durch die im Folgenden genannten Aspekte begründet sein kann:

- Die Hauptsitze der (beiden schweizweit operierenden) Finanzdienstleister sowie die zentralen Organisationseinheiten zur Vertriebssteuerung befinden sich in Zürich.

- Aufgrund der räumlichen Nähe kann davon ausgegangen werden, dass die Ideen zum Aufbau entsprechender Vertriebssteuerungskonzepte und Integrationskonzepte zwar nicht gerade aktiv oder direkt untereinander ausgetauscht werden, aber zumindest über indirekte Austausche der Gegenseite nicht unbekannt sind.

- Die für die Fallstudien relevanten Marktbearbeitungsgebiete lauten wie folgt:

    - Für Credit Suisse und UBS die gesamte Schweiz über alle relevanten Kundensegmente

    - Für die ZKB hauptsächlich der Kanton Zürich für alle relevanten Kundensegmente

Unterschiede der Ausprägungen der Integration des Regelkreises der Marktbearbeitung ergeben sich trotz grossen Ähnlichkeiten bei

- der organisatorischen Aufhängung

- der eigentlichen technischen Realisierung und

- der Integration über Teile des Marktbearbeitungsprozesses.

Allerdings können diese Unterschiede wiederum ausschlaggebend für die Wirksamkeit der Implementierungen sein. Der explizite Zusammenhang zwischen Wirksamkeit und Regelkreisimplementierung gehörte zwar zu den Hauptinteressen der

Untersuchung. Der Zusammenhang konnte aber aus Wettbewerbs- und Konkurrenzgründen (zwischen den Finanzdienstleistern) nicht vertiefter untersucht werden. Eindeutig konnte der Zusammenhang indes bei der sunrise dargestellt und nachgewiesen werden.

Zur Schliessung des Regelkreises der Marktbearbeitung ist nicht nur das bidirektionale Zusammenspiel zwischen operativem und analytischem CRM erforderlich, sondern aus Softwaregründen (Legacy-Systeme) und aus architektonischen Gründen auch die Integration von Daten aus den Back-Office-Systemen. Dies wiederum lässt die Integration komplexer werden und kann massive Verzögerungen beim Laden der Daten haben, weil Altsysteme im Back-Office-Bereich unter Umständen längere Verarbeitungszyklen (z.B. nur monatlich) haben als moderne Front-Office-Systeme.

Am Weitesten ist aus Sicht der Fallstudien bezüglich der Überprüfung von Effektivität und Effizienz der Marktbearbeitung in Marketing und Verkauf die sunrise. Dies wurde insbesondere mit der Implementierung der NCR Teradata CRM-Lösung und deren Integration in die Gesamtarchitektur erreicht. Bei den Finanzdienstleistern hat aus betriebswirtschaftlicher Sicht wohl die UBS bezüglich Effizienz- und Effektivitätssteuerung einen grösseren Vorsprung, gefolgt von der ZKB und der Credit Suisse. Diese Schlussfolgerung ergibt sich auch mit Blick auf die Konzipierung und den Vergleich der entsprechenden Gesamtarchitekturen der Unternehmen.

Architektonisch ist die Implementierung des Regelkreises der Marktbearbeitung im Gegensatz zur Wertschöpfungsintegration bei den betrachteten Fallstudien nicht so explizit ersichtlich. Bei der Credit Suisse werden die analytischen Systeme für das (CRM-) Data Warehousing und das MIS in der Domain DWH geführt, die logisch nicht zur Wertschöpfungsarchitektur im engeren Sinne gehört. Bei der UBS wurde je ein DWH für das Business System Client Servicing und für das Business System Operations gebaut. Derzeit besteht bei der UBS ein DWH/Data Mart für die komplexeren Analysen für verschiedenste Unternehmensbereiche (strategisch, taktisch und operativ für das CRM, aber auch für andere Organisationseinheiten des Unternehmens).

8.2.2 Strategisches CRM und Regelkreis der Marktbearbeitung

Festzuhalten ist aus strategischer und betriebswirtschaftlicher Sicht, dass alle untersuchten Unternehmen ein mehr oder weniger intensives kundenwertbasiertes Kundenportfoliomanagement vertreten. Sie setzen alle mehr oder weniger explizit auf Kundengewinnungs-, Cross- und Up-Selling-, Kundenbindungs- und Kundenrückgewinnungs-Programme. Dafür stellt die Integration je nach Implementierungsgrad des Kundenportfoliomanagements eine wichtige Voraussetzung dar. Besonders interessant war die Darstellung des Kundenportfolios der ZKB. Diese gliedert ihre Kundenbasis im Retailsegment auf Basis der Kriterien Kundenwert und Abdeckung von Kundenbedürfnissen mit ZKB-Dienstleistungen. Auf Basis von Datenanalysen werden die Zustände des Kundenportfolios „Gestern" und „Heute" analysiert und die Kundenwerttreiber eruiert. Diese dienen wiederum der Prognose der Kundenwertentwicklung von „Heute" auf „Morgen". Über das MIS werden zudem (u.a. strategische Kundenbeziehungs-) Ziele definiert und (allen Front-Office-) Mitarbeitern elektronisch zugeordnet. Die Erreichung der Ziele wird gemessen und fliesst wiederum in die folgenden strategischen (CRM-) Planungen ein.

Die Mächtigkeit des Instrumenteneinsatzes innerhalb des Regelkreises der Marktbearbeitung scheint ein wesentliches Differenzierungsmerkmal angesichts der unterschiedlichen Produktbereiche und Wettbewerbssituationen darzustellen. Hier spielen sowohl die Volatilität des Kundenverhaltens sowie die Frage der Time to Market bezüglich Kundenbeziehungsaktivitäten für die Implementierung des Regelkreises eine wesentliche Rolle. Letzteres ist wiederum abhängig von den Zyklen oder Zeitabständen, innerhalb der Analysesysteme und operative Systeme mit Datenaktualisierungen versehen werden, was ein zentrales Integrationsproblem darstellt. Die Aktualisierung ist wie bereits erwähnt u.a. abhängig von den Verarbeitungszyklen der datenliefernden (operativen) Systeme. Bei der CS und der UBS kann von ähnlichen Mechanismen auf Basis der Balanced Scorecard ausgegangen werden.

Für die technische Realisierung des Regelkreises der Marktbearbeitung wird fast ausschliesslich auf Datenintegration gesetzt. Dies betrifft die Datensammlung aus den operativen Systemen sowie die Datenweitergabe aus der analytischen Umgebung an die betroffenen operativen Systeme an den Kontaktpunkten. Für Letzteres setzen CS und UBS Eigenentwicklungen (primär im operativen CRM) ein. sunrise hat dafür je eine Lösung für das Webumfeld sowie für das Call-Center-Umfeld (inklusive Händlern) gekauft. Im Finanzdienstleistungsbereich werden konkrete Bearbeitungshinweise im Sinne von Alerts an bestimmte (z.B. für einzelne Kunden zuständige) oder nicht direkt bestimmte Mitarbeiter (Mehrere Mitarbeiter können für mehrere Kunden zuständig sein) an den Kontaktpunkten über das operative CRM-System weiter gegeben. Im Telekommunikationsunternehmen sunrise wird mit Kundenverhaltensmodellen und daraus resultierenden Scoringwerten aus dem Data Mining gearbeitet. Diese werden in den Datenbanken des operativen CRM-Systems gehalten. Scoringwerte werden aber auf Basis des Kundenwerts auch für das Routing im Contact-Center-Bereich eingesetzt und sind entsprechend in die Multi-Channel-Umgebung zu integrieren. Die Weitergabe von Daten (z.B. von Interessenten oder Scoringwerten) erfolgt primär an unternehmenseigene Kontaktpunkte.

Interessant ist in diesem Zusammenhang, dass die Aktivitäten für eine umfassende CRM-Lösung bei UBS und Credit Suisse vom Private-Banking-Bereich ausgingen. Dies hat auch damit zu tun, dass das Kundenbeziehungsmanagement bei diesem Kundensegment in besonderem Masse persönlich geprägt ist. Über die Dokumentation der Verkaufs- und Beratungsaktivitäten des Private Banking in den operativen CRM-Lösungen wird eine (strategische) Verkaufssteuerung möglich. Für die erwähnten Finanzdienstleister war dies deshalb wichtig, weil der persönliche Verkauf und die Beratung kostenintensiv sind. Dies erleichterte wiederum die für das Management bestimmte Begründung der CRM-Investitionen und -Kosten. Im Gegensatz zum Retail Banking ist die Bedeutung des analytischen CRM im Private Banking weniger hoch. Das hat auch mit anderen Betreuungsverhältnissen im Retail Banking zu tun. Ein oder mehrere Berater betreuen sehr viele Kunden. Im Private Banking hingegen betreut ein Berater einen oder wenige Kunden. Dieser Sachverhalt war beim Ausrollen der selbst entwickelten CRM-Lösung auf andere Kundensegmente, was bei der Credit Suisse und der UBS der Fall war, entsprechend zu berücksichtigen. Das analytische CRM wird im Private Banking somit mehr für die Definition von Alerts für die Beratung und die Entdeckung von Opportunitäten eingesetzt. Im Retail Banking wird das analytische CRM mehr für die Definition von zu kontaktierenden möglichen Interessenten oder Opportunitäten und die Erstellung dazugehöriger Scoring-Modelle eingesetzt. In beiden Fällen hat das analytische CRM eine Mittler- und Monitoringfunktion, um das Kundenverhalten über die Wertschöpfungskette hinweg strategisch bezüglich der weiteren Bearbeitung analysieren zu können.

Bei sunrise spielt der Regelkreis bezüglich der strategischen CRM Ziele eine wichtige Rolle. Hier geht es um die Definition von Kampagnen bezüglich der strategischen Ziele auf Basis der intendierten Entwicklung des Kundenportfolios.

8.2.3 Regelkreis der Marktbearbeitung aus der Multi-Channel-Perspektive

Nach dem Internet-Hype sind, wie in einem Interview explizit und in den anderen implizit festgestellt wurde, die Multikanalstrategien massiv auf das Machbare und Zweckmässige reduziert worden. Dies hat zur Folge, dass insbesondere im Falle der CS eine Initiative zum Multi Channel Management vorhanden ist, welche als Multi Channel Plattform bezeichnet wird. Jedoch ist in der Regel auch heute noch das analytische CRM im Falle von teilweise oder ganz getrennten Kanalarchitekturen die Brücke, über die eine integrierte Sicht des Kundenverhaltens, wenn überhaupt, gewährleistet wird. Dominant war dies bei der ZKB und der Credit Suisse so sichtbar. Das analytische CRM ist dann die Applikation zur Überwachung des Kundenverhaltens und zur Zusammenführung der Verhaltensdaten über die unterschiedlichen

Kontaktkanäle aus entsprechenden Front- oder Back-Office-Applikationen. Im Finanzdienstleistungsbereich kann es sich dabei um die Zusammenführung von Nutzungsdaten von Automaten, Debit- und Kreditkarten, des Internetbanking sowie der Face-to-Face-Kontakte im Beratungs- und Verkaufsbereich handeln. Der Output des analytischen CRM hat für die Kundenbearbeitung eine grundlegende Bedeutung in stark dezentralen Organisationen. Dies wird noch verstärkt durch den Einsatz einer grossen Zahl verschiedener Kontaktpunkte und darüber abzuwickelnder CRM-Geschäftsvorfälle. Über den Output des analytischen CRM können einerseits Aktivitäten über nicht integrierte Kanäle angestossen werden. Andererseits kann über die Zuschreibung von Reaktionsdaten aus den entsprechenden Inbound-Medien der Regelkreis – auch bei nicht untereinander integrierten Kommunikationsmedien im kollaborativen CRM – geschlossen werden. Dies kann etwa über die Auswahlmöglichkeit von Reaktionserfassungen zu entsprechenden Kampagnen oder Aktivitäten im Retail Banking erfolgen. Im Private Banking erfolgt dies in der Regel direkt im operativen CRM über die Erfassung von Bearbeitungsresultaten zu den im Beraterarbeitsplatz angezeigten Aktivitätshinweisen (Alerts; eine Erfassung ist u.a. denkbar über eine Auswahl an unterschiedlichen Kampagnen in einem Pull Down Menü). Dies ermöglicht es, Kontaktkapazitäten in Abhängigkeit von der Steuerbarkeit des Kundenverhaltens im Finanzdienstleistungsbereich besser zu nutzen. Die Verteilung von Leads oder Kundenbetreuungsaufgaben über eine zentrale Stelle, z.B. Vertriebs- oder Verkaufssteuerung (über unterschiedliche Kommunikationskanäle), hat im Finanzdienstleistungsbereich wegen der Ressourcenkosten eine hohe Bedeutung. Allerdings lassen sich diesbezüglich wie erwähnt unterschiedliche Ausprägungen feststellen.

Aufgrund der Kundenzahlen und deren Kanalnutzung bei den Grossbanken ergeben sich massiv höhere Anforderungen an eine Integration von operativem und analytischem CRM als etwa bei der ZKB, welche einen überschaubareren Markt betreut, eine überschaubarere Kundenzahl zu betreuen hat und damit auch eine weniger grosse Zahl an Kommunikations- und Transaktionsgeschäftsvorfällen abzuwickeln und zu bewältigen hat. Zur Komplexität bei den betrachteten Unternehmen trägt mit dem Aufkommen von Internet und mobiler Kommunikation die (räumliche) Verteiltheit der Kontaktpunkte bei. Dies ist bei den beiden Grossbanken UBS und Credit Suisse im Vergleich etwa zur ZKB ebenfalls stark unterschiedlich, schon aufgrund der geografischen Verbreitung. Bei der ZKB machen im Wesentlichen drei Kanäle – Filiale, Online-Banking und Contact Center – das Kerngerüst des MCMs aus. Die drei Kanäle wurden den Kunden anlässlich einer Gliederung derselben nach Wert und Bedürfnisabdeckung zugeordnet und damit ein kundenportfolio-basiertes Matching von Kontaktpunkten und Kunden(-gruppen) vollzogen.

Auswertung und Vergleich der Fallstudien 361

Bei der ZKB scheint die Integration von analytischem und operativem CRM weiter zu gehen als bei der UBS und der Credit Suisse. Dies trifft insbesondere zu für die Weitergabe der daraus resultierenden CRM-Zieldefinitionen auf Mitarbeiterebene im Front Office sowie deren Überprüfung. Dies kann dadurch begründet sein, dass die Anzahl Mitarbeiter und die räumliche Abdeckung weniger gross ist als bei der Credit Suisse und der UBS. Die Komplexität der Marktbearbeitung steigt bei den Finanzdienstleistern auch durch die massive Anzahl an unterschiedlichen Geschäftsvorfällen und Dienstleistungen an, die sich an den verschiedenen Kontaktpunkten auf Kommunikations- und Transaktionsebene ergeben. Dies stellt besondere Herausforderungen an die Steuerung des Vertriebs an die Integration zwischen Front- und Back Office sowie an die Ermöglichung einer proaktiven Bearbeitung des Marktes. Dafür stellt der Regelkreis der Marktbearbeitung bei adäquater Integration ein ideales Hilfsmittel dar.

Die durch die Implementierung eines Regelkreises der Marktbearbeitung zumindest bewältigbarere Komplexität der Marktbearbeitung ergibt sich somit aus folgenden Sachverhalten: der Anzahl Produkte, der Anzahl Produktvarianten, der Anzahl Kunden, der Menge unterschiedlicher Kundenportfolios sowie der Anzahl Kontaktpunkte und Kontaktmedien, über welche die Produkte und Produktkombinationen oder Informationen dazu angeboten werden. Zur Bewältigung dieser Komplexität ist die Implementierung der bidirektionalen Integration von operativem und analytischem CRM (oder auch der Integration von Back-Office-Systemen und analytischem CRM) sehr wichtig.

Die Integration von analytischen und operativen Systemen ist für die Finanzdienstleister auch in bidirektionaler Richtung wegen der Geldwäscherei und Betrugsversuchen von Kunden wichtig. Um möglichen Tätern auf die Spur zu kommen, wird u.a. ein Kundenverhaltens-Monitoring auf Basis von DWH-Daten oder Daten spezifischer Compliance Data Marts eingesetzt.

Das Telekommunikationsunternehmen scheint im Gegensatz zu den Finanzdienstleistern weiter fortgeschritten zu sein, was die Implementierung des Regelkreises der Marktbearbeitung betrifft. Da sunrise neben dem ursprünglichen Monopolisten Swisscom der zweitgrösste Vollserviceanbieter der Schweiz ist (Produktbereiche Internet, Fixedline und Mobile), ist das Ziel, im Markt erfolgreicher zu sein als der ursprüngliche Monopolist, sehr dominant. Vor dem Hintergrund des starken Verdrängungswettbewerbs ist auch die massive Investition in das analytische CRM und dessen Integration zu verstehen. Der starke Ausbau des analytischen CRM bei sunrise ist, auch aufgrund des Produkt- und Leistungsportfolios, darauf zurückzuführen, dass das Kundenverhalten wesentlich volatiler ist als im Finanzdienstleistungsbereich. Aufgrund der Heftigkeit des Wettbewerbs ist aber auch das Risiko höher, Kunden aufgrund der Konkurrenz vollständig oder bezüglich gewisser Produkte oder Leistungen nicht zu gewinnen oder zu verlieren. Dies bedingt eine engmaschigere (auch aktuellere) Überwachung des Kundenverhaltens, faktisch ein Verhaltensmonitoring der Kunden. Letzteres hat zur Folge, dass eine schnellere Iteration bezüglich Datenlieferung, Datenanalyse sowie Planung und Umsetzung von Kundenbeziehungsmassnahmen erforderlich ist. Eine Notwendigkeit dafür ist, dass auf der technischen Ebene der Regelkreis der Marktbearbeitung, bestehend aus Analyse, Massnahmendefinition und -umsetzung sowie erneuter Analyse, „schneller dreht" als bei den Finanzdienstleistern. Dies mag den Ausschlag für die Aufrüstung im analytischen CRM bei der sunrise gegeben haben. Damit wurde eine Intensivierung des Zusammenspiels von analytischem und operativem CRM möglich. Zur Verkürzung der Durchlaufzyklen im Regelkreis der Marktbearbeitung tragen die direkten Datenzugriffe auf feinstgranulare Daten in der neuen DWH-Infrastruktur bei. Dies ist ein wesentlicher Aspekt für die Ermöglichung der Verkürzung der Iterationszyklen zwischen analytischem und operativem CRM, weil dadurch sowohl der Datenbeschaffungsprozess, der Datenzugriff zuhanden des operativen oder analytischen CRM sowie die schnellere Umsetzung von CRM-spezifischen Aktivitäten ermöglicht wird. Analoges zu Letzterem konnte in weniger expliziter Form auch bei der CS und der UBS festgestellt werden.

Trotz der unterschiedlichen Produktbereiche und der teilweise unterschiedlichen Wettbewerbssituation der Unternehmen sind auch Ähnlichkeiten in der Implementierung des Konzepts des Regelkreises gegeben. Der Kernpunkt für die Implementierung des Regelkreises der Marktbearbeitung stellt sowohl bei den Finanzdienstleistern wie beim Telekommunikationsdienstleister die Frage nach der Ausschöpfung des Share-of-Wallets der Kunden sowie die wertbasierte Gestaltung des Kundenportfolios dar. Gezeigt werden konnte bei allen vier Fallstudien, dass zur Schliessung des Regelkreises aus strategischer CRM-Sicht nicht nur Daten aus dem Front Office, sondern, aus Gründen nicht integrierter Kontaktkanäle oder aus Gründen von Produkt- oder Dienstleistungseigenschaften, auch Back-Office-Daten erforderlich sind.

Die Untersuchungen anhand von Fallstudien zeigten bei den Finanzdienstleistern, dass bezüglich der Integration zur Schliessung des Regelkreises der Marktbearbeitung künftig noch Handlungsbedarf vorhanden ist, gerade auch wegen der entsprechenden Integrationskomplexität. Zudem kann die Regelkreisimplementierung noch auf weitere Prozessbereiche ausgedehnt werden, beispielsweise im After-Sales-Service-Bereich.

8.3 Integration des Customer Buying Cycles

8.3.1 Vergleich bezüglich der Schliessung des Customer Buying Cycles

sunrise setzt als operative CRM-Lösung die Lösung von Clarify ein. Für Teile des operativen CRM im Internet-Bereich wird ATG eingesetzt. Die ZKB setzt für bestimmte Kontaktpunkte die eingekaufte operative Lösung von Siebel ein, in welcher ihn älteren Releases noch die Abbildung der eigenen Bankbearbeitungsprozesse implementiert wurde. In neueren Releases wurden die Siebel-Standardprozesse übernommen. Die Credit Suisse und die UBS setzen eigenentwickelte CRM-Portallösungen mit Prozessimplementierungen oder -logik innerhalb des operativen CRM ein.

Bei einer genaueren Betrachtung der eingesetzten Lösungen ist von unterschiedlichen Voraussetzungen auszugehen, wie dies bezüglich der Verkaufsmethodiken auch das folgende Teilkapitel zeigt. Bei der ZKB kam eine Methodik zum Einsatz, um die verschiedenen Produktbereiche bei der Beratung nicht zu vergessen. Diese Methodik wurde auch in der Siebel-Lösung implementiert. Jedoch nahm die ZKB aufgrund der sehr hohen Integrationskosten durch die Adaption der CRM-Prozesse, bei einem vergangenen Releasewechsel, teilweise Abstand von der in Siebel implementierten Methodik. Die Software wird, um die Integrationssachverhalte weniger komplex werden zu lassen, künftig weitgehend im Originalzustand, ohne zu viele Eigenentwicklungen und -adaptionen eingesetzt. Ähnliches war bei UBS und Credit Suisse kein Thema, wo vorwiegend Eigenentwicklungen im operativen CRM-Bereich eingesetzt werden. Beide Finanzdienstleister haben unterdessen ihre operativen CRM-Lösungen auch in den anderen Kundensegmenten und teilweise auch international ausgerollt. Dies wurde zwar in den Fallstudien so nicht dokumentiert, ist aber Aussagen der Reviewpersonen der Unternehmen zu entnehmen. Die Eigenentwicklung ist nach übereinstimmenden Aussagen nicht wesentlich günstiger als eingekaufte Standard-Software-Lösungen. Allerdings sind Eigenentwicklungen stärker auf die eigenen Bedürfnisse anpassbar und ferner ist die Entwicklung der Lösungen im eigenen Haus in einem Tempo möglich, wie dies das Unternehmen für nötig erachtet. Anpassungen können zudem stärker unter Berücksichtigung von Effizienz- und Effektivitätssteigerungspotenzialen erfolgen. Dieser Aspekt war wesentlich zur Verhinderung des „Not-invented-here-Syndroms" bezüglich der operativen CRM-Lösung.

Die Integration des CBCs erfolgte bei den betrachteten Unternehmen nur partiell in den operativen Lösungen. Wesentliche Determinanten für den Integrationsgrad von Marketing- und Verkaufs- sowie Verkaufs- und After-Sales-Service-Prozessen lagen in der Organisation des Front Office sowie der entsprechenden Ressourcenbedarfe.

Hier galt es mehrheitlich pragmatisch und von einem erforderlichen oder möglichen Level an Unterstützung des Top Managements auszugehen. Ebenfalls gingen bei der Credit Suisse und der UBS die Eigenentwicklungen und Implementierungen operativer CRM-Lösungen von den Organisationseinheiten für die Beratung von und den Verkauf an höherwertige Privatkunden aus. Bei der sunrise (wie teilweise bei der ZKB) lag der Fokus eher auf der Unterstützung der Contact-Center-Arbeitsplätze, in zweiter Linie bei der Unterstützung des Face-to-Face-Kontaktes in Shops und Filialen sowie erst in dritter Linie bei der Implementierung einer Lösung für den persönlichen Verkauf, beispielsweise im Key-Account-Management oder im Account-Management. Dies scheint mit den Economies of Scale an den Kontaktpunkten zusammenzuhängen. Bei sunrise fallen die meisten Kontakte im Contact Center an. Damit besteht in den Contact Centern das grösste Potenzial die Kunden bei (allen möglichen) Kontakten im Sinne der strategischen CRM-Ziele weiter zu bearbeiten.

Entsprechend lag der Fokus der Integration und Implementierung der operativen CRM-Lösungen bei den Finanzdienstleistern bei der Effizienzsteigerung und der Steigerung der Effektivität in Beratung und Verkauf. Bei der sunrise ging es schwerpunktmässig um eine Effizienzsteigerung primär in der Abwicklung von Kampagnen und anderen Geschäftsvorfällen im Contact Center sowie sekundär an den Face-to-Face-Kontaktpunkten. Bei den Face-to-Face-Schnittstellen tritt bei sunrise ausserdem die Dominanz der Integration zwischen Front- und Back-Office-Systemen in den Vordergrund. Besonders schön ist dies etwa illustrierbar an der Aufschaltung von Anschlüssen und Services in Billing- und Netzwerksystemen. Im Sinne der Time-to-Market sollten Anschlüsse und Services für den Kunden so schnell als möglich verfügbar sein.

Bei keinem der betrachteten Unternehmen erfolgt eine umfassende Integration des CBCs unter Berücksichtigung aller drei Prozessbereiche. In fast allen Fällen erfolgen Planung und Design von Kampagnen zumeist im analytischen CRM. Die Integration der Ergebnisse von Marketingkampagnen (nicht aus Sicht des Regelkreises, sondern aus Sicht der Prozessintegration) erfolgt in unterschiedlicher Form über selbst erstellte Lösungen. Da der Schwerpunkt im Finanzdienstleistungsbereich auf Beratung und Verkauf liegt, steht aus Kampagnensicht die Integration der Berater im Vordergrund, denen in ihren Arbeitsplatzzonen im CRM-System Alerts zur Abarbeitung bereit gestellt werden können. Aufgrund des Fokus der Interviews und der Aufgabengebiete der Interviewten konnte bei den eigenentwickelten Lösungen nicht im erhofften Mass abgeklärt werden, inwiefern CRM-Geschäftsvorfälle, die einmal eröffnet wurden, von Kontaktpunkt zu Kontaktpunkt weiter geleitet werden können. Ebenso konnte nicht geklärt werden, ob die einmal eröffneten CRM-Geschäftsvorfälle auch unabhängig

Auswertung und Vergleich der Fallstudien

von Rollen, welche diese eröffneten, weiter bearbeitet werden können. Bei den eingekauften Lösungen ist dies jedenfalls aus Sicht der Funktionalität möglich. Die Erhebung des Grades des Einsatzes stand nicht im Vordergrund der vorliegenden Untersuchung. Bei den Finanzdienstleistern steht die Einbindung der Berater und Verkäufer gerade so stark im Vordergrund wie die Belieferung der Kunden mit Informationsmaterial (Kampagnen über Briefpost). Bei der sunrise steht die elektronische Weitergabe von Kommunikationsmassnahmen im Vordergrund des Kampagnenmanagements. Dies erfolgt direkt aus dem analytischen CRM. Damit rückt die Datenintegration in den Vordergrund, u.a. auch für die prozessinterne Erfassung von Responses im Hinblick auf Kampagnenauswertungen.

Für die Effektivitätssteuerung liegt bei der sunrise der Schwerpunkt der Integrationsbemühungen im CBC eher bei den Marketingprozessen des analytischen CRM und der Kampagnenplanung und dem Kampagnendesign. Abhängig u.a. von Kundenwerten werden dafür mehrheitlich möglichst günstige Kanäle eingesetzt. Dies ist bei den Finanzdienstleistern alleine aufgrund des Geschäfts und des Stellenwerts, den direkte persönliche Kontakte im Finanzdienstleistungsgeschäft haben, nicht möglich.

Verkaufsprozesse sind beim Telekommunikationsdienstleister meist mit Kampagnen verbunden. Eine separate Beratung kann unter Umständen vor Ort an einem entsprechenden Gerät in einer Filiale erfolgen. Wesentlich bleibt aber der Vertragsabschluss für einen Preisplan im mobilen oder im fixen Netzbereich, auf Basis dessen dann weitere Services etwa direkt über das entsprechende Kommunikationsmedium verkauft werden können, für das der Preisplan abgeschlossen wurde. Diese Sachverhalte determinieren auch die betriebswirtschaftliche und technische Integration. Beim Telekommunikationsunternehmen stellt neben den marketingspezifischen Prozessen des Kundenbeziehungsmanagements auch der After Sales Service ein zentraler Kommunikationsbereich vorwiegend über Contact Center und entsprechende Customer-Care-Portale auf dem Web dar. Eine durchgängige Integration der CBC-Prozesse über unterschiedliche Kontaktmedien scheint aus Sicht des Kundenbeziehungsmanagements bei den betrachteten Unternehmen kein vordringliches Thema zu sein. Vielmehr wird pragmatisch und nach Bedarf integriert. Im Weiteren, das zeigte sich an den Fallstudien auch, werden häufiger Daten und Services integriert, statt dass Prozessintegrationen auf Basis von Workflow-Technologie und Messaging-Infrastrukturen erfolgen.

8.3.2 Differenzen in den operativen CRM-Prozessen der Fallstudien

Die Implementierung von Messpunkten und Verkaufsmethodiken, welche vordefinierte Input-Output-Verhältnisse für Teilprozesse der Marktbearbeitung umfassen, ist ein wichtiger Aspekt der Implementierung des Regelkreises der Marktbearbeitung. Dies wurde auch im Theorieteil thematisiert. Durch den Einsatz von Verkaufsprozess- oder -methoden-Rahmenwerken können systemtechnisch Messpunkte implementiert werden, etwa auf Zeitdaten (und Zeitstempeln) basierend (Historien zu unterschiedlichen Objekten wie Kunde, Verkäufer, Kampagne, etc.), anhand der Effizienz- und Effektivitätsaspekte des prozessorientierten operativen CRM gemessen werden können. Im Folgenden werden (vergleichende) Aussagen zur Implementierung von Verkaufsmethodiken der Fallstudien gemacht. Zur eigentlichen Implementierung von Messpunkten konnten jedoch aufgrund der Untersuchungsbreite keine detaillierten Daten erfasst und Erkenntnisse gewonnen werden.

Die UBS verfolgt im Kundensegment Private Banking den Ansatz, vier verschiedene Bereiche in der Beratung abzudecken, die letztlich für das Design und die Integration der Beraterprozesse in der Client Advisor Workbench erforderlich sind:

- Erster Schritt: Review und Management of Sales & Advisor. Dies umfasst kunden- und produktspezifische Analysemöglichkeiten.

- Zweiter Schritt: Portal und Relationship Management. Dies umfasst die Aufbereitung von weichen Kundendaten und Funktionalität zum Management der Kundenkontakte und der Kundenlebenszyklus.

- Dritter Schritt: Produktneutrale Beratung. Dies umfasst Funktionen zur Erfassung und Pflege von Opportunitäten sowie produktneutrale Funktionalität zur Unterstützung der Beratertätigkeit.

- Vierter Schritt: Produktspezifischer Verkauf und Beratung. Dies umfasst Instrumente zur produktspezifischen Beratung sowie zum Verkauf und zur Abwicklung der Geschäfte.

Ausgehend von diesen vier durch das operative CRM unterstützten Schritten werden folgende Bereiche in der Verkaufsmethodik unterschieden:

- Strategisches oder taktisches Verkaufsmanagement beinhaltend die Initiierung von Beratungs- und Verkaufsleistungen (Kampagnen-Initiierung).

- Entgegennahme der Verkaufs-Opportunitäten und Empfehlungsabgabe an entsprechende Kunden.

- Generierung von individuellen Vorschlägen an relevante Kunden, inklusive Abfrage zu relevanten Produkten.
- Planung von Kontakten und Wahl des relevanten Kommunikationskanals.
- Ferner gehören teilweise parall zu den geschilderten Sachverhalten die Planung der Kampagnenausführung sowie das Controlling mittels Reporting- und Auswertungswerkzeugen dazu.

Die ZKB setzt wie bereits erwähnt auf eine Verkaufsmethodik (Beratung und Betreuung mit System BBS), mit der sichergestellt werden soll, dass der Berater in der Kundeninteraktion die für den Finanzdienstleister wesentlichen Themen- und Dienstleistungsbereiche abdeckt. Mit einer (früher erstellten) Internetapplikation ist für transaktionsspezifische Abklärungen anhand der Beratermethodik auch der Zugriff auf die entsprechenden Back-Office-Systeme möglich. Die Themenbereiche umfassen im Wesentlichen: Zahlungsverkehr, Anlage- und Vermögensplanung, persönliche Absicherung und Vorsorge, Wohnen und Immobilien, Steuern und Nachfolgeregelungen, berufliche Ziele sowie Freizeit und Anschaffungen. Diese Methodik wurde in Siebel teilweise mittels eigenen Siebel-internen Programmierungen unterstützt. Dadurch wurde teilweise die alte Internet-basierte Lösung abgelöst. Diese Sichtweise ist, im Gegensatz zum CBC, dienstleistungs- und produktorientiert und nicht prozessorientiert wie bei der CS und der UBS.

Die Credit Suisse setzt im Kundensegment Private Banking bei der Verkaufsmethodik auf die folgenden Phasen: Bedürfnisanalyse und -aufnahme, Definition eines Finanzkonzepts, Definition eines Investitions- und Investorenprofils, Definition der Investitionsstrategie sowie Entwicklung und Unterhalt der Investitionsstrategie. Im grösseren Zusammenhang steht dieses Konzept aus Sicht des Kundenlebenszyklus zwischen dem Prozessbereich Prospecting und Akquisition und den Nachfolgeregelungen. Die zuerst erwähnten Phasen für Beratung und Verkauf lassen die Definition von Messpunkten sowie gezielte Messungen zur Überwachung von Beratungs- und Verkaufsprozessen zu.

Alle drei im Finanzdienstleistungsbereich zur Anwendung gelangenden Methodiken beziehen Lebenszyklus-Elemente des Kunden mit ein. Allerdings sind die Methodiken von CS und UBS stärker auf vermögende Privatkunden ausgerichtet. Die Methodik der ZKB ist umfassender sowohl für Retailkunden als auch für vermögende Privatkunden einsetzbar. Die ZKB ist zudem geschäftsvorfallbasierter aufgestellt als CS und UBS.

Die erwähnten Verkaufsmethodiken bieten mehrfache Möglichkeiten der Messpunktimplementierung, mittels der Verkaufsprozesse gesteuert werden können. Alternativ kann dies, wie bereits in der Theorie dargestellt, statt über das analytische CRM auch im operativen CRM erfolgen. Alle Finanzdienstleister setzen eine Überwachung der Leadabarbeitung ausgehend von aus dem analytischen CRM heraus generierten Kampagnen ein. Nicht verifiziert werden konnte, welche weiteren Messpunkte vorhanden sind, anhand der Marketing-, Verkaufs- und After Sales Prozesse überwacht und im Sinne des Regelkreises der Marktbearbeitung gesteuert werden können.

8.4 Multi-Channel-Integration

8.4.1 Fokus der Multi-Channel-Integration in den Fallstudien

Die integrierte Bearbeitung der Kunden über unterschiedliche zentrale und dezentrale Kontaktpunkte stellt, wie die Fallstudien zeigten, die grösste Herausforderung in der Multi-Channel-Integration dar. Die Multi-Channel-Integration ist einer der Integrationssachverhalte im Front Office, der die Finanzdienstleister künftig wohl noch stärker als das Telekommunikationsunternehmen beschäftigen wird. Das MCM umfasst aus praktischer Sicht z.B. die Weitergabe von Kontakten von zentralen an dezentrale Stellen, Medienwechsel oder das Routing von Kundenanfragen per Telefon oder Email nach verschiedenen Kriterien. Das Routing hat bei den Finanzdienstleistern je nach Kundensegment eine andere Ausprägungsform. Beispielsweise erfolgt es bei den direkt zugeordneten Kundenberatern bei deren Abwesenheit allenfalls zu Stellvertretern. Bei nicht direkt zugeordneten Mitarbeitern erfolgt es etwa nach Skills, nach Geschäftsvorfällen oder nach Produkten und entsprechenden Kenntnissen.

Im Folgenden werden Sachverhalte geschildert, die für alle Fallstudien gelten. Je nach Fall, d.h. Outbound- oder Inbound-Integration von CRM-Geschäftsvorfällen, ergeben sich andere Integrationsanforderungen. Im Outbound-Fall ist es die Anbindung der für die Kundenkommunikation relevanten Kontaktpunkte, was je nach Kundensegment unterschiedlich sein kann. Im Inbound-Fall ist es die Bereitstellung der für ein bestimmtes Kundensegment bereitzustellenden Kommunikationsmedien sowie die (pretiale oder nicht pretiale) Lenkung der Kunden bei der Kanalnutzung durch das erwähnte Routing. Im Outbound- wie im Inbound-Fall sind es Effizienz- und Effektivitätsziele, die in Relation zur Kundenbeziehung und zum Kundenwert im MCM abgeglichen werden müssen. Das MCM ist eng gekoppelt mit der Prozessabwicklung und deren Kosten. Dies beeinflusst letztlich die Kostenseite des Kundendeckungsbeitrages oder CLTVs. Entsprechend gross ist der Steuerungsbedarf z.B. bezüglich des Umsatzes des Kunden über die Zeit aus Sicht der Kanalnutzung. sunrise setzt als

Priorisierungsinstrument im Routing eingehender Anrufe den Kundenwert respektive die Breite der Produktnutzung der Kunden ein.

Die Finanzdienstleister haben zudem das Problem, dass die Economies of Scale und die Kontaktpreise klar für den vermehrten Einsatz elektronischer Kontaktkanäle sprechen würden. Jedoch steht bei den Kunden der persönliche Kontakt zum Finanzdienstleister und dessen Mitarbeitern je nach Dienstleistungsart klar im Vordergrund. Eine vollständige Substitution scheint entsprechend unwahrscheinlich. Indes dürften sich die elektronischen Medien klar als ergänzender Kanal durchsetzen.

Eine weitere Herausforderung ist aus Kunden- oder Unternehmenssicht die Integration zwischen den Kommunikationskanälen. So kann z.B. ein Wechsel zwischen oder die Kopplung von Telefon und Web oder anderen Medien erforderlich sein. Hier ist an den betrachteten Fallstudien zu beobachten, dass das für das Kundenbeziehungsmanagement Relevante heute pragmatischerweise vor dem Wünschbaren realisiert wird und wurde.

Eine vollständige Integration über alle Kontaktmedien und -kanäle scheint aus Effizienz- und Effektivitätsgesichtspunkten, wie sich an den Fallstudien zeigte, nicht sinnvoll zu sein. Die Integrationsvorhaben richten sich somit auf die auftretenden Geschäftsvorfälle und die vom Kunden gewünschte oder für das Kontaktmanagement relevante Kommunikation aus. Dies ist auch so, weil Integrationen von Kontaktmedien untereinander teuer sind. Das führt konsequenterweise dazu, dass jede der Integrationen auf die folgenden Fragen hin geprüft wird: Was bringt sie an Effizienz- und Effektivitätsgewinnen aus der Kundenbeziehungsperspektive kunden- sowie unternehmensseitig? Was kostet sie? Die Kontaktkanalintegration spielt bei den Finanzdienstleistern auch dort eine wichtige Rolle, wo Kontaktmedien direkt mit Transaktionssystemen zu koppeln sind. Allerdings wird möglicherweise künftig die „Vorschaltung" operativer CRM-Prozesse und -Systeme vor die Transaktionsintegration eine immer wichtigere Rolle spielen, weil auch elektronische Kontaktpunkte künftig vermehrt für die Kundenkommunikationsprozesse ohne Mitarbeiterbeteiligung einzusetzen sind. Es ist indes noch nicht absehbar, wie diese Integration künftig standardmässig aussehen wird.

Die Interneteuphorie rund um die Jahrtausendwende hat dem pragmatischen Realismus Platz gemacht. Anhand der Fallstudien wurde klar, dass die Veränderung des Kundenverhaltens im Hinblick auf die neuen Kommunikationskanäle und deren integriertem Einsatz zum Teil mehrere Jahre oder gar Generationenwechsel dauern werden. So sind effiziente und effektive Multi-Channel-Szenarien in Relation zur Wertschöpfung teilweise wohl erst längerfristig zu erreichen, es sei denn, es werde (wie zum Teil bereits erfolgreich) mit pretialer Lenkung versucht, die Kanalnutzung zu steuern. Pretiale Lenkungen des Kundenverhaltens können an den Fallstudien beispielsweise wie folgt beobachtet werden:

- Beim Telekommunikationsunternehmen werden im Bereich der Auskunftserteilung im After Sales Service oder des Verkaufs je nach Kanalnutzung unterschiedliche Kosten etwa pro Zeiteinheit berechnet oder kontrovers diskutiert.

- Die Finanzdienstleister stellen auf der Kontoabrechnung für gleiche Dienstleistungen, die über unterschiedliche Kanäle abgewickelt werden, unterschiedliche Gebühren in Rechnung. Sie fördern zudem schon seit langem die Nutzung des Internets für die Transaktionsabwicklung in unterschiedlichen Dienstleistungs- und Produktbereichen.

In den Fallstudien sah die Ausprägung der Integration im Bereich des MCMs wie folgt aus:

- Sehr weit geht die Multi-Channel-Integration beim Telekommunikationsunternehmen sunrise, welches die Kontaktkanäle (insbesondere Web-Portal sowie das operative CRM mittels Clarify in den Contact Centern) und Kommunikationsmedien über *eine* Businfrastruktur mit den Front- und Back-Office-Systemen integriert. Das Unternehmen ist aus Performanz- und Kapazitätsgründen sowie aufgrund der starken Nutzung elektronischer Kommunikationsmedien im Front Office auf diese Bus-Integrationsinfrastruktur angewiesen.

- Die Credit Suisse plante aufgrund stark ausgeprägter Stovepipe-Architekturen eine MCP, in der ein ähnliches Konzept mit einem Bus als Integrationslayer zwischen Medien-, Front- und Back-Office-Systemen hätte geschaltet werden sollen. Ein solches Vorhaben erwies sich jedoch der grossen Komplexität wegen als nicht einfach realisierbar. Das Projekt ist noch nicht abgeschlossen.

- Die UBS definierte, implementierte und integrierte ausgehend von einem stark integrierten Business System Client Servicing unterschiedliche Workbenches mit (mehr oder weniger standardisierten) Schnittstellen für Automaten, Web-Applikationen, Contact Center/Telefon sowie Client Advisors. Damit existiert das Problem des MCMs weniger vordringlich. Hier ist allenfalls eine Datenintegration über das Data Warehouse denkbar. Eine Integration der Information wird innerhalb des Business Systems (je eines für die Vertriebsbank und eines für die Produktionsbank) oder über beide Business Systems hinweg realisiert und wie es scheint nicht über einen Bus, der etwa zwischen Medien und Bankapplikationen geschaltet wäre.

Auswertung und Vergleich der Fallstudien 371

- Die ZKB hat stark kanalorientierte Stovepipe-Architekturen. Die Integration der kanalspezifischen Daten erfolgt über verschiedene Integrationsinfrastrukturen und Integrationsmechanismen, wie weiter oben und weiter unten gezeigt wird.

8.4.2 Integrationsszenarien zur Multi-Channel-Integration

Es sind verschiedene Integrationsszenarien bereits im Bereich der Kontaktmedien möglich. Auf diese geht dieses Teilkapitel im Detail ein. Grob können die folgenden Szenarien unterschieden werden, die teilweise den Fallstudien zugeordnet werden können oder aus diesen abgeleitet wurden:

- Aus der Medienperspektive werden entweder unterschiedliche Medien auf eine einheitliche Kommunikationsplattform gestellt (Perspektive der Credit Suisse) oder es werden über eine einheitliche CRM-Architektur einheitliche Schnittstellenkonzepte für unterschiedliche Kommunikationsmedien bereitgestellt (Perspektive der UBS). Im letzten Fall werden über diese Schnittstellen möglichst standardisierte Erfüllungsprozesse bereitgestellt.[492]

- Es werden je nach Kontaktpunkt „Bündel von Kommunikationsmedien" geschnürt, für welche separate Plattformen mit Schnittstellen für die Prozessintegration gebaut werden. Dieses Szenario trifft teilweise für die ZKB zu. Bekannt sind hier etwa Plattformen für die elektronische Kommunikation in Contact Centern.[493]

Eine weitere Herausforderung im Bereich der Kontaktmedienintegration stellt die Ermöglichung unterschiedlicher Freiheitsgrade für die Kommunikation seitens des Kunden und seitens des Unternehmens im Front Office dar. Mit der Konvergenz von Daten- und Voice-Diensten auf fixen oder mobilen Kommunikationsplattformen, aber auch durch die Verbreitung des Internets und der mobilen Kommunikation, ergeben sich unterschiedliche Zentralisierungs- oder Dezentralisierungsvarianten bezüglich der organisatorischen Zuordnungen von Marketing-, Verkaufs- und After-Sales-Service-Prozessen zu entsprechenden Organisationseinheiten. Dadurch können je unterschiedliche Effizienz- und Effektivitätssteigerungsgrade der Marktbearbeitung erreicht werden. Die Systeme zur Abwicklung der operativen CRM-Prozesse bilden zugleich die Klammer für die Kanalintegration. Auf Basis dieser Systeme erfolgen die Kommunikationsdokumentation und die Informationsbereitstellung bezüglich des Kommunikationsverhaltens. Die Kontakte werden somit über unterschiedliche Medien doku-

---

[492] Vgl. zu Ersterrm die Fallstudie Credit Suisse und darin das Kapitel 7.1.2.2 für die Darstellung der Bereitstellung einer einheitlichen Kommunikationsplattform. Vgl. zu Zweiterem die Fallstudie UBS mit deren standardisierter Medienanbindung an das Business System „Client Servicing", das in Kapitel 7.3.2 ff.) dargestellt wird.
[493] Vgl. hierzu etwa Fallstudien ZKB (vgl. Kapitel 7.4.3.3 ff.) und sunrise (vgl. Kapitel 7.2.2.4).

mentiert. Bei einem Wechsel der Kommunikationsmedien z.b. innerhalb eines Geschäftsvorfalls hat eine konsistente Informationsbereitstellung rund um Kommunikation und Transaktion innerhalb des CBCs sichergestellt zu werden.

Die unterschiedliche Kombination von Kommunikationsmedien oder die unterschiedliche Zuordnung von Prozesen zu Kommunikationsmedien kann im Sinne der Differenzierung des Unternehmens im Markt etwa gegenüber Konkurrenten genutzt werden. Einerseits ist es denkbar, dass auf einem Kontinuum von einem bis zu allen Kunden – dazwischen Kundensegment und Kundengruppen – dedizierte und differenzierte Kontaktkanalzuordnungen gemacht werden können. Anderseits kann es aber auch sinnvoll sein, auf dem Kontinuum allen Kunden das gleiche Portfolio an Kontaktkanälen zuzuordnen. Anderseits ist eine Differenzierung der Kontaktmedien je Prozessbereich im CBC möglich. Mit den mobilen Medien ergeben sich für die Kundenbeziehungsgestaltung weitere Möglichkeiten der Flexibilisierung, der Mobilisierung und der Dezentralisierung von Organisationseinheiten und Mitarbeitern etwa bezüglich der Medienkategorien Daten versus Sprache. Innerhalb des Unternehmens ist etwa im Verkaufs- oder After Sales Service auch unterschiedlich auf die Koordination und die Aufgabenerfüllung dezentraler oder zentraler Art reagierbar. Dem Kunden können je nach Branche, Produkt oder Leistung unterschiedlichste Dienstleistungen präsentiert werden. Etwa kann im Outbound-Fall z.B. beim Einsatz von mobilen Kommunikationsmedien auf den variablen Standort des Kunden Bezug genommen werden (z.B. in Form von Location Based Services) oder auf die Situation, in der er sich befindet (z.B. Arbeitszeit oder Freizeit).[494]

Wichtig für die Entwicklung des kollaborativen CRM war die Mitte bis Ende der 1990er-Jahre einsetzende Entwicklung der kommerziellen Nutzung des Internets. Die Folgen für die (elektronische) Marktbearbeitung blieben nicht aus und gehen, insbesondere auch mit der zunehmenden Nutzung mobiler Dienste, weiter. Dazu beigetragen hat auch die Konvergenz von Daten- und Voicediensten, sowohl auf fixen wie mobilen Kommunikationsplattformen, aber auch generell bei Telekommunikationsdienstleistungen (Beispiel: Voice-over-IP). Das Internet und die Mobilkommunikation lösten (nicht nur) in der Marktbearbeitung und deren wissenschaftlicher Sichtweise eine teilweise massive Veränderung aus. Dadurch wurde, für die prozessorientierte Marktbearbeitung, das dem MCM nachgelagerte Konzept des CBCs ins Blickfeld des Interesses gerückt. Ein Grund dafür war auch, dass die Komplexität des MCMs sowie entsprechende Integrationskomplexitäten reduziert werden sollten. Mit dem CBC wurde eine Strukturierung der Kommunikationsmedienzuordnung zu Kommunikations-

---

[494] Vgl. hierzu u.a. Hewagamage et al. (1999), Link (2003), S. 23 ff., Seungmin et al. (2004), Zobel (2001).

prozessen erst möglich. Dadurch wird auch die Kommunikationsmedienzuordnung auch zu Organisationseinheiten erleichtert, welche die Prozesse bereitstellen oder ausführen. Erst prozessorientiert wird zudem eine Definition von Messpunkten in der Kommunikation zwischen Kunden und Unternehmen definierbar, die bei Kommunikationsprozessen von Interesse sind. Letzteres wiederum erlaubte die elektronisch unterstützte Effizienz- und Effektivitätsüberwachung der Marktbearbeitung und des Kundenbeziehungsmanagements.[495] Dies war nicht zuletzt deshalb erforderlich, weil der Kunde, falls das Angebot an Kontaktmediennutzungen beim Unternehmen gegeben war, unterschiedlichste Kommunikationsmedien für verschiedene Interaktionsepisoden nutzen konnte. Unternehmen werden dank einer planmässigen Konfiguration und Integration von Kommunikationsmedien und Kommunikationsprozessen zunehmend fähig, einen „inneren Zusammenhang"[496] und eine planmässige Verknüpfung der teilweise oder mehrheitlich fragmentarischen Kommunikationsepisoden über unterschiedliche Kommunikationsmedien sicherzustellen.[497] Hier gilt es, etwa mittels des Einsatzes von Data Mining zum Aufbau von Kundenverhaltensmodellen adäquate (Push- oder Pull-) Handlungsvorgaben für die Kontaktpunkte zu erarbeiten und dort derart zu präsentieren, dass sie Mitarbeiter in der Kundenkommunikation bestmöglich unterstützen.

Im Folgenden soll ausgehend von den in den Fallstudien gemachten Feststellungen auf die verschiedenen Integrationsmöglichkeiten oder -szenarien im kollaborativen CRM eingegangen werden. Grundsätzlich können folgende Szenarien oder allenfalls auch Entscheidvarianten hinsichtlich der Integration erwähnt werden:[498]

- Szenario ohne integriertes MCM (vgl. Kapitel 8.4.2.1)

---

[495] Vgl. zum Konzept des CBC Mauch (1990), Muther (2000), Muther (2002), Schmid (1993a), Schmid (1993b).
Wichtig für die im Folgenden zu beschreibenden Entwicklungen war die Erkenntnis, dass, aufgrund des Aufkommens des Internets, aber auch aufgrund der veränderten Haltung der Kunden, die Entwicklung des eigentlichen integrierten Kundenbeziehungsmanagements begann. Dazu trug u.a. bei, dass ab den 1990er-Jahren damit begonnen wurde, damals alleinstehende prozessorientierte Applikationen für das Database Marketing, über die Sales Force Automation und die Service Automation zu entwickeln. Diese einzelnen Applikationen wurden ab Ende der 1990er-Jahre aus Sicht der Prozess- und Datenintegration zu operativen Kundenbeziehungsmanagement-Systemen auf Basis des CBCs integriert.
[496] Der innere Zusammenhang ergibt sich aus der Kundenperspektive. Es lässt sich bezüglich des Kunden verfolgen, welche Anliegen von ihm innerhalb des CBCs in welcher Reihenfolge mit welchen Folgeaktionen und -reaktionen hinsichtlich einer Transaktion erfolgten. In einem grösseren Zusammenhang kann darunter die Abstimmung von Kundenlebenszyklen mit Produktlebenszyklen und entsprechenden Kunden- und Produktportfolios verstanden werden.
[497] In Anlehnung an die industriegüterspezifische Perspektive bei Backhaus (1999), S. 305 und Plinke (1997), S. 23.
[498] Yulinski (2000) legt u.a. ein Vorgehensmodell vor, mittels dessen eine Umorientierung von Stovepipe-orientierten Unternehmen hin zu Unternehmen erreicht werden kann, die auf Multi-Channel-Plattformen setzen.

- Szenario mit Stovepipe-orientiertem MCM (vgl. Kapitel 8.4.2.2)[499]
- Szenario mit voll integriertem MCM auf Basis einer MCP (vgl. Kapitel 8.4.2.3).

8.4.2.1 Szenario ohne integriertes Multi Channel Management

Ein erstes Szenario kann dadurch charaktierisiert werden, dass keine Integration zwischen den verschiedenen Kontaktmedien und -kanälen erfolgt und auch nicht zwischen operativem und kollaborativem CRM (d.h. dass Medien nicht aus dem operativen CRM heraus angesteuert werden können). Die Gründe dafür lagen darin, dass um die Jahrtausendwende herum verschiedenste neue Kommunikationsmedien wie Videotelefonie, WAP, etc., entwickelt und teilweise in die eigenen Portfolios an Kundenkontaktmedien aufgenommen wurden. Innerhalb des CBCs oder zwischen den verschiedenen Kontaktpunkten waren und sind teilweise noch heute Medienwechsel möglich, die entsprechend nicht nachverfolgt werden können.[500]

Über die Kontaktpunkte können Front-Office-Prozesse angestossen werden, die im Szenario ohne Multi-Channel-Integration nach Bedarf und unsystematisch von den einzelnen Kontaktmedien aus integriert werden. Dadurch entsteht ein nicht systematisch strukturiertes Gemisch von Kontaktmedien, Prozessen und Back-Office-Prozessen, die meist über P2P-Verbindungen integriert werden. Das ist in der Regel dann der Fall, wenn die Front-Office-Integration fallweise oder historisch und pragmatisch sukzessive ohne kohärentes Multi-Channel-Konzept erfolgt.

Eine erste Konzentration kann dadurch erfolgen, dass verschiedene Kontaktmedien zu Kundenkontaktpunkten „gebündelt" oder zusammengefast werden, etwa in Form von Automatenbanken im Finanzdienstleistungsbereich. Für den Kontaktpunkt Web können beispielsweise Email, Website sowie kollaborative Applikationen wie Chat, Newsgroups, Newsletter, File Transfer zusammengefasst werden. In den Fallstudien konnte dargestellt werden, dass die Medienanbindungen in der Vergangenheit historisch gesehen organisch erfolgte. Allerdings herrschten etwa bei der UBS und der Credit Suisse unterschiedliche Strategien für die Medieneinbindung vor. Sie war nicht von Anfang an ein in sich stimmiges Multi-Channel-Konzept gebunden. Die Credit Suisse verfolgte ab Mitte der 1990er-Jahre diesbezüglich eine progressivere Linie. Die UBS verfolgte eine eher konservativere Linie. Dies zeigt sich heute zum Teil auch an

---

[499] Vgl. hierzu insbesondere Yulinski (2000), S. 5.
[500] Vgl. zum Multi Channel Management und zum „Channel Hopping": Ansari et al. (2003), Coelho/Easingwood (2003), Gronover (2003), S. 137; 193, Hippner (2004b), S. 56 ff., Schneider (2001), S. 172 ff., Schögel et al. (2002), S. 35, Stone et al. (2002), S. 9, Yulinski (2000), S. 1 ff. Insbesondere Coelho/Easingwood gehen, genauso wie die bereits früher erwähnten Autoren Friedman/Furey (2003), stark auf die ökonomischen Kriterien ein, die mit dem Multi Channel Management verbunden sind.

den Konzepten zur Medieneinbindung in die Gesamtarchitektur. Im Laufe der letzten zehn Jahre hat sich herausgestellt, dass nicht alle angebotenen Kommunikationsmedien von den Kunden intensiv genutzt wurden. Besonders gross waren die Anstrengungen zur Multi-Channel-Integration in der Vergangenheit im Bereich der Contact Center. Letztere entwickelten sich aus der Erweiterung traditioneller Call Center um weitere Kontaktmedien. Dazu gehört aber auch die in der Vergangenheit vollzogene Integration der Telefonie mit der operativen CRM-Umgebung mittels Computer Telephony Integration (CTI).

Es sind im MCM zweierlei Integrationen zu unterscheiden: Die Integration der Medien untereinander zu Medienplattformen oder zu Medienbündel. Eine weitere Integration ist erforderlich, um das oder die operativen CRM-Systeme mit den Medien zu integrieren. Beides zusammen ergibt mit weiteren Facetten die Kanalintegration. Von einer Kontaktkanalintegration wird dann gesprochen, wenn Rollen, die Funktionen innehaben, mit entsprechenden Aktivitäten oder Prozessen und Kontaktmedien konfiguriert und integriert werden. Dies kann wie weiter oben erwähnt auch dadurch erfolgen, dass Kontaktkanäle ohne menschliches Zutun seitens des Unternehmens konfiguriert werden können, etwa bei elektronischen Kontaktpunkten im Internet oder über mobile Applikationen.

Ausgehend vom CBC sind, das zeigte sich indirekt auch an den Fallstudien, Mengengerüste der Inbound- und Outbound-Geschäftsvorfälle in den einzelnen Prozessbereichen erhebbar, welche die Grundlage für die Definition der Integrationsinfrastruktur bilden. Zudem sind Qualitäts-, Kosten- sowie Zeitkriterien zu bestimmen, anhand der die Interaktionsgestaltung feiner definiert werden kann.[501] Danach ist zu entscheiden, über welche Medien welche Geschäftsvorfälle in welchen Prozessbereichen möglich sein sollen. Dafür ist entsprechende Funktionalität erforderlich, wie sie für die verschiedenen CRM-Komponenten in den theoretischen Kapiteln zu Beginn dieser Arbeit abgehandelt werden.[502] Dadurch erst ergibt sich die eigentliche und komplexe Multi-Channel-Konfiguration. Es ist diesbezüglich auf verschiedene Arbeiten hinzuweisen, etwa von Gronover, Yulinski, Webb, welche einen Methodenvorschlag für das MCM darstellen, der teilweise auch die Integration betrifft.[503] Der Vorschlag von Gronover beinhaltet, dem Business Engineering Ansatz von Österle[504] entsprechend, eine Strategiebene, eine Prozessebene sowie eine Technologieebene:

---

[501] Vgl. hierzu Walser (2002), S. 65 f.
[502] Vgl. zudem zur Zuordnung von Geschäftsvorfällen und Kontaktmedien zu Prozessbereichen am Beispiel eines Finanzdienstleisters Gronover et al. (2004), S. 26 ff.
[503] Vgl. Yulinski (2000); Webb (2001); Webb (2002); Gronover (2003), S. 70 ff. Gronover vergleicht ab S. 64 zudem verschiedene Vorgehensmodelle für das Multi Channel Management.
[504] Vgl. hierzu Österle (1995), S. 13 ff.

- Strategieebene des MCM: Diese beinhaltet die Absatzplanung, die Kundenprozesserfassung oder -definition, die Kanal- und Medienanalyse, die Kanalplanung sowie die Kundensteuerung.

- Prozessebene des MCM: Diese ist in dieser Arbeit mehrfach dominant erwähnt worden.

- IT-Ebene des MCM in Anlehnung an den Implementierungsmethodenvorschlag von Schulze: Innerhalb der IT-Ebene kann eine Aufteilung in Planung, Vorstudie, Konzeption, Umsetzung und Nutzung gemacht werden.[505]

Um Auswirkungen (nachträglich) zur Nutzung machen zu können, ist eine Datenintegration auf Basis eines Data Warehouse erforderlich. In diesem Fall ist eine Dokumentation des Kundenverhaltens im operativen CRM erforderlich, um eine Wirkungsanalyse machen zu können.

8.4.2.2 Szenario mit Stovepipe-Integrationen

In der Vergangenheit sind Unternehmen, unabhängig davon, ob sie klein oder gross waren, dazu übergegangen, neben einem bestehenden Call Center oder einer Telefonieapplikation die Emailintegration vorzunehmen. Dies war allerdings einfach als Einbindung eines weiteren Kommunikationsmediums ins Call Center gedacht, einem Kontaktmedium, das auch sonst nicht mit den Anwendungssystemen im Unternehmen integriert war.[506] Ferner wurden bestehende Kommunikationsmedien im Sinne der Kontakpunktintegration mittels P2P-Integration mit den dafür erforderlichen operativen Systemen integriert, was die bereits definierten Stovepipe-Architekturen ergab. Alternativ wurden sukzessive für einzelne Kommunikationsmedien Medienintegrationen entweder direkt mit Back-Office-Prozessen und -Systemen (was etwa besonders häufig beim Aufbau von E-Shops der Fall war) oder mit Front- und Back-Office-Prozessen und -Systemen vorgenommen. Falls Applikationen nicht selber erstellt wurden, auch das zeigte sich an den Fallstudien, wurden damals spezialisierte Applikationen entwickelt und gekauft, die entweder auf das Kontaktmedium Telefon oder auf das Internet oder auf die Face-to-Face-Kontakte im Shop oder beim Kunden ausgerichtet waren. Beispiele für Letzteres sind etwa Transaktionsabwicklungen über Geldautomaten oder Wertpapierhandel über Internet-Banking-Plattformen.

Die Vorteile dieser Architekturart waren, dass durchgängige Prozesse für die Abwicklung von Kundengeschäftsvorfällen entstanden. Allerdings realisierten Unternehmen

---

[505] Vgl. Schulze (2000).
[506] Vgl. hierzu u.a. Yulinski (2000), S. 1 ff. Wobei Yulinski das Stovepiping nicht notwendigerweise aus der Technologiesicht als vielmehr aus der betriebswirtschaftlichen Sichtweise her begreift.

bald, dass dadurch die Integration quer über die verschiedenen Stovepipes nicht gewährleistet war, was aber im Sinne von aktuellen Daten zur Kundenkommunikation erforderlich war. So konnte beispielsweise im Finanzdienstleistungsbereich beim direkten Kundenkontakt in der Filiale am Morgen nicht eingesehen werden, was der Kunde am gleichen Tag oder am vorherigen Tag bereits an Wertpapieren über das Internet gehandelt hatte. Hier bildete die Integration der Daten aus den Stovepipes über das DWH (Datenintegration) eine Hilfskonstruktion, um mit der gegebenen zeitlichen Verzögerung eine Übersicht über alle kundenrelevanten Informationen zu erhalten.[507] Dies gilt aber im weitesten Sinne für alle betrachteten Fallstudien. Von besonderem Interesse ist diese Integrationsart auch dann, wenn das Kundenverhalten aufgrund von Unternehmensaktivitäten nicht in Front-Office-Systemen dokumentiert wird, sondern nur in Back-Office-Systemen. Dann ist eine Gesamtschau der Aktionen und Reaktionen zwischen Kunde und Unternehmen (Kommunikation und Transaktion) nur über das DWH möglich. Eine Weiterentwicklung zu diesem Sachverhalt war die Datenreplikation innerhalb der operativen Front-Office-Systeme, z.B. zur Gewährung eines Überblicks über verschiedene Kanalnutzungen in einer operativen CRM-Lösung (Kundenhistorie). Weniger elegant ist die Lösung, die erforderliche Front- oder Back-Office-Applikation separat zu starten und darin abzuklären, ob es zu entsprechenden Veränderungen im Status des Kunden gekommen war. Allerdings bot dieser Lösung die Tatsache eine Limite, dass etwa in der Finanzdienstleistungsindustrie, aber auch in anderen Industrien, unzählige Front- und Back-Office-Applikationen vorhanden sind, die alle unmöglich vom selben Mitarbeiter im Front Office bedient werden können.

Eine Auswertung ist beispielsweise denkbar (und auch üblich) in sogenannten Channel Data Marts für Online-Medien oder das Call Center, etc. Eine Cross-Channel-Sicht ist dann wiederum nur über ein Data Warehouse gewährleistbar.

8.4.2.3 Szenario mit Multi-Channel-Plattform

Ausgehend von den bisher geschilderten Szenarien und Problemen, zum Teil aber auch aufgrund der konvergenten Entwicklungen in der Kommunikations- und Informationstechnologie, wurde die Idee weiter entwickelt, frei konfigurierbare Kommunikationsplattformen zu definieren.

Im Bereich der Integration wird bei den Finanzdienstleistern und den entsprechenden Fallstudien von Fassaden gesprochen. Eine Fassade stellt dabei eine mehr oder weniger standardisierte Schnittstelle von einem Front- oder Back-Office-System zu

---

[507] Vgl. hierzu etwa die Fallstudie zur ZKB.

mehreren Medien dar. Die Fassade definiert eine abstrakte Schnittstelle, welche die Verwendung von einheitlichen Services über unterschiedliche Medien ermöglicht und vereinfacht.[508] Für das Multi Channel Management und entsprechende Multi-Channel-Plattformen heisst dies, dass Fassaden aus Applikationssicht und Fassaden aus der Sicht von Channel-Plattformen aufzubauen sind. Beispielsweise könnten für Handelssysteme bei Finanzdienstleistern Schnittstellen oder Fassaden aufgebaut werden, die sowohl für E-Trading-Plattformen wie für den Handel über das Telefon zwischen Endkunden und Finanzdienstleistern eingesetzt werden können. Entsprechend sind im Sinne von Mustern die transaktionsrelevanten Angaben zu definieren, die vom Front- an das Back-Office-System weiterzuleiten sind. Ein Beispiel zu einer solchen Plattform ist die in der Fallstudie der Credit Suisse dargestellte MCP, die aber noch nicht vollständig realisiert ist.

Zu Beginn erfolgte die Multi-Channel-Integration allgemein Kontaktpunkt-orientiert, insbesondere im Call-Center- oder Internetbereich. Durch die Konvergenz von IT- und Kommunikationsmedien sowie die zunehmende Digitalisierung der Kommunikationsmedien können früher explizit getrennt geführte Kommunikationsmedien (z.B. Voice-over-IP (Telefonie und Internet)) neu über eine Kommunikationsplattform abgewickelt und verwaltet werden. Dies erleichterte die Integration mit operativen CRM-Systemen sowie die Bereitstellung entsprechend standardisierter Schnittstellen. Ein ähnliches Vorgehen scheint die UBS anzustreben und die Credit Suisse längerfristiger zu planen. Das unterstützt eine Vereinfachung der integrierten Abwicklung von Kundengeschäftsvorfällen und macht sie wirtschaftlicher. Dadurch wird auch die Konfiguration von Kontaktkanälen und die durchgängige Integration der Wertschöpfungskette bis ins Back Office erleichtert.

Eine Beispiel für eine Informationsübergabe über eine Schnittstelle vom Front- ins Back-Office-System könnte bei einem Finanzdienstleister vereinfacht für einen Aktienhandel wie folgt lauten: Name und Adresse des Kunden, Titel(menge), die für ihn gehandelt werden soll(en), Preis, den der Kunde zu zahlen bereit ist, Titelart, Depot und Depotnummer, etc. All diese Parameter werden durch die Kommunikation gewonnen, sowie an das Back-Office-System weitergeleitet, damit dort der Handel abgewickelt werden kann. Eine Rückmeldung, ebenfalls im Sinne eines Integrationsmusters, könnte dahingehend lauten, dass dem Kunden zu kommunizieren ist, ob der Handel geklappt hat oder nicht.

Vorteilhafterweise wird analog zur einheitlichen Schnittstelle zwischen MCP und operativem CRM (Front Office) auch eine einheitliche Schnittstelle zwischen Front-

---

[508] Vgl. Schwinn (2004), S. 135.

und Back-Office definiert, unabhängig davon, ob es sich dabei um selbst entwickelte oder fremd bezogene Informationssysteme handelt. Dadurch wird die Konfiguration und Koordination aber auch das Monitoring von durch den Kunden oder das Unternehmen angestossenen Geschäftsvorfällen erleichtert. Ob die Integration auf der Informations- oder der Prozessebene erfolgen soll, ist zu definieren. Sie ist auch abhängig von den eingesetzten Informationssystemen.

Eine besondere Herausforderung, das zeigte sich bei den Finanzdienstleistern, stellt die Integration der Medien für unterschiedliche Szenarien mit und ohne Mitarbeiterbeteiligung im Kundenkontakt dar. Insbesondere ist es für die in der Vergangenheit stark transaktionsorientierten Finanzdienstleister, analog zu den Endkunden, teilweise schwierig zu verstehen, dass die Kommunikation eine immer grössere Bedeutung neben der Transaktion erhält. Allerdings sind bei Fallstudien zu den Finanzdienstleistern in unterschiedlichen Stossrichtungen Bestrebungen erkennbar, Auszüge von Konti und Abrechnungen von Handelsaktivitäten über unterschiedliche Medien zunehmend für Marketing-, Verkaufs- und Servicehinweise und -aktivitäten zu nutzen. Schon länger wird dies bei regelmässigen postalischen Versänden genutzt. Besonders erfolgsverspechend war dies aufgrund der Skaleneffekte. So wurden Werbebroschüren und -prospekte für neue Produkte im Sinne des Cross- oder Up Selling beigelegt oder aber Hinweise auf die Nutzbarkeit anderer Kontaktmedien mit dem Finanzdienstleister beigelegt.

Im Umfeld des MCMs und der entsprechenden Integration ist es in der Regel sehr schwierig, effektive und effiziente Lösungen zu finden, und dies für alle Beteiligten nachvollziehbar zu kalkulieren. Der Aufbau der MCP und deren Integration ist teuer. Es muss eine genügend grosse Anzahl an abzuwickelnden Geschäftsvorfällen vorliegen, damit der Aufbau rentabel wird. Amortisationen können etwa über Fixkostendegressionen erreicht werden. Zudem sind alternativ unterschiedliche Hilfskonstrukte zur Überwindung nicht integrierter Kontaktkanäle denkbar (etwa über ein DWH), die im Sinne von Trade-Offs der umfassenden Integration gegenüberzustellen sind.

8.5 Integration der Wertschöpfungskette

8.5.1 Allgemeine Anmerkungen

Es folgen zunächst allgemeine Bemerkungen zum Vergleich der Fallstudien hinsichtlich der Integration der Wertschöpfungskette.

Bei den Finanzdienstleistern hat die Integration der Wertschöpfungskette eine grosse Bedeutung.[509] Je nach Anzahl und Vielfalt der Kontaktpunkte können mittels Kommunikationsgeschäftsvorfällen Transaktionen und Aufträge an verschiedenen Kontaktpunkten über Mensch-Mensch- oder Mensch-Maschinen-Schnittstellen oder -Interaktionen entstehen. Kundengeschäftsvorfälle führen auf der Gegenseite der eigenen Wertschöpfungskette bei anderen Finanzdienstleistern oder Partnern zu Transaktions- und Kommunikationsgeschäftsvorfällen. Derartiges ist u.a. auch für Transaktionen der Fall, die von Konti der eigenen Bank ausgehen. Ein Beispiel dazu ist die Verbuchung und Avisierung einer Gehaltseinzahlung durch den Arbeitgeber eines Kunden.

Im Gegensatz dazu steht die Einzahlung eines Kunden zugunsten eines Kontos bei der eigenen Bank oder bei einer Fremdbank. Ein für Finanzdienstleister sich stellendes Grundproblem ist die auftrags- oder wertschöpfungsrelevante Datenintegration über das Front Office auf semantischer Ebene, insbesondere bei den vielen sich noch im Einsatz befindenden Host-Systemen. Hier gelangen branchenspezifische EDI-/SWIFT-Standards zur Anwendung. Entsprechend standardisiert präsentieren sich auch die erforderlichen Partner-Integrationen. Derart können ohne Medienbrüche Transaktionsaufträge elektronisch bis zu den Partnern in der Wertschöpfungskette weiter gegeben werden (etwa an Partnerbanken, Depotdienstleister, Intermediäre). Insbesondere die beiden grossen Finanzdienstleister begannen damit auch aufgrund von Skaleneffekten bereits seit Längerem. Dies war zuerst mehrheitlich bezüglich der Transaktionen der Fall, ohne CRM-relevante Kommunikationsaspekte. Später wurden entsprechende Interfaces zu verschiedenen Kontaktmedien aus Wertschöpfungssicht definiert. Es wurden dafür in einem mehrheitlich wertschöpfungsorientierten Sinne integrierte IT-Architekturen gebaut. Teilweise geht es bei den Finanzdienstleistern aus heutiger Sicht darum, die Anbindung der Transaktionswertschöpfungskette an die Kundenbeziehungsportale oder CRM-Presentation-Layer und die Kundenbeziehungsprozesse sicherzustellen. Damit können entsprechend Transaktionsparameter noch unmittelbarer an der Kundenschnittstelle abgeholt werden. Das Ziel ist es, die betriebsinternen Abwicklungsprozesse nach der Auftragserfassung (egal über welches kundenbeziehungsrelevante Frontend) möglichst ohne menschliches Zutun automatisiert abwickeln zu können. Dies umfasst z.B. Zahlungsaufträge oder Börsenaufträge.

Ausnahmen zu den oben erwähnten Sachverhalten stellen Fehlverarbeitungen in der Wertschöpfung dar, welche zu menschlichen Eingriffen in die ansonsten weitgehend

---

[509] Vgl. hierzu für ein im Detail geschildertes Beispiel der Wertschöpfungsintegration von den Kunden bis zu den Partnern die Darstellung der Integration von Credit Suisse Operations in „Anhang Anhang 3: Straight Through Processing aus Sicht von Credit Suisse Operations".

automatisierte Wertschöpfungskette führen. Ausnahmen stellen ferner auch seltener und nicht in Massen auftretende Geschäftsvorfälle oder Produktnutzungen dar, für welche aufgrund mangelnder Economies of Scale eine wirtschaftliche Integration und Automatisierung nicht lohnenswert ist. Credit Suisse und UBS sind diesbezüglich weit fortgeschritten. Es eignen sich für grosse Integrationsvorhaben im Straight Through Processing somit Geschäftsvorfälle, die in grossen Mengen anfallen und Potenzial für Economies of Scale haben. Wie erwähnt eignen sich sehr spezialisierte Prozesse – etwa das Treasury Management – nicht für eine vollständige Integration und Automatisierung. Als Gründe können mangelnde Economies of Scale, Produktabhängigkeit (da teilweise unterschiedliche Applikationen je Produktart vorhanden sind) oder Applikationsabhängigkeiten genannt werden. Es kann aber auch sein, dass gewisse Produkte von nur sehr wenigen und spezialisierten Kunden genutzt werden. Ein Beispiel hierfür sind wiederum die Dienstleistungen im Umfeld des Treasury Management.

Besonders zu beachten ist bei der Wertschöpfungsintegration ausserdem, dass, etwa aufgrund der Automatisierung der Transaktionsabwicklung, verschiedene kundenbeziehungsorientierte Zwischendokumentationen erforderlich sind, z.B. zur Kontoführung, zur Depotführung, zur Kreditführung, welche wiederum für die Schliessung des thematisierten Regelkreises der Marktbearbeitung von Interesse sind. Beispielsweise ist es inder Kundenbeziehung grundlegend zu wissen, welches Transaktionsverhalten Kunden bezüglich Kreditkarten, Debitkarten und Bancomaten haben, aber auch welche Einzahlungen auf deren Konti von aussen erfolgen, etwa um das Dienstleistungsportfolio aus Anlagesicht, aus Kontosicht sowie aus Kartennutzungssicht auf die Bedürfnisse des Kunden abstimmen zu können. Es stellt sich die Frage, wie direkt dieses Verhalten kontaktrelevant ist und damit, ob die Daten in einer wie auch immer gearteten Verdichtung am Kundenkontaktpunkt etwa als Historie zur Verfügung stehen sollen. Dies kann aus Kunden- oder Mitarbeitersicht gleich oder unterschiedlich sein. Allerdings ist denkbar, dass die Grundinformationsbedürfnisse bezüglich Transaktions- sowie Kommunikationsgeschäftsvorfälle ähnlich sind.

Im Falle einer eher kanalspezifischen Integration von CRM-Logik und Back-Office-Systemen stellt sich zudem aus Sicht der Finanzdienstleister die Frage, inwiefern eine Wertschöpfungsintegration letztlich direkt am Kontaktpunkt ansetzt und mehr oder weniger einheitliche Interfaces für die unterschiedlichen Kanäle bereit stellt.

8.5.2 Wertschöpfungsintegration bei den Finanzdienstleistern

Insbesondere Credit Suisse und UBS stellen sich auf den Standpunkt, dass über den serviceorientierten Ansatz Services nach Bedarf gebündelt an den Kontaktpunkten zur

Verfügung gestellt werden können. Dafür bauen Credit Suisse und UBS auf unterschiedliche Weise entsprechende Architekturen auf. Die UBS setzt ein komponentenbasiertes Serviceorientierungskonzept auf Basis einer je separaten Vertriebsbank- und Produktionsbankarchitektur ein. Bei der Credit Suisse herrscht ein Domain-basierter Ansatz der Service-Orientierung über Bus-Architekturen vor. Die Credit Suisse hat mit ihrem noch nicht vollständig realisierten Konzept zum MCM, der MCP, eine Architektur definiert. Über diese Plattform werden einerseits in einer Channel Domain über einen gemeinsamen Bus die verschiedenen Kontaktpunkte untereinander verbunden. Andererseits erfolgt die Integration der bestandesführenden Back-Office-Systeme und der Front-Office-Applikationen (Business Layer) des Finanzdienstleisters über den Credit Suisse Information Bus. Darüber erfolgt die End-to-End-Kontrolle über die Auftragsausführung in der Wertschöpfungskette. Schwerpunktmässig geht es dabei um die Anbindung von Telefon/Contact Centern, CRM-Systemen an Schaltern und bei Beratern sowie das Internet-Banking. Die operativen CRM-Systeme sind teilweise pro Kanal sehr unterschiedlich.

Bei der UBS sind aus Kundenbeziehungssicht im Wesentlichen drei Arten von Kundenkontaktpunkten mit Workbenches oder Portalen zu unterscheiden, die direkt auf das Business System Client Servicing zugreifen und an die Informationsbedürfnisse der User angepasst werden können: Eine Workbench am Platz der Bank mit Kontaktperson (Client Advisory Workbench), eine Workbench am Platz der Bank ohne persönlichen Kontakt (Automatic Teller Machines (ATMs) und UBS Multimat) sowie eine Workbench beim Kunden für den Web-Zugriff (z.B. Quicken/E-Banking-Applikation). Eine vorbestimmte Portaldefinition für das operative CRM ist nicht das Hauptanliegen der UBS, vielmehr kann die Client Advisor Workbench frei nach Bedarf an die Bedürfnisse der Nutzer angepasst werden.

Die Credit Suisse hat im Private Banking für verschiedene direkt und indirekt mit Kundenbeziehungen betreute Rollen dedizierte Portale für das Kundenbeziehungsmanagement aufgebaut. So werden Portale für Expertenrollen, Spezialistenrollen sowie Kundenverantwortliche geführt. Es kann zwischen Rollen wie Relationship Manager, Financial Planner, Investment Consultants oder Credit Consultants unterschieden werden. Auch wird ein Portal für Credit Suisse-externe Asset Manager über das Extranet angeboten. Jedoch bestehen auch bei der Credit Suisse weitere Front-Office-GUIs etwa für ATMs oder das eBanking. Diese rollenbasierten Portale ergeben ein bestimmtes Schnittstellen- oder Integrationsraster.

Die ZKB führt aus Wertschöpfungssicht im Vergleich zu Credit Suisse und UBS die eindeutigste Stovepipe-Architektur bezüglich der Kontaktkanäle. Sie unterscheidet bis zu den Transaktionssystemen im CRM-Bereich grob drei wertschöpfungsorientierte

Integrationsinfrastrukturen mit unterschiedlichen Integrationsschwerpunkten. Dieser Gliederung am nächsten kommt mit den dargestellten Bus-Infrastrukturen die Credit Suisse. Sie baute einen Bus für die Datenintegration, einen Bus für die Funktionsaufrufe und einen Bus für das Messaging auf. Dies ermöglicht verschiedene Integrationsinfrastrukturen:

- Eine Infrastruktur zur Befriedigung von Informationsbedarfen, die maximal 24 Stunden alt sein können: Zur Befriedigung dieser Informationsbedürfnisse wird die Datenintegration eingesetzt.

- Eine Infrastruktur zur Befriedigung von Online-Informationsbedarfen, zu Online-Datenerfassungen, zu Online-Änderungen von Daten sowie zu Online-Löschungen von Daten: Dies wird in der Regel mit Funktionsaufrufen oder seltener, wenn nicht Realtime-Daten oder Funktionsaufrufe erforderlich sind, mittels Messaging gelöst.

- Eine Infrastruktur zur Weiterleitung oder zum Empfang von Messages zu oder von externen Partnern: Dafür werden in der Regel Messaging-Infrastrukturen aufgebaut.

Zur ersten Kategorie gehört die Infrastruktur für die Abfrage von Daten aus dem DWH oder den Data Marts. Dies bedingt Datenintegrationen zwischen den relevanten Systemen und dem DWH. Zur zweiten Kategorie gehört die Infrastruktur zur Abwicklung von CRM-Informationsabrufen aus den direkt betroffenen Systemen sowie zur Weitergabe von Daten oder Objektaufrufen in der Gegenrichtung. Diese Infrastruktur dient z.B. zur Online-Abfrage eines Kontostandes, aber auch zur Weitergabe von Transaktionsparametern von Front- an Back-Office-Systeme. Dies hat zur Implementierung einer Hub&Spoke-Architektur für lose und enge Kopplung, aber auch zur Definition der Schnittstellen der verschiedenen beteiligten Systeme an diese Infrastruktur geführt. Zur dritten Kategorie gehört die Infrastruktur zur losen Kopplung auf Messaging Basis.

Die ZKB versucht innerhalb der Wertschöpfungskette generische Back-Office-Prozesse bezüglich Verarbeitung auch organisatorisch so weit wie möglich vom Front Office abzuziehen, zu zentralisieren und zu vereinheitlichen. Diese Trennung in verschiedene Infrastrukturen für verschiedene Anliegen aus der Sicht des Front Office hat unterschiedliche Implikationen u.a. für die Verständlichkeit des Architektur- und Infrastrukturaufbaus für die internen Kunden der IT-Abteilung. Diese sind aber für alle Finanzdienstleistungen gleich. Andererseits ergibt dies aus der Sicht des Kundenbeziehungsmanagements auch eine Grundlage für die vereinfachte Definition der Integrationsfälle in der Diskussion zwischen kundenorientierten Abteilungen und IT-Abteilung.

Bei der ZKB umfasst die Integration aus Wertschöpfungssicht, wie zum Teil auch bei den anderen Finanzdienstleistern, grob unterschiedliche Stufen. Es gehört dazu das eigentliche Kundenfrontend, die Konto- oder Bestandesführung, die Transaktionsabwicklung und der Handel, das Partnerbeziehungsmanagement und die Partnerintegration. Dies sind die Stufen, die über das Straight-Through-Processing im Rahmen der Wertschöpfungskette zu integrieren sind. Diese Stufungen sind bei der ZKB im Vergleich zu Credit Suisse und UBS auch aus Sicht der Architekturdarstellungen einfacher zu erkennen, weil die Anzahl der in der gesamten Wertschöpfung eingesetzten Systeme kleiner und überschaubarer ist. Nichtsdestotrotz sind auch bei den anderen beiden Fianzdienstleistern stärker wertschöpfungsorientierte Architekturdarstellungen entstanden. Die grobgranularen Module tragen bei der ZKB die Bezeichnungen Vertrieb, inklusive CRM und Konto- oder Bestandesführung, Verarbeitung/Logistik sowie Handel. Wie an der Fallstudie an einem Beispiel gezeigt werden konnte, wird für die Integration zwischen diesen Bereichen mehrheitlich lose und enge Kopplung über die speziell dafür entwickelte BRE-Plattform eingesetzt.[510]

8.5.3 Wertschöpfungsintegration beim Telekommunikationsdienstleister

Bei der sunrise nimmt die Wertschöpfungsintegration insbesondere bei der Aufschaltung von Services oder Anschlüssen eine wesentliche Rolle ein. Dies betrifft aus der CRM-Sicht die Integration der Billing-Systeme sowie über die Billing-Systeme hinweg die Netzkomponenten etwa für die Fixnetz- oder Mobilnetzkommunikation mit dem CRM-System. Ferner sind für Spezialfälle, wie etwa die Mobilkommunikation zu reduziertem Tarif in der Homezone der Abonnenten, integrierte Lösungen zwischen CRM-, Billing- und Netzwerkkomponenten erforderlich, sofern nicht direkt Mutationen in den Billing-Systemen erfolgen. Ganz grundsätzlich erfordert die Wertschöpfungsintegration bei sunrise, wie in der Fallstudie klar dargestellt werden konnte, die Integration von Kontaktmedien/-punkten, CRM-, Netz- und Billing-Systemen. Diese Integration erfolgt über mehrere Ebenen über die gleiche Bus-Architektur, mit unterschiedlichen Integrationsmechanismen, auf Basis des Produktes von Vitria.

8.5.4 Unterschiede der Wertschöpfungsabbildung in den IT-Architekturen

In diesem Teilkapitel wird nur auf die Finanzdienstleister eingegangen. Unterschiede in der Abbildung der Wertschöpfungskette in den IT-Architekturen ergeben sich wie folgt. Die Integration der Wertschöpfungskette ist für alle drei Finanzdienstleister ein wichtiger Aspekt. Dies ist auch bezüglich der logischen Abbildung in den geschilderten

---

[510] Eine umfassende Darstellung der Wertschöpfungsintegration (aus Prozesssicht und nicht aus IT-Integrationssicht) erfolgt für das Beispiel der CS in Anhang 3 ab Seite 455.

Architekturdarstellungen der Fall. So ergeben sich aus der Wertschöpfungsbetrachtung für die Fallstudien auf einem ober(st)en Modularisierungslayer der Architektur die folgenden architektonischen Modulbildungen:

- ZKB: Hier umfasst der oberste Layer die Module Vertrieb, Verarbeitung und Logistik, Transaktionsabwicklung und Handel. Als weitere Applikationsverbünde werden geführt: Banksteuerung und Generelle Funktionen.

- Credit Suisse: Hier umfasst der oberste Layer u.a. Kundensysteme, Verarbeitung und Logistik, Handel. Als weitere wesentliche Aspekte der Architekturdarstellung(en) können Schnittstellen zu externen Partnern aufgeführt werden sowie Basic Facilities, die der Steuerung der Bank dienen.

- UBS: Hier umfasst der oberste Layer das Business System Client Servicing für die Vertriebsbank und das Business System Processing und Operations für die Produktionsbank.

Es herrschen unterschiedliche Architektur- und Infrastrukturausprägungen im Hinblick auf die Wertschöpfung vor. Die Credit Suisse führt wie bereits mehrfach erwähnt eine serviceorientierte Architektur, die auf Domains basiert. Domains können Clients oder Server für verschiedenartige Services sein. Die Server oder Clients werden mittels Services über verschiedene Busse implementiert, welche mehrheitlich auf CORBA oder Messaging basieren und als Mittler zwischen Präsentations-, Applikations- oder Datenlayer verschiedenster Applikationsbereiche dienen. Ähnlich einfach verständliche Infrastrukturen sind bei der ZKB im Einsatz, wo für die Datenintegration, die Online-Datenintegration sowie die Message-Integration je über eine separate Plattform auf Bus- oder Hub&Spoke-Struktur basieren. Dafür werden verschiedene Funktionalitäts-Cluster im Sinne von Domains oder Funktionsblöcken eingesetzt. Bei der UBS herrscht eine mandantenfähig gehaltene Architektur mit je einer Vertriebsbankarchitektur und einer Produktionsbankarchitektur vor. Innerhalb der Business Systems Client Servicing und Operations der UBS werden analog zum Business System Operations die Komponentenarten unterschieden, welche für die Präsentations- (Business Application Component), Applikations- (Business Process Component) und Datenebene (Business Entitiy Component) verschiedenster Kernbanksysteme stehen.

Generell ist die Wertschöpfungsorientierung der Finanzdienstleister auch darauf zurückzuführen, dass diese ihre Infrastruktur auf Kunden und Partner auszurichten haben, weil insbesondere der verarbeitungsorientierte Teil des Finanzdienstleistungsgeschäfts Inputs aus Partner- und Kundensicht erhält und Outputs zuhanden von Partnern und Kunden generiert. Hier fallen bezüglich einer Rationalisierung auch die grössten Skaleneffekte an. Im Rahmen der noch verhältnismässig einfachen Abwicklung von Zahlungsdienstleistungen (Kontoführung) ist es möglich, dass sowohl Partnerbanken etwa aufgrund von Transaktionen Inputs dafür haben, weil Externe auf ein Konto einzahlen, aber auch Externe von Zahlungen betroffen sind, die der Kontoinhaber veranlasst. Ähnliches ist auch beim Handel von Wertpapieren der Fall. Beide, Transaktionsübermittlungen an Dritte und von Dritten, können bei Bedarf zu unmittelbaren oder zeitlich verzögerten Benachrichtigungen im Sinne von CRM-Geschäftsvorfällen führen. Selbstverständlich sind, wie anhand der Fallstudie der ZKB dargestellt werden konnte, aber auch wesentlich komplexere Handelsgeschäfte mit unterschiedlich umfangreicher Partnerbeteiligung über erforderliche Integrationsplattformen zu ermöglichen.

Ein Problem, das im Rahmen der Wertschöpfungsintegration bei den Finanzdienstleistungsunternehmen zu lösen ist, liegt in der Verknüpfung der meist transaktionsdominierten Wertschöpfungskette und deren Integration mit dem kommunikationsorientierten Kundenbeziehungsmanagement. Hier zeigt sich an den Fallstudien, dass sich Finanzdienstleister aufgrund des historisch bedingt starken Fokus auf die Transaktionsabwicklung schwer damit tun, die Kommunikations- und Transaktionsabwicklungsperspektive miteinander adäquat zu integrieren und integriert zu verstehen. Die Integration erfolgt bei Credit Suisse und UBS ähnlich über Kundenbeziehungsportale, welche die verschiedenen „Welten" auf unterschiedliche Art miteinander verbinden.

Weniger eindeutig ist die Integration der Wertschöpfungskette im Falle des Telekommunikationsunternehmens sunrise. Dieses hat aufgrund seines Produktportfolios und aufgrund der Verknüpfung von Netzwerktechnologie als Grundlage für die Servicebereitstellung mit der unternehmensinternen IT eine unterschiedliche Ausgangslage. Der Kern der wertschöpfungsorientierten Betrachtung des Unternehmens liegt u.a. in der einen Richtung in der Umrechnung von Einheiten der Netzwerknutzung in finanzielle Beträge für die Rechnungsstellung und umgekehrt in der Bereitstellung der vertraglich definierten Dienstleistungen im Telekommunikationsnetzwerk (Freischaltung von Anschlüssen für Neuabonnenten, Zusatzservices etc.) um Kunden schnellstmöglich eine Dienstleistungsnutzung zu ermöglichen. Die Partnerintegration stellt auf der Ebene der Billing-Systeme innerhalb der Wertschöpfungskette ein wesentliches Element dar. Damit kann ein bidirektionales Netzwerk-Roaming (etwa im Falle von Netzwechseln von Mobilkommunikationskunden) ermöglicht werden, was insbesondere im Mobilkommunikationsbereich ein Hauptanliegen ist. Die Partnerintegration ist somit ebenso wertschöpfungskritisch wie bei den Finanzdienstleistern. Die Roamingdaten von Kunden geben zusätzliche dienstleistungs- und angebotsspezifische Hinweise zum Transaktionsverhalten des Kunden, die wiederum für die Kundenbeziehungsgestaltung sowie für das strategische Management der Kundenbeziehungen eingesetzt werden können. Insbesondere die Netzwerkintegration in die IT-Umgebung des Unternehmens hat entsprechend eine sehr grosse Bedeutung, ähnlich wie bei den Finanzdienstleistern die Partnerintegration. Weniger kritisch ist die Zusammenarbeit mit Partnern bezüglich Content für Web- und WAP-Portale.

9 Synthese aus Theorie und Fallstudien

Das Kapitel 9 zur Synthese von Fallstudienforschung und Theorie diskutiert über die in Kapitel 8 thematisierten modellbasierten Integrationsfragen hinaus allgemeine Teilaspekte im Umfeld der CRM-Integration. Unter anderem werden darin auch besonders beispielhafte Sachverhalte im Integrationsbereich aus den Fallstudien dargestellt.

Das Kapitel umfasst die folgenden Einzelkapitel: CRM-Integrationsmanagement und Management von CRM-Architekturen, Ergänzungen zum CRM-Integrationsmodell und zusammenfassende Darstellung der Integrationsentscheide. Ferner werden Zusammenhänge zwischen CRM-Geschäftsvorfällen und Integrationsmustern dargestellt. In einem weiteren Kapitel werden CRM-Integrationsinfrastrukturen diskutiert. Es wird ferner ein Determinantenmodell zur Integration aus der Perspektive der Kundenkontaktpunkte dargestellt. Zuletzt erfolgt in einem letzten Teilkapitel eine Darstellung von Methodikaspekten der Integration, sei es aus einer allgemeinen Perspektive oder der Perspektive des CRM.

9.1 Management der CRM-Integration und von CRM-Architekturen

9.1.1 Wertschöpfungsspezifische Integration der Geschäftsvorfälle im Front Office

In allen Fallstudien zeigte sich, dass wesentliche Motivationen für die ausgeprägt methodisch strukturierte Integration in der aufkommenden Integration von CRM-Systemen zu suchen sind. Besonders schön ist dies an den wertschöpfungsorientierten Architektur- oder Domainübersichten von CS, ZKB und UBS zu sehen. Bei der sunrise wird die Wertschöpfungsorientierung mehr als in der Architekturübersicht auf verschiedenen Layern bei der Portalarchitektur ersichtlich. In allen erwähnten Domain- oder Mehrebenenarchitekturen, die so in der Literatur wenig oder gar nicht beschrieben werden – insbesondere nicht wertschöpfungsorientiert – stehen der Kunde und die Informationssysteme für das Kundenbeziehungsmanagement am einen Ende der Architekturdarstellung. Eine Hauptfrage ist dabei, wie aus dem Kundenbeziehungsmanagement Integrationsfälle abgeleitet werden können. Sehr einfach kann dies anhand der Abbildung 45 auf Seite 155 gezeigt werden. Innerhalb derselben können ausgehend von den Kundengeschäftsvorfällen unterschiedliche Integrationsfälle diskutiert werden. Geschäftsvorfälle können an Face-to-Face-Kontaktpunkten oder an elektronischen Kundenkontaktpunkten auftreten. Dabei ist es bei den Letzteren unerheblich, ob dies über Sprach- oder Datendienste erfolgt. Es hat somit primär eine Integration der betrieblichen Kommunikationssysteme in die betrieblichen Informationssysteme zu erfolgen.[511] Aus den Geschäftsvorfällen ergeben sich Integrationsfälle, die über entsprechende Integrationsmuster abgedeckt werden können, z.b. Fire-and-Forget, Publish-Subscribe oder Funktionsaufrufe, wie sie in Theorie, Fallstudien oder in diesem Kapitel zur Sprache kommen. Die Unterstützung der Implementierung von Integrationsmustern erfolgt durch die Integrationsarchitektur. Wie in der erwähnten Abbildung 45 ist dabei abzuklären, um welche Art von Geschäftsvorfall es sich handelt, ob um einen In- oder Outbound-Geschäftsvorfall, wie tief die Integration zu erfolgen hat sowie welche Zeitaspekte für die Informationsbedürfnisse oder Informationsverarbeitungsprozesse erforderlich sind. Ebenfalls ist abzuklären, welche Kommunikations- und Anwendungssysteme zu integrieren sind und welche verschiedenen Informationssysteme am Geschäftsvorfall beteiligt sind.

Unterschiedlich ist im Front Office, wie gezeigt wurde, auch die Art der Integration in Abhängigkeit von den Geschäftsvorfällen. Dabei sind Mengengerüste und Qualitätsanforderungen des Front Office bestimmende Faktoren für die Ausprägung der Zielarchitektur. Aufgrund der teilweise sehr grossen Kundenzahlen der Unternehmen, die in den Fallstudien beschrieben wurden, resultieren teilweise sehr grosse Mengen an Geschäftsvorfällen. Durch die erforderliche Integration können so teilweise massive Skaleneffekte resultieren. Von sich ändernden (Adress-)Daten des Kunden sind unterschiedlichste Systeme und Datenbanken in der gesamten IT-Architektur betroffen, was zu weiteren Integrationsbedarfen führt. Geschäftsvorfälle, die weniger häufig auftreten, etwa ein Namenswechsel aufgrund einer Heirat, können z.B. über weniger investitionsintensive Datenintegrationslösungen oder Funktionsintegrationslösungen integriert werden. Bei grösseren Geschäftsvorfallzahlen können investitionsintensivere Integrationsarten wie Funktions- oder Prozessintegrationen auf Basis von Messaging-Technologien eingesetzt werden. Kalkulatorisch ist die Rentabilität der höheren Investition aufgrund der grösseren Geschäftsvorfallzahlen wohl schneller zu erreichen; dies auch aufgrund der Einsparungspotenziale, welche durch die Integration schneller realisiert werden können.

9.1.2 Rollen- und situationsabhängige Unterschiede der Informationsbereitstellung

Eine klare oder eindeutige Zuordnung von Rollen, Informationsbedürfnissen, Informationsbereitstellungen und Integrationsfällen zu Informationssystemen im Umfeld von Front-Office-Systemen, Back-Office-Systemen sowie DWHs ist schwierig. Es bestehen zudem wie gezeigt immer mehrere Lösungsmöglichkeiten mit unterschiedlichen

---

[511] Vgl. dazu Kapitel 5.4.3 und 5.4.4, in welchen Schnittstellen für die Telefonie- oder Emailintegration summarisch dargestellt werden.

Synthese aus Theorie und Fallstudien 391

Investitionsfolgen und Wirksamkeiten der Investition. Es ist auch nicht einfach mit einer generischen Zuordnung von Integrationsfällen oder -mustern zu Geschäftsvorfällen getan, weil die Organisation von Unternehmen sowie die Landschaft der von ihnen eingesetzten Informationssysteme meist unterschiedlich sind. Unterschiede ergeben sich auch in den Ausprägungen und Aufgabenzuordnungen verschiedener CRM-Managementstufen, die unterschiedliche Informationsbedürfnisse haben. Für diese Informationsbedürfnisse ist zu entscheiden, ob sie aus operativen oder analytischen Systemen zu befriedigen sind. Bei entsprechenden Investitionen erlaubt die Technologie jedoch eine fast beliebige Informationsbereitstellung nahezu in Echtzeit. Dies zeigten die Fallstudien. Danach können die Integrationsfälle abgeleitet werden. In der folgenden Abbildung 123 werden z.B. generische Funktions- oder Objektaufrufe zwischen SAP und Siebel über ein BAPI von SAP an das System SAP R/3 dargestellt.[512] Zudem wird angegeben, welche Transformationsdatei für die Integration und Transformation von Daten relevant ist.

Workflow	Integration Object	Data Transformation Map
Account – Get SAP Order List	Account – Get SAP Order List (Siebel)	
	Account – Get SAP Order List (BAPI Input)	GetSAPOrderList_BAPIToSiebel
	Account – Get SAP Order List (BAPI Output)	GetSAPOrderList_SiebelTOBAPI
Account – Import SAP Order	Account – Import SAP Order (Get SAP Order List)	ImportSAPOrder_ GetSAPOrderListToSiebelOrder
	Account – Import SAP Order (Siebel Order)	
Order – Create SAP Order	Order – Create SAP Order (Siebel)	
	Order – Create SAP Order (BAPI Input)	CreateSAPOrder_SiebelToBAPI
	Order – Create SAP Order (BAPI Output)	CreateSAPOrder_BAPIToSiebel
Order – Get SAP Order Status	Order – Get SAP Order Status (Siebel)	
	Order – Get SAP Order Status (BAPI Input)	GetSAPOrderStatus_SiebelToBAPI
	Order – Get SAP Order Status (BAPI Output)	GetSAPOrderStatus_BAPIToSiebel

Abbildung 123: Out-of-the-Box-Elemente einer BAPI-basierten Integration zwischen Siebel 2000 und SAP R/3.[513]

Neben dem Integrationsobjekt (verschiedene Objektaufrufe rund um die Auftragsweitergabe von Siebel an SAP) zeigt die Abbildung auch Maps für die Datentransformation, die beim Objektaufruf von Siebel in SAP erforderlich sind.

Allerdings ist denkbar, dass diese Integrationsfälle – es handelt sich in der Abbildung um Weitergaben von Auftragsdaten aus dem operativen CRM-System ins ERP-System – um solche erweitert werden, die vom operativen CRM-System an das analytische CRM oder vom ERP-System an das operative CRM gerichtet sind. Hier, so

---

[512] Vgl. dazu Siebel (2000), S. 5/5, S. A/3.
[513] Die Darstellung in Abbildung 123 entstammt älteren Dokumenten. Dies spielt insofern keine Rolle, als die Mechanismen mehr oder weniger gleich geblieben sind.

scheint es, ist je nach Integrationsart noch ein stark erweitertes Feld der Entwicklung generischer Integrationsfälle denkbar.

Komplex ist etwa die Vermeidung von redundanten Datenbeständen durch Replikationen, zu deren Aktualisierung immer wieder neue Datenreplikationen erforderlich sind. Die Datenreplikation ist im CRM-Umfeld nach wie vor eine sehr dominante Integrationsform. Datenreplikation ist erforderlich, um Daten aus operativen Systemen aggregiert darstellen zu können, oder um beispielsweise mobile und stationäre CRM-Applikationen zu koppeln.

Eine wichtge Voraussetzung für die Integration stellt somit die Aufarbeitung der Datenverarbeitungsbedürfnisse von Mitarbeitern, Stellen- oder Funktionsinhabern im CRM-Umfeld dar. Dies kann z.B. auf Basis einer Geschäftsvorfallanalyse an den Kundenkontaktpunkten erfolgen. Weiter determinieren die für die Informationsbereitstellung relevanten Informationssysteme die Integration sowie der Faktor Zeit. Diese Faktoren determinieren die „Mechanik des Zusammenspiels der Informationssysteme" innerhalb der Architektur sowie die eingesetzten Integrationsmechanismen und -infrastrukturen. Mittels dieser abzuklärenden Fakten lassen sich aus der Sicht der Kundenbeziehungsgeschäftsvorfälle theoretisch alle Fälle der Integrationsbedürfnisse spezifizieren. Die einfachste Variante dafür, wie diese Anforderungen spezifiziert werden können, zeigt die Fallstudie der ZKB, für welche in der Abbildung 116 auf Seite 345 drei Fälle definiert werden können, die über die Dimension Zeit und die Dimension der Domains respektive der betroffenen Informationssysteme bezüglich Integration Auskunft geben. Diese Darstellung kommt von allen gemachten Darstellungen der Konfiguration aufgrund von CRM-Geschäftsvorfälle am nächsten.

9.2 Ergänzungen zum CRM-Integrationsmodell

9.2.1 Erweiterung des Integrationsmodells

Es ergeben sich aus den Fallstudien für das CRM-Integrationsmodell folgende Spezifizierungen oder Weiterungen für die Integrationsbereiche. Die Integrationsfälle können aufgrund der Erkenntnisse aus den Fallstudien erweitert oder wie folgt weiter präzisiert werden:[514]

- Integration zwischen Back-Office-Systemen und operativen CRM-Systemen: Dabei ist eine Datenintegration von IST-Daten vom Back Office- ins Front-Office-System und umgekehrt denkbar. Ebenfalls fallen darunter Datenintegrationen zu Transaktionen. Weiter sind transaktionsrelevante Datenweitergaben von Dienstleistungs-

---

[514] Vgl. zu einer zusammenfassenden Darstellung der Integrationsentscheide in Form eines morphologischen Kastens Kapitel 9.3.1 und darin Abbildung 126.

daten von den Back-Office-Systemen an das operative CRM und an das analytische CRM (allenfalls gleichzeitig) denkbar.

- Integration zwischen analytischem und operativem CRM: Dies beinhaltet die Datenintegration von Vergangenheitsdaten. Aus dem analytischen CRM kann jedoch über Funktionsaufrufe oder Messaging geprüft werden, ob und im Bereich welcher Datenobjekte sich im operativen CRM Veränderungen ergeben haben, um inkrementelle Daten-Loads nur dort zu machen, wo dies erforderlich ist. Damit kann der Datenverkehr zwischen den beiden Komponenten reduziert werden. Wie sich in der Theorie zeigte, sind auch Datenintegrationen oder allenfalls Funktionsaufrufe vom analytischen ins operative CRM erforderlich oder denkbar. Damit können etwa Aktionshinweise (auch in Form von Scoringwerten) an das operative CRM weitergegeben werden. Wichtig kann für diese „Schnittstelle" der Zeitfaktor sein, wo z.B. aufgrund der Wettbewerbssituation schnelle Iterationen aus Analyse und Aktion und deren Zusammenführung mit der Reaktion zur erneuten Analyse gegeben sein müssen. Zur Beschleunigung der Iterationszyklen sind direkte und allenfalls parallele Schnittstellen vom analytischen CRM an die Kontaktmedien und an das operative CRM denkbar. Es können umgekehrt Reaktionserfassungen im analytischen und operativen CRM gleichzeitig erfolgen.

- Interne Integration im Back Office: Hier ist eine Entkopplung und „Reintegration" der Bestandesführung – Konto- oder Rechnungsführung (Billing) versus Transaktionsabwicklung im Rahmen der Fallstudien – und der eigentlichen Transaktionsabwicklung aufgrund der erfolgten oder intendierten Bestandesänderungen erforderlich. Letzteres umfasst die eigentliche (Dienstleistungs- oder Finanz-)Transaktionsabwicklung. Dazu gehört auch die Avisierung von Partnern. Eine Entkopplung und „Reintegration" ist vielfach bei Legacy-Systemen mit monolithischem Charakter erforderlich. Die erwähnte Entkopplung und Reintegration ist eine notwendige Voraussetzung für die Integration von moderneren Front- und älteren oder alten Back-Office-Systemen. Der Grund für die Trennung besteht hauptsächlich in der Zuordnung der Bestandesführungsdaten zum operativen CRM, die neben der reinen Interaktionshistorie unter Umständen auch in der Kundenhistorie geführt werden sollten. Diese Daten sind je nach Fall direkt dem operativen CRM und/oder dem analytischen CRM zur Verfügung zu stellen. Sie können aber auch vom analytischen CRM aus (z.B. auf Basis der GUI-Integration) in aggregierter Form dem operativen CRM zur Verfügung gestellt werden. Eine Trennung von Bestandesführung und Transaktionsabwicklung ist auch sinnvoll, weil die eigentliche Transaktionsabwicklung mit der Bestandesführung nur indirekt etwas zu tun hat.

- Problematik der Direktintegration zwischen kollaborativem CRM und Back-Office-Systemen – ohne Dokumentation im operativen CRM: Dies kann dann der Fall sein, wenn im Multi-Channel-Szenario der Stovepipes etwa ein Web-Interface direkt an ein Transaktions- oder Back-Office-System angeschlossen wird. Dann entgeht der operativen CRM-Applikation eine Avisierung, dass eine Transaktion abgewickelt wurde. In diesem Fall ist eine Integration zwischen Back-Office-System und analytischem CRM erforderlich. Von dort aus kann z.b. für die Kundenhistorie im operativen CRM eine Datenintegration erfolgen oder die Daten können im Front Office direkt aus dem analytischen CRM abgerufen werden, etwa wenn die Kundenhistorie im analytischen CRM gehalten wird.

- Integration zwischen analytischem und kollaborativem CRM z.B. für direkte Kampagnenabwicklung: Analog zum obigen Aufzählungspunkt ist abzuschätzen, ob vom analytischen CRM ein Update ins operative CRM oder aber in die Back-Office-Systeme erforderlich ist. Beispielsweise kann der erwähnte Fall bei Telekommunikationsdienstleistern eintreten, um aus dem Kommunikationsmedium heraus ohne Beteiligung weiterer betrieblicher Anwendungssysteme direkt Dienste im Telekommunikationsnetzwerk aufzuschalten.

- Integration des Back-Office-Systems ins operative CRM-System und/oder in die entsprechende Datenbank im kollaborativen CRM: Dieser Fall kann eintreten bei der Übermittlung von Skilldaten zu Front-Office-Mitarbeitern für das Routing von Telefonaten. Er kann jedoch auch erforderlich sein für das Routing von Emails und von elektronisch verfügbar gemachter Briefpost.

- Integration zwischen Content Management und Kontaktpunkten: Hier geht es um die in den Fallstudien gelegentlich thematisierte Übermittlung und einheitliche Bereitstellung von Text- oder Bildinhalten zuhanden unterschiedlicher zentraler oder dezentraler Kontaktpunkte, Druck- oder Print Center. Letztere können mit Output-Management bezeichnet sein. Eine Spezialform davon stellt die Integration von Vertrags- und Belegdokumenten und -daten aus dem operativen CRM in Archive dar. Ebenso ist die Ermöglichung des Abrufs derselben an den Kundenkontaktpunkten denkbar. Aufgrund mangelnder Speicherkapazitäten können für historische Dokumente andere Archivierungsformen gefunden werden. Auf die archivierten Dokumente kann dann beispielsweise, wie in den Fallstudien erwähnt, aus den Kundendossiers oder -historien über URLs zugegriffen werden.

- Integration zwischen kollaborativem und operativem CRM: Hier handelt es sich um die Integration von Information zu und von Kunden in unterschiedlicher Form vom kollaborativen CRM ins operative CRM. Diese Integration kann z.B. für das Routing von eingehenden Kundengeschäftsvorfällen zu geeigneten Bearbeitern erforderlich sein und Skilldaten umfassen, die indirekt aus den ERP-Systemen stammen. Es kann sich aber auch um Kundenwertdaten für die Priorisierung von Kunden in Warteschlangen handeln, die indirekt aus dem analytischen CRM stammen. Last but not least gehören u.a. Daten dazu, die im Rahmen der CTI-Integration zwischen operativem CRM und der Telefonieapplikation ausgetauscht werden müsssen, sei es im Outbound- oder Inbound-Fall.

- Spezialfälle der Regelkreis-Integration: Hierzu gehören die Übermittlung, integrierte Erfassung und „Assoziation" von Reaktionen des Kunden mit den zugehörigen Aktionen des Unternehmens. Es gehören aber im operativen CRM auch die integrierte Assoziierung der Daten oder Dokumente zum Objekt Kunde oder zu Back-Office-Objekten dazu, für den Fall, dass sie mit der Vertragserfüllung verbunden sind. Dies kann wie mehrfach erwähnt sowohl über Front- und Back-Office-Systeme der Fall sein. Als Datensenke für die Schliessung des Regelkreises ist das DWH umso eher geeignet, aus je mehr Systemen die Reaktionsdaten zu integrieren sind.

Unter Berücksichtigung der oben erwähnten Erweiterungen und Präzisierungen lässt sich ein erweitertes Integrationsmodell wie folgt darstellen (vgl. Abbildung 124). In der Abbildung werden im Hinblick auf das eigentliche Integrationsmodell verschiedene Ergänzungen gemacht. Einerseits werden mehr Kontaktpunkte erwähnt, für die, im Inbound-Fall, eine adäquate Zuordnung zu Mitarbeitern und Standorten gemacht werden muss. Zu Kontaktpunkten sind wiederum reale Geschäftsvorfälle zu assoziieren, welche mit Prozessen verknüpft sind, die entsprechend technisch zu unterstützen sind und das Multi Channel Management determinieren. Zudem ist das operative CRM zu einem CRM-Layer erweitert worden. In diesem Layer sind verschiedene Logiken integriert, die auf die CRM-Integration wesentliche Wirkungen haben. Die CRM-Logiken lauten wie im Folgenden dargestellt:

- Routing-Logik für das Routing von In- und Outbound-Geschäftsvorfällen

- Prozesslogik, welche dem CBC entspricht und welche im Idealfall über alle Kontaktpunkte ähnlich aussieht; dies kann eine Standardisierung und Erleichterung der Integration zwischen den verschiedenen Kanälen und in der Wertschöpfungskette mit sich bringen

- Strategische CRM-Logik (die in der Abbildung nicht aufgeführt ist), welche aus dem analytischen CRM die Kundenbeziehungsgestaltung im Front Office erleichtert, etwa durch die Implementierung von Kundenverhaltensmodellen in Form von Scoringwerten

- CRM-Integrationslogiken zum analytischen CRM sowie zu Back-Office-Systemen.

Die Entwicklung der CRM-Logiken ist unterschiedlich, je nachdem ob es sich um gekaufte oder selber erstellte CRM-Systeme handelt. In gekauften CRM-Systemen ist die Implementierung der CRM-Logik zumindest angelegt. In selber erstellten CRM-Systemen ist die Logik vollständig selber zu erstellen. Wie in der Theorie und teilweise auch in den Fallstudien gezeigt werden konnte, hängen die erwähnten CRM-Logiken stark mit mehrschichtigen Integrationsfragen zusammen, die in Abhängigkeit von Make- oder Buy-Strategien selber zu lösen sind oder über vorbereitete Integrationsmuster oder -mechanismen implementiert werden können.

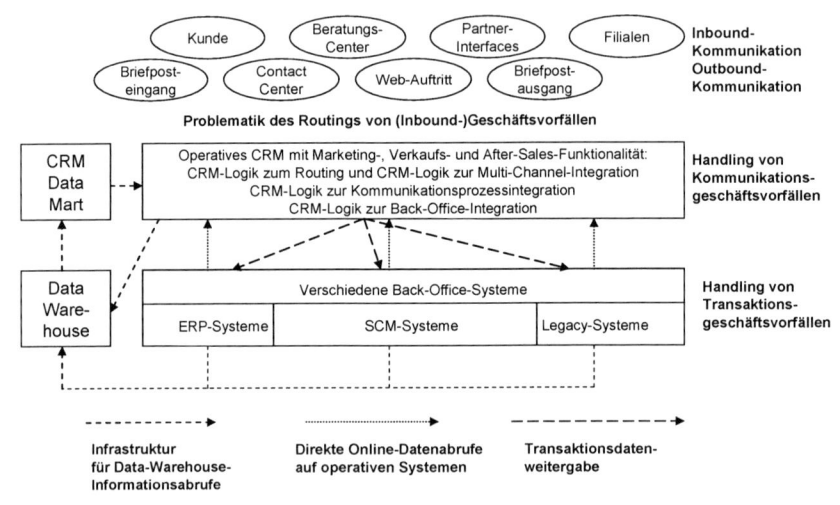

Abbildung 124: Erweitertes Integrationsmodell.

Auch im Back Office sind „Logiken" vorhanden oder zu implementieren, die für das Kundenbeziehungsmanagement relevant sind. Auf diese kann an dieser Stelle aber nicht vertiefter eingegangen werden. Als Beispiel dazu sei die Umrechnung von Bestelldetails – auf der Basis abgeschlossener Kundenverträge – in finanzielle Daten erwähnt.[515] Dies kann sowohl für die Rechnungsstellung als auch für die Finanz- und Betriebsbuchhaltung erforderlich sein, oder aber für die Berechnung der finanziellen Rentabilität von Marketing-, Verkaufs- oder Servicegeschäftsvorfällen.

Die mit Pfeilen dargestellten Verbindungen in Abbildung 124 entsprechen mehrheitlich den bereits im CRM-Integrationsmodell dargestellten Integrationen und deren detaillierter Beschreibung. Es wird deshalb auf deren Erläuterung verzichtet. Ebenfalls sind mögliche Integrationsinfrastrukturen teilweise über die unterschiedlichen Pfeilarten

---

[515] Vgl. dazu etwa Mertens (2000).

auseinandergehalten. Dies wurde beim ersten CRM-Integrationsmodell noch nicht explizit unterschieden und ist eine Schlussfolgerung aus den Fallstudien. Es sind notwendigerweise wiederum vereinfachte Darstellungen der Hauptintegrationsanforderungen zu CRM-Systemen.

9.2.2 Allgemeine Schlussfolgerungen zum CRM-Integrationsmodell

Es ergeben sich aus den Fallstudien für das CRM-Integrationsmodell folgende allgemeine Schlussfolgerungen.

Grundsätzlich kann das aufgestellte Komponenten-Modell ausgehend von den gemachten Erkenntnissen als brauchbar eingestuft werden. Es eignet sich für grundsätzliche Überlegungen (z.B. anhand von CRM-spezifischen Modellen). Aufgrund einer grossen Diversität von Systemen im Back Office oder im Front Office kann die Erfassung der Integrationserfordernisse anhand des stark vereinfachenden Modells indes schwierig werden. Ein Beispiel dafür sind nicht integrierte Stovepipe-Applikationen. Hier sind kumulierte Integrationsbedarfe mit zum Teil sehr umfangreichen Abhängigkeitsverhältnissen gegeben. Die Abhängigkeit zeigt sich etwa dort,

- wo aufgrund eines Kundengeschäftsvorfalls unterschiedliche Informationssysteme in der IT-Architektur des Unternehmens aufzurufen oder zu benachrichtigen sind,
- die wiederum andere unternehmensinterne Geschäftsvorfälle in Informationssystemen verursachen oder
- wo aus unterschiedlichen Systemen Informationsabrufe erforderlich sind.

Diese Abhängigkeitsnetze können mit dem stark vereinfachenden Modell nur schwer dargestellt werden. Allerdings erschweren komplexere Modelldarstellungen, das liegt im Charakter von Modellen, die Übersichtlichkeit teilweise stark.

Je nach Branche oder Unternehmen ist eine Differenzierung der Back-Office-Informationssysteme analog zu den IT-Systembereichen des Front Office wünschbar. Dies ergibt auch Integrationsunterschiede, die schwerlich durch ein einziges Modell abgedeckt werden können. Erst mit der branchen- oder unternehmensspezifischen Darstellung des Zusammenspiels von Front- und Back-Office sowie Analyse-Komponenten kann dieses besser verstanden werden.

Die Wertschöpfungskette ist, wie an den Fallstudien deutlich gemacht werden kann, zwischen Finanzdienstleistern und Telekommunikationsdienstleistern in einem generischen Sinne ähnlich. Unterschiede bestehen im Geschäft und dessen Abbildung in Informationssystemen. Letzteres hat primär Auswirkungen auf die Integration der CRM-Systeme mit den Back-Office-Systemen und weniger grossen Einfluss auf die

Integration des operativen und des analytischen CRM. Branchenspezifische Referenzarchitekturen, wie etwa der eTOM-Ansatz – für Finanzdienstleister besteht kein entsprechendes Referenzmodell – sind vermehrt unter der Perspektive des Kundenbeziehungsmanagements zu sehen. Versuche dazu bestehen im eTOM-Ansatz für Telekommunikationsunternehmen, wobei es schwierig ist, CRM-Prozesse klar von den übrigen Prozessen abzugrenzen. Das eTOM-Referenzmodell ist für die Zwecke dieser Dissertation zu unübersichtlich[516] und für die Diskussion der in dieser Arbeit thematisierten Integrationsaspekte zu komplex in der Darstellung. Insbesondere sind darin CRM-Prozesse schwer abzugrenzen. Entsprechend vereinfachtere (branchenspezifische) Darstellungen in Anlehnung an das CRM-Integrationsmodell sind noch zu entwickeln.

Im Finanzdienstleistungsbereich scheint ein Referenzarchitekturmodell (allgemein oder spezifisch für die CRM-Integration) weitgehend zu fehlen. Hier liessen sich in den Fallstudien, bei geringen Abweichungen, doch recht vielfältige Übereinstimmungen erkennen, die für das Design eines Referenzarchitekturmodells „Financial Services" unter Miteinbezug des Kundenbeziehungsmanagements die Grundlage bieten könnten.

Zu berücksichtigen wäre in einer Referenzarchitektur für die Branche „Financial Services", dass in Architekturdarstellungen Applikationen und Architekturen des CRM-Bereichs umfassend darin repräsentiert werden. Am überzeugendsten ist eine solche Vertriebsbankarchitektur bei der UBS zu sehen. Die Vertriebsbank ist auf die Kundenkommunikation ausgerichtet. Die Produktionsbank dient der Transaktionsabwicklung und Bestandesführung und umfasst alle Applikationen, die für die Bestandesführung, die Transaktionsabwicklung, den Handel und das Partnermanagement eingesetzt werden.[517] In der Vertriebsbank-Architektur herrscht das Prinzip „Rasche Anpassung an das Kundenverhalten" aus der Sicht der Architektur vor. In der Produktionsbank herrscht hingegen das Prinzip „Grösstmögliche Stabilität und Sicherheit bezüglich (der Masse an) abzuwickelnden Transaktionen" vor. Diese beiden Perspektiven stehen sich diametral gegenüber und erschweren die Darstellung und Lösung der Integrationsprobleme. Eine Aufteilung in Vertriebs- und Produktionsbank erfolgte nach dem Internet-Hype aus Gründen der Möglichkeit, Teile von Architekturen oder Wertschöpfungsketten mandantenfähig zu machen und Dritten anzubieten. Bezüger von mandantenfähigen Transaktionsdienstleistungen waren unmittelbar nach dem Internet-

---

[516] Vgl. zum eTOM (Enhanced Telecom Operations Map) TeleManagementForum (2002).
[517] Vgl. zur Produktions- und Vertriebsbank-Unterscheidung Caspritz (2001), S. 93, Ketterer/Ohmayer (2002), S. 7 ff., Meyer zu Selhausen (2000), Oehler (2004), Schüller (1999), S. 437.

Hype und sind bis heute Online-Finanzdienstleister und -trader, die sich auf die Kundenbeziehungsgestaltung und den Vertrieb von Produkten und Dienstleistungen spezialisier(t)en.

Die dargestellten Fallstudien geben trotz den obigen Einwänden auch Hinweise darauf, das eine Branchen-unabhängige Referenzarchitektur erstellt werden könnte, die auf einer generischen Wertschöpfungskette basiert und so wie in den Fallstudien dargestellt werden könnte. Ferner ist auch ein branchenübergreifendes Integrationsvorgehen definierbar. Eine vereinfachende Darstellung des Integrationsmodells ist auch deshalb sinnvoll, weil dies die Möglichkeit eröffnet, die Integration aus verschiedenen Dimensionen zu diskutieren, die wie folgt lauten können:

- Zusammenspiel verschiedener zentraler und dezentraler Organisationseinheiten mit den Arbeitsfeldern operatives CRM, analytisches CRM sowie Back-Office

- Zusammenspiel verschiedener Prozesse aus operativer CRM-Sicht und aus Back-Office-Sicht

- Gruppierung von Integrationsmustern aus der Sicht der verschiedenen CRM-Komponenten des Integrationsmodells oder Organisationseinheiten oder Kundengeschäftsvorfällen

- Modularisierung von Architekturen ausgehend von verschiedenen Aufgaben, z.B. in der Wertschöpfungsausprägung (Prozessorientierung), in der Organisationsausprägung (Aufbauorganisation) oder in der Ausprägung der Managementstufen (Verhältnis der Nutzung operativer und analytischer Systeme)

- Dekomposition (und Rekomposition) der Integrationssachverhalte etwa nach Modularisierungskriterien und erforderlichen Integrationstiefen der Geschäftsvorfälle

- Definition einer Integrationsinfrastruktur oder -topologie, aufgrund der die Modularisierung der Architektur und die Definition von Integrationsmustern geplant oder angegangen werden kann – in Abhängigkeit vom Geschäft(smodell des Unternehmens)

- Vereinfachte Abklärung der Anwendung von Präsentations-, Funktions- oder Datenintegration aufgrund der Strukturierung der Integrationsfälle in Abhängigkeit von den Geschäftsvorfällen und deren Mengen oder deren Vorkommen.

Die hier aufgeführten Dimensionen stellen Strukturierungshilfen dar für das:

- Management von für das CRM relevanten Applikationen innerhalb der Gesamtarchitektur

- Management von Integrationsinfrastrukturen

- Management von granularen Einheiten der IT-Architektur, etwa Funktionalitäten, (Web) Services, Daten, oder Bündeln davon im Sinne der Modularisierung[518]

- Management von unterschiedlichen Integrationssichten (physisch, logisch, semantisch)

- Management von Informationsflüssen von der Kundenschnittstelle bis zu den Lieferanten/Partnern

- Management der Steuerung der Wertschöpfungskette in verschiedenen Bereichen, analog zum diskutierten Regelkreis der Marktbearbeitung

- Aus Wertschöpfungssicht segmentiertes Management der Kundenbeziehungen, der Produktion und Transaktionsabwicklung sowie der Partnerbeziehungen

- Wertschöpfungsorientierte und managementorientierte Handling von Funktionalität und Kommunikationsaspekten in mehr oder weniger verteilten Systemen, die durch mehr oder weniger verteilte Organisationen genutzt werden.

Im theoretischen Teil wurde die Frage der Durchgängigkeit der Wertschöpfung von beiden Seiten im Sinne der wertschöpfungsorientierten Gliederung der Architektur zu wenig berücksichtigt. Dies umfasst die Integration beider Seiten, der Kunden- sowie der Lieferanten- oder Partnerseite. Jedoch legen die Erkenntnisse aus den Fallstudien eine Vertiefung dieser Sichtweise im Integrationsbereich und der künftigen Forschung nahe. Dies ergab sich sowohl aus der Fallstudie des Telekommunikationsanbieters sowie aus den drei Fallstudien der Finanzdienstleister.

Die Untersuchung zeigte auch, dass grundsätzlich alle Möglichkeiten der Integration denkbar wären, auch ausgehend von den diskutierten Modellen der Integration. Die Entscheide, die Unternehmen in diesem Bereich zu fällen haben, basieren jedoch mehrheitlich auf Trade-Offs innerhalb bestimmter Entscheidungskontinuen. Ein solcher Trade-Off besteht z.B. bezüglich Integration einerseits aus Kosten/Investitionssicht und andererseits aus Effizienz- oder Effektivitätssteigerungssicht im Umfeld des Kundenbeziehungsmanagements. Eine technische Integration zur Steigerung der Effektivität und der Effizienz des Kundenbeziehungsmanagements verursacht (massive) Kosten und Investitionen auf technischer und betriebswirtschaftlicher Ebene. Dies kann z.B. zugunsten des Ersatzes von Mitarbeitern (möglicherweise Kostenreduktion) durch integrierte Front- und Back-Office-Systeme (massive Investitionskosten) erfolgen. Entsprechende Trade-Offs sind bei allen Integrationsfragen auch

---

[518] Vgl. hierzu wie bereits erwähnt Spahni (1998) sowie Krüger/Seelmann-Eggebert (2003).

aus der CRM-Perspektive möglichst neutral zu prüfen. Die wissenschaftliche Diskussion zum Beitrag von Integrationen zu Effizienz- und Effektivitätssteigerungen steht noch am Anfang.

9.2.3 Zusammenhänge zwischen CRM-Geschäftsvorfällen und Integrationsmustern

Die Überlegungen und Erkenntnisse dieser Arbeit legen es nahe, die Integrationsmuster, welche die Grundlage für den Aufbau der Integrationsinfrastrukturen darstellen, aus Sicht der Serviceorientierung abhängig von folgenden Parametern zu sehen. Einerseits sind sie abhängig von den Kundengeschäftsvorfällen an den Kontaktpunkten. Andererseits sind sie abhängig von den Gegebenheiten der Architektur, deren Struktur und deren (Anzahl an) Komponenten.

Erstaunlicherweise wird in der Literatur genau diese Überlegung nicht gemacht. In der Regel wird von Integrationsmustern gesprochen, die mehrheitlich technisch verstanden werden.[519] Die Integrationsmuster werden zumeist nicht abhängig von allgemeinen betriebswirtschaftlichen Geschäftsvorfällen oder speziell von CRM-Geschäftsvorfällen an den Kundenkontaktpunkten des Unternehmens verstanden. Dies ist so, obwohl sie letztlich massgeblich durch die erwähnten Geschäftsvorfälle determiniert werden. Im Falle der Credit Suisse ermöglicht die – allerdings IT-orientierte – Musterzuordnung zu Integrationsfällen oder Services über eine zentrale Annahme, Abnahme und Integration der Services in der Architekturabteilung die Ausnutzung von massiven Reuse-Potenzialen. Würde bei der Servicebereitstellung die betriebswirtschaftliche Sicht stärker in den Vordergrund gerückt, könnte das Reuse-Potenzial von Integrationmustern unter Umständen noch wesentlich grösser sein.

Wichtig wird diese Überlegung insbesondere vor dem Hintergrund, dass Unternehmen im Rahmen der zunehmenden Erweiterung der Kundenkontaktpunkte und der Frage des Miteinbezugs oder der Integration des Kunden in die Wertschöpfungskette unterschiedliche Strategien verfolgen können. Innerhalb derselben ist ein in beide Richtungen gehendes Verständnis von Services und deren Implementierung erforderlich. Zudem stellt das Front Office sinnvollerweise auch die Schnittstelle für die Abrufe der Services im CRM-Umfeld dar. Ausgehend vom Front Office werden, wie bereits mehrfach gezeigt werden konnte, unterschiedliche Kombinationen von Systemnutzungen im Unternehmen angestossen (z.B. zwischen Front- und Back-Office). Diese Systemnutzungen können über die unternehmenseigene Architektur hinaus Folgen bis zu den Partnern des Unternehmens haben.

---

[519] Vgl. als Beispiel etwa Hophe/Woolf (2004).

Ebenfalls in Richtung des Verstehens von Services als kleinste Einheit der Abbildung von (Kunden-)Geschäftsvorfällen ist in der Unternehmensarchitektur die Möglichkeit zu verstehen, dass diese in Relation zu anderen Unternehmensobjekten zu sehen sind, die für das Management von Informationsarchitekturen und -systemen wesentlich sind. Ein Service ist so gesehen die Implementierung einer Funktionalitätseinheit im granularsten Sinne, die einem Funktionsinhaber, einer Rolle oder einem Funktionalitätsbereich im CRM-Umfeld zugeordnet werden kann. Aktivitäten lassen sich aggregieren zu Prozessen. Rollen oder Funktionsinhaber und Stelleninhaber lassen sich zu Organisationseinheiten aggregieren. Verschiedene Services lassen sich zu einem Funktionalitätsbereich aggregieren. Funktionalitätsbereiche können weiter zu Domänen (wie sie in den Fallstudien bezeichnet werden) aggregiert werden. Insofern ist der Versuch entsprechende Granularitäten zu definieren letztlich der Versuch, ähnliche Niveaus bezüglich der erwähnten Objekttypen zu finden, um erneut modellhaft die Integration z.B. aus Sicht des Kundenbeziehungsmanagements neu zu denken.

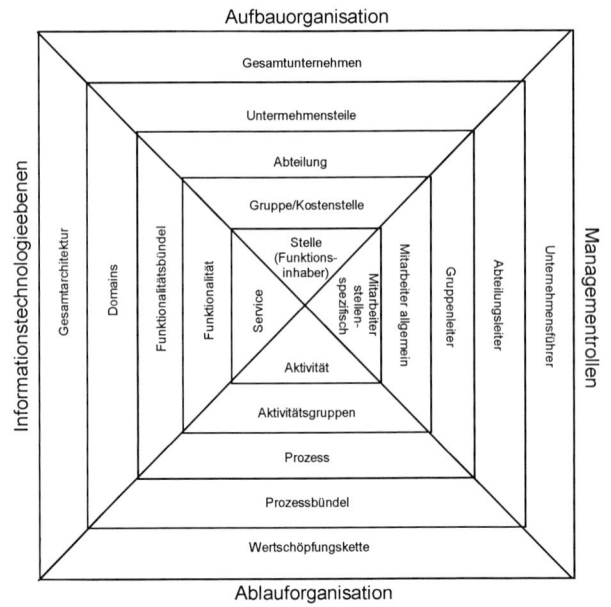

Abbildung 125: Zusammenhang zwischen Aufbau- und Ablauforganisation, Rollen und IT.[520]

Der oben geschilderte Sachverhalt wird in Abbildung 125 grafisch dargestellt. Die Grafik umfasst vier Dimensionen, innerhalb der einander auf einer je gleichen

---

[520] Vgl. Aier/Schönherr (2004a), S. 27 ff.

Aggregrations- oder Disaggregrationsstufe Objekte des Unternehmens zugeordnet werden. Die Dimensionen betreffen die Aufbauorganisation (oberes Viertel), die Ablauforganisation (unteres Viertel), das Management und dessen Ebenen (rechtes Viertel) sowie die Informationstechnologie (linkes Viertel). Die Dimensionen sind in unterschiedliche Ebenen unterteilbar, die einander in den Dimensionen zugeordnet werden können.

Im Gegensatz zu Aier/Schönherr, welche die Modularisierung in eine Modularisierung auf Organisationsebene[521] und in eine Modularisierung auf IT-Ebene einteilen[522], werden hier die vier oben erwähnten Bereiche unterschieden. Aier/Schönherr sehen aus Integrationssicht folgende Modularisierungsbereiche in der IT vor: User Interface Integration, Data Level Integration, Application Interface Integration, Method Integration, Service Based Integration sowie Process Integration. Diese Unterteilung kann aus Sicht dieser Arbeit mit IT-Modularisierung gleichgesetzt werden. Die eigene Darstellung der Abbildung 125 gibt ein umfassenderes betriebswirtschaftliches und technisches Modularisierungsmuster wieder.

Im Bereich der Geschäftsprozesse (vgl. unteres Viertel in der Abbildung 125) und der Informationstechnologie (vgl. linkes Viertel in der Abbildung 125) sind in der Abbildung derzeit erst prozessorientierte Informationstechnologiesachverhalte dargestellt. Informationsbereitstellungen (etwa zu Führungszwecken) sind darin kein Thema. Dies könnte die Erweiterung des Modells um einen fünften Bereich erfordern. Dies wiederum kann Probleme bezüglich der Orthogonalität der verschiedenen Perspektiven oder Dimensionen zueinander mit sich bringen. Den Geschäftsprozess-orientierten Sachverhalten (Ablauforganisation) sind prozessorientierte Anwendungssysteme zuordenbar. Zu den informationsorientierten Sachverhalten können Managementebenen und unterschiedliche Systemnutzungen assoziiert werden. Konkret heisst das, je höher in der Managemenhierarchie Informationsbedarfe angesiedelt sind, desto eindeutiger sind es in der Regel solche, die ab dem analytischen CRM befriedigt werden. Die Unterscheidung von

- an unterschiedlichen Managementebenen auszurichtenden Integrationsbedarfen sowie
- an unterschiedlichen wertschöpfungsorientierten Organisationseinheiten auszurichtenden Integrationsbedarfen

ist auch ein Thema bei Mertens.[523]

---

[521] Die Organisationsebene umfasst die Aufbau- und Ablauforganisationsmodularisierung in einem. Die Autoren unterscheiden Makro- und Mikromodule.
[522] Allerdings wird bei Aier/Schönherr nicht klar, welche Module sie auf IT-Ebene unterscheiden; Vgl. dazu und zum Folgenden Aier/Schönherr (2004a), S. 27 ff und 34 ff.
[523] Vgl. Mertens (2000).

Allerdings konnte in der vorliegenden Arbeit gezeigt werden, dass einerseits im CRM-Bereich zwischen diesen beiden Perspektiven eine stark integriertere Sichtweise erforderlich ist und dass andererseits die Integration von Kundengeschäftsvorfällen eine bis heute viel zu wenig thematisierte Integrationsperspektive darstellt.

Dies gilt insbesondere für den Regelkreis der Marktbearbeitung, das Multi-Channel-Management sowie Kopplungen von Kommunikationsarten und -fällen und Prozessen.

Dies ist u.a. eine Möglichkeit die Modularisierung im Rahmen der Architekturdiskussion präziser zu fassen. Damit sind einheitliche Cluster aus betriebswirtschaftlich-organisatorischen Einheiten, IT-Einheiten und (Management-)Rollen definierbar. Die Modularisierung bietet auf den erwähnten drei Ebenen die Möglichkeit, dass auch Entscheide für das Outsourcing oder das Make-or-Buy – und im Fall des Buy bezüglich Best-of-Breed oder Single-Sourcing – strukturierter (und rationaler) getroffen werden können. Ebenfalls lässt sich in der Waagrechten von Abbildung 125 je nach Managementebene darüber diskutieren, in welchem Masse Menschen durch Maschinen unterstützt oder durch diese ersetzt werden können. Letzteres ist aus der CRM-Perspektive etwa durch die Ersetzung von Geschäftsvorfallabwicklungen mit Mitarbeiterbeteiligung durch solche ohne Mitarbeiterbeteiligung seitens des Unternehmens denkbar.

Die erwähnte Modularisierung ermöglicht eine Kategorisierung, eine Strukturierung und eine Vereinfachung der Integrationsentscheide, sei es innerhalb der Domains oder Module oder sei es zwischen den Modulen oder Domains. Die Outsourcing-Möglichkeit gilt dabei für alle vier Dimensionen gleichermassen: Organisationseinheiten, Prozessbereiche, Informationstechnologie und Management-Ebenen/-Rollen. Im Falle der Analyse und Differenzierung bis auf die Stufe von Services kann zudem diskutiert werden, welche Services welchen firmeninternen und firmenexternen „Kunden" zur Verfügung gestellt werden sollen. Wobei hier Services als granulare gekoppelte Einheiten von ablauforganisatorischen Aktivitäten/Prozessen und Informationstechnologie (auf Daten-, Applikations- und Präsentationsebene) verstanden werden, die bestimmten aufbauorganisatorischen Einheiten zur Nutzung zugeordnet sind. Unterschiedlichste Services für unterschiedlichste Zwecke können auf betriebswirtschaftlicher oder technischer Ebene ähnliche Muster enthalten, die im Bereich der Integration und der Konfiguration von Soft- und Hardware und von Kommunikationsdiensten als für andere Zwecke wiederverwendbar definiert werden können. Ein Beispiel dafür könnte etwa sein, dass ein Request-Reply-Pattern für bestimmte Systeme im Supply Chain Management oder im Customer Relationship Management von entsprechend unterschiedlichen Rollen genau gleich verwendet werden müssen oder

Synthese aus Theorie und Fallstudien 405

können. Um hier keine weitere Programmierung des Services machen zu müssen, kann auf den bereits bestehenden Service abgestellt und dieser für die neuen Bedürfnisse, sofern erforderlich, adaptiert werden.

9.3 Spezifika verschiedener Architekturverständnisse

Bei allen drei Finanzdienstleistungsunternehmen haben u.a. die bestehenden zum Teil sehr grossen Host- oder Legacy-Systeme sowie die IT-Strategien zu einer je unterschiedlichen Ausprägung der Architekturen und Integrationsinfrastrukturen geführt. Konkret sind zwei Ausprägungen an den Fallstudien darstellbar. Die Credit Suisse und die UBS setzen auf einen Mix aus EAI-Infrastruktur und Serviceorientierung. Die ZKB setzt schwergewichtig auf eine EAI-Lösung mit Integrationsvorfallspezifischen Teilinfrastrukturen für die Integration von Daten, für die Integration mittels Funktionsaufrufen oder für die Integration auf Basis des Messaging. Insbesondere bei der Credit Suisse haben die verschiedenen Unternehmenszukäufe im schweizerischen Markt in der Vergangenheit dazu beigetragen, dass laufend neu Rechenzentren zusammengelegt und insbesondere Kundendatenbasen (von Back-Office-Systemen) integriert werden mussten.

Aus der CRM-Perspektive herrscht bei Credit Suisse und UBS eindeutig eine Portalintegration (von Front- und Back-Office-Datenbeständen und -Systemen) vor, wobei es sich dabei im Falle der Credit Suisse um magere Portale handelt, über die weitere Applikationen in unterschiedlicher Tiefe in die Kundenbeziehungsumgebung eingebunden sind. Das Leitmotiv scheint die Schlankheit der Applikation zu sein. Im Falle eines Neubeginns einer Kundenbeziehung wird der Berater bei der Credit Suisse im Sinne des Know-your-Client-Prinzips (initiale Kundendatenaufnahme bei Beginn der Kundenbeziehung) regelbasiert durch den Beratungsprozess hindurch begleitet und zwar innerhalb der CRM-Portallösung. Die Credit Suisse implementiert die eigentlichen Kundengeschäftsvorfälle durch Services und erreicht damit eine flexiblere und schnellere Adaption der Wünsche der Front-Office-Einheiten innerhalb des CRM-Web-GUIs.

Die UBS vertritt ebenfalls eine serviceorientierte Architektur, allerdings im Gegensatz zur Credit Suisse auf Komponenten- und Business-System-Basis und nicht auf Basis von Domains. Zwischen den Domains werden Services geschaltet. Die Business Systems auf der obersten kundennahen Architekturebene sind wertschöpfungsorientiert dargestellt. Die UBS unterscheidet aus Wertschöpfungssicht Client Servicing und Operations, die Komponenten auf der nächst tieferen Ebene sind nach Präsentations-, Applikations- und Datenkomponenten unterschieden. Ferner werden Domains unterschieden, die Business-System-übergreifend implementiert werden, z.b. für die Wertschriftenabwicklung.

Die Business Systems der UBS sind untereinander lose gekoppelt, mehrheitlich auf Messaging-Basis. Im Gegensatz dazu sind die innerhalb von Business Systems vorkommenden Components meist eng gekoppelt. Die Bildung der Business Systems dient dazu, um Produktionsbank und Vertriebsbank mandantenfähig zu halten sowie um grösstmögliche Flexibilität für In- und Outsourcing zu ermöglichen. Die Kopplung zwischen Client Servicing und Processing/Operations erfolgt über eine Messaging-Plattform, welche z.b. Schnittstellen für die Übermittlung von SWIFT-Messages, EDI-Messages oder proprietäre Formate (SAP BAPI (SAP Business Application Programming Interface)) aufweist.

Domains können im UBS-Umfeld somit definiert werden als funktionsintegrierte Applikationen über einen oder mehrere Prozessschritte der Bankwertschöpfungskette, die Business-System-übergreifend sein können. Es können Teile von Domains lose gekoppelt und Teile von Domains eng gekoppelt sein.

Die ZKB vertritt, wohl auch aufgrund der Strategie bezüglich der Infrastruktur, eine EAI-Orientierung mit separaten Bus- oder Hub&Spoke-Infrastrukturen. Darüber können Datenintegration, Funktionsintegration sowie Prozessintegration abgewickelt werden. Eine Prozessintegration in Form von Workflows, etwa auf Basis einer Messaging-Infrastruktur, gelangt nicht zur Anwendung.

Die sunrise verfolgt im Vergleich mit den Finanzdienstleistungsunternehmen eine starke Busorientierung. Über den Bus werden das sunrise-Kunden- und -Partnerportal, das Call Center sowie weitere Filiallösungen mit den Back-Office-Systemen integriert. Die Businfrastruktur lässt unterschiedliche Integrationsmechanismen zu. Die Tendenz besteht darin, Intelligenz von den Applikationen immer mehr in den Bus zu verlagern. Eine Vereinfachung der Architektur ist dadurch gegeben, dass zum Teil redundante Systeme aus dem Aufkauf der Telekommunikationsfirma diAx durch sunrise vorhanden waren. Diese unterschiedlichen Systeme wurden sukzessive vereinheitlicht um Integrations- und Wartungskosten einzusparen. Im Rahmen dieser Umorientierung konnten P2P-Verbindungen durch die Businfrastruktur auf Basis des Produktes Vitria ersetzt werden. Vitria wurde interessanterweise vor der Zusammenführung der Architekturen anlässlich des Kaufs bereits von beiden Unternehmen eingesetzt.

9.3.1 Ableitung von CRM-Integrationsentscheiden

Im Folgenden kann als Voraussetzung für das MCM und abgeleitet aus dem Integrationsmodell in Abbildung 34 auf Seite 126 eine zusammenfassende Darstellung der

CRM-Integrationsentscheide erfolgen. Daran können u.a. die für ein Unternehmen relevanten Informationslogistikinfrastrukturen und die Integrationsbedarfe aufgezeigt werden (vgl. zu Letzterem die folgende Abbildung 126 auf Seite 407). Aus der Sicht der Abbildung 34 ist wichtig, dass von rechts nach links unterschiedliche Geschäftsvorfälle unterschieden werden können. Diese können aus kommunikativer Sicht über unterschiedliche Kontaktpunkte oder Medien abgewickelt werden. Die Medien wiederum sind nach Effizienz- und Effektivitätsgesichtspunkten mit den Kommunikationsprozessen des CBCs zu verbinden. Innerhalb derselben können unterschiedliche Zentralisierungs- oder Dezentralisierungs- sowie Make-or-Buy-Konzepte zum Einsatz gelangen.

	Geschäftsvorfall					Grund des Kontakts
Medien-integration	Information	Interaktion	Transaktion	(Kunden-) Integration		Wahl oder Bestimmung des Kontaktpunktes und des Kontaktmediums
	Kontaktpunkt- und Kommunikationsmedienwahl					
Kontakt-kanal-integration	Telefon	Internet		Face-to-Face		
	Aktivitäts- und Prozesszuordnung					Informationsverarbeitungs- und -beschaffungsprozesse
Daten-, Funktions- und Prozess-integration	Marketing	Verkauf		After Sales Service		Aktivitätsbereiche, Geschäftsvorfallbereiche
	Definition Informations-quelle	Definition Funktions-aufrufsort		Prozess-integration		Definition Informationsquellen (Datenbedarf; auch extern; Funktionsaufrufsorte; Prozessspezifische Systeme)
Cross-Media Publi-shing	Data Warehouse	Data Mart	CRM	ERP	SCM	Betroffenes System für Datenbedarf, Funktionsaufruf, Prozessabwicklung
ETL-Prozess, RPC- und Middleware-Definition	Definition Daten-integration	Funktions-/Objekt-integration		Prozess-integration		Definition der Effizienzsteigerungsbedarfe mittels Integration durch die Konkretisierung der Daten-, Funktions-, Objekt- oder Prozessintegration hinsichtlich der Effizienzaspekte Zeit, Qualität und Kosten
	hinsichtlich:					
	Zeitaspekte	Qualitätsaspekte		Kostenaspekte		

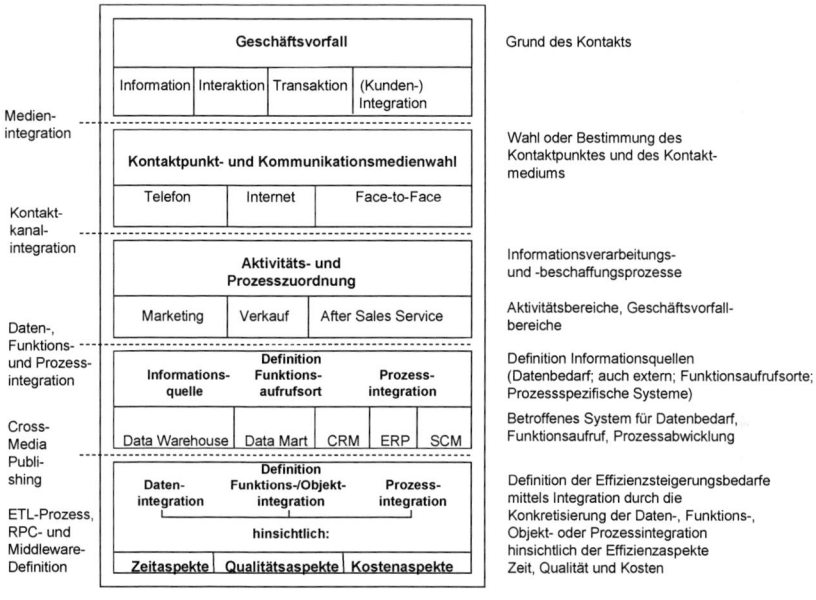

Abbildung 126: Integrationsentscheide aus CRM- und Wertschöpfungssicht.[524]

Es erhält deshalb die (Prozess-)Integration eine grundlegende Bedeutung. Die Front-Office-Prozesse sind aufgrund des vorliegenden Geschäftsvorfalls und aufgrund der erwähnten Effizienz- und Effektivitätsgesichtspunkte über den erforderlichen Integrationsmechanismus mit dem relevanten Back-Office- oder Analysesystem zu verbinden. Dabei können, wie dies in der Abbildung 126 nicht dargestellt wird, auch Archivierungssysteme als Datenquelle in Frage kommen. Letzteres wird dann

---

[524] Vgl. für die Reihenfolge des Vorgehens teilweise Naewie/Thun (2003), S. 163. Es ist vorstellbar, dass die Gliederung von oben nach unten unterschiedlich oder anders ausfallen kann. Ferner bestehen wie weiter oben angemerkt Freiheitsgrade bezüglich der Datenselektion, was die entsprechenden Datenbanken betrifft (operativ versus analytisch).

erforderlich, wenn elektronisch abgelegte Verträge oder andere Dokumente vorgenommen werden müssen, weil sich aufgrund eines Geschäftsvorfalls ein darauf basierendes Informationsbedürfnis ergibt. In der Regel können dabei Datenquelle und Integrationsmechanismus voneinander getrennt werden, weil unterschiedliche Kombinationen möglich sind, die wiederum auf Basis von Effizienz- und Effektivitätskriterien zu erfolgen haben. Die Konfiguration von Kontaktkanälen besteht aus der Kombination von Kommunikationsmedien und Prozessen sowie Mitarbeitern (zweite und dritte Ebene von oben).

Zusätzlich zu den Integrationsentscheiden, die in Abbildung 126 dargestellt werden, sind weitere Aspekte für die Integration zu berücksichtigen. Weitere Aspekte sind deshalb nicht in die Abbildung integriert, damit die Übersichtlichkeit gewährleistet bleibt. Eine weitere Feinunterteilung würde zudem den Rahmen der Darstellung sprengen. Die in der Abbildung dargestellten Integrationsentscheide entsprechen zudem dem Fokus der Dissertation. Weiter zu berücksichtigen sind:

- Strategische CRM-Ziele aus Sicht des Kundenportfolios. Dies beinhaltet die Integrationsanforderungen für Implementierung und Überprüfung von Kundengewinnungs-, Cross- und Up-Selling-, Kundenbindungs- und Kundenrückgewinnungs-Programmen auf strategischer und operativer Ebene.

- Dezentralisierungs- und Zentralisierungs- sowie Make-or-Buy-Entscheide: Es können innerhalb des Entscheidungsmodells aus der Kontaktpunktperspektive, bezüglich der Organisationseinheiten, die für die Abwicklung von Prozessen oder Aufgaben zuständig sind, Dezentralisierungs- oder Zentralisierungs- sowie Make-or-Buy-Entscheide getroffen werden.

- Mensch-Mensch- versus Mensch-Maschinen-Schnittstellen: Es können unterschiedliche Schnittstellen zwischen Unternehmen und Kunde als Mensch-Mensch-Schnittstellen oder Mensch-Maschinen-Schnittstellen berücksichtigt werden, die unterschiedliche Integrationsauswirkungen haben können. Insbesondere betrifft dies die Medienintegration in die Prozess- oder Analyseapplikationen. Allerdings sind an dieser Schnittstelle Servicestandardisierungen aus Front- und Back-Office-Systemen denkbar, welche zu einer Wiederverwendung derselben führen können.

- Für die unterschiedlichen Integrationssachverhalte bezüglich Push- und Pull-Kommunikationsrichtungen sind unterschiedliche Integrationsszenarien denkbar. So kann für die Push-Dominanz die direkte Integration von analytischem CRM und Kommunikationsmedien vorgezogen werden. Es können auch unterschiedliche Präferenzen für Pull- oder Push-Aktionen der Marktbearbeitung bezüglich der Informationsintegration eintreten. Es können Pull-Mechanismen vorzugsweise über

Synthese aus Theorie und Fallstudien 409

Websites implementiert werden. Es können dadurch geringere Kosten resultieren. Das Telefon wiederum kann z.b. bevorzugt für Push-Aktivitäten eingesetzt werden. Über das Telefon kann die Reaktion des Kunden unter Umständen gleich abgeholt werden. Für Push- oder Pull-Aktionen und deren Integrationserfordernisse und entsprechenden Kontaktmedien kann die Wahrscheinlichkeit der Reaktion der Kunden oder die Wertigkeit der Kunden ausschlaggebend sein.

- Komplex ist die Integration mobiler und stationärer Kommunikationsmedien. Dies ist deshalb der Fall, weil entweder die eigenen Mitarbeiter mobil sein können oder aber die Kunden. Bei den eigenen Mitarbeitern stellt sich die Frage, ob stationäre oder mobile Mitarbeiter und deren technische Arbeitsplatzausrüstung abhängig vom Prozess und abhängig vom Kundensegment (Kundenwert und Wahrscheinlichkeit der Reaktion) adäquat sind. Seitens des Kunden kann dessen mobiles oder stationäres Verhalten, u.a. wiederum in Abhängigkeit vom Prozessbereich im operativen CRM, Einfluss auf die Bearbeitungsart haben. Erreicht das Unternehmen den Kunden stationär nicht, müssen mobile Medien genutzt werden. Der mobile oder stationäre Kunde ist aus mehrdimensionaler Hinsicht anders zu bearbeiten, weil er beispielsweise einen oder keinen Zugriff auf erforderliche Daten hat. Im Idealfall können ortsspezifische und zeitspezifische Angebote gemacht werden (Location Based Services). Der stationäre Kunde hingegen ist wiederum in anderer Art zu bearbeiten, je nachdem ob er am Arbeitsplatz oder zu Hause ist. Die Angebote für den stationären Kunden können andere sein als für den mobilen Kunden. Dies ergibt sich bereits aus der Situation am Arbeitsplatz oder zu Hause.

- Ebenfalls nicht in der Abbildung berücksichtigt sind Aspekte zur Architektur. Die Entscheidung hinsichtlich Datenintegration, Funktions- oder Objektintegration sowie Prozessintegration auf Basis des Messaging sind abhängig vom Geschäftsvorfall. Sie sind aber auch abhängig von technischen Aspekten der Soft- und Hardware sowie der Netzwerkstruktur des Unternehmens. Wie bereits erwähnt kann die Architekturfragestellung, die für die Daten-, die Funktions- und Objektaufrufs- sowie die Prozessintegration unterschiedliche Formen annehmen kann, auch für die Integration und die Effizienz und Effektivität des Kundenbeziehungsmanagements grosse Auswirkungen haben.

In der Abbildung 126 wird ebenfalls nicht explizit auf die Frage eingegangen, welche unter Umständen Auswirkungen auf die Integration Einfluss haben kann, ob es sich beim Kommunikationsgeschäftsvorfall um eine Mensch-Mensch-Interaktion oder eine Mensch-Maschinen-Interaktion handelt. Dies kann in Anlehnung an die Äusserungen zu den Geschäftsvorfällen je nach Kundenwert oder Geschäftsfeld (Business to Consumer versus Business to Business) nochmals unterschiedlich sein.

Rechts in Abbildung 126 werden die verschiedenen informationslogistischen Tätigkeiten angegeben. Diese Aktivitäten ändern in deren Reihenfolge, je nachdem, ob es sich um Inbound- oder um Outbound-Aktivitäten handelt. Aufgrund dieses Rahmenwerks können aus allgemeiner CRM-Sicht, aber auch aus Sicht des MCMs, Integrationsanforderungen abgeleitet und definiert sowie die Informationsquellen bezeichnet werden. Das Modell, das wie ein morphologischer Kasten genutzt werden kann und dafür nochmals verfeinert werden könnte, bietet unterschiedliche Ebenen an, über die spezifiziert wird, an welchen Kontaktpunkten und über welche Medien Informationen bereitgestellt, Funktionen aufgerufen oder Prozesse abzuwickeln sind. Das Modell kann auch als Integrationsvorgehensmodell von oben nach unten gesehen werden, wobei unterschiedliche Reihenfolgen der Schritte definiert werden können. Die Grafik gibt aber nicht wieder, dass unterschiedliche Informationsabrufe und Interaktionen einander bis zum Vertragsabschluss und darüber hinaus folgen können, d.h. bis die Transaktion angestossen wird und während deren Abwicklung. Andererseits kann jeder der Informationsabrufe oder Interaktionsvorfälle Transaktionen zur Folge haben, was unterschiedliche weitere Integrationsbedarfe ergibt. Das heisst, es kann ein steter Wechsel an Kommunikationsmedien oder Kontaktpunkten innerhalb der Geschäftsvorfälle gegeben sein, innerhalb dessen unterschiedliche Daten generiert werden und erforderlich sind. Im Folgenden sollen zu Daten und Geschäftsvorfällen sowie deren Integrationsanforderungen einige konkrete Beispiele gemacht werden um das Dargelegte zu illustrieren. Zu den Daten können u.a. gehören:

- Beziehungsrelevante Daten von ausserhalb des Unternehmens
- Beziehungsrelevante Daten von ausserhalb der CRM-Organisationseinheiten und entsprechender Systeme
- CRM-interne weiche und harte Kundenbeziehungsdaten
- Produktrelevante Daten
- Auftrags- oder transaktionsrelevante Daten
- Kommunikationsrelevante Daten
- Distributions- und logistikrelevante Daten
- Preisrelevante (Kosten) Daten
- Rechnungsrelevante Daten.

Zudem können dazu Funktionsaufrufe gehören, die beispielsweise wie folgt lauten können:

Synthese aus Theorie und Fallstudien 411

- Echtzeit-Rückmeldung aus ERP-System zu Lieferdaten eines bestimmten Produktes; dazu kann z.b. ein RPC oder ein CORBA-Call beim ERP- oder SCM-System erforderlich sein

- Echtzeit-Rückmeldung über aktuellen Stand der Zahlungen des Kunden X per Datum Y; auch dazu kann ein RPC eingesetzt werden, oder aber eine Messaging-basierte Statusabfrage beim ERP-System.

Weiter sind Prozessintegrationen zu erwähnen, zu denen folgende Beispiele zu erwähnen sind:

- Abwicklung eines Auftrags nach dem Vertragsabschluss, inklusive Initialisierung eines Produktionsauftrags, weil am Lager fehlend, dazu Bestellungsabruf der fehlenden Bestandteile für die Produktion bei Lieferanten. Dies kann etwa über eine Messaging-basierte Integration erfolgen, da hier nicht notwendigerweise eine Echtzeitmeldung erforderlich ist. Zudem können systemspezifische Statusmeldungen, etwa über Lagerbestände, weitere automatisierte Message-basierte Aktivitäten auslösen.

- Initialisierung der Rechnung aufgrund eines Vertragsabschlusses für eine Lieferung ab Lager. Auch hier ist nicht notwendigerweise Echtzeitverarbeitung über RPCs erforderlich. Es können Meldungen mittels Messaging vom CRM-System ans ERP-System übergeben werden.

Wie bereits angesprochen, sind für alle diese Daten Abklärungen darüber erforderlich, in welcher Form, Qualität, mit welchen zeitlichen und örtlichen Charakteristika sowie über welche Schnittstellen sie zu welchen Kosten bereitzustellen sind. Dafür spielt die Kommunizierbarkeit der Daten, die zwischen Unternehmen und Kunde ausgetauscht werden, eine Rolle. Dafür können sich z.T. in Abhängigkeit vom Produkt und der Branche unterschiedliche Kommunikationsmuster heraus kristallisieren. Z.B. sind Kunden es gewohnt, im Einkaufszentrum Produkte für den täglichen Bedarf unter Umständen ohne zusätzlichen Informations- und Kommunikationsbedarf aus dem Regal zu nehmen, in einen Wagen oder einen Korb zu legen und an der Kasse sofort und ohne Einwände zu bezahlen. Hingegen können im B2B-Geschäft Preisverhandlungen üblich sein, die über längere Zeit dauern können.

Danach können die Quellen für die Daten bestimmt werden. In Kombination damit steht die Frage der Art der Präsentation im Vordergrund. Dabei ist zu klären, über welches Medium, an welchen Kontaktpunkten oder zu welchen Kosten Daten zu integrieren sind. Zudem ist zu klären, ob der Kunde selber der Adressat des Outputs der Datenverarbeitung ist oder aber der Mitarbeiter im Front Office, etc. Ebenfalls sind, wie auf der linken Seite der Abbildung 126 gezeigt, unterschiedliche Integrationsanforderungen zu klären. Beispielsweise kann zu klären sein, ob es sich dabei um die vertikale Medienintegration[525] oder die horizontale Kontaktkanalintegration handelt. Bei Letzterer handelt es sich um die Konfiguration von Menschen, Aktivitäten und Kontaktmedien im Front Office, das heisst um die Konfiguration von Kontaktkanälen. Konkret ist auf Basis der Geschäftsvorfälle und deren Spezifikation für den CBC abzuklären, welche Services im Front Office oder Back Office aus Front-Office-Sicht anzubieten sind. Diese Services (Aktivitäten/Prozesse) sind für die Geschäftsvorfallabwicklung zu konfigurieren. Dabei stellt sich die Frage, ob Front-Office-Personal die Back-Office-Prozesse aus dem Front-Office-System selber abwickelt, oder ob dazu entsprechend Back-Office-Personal eingesetzt werden soll. Dann sind die Kunden aus dem Front Office an das Back Office weiter zu geben, oder für bestimmte Geschäftsvorfälle entsprechend direkte Kontaktmöglichkeiten zum Back Office bekannt zu geben.

9.3.2 Determinanten der Kontaktpunktintegration

9.3.2.1 Determinantenmodell

Aus den Fallstudien und aus der Theorie ergaben sich weitere Überlegungen zu Determinanten des Kundenbeziehungsmanagements an den unterschiedlichen Kontaktpunkten des Unternehmens, wie sie auch schon in Kapitel 9.3.1 aus technischer Integrationssicht dargestellt wurden. Aus Sicht der Fallstudien ist dies deshalb wesentlich, weil darin u.a. sehr viele verschiedene und zum Teil zahlenmässig sehr grosse Mengen an Kontaktpunkten bestehen, ausgehend von denen es sich aufdrängt, über Determinanten der Kontaktpunktintegration nachzudenken.

Ausgehend u.a. von der in Kapitel 2.3.1 gezeigten Darstellung eines CRM-Kommunikationsmodells in Abbildung 8 („Reissverschlussmodell") ergeben sich kundenseitig wie unternehmensseitig Informationsverarbeitungsprozesse. Die erwähnten Informationsverarbeitungsprozesse werden von verschiedenen Determinanten bestimmt, die letztlich für Transaktionen zwischen Kunden und Unternehmen relevant sind. Die im Folgenden zu beschreibenden Determinanten haben unterschiedliche Auswirkungen auf die Integration auf der Unternehmensseite, auf der Kundenseite sowie bezüglich der Integration des Kunden in die Wertschöpfungskette (vgl. dazu und zum Folgenden Abbildung 127).

---

[525] Dabei handelt es sich um die Integration der Kontaktmedien im Hinblick auf eine gemeinsame oder parallele Nutzung.

Synthese aus Theorie und Fallstudien 413

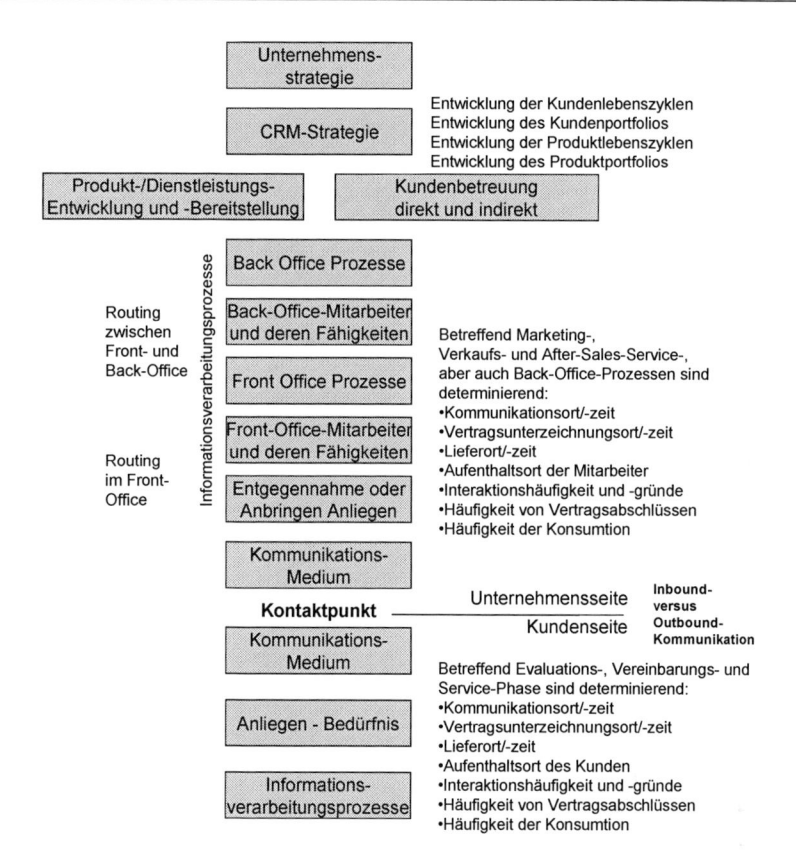

Abbildung 127: Determinanten der Integration aus Kundenbeziehungssicht.

9.3.2.2 Determinanten im Einzelnen

Wettbewerbssituation und/oder Branchengepflogenheiten: Je nach Art der Wettbewerbsstruktur oder der Branche hat die Integration von Kunden in die unternehmerischen Prozesse sowie die Integration zwischen Front- und Back-Office eine unterschiedliche Dominanz für das Unternehmen und dessen Wettbewerbsposition. Ein Beispiel ist etwa die Liberalisierung der Telekommunikationsdienste. Dadurch wurde, neben den den Wettbewerb dominierenden Preisen, der Kundendienst der entsprechenden Anbieter zu einem kritischen Erfolgsfaktor.

Marktbearbeitungs- und Kundenbeziehungsstrategie: In Anlehnung an Gutenberg, Maurer und Simon kann die Kundenbeziehungsstrategie abgeleitet werden aus den Elementen Unternehmen, Konkurrenten und Kunden (Strategisches Dreieck), welche in einem Wechselspiel von Aktionen und Reaktionen zueinander stehen.[526] Je nach Markt können Subsysteme (Anbieter oder Abnehmer) oder externe Beeinflusser als Subsysteme definiert werden. Diese beeinflussen den Kommunikations- und Erfüllungsprozess zwischen Kunden und Unternehmen in unterschiedlichem Masse. Sie können auch einen Einfluss auf die (Tiefe der) Integration von Kunde und Unternehmen haben. In Anlehnung an Treacy/Wiersema, Langerak/Verhoef sowie Verhoef/Langerak lassen sich drei Strategieoptionen unterscheiden, von welchen eine die Customer Intimacy betrifft.[527] Nach Treacy/Wiersema bestehen drei wertgenerierende Disziplinen im Unternehmen: Customer Intimacy, Operational Excellence und Product Leadership, wobei erstere in dieser Arbeit im Vordergrund steht.

In Anlehnung an die Autoren Treacy/Wiersema können, wie bereits teilweise thematisiert, für die drei Bereiche die folgenden integrationsspezifischen Hauptaufgaben unterschieden werden.

- *Customer Intimacy*: Integration der Analyseumgebung und der Prozessumgebung, etwa auf Basis eines DWHs und/oder auf Basis des entsprechenden Data Marts.

- *Operational Excellence*: Integration von Front- und Back-Office-Prozessabwicklungskomponenten.

- *Product Leadership*: Integrierte Betrachtung des Informationsmanagements zur Unterstützung des Produkt- und der Kundenlebenszyklen.

Treacy/Wiersema verstehen unter Customer Intimacy die Wissensbildung zum Kunden sowie die Aktionsableitung für die Kundenbeziehung aufgrund des Wissens. Dies betrifft die in dieser Arbeit definierten strategischen Zielsetzungen, die aus dem strategischen Kundenportfolio abgeleitet werden. Ausgehend davon können direkte und indirekte strategische Kommunikationsprogramme definiert werden. Daraus wiederum können operative Interaktionsprozesse im operativen CRM/CBC abgeleitet werden.[528]

---

[526] Vgl. Gutenberg (1984), Maurer (1971), Simon (1988). Der entsprechende Passus bei Gutenberg lautet wie folgt: „Das Absatzniveau eines Unternehmens ist [...] von den absatzpolitischen Aktionen und Reaktionen des Unternehmens selbst, von den Aktionen und Reaktionen der [...] Käufer [und von den] Aktionen und Reaktionen der Wettbewerbsunternehmen [...] abhängig." [Gutenberg (1984), S. 10]. Innerhalb des strategischen Dreiecks können somit CRM-Applikationen mit den unterschiedlichen möglichen Integrationsgraden für das Management von Kundenbeziehungen entweder den State of the Art darstellen oder aber zu einem Wettbewerbsvorteil werden.
[527] Vgl. zur Customer Intimacy Langerak/Verhoef (2003), Treacy/Wiersema (1993), Verhoef/Langerak (2002).
[528] Vgl. zur Customer Intimacy und zum Regelkreis der Marktbearbeitung/Closed Loop zudem Hirschowitz (2001).

Ferner lassen sich in Anlehnung an die Überlegungen der Autoren folgende Kontinuen bezüglich der Customer Intimacy unterscheiden, welche unterschiedliche Einflüsse auf die Kundenbeziehungsgestaltung und die Integration der Kunden in die Wertschöpfungskette haben:

- **Kontinuum 1:** Massenmarktbearbeitung versus individualisierte Kundenbeziehungsgestaltung. Dieses Kontinuum kann u.a. bezüglich der folgenden Instrumente angewendet werden: Produkt/Leistung, Preis, Kommunikation sowie Distribution. Zudem betrifft das Kontinuum etwa die Gliederung der Gesamtkundschaft in Einzelkunden, Kundengruppen oder Kundensegmente.[529]

- **Kontinuum 2:** Gliederung von Produkt-Kunden-Kombinationen, z.B. in Abhängigkeit vom Kundenwert. Denkbar sind u.a. etwa Eins-zu-Eins-Produkt-Kunden-Kombinationen versus Ein-Produkt-für-alle-Kunden-Kombinationen.

- **Kontinuum 3:** Produktorientierung versus Kundenorientierung.[530] Hierbei kann die Produktorientierung faktisch als ressourcenbasiertes Paradigma gesehen werden, das dem kundenbeziehungsorientierten Paradigma gegenüberzustellen ist. Etwa kann aus Produktsicht auf Lager produziert werden. Im Gegensatz dazu basiert die Kundenorientierung auf einer individualisierten Produktion oder auf individualisierten Dienstleistungen oder Leistungsbündel. Zudem bestehen bezüglich der Produktgestaltung unterschiedliche Möglichkeiten. Entweder ist das Produkt voll individualisierbar oder das Produkt ist nur teilweise in Form von Varianten individualisierbar, die vom Kunden frei konfiguriert werden können.

Unternehmensgrösse: Mengeneffekte bezüglich der Integration sind besonders gross, wenn durch Integration sehr grosse Mengen an Geschäftsvorfällen an den verschiedensten Kundenkontaktpunkten effizienter abgewickelt werden können. Dabei ist detailliert und allenfalls abhängig von den einzelnen Geschäftsvorfällen zu klären, wie weit die Integration (die nicht kostenlos ist) Effizienz- oder gar Effektivitätsvorteile im Kundenbeziehungsmanagement bringt.

Kundenart: Je nach Kundenart, Kundengruppe oder Kundensegment nimmt beispielsweise die Integration von persönlichen und unpersönlichen Kontaktpunkten eine unterschiedlich dominante Stellung ein. Das heisst etwa für einen Finanzdienstleister, dass bei Massensegmenten die Integration von elektronischen Kontaktmedien in die Prozessapplikationen einen höheren Stellenwert hat als etwa im Private Banking. Am meisten Geschäftsvorfälle können z.B. im Retail Banking innerhalb des operativen

---

[529] Vgl. hierzu und zum Folgenden u.a. Becker (1998), Peppers/Rogers (1993), Peppers/Rogers (1999), Piller (2000), Pine (1993).
[530] Vgl. hierzu u.a. neueren Datums Hellman (2004), Meyer (2005).

Marketings (Kampagnen; outbound) und im After Sales Bereich (inbound) vorhanden sein, womit auch die Integrationspotenziale in diesen beiden Bereichen am höchsten sind. Für die Marketingautomatisierung kann die Datenintegration vom operativen ins analytische CRM und umgekehrt sehr wichtig sein, weil so z.B. die Outbound-Kundenbearbeitung bei grossen Kundenmengen und vielen kleinen und individualisierten Kampagnen effizient durchgeführt und gesteuert werden kann.

Produkt- oder Leistungsart: Je nach Produktart nimmt die Integration und die Art der Interaktion mit dem Kunden eine andere Form an. So ist beispielsweise die Vermarktung eines Investitionsguts meist mit mehrpersonalen Kundenbeziehungen seitens Kunde und Unternehmen verbunden, was besondere Ansprüche an eine Integration von Daten und Personen in Verkaufsprojekten erfordert. Dies erfordert veränderte Ansprüche an die Integration in und von CRM-Systemen.[531] Andererseits ist die Integration im Bereich des Detailhandels im Konsumgüterbereich (wiederum sehr) einfach zu bewerkstelligen und erfordert etwa die Integration von POS- oder Kassenapplikationen in Back-Office-Systeme, sofern nicht über die reine Transaktionsabwicklung hinaus gezielt Marketing-, Verkaufs- und After-Sales-Service-Geschäftsvorfälle abzuwickeln sind.[532] Indes diskutiert der Detailhandel im Konsumgüterbereich seit Jahren Möglichkeiten „zur Wegrationalisierung von Kassiererinnen", indem etwa die Preiserfassung der eingekauften Waren bereits beim In-den-Korb- oder In-den-Wagen-Legen erfolgt und die Zahlungsabwicklung an Eingangsterminals ohne Personal vereinfacht erfolgen könnte. Unterschiede sind im Konsumgüterbereich zu machen zwischen High- und Low-Involvement-Gütern. Diese Kategorien haben unterschiedliche Auswirkungen auf die Interaktionsintensität zwischen Kunde und Unternehmen vor und nach dem Kauf. Bei High-Involvement-Gütern dürfte ein höherer Informations- und Interaktionsbedarf vorhanden sein als bei Low-Involvement-Gütern.[533]

Ort: Der Ort des Kunden und der Ort des Mitarbeiters kann zeitlich und räumlich gleich oder unterschiedlich sein. Denkbar sind etwa die Alternativen: Face-to-Face, am selben Ort aber nicht sichtbar anwesend, nicht am selben Ort. Daraus lassen sich folgende integrationsrelevante Aspekte ableiten: Wesentlich ist dabei die Medienintegration in Front-Office-Applikationen, welche letztlich die Art der abzuwickelnden Aktivitäten kunden- wie unternehmensseitig determinieren. Jedoch ist die Integration der Medien kundenseitig relevant für die aufgrund der Interaktion relevanten Kunden-

---

[531] Vgl. zum organisationalen und multipersonalen Beschaffungsverhalten Backhaus (2003), S. 61 ff.
[532] Beispielsweise kann im Falle von Kundenkarten (Loyalitätskarten und dergleichen) aber auch eine Integration von POS-Daten in CRM-Applikationen erforderlich sein, damit Umsätze des Kunden dem entsprechenden Objekt Kunde zugeordnet werden können.
[533] Vgl. Meffert (1998), S. 104 ff., Trommsdorf (1993), S. 56 ff.

informationsverarbeitungsprozesse, die allenfalls an bestimmten Orten aufgrund mangelnder Informationen nicht erfolgen können. So muss der Kunde z.B. zuerst seine Unterlagen, die er nur zu Hause hat, studieren, weil er während des Kontaktes im Auto unterwegs ist.

Zeitaspekte der Interaktion zwischen Kunde und Mitarbeiter. Es sind Möglichkeiten synchroner oder asynchroner Kommunikation gegeben. Zu unterscheiden sind ferner auch Zeitaspekte bezüglich der erforderlichen Daten. So können Ist-Daten auf Einzelkundenebene, aggregierte Ist-Daten für eine bestimmte Kundengruppe oder ein Kundensegment oder einen Gesamtkundenbestand erforderlich sein. Es können historische Daten über die je unterschiedlichen Aggregierungsformen oder gar Zeitreihen erforderlich sein. Die erforderlichen zeitelichen Ausprägungen ändern sich u.a. auch mit dem Datenobjekt, das untersucht werden soll, sei dies nun ein Kunde, ein Produkt etc. Daraus lassen sich folgende Fragen zu Integrationsfällen (aus Kundeninteraktionssicht) ableiten:

- Sind Realtime-Daten (Enge Kopplung) erforderlich?
- Sind Near-Realtime-Daten (Messaging-Integration (lose Kopplung)) erforderlich?
- Sind historische Daten z.B. in Form von Zeitreihen erforderlich (DWH und reine Datenintegration)?

Zur Frage der Zeit gehört auch die Frage, ob zeitpunktorientierte Daten, Zeitreihendaten/historische Aggregrationen von Daten oder Prognosen für die Zukunft für den Kundeneinzelfall oder aber für ganze Kundengruppen erforderlich sind.

Situation[534] der Interaktion zwischen Kunde und Mitarbeiter: Denkbar sind berufliche Situationen, Alltagssituationen, Freizeitsituationen, Situation der Heimarbeit. Diese Situationen haben z.B. seitens des Kunden spezifische Auswirkungen auf die Kommunikation und die Ansprache sowie mögliche Gründe für die Ansprache oder die Bedürfnisse. Die Situation lässt sich immer als Kopplung von Zeit und Ort verstehen. Daraus lassen sich folgende integrationsrelevante Aspekte ableiten. Da die Situation sich aus Zeit und Ort ergibt, muss eine Echtzeitintegration von Standortdaten des Kunden und Zuordnungen von Daten zu unterschiedlichen Zeitbereichen vom Kundenleben ausgehen, um die Kundenbeziehungsaktivitäten planen zu können oder auf Kundenanfragen adäquat eingehen zu können.

---

[534] Vgl. zum Begriff der Situation u.a. die folgenden Autoren: Geer/Gross (2001), S. 89 ff.; Barkhuus (2003); Häkkilä/Mäntyjärvi (2005). Die Situation kann definiert werden als: Kombination von Zeit und Ort. Mögliche Situationen können z.B. sein: Geschäftsmann am Feierabend, Hausfrau beim Einkauf, Geschäftsfrau bei der Arbeit, Hausmann am Wochenende etc.

Eingesetztes oder genutztes **Medium** für die Kommunikation seitens des Kunden und seitens des Unternehmens/Mitarbeiters: Daraus lassen sich folgende integrationsrelevante Aspekte ableiten: Einerseits ist die Integration determiniert durch den Ort, an dem sich der Kunde oder Mitarbeiter des Unternehmens befinden, andererseits durch die Situation (als Kombination von Ort und Zeit), welche je nach Fall ein anderes Medium und dessen Integration erfordern. Zudem determinieren (ökonomische) Medienpräferenzen und -integrationen seitens des Kunden sowie die Branchenüblichkeit gewisser Medien für bestimmte Kommunikationsprozesse die Auswahl und Integration der Medien.

Anliegen des Kunden und des Mitarbeiters in der Interaktion: Ausgehend von der Phase, in welcher die Kundenbeziehung sich befindet – sowohl aus Sicht des Kundenlebenszyklus wie aus Sicht des CBCs – lassen sich folgende integrationsrelevante Aspekte ableiten. Aus Unternehmenssicht kann durch Datenanalyse aggregierter Daten versucht werden, Anliegen des Kunden im Kundenlebenszyklus und im CBC proaktiv zu erkennen, sei es auf Basis der eigenen Daten oder sei es aufgrund der Aussagen des Kunden im Dialog oder seines Verhaltens an Kontaktpunkten. Eigene Daten aber auch externe Daten, die dafür eingesetzt werden können, müssen entsprechend aus externen oder internen Quellen integriert werden.

Charakter der Interaktion: D.h. Push-Orientierung versus Pull-Orientierung sowie Inbound- versus Outbound-Kommunikation: Daraus lassen sich folgende integrationsrelevante Aspekte ableiten. Je nach Richtung der Kommunikation, Push oder Pull, sind unterschiedliche technische Integrationsanforderungen an die Kopplung von Kommunikations- und Prozessabwicklungssysteme erforderlich. Dies wirkt sich aus auf die Integration von Contact Centern und operativem CRM. Im Inbound-Fall erfolgt dies mit IVR- und ACD-Integration zwischen Kommunikationsmedien und operativem CRM. Im Outbound-Fall erfolgt dies unter Umständen mit Applikationen für das automatische Vor- oder Anwählen der Kunden per Telefon (Predictive Dialing in Contact-Centern) oder ähnlichen technischen Applikationen für das Handling von aus- und eingehenden Emails oder anderen Messagearten. Denkbar ist über ähnliche Mechanismen auch die erwähnte Direktintegration von Kommunikationsmedien mit dem analytischen CRM, um gegebenenfalls ab Analyse direkt Kommunikationsaktivitäten fahren zu können (z.B. für das Management von personalisierten Email-Kampagnen auf Grund regelbasierter automatischer Analysen auf Kundendaten).

Informationsbedarf für die Interaktion seitens des Kunden und seitens des Mitarbeiters und daraus ableitbarer Integrationsbedarf: Grundsätzlich sind die Integrationsbedarfe ob für den Kunden oder das Unternehmen und seine Front-Office-Mitarbeiter gleich. Allerdings dürfte in der Regel der Mitarbeiter – alleine z.B. aufgrund der

Kundenhistorie – umfangreichere Informationen zum Kunden haben als der Kunde selber. Integrationsspezifisch stellt sich die Frage nach der Datenquelle, die aufgrund des Informationsbedarfs – hochaktuelle Bestandsdaten versus Zeitreihen oder Entwicklungen und Verläufe des Kundenverhaltens – oder aufgrund der Integrationstechnologie unterschiedlich sein kann. Hochaktuelle Bestandsdaten, ob aus Front- oder Back-Office-Systemen, sind mit Vorteil gleich aus diesen Systemen zu beziehen. Für die Aufrufe von Zeitreihen zum Kundenverhalten etwa ist mit Vorteil Rückgriff auf das Data Warehouse oder ein Data Mart zu nehmen, um mittels der entsprechenden Aggregationsvorgänge das operative CRM-System nicht zu überlasten. Anzumerken ist in diesem Zusammenhang, dass die Wahlentscheidung für die Informationsbereitstellung zwischen operativen und analytischen Systemen unter anderem abhängig davon ist, welche Häufigkeiten der Informationsbedarfe vorhanden sind sowie welche Rechner-Ressourcen diese benötigen. Zudem ist die Entscheidung auch abhängig davon, welche finanziellen Möglichkeiten das Unternehmen etwa hat, um ein Data Warehouse und/oder einen separaten Data Mart im CRM-Umfeld aufzubauen.

Seitens des Kunden und seitens des Mitarbeiters oder Unternehmens sind **Informationsverarbeitungsprozesse** gegeben, die vor oder nach der Interaktion stattfinden können oder durch die Interaktion ausgelöst werden: Dabei kann es aus Integrationssicht um Kreationen von neuen Kundendaten, Updates von bestehenden Kundendaten und Löschungen von bestehenden Kundendaten gehen. Dies kann nur in Front-Office-Systemen erfolgen. Es kann aber auch für Back-Office-Daten Konsequenzen haben. Die Integration betrifft nur die Front-Office-Systeme, wenn es sich um kommunikationsrelevante Daten handelt, die neu geschrieben, geändert sowie gelöscht werden müssen. Die Integration betrifft aus Front-Office-Sicht auch die Back-Office-Systeme, wenn etwa lieferungsspezifische, auftragsspezifische oder debitorenspezifische Daten neu geschrieben, geändert oder gelöscht werden müssen. In diesem Zusammenhang ist auch das bereits erwähnte Master-Slave-Konzept fundamental, welches ursprünglich aus dem Client Server Computing stammt, jedoch u.a. auch für die Datenhoheit für bestimmte Datenkategorien zwischen Front- und Back-Office verwendet wird. Wenn z.B. in mehreren Systemen redundante Daten oder ähnliche Daten gehalten werden, wird über ein Master-Slave-Konzept definiert, welches der Datenmaster ist, der bezüglich Änderungen alle anderen Systeme beispielsweise über Messaging-Mechanismen zu benachrichtigen hat.

Wesentlichen Einfluss auf die Integration zwischen Front- und Back-Office-Organisationseinheiten und -Systemen haben zudem bezüglich der erwähnten Determinanten verschiedenste **Zahlenrelationen**:

- Anzahl Konkurrenten: Diese kann einen Einfluss auf die Wettbewerbsintensität haben. Die Wettbewerbsintensität kann wiederum einen unterschiedlich starken Einfluss auf die Integration zwischen analytischem und operativem CRM haben.

- Anzahl Kunden insgesamt und je Segment: Die Anzahl Kunden hat einen Einfluss auf die Anzahl möglicher Interaktionen und Transaktionen. Dies hat einen Einfluss auf die Effizienzgewinne durch die Integration von Kommunikationskanälen. Ferner hat die Anzahl Kunden auch einen Einfluss auf die Integration des CBCs. Hier spielt z.B. die steigende Anzahl der Geschäftsvorfälle im Front Office eine Rolle oder die Anzahl über das Front Office hinausgehende Geschäftsvorfälle. Die Schwerpunkte der Integrationseinflüsse können wiederum je nach Segmentstärke und Bearbeitungsintensität je Kanal variieren.

- Anzahl Produkte und Dienstleistungen und Komplexität derselben: Dies hat einen Einfluss auf die bidirektionale Integration zwischen Front- und Back-Office(-Systeme). Weiter ist ein Einfluss auf die bidirektionale Integration zwischen analytischem und operativem CRM/Regelkreis denkbar.

- Anzahl Kombinationen von Dienstleistungen und Produkten sowie Komplexität der Kombinationen: Darunter können nebst kundenindividuellen Produkt- oder Leistungsbündeln auch Varianten verstanden werden. Ferner ist darunter auch der Individualisierungsgrad von einzelnen Produkten oder Dienstleistungen zu verstehen. Letzteres ist etwa nur erreichbar durch eine starke bidirektionale Integration zwischen Front- und Back-Office-Systemen.

- Anzahl Standorte oder Kontaktpunkte: Dies hat einen wichtigen Einfluss auf die Kanalintegration sowie auf die Integration der verschiedenen Kontaktmedien an den Kontaktpunkten. Weiter beeinflusst die Anzahl Standorte oder Kontaktpunkte die Datenbereitstellung und die kontaktpunkt- oder -medien-adäquate Bereitstellung operativer CRM-Prozesse.

- Anzahl Mitarbeiter: Je grösser die Anzahl der Mitarbeiter mit Kundenkontakt ist, je grösser der Grad der Arbeitsteilung im CRM ist und je verteilter die Arbeit auf eine bestimmte Anzahl Stellen in Front- und Back-Office erfolgt, desto grösser wird der Einfluss der Front- und Back-Office-Integration sowie der Medienintegration im Sinne des Aufbaus einer MCP. Die dadurch resultierende Integration ist erforderlich, um eine konsistente Sicht über die dadurch steigenden Kommunikationsaktivitäten im Unternehmen zu erhalten.

In Relation zu den oben dargestellten Determinanten der Integration in der Kundenbeziehungsgestaltung kann vereinfacht von Kontaktpunkten gesprochen werden, innerhalb welcher mehrere Kontaktmedienarten gebündelt werden. An den Kontaktpunkten werden über Medien Services (Geschäftsvorfälle) seitens des Unternehmens mit Kommunikationsprozessen gekoppelt. Zu den Kontaktpunkten gehört etwa das Internet, das Telefon/Contact Center sowie die Filiale oder der Shop. Ausgehend von diesen Sachverhalten können unterschiedliche Integrationssachverhalte[535] zumindest aus der Sicht des Mitarbeiters definiert werden, die beidseitig[536] unterschiedliche Integrationsfolgen haben können. Ferner können unterschiedliche Kommunikationsszenarien abgeleitet werden, die für die Integration in verschiedenen Bereichen des CRM zur Diskussion stehen:

- Vom Unternehmen ausgehende Outbound-Kommunikation (zu Push- oder Pull-Zwecken)[537] im Gegensatz zu vom Kunden ausgehenden Inbound-Anfragen, die nicht vom Unternehmen ausgelöst werden

- Gesamte Kommunikation im gleichen Medium, ausgehend vom Unternehmen oder ausgehend vom Kunden

- Unterschiedliche genutzte Medien in der Kommunikation, ausgehend vom Unternehmen oder ausgehend vom Kunden.

Bei Letzterem besteht die integrationsrelevante Herausforderung darin, einen inneren Zusammenhang zwischen den verschiedenen Interaktionsakten über unterschiedliche Medien zu eruieren. Jedoch besteht eine Herausforderung auch darin, für die Herstellung einer Konsistenz der Interaktion und Argumentation dem Kunden gegenüber auch bei Mehrpersonenkontakten zu sorgen. Dazu ist auch abzuklären, in welcher Kombination welche Medien zu welchen Zwecken genutzt werden.

9.4 Organisations- und technik-relevante Methodikaspekte

Aus der auf Fallstudien basierenden empirischen Forschung lassen sich diverse Sachverhalte ableiten, die für die Integration aus heutiger Sicht so noch nicht theoretisch diskutiert wurden. Ist dies trotzdem der Fall, existieren z.B. Überlegungen wie zur Modularisierung am ehesten in den Komponenten-Ansätzen des Software Engineering. Primär lassen sich grob drei Bereiche unterscheiden, die für den doch eher technischen Bereich der Integration wesentlich sind und die im Rahmen der

---

[535] Informationsintegration für Informationsabrufe; Kundenkommunikations- und -medieneinbindung in die Geschäftsprozesse für die Interaktion; Funktions- und Workflow-Integration für die Integration von Front- und Back-Office-Systemen für die Auslösung von Bestellungen etc.
[536] Unternehmensseitig wie oben genannt; kundenseitig je nach Kundenkategorie (Privatkunde, Geschäftskunde etc.) unterschiedlich aussehen können.
[537] Dabei kann es sich im Falle komplexerer Kommunikationskampagnen auch um Kombinationen davon handeln, die über unterschiedliche Kontaktmedien verteilt sein können.

Untersuchung zur Integration von Informationssystemen für das Kundenbeziehungsmanagement immer wieder hervortraten:

- Modularisierungsansätze in Architekturen[538]
- Integrationsprozess und -vorgehen
- Organisation der (IT-)Integrationsaufgabe in Unternehmensorganisationen.

Es stellt sich die allgemeine Frage, weshalb gerade aus CRM-Sicht die Integration eine neue Positionierung erfahren soll. Der Integration ist bezüglich Input-Output-Relationen in der Wertschöpfungskette und über diese hinaus aus Kundenbeziehungssicht in beiden Richtungen besondere Bedeutung zuzumessen. Die erwähnten CRM-Systeme (Transaktionen initiierend) sind mit den ERP-Systemen und ERP-Komponenten (zur Transaktionsabwicklung) sowie neuerdings SCM-Systemen und entsprechenden Komponenten (zur Liefernetzwerksteuerung) zu integrieren, um derart eine integrierte Wertschöpfungskette zu erreichen. Die Dokumentation und Datenintegration der Output- oder Wirkungsseite der Wertschöpfungskette nimmt, da der Unsicherheit des Kundenverhaltens unterliegend, eine besonders wichtige Rolle ein.

Zudem tritt aus CRM-Sicht die Frage der Integration von Kommunikations- und Datenverarbeitungstechnologie vor dem Hintergrund der unterschiedlichen Aufgaben der verschiedenen erwähnten Domänen (Funktionsbereiche) innerhalb der Wertschöpfungskette in den Vordergrund. Es ist nicht etwa so, dass der zuletzt erwähnte Punkt in der Vergangenheit nicht schon eine bedeutende Rolle gespielt hätte. Jedoch war die Kommunikation und deren Thematisierung in CRM-Systemen und deren Integration im Rahmen der Diskussion und Bildung von IT-Infrastrukturen zu wenig ein Thema. Mit dem Kundenbeziehungsmanagement werden die Kommunikation und deren Integration in die IT zu einer entscheidenden Komponente für den effizienten und effektiven Informationsaustausch mit Kunden (Kollaboration). Dies zeigen die Fallstudien eindrücklich. Darin ist auch einsehbar, dass die Einführungen von CRM-Applikationen umfangreiche Rekonfigurationen von IT-Architekturen zur Folge hatten.

9.4.1 Strukturierung von Mehrebenenmodellen zur Komplexitätsreduktion

Primär ist eine Mehrebenenstruktur zur Dekomposition und Modularisierung der Applikationen des Unternehmens über Systemgrenzen hinweg zu definieren, mit:

---

[538] Dieser Aspekt wurde aus betriebswirtschaftlicher Sicht bereits in Kapitel 9.2.3 angesprochen und erfährt eine technische Vertiefung in Kapitel 9.4.5. Es wird an diesem Ort deshalb nicht vertiefter darauf eingegangen.

Synthese aus Theorie und Fallstudien

- Groben abteilungs- oder organisationsspezifischen Eingrenzungen auf einer ersten Stufe (z.B. in Front Office, Back Office, Support Services, Security Services). Dies kann überbetriebliche (z.B. in Unternehmensnetzwerken oder zwischen unabhängigen Unternehmen) und innerbetriebliche Integrationsbereiche umfassen (innerbetrieblich kann zwischen Front-Office- und Back-Office- oder Procurement-Bereich unterschieden werden).

- Domains auf einer zweiten Stufe, die u.a. Organisationseinheiten, Applikationsbereichen, Unternehmenseinheiten entsprechen können

- Funktionsbereichen auf einer dritten Stufe, dies sind die eigentlichen Tätigkeits- oder auch Prozessbereiche; aus operativer CRM-Sicht könnten dies Marketingfunktionen, Verkaufsfunktionen, After-Sales-Service-Funktionen sein

- Services auf einer vierten Stufe, z.B. kann dies aus Sicht des operativen CRM etwa die Kampagnenabwicklung sein.

Sekundär dazu ist orthogonal eine Integrationsinfrastruktur zu definieren, welche nach Bedarf eingesetzt werden kann für (vgl. Kapitel 5):

- Lose Integration (loosely coupled)

- Enge Integration (tightly coupled)

- Datenintegration für Massendaten.

Dabei ist im Detail die Integrationsfunktionsbreite noch wesentlich grösser, auch weil Kombinationsmöglichkeiten bestehen. Zudem kann den Integrationsfunktionen Technologie zugeordnet werden. Auch diesbezüglich sind strategische Entscheide zu Make-or-Buy, Best-of-Breed versus Single Sourcing, etc. zu fällen. Wie im Theorieteil dargestellt, können unterschiedliche Standards für die Integration unterschieden werden. Zu beachten ist dabei, dass Integrationsbedarfe auf jeder Ebene in der entsprechenden Granularität zu definieren sind. Auf der untersten Ebene wird (nur noch) die Konkretisierung von Services definiert, die als gesamtheitliche über Applikations- und Funktionsgrenzen hinweg laufende Services zu „verdrahten" sind. Bei dieser Darstellungsweise stellt sich jedoch das Kapazitätsproblem, das über die Art der Integration zu lösen ist. Über das Kapazitätsproblem ist abzuleiten, welche Mengen an Daten zu transportieren oder welche Mengen an Services abzuwickeln sind. Dies kann je nach Geschäfts- oder Integrationsvorfall unterschiedlich sein. Es drängt sich deshalb die Definition einer zusätzlichen Dimension auf, der Integrationsarchitektur, deren Aufbau für unterschiedliche Kapazitätsbedarfe unterschiedlich gut geeignet ist. Bei einer Hub&Spoke-Architektur etwa kann der Integration Server das

Nadelöhr bilden. Bei einer Busarchitektur kann die dem Bus mangelnde Intelligenz, die mangelhafte Breite an möglichen Integrationsmechanismen oder die Bandbreite zum Nadelöhr werden. Im Falle von einfachen P2P-Verbindungen wiederum können diese überlastet sein oder die Menge an unterschiedlichen P2P-Verbindungen kann zu einem (Integrations-)Kapazitätsengpass werden. Der Engpass kann einerseits bei der Kommunikation zwischen Systemen, andererseits beim Zusammenspiel der zu integrierenden Systeme auftreten, weil z.b. unterschiedliche Systeme zusammenhängend zu koppeln sind. Kapazitätsengpässe, das haben die Fallstudien gezeigt, können auch ein Grund für die Beibehaltung von P2P-Schnittstellen in einem EAI-Umfeld sein. Innerhalb der Integrationsarchitektur kann wiederum zwischen zwei Bereichen unterschieden werden, zwischen einer logischen und einer physischen Integrationsinfrastruktur. Die logische Integrationsarchitektur ist in der Regel mit betriebswirtschaftlichen Fragen verknüpft, die physische Integrationsarchitektur betrifft die technischen Hardware- und Kommunikationstechnologieaspekte.

9.4.2 Implementierung von Integrationsinfrastrukturen

Wie in den Fallstudien ersichtlich wurde, haben die Unternehmen neben den eigentlichen Front-Office-Applikationen eine ganze Reihe weiterer Applikationen für verschiedenste Wertschöpfungsbelange in Betrieb. So ist die Implementierung von Strukturen, Infrastrukturen und Vorgehensmodellen für die Integration wichtig.[539] Dies gilt auch für das planmässige Vorgehen für die Abwicklung von Integrationsanfragen und die Implementierung entsprechender Schnittstellen oder Lösungen. Dies gilt aber auch für die Struktur des Angebots von Integrationsdienstleistungen im Unternehmen, das entsprechend vorzubereiten ist. Dieses Kapitel gibt dazu einen sehr verkürzten Überblick. Besonders vorbildlich wurden Teile dieser Aspekte bei sunrise angegangen und gelöst, weshalb dieses Kapitel die entsprechenden Passagen aus der sunrise-Fallstudie enthält. Der Sachverhalt entfällt deshalb in der Fallstudie.

Damit die im oberen Kapitel dargestellten Integrationsebenen untereinander auch verbunden werden können, hat das Unternehmen eine Palette an unterschiedlichen Integrationsmechanismen und -infrastrukturen bereit zu stellen[540], um aufgrund der Modularisierung die Integrationsbedarfe analog zu den diskutierten EAI-Infrastrukturen in Kapitel 5 auch implementieren zu können. Determinierend dafür sind grundsätzlich Zeitaspekte. Determinierend können aber auch Ortsaspekte im Falle der Abwicklung mobiler Outbound-Kommunikationsgeschäftsvorfälle sein, wobei dann aus Zeitgrün-

---

[539] Letzteres behandelt Kapitel 9.4.3.
[540] Vgl. zu Integrationsmechanismen und -infrastrukturen Kapitel 5.

Synthese aus Theorie und Fallstudien 425

den die direkte Kopplung von analytischen Applikationen und Kommunikationsmedien in den Vordergrund treten kann.

Die Bereitstellung des Sets an Integrationsmechanismen aus der Fallstudie sunrise dient der betriebswirtschaftlichen Integration und stellt deren technische Realisierung dar. Für beide Bereiche ist dabei der Status Quo vor der Definition eines künftigen Sets an Integrationsmechanismen relevant, ausgehend von dem das künftige Set an Mechanismen abgeleitet werden kann. Dies wurde anlässlich der Interviews zu den Fallstudien bei der Credit Suisse besonders deutlich, aber wie im Folgenden gezeigt auch bei der sunrise.

	Evaluation Criteria	2. Integration Paradigms Integration Methods							
	1. Integration Requirements	http	Simple Synchron. Protocols	RPC	Web Services	File Transfer	DB-Links Interface Tables	Application Server	Messaging	Integration Broker
Functional	Integration Level									
	Data Transformation									
	Delivery Control									
	Routing/Adressing Naming									
	Session Control									
	Connectivity									
	B2B Requirements									
	Synchronuousity									
Non-Functional	Volume Requirements									
	Security Requirements									
	Operational Requests									

Abbildung 128: Excel-Tool zur Definition von Integrationsfällen bei sunrise.

Bei der sunrise stehen, wie dies in der Abbildung 128 dargestellt wird, die Integrationsbedürfnisse und Integrationsservices einander gegenüber. Für diese kann anhand der daraus resultierenden Matrix detailliert dargestellt werden, welche Services vorhanden, geplant oder nicht angeboten werden. Dies entspricht verschiedenen Stati des Integrationsangebotes, welche für die davon betroffenen Abteilungen wesentlich sind. Zuerst sind aus Sicht der sunrise die Integrationsbedürfnisse zu klären. Danach sind die Integrationsmethoden zu definieren. Die eigentliche Excel-Tabelle (vgl. zu einer vereinfachten Version Abbildung 128) enthält in den zentralen Feldern Angaben zum Grad des Vorhandenseins von Integrationsmustern oder -

funktionalität bei sunrise auf Basis der Integrationsarchitektur und -infrastruktur.[541] Dies ermöglicht mittels der dargestellten Hilfsmittel eine stufenweise Eingrenzung des Integrationstatbestandes.

Die Architekturabteilung kann danach selber oder durch andere Einheiten die Schnittstellenbereitstellung und Entwicklung (fast fliessbandmässig) veranlassen. Gleiches konnte wie erwähnt auch anlässlich der Erhebung der Fallstudie Credit Suisse in Erfahrung gebracht werden.

Eine weitere Detaillierung der Integrationsbedürfnisse in der Abbildung 128 lautet wie folgt (vgl. Spalte Evaluation Criteria):

- Integration Level: Simple Lookup, Event-driven Realtime Data Transfer, Transactional Integration sowie Process Integration
- Data Transformation: Data Transformation, Data Mapping and Formatting
- Delivery Control: Fire and Forget, Guaranteed Delivery
- Routing/Adressing/Naming: Intelligent Routing, Adressing/Naming
- Session Control: Single Interaction, Multiple, Stateful User Interactions
- Connectivity: Web, Proprietary API´s, Middleware, Databases (same DB-System), Databases (different DB-System/Tool), Databases (different DB-System and no Tool)
- B2B-Requirements: Trading Protocols, B2B-Integration
- Synchronousity: Synchronous Communication, Asynchronous Communication
- Volume Requirements: Bulk Loads
- Security Requirements: Administration, Authentication, Authorisation, Encryption
- Operational Requirements: SLA & Performance Management, Technical Supervision.

Aufgrund des Auswahlverfahrens mittels der Excel-Tabelle lassen sich in der Diskussion mit der Business-Seite und in der Spezifikation des Integrationssachverhaltes eine Reihe von (Integrations-) Patterns oder Integrationsmuster definieren, die ermöglichen, dass im Sinne der Reusability auf vergangene Integrationsprojekte und -muster zurückgegriffen werden kann und bereits implementierte Methoden oder

---

[541] Konkret können die Ausprägungen: Nicht unterstützt, schwache Unterstützung, mittlere Unterstützung, gute Unterstützung sowie sehr gute Unterstützung unterschieden werden. Die Tabelle gibt teilweise auch an, ob es sich dabei um P2P-Verbindungen handelt.

Synthese aus Theorie und Fallstudien

Muster wieder eingesetzt werden können. Angestrebt werden dadurch Kostenminderungseffekte durch den Bau von Interfaces „am Fliessband".

9.4.3 Aspekte des Integrationsprozesses und -vorgehens

Die (technische) Integration stellt in der Regel nicht eine seit der Entstehung eines Unternehmens angedachte Aufgabe dar. Vielmehr handelt es sich dabei um eine erst mit der Zeit und abhängig von IT-Strategieaspekten des Unternehmens sich ergebende Aufgabe, die unter Umständen gezielt ins Leben zu rufen und organisatorisch zu verankern ist.

Für die folgenden Ausführungen gilt, dass der Integrationsprozess und das Integrationsvorgehen immer von der Definition von Geschäftsvorfällen am Kundeninteraktionspunkt ausgehen.

Der Integrationsprozess und das Integrationsvorgehen kann, wiederum in Anlehnung an die weiter oben geschilderten Fallstudien, in unterschiedliche Ebenen unterteilt werden. Einerseits ist dazu eine Makroebene unterscheidbar, innerhalb welcher es um den generellen, über einen längeren Zeithorizont dauernden, Integrationsprozess geht. In zwei der vier Fallstudien wurde dies mit Managed Evolution bezeichnet. Der Zeithorizont dafür kann fünf bis zehn Jahre oder auch länger betragen. Abgeleitet aus der Strategie sind für diesen Makroprozess z.B. Milestones definierbar. Ferner ist zu definieren, was zur Zeit dieser Milestones für Ziele im Integrationsprozess auf Makroebene zu erreichen sind. In der Fallstudie zur ZKB wird dazu von „Zielphotos" gesprochen, welche zu einem bestimmten Zeitpunkt des Integrationsprozesses erreicht sein müssen. Dadurch lassen sich bezüglich der IT-Strategie konkret Massnahmenpläne und Integrationsaufgaben auf Plattformebene, auf Applikationsebene sowie auf Schnittstellenebene ableiten.

Auf der Mikroebene wiederum stellt sich aus Sicht der Integration und einer zentralen Architekturabteilung die Frage, welche konkreten Prozessabläufe aufgrund von verschiedenen Integrationsfällen zu implementieren sind. Insbesondere kann dabei u.a. zwischen Geschäftsvorfällen für die Implementierung neuer Software, Geschäftsvorfällen zur Abwicklung von Release-Wechseln von Software, Geschäftsvorfällen für die Implementierung von produktspezifischen Integrationsvorhaben oder von neuen Kommunikationsmedien unterschieden werden. Diese haben in unterschiedlichem Umfang Integrationsaufgaben zur Folge. Für die Soft- und Hardware-Neubeschaffung kann bereits im Vorfeld die Frage der Integration ausschlaggebend pro oder contra Anbieter und Beschaffung sein. So sind Architektur- oder Integrationsverantwortliche frühzeitig in die Beschaffungs- und Implementierungsvorhaben mit einzubeziehen.

Für die Spezifizierung der Integrationsgeschäftsvorfälle (im Gegensatz zum oben genannten Makroprozess der operative Mikroprozess) und der Ableitung von Integrationsanforderungen konnte anhand der Fallstudie sunrise sehr detailliert und konkret ein Verfahren aufgezeigt werden, mittels dessen Integration strukturiert und systematisch angegangen werden kann. Aus Sicht des entsprechenden Integrationsvorgehens geht es dabei um:

- die Abklärung von Integrationsbedürfnissen und darin insbesondere um die relevanten Treiber der Integration und der Geschäftsprozesse
- IT-Architektur-Aspekte und dabei insbesondere um Treiber wie Komplexität, Wiederverwendung sowie Stabilität
- IT-Strategieaspekte und dabei insbesondere um Treiber wie Kosten, Zeit und Qualität, sowie
- Projekt- und Managementaspekte.

Konkreter bedeutet dies, dass in einem ersten Schritt mit dem Verständnis der Geschäftsanforderungen begonnen wird. Hier geht es um die Erhebung von End-to-End-Geschäftsprozessen. Danach wird übergegangen zur Selektion von relevanten Integrationsanforderungen und Schnittstellen. Weiter werden die Integrationsanforderungen aufgenommen und falls erforderlich Architekturaspekte berücksichtigt und die Überprüfung anhand der IT-Strategie vorgenommen. Danach folgt die Identifizierung und Beschreibung der verschiedenen anbietbaren Integrationsmustern oder Integrationsdesignalternativen, analog den Darstellungen in Kapitel 9.4.2 und Abbildung 128. Nach den bisherigen Schritten folgt die Prüfung der Integrationsalternativen vor dem Hintergrund von Projektmanagementkriterien. Erst zuletzt fällt die Entscheidung zum definitiven Integrationsdesign.

Für dieses Vorgehen kann analog zur Abbildung 128 eine Matrix gebildet werden, in der z.B. auf der y-Achse die Integrationsbedürfnisse festgehalten werden.[542] Diese sind für jedes Integrationsvorhaben zuerst zu definieren. Danach gilt es auf der x-Achse die zur Verfügung gestellte Integrationsmethode zu definieren. Beides zusammen ergibt den Integrationsgeschäftsvorfall, der von der IT- oder Architekturabteilung bereitgestellt wird. In der Fallstudie Credit Suisse ist diesbezüglich ein anderes Vorgehen gewählt worden. Die Credit Suisse stellte nach der Definition der Bus-Architektur für die enge Kopplung im Rahmen einer erneuten Bedürfnisanalyse fest, dass auch lose Kopplungen erforderlich sind (etwa über Messaging), für welche ein weiterer Bus implementiert wurde. Zudem wurde für die Datenintegration im Falle von

---

[542] Vgl. dazu beispielhaft die Fallstudie sunrise.

Synthese aus Theorie und Fallstudien 429

grossen Datenmengen für das Data Warehousing ein dritter Bus implementiert. Es wurden somit pragmatischerweise immer gerade die Integrationsinfrastrukturen entwickelt, für die gerade ein Bedarf vorhanden war. Bei der sunrise war es eher so, dass eine Integrationsinfrastruktur aufgebaut wurde, die laufend weiter entwickelt wird. Die Grundinfrastruktur dazu wurde bereits früher entwickelt und implementiert. Je einfacher die Integrationsarchitekturen und -infrastrukturen dazu sind, auf Basis der Integrationsgeschäftsvorfälle abgewickelt werden können, desto einfacher verständlich ist dies für die betroffenen Mitarbeiter mit Applikations- oder Architekturverantwortung. Unter anderem kann dies auch der Schlüssel für ein effizientes Management von Integrationsfällen sein, was auch Auswirkungen auf Effizienz und Effektivität der Systemnutzung und der Anwendung von Informationssystemen hat. Hier, so stellte sich heraus, macht eine Darstellung der Architektur im Sinne der Wertschöpfung des Unternehmens am meisten Sinn, weil gerade diese für alle von der Architektur betroffenen Mitarbeiter besonders einfach verständlich ist. Nicht zuletzt lässt sich aber auch durch eine wertschöpfungsorientierte Domainarchitektur (wie beispielsweise bei der ZKB oder bei der Credit Suisse) auch die Integrationsdienstleistung im Unternehmen z.B. aus der CRM-Perspektive einfacher verkaufen. Hier kommen ähnliche Muster der Integration zwischen einzelnen Komponenten zum Tragen, wie sie im theoretischen Kapitel 4.2 im Detail dargestellt werden. Diesbezüglich machte die Credit Suisse eine aus der Fallstudie nachvollziehbare Entwicklung durch, von einer nichtwertschöpfungsorientierten zu einer wertschöpfungsorientierten Darstellung und Konfiguration der Architektur. Zum Zweck des „innerbetrieblichen Verkaufs" wurde ein Redesign der Domainarchitektur vorangetrieben, wie aus der Fallstudie hervorgeht.

Wie bereits in der Theorie erwähnt, treten für die Spezifikation der genannten Integrationsbedürfnisse und der dafür eingesetzten Integrationsmethoden unterschiedliche zusätzliche Kriterien ins Zentrum, die bisher nicht ausführlicher erläutert wurden. Auf diese soll hier etwas spezifischer eingegangen werden. Im Wesentlichen handelt es sich dabei um Kriterien, die aus Abbildung 128 abgeleitet werden können und alternative Entscheide bezüglich der Integrationsbedürfnisse und der Integrationsmethoden oder -paradigmen ins Zentrum treten lassen. Einerseits sind Alternativentscheide zu treffen bezüglich der Integrationsinfrastruktur. Andererseits sind Kapazitätsbedarfe und -angebote zu definieren. Dies kann limitierende Faktoren wie Serverleistungen, Gebundenheitsdauern von Applikationen aufgrund der (zu bestimmenden) Zahl von RPCs, die Belastung oder Überbelastung von Integrationsinfrastrukturen wie Integration Server, Messaging-Netzwerk betreffen. Weiter kann es limitierende Faktoren betreffen wie Bandbreite der Netzwerke, etwa für verschiedene Bus-Infrastruk-

430　　　　　　　　　　　　　　　　　　　　Synthese aus Theorie und Fallstudien

turen. All dies erfordert allenfalls die Möglichkeit, Alternativen anzubieten, wenn die Kriterien der Auftraggeber bezüglich eines oder mehrerer Kriterien nicht erfüllt werden können. In Abbildung 129 wird dabei das Entscheidungs-Rahmenwerk für die Applikations-Integration dargestellt, das aus verschiedenen zu durchlaufenden Phasen besteht. Dabei geht es zuerst um die Definition des Projektfokus, danach um die Definition von Strategie- und Architektur-Fokus sowie zuletzt um die Konkretisierung des Projektfokus.

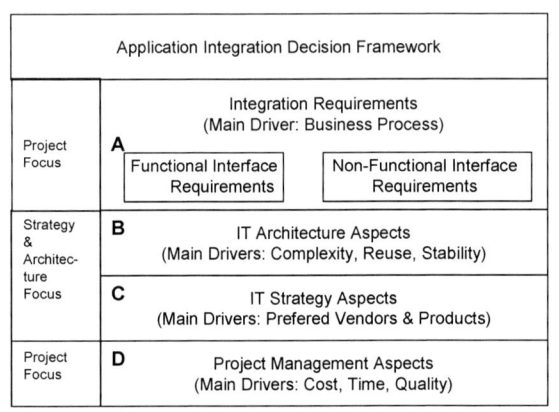

		Application Integration Decision Framework	
Project Focus	A	Integration Requirements (Main Driver: Business Process)	
		Functional Interface Requirements	Non-Functional Interface Requirements
Strategy & Architecture Focus	B	IT Architecture Aspects (Main Drivers: Complexity, Reuse, Stability)	
	C	IT Strategy Aspects (Main Drivers: Prefered Vendors & Products)	
Project Focus	D	Project Management Aspects (Main Drivers: Cost, Time, Quality)	

Abbildung 129: Unterschiedliche Beeinflussungsfaktoren und Auswirkungen im Integrationsentscheidungsframework.

Die Abbildung 130 zeigt den konkreten und zu durchlaufenden Ablauf für die Definition von Integrationssachverhalten im Unternehmen. Dabei muss in einem ersten Schritt versucht werden, die Geschäftsprozessumstände zu verstehen. In einem zweiten Schritt werden Alternativen für die Integration evaluiert. In einem dritten Schritt folgt die Definition von Projektrand- oder -nebenbedingungen (Constraints). Ein letzter Schritt ist der Entscheidung bezüglich eines Integrationsdesigns gewidmet. Dieses Vorgehen entstammt der Fallstudie sunrise.

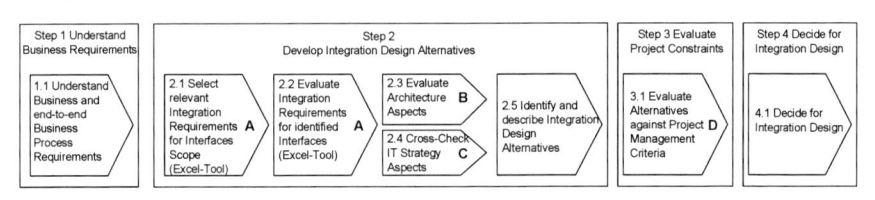

Step 1 Understand Business Requirements	Step 2 Develop Integration Design Alternatives				Step 3 Evaluate Project Constraints	Step 4 Decide for Integration Design
1.1 Understand Business and end-to-end Business Process Requirements	2.1 Select relevant Integration Requirements for Interfaces Scope (Excel-Tool) A	2.2 Evaluate Integration Requirements for identified Interfaces (Excel-Tool) A	2.3 Evaluate Architecture Aspects B 2.4 Cross-Check IT Strategy Aspects C	2.5 Identify and describe Integration Design Alternatives	3.1 Evaluate Alternatives against Project Management Criteria D	4.1 Decide for Integration Design

Abbildung 130: Schrittweises Integrationsvorgehen aus Geschäftssicht.

Synthese aus Theorie und Fallstudien 431

9.4.4 Ausgewählte Organisationsaspekte der Integrationsaufgabe

Integrationsaufgaben sind stark abhängig von der IT-Strategie des Unternehmens. Dies konnte an den Fallstudien eindrücklich gezeigt werden. Es entfallen dadurch beispielsweise Fragen zur Strukturierung von IT-Aufgaben bei homogenen, nicht auf Basis von Best-of-Breed-Strategien definierten, (Vendor-basierten) IT-Architekturen. Es kann sein, dass sie, wie im Falle von SAP, im Rahmen von Beratungsprojekten aufgrund der Aufnahme und Implementierung beim Unternehmen von Beratern oder von der SAP selber integriert werden. Unternehmen mit Best-of-Breed-Strategien oder Unternehmen, die Applikationen selber programmieren und erstellen, vertreten eine Strategie, aufgrund der sich sehr viel Integrationsbedarf ergibt, der dann unter Umständen von eigenen Organisationseinheiten mit Architekturaufgaben zu lösen ist. Hier drängt sich die Implementierung von Integrationsplattformen, Integrationsinfrastrukturen und einheitlichen Integrationsmechanismen auf.

Aus organisatorischer Sicht ergeben sich folgende Fragestellungen, die weiter zu spezifizieren und zu diskutieren sind.

Frage der Zuständigkeit für die Prüfung und Konfiguration von Services: Dies erfolgt am praktikabelsten über eine zentrale Stelle, welche alle Anträge für die Implementierung von Services, Schnittstellen prüft und genehmigt. Diese Stelle sowie deren Einbettung in der IT-Organisation erfolgt sinnvollerweise zentral.

Frage der organisatorischen Verankerung der Architektur-Verantwortung (in der IT-Abteilung): Die Positionierung der Architektur- und Integrationsabteilung gegenüber den Applikationsverantwortlichen, gegenüber Hard- und Software-Verantwortlichen, gegenüber Verantwortlichen von Competence Centern in bestimmten IT-Bereichen ist wichtig. Eigentlich müsste die Architekturabteilung in alle die Architektur betreffenden Entscheide miteinbezogen sein.

Frage der Vernetzung der Architektur- und Integrationsabteilung mit den Fachabteilungen: Die Vernetzung der Architektur- und Integrationsabteilung über die IT-Abteilung hinaus ist, insbesondere bei Best-of-Breed-Strategien und stark auf Eigenerstellung ausgerichteten Strategien, sehr wesentlich. Die Applikationsverantwortlichen werden in der Regel intensive Beziehungen, beispielsweise in Form von Account- oder Product-Managern, zu den wertschöpfungsorientierten Fachabteilungen (entsprechend der Domain auf der Architekturseite) aufbauen oder haben. Die Architekturabteilung kann in diesem Kontext, je nach Dringlichkeit und Menge der anfallenden Integrationsaufgaben, auch zu einer zentralen Abteilung für das ganze Unternehmen werden, insbesondere dort, wo die Wertschöpfungskette stark und integriert mit Informationstechnologie durchdrungen ist. Dies ging aus allen Fallstudien der Untersuchung hervor.

In der Vergangenheit, insbesondere bei der Implementierung von ERP-Systemen, hat sich die bekannte Trennung von IT und Fachabteilung mehr oder weniger durchgesetzt und bewährt. Vielfach wurden in grossen Unternehmen in diesem Zusammenhang Competence Center gegründet, beispielsweise für SAP, die sich auf der IT-Seite den Bedürfnissen der Fachabteilungen angenommen haben. Dies wäre auch für Integrationsaufgaben und -infrastrukturen denkbar. Mit der Einführung von CRM-Systemen, insbesondere in heterogenen Umfeldern, nimmt die Integrationsfrage, weil komplexer als in traditionellen ERP-Lösungen, eine dominantere Rolle ein. So nimmt die Volatilität der Applikations- und Integrationsanpassungen aus CRM-Sicht wesentlich zu, weil, in der Telekommunikationsbranche noch intensiver als in der Finanzdienstleistungsbranche, neue Dienstleistungen neue Konfigurationen von Systemen erfordern. Neue Produkte oder Dienstleistungen müssen in den wertschöpfenden Systemen erst implementiert werden. Damit steigt die Bedeutung der Beziehungen von Fachabteilungen (Primärprozessverantwortliche) gegenüber der IT (Sekundärprozessverantwortliche) innerhalb des Organigramms. Rein funktionsorientierte Organisationsformen, bei denen die IT-Abteilung eine unter mehreren Abteilungen in der Geschäftsleitung ist, werden diesbezüglich massiv Probleme erhalten, weil die Frage der Kompetenzen, Aufgaben und Verantwortungen, aber auch die Frage der Kommunikation zwischen IT- und Fachabteilung, aus den erwähnten Gründen immer dominanter wird. In diesem Zusammenhang kann der IT-Architekturverantortliche eine wichtige Rolle im Unternehmen erhalten. Er kann oder muss durch das ganze Unternehmen und alle Fachabteilungen hindurch eine strategisch zentrale Rolle einnehmen. Diese umfasst die Kommunikation von Leistungen und Funktionalität der aufgebauten Integrationsplattformen, von Spezifikations- und Implementierungsprozessen, etc. Dadurch kann allen im Unternehmen beteiligten Mitarbeitern bewusst gemacht werden, welche businessorientierten Möglichkeiten und Grenzen im Integrationsbereich vorhanden oder gegeben sind. Zudem kann der Manager mit Verantwortung für Architektur und Integration auch eine wesentliche Rolle einnehmen bei der Frage, welche Standardsoftwarepakete und welche Hardware künftig zu beschaffen sind. Die Beschaffung neuer Software und Hardware ist immer in Relation zu Architektur- und Integrationsfragen und somit zur Effizienz des Angebots von IT-Dienstleistungen im Unternehmen zu sehen.

Es ist eine zentrale Organisationseinheit für die Prüfung der Schnittstellendefinitionen und der Schnittstellenprogrammierungen einzurichten. Derart sind Reuse-Potenziale bezüglich der Schnittstellen oder Services konsequent ausschöpfbar. Zudem kann dadurch auch die methodisch korrekte Darstellung und Programmierung der Schnittstelle sichergestellt werden. Ähnliches war in den Fallstudien Credit Suisse, sunrise und UBS zu beobachten. Eine entsprechende Architektureinheit, die auch für die Schnittstellenprüfung zuständig ist, hat die Hauptaufgabe des Aufbaus und der Weiterentwicklung der Unternehmens-IT-Architektur inne, insbesondere wenn die Anzahl Bebauungspläne und zu integrierender Systeme sehr gross und heterogen ist. Die Position der IT-Architektur und entsprechender dafür verantwortlicher Organisationseinheiten ist, das kann an den Fallstudien sehr schön veranschaulicht werden, abhängig von der IT-Strategie. UBS, Credit Suisse, ZKB und sunrise verfolgen entweder eine Make-Strategie oder eine Best-of-Breed-Strategie und verfügen alle über eine zentrale Architekturabteilung.

9.4.5 Komplexitätsreduktion durch Modularisierung der IT-Architektur

Für Unternehmen ist es wichtig, dies geht aus den dargestellten Fallstudien hervor, dass auf verschiedenen Ebenen systematisch zu klären ist, welches die durch ein Integrationsvorhaben betroffenen Informationssysteme sind. In den untersuchten Fallstudien ist es eine teilweise sehr grosse Anzahl an Applikationen und Informationssystemen, die für gleiche, ähnliche oder unterschiedliche Zwecke vorhanden sind und über unterschiedliche Plattformen betrieben werden. Damit tritt das Problem der Komplexität bezüglich deren Integration in den Vordergrund, dem zur Komplexitätsreduktion etwa mittels der Modularisierung von IT-Architekturen begegnet werden kann.[543] So kann es beispielsweise ratsam sein, Funktions- oder Aufgabenbündel zu definieren, die über eine ähnliche Gruppe von Informationssystemen betrieben werden, die auch Domains genannt werden. Domains werden weiter oben allgemein als „[...] area of control or sphere of knowledge [...]" bezeichnet. Eine solche Gruppe oder Domain könnte z.B. das Kundenbeziehungsmanagement sein. Darin könnten als wietere Submodule etwa Marketing, Verkauf und After Sales Service existieren. Domains können auf einem nächst detaillierteren Layer in eigentliche Funktionsbereiche oder Komponenten aufgegliedert werden. Diese Funktionsbereiche wiederum können auf einem weiteren Layer in einzelne Funktionen oder gar Services gesplittet werden, z.B. einen Opportunity Management Service. Die Bildung von Domains kann insofern unterschiedlich ausfallen, als zu definieren ist, ob dazu jeweils die unterschiedlichen Tiers der Architektur gehören sollen (Presentation, Application, Data) oder ob die unterschiedlichen Tiers eine separate Ansicht von gleichen Sachverhalten bilden sollen. Die Bildung unterschiedlicher Layer mit unterschiedlich detailliertem Inhalt

---

[543] Vgl. zum Thema der Modularisierung von IT-Systemen Aier/Schönherr (2004a), S. 25 ff., Krüger/Seelmann-Eggebert (2003), Spahni (1998) sowie u.a. aus betriebswirtschaftlicher Sicht Kapitel 9.2.3.

erleichtert die Grob- und die Feinspezifikation der Integration und von Schnittstellen, wie sie an der Fallstudie sunrise im Spezifikationsverfahren geschildert werden. Ähnliche Verfahren existieren in den anderen untersuchten Unternehmen auch, wurden aber entweder nicht so explizit dokumentiert oder in den Interviews nicht explizit erwähnt.

Je grösser die Vielfalt an unterschiedlichen Applikationen in Unternehmen ist, desto grösser wird auch das Bedürfnis, die Integration zwischen diesen Applikationen differenziert darstellen zu können. Es sind mit den Domain-, Komponenten-, Funktionalitäts- sowie Service-Definitionen auch die Schnittstellen zu definieren, mit welchen diese untereinander integriert werden sollen. Zudem sind für die entsprechend granularen Modularisierungsebenen Prinzipien der Integration zu spezifizieren. Dazu stehen die geschilderten Möglichkeiten zum Aufbau von Rahmenwerken zur Verfügung, wie sie etwa anhand der Fallstudie sunrise dargestellt werden. Auch sind ausgeklügelte „Bebauungs- und Stadtpläne" wie in den Fallstudien der UBS und der Credit Suisse denkbar. Nuancen ergeben sich auch in der Darstellungsform von Domains. So werden Domains bei sunrise als (reine) Funktionseinheiten (CRM, ERP, Business Intelligence, etc.) verstanden, mit allfälligen Entsprechungen auf der Organisationsseite. Die UBS versteht Domains als Function Blocks, die Business System übergreifend implementiert sein können (z.B. Function Block Abwicklung Wertschriftenhandel).

Die Spezifikation von Schnittstellen zur Verbindung von unterschiedlich granularen Modularisierungseinheiten kann auf verschiedenen Layern in unterschiedlicher grafischer Art erfolgen. So können auf den verschiedenen Layern betriebliche und technische Schnittstellen in einem Rahmen um die Architektur herum dargestellt und mit entsprechenden Farben und Symbolen bezeichnet werden, wie dies in der Fallstudie sunrise dargestellt und in etwas anderer Form bei der UBS eingesehen werden konnte. Im Weiteren sind zur detaillierten Beschreibung von Schnittstellen Schemata und Vorgaben zu machen.

Im Rahmen der Zunahme von mobilen Endgeräten und Applikationen zur Kundenkommunikation tritt neben die Dimension der Zeit die Dimension der Mobilität und/oder des Aufenthaltsortes von Kunden und Mitarbeitern in den Blickpunkt. Die Kombination von Raum und Zeit hinsichtlich Kommunikation wird auch mit Situation oder Kontext bezeichnet.[544] Dies kompliziert die Integrationsfrage zusätzlich, weil dafür derzeit unterschiedliche Standards angeboten werden, die je nach Standort des Nutzers abwechselnd eingesetzt werden können. Auf diese Aspekte wurde in dieser

---

[544] Vgl. dazu etwa Lange (2002), S. 12.

Arbeit bewusst nicht weiter eingegangen. Der Grund liegt darin, dass mobile Technologien für die Kundeninteraktion derzeit nicht derart massiv eingesetzt werden, dass dieser Aspekt hätte vertieft werden müssen. Es ist jedoch denkbar, dass sich dies künftig ändert.

9.4.6 Separate Integrationsinfrastrukturen für unterschiedliche Informationsbedürfnisse

Die Fallstudien ZKB und Credit Suisse zeigen verschiedene Integrationsinfrastrukturen, welche letztlich der Abbildung verschiedener Arten von Integrationsmustern dienen. Anhand der Infrastrukturen können unterschiedliche Integrationsbedürfnisse gebündelt werden, beispielsweise die Datenintegration, die Abwicklung von Funktions- oder Objektaufrufen oder die Integration auf Basis von Messages. Partiell können, wie dies die Fallstudien zum Teil auch zeigen, nebeneinander unterschiedliche Integrationsinfrastrukturen existieren. Dies können etwa Infrastrukturen für die lose oder enge Kopplung sein. Für die lose Kopplung können es Messaging-Infrastrukturen sein. Für die enge Kopplung können es etwa Infrastrukturen für die Funktions- oder Objektaufrufe sein. Auch sind Infrastrukturen für die Datenintegration denkbar. Dies ist eine nicht funktions- oder verrichtungsorientierte Möglichkeit der Dekomposition und Modularisierung von Integrationsbedürfnissen in grösseren Architekturen. Auch dadurch kann eine Komplexitätsreduktion erreicht werden. Die Fallstudien zeigen u.a. auch, dass aufgrund der Integrationsfälle, die wiederum aus der Menge der zu integrierenden Systeme und deren Schnittstellen zueinander abgeleitet werden können, unterschiedliche Möglichkeiten für Infrastrukturen möglich sind. Es können Infrastrukturen für gemischte Integrationsanforderungen aufgebaut werden (Beispiel sunrise). Es können aber auch Infrastrukturen für bestimmte Integrationsanforderungen aufgebaut werden (Credit Suisse mit verschiedenen Bus-Architekturen oder ZKB mit unterschiedlichen Hub&Spoke-Architekturen). Wesentlich hierfür ist jedoch die zusätzliche Komplexitätsreduktion oder -steigerung, die sich durch das zusätzliche Management von separaten Infrastrukturen neben den bereits erwähnten Architekturebenen ergibt.

9.4.7 CRM-Integration und Serviceorientierung

Zum Thema der Serviceorientierung ist aus der Sicht der Fallstudien anzumerken, dass Serviceorientierung im Sinne der SOA insbesondere bei Unternehmen anzutreffen ist, welche eine sehr heterogene Systemlandschaft haben, etwa aufgrund von Buy-before-Make-Strategien. Diese haben entsprechende Integrationsleistungen selber zu erbringen, dafür werden heute vielfach SOAs konzipiert. Ein weiterer Faktor, der zur Attraktivität der SOA beiträgt, ist die Anzahl und der Grad der Legacy-Systeme und deren Ersetzbarkeit unter Investitionsgesichtspunkten.

Integrationslösungen von Unternehmen mit ausgeprägten Architekturabteilungen sind gelegentlich denjenigen ähnlich, die auch Anbieter integrierter Gesamtlösungen im Anwendungssystembereich bereitstellen, etwa SAP oder Oracle. Insbesondere SAP bot früher keine offenen Integrationsmöglichkeiten für ihre Systeme an. Diese waren faktisch „hinter den Applikationen versteckt". Die Integration erfolgte in der Regel gegen Beratungshonorare nur durch SAP-Berater oder SAP-Implementierungspartner (oder seltener unabhängigen Integratoren). Unterdessen ist feststellbar, dass auch SAP ein mehr oder weniger offenes Integrationsrahmenwerk anbietet. Es handelt sich um das Produkt Netweaver. Dies kann für Unternehmen mit einer heterogenen Architektur und einem heterogenen Einsatz von Informationssystemen attraktiv sein, z.B. gewisse SAP-Applikationen im Sinne von Services mit SAP-fremden Applikationen zu integrieren.

Im Gegensatz zu Unternehmen mit einer Best-of-Breed-Strategie in der IT ermöglicht es jedoch der Einsatz einer integrierten Lösung, von Überlegungen der Softwareanbieter in diesem Bereich zu profitieren, die das Unternehmen ansonsten im Sinne des Architekturaufbaus selber machen müsste. In diesem Zusammenhang fällt es nicht einfach, eine vollständige Auflistung der Trade-Off-Entscheide aufzuführen, die die Integration definieren. Ziele oder Kriterien dafür können, wie dies in dieser Arbeit mehrfach thematisiert wurde, Effektivitätssteigerungen oder Effizienzsteigerungen sein, die wiederum vor dem Hintergrund von Kosteneinsparungen oder Mehreinnahmen zu sehen sind. Allerdings ist für die in den Fallstudien untersuchten Firmen anzumerken, dass keines eine vollständig von einem Anbieter entwickelte integrierte Lösung einsetzt.

10 Zusammenfassung und Ausblick

10.1 Zusammenfassung

Die Zielsetzung dieser Arbeit lag in der Aufarbeitung sowie der Darstellung von Grundlagen und Gestaltungsmöglichkeiten der Integration von CRM-Systemen in Anwendungsumgebungen. Weiter war es ein Ziel dieser Arbeit, an ausgewählten Fallstudien die in der Theorie erarbeiteten Integrationssachverhalte am praktischen Beispiel zu erläutern, zu studieren und zu überprüfen, wie weit die Integrationsanforderungen, die aus den theoretischen Integrationsmodellen abgeleitet werden konnten, in den untersuchten Unternehmen auch realisiert wurden.

Im Folgenden sollen wichtige Erkenntnisse aus den verschiedenen Kapiteln dieser Arbeit zusammengefasst werden.

Kommunikationstheoretische Aspekte sind, das zeigte sich am Motto dieser Arbeit, in der Theorie sowie in den Fallstudien, für das Kundenbeziehungsmanagement sehr wichtig. Dies ist bezüglich der erforderlichen CRM-Integrationsanstrengungen insbesondere bezüglich des Informationsaustauschs vor, während und nach Transaktionen der Fall. Die Kommunikation an der Grenze zwischen Kunden und Markt ist ein Mittel für das langfristige Fortbestehen des Unternehmens. Erst Kommunikation ermöglicht die Koordination der unternehmensinternen Prozesse im Hinblick auf die Bedürfnisbefriedigung des Kunden. So gesehen überbrückt die Kommunikation die Kluft zwischen Kunden und unternehmerischen Prozessen zu deren Bedürfnisbefriedigung. Eine Voraussetzung für effizientes und effektives Kundenbeziehungsmanagement stellt dabei die Integration der in den letzten Jahren zunehmend aufkommenden stationären und mobilen elektronischen Kommunikationsmedien dar. Dabei geht es nicht einfach um deren Integration miteinander, sondern auch um die Integration mit den unternehmensinternen Beziehungs- und Erfüllungsprozessen.

Mit den Erläuterungen zum systemtheoretischen Ansatz konnten die Voraussetzungen dafür geschaffen werden, um Überlegungen zur Komplexität des Einsatzes von Organisationseinheiten, Prozessen, Systemen und Systemkomponenten und deren Auswirkungen auf die Gesamtarchitektur im CRM-Umfeld machen zu können. So gesehen bildet die Systemtheorie die Grundlage für das Verständnis der Komplexität des Zusammenspiels verschiedener betriebswirtschaftlicher[545] und technischer Komponenten des CRM bis hin zu deren Einflüssen auf die Architekturgestaltung der

---

[545] Dies umfasst: unterschiedliche organisatorische Einheiten, welche unterschiedliche IT-Systeme nutzen; die Komplexität der Abbildung der Marktbearbeitung in Informationssystemen; die Komplexität und Modularisierung von IT-Systemen in Abhängigkeit zur IT-Architektur-Komplexität und deren Management, etc.

Unternehmen. Für das Management der betriebswirtschaftlichen Aspekte des unsicheren Kundenverhaltens wurde das Konzept des Regelkreises eingeführt, das als wichtiges Konzept für das Management der Marktbearbeitung und dessen Abbildung in Informationssystemen betrachtet werden kann. Später in der Arbeit wird der Gedanken des Regelkreises in einen Zusammenhang mit der Marktbearbeitung gebracht und dort als Regelkreis der Marktbearbeitung bezeichnet.

In den Grundlagen der CRM-Theorie konnte dargestellt werden, dass die Aufteilung in Kommunikationsaufgaben und in Aufgaben der Auftragsabwicklung unterschiedliche Systeme erforderlich machen, für die auch unterschiedliche Gestaltungsparameter erforderlich sind. Zudem konnte anhand eines Kommunikationsmodells der Zusammenhang zwischen Kundenkommunikationsprozessen und Kommunikationsmedien dargestellt werden, welcher indirekt auf einen Zusammenhang zwischen den eigentlichen Marktbearbeitungsprozessen, deren Steuerung und der erforderlichen Medienintegration hinweist.

Im weiteren Sinne zu den Grundlagen des CRM gehört, um die Integration und die entsprechenden Integrationsanforderungen besser verstehen zu können, die detaillierte Darstellung der Funktionalität der CRM-Komponenten. Dabei wird im dafür bereitgestellten Kapitel im Detail aufgeführt, dass unterschiedliche und vielfältig interdependente Integrationsanforderungen zu berücksichtigen sind. Für die theoretische Synthese der Integrationssachverhalte wurde ersichtlich, dass dafür ein theoretisches Integrationsmodell definiert werden musste. Dieses muss, so die Anforderung, aus Systemsicht mehrere Ebenen ansprechen können, die im CRM-Integrationsmodell aus Vereinfachungsgründen aber nicht auch implementiert werden konnten:

- Organisationseinheiten, welche die entsprechenden Komponenten nutzen: Dabei kann es sich beispielsweise um Marketingeinheiten handeln, welche Datenanalysen oder Kampagnenabwicklungen zu tätigen haben.

- Prozesse, welche innerhalb der Komponenten oder über die Komponenten hinweg abzulaufen haben: Dabei kann es sich beispielsweise um operative CRM-Prozesse oder voneinander abhängige CRM- und ERP-Prozesse handeln. Es kann sich dabei aber auch um Supportprozesse wie Datenbereitstellungs- und Datenanalyseprozesse handeln sowie um strategische Programme, die wiederum die Integration von analytischem und operativem CRM etwa im Rahmen des Regelkreises der Marktbearbeitung determinieren.

- IT-Systeme, die idealerweise über das Konzept einer Gesamtarchitektur miteinander zu integrieren sind: Hier geht es um die rein technische Integration der verschiedenen Komponenten miteinander und um die Definition von Informationsinfrastrukturen und Integrationsarten, etc.

In Kapitel 4 wurde ein CRM-Integrationsmodell erarbeitet. Darin wurden, ausgehend von zuvor beschriebenen und für das CRM relevanten Aufgabenbereichen und entsprechender IT-Komponenten, komponenteninterne sowie komponentenübergreifende Integrationssachverhalte dargestellt. Für die entsprechenden Integrationsfälle sind unterschiedliche technische Realisierungen denkbar. Darauf wird im entsprechenden Kapitel noch nicht im Detail eingegangen. Die technischen Realisierungen gelangten, in unterschiedlichem Detaillierungsgrad, erst im darauffolgenden Kapitel 5 zur Darstellung.

Auf Integrationsarchitekturen, -infrastrukturen sowie -techniken wird im Sinne von Grundlagen im Kapitel 5 eingegangen. Diese Darstellungen schienen insbesondere deshalb wichtig, weil in den Fallstudien teilweise technische Details rund um IT-Architekturen, -Infrastrukturen und Integrationstechniken zur Sprache kommen. Ein Verständnis dieser Sachverhalte ist durch die in diesem Kapitel gemachten Aussagen eher gegeben.

Der eigentliche empirische Teil der Arbeit setzt sich aus den Kapiteln 6 bis 1 zusammen. Das Kapitel 6 bietet die methodischen Grundlagen, auf Basis derer die Fallstudien erhoben wurden. Die Fallstudienforschung wurde wegen der Komplexität des Untersuchungsgegenstandes gewählt. Es wurden unterschiedliche Interviews mit unterschiedlichen Rolleninhabern der Unternehmen Credit Suisse, sunrise, UBS und ZKB durchgeführt. Zur Objektivierung der Resultate wurden verschiedene Aspekte der Triangulation berücksichtigt, die im entsprechenden Kapitel 6.3.2 dargestellt werden; d.h, dass der Untersuchungsgegenstand aus unterschiedlichen Perspektiven – mehrere Personen waren beteiligt – und mit unterschiedlichen Methoden – es wurde z.B. Desk Research und Interviews, sowie in einem Fall auch auf Beobachtung gesetzt – untersucht wird. Eine Darstellung der vier Fallstudien erfolgte danach in relativ grosser Breite, aber partiell auch in grosser Tiefe. Schwerpunkte der Untersuchungen lagen auf der betriebswirtschaftlichen und technischen Realisierung der verschiedenen Aspekte rund um das CRM-Integrationsmodell. Teilkonzepte der Untersuchung betrafen: die Überprüfung der Implementierung des Regelkreises der Marktbearbeitung, die Schliessung des CBCs, die Multi-Channel-Integration sowie die Integration der Wertschöpfungskette.

Im Auswertungskapitel nach der Darstellung der Fallstudien wurde zuerst ein tabellarischer Vergleich der Fallstudien gemacht. Dieser zeigte unter anderem, dass die CRM-Integrationsfrage immer auch in Relation zur IT-Strategie des Unternehmens zu sehen ist oder umgekehrt, dass die IT-Strategie auch die Integration von Organisations- und Prozessaspekten beeinflusst. Die weitergehende Auswertung der Fallstudien bezüglich der Integration des Regelkreises der Marktbearbeitung, der Integration des CBCs und bezüglich der Multi-Channel-Integration sowie der Wertschöpfungsintegration ergaben die folgenden Schlussfolgerungen:

- Die Integration des CBCs als Prozessintegration, die eine Voraussetzung für die Ermöglichung der Integration des Regelkreises der Marktbearbeitung zu Steuerungszwecken darstellt, erfolgt etwa in Abhängigkeit vom Wettbewerb einer Branche, in Abhängigkeit von der Kundenstruktur oder des Kundenportfolios und in Abhängigkeit von Skaleneffekten in unterschiedlich starkem Masse. Die Schliessung und Integration steht insbesondere zwischen Marketing- und Verkaufsprozessen im Vordergrund, wie die Fallstudien zeigten. Hier wartet jedoch noch viel Arbeit auf die betrachteten Unternehmen, um auch After-Sales-Service-Prozesse vollumfänglich in die Regelkreisbetrachtung zu integrieren.

- Die Schliessung des Regelkreises der Marktbearbeitung zur Steuerung des Kundenbeziehungsmanagements, so zeigte sich in den Fallstudien, ist wichtig für die Effizienz- und Effektivitätssteuerung der Marktbearbeitung über alle Kundenprozesse und -kanäle hinweg. Insbesondere geht es innerhalb des Regelkreises der Marktbearbeitung darum, auf Basis von harten Kundendaten einerseits das Kundenverhalten reaktiv nachvollziehen zu können und andererseits proaktiv zu gestalten. Derart muss das Unternehmen versuchen, eindeutiger erkennen zu können, welchen Beitrag operative CRM-Prozesse zur Wirkung des Kundenbeziehungsmanagements insgesamt leisten. Anhand der Fallstudien konnte weiter dargestellt werden, dass die Wettbewerbsintensität einen starken Einfluss auf die Enge der Integration von analytischem und operativem CRM haben. In den Fallstudien zeigte sich auch, dass oft Daten von Back-Office-Systemen für die Schliessung des Regelkreises der Marktbearbeitung erforderlich sind. Die Gründe dafür liegen einerseits bei den im Einsatz stehenden Altsystemen, die schwierig zu integrieren sind. Andererseits können Aktionen gegenüber Kunden direkt über Kontaktmedien abgewickelt werden, für die keine Dokumentation der Aktion und der Reaktion im operativen CRM erfolgt, jedoch Nutzungsdaten in Back-Office-Systemen vorhanden sind.

- Die Integration des CBCs steht für die betrachteten Unternehmen nicht so sehr im Vordergrund, wie dies hätte angenommen werden können. Dies mag unter anderem damit zusammenhängen, dass das Konzept teilweise mehr von operativem als von strategischem Interesse ist oder nur in Zusammenhang mit der Multi-Channel-Integration gesehen werden kann, wie dies in den entsprechenden

Vergleichen deutlich wurde. Ein Grund für die geringe Resonanz mag jedoch auch in der Komplexität liegen, die eine standardisierte Bereitstellung von CRM-Prozessen über unterschiedliche Kontaktpunkte und -medien mit sich bringt. Es scheint unsicher, ob diese Standardisierung wirklich erwünscht ist und einen Mehrwert für das Integrationsproblem bringt.

- Die Multi-Channel-Integration, so zeigte sich an den untersuchten Unternehmen, ist unterschiedlich weit fortgeschritten. In keiner der Fallstudien war eine vollständig integrierte Multi-Channel-Plattfom ersichtlich. Jedoch wurden ein oder zwei Projekte zur Erreichung der Multi-Channel-Integration erwähnt und teilweise auch dargestellt. In den meisten Fällen erfolgte ein Mix aus einem Aufbau von Integrationsinfrastrukturen. Einerseits umfasst dies die Integration von CRM-Prozessapplikationen für ganz bestimmte Kontaktmedien (Stovepipe-Architekturen). Andererseits werden bei vielen Altsystemen auch heute noch Datenreplikationen und -integrationen in DWHs eingesetzt, um einen umfassenden Überblick über das Kundenverhalten über alle vom Unternehmen eingesetzten direkten Kommunikationsmedien zu erreichen. Letzteres, so zeigte sich, kann auch bei einer grossen Anzahl an Legacy- oder Altapplikationen erforderlich sein.

- Die Untersuchung der Wertschöpfungsintegration an den Fallstudien ergab, dass die Integration von Medien, operativen CRM-Komponenten und Back-Office-Komponenten wesentlich ist. Eine Integration hat etwa zu Zwecken des Informationsabrufs oder zur Weitergabe von Transaktionsdaten bidirektional zu erfolgen. Zudem konnte dargestellt werden, dass die Kundenbeziehung die Integration der Wertschöpfungskette, ausgehend von den Geschäftsvorfällen an den Kontaktpunkten, determiniert.

Ein letztes Hauptkapitel zeigte im Sinne einer Synthese unterschiedliche Aspekte auf, die sich aus der Kombination von Theorie und Praxis ergaben. So konnte im Detail auf Einzelaspekte rund um das Management von Architekturen im Umfeld des CRM eingegangen werden. Hier zeigten sich Architekturansätze, welche vom Konzept der SOA ausgingen, bis zu Architekturen, welche Komponenten-basiert aufgebaut und darüber hinaus nach Vertriebs- und Produktions- oder Leistungserstellungsarchitektur gegliedert sind. Dieser Sachverhalt kann für die Finanzdienstleister mit dem Aufbau von Vertriebs- und Produktionsbank-Architekturen bezeichnet werden. Am Anfang dieser Arbeit wurde dieser Sachverhalt ausserdem mit der Unterscheidung in Front- und Back-Office-Systeme umschrieben. Ausserdem konnten im Kapitel unterschiedliche Formen der organisatorischen Implementierung von Integrationsaufgaben geschildert werden. Diese können auf die Effizienz und die Effektivität der Integration einen entscheidenden Einfluss haben. Die richtige organisatorische Verankerung der

Integrationsaufgabe kann einen massiven Einfluss auf die konsistente unternehmensweite Architektur haben. Durch die adäquat zentralisierte organisatorische Implementierung der Architektur- und Integrationsaufgaben können z.b. Reuse-Potenziale besser nutzbar gemacht werden. Zudem stellte sich anhand der Fallstudien heraus, dass die Änderungsbedürfnisse in Front-Office-Systemen teilweise massiv höher waren als in Back-Office-Systemen. Gerade auch deshalb kann eine systematische und standardisierte Bereitstellung von Integrationsservices unternehmensweit für Effizienz- und Effektivitätsvorteile der betriebswirtschaftlichen Abteilungen, insbesondere auch im Front Office, führen.

Ebenfalls ergaben sich am Schluss dieses letzten Kapitels, neben Hinweisen auf die Wertschöpfungsintegration, die Darstellung und Modularisierung derselben in architektonischen Modellen sowie die organisatorische Verankerung der Integrationsaufgabe, auch abschliessende Bemerkungen und Systematisierungen der Integrationsaufgaben aus Front-Office-Sicht sowie eine mögliche Darstellung von Determinanten, welche die entsprechenden Integrationsaufgaben im Front Office bestimmen, u.a. gehören dazu Kunde, Markt, Produkt- oder Dienstleistungsarten, etc.

Die Entwicklung der CRM-Integration ist, so zeigte diese Arbeit, noch nicht abgeschlossen. Der Grund liegt unter anderem in deren Komplexität. So sind Kunden, Mitarbeiter, Organisationseinheiten und Informationssysteme sowie Informationssystemarchitekturen von der Integration in gleichem Masse betroffen. Zu einer Komplexitätssteigerung tragen ferner bei:

- Zunehmende Verfeinerung der Integrationsarchitekturen

- Zunehmende Integrationsanforderungen aufgrund immer neuer direkter elektronischer Kommunikationsmedien

- Anforderungen an unterschiedliche dezentrale und zentrale Nutzungsgrade von Front- und Back-Office-Systemen.

Die Bereitstellung von Dienstleistungen ist heute sowohl im Finanzdienstleistungs- wie im Telekommunikationsumfeld, aber auch in anderen Industrien, immer stärker abhängig von der Informationstechnologie. Finanzdienstleistungen sind heute ohne Informations- und Integrationstechnologie gar nicht mehr vorstellbar. Neu ist, dass die elektronisch unterstützte Marktbearbeitung als Technologie immer stärker anerkannt wird. Mit deren Bedeutung nimmt auch die Diskussion der optimalen Integrationsgrade der entsprechenden CRM-Systeme zu.

CRM-Lösungen werden sich weiter entwickeln, genauso wie die Integrationstechnologien. Auch die früheren Investitionen von Siebel (UAN: Universal Application Network)

Zusammenfassung und Ausblick

und SAP (Netweaver) in Integrations-Rahmenwerke zeigen, dass die Entwicklung weiter gehen wird. Allerdings wurde in der Vergangenheit die Fragestellung zur Art des Zusammenspiels zwischen Back- und Front-Office-Systemen nicht immer eindeutig gestellt. Diese Arbeit trägt zur Klärung des Unterschiedes von Front- und Back-Office-Systemen bei. Sie trägt ferner am Rande bei zur Konzeption integrierter und verteilter Front- und Back-Office-Systeme.

Besonders mangelhaft war bis heute die Berücksichtigung konzeptioneller Aspekte beim bidirektionalen Zusammenspiel von operativen und analytischen CRM-Systemen. Dies kann etwa daran festgemacht werden, dass spezialisierte Monografien oder Beiträge entweder analytische Systeme[546] oder operative Systeme[547] wie ERP-, SCM- oder CRM-Systeme behandeln, aber kein Werk sich explizit mit dem Zusammenspiel der beiden Systemarten auseinandersetzt. Auch in Publikationen zum CRM ist das bidirektionale Zusammenspiel von analytischem CRM kein Thema, was sich künftig ändern sollte, weil erst durch dieses bidirektionale Zusammenspiel Effektivitäts- und Effizienzvorteile resultieren. Zur kundenbeziehungsspezifischen Veränderung der Wettbewerbsposition des Unternehmens kann einerseits die Zusammenführung von Aktions- und Reaktionsdaten beitragen und andererseits die Verkürzung der „Time to Market" für Kommunikationsmassnahmen des Unternehmens eine wichtige Rolle spielen. Die „Zusammenschau von analytischen und operativen Systemen" ist insbesondere deshalb erforderlich, weil eine Geschäftsbeziehung mit Kunden grundsätzlich der Unsicherheit unterworfen ist und in dieser Beziehung die Frage der Integration im Hinblick auf die Bekämpfung dieser Unsicherheit von einem Optimum noch weit entfernt scheint. In der Theorie werden analytische und operative Informationssysteme zumeist getrennt diskutiert. Deren „produktives Zusammenspiel" ist aus betriebswirtschaftlicher Sicht jedoch noch selten ein Thema. Hier bringt die Arbeit aus Kundenbeziehungssicht Neues, indem sie dieses Zusammenspiel teilweise auf einem hohen Abstraktionsniveau zu einem der Kernthemen der Untersuchung macht.

Die Arbeit konnte zu Möglichkeiten und Grenzen, die sich mit der Integration von CRM-Systemen in Anwendungssystemumgebungen ergeben, einen Beitrag leisten. Sie zeigte ausserdem auf, welche Potenziale sich spezifisch für das Management von Kundenbeziehungen und generell für die Marktbearbeitung ergeben.

---

[546] Vgl. allgemein zu analytischen Informationssystemen unter vielen anderen Chamoni/-Gluchowski (1999c), Mucksch/Behme (2000b), Von Maur/Winter (2003). Vgl. zum analytischen CRM unter vielen anderen Berry/Linoff (2000), Berson et al. (1995).
[547] Vgl. exemplarisch für viele andere Hippner/Wilde (2004c), Knolmayer et al. (2000), Meyer (2002), Scheer (1991), Schumacher/Meyer (2004).

10.2 Ausblick

Die Integration nimmt im Bereich des Kundenbeziehungsmanagements eine entscheidende Rolle ein. Insofern geht der Verfasser dieser Arbeit davon aus, dass diese Untersuchung möglicherweise der Anfang einer vielleicht umfassenderen Auseinandersetzung mit dem Thema der CRM-Integration darstellt.

Dem Verfasser ist während der Verfertigung der Arbeit klar geworden, dass die einfache Vorstellung „IT follows Business" heute immer weniger als Abhängigkeitsverhältnis nur in einer Richtung zu verstehen ist. Vielmehr ist es ein starkes Beeinflussungsverhältnis in beiden Richtungen. Allerdings haben die Fallstudien im Finanzdienstleistungsbereich auch gezeigt, dass IT-Innovationen im Kontaktpunktbereich von den Kunden nicht genutzt wurden und in der Folge zu hohen Abschreibern Anlass gaben. Informationstechnologie und Integrationssachverhalte sind mit entscheidend für die Effizienz und die Effektivität des Kundenbeziehungsmanagements sowie der Leistungserstellung. Die CRM-Integration ist, das vermochte die vorliegende Arbeit klar zu zeigen, sicher sehr wichtig für das Management von Kundenbeziehungen und dessen Unterstützung mit Informations- und Kommunikationstechnologie.

Aus Sicht der Praxis ist für die Weiterentwicklung der CRM-Systeme und deren Integration viel Zeit erforderlich. Auf der theoretischen Seite ist weitere Forschungsarbeit zu leisten. Die Forschung zur Integration von Anwendungssystemen für das Management von Kundenbeziehungen umfasst ja nicht nur die IT und deren Integration. Die technischen Möglichkeiten ermöglichen aus organisatorischer Sicht vielfältige Kombinationsmöglichkeiten dezentraler und zentraler Organisationsformen zwischen Front- und Back-Office-Einheiten. Jedoch steigt durch die laufende Erweiterung von Kommunikationsmöglichkeiten mit Kunden auch die Komplexität auf organisatorischer, prozessorientierter (Kundenbearbeitungsprozesse) sowie technischer Ebene massiv an. Dieser Komplexität – Marktbearbeitung kann künftig nicht mehr nur als betriebswirtschaftliche Fragestellung betrachtet werden, sondern ist zugleich auch eine technische Fragestellung – ist künftig Rechnung zu tragen. Es sind dafür auf den genannten Ebenen Instrumente zur Bewältigung derselben zu entwickeln, wie sie in den Auswertungen zu den Fallstudien teilweise beschrieben wurden.

Die Weiterentwicklung von CRM-Systemen, -Komponenten und -Integrationsmöglichkeiten hat etwa im Bereich der Contact Center bereits neue Möglichkeiten für ein effizienteres und effektiveres CRM gebracht. Dies wird künftig auch in anderen Bereichen zunehmend der Fall sein. Im Kern scheint es aufgrund der Fallstudien so zu sein, dass die elektronische Unterstützung der Marktbearbeitung derzeit einen

Stand erreicht hat, der erst einmal konsolidiert werden muss. Erstaunlich bleibt, wie spärlich die traditionelle Marketingliteratur die Entwicklungen auf der technischen Seite aufgenommen hat. Viel weiter als bis zu MAIS oder Marketinginformationssystemen geht die Schilderung hier im Wesentlichen nicht. Für die konzeptionelle Zusammenarbeit der operativen prozessorientierten und analysebasierten Marktbearbeitungsinstrumente, wie sie die Technologieseite anbietet, ist auf betriebswirtschaftlicher Ebene konzeptionell noch einiges zu leisten, insbesondere auch deshalb, weil die Marketingwissenschaft erst in ernüchternd rudimentären Ansätzen prozessorientiert denkt. Vom Denken in strategischen CRM-Programmen, in taktischen und operativen Prozessen der Marktbearbeitung scheint die Marketingwissenschaft noch weit entfernt zu sein.

Es ergeben sich durch die integrierte Implementierung von CRM-Applikationen und die Erweiterung der Kontaktpunkte und -medien unter Umständen vielfältigere, effektivere und effizientere Möglichkeiten der Informationsbereitstellung. Eine Erweiterung der Kommunikationsmöglichkeiten stellt nicht nur für die Integration eine Herausforderung dar, sondern auch für Mitarbeiter oder Kunden. Kundenbeziehungen können dadurch persönlicher und bezüglich Kosten, Zeit und Qualität effizienter, aber unter Umständen auch effektiver oder wirksamer gestaltet und abgewickelt werden. Es kann zeitlich kurzfristiger und interaktiver auf das Kundenverhalten reagiert oder gegenüber dem Kunden agiert werden. Auch Zeitaspekte der Informationsbereitstellung an den Kundenkontaktpunkten können durch integrierte Architekturen beziehungsadäquater berücksichtigt werden. Dabei kann sich heraus stellen, dass die Einführung und insbesondere die Integration des Kundenbeziehungsmanagements in Unternehmen aus Wettbewerbssicht entweder ein Differenzierungsmerkmal am Markt darstellen kann, insbesondere wenn an die in dieser Arbeit unterschiedlich thematisierten Integrationsschwerpunkte etwa zwischen, innerhalb und über die Komponenten hinweg erinnert wird. Andererseits kann die Integration von CRM-Anwendungssystemen aus wettbewerbsstrategischer Sicht zu einem Me-Too führen. Derart entspräche die Einführung einer CRM-Lösung und deren Integration – wie dies teilweise im Finanzdienstleistungsbereich dargestellt werden konnte – dem State of the Art der Branche, der im Falle des weiteren Bestehenwollens in einem Markt eine „Conditio sine qua non" darstellt. Beim Telekommunikationsunternehmen war das in einigen Bereichen ähnlich und in bestimmten Bereichen anders. Für Telekommunikationsunternehmen hängt vieles von der Geschichte rund um die Deregulierung ab und ob es sich dabei um ehemalige Monopolanbieter oder neu in den Markt eintretende Unternehmen handelte.

Ein besonders lohnenswertes Feld künftiger Forschung sollte sich auf die Erweiterung und Vertiefung der Transaktionskostentheorie konzentrieren, weil diese im Bereich des Kundenbeziehungsmanagements noch wenig differenziert ist. Insbesondere stellte sich in dieser Arbeit heraus, dass die Transaktionskostentheorie aus betriebswsirtschaftlicher Sicht ein Splittung erfahren sollte, z.B. ein Splitting in Transaktionskosten kommunikationsorientierter und erfüllungsorientierter Art. Zweitens wäre im Erfüllungsbereich ein Unterschied machbar in Transaktionskosten für finanzielle Austausche, logistische Austausche, etc. Da aus organisatorischer Sicht die Austausche von verschiedenen Organisationsbereichen übernommen oder getragen werden, welche entsprechende Prozessowner sind (etwa Front- und Back-Office-Einheiten), liessen sich Kostenzuordnungen relativ einfach machen. Da aus IT-Sicht die entsprechenden Austausche von unterschiedlichen Systemen übernommen werden, sind kostenspezifische Zuordnungen ebenfalls einfach möglich. Nach Picot et al. scheint das Konzept der Transaktionskosten aus betriebswirtschaftlicher Sicht nicht weiter differenziert worden zu sein[548], was für die Verifikation des Nutzens der Marktbearbeitung jedoch wichtig wäre. Insbesondere liessen sich durch die Verfeinerung der Transaktionskostentheorie Verfeinerungen der Kundenwert-basierten Bearbeitung an den Kontaktpunkten erarbeiten. Durch die Implementierung von CRM-Systemen und CRM-Prozesen sind bezüglich Transaktionskosten weitgehend differenziertere Erfassungen möglich und würden viel detailliertere Entscheidungsgrundlagen für die Pflege und Aufrechterhaltung von Kundenbeziehungen bestehen. Auch hat die Integration auf die Höhe der Transaktionskosten je nach Betrachtungsfokus einen grösseren oder geringeren Einfluss, weil dadurch redundante Dateneingaben wegfallen und Front- und Back-Office-Prozesse durchgängig und ohne Medienbrüche abgewickelt werden können. Vertiefende Überlegungen darüber, welche Konsequenzen eine von der Transaktionskostentheorie ausgehende Theorie des Managements von Kundenbeziehungen hat, wären lohnenswert. Insbesondere wäre es interessant, die Theorie zum Kundenwert und zum Management der Customer Equity mit der Transaktionskostentheorie zu verknüpfen und im Verhältnis zueinander zu diskutieren. Ebenfalls lohnenswert wären weitere Untersuchungen darüber, welche Veränderungen sich im Unternehmen bezüglich der Kundenorientierung ergeben, wenn Kundeninformationen nicht nur im Front Office, sondern auch in allen Back-Office-Bereichen umfassend zur Verfügung stehen würden.

Ein weiterer wichtiger und im umfassenden Sinne in der Betriebswirtschaftslehre, d.h. in der Wirtschaftsinformatik (und darin insbesondere im Integrationsbereich) wenig diskutierter Aspekt ist das Phänomen der Zeit. Darunter kann im betriebswirtschaft-

---

[548] Vgl. Picot et al. (2001).

Zusammenfassung und Ausblick 447

lichen Bereich etwa der auf Daten beruhende zeitabhängige Abgleich von Kunden-, Produkt- und Lieferantenlebenszyklen verstanden werden. Im Endeffekt sind die erwähnten Zyklen auch bestimmend für die Entwicklung von Kunden-, Produkt- und Lieferantenportfolios. ERP-Systeme hatten (für die Finanzbuchhaltung und das Controlling) immer schon den Fokus der Dokumentation von Portfolios, etwa an Materialien, an Produkten, an Finanzen, etc. Hier setzt die CRM-Integration quasi noch ein Portfolio hinzu, das Management des Kundenportfolios, das durch entsprechende Bearbeitungen wenn immer möglich in einer positiven Richtung weiter zu entwickeln ist.

Aus der intensiveren Auseinandersetzung mit dem Phänomen Zeit liessen sich – im Kundenbeziehungsmanagement, aber auch allgemein – noch systematischer Integrationsbedürfnisse ableiten. Im CRM ist u.a. das Management von Informationen in der erforderlichen temporalen Ausprägung von hoher Bedeutung. Es gilt dabei für den Kunden oder für den Mitarbeiter im Front Office die richtigen Informationen zur richtigen Zeit am richtigen Ort derart bereit zu stellen, dass ein grösstmöglicher Nutzen für Kunde und Unternehmen aus dem Management der Kundenbeziehung und konkreter aus strategischem und operativem Beziehungsmanagement resultiert. Die Zeit ist zudem, wie auch in Kapitel 9.3.2 verkürzt dargestellt wird, eine wichtige wettbewerbsrelevante Determinante der Integration aus CRM-Sicht. Die Berücksichtigung temporaler Aspekte in der CRM-Integration ist dabei multidimensional und konnte in dieser Arbeit nicht umfassend dargestellt werden. Dies wäre eine eigene Untersuchung wert.

Im Hinblick auf die Bearbeitung des Kunden sind die Art der Information – etwa ein Begriff, ein Satz, ein Zeichen oder eine Segmentkategorisierung – und deren Nutzung von entscheidender Wichtigkeit am Kundenkontaktpunkt. Ebenso wichtig ist die Frage der Datenaggregierung zu Kunden oder die Frage der Datenhistorisierung zur Ermöglichung von Zeitreihenanalysen zur Prognoseableitung, etwa für das Kundenverhalten, sei dies nun für einen Kunden, eine Kundenkategorie oder eine Kundengruppe. Ebenfalls nimmt die Analyse des Kundenverhaltens z.B. auf Basis des Data Mining zur Erstellung von Kundenverhaltensmodellen eine wichtige Rolle ein.

Es ist somit denkbar, dass die Datenbanken von operativen und analytischen CRM-Komponenten je nach Entwicklungen künftig eventuell vereinigt auf einer Datenbank geführt werden. Bereits sehr interessant war die Tatsache, die in den Fallstudien nur am Rand angesprochen wurde, dass in der Finanzdienstleistungsindustrie neue Arten von DWHs diskutiert werden, die der orthodoxen Lehrmeinung zum DWH zuwiderlaufen. In einer neuen Art von DWHs sollen entgegen der Lehrmeinung Daten geladen *und* verändert werden, d.h. z.B. Summen gebildet werden, die sich immer wieder ändern können. Diese Diskussionen stehen in Zusammenhang mit Basel II und der darin geforderten Eigenmittelnachweise für Kredite. Die entsprechenden Daten sind aber nicht zum operativen CRM-System gehörend. Sie sollen deshalb in einem separaten DWH gehalten werden, weil dadurch unterschiedliche Aggregrationen von Daten und auswertungsorientierte Modellierungen von Daten bezüglich Basel II möglich werden, die so auf traditionellen DWHs nicht möglich sind oder in operativen CRM-Systemen aus Performanzgründen nicht auch noch Platz finden. Dies ist auch der Fall, weil die entsprechenden DWHs nicht für Prozessabwicklungen, sondern auswertungsorientiert genutzt werden, was auch eine andere Datenmodellierung erfordert.

Indirekt leistet die Dissertation die Darstellung eines CRM-spezifischen Ziel-Mittel-Konzepts für die interne Integration von CRM-Systemen und deren Integration mit Anwendungsumgebungen. Dies erfolgt letztlich auf Basis des Kundenvermögens (Customer Equity), das mittels Kundengewinnungs-, Cross- und Up-Selling-, Kundenbindungs- und Kundenrückgewinnungs-Programmen ausgehend vom Kundenportfolio direkt oder mittels indirekten Kundenbeziehungsprogrammen beeinflusst werden kann. Allerdings ist ein direkter Zusammenhang zwischen der CRM-Integration und der Entwicklung der Customer Equity schwierig nachzuweisen. Das Ziel-Mittel-Konzept im Rahmen dieser Arbeit erfolgt mittels einer Untergliederung der Zielsetzung von strategischen, taktischen und operativen Managementebenen und deren Zielsetzungen im CRM. Diese Unterscheidung und Klärung ist u.a. eine wesentliche Voraussetzung für die Diskussion des Integrationskonzeptes. Erst so können den strategischen Kundenbeziehungszielen auf den gegebenen Managementebenen adäquat Mittel zugeordnet werden. Ausgehend vom erstellten Integrationskonzept lassen sich die in der Marktbearbeitung unvermeidlichen – bisher aber vielfach verdunkelten oder verschleierten – Fragen rund um Effizienz und Effektivität der Marktbearbeitung einfach thematisieren. Dies lässt sich durch die Integration auf Prozess-, Aufbauorganisations- und Technologie-Ebene wesentlich unterstützen. Eine Effizienzsteigerung kann mehrheitlich angestrebt werden durch die Integration der erwähnten Wertschöpfungskette in Front- und Back-Office. Eine Effektivitätssteigerung ist mehrheitlich möglich durch die Integration von analytischen und operativen CRM-Systemen (Regelkreis der Marktbearbeitung). Ohne vernünftiges Ziel-Mittel-Konzept und ohne prozessorientierte Ausrichtung der Integration ist dies jedoch nicht leistbar. Allerdings sind die Anstrengungen aus Forschungssicht in diesen Bereichen noch zu intensivieren. Ansätze dazu sind u.a. zu finden bei Blattberg et al. oder den Autoren Reinartz und Krafft.[549]

---

[549] Vgl. Blattberg et al. (2001), Reinartz/Krafft (2001), Reinartz et al. (2004), Reinartz et al. (2005).

Am Rande hat diese Arbeit ebenfalls gezeigt, dass, in Anlehnung an Aier/Schönherr, die Integration immer eine organisatorische und eine technische Seite hat, welche eine starke Interdepenz aufweisen. Diese organisatorischen und technischen Seiten, das konnte in den Auswertungen zu Fallstudien und Theorien nachgewiesen werden, können einerseits mittels Modularisierung, aber auch durch die gesamtheitliche Diskussion von Person, Rolle, Stelle sowie Service als kleinste gemeinsame granulare Einheiten anders diskutiert werden als bisher. Diese Zusammenhänge sind künftig in die Untersuchung von Fragen rund um das Management von IT-Architekturen und Unternehmensmodellierungsansätze aufzunehmen. Ausgehend davon sollten ausserdem Forschungsansätze künftig noch integriertere Betrachtungen von Modularisierungskonzepten für BWL- und IT-Aspekte gemeinsam angehen.

Die Schlussfolgerungen aufgrund der Einführung des Systemtheoriekonzeptes im Theoriebereich umfasst die Aufforderung an künftige Forscher, auch dieses Konzept nicht ausser Acht zu lassen und dafür besorgt zu sein, dass die Steuerungsaspekte der Wertschöpfungsaspekte noch stärker in Zusammenhang mit der Integration von Informations- und Steuerungssystemen gesehen werden. Vielleicht noch wesentlicher als die wertschöpfungsorientierte Integration von Informationssystemen ist aber das Verständnis für die integrierte Zusammenarbeit der die Systeme nutzenden Mitarbeiter entlang der Wertschöpfungskette. Es ist hier an eine Weiterentwicklung von Konzepten zu denken, wie sie beispielsweise anhand des Sense-and-Respond-Konzeptes in der Forschung eher am Rande diskutiert werden.[550] Informationstechnologie und Informationsarchitekturen können so bei entsprechenden Integrationsgraden immer mehr als Nervensystem des „Lebewesens Unternehmen" verstanden werden.[551] Dies umfasst aber auch die Möglichkeit, systematisch immer weitere Regelkreise zu definieren, anhand welcher der künftige Geschäftsfortgang und dessen Beeinflussung durch die Wertschöpfungspartner Kunde und Lieferanten immer fokussierter angegangen werden kann. In Analogie zur Metapher des Nervensystems wäre über das Zusammenwirken von Hirn und Aussenstellen des Nervensystems vertiefter nachzudenken und zu überlegen, ob die Analogie auch für die Implementierung von Informationssystemen und deren Integration im Unternehmen im Hinblick auf die Aussengrenzen des Organismus Unternehmen beigezogen werden kann.

Ein weiteres Fazit am Ende dieser Arbeit ist, dass die Integration von Front- und Back-Office-Systemen u.a. ganz neue Freiheitsgrade der räumlichen und zeitlichen Verteiltheit von Aktivitäten im Front Office erlaubt. Derweil Back-Office-Einheiten eine eher zentralere Ausrichtung haben können, kann die Front-Office-Organisation (je nach

---

[550] Vgl. Haeckel (1999).
[551] Vgl. Gates (1999).

Kontaktpunktarten oder je nach Prozessbereich) teilweise eine stark dezentrale Verteilung haben. Entsprechend sind stark zentrale Führungs- oder Management-Center erforderlich, für die wiederum die Implementierung des Regelkreises der Marktbearbeitung für die Führung von dezentralen Organisationseinheiten an den Kontaktpunkten eine immer wichtigere Rolle spielt. Mit der Implementierung des Regelkreises können zudem auch die Freiheitsgrade in der räumlichen oder zeitlichen Gestaltung von Kundenkontaktpunkten sowie der Entgegennahme von Kundengeschäftsvorfällen und entsprechender Outbound-Aktivitäten über unterschiedliche Kontaktmedien erhöht werden.

Ebenfalls hat diese Arbeit gezeigt, dass eine einheitliche Diskussion der Integration aus der Kundenbeziehungsperspektive sinnvoll ist und eindeutig einen noch grösseren Beachtungsgrad finden muss.

Anhänge

Anhang 1: Interviewleitfaden zur Erhebung der Fallstudien

Integrationsebene	Integrationsfragestellung	Untersuchungsfragen zu den Fallstudien
Strategisch	MCM	• Hat Ihr Unternehmen aus Kundenbeziehungssicht eine konsistente Multi-Channel-Architektur abgeleitet?
Strategisch	Regelkreis der Marktbearbeitung	• Ist der Regelkreis der Marktbearbeitung (Closed Loop) zwischen operativem und analytischem CRM geschlossen? Welche Integrationsmechanismen und Schnittstellen werden dafür eingesetzt? • Wie lange dauert es durchschnittlich, bis, ausgehend von der Datenanalyse, eine Aktivität (Marketingkampagne) abgeschlossen ist? • Wie lange dauert es durchschnittlich, bis ausgehend von der initialen Analyse für die Aktivität (Marketingkampagne) die Analyse der Wirksamkeit der Aktivität abgeschlossen ist?
Prozessual	Geschäftsprozessintegration in der Interaktion (Marketing, Verkauf, After Sales Service)	• Bestehen strukturierte Verbindungen zwischen Marketingprozessen (Kampagnen) und Verkaufsprozessen (vorwärts: Leadweitergabe; rückwärts Informationsweitergabe von Daten und Wissen aus Verkauf an Marketing)? • Bestehen Verbindungen zwischen Verkaufsprozessen und After-Sales-Service-Prozessen (etwa Weitergabe von Vertragsdetails und Kundenangaben, oder rückwärts Weitergabe strukturierter Information zum Verkaufserfolg oder für weitere Abschlüsse zuhanden des Marketings als eventueller neuer Lead etc.)?

Prozessual	Geschäftsprozessintegration zwischen Interaktion und Auftragsabwicklung	• Wie integriert (und auf Basis welcher Integrationsmechanismen) läuft die Auftragsabwicklung im Back Office für die folgenden kundeninduzierten Geschäftsprozesse oder -aktivitäten ab?
		  o Billing
		  o Fulfillment
		  o Serviceanfragen zu Billing und Fulfillment
		  o Beschwerdemanagement
		  o Weitere Back-Officeprozesse aus Ihrer Sicht?
		• Existiert eine Integration zwischen Front- und Back-Office-Prozessen? In der Regel handelt es sich dabei um die Integration von CRM- und ERP- oder CRM- und Legacy-Systemen.

Prozessual	Einsatz von Workflow-Technologie	• Wird Workflow-Technologie eingesetzt: ja/nein?
		  o Wenn JA
		    ▪ Im Front Office?
		    ▪ Im Back Office?
		    ▪ Über beide Bereiche?
		  o Wenn NEIN
		    ▪ Gründe?
		• - Was sind allfällige Alternativen für die Abwicklung von Workflows, wenn nicht Workflow-Technologie eingesetzt wird (z.B. Funktionsaufrufe etc.)

Organisation	Zentralisierung versus Dezentralisierung der Interaktion	• Welchen Zentralisierungs- oder Dezentralisierungsgrad hat die Interaktion in Ihrem Unternehmen im Marketingbereich, im Verkaufsbereich oder im After-Sales-Service-Bereich? • Welches sind Gründe für verschiedene Ausprägungsformen?

Abbildung 131: Interviewleitfaden zur Erhebung der Fallstudien – Teil I.

Integrations-ebene	Integrations-fragestellung	Untersuchungsfragen zu den Fallstudien
Technologisch	Workflow-Management-Infrastruktur (Architektur)	• Existiert in Ihrem Unternehmen eine Workflow-Management-Infrastruktur auf Basis von Message Oriented Middleware? • Welche Architekturform haben Sie dabei gewählt, Bus- oder Hub- and Spoke? • ODER: Werden in Ihrem Unternehmen traditionelle Middleware-Lösungen (z.b. mittels RPC, RFC, CORBA etc.) oder EAI-Applikationen eingesetzt?
Technologisch	Datenintegrationsinfrastruktur (Architektur)	• Existiert in Ihrem Unternehmen eine Datenintegrationsinfrastruktur? • Besteht ein DWH (Bestehen Data Marts oder allenfalls ein Operational Datastore mit temporärer Speicherung der Daten)? Wird für die Datenintegration herkömmliche ETL-Technologie eingesetzt oder setzt das Unternehmen eigene Instrumente oder selbst programmierte Mechanismen für die Datenintegration ein? • Welche Architekturform haben Sie für die Datenintegration ins DWH gewählt: P2P-, Bus- oder Hub- and Spoke Architektur? • Welche Quellsysteme liefern Daten an das DWH? • Welche zeitlichen Anforderungen gelten für die Zulieferung von Daten (stündlich, täglich, wöchentlich, monatlich, quartalsweise, jährlich, unregelmäßig oder nach Bedarf)? • Welche Analysemöglichkeiten setzen Sie auf Basis der integrierten Daten ein (Reporting, OLAP, Data Mining)? • Werden konkret Auswertungen auf Basis der drei Auswertungstechnologien zum Management des Kundenportfolios gemacht (Reporting, OLAP oder Data Mining)? • Können Sie den Kundenwert (als Deckungsbeitrag pro Kunde) konkret beziffern (Sie müssen nicht notwendigerweise mit Zahlen antworten, sondern nur mit Ja oder Nein antworten)?

Technologisch	EAI-Architekturen	• Welche EAI-Architekturen werden in Ihrem Unternehmen für welchen Zweck genutzt?
		• Welche Front- und welche Back-Office-Systeme sind konkret daran angeschlossen?
		• Haben die Architekturen aus Ihrer Sicht auf das Kundenbeziehungsmanagement und das Management des Kundenbeziehungsportfolios eine Auswirkung; Ja oder Nein?
		   o Wenn JA, welche?
		   o Wenn NEIN, warum?

Technologisch	CRM-Softwareeinsatz (Make or Buy)	• Setzen Sie Software für das operative Management der Interaktion mit den Kunden in Ihrem Unternehmen ein? Ja/Nein?
		   o Wenn JA:
		      ▪ Erfolgt der Softwareeinsatz im Bereich des Marketings (Kampagnen-Management)?
		      ▪ Erfolgt der Softwareeinsatz im Bereich des Verkaufs (Lead- und Opportunity Management)?
		      ▪ Erfolgt der Softwareeinsatz im Bereich des After Sales Service (Case Handling, Beschwerdeaufnahme und -weiterverarbeitung, etc.)?
		   o Wenn NEIN:
		      ▪ Weshalb?
		• Erfolgt der Softwareeinsatz in allen drei Prozessbereichen (Marketing, Verkauf, After Sales Service) mittels einer Lösung oder werden je separate Lösungen eingesetzt?

Technologisch	ERP-Softwareeinsatz (Make or Buy) oder Einsatz von Legacy-Systemen im Back-Office	• Setzen Sie Software für das operative Auftragsmanagement im Back-Office ein? Ja/Nein
		   o Wenn JA, für welche kundeninduzierten Prozesse?
		      ▪ Billing
		      ▪ Fulfillment
		      ▪ Serviceanfragen zu Billing und Fulfillment
		      ▪ Beschwerdemanagement
		      ▪ Weitere Back-Officeprozesse aus Ihrer Sicht, die mit dem Kunden direkt in einem Zusammenhang stehen?
		   o Wenn NEIN:
		      ▪ Weshalb?

Abbildung 132: Interviewleitfaden zur Erhebung der Fallstudien – Teil II.

Anhänge 453

Anhang 2: sunrise IT-Architektur 2002

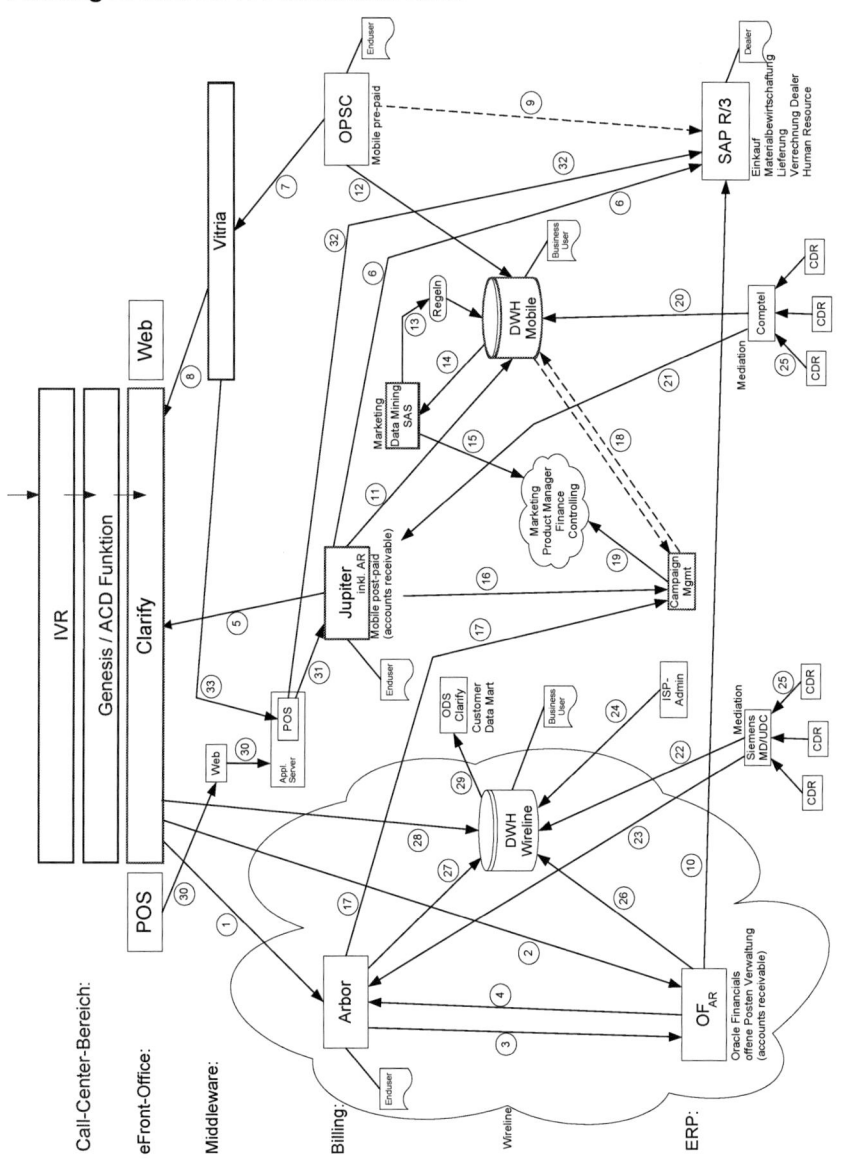

Abbildung 133: Übersicht über die sunrise IT-Architektur 2002.[552]

---

[552] Vgl. Häfner (2002), in Anlehnung an Dursun/Oehri (2001), S. 40.

In der folgenden Abbildung 134 erfolgen Erklärungen zu Komponenten, Prozessen und zum Datenaustausch in der IT-Architektur des Unternehmens sunrise. Die Abbildung 134 stellt damit die Erläuterung zu den Nummerierungen in Abbildung 133 dar.

1	Kundendaten: Name, Adresse
2	Kundendaten: Name, Adresse
3	Die Rechnung ist an den Kunden geschickt worden
4	Die Rechnung wurde vom Kunden bezahlt
5	Upload der Kundendaten alle 24h
6	Zahlungen werden gruppiert übermittelt
7	Pre-paid Daten über Vitria in das Clarify (keine Kundendaten)
8	Pre-paid Daten über Vitria in das Clarify (keine Kundendaten)
9	Zahlungen manuell übertragen
10	Zahlungen werden gruppiert übermittelt
11	Customer Account Subscription (Kundenkonto Beschreibung mit Adressen)
12	Dummy Account Subscription (bei pre-paid gibt es keine Kundendaten)
13	Auftrag von einem Manager mit "Business Objects" an das DWH
14	Ausgewählte Daten für das Marketing aus dem DWH
15	Ausgewertete Daten für Marketing, Produkt Manager, Finance und Controlling
16	Kundendaten: Name, Adresse und Zusatzdaten werden täglich übergeben
17	Kundendaten: Name, Adresse und Zusatzdaten werden täglich übergeben
18	Daten werden individuell von oder zum DWH Mobile übergeben
19	Ausgewertete Daten für Marketing, Produkt Manager, Finance und Controlling
20	CDR (Call-Detail-Record) von Comptel (not rated)
21	CDR (Call-Detail-Record) von Comptel (not rated)
22	CDR (Call-Detail-Record) von Siemens MD/UDC (not rated)
23	CDR (Call-Detail-Record) von Siemens MD/UDC (not rated)
24	Einzige Verbindung zwischen ISP-Admin (Bern) zur sunrise IT-Architektur
25	CDR's von den Switches
26	Bezahlte Rechnungen: Costs, Budget, Invoice, Revenue billed, Revenue booked
27	Nicht bezahlte Rechnungen (rated)
28	Customer Account Subscription, Partner, Product, Addresses, Channel, Marketing Aktivities
29	Operational Data Slave: Daten zum Customer Data Mart
30	Welche post-paid Nummern sind noch frei
31	Update real-time der Kundendaten
32	Ist der Kunde kreditwürdig oder nicht?
33	Es muss überprüft werden ob die pre-paid Nummer frei ist

Abbildung 134: Legende zur sunrise IT-Architektur.[553]

---

[553] Dursun/Oehri (2001), S. 41.

Anhang 3: Straight Through Processing aus Sicht von Credit Suisse Operations

Aufgabengebiet von Credit Suisse Operations

Die Credit Suisse führt zusammen mit der IT in der Abteilung Technology and Operations (TOP) auch einen Bereich Operations. In diesem Bereich geht es um die Abwicklung aller in der Bank anfallenden Verarbeitungsprozesse. Die Credit Suisse hat alles Interesse daran, diesen Bereich weitgehend zu automatisieren und zu standardisieren. Der Bereich Operations steht zudem an der Schnittstelle zwischen Front Office und IT. Er hat, mehr noch als das Front Office, intensiven Kontakt zu Aussenstellen und anderen Firmen, Depotbanken, Börsen, etc.

Organisation CSFS Operations

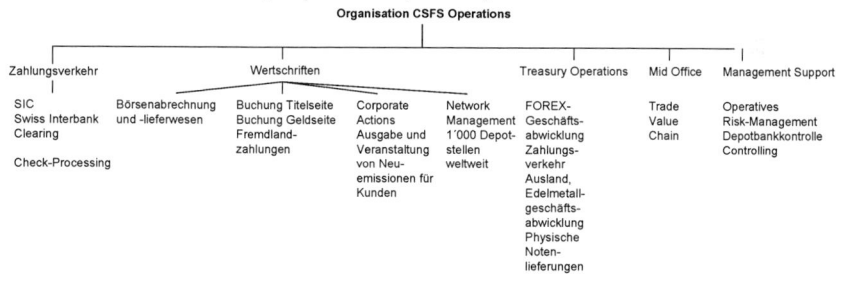

Zahlungsverkehr		Wertschriften			Treasury Operations	Mid Office	Management Support
SIC Swiss Interbank Clearing Check-Processing	Börsenabrechnung und -lieferwesen	Buchung Titelseite Buchung Geldseite Fremdland- zahlungen	Corporate Actions Ausgabe und Veranstaltung von Neu- emissionen für Kunden	Network Management 1'000 Depot- stellen weltweit	FOREX- Geschäfts- abwicklung Zahlungs- verkehr Ausland, Edelmetall- geschäfts- abwicklung Physische Noten- lieferungen	Trade Value Chain	Operatives Risk-Management Depotbankkontrolle Controlling

Abbildung 135: Organisation Credit Suisse Operations.

Im Bereich Zahlungsverkehr bestehen Verbindungen zum Swiss Interbank Clearing (SIC) und zu Stellen für das Check-Processing (kundeninduziert; Vgl. hierzu und zum Folgenden auch Abbildung 135). Im Bereich Börsenabrechnung und Lieferwesen (kundeninduziert) bestehen Verbindungen zu den Bereichen und Systemen wobei die Buchungen auf Titel- und auf Geldseite erfolgen. Auch Zahlungen in andere Länder (oder aus fremden Ländern) erfolgen über diesen Bereich. Weiter erfolgen im Bereich Corporate Actions Aktivitäten von kotierten Firmen, innerhalb der etwa Neuemissionen oder Kapitalerhöhungen erfolgen. Das Network-Management unterhält die Beziehungen zu den ca. 1'000 Depotstellen weltweit, aber auch zur Sega/Intersettle (Wertschriftenhandling Schweiz und Ausland). Innerhalb von Treasury wird der Zahlungsverkehr im Ausland abgewickelt sowie FOREX-Geschäfte getätigt. Auch Edelmetallabwicklungen sowie die physische Notendistribution über ATMs erfolgt über die Abteilung Treasury innerhalb von Operations. Midoffice kümmert sich um die Trade-Value-Chain sowie der Management-Supportbereich um das operative Risk-Controlling, die Depotbankenkontrolle sowie das finanzielle Controlling.

Operations versteht sich zudem als Abteilung, welche die Wertschöpfungskette der Bank betreibt (vgl. dazu Abbildung 136). Die Wertschöpfungskette kennt zwei Seiten, einerseits eine Seite Bank, andererseits die Street Side, die den Markt darstellt. Die bereits erläuterten organisatorischen Einheiten in der Bank haben mehrfache Aussenbeziehungen, die in der Wertschöpfungskette zusammengefasst werden. Es können fünf Prozessbereiche unterschieden werden. Bei den im Folgenden geschilderten Prozessen handelt es sich um unterschiedliche Primärprozesse. Darunter gehören: Kundenprozesse, Prozesse des Trading Room, Prozesse des Mid Office, Prozesse des Back Office sowie Prozesse zur Archivierung. Die Kundenbeziehungsprozesse umfassen im weitesten Sinne die Verkaufsoutputs des Relationship Managers, die innerhalb von Operations umgesetzt werden müssen. Der Verkauf hat zu diesem Zweck Informationssysteme, über die Handel, Zahlungsverkehrsabwicklungen, etc. initialisiert werden können. Dies kann u.a. über das operative CRM-System FrontNet erfolgen.

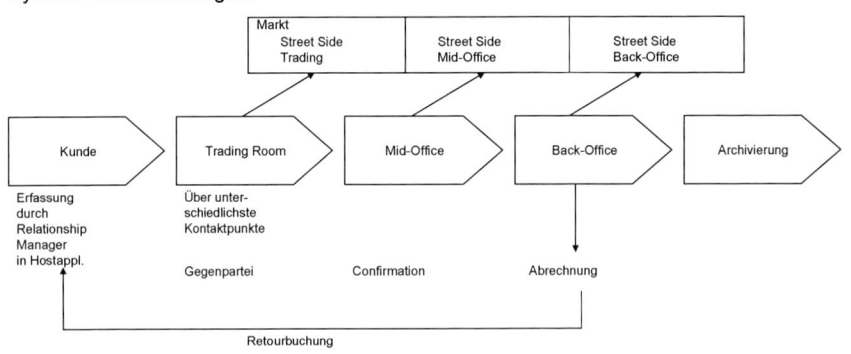

Abbildung 136: Wertschöpfungskette aus der Sicht von Credit Suisse Operations

Nach den Kundenprozessen folgt der Trading Room, in dem in Kontakt mit der Streetside der Handel abgewickelt wird. Das Mid Office bestätigt den Handel und das Back-Office macht die Abrechnung, was wiederum eine Retourbuchung auf der Clientseite bedeutet. Auch Mid Office- und Back Office haben Kontakt mit der Street Side, weil sie ihre Arbeit nur in Zusammenarbeit mit der Gegenseite (Street Side oder Partner) des Handels abwickeln können.

Credit Suisse Operations hat alles Interesse, dass die Kundeninteraktion (sei es über das Internet oder aber über den Relationship Manager) einerseits in einer einheitlichen Form Eingang ins System findet und dass der Kunde soviel wie möglich von den relevanten Aktivitäten aus Sicht der Bank selber übernimmt (Integration des Kunden in die Geschäftsprozesse der Bank). Dies ist nicht zuletzt abhängig von der Gestaltung der GUIs des Kunden oder des Relationship Managers und der dahinter anknüpfenden Prozesse. Dazu müssen die Kundendaten aus den Frontend-Systemen mit den Auftragsdaten elektronisch verknüpft sein. Die Credit Suisse will von manuellen Verarbeitungen von Aufträgen weitestgehend weg kommen und eine einheitliche und automatisierte Verarbeitung der Kundenaufträge erreichen.

Integration und Segmentierung der Back-Office-Prozesse bei Credit Suisse Operations

Zur Erreichung einer vereinheitlichten und automatisierten Verarbeitung der Kundenaufträge wurden die Geschäftsvorfälle und Geschäftsprozesse bei Operations segmentiert und in ein Segment Fabrik, ein Segment Boutique und ein Segment „Externer Auftritt" aufgeteilt, die je Anschluss ans MCM erhielten und teilweise unterschiedliche IT-Schnittstellen erforderlich machten. Es erfolgte im Segment Fabrik eine Vollintegration. Dem Segment Fabrik entsprechen die Prozesse in Abbildung 136 für die unterschiedlichen organisatorischen Bereiche der Abbildung 135 (vgl. dazu Abschnitt weiter unten). Die Abwicklung der darin ablaufenden Prozesse erfolgt voll automatisiert mittels Straigt-Through-Processing (STP) unter der Maxime „Beste Qualität zu realistischem Preis".

Im „Fabrikbereich" wurde eine Wertschöpfungskettensegmentierung vorgenommen in: Kundenbeziehungsmanagement (Interaktion Kunde-Bank: Relationship Manager, Internetauftritt, Datenträgeraustausch), Trading Room (Handel und Abschlüsse über unterschiedlichste Kontaktpunkte, sei es durch den Kunden über das Internet oder durch Relationship Manager in der Bank), Mid Office, Back Office sowie Archivierung. Organisatorisch entsprechen diesen Prozesssegmenten die Bereiche Zahlungsverkehr, Wertschriften, Treasury.[554] Aus Sicht von Operations ist zentral, dass über ein einheitliches MCM eine starke Vereinheitlichung der Frontend-Eingaben erreicht wird. Dies ist unabhängig davon der Fall, ob es sich um Kunden- oder Mitarbeiter Interfaces handelt. Erst so wird eine Vollautomatisierung der Wertschöpfungskette und eine vollständig IT-basierte Abwicklung der Geschäfte erreicht, was Effizienzsteigerungen ermöglicht. Es soll so der Anteil der fabrikmässig und möglichst standardisiert abwickelbaren Back-Office-Geschäftsprozesse und eine Reduktion der Störungen erreicht werden, die manuelle Korrekturen erfordern. Bei Operations wird gar davon gesprochen, neben der Front eigene Kundenbeziehungen zu haben. Dies wird etwa dann erforderlich, wenn Fehler bei der Verarbeitung von in der „Fabrik" abgewickelten

---

[554] Vgl. zu den Prozessbereichen auch die relevanten Domains in der CS-IT-Architektur in Abbildung 74 und Abbildung 75.

Kundenaufträgen auftreten, die entweder direkt bei Operations (Prozessmonitoring) oder aber über den Relationship Manager gemeldet werden.

Die Boutiqe mit semi-standardisierten und nicht fabrikmässig abwickelbaren Geschäftsvorfällen setzt sich zusammen aus dem Bereich Corporate Actions (etwa der Neuemittierung von Wertschriften), aus dem Bereich Steuerrückforderungen sowie aus einem Bereich, in dem weitere individuell abzuwickelnde Geschäfte getätigt werden.

Unter dem Produktionssegment „Externer Aufritt" ist etwa die Zurverfügungstellung der „Fabrik"-Prozesse an Dritte zu verstehen. In gewissen Bereichen der automatisierten Abwicklung von Geschäftsvorfällen werden entsprechende Dienstleistungen auch anderen Banken oder Finanzdienstleister angeboten. Hierzu heisst das Stichworte: „Banking for Banks"; „Deconstructing the Value Chain").

Operations wirkt zum Teil auch bei der Responseerfassung bei Marketingkampagnen mit. Teilweise erfolgt dies beim Ressort CIF (Customer Information File) innerhalb von Operations. Da kein ABC-Costing in der Wertschöpfungskette erfolgt, sondern mittels Umlagen von „Fixed-Unit-Prices" und deren Schlüsselungen gearbeitet wird, dürfte es auch schwierig sein, differenziert Kundenlebenszeitwerte auf Basis von Einzeltransaktionskosten zu berechnen.

Es werden (produktspezifisch) für das Processing bei Operations Workflow-Management-Lösungen eingesetzt (Host-System WS80), für ein Workflow-File etwa im Bereich Handel sind dazu Volumenzahlen, Stichtage und die Zeiterfassung der Mitarbeiter erforderlich. Dazu sind Stückpreise an Volumen zu hängen und diese dem Endabnehmer zu belasten. Das Workflow Management hat sich als extrem komplex erwiesen. Nachteile des Workflow Managements sind etwa Abhängigkeiten im Workflow Netz. Veränderungen an einem Ort können unbeabsichtigte Folgen für andere Organisationsbereiche oder Systeme haben. Dadurch entsteht eine problematische Abhängigkeit vom Know-how von Schlüsselpersonen. Vorteile sind: Beweglichkeit beim Insourcing von Prozessen, klare Anforderungen an Kundenschnittstellen im Front Office für das Back-Office-Processing, Massenverarbeitung möglich, Produktpalette und Vertrieb steuerbar sowie die Vereinfachung von Umzügen interner Stellen oder Abteilungen.

Die Klärung von informationssystemrelevanten Integrationsfragen bei Neuproduktlancierungen erfolgen über ein abteilungsübergreifendes Team: Die Credit Suisse beruft bei Neuproduktlancierungen Teams ein, die unter anderem auch (IT-) Integrationsfragen für komplexe Produkte und deren Processing zwischen Front- und Back-Office definieren. Zu diesen Teams gehören Produktmanager, Steuerspezialisten, Rechtsspezialisten, Verkauf und Marketing, Operations, IT und andere. Das Team löst sich nach dem „Go-to-market" des Produktes wieder auf.

Organisations- und Outsourcingfragen bei Credit Suisse Operations

Das Wertschriftenmanagement und der Prozessbereich Treasury sind für die Schweiz voll in Zürich zentralisiert. Der Zahlungsverkehr erfolgt in vier Bearbeitungszentren: Zürich, Genf, Mendrisio sowie Bern. Die IT-Unterstützung erfolgt über die verteilten Front-Office-Applikationen und deren Überführung über eine Informations- und Event Bus Architektur. Bei den Schwesterfirmen der Credit Suisse im Ausland ist Operations in unterschiedlicher Ausprägung Teil des Geschäfts. Teilweise bestehen im Ausland separate Operations Bereiche, was von der Strategie und der Politik der Firma abhängig ist.

Das Outsourcing von (Back Office-) Prozessen und die technische Unterstützung der Abwicklung von Prozessen ist teilweise abhängig vom Volumen (wie umgekehrt auch für das Insourcing) sowie von der Problematik der Kundendaten (Bankgeheimnis).[555] Ein teilweises Outsourcing wurde geprüft bei der Banknotendistribution sowie im Treasurybereich. Überall wo hingegen scharfe Kundendaten im Spiel sind, ist ein Outsourcing auch nur partiell fast unmöglich, es sei denn, die Transaktionen werden mit Nummern versehen, so dass keine Kunden mehr ersichtlich sind.

---

[555] Bei einer Due Dilligence muss zudem geprüft werden, inwiefern technisches oder prozessuales Know-how etwa nur bei einer Person oder breit gestreut vorhanden ist.

Literaturverzeichnis

Acken, D. v. (1998): Unified Messaging – Zentrales Informationsmanagement, in: HMD 35 (1998) 204, S. 70-75.

Ackermann, T.A.; Nippe, A. (2003): Intelligenz für das Kundenmanagement – Die Zusammenführung von Business-Analyse und CRM-Prozessen bei der Credit Suisse, in: Stadelmann, M.; Wolter, S.; Tomczak, T.; Reinecke, S. (Hrsg.): Customer Relationship Management – 12 CRM-Best Practice-Fallstudien zu Prozessen, Organisation, Mitarbeiterführung und Technologie, Verlag Industrielle Organisation-Orell-Füssli, Zürich, S. 123-149.

Acquisa (ohne Jahr): CRM Guide, auf URL: http://www.acquisa-crm-expo.de/wwwclose/downloads/crm_guide.pdf (Aufruf per 2004-04-09).

Acxiom (2002): Myths and Realities of Customer Information Management and Usage in CRM, auf URL: http://www.acxiom.com/subimages/20092002151156NWU_WP_902.pdf (Aufruf per 2004-04-03; erstellt per 2002-08).

Adriaans, A.; Zantinge, D. (1996): Data Mining, Addison-Wesley – Longman-Publishing, Boston.

Aier, S.; Schönherr, M. (2004a): Flexibilisierung von Organisations- und IT-Architekturen durch EAI, in: Aier, S.; Schönherr, M. (Hrsg.): Enterprise Application Integration – Flexibilisierung komplexer Unternehmensarchitekturen, Gito, Berlin, S. 1-60.

Aier, S.; Schönherr, M. (2004b) (Hrsg.): Enterprise Application Integration – Serviceorientierung und nachhaltige Architekturen, GITO, Berlin.

AIMPublications (2000): Staying Ahead of the CRM Curve, in: CIO Special Supplement zu Customer Relationship Management, S. 3-9, auf URL: http://www.cio.com/sponsors/1100_crm/index.html (Aufruf per 2002-01-06; erstellt per 2000).

Albers, S. (1989): Entscheidungshilfen für den persönlichen Verkauf, Duncker & Humblot, Berlin.

Alonso, G.; Casati, F.; Kuno, H.; Machiraju, V. (2004): Web Services – Concepts, Architectures and Applications, Springer, Berlin et al.

Alt, R.; Österle, H. (2003): Real-time Business, Springer, Berlin et al.

Altman, R. (2001): What are the Three Styles of Application Integration?, Research Note QA-12-6726, Gartner Group 2001-01-02.

Amati, S. (2000): Improving Cross-Border Payments in the Euro Area – EU Working Paper des Europäischen Parlamentes, auf URL: http://www.europarl.eu.int/workingpapers/econ/pdf/123_en.pdf (Aufruf per 2004-09-22; erstellt per 200-06).

Amberg, M. (2004): Basistechnologien von CRM-Systemen, in: Hippner, H.; Wilde, K.D. (Hrsg.): IT-Systeme im CRM – Aufbau und Potenziale, Gabler, Wiesbaden, S. 43-73.

Amberg, M.; Schuhmacher, J. (2002): CRM-Systeme und Basistechnologien, in: Meyer, M. (Hrsg.): CRM-Systeme mit EAI – Konzeption, Implementierung und Evaluation, Vieweg, Braunschweig/Wiesbaden, S. 21-59.

Amherd, B. (2002): Fallstudie Dell Computer (Schweiz) AG, auf URL: http://fileserver.amherd.net/fallstudie_dell.pdf (Aufruf per 2004-09-20; erstellt per 2002-08).

Ansari, A.; Mela, C.; Neslin, S. (2003): Customer Channel Migration, auf URL: http://mba.tuck.dartmouth.edu/pages/faculty/scott.neslin/Channel%20Migration_1.pdf (Aufruf per 2004-09-19; erstellt per 2003-12-23).

Armuelles, R. (2000): Online Help and User Manuals – A Syntactical Analysis using Case Based Reasoning Tools, auf URL: http://www.sts.tu-harburg.de/papers/2000/Armu00.pdf (Aufruf per 2004-11-02; erstellt per 2000).

Arthur Andersen (2001): CRM-Workshop für Betriebskrankenkassen, München, auf URL: http://www.isc-west.de/download/sonstiges/crm_kv2.pdf (Aufruf 2001-11-26).

Bach V., Österle H. (2000): Customer Relationship Management in der Praxis, Erfolgreiche Wege zu kundenzentrierten Lösungen, Springer, Berlin et al.

Backhaus, K. (1997): Relationship-Marketing – Ein neues Paradigma im Marketing?, in: Bruhn, M.; Steffenhagen, H. (Hrsg.): Marktorientierte Unternehmensführung – Reflexionen, Denkanstöße, Perspektiven, Festschrift für H. Meffert, Gabler, Wiesbaden, S. 19-36.

Backhaus, K. (1999): Industriegütermarketing, Vahlen, München.

Backhaus, K. (2003): Industriegütermarketing, Vahlen, München.

Backhaus, K.; Aufderheide, D.; Späth, G.-M. (1994): Marketing für Systemtechnologien, Stuttgart.

Backhaus, K.; Gruner, K. (1998): Epidemie des Zeitwettbewerbs, in: Backhaus, K.; Bonus, H. (Hrsg.): Die Beschleunigungsfalle oder der Triumph der Schildkröte, Schäffer-Poeschel, Stuttgart.

Badura, B. (1971): Sprachbarrieren – Zur Soziologie der Kommunikation, Stuttgart/Bad-Cannstatt.

Badura, B. (1992): Mathematische und soziologische Theorie der Kommunikation, in: Burkart, R.; Hömberg, W. (Hrsg.): Kommunikationstheorien – Ein Textbuch zur Einführung; Studienbücher zur Publizistik- und Kommunikationswissenschaft, Braumüller, Wien, S. 16-22.

Barkhuus, L. (2003): How to Define the Communication Situation: Determining Context Cues in Mobile Telephony, in: Proceedings of Context '03, Stanford.

Bauer, A.; Günzel, H. (Hrsg.) (2001): Data Warehouse Systeme – Architektur, Entwicklung, Anwendung, dpunkt, Heidelberg.

Becker, J. (1991): CIM-Integrationsmodell – Die EDV-gestützte Verbindung betrieblicher Bereiche, Springer, Berlin et al.

Becker, J. (1998): Marketing-Konzeption – Grundlagen des zielstrategischen und operativen Marketing-Managements, Vahlen, München.

Becker, J.; Kahn, D. (2001): Der Prozess im Fokus, in: Becker, J.; Kugeler, M.; Rosemann, M. (Hrsg.): Prozessmanagement – Ein Leitfaden zur prozessorientierten Organisationsgestaltung, Springer, Berlin et al.

Becker, J.; Knackstedt, R. (2002): Prozess- und Informationsmanagement für das CRM, in: Ahlert, D.; Becker, J.; Knackstedt, R.; Wunderlich, M. (Hrsg.): Customer Relationship Management im Handel – Strategien, Konzepte, Erfahrungen, Berlin et al., S. 131-173.

Behme, W.; Holthuis, J.; Mucksch, H. (2000): Umsetzung multidimensionaler Strukturen, in: Mucksch, H.; Behme, W. (Hrsg.): Das Data Warehouse Konzept – Architektur, Datenmodelle, Anwendungen, Gabler, Wiesbaden, S. 215-242.

Belz, C. (1991): Suchfelder im Marketing, Thexis, St. Gallen.

Berry, M.J.A.; Linoff, G.S. (2000): Mastering Data Mining – The Art and Science of Customer Relationship Management, John Wiley & Sons, New York et al.

Berson, A.; Smith, S.; Thearling, K. (1999): Building Data Mining Applications for CRM, McGraw-Hill, New York et al.

Bertalanffy, L.v. (1951). General Systems Theory: A New Approach to the Unity of Science, in: Human Biology. 23 (1951) 12., S. 302-361.

Bertalanffy, L.v. (1972): Vorläufer und Begründer der Systemtheorie, in: Kurzrock, R. (Hrsg.): Systemtheorie, Berlin, S. 17-82.

Bissantz, N.; Hagedorn, J.; Mertens, P. (2000): Data Mining, in: Mucksch, H.; Behme, W. (Hrsg.): Das Data Warehouse-Konzept – Architektur, Datenmodelle, Anwendungen, Gabler, Wiesbaden, S. 377-408.

Blattberg, R., Getz, G., Thomas, J. (2001): Customer Equity – Building and Managing Relationships as Valuable Assets, Harvard Business School Press, Boston.

Blecker, T.; Abdelkafi, N.; Kaluza, B.; Friedrich, G. (2003): Key Metrics System for Variety Steering in Mass Customization, in: Piller, F. T.; Reichwald, R.; Tseng, M. (Hrsg.): Competitive Advantage Trough Customer Interaction: Leading Mass Customization and Personalization from the Emerging State to a Mainstream Business Model, in: Proceedings of the 2nd Interdisciplinary World Congress on Mass Customization and Personalization – MCPC'03, München, October 6-8, 2003, S. 1-27.

Boar, B.H. (1992): Implementing Client/Server Computing: A Strategic Perspective, McGraw-Hill, New York.

Bonoma, T.V. (1985): Case Research in Marketing: Opportunities, Problems, and a Process, in: Journal of Marketing Research 22 (1985) 5, S. 199-208.

Böse, B.; Flieger, E. (1999): Call Center – Mittelpunkt der Kundenkommunikation, Vieweg, Braunschweig/Wiesbaden.

Bounsaythip, C.; Rinta-Runsala, E. (2001): Overview of Data Mining – Customer Behavior Modeling, Research Report TTE1-2001-18, VTT Informations Technology, Finland, sowie auf URL: http://www.vtt.fi/datamining/publications/customerprofiling.pdf (Aufruf per 2004-02-22; erstellt per 2001).

Breur, T. (2002): Integration of Analytical CRM in Business Processes: An Application, auf URL: http://www.modelandmine.com/pacwhpaper.htm (Aufruf per 2004-09-14; erstellt per 2002).

Brown, S.A. (2000): Customer Relationship Management – A Strategic Imperative in the World of e-Business, PriceWaterhouseCoopers/John Wiley, Toronto et al.

Bruhn, M. (1997): Hyperwettbewerb – Merkmale, treibende Kräfte und Management einer neuen Wettbewerbsdimension, in: Die Unternehmung 51 (1997), S. 339-357.

Bruhn, M. (1999): Kundenorientierung, dtv, München.

Bruhn, M. (2001): Relationship Marketing, Vahlen, München.

Buck-Emden, R. (2002): my SAP CRM, Galileo, Bonn.

Buck-Emden, R.; Zencke, P. (2004): mySAP CRM – Kundenbezogene Geschäftsprozesse mit SAP CRM 4.0, Galileo, Bonn.

Burkart, R. (1998): Kommunikationswissenschaft – Grundlagen und Problemfelder, Umrisse einer interdisziplinären Sozialwissenschaft, böhlau, Wien et al.

Butscher, S. (1998): Handbuch Kundenbindungsprogramme und Kundenclubs, IM Fachverlag, Ettlingen.

Caspritz, K. (2001): Risikominimierung einer Outsourcingentscheidung, in: Marighetti, L.P.; Jasny, R.; Herrmann, A.; Huber, F. (Hrsg.), Management der Wertschöpfungsketten in Banken – Outsourcing, Reengineering und Workflow in der Praxis, Wiesbaden, Seite 91-100.

Chamoni, P.; Gluchowski, P. (1999a): Analytische Informationssysteme – Einordnung und Überblick, in: Chamoni, P.; Gluchowski, P. (Hrsg.): Analytische Informationssysteme – Data Warehouse, On-Line Analytical Processin, Data Mining, Springer, Berlin et al., S. 3-25.

Chamoni, P.; Gluchowski, P. (1999b): Entwicklungslinien und Architekturkonzepte des On-Line Analytical Processing, in: Chamoni, P.; Gluckowski, P. (Hrsg.): Analytische Informationssysteme – Data Warehouse, On-Line Analytical Processing, Data Mining, Springer, Berlin et al., S. 261-280.

Chamoni, P.; Gluchowski, P. (1999c): Analytische Informationssysteme – Data Warehouse, On-Line Analytical Processing, Data Mining, Springer, Berlin et al.

Chamoni, P.; Gluchowski, P. (2000): On-Line Analytical Processing (OLAP), in: Mucksch, H.; Behme, W. (Hrsg.): Das Data Warehouse-Konzept – Architektur, Datenmodelle, Anwendungen, Gabler, Wiesbaden, S. 333-376.

Clabby, J. (2003): Web Services Explained – Solutions and Applications for the Real World, Prentice Hall, Upper Saddle River.

Coase, R.H. (1937): "The Nature of the Firm", in: Economica, 4 (1937), S. 386-405.

Codd, E.F.; Codd, S.B.; Salley, C.T. (1993): Providing OLAP (Online Analytical Processing) to User-analysts: An IT Mandate, auf URL: http://dev.hyperion.com/resource_library/ white_papers/providing_olap_to_user_analysts_0.cfm (Aufruf per 2004-01-23; erstellt per 1993).

Coelho, F.; Easingwood, C. (2003): Multi Channel Structures in Financial Services – A Framework, in: Journal of Financial Services Marketing 8 (2003) 1, S. 22-34.

ComputerWeekly.com (2002): „No Ignoring Integration", auf URL: http://www.computerweekly. com/Article/115815.htm (Aufruf per 2003-12-20).

Cornelsen, J. (2000): Kundenwertanalysen im Beziehungsmarketing – Theoretische Grundlegung und Ergebnisse einer empirischen Studie im Automobilbereich, Nürnberg.

COTS (2001): Middleware Architecture Report – "A Middleware Framework for Delivering Business Services", auf URL: http://www.vita.virginia.gov/docs/ea/MiddlewareArchitectureV1-0-051801.doc (Aufruf per 2004-09-13; erstellt per 2001-05).

Credit Suisse (2002a): Milestones in the history of Credit Suisse Group, auf URL: http://www.credit-suisse.com/en/who_we_are/history.html (Aufruf per 2002-09-25).

Credit Suisse (2002b): Facts & Figures, auf URL: http://www.credit-suisse.ch/de/ourworld/ueberuns/factsfigures/index.html (Aufruf per 2002-09-25).

CRISP (2000): CRISP DM 1.0 – Step-by-Step Data Mining User Guide, SPSS, auf URL: http://www.dm-crisp.org (Aufruf per 2004-02-19).

D'Aveni, R. (1994): Hypercompetition – Managing the Dynamics of Strategic Maneuvering, New York.

De Carli, L.; Lange, M. (2003): sunrise WIN CRM Roadmap to Relevant Customer Communication, Proceedings des Anwenderforums des Insituts für Wirtschaftsinformatik der Universität St. Gallen vom 2003-06-23, St. Gallen, sowie auf URL: http://forum.iwi.unisg.ch/downloads/forum/11/ awf11_deCarli.pdf (Aufruf per 2003-11-02).

Deelmann, P.; Loos, P. (2001): Überlegungen zu E-Business Reifegradmodellen und insbesondere zu ihren Reifeindikatoren, Arbeitspapier Nr. 5 des ISYM – Information System and Management Institut der Technischen Universität Chemnitz, auf URL: http://archiv.tu-chemnitz.de/pub/2001/0106/data/isym_paper_005.pdf (Aufruf per 2002-11-05, erstellt per 2001).

Denzin, N.K. (1970/1978): The Research Act – A Theoretical Introduction to Sociological Methods, McGraw Hill, New York.

Diller, H. (1994): Beziehungsmanagement und Konsumentenforschung, Arbeitspapier Nr. 32, Universität Erlangen-Nürnberg, Betriebswirtschaftliches Institut, Lehrstuhl für Marketing, Erlangen-Nürnberg.

Diller, H. (2001): Beziehungsmarketing im Online-Marketing, Arbeitspapier Nr. 89, Universität Erlangen-Nürnberg, Betriebswirtschaftliches Institut, Lehrstuhl für Marketing, Erlangen-Nürnberg.

Diller, H. (2002): Marktforschung im Zeichen des Beziehungsmarketing: Herausforderungen und Trends, Arbeitspapier Nr. 97, Universität Erlangen-Nürnberg, Betriebswirtschaftliches Institut, Lehrstuhl für Marketing, Erlangen-Nürnberg.

Dittrich, S. (2000): Kundenbindung als Kernaufgabe im Marketing, St. Gallen.

Domenig, M.; Schleich, R. (2003): Kostendruck an der Front: Innovation mit regelbasierten Systemen, auf URL: http://www.finance-forum.com/program/bato/D3_Schleich.pdf (Aufruf per 2004-02-06).

Duden (2001): Deutsches Universalwörterbuch, Herausgeber: Dudenredaktion, Mannheim.

Dursun, F.; Oehri, C. (2001): Customer Relationship Management im After-Sales-Bereich der Firma sunrise für das Produkt Internet, Unveröffentlichte Diplomarbeit an der Zürcher Hochschule Winterthur, Winterthur.

Dwyer, F.R.; Schurr, P.H.; Oh, S. (1987): Developing Buyer-Seller Relationships, in: Journal of Marketing 51 (1987), S. 11-27.

Ebner, M.; Schapner, M. (2003): EAI als Strategischer Ansatz für die Transformation von IT-Architekturen in Unternehmen, Proceedings des EAI-Forums Schweiz 2003, Regensdorf.

Ehr, M. (2000): An Introduction to Messaging Technology, Boulder-Colorado, auf URL: http://www.polarsoft.com/download/whitepapers/whitepaper_messaging.pdf (Aufruf per 2004-02-06).

Eichhorn, W. (1979): Die Begriffe Modell und Theorie in der Wirtschaftswissenschaft, in: Raffée, H.; Abel, B. (Hrsg.): Wissenschaftstheoretische Grundfragen der Wirtschaftswissenschaften, Vahlen, München, S. 60-104.

Eiselin, S. (2004): „'Winterthur' ist Finanzinvestition", in: Tages Anzeiger vom 2004-06-26, Zürich, S. 25.

Eisenhardt, K.M. (1989): Building Theories from Case Study Research, in: Academy of Management Review 14 (1989) 4, S. 532-550.

eJiva (2001): Your Blueprint for Building a Sucessful EAI Solution, auf URL: http://www.ejiva.com/_pdfs/wp_eJivaEAI.pdf (Aufruf per 2001; erstellt per 2001-06-21).

Englbrecht, A.; Hippner, H.; Wilde, K.D. (2004): eCRM – Konzeptionelle Grundlagen und Instrumente zur Unterstützung der Kundenprozesse im Internet, in: Hippner, H.; Wilde, K.D. (Hrsg.): IT-Systeme im CRM – Aufbau und Potenziale, Gabler, Wiesbaden, S. 417-451.

Eversheim, W.; Bochtler, W.; Laufenberg, L. (1995): Simultaneous Engineering – Von der Strategie zur Realisierung – Erfahrungen aus der Industrie für die Industrie, Springer, Heidelberg et al.

Fayyad, U.M.; Piatetsky-Shapiro, G.; Smith, P. (Hrsg.) (1996): From Data Mining to Knowledge Discovery: An Overview, in: Fayyad, U.; Piatetsky-Shapiro, G.; Smyth, P; Uthurusamy, R. (Hrsg.): Advances in Knowledge Discovery and Data Mining, AAAI Press/MIT Press, Menlo Park.

Feldmann, B. (2000): Demand Chain-Planning From Front to Back Office, in: Midrange ERP (2000) 3, ohne Seiten.

Ferstl, O.K.; Sinz, E.J. (2001): Grundlagen der Wirtschaftsinformatik – Band 1, München/Wien.

fifi.org (2004): Dokumentation zu JDBC-Schnittstellen, auf URL: http://www.fifi.org/doc/j2sdk1.3-doc/1.3.1/guide/jdbc/getstart/intro.html (Aufruf per 2004-09-07).

Fliess, S.; Jacob, F. (1996): Customer Integration –Was ändert sich im Marketing? in: Kleinaltenkamp, M.; Fliess, S.; Jacob, F. (1996): Customer Integration – Von der Kundenorientierung zur Kundenintegration, Gabler, Wiesbaden, S. 25-40.

Fochler, K. (2001): Die DV-technologische Integration der Kundenschnittstelle im Unternehmen, in: Link, J. (Hrsg.): Customer Relationship Management – Erfolgreiche Kundenbeziehungen durch integrierte Informationssysteme, Springer, Berlin et al., S. 139-170.

Foss, B.; Henderson, I.; Johnson, P.; Murray, D.; Stone, M. (2002): Managing the Quality and Completeness of Customer Data, auf URL: http://www.qci.co.uk/public_face/Content/December%202002%20-%20Journal%20of%20Database%20Marketing.pdf (Aufruf per 2004-04-03; erstellt per 2002-11-21).

Frawley, W.; Piatetsky-Shapiro, G.; Matheus, C. (1992): Knowledge Discovery in Databases: An Overview, in: AI Magazine (1992) Fall, S. 213-228.

Friederich, M. (2003): Zusammenspiel verschiedener Integrations-Technologien am Beispiel der Zürcher Kantonalbank, Proceedings des EAI-Forums Schweiz vom 2003-10-29, Regensdorf-Zürich.

Friedman, L.G.; Furey, T.R. (2003): The Channel Advantage, Butterworth-Heinemann, Oxford/Woburn.

Gams, M. (2002): Profitable Kunden zurückgewinnen, Redline-Wirtschaft/verlag moderne industrie, München.

Gartner Group (2000a): E-Business Dimension Model: Clarity Beyond the Hype, auf URL: http://www.gartner.com/webletter/intel/article1/article1.html (Aufruf per 2002-01-03; erstellt per 2000).

Gartner Group (2000b): Financial Services: CRM Services and Solutions Market, Gartner Group 2000-08.

Gates, B. (1999): Digitales Business – Wettbewerb im Informationszeitalter, Heyne, München.

Geer, R.; Gross, R. (2001): M-Commerce – Geschäftsmodelle für das mobile Internet, mi – Moderne Industrie, Landsberg/Lech.

Godelmann, L. (2004): Data Warehouse und CRM im Verbund – Closing Loop für eine nachhaltige Betreuung der Credit Suisse Bankkunden, auf URL: http://forum.iwi.unisg.ch/code/de/ symposium/forumAlt/forum13.php (Aufruf per 2004-04-10; erstellt per 2004-03-01).

Gould, A.E. (1999): The EAI Challenge, in: Enterprise Systems Journal 14 (1999) 8, S. 81-84.

Grochla, E. (1968): Die Integration der Datenverarbeitung. Durchführung an Hand eines integrierten Unternehmensmodells, in: Bürotechnik und Automation 9 (1968), S. 108-123.

Grochla, E.; Bischoff, R.; Fezer, U.; Gagsch, S. Garbe, H.; Gillner, R.; Poths, W. (1974): Integrierte Gesamtmodelle der Datenverarbeitung – Entwicklung und Anwendung des Kölner Integrationsmodells (KIM), München-Wien.

Gronover, S. (2003): Multi-Channel-Management – Konzepte, Techniken und Fallbeispiele aus dem Retailbereich der Finanzdienstleistungsbranche, Difo Druck, Bamberg.

Gronover, S.; Kolbe, L.; Österle, H. (2004): Methodisches Vorgehen zur Einführung von CRM, in: Hippner, H.; Wilde, K.D. (Hrsg.): Management von CRM-Projekten – Handlungsempfehlungen und Branchenkonzepte, Gabler, Wiesbaden, S. 13-32.

Gronover, S.; Senger, E.; Riempp, G. (2002): Management multimedialer Kundeninteraktionen – Grundlagen und Entscheidungsunterstützung, in: i-com (2002) 1, sowie auf URL: http://verdi.unisg.ch/org/iwi/iwi_pub.nsf/wwwPublRecentEng/5AC94989597D8C21 C1256E00004C488E/$file/Kundeninteraktionen_sgrese.pdf (Aufruf per 2005-06-23; erstellt per 2002-01).

Grutzeck, M. (2003): Auswahl von CTI- und Call-Center-Software, auf URL: http://www.grutzeck.de/ service/auswahl_CTI.htm [Abruf: 2003-01-08].

Gümbel, H. (2000), Integrating eBusiness with SAP R/3 – A Comparison of Key Vendors, Whitepaper, Strategy Partners International 2000-11, auf URL: http://www.strategypartners.com/IntCRM.pdf (Abruf: 2001-06-10).

Gummesson, E. (1997): Relationship Marketing: Von 4 P zu 30 R, verlag moderne industrie, Landsberg/Lech.

Günter, B.; Helm, S. (Hrsg.) (2001): Kundenwert – Grundlagen – Innovative Konzepte – Praktische Umsetzungen, Gabler, Wiesbaden.

Gutenberg, E. (1984): Betriebswirtschaftslehre Band II – Der Absatz, Springer, Berlin et al.

Haeckel, S.H. (1999): Adaptive Enterprise – Creating and Leading Sense-and-Respond Organizations, Harvard Business School Press, Boston.

Häfner, M. (2003): Rentabilitätsaspekte des Kampagnenmanagement, Unveröffentlichte Lizentiatsarbeit am Institut für Wirtschaftsinformatik der Universität Bern, Bern.

Hagen, C. (2000): Crédit Suisse IT-Architektur – Grundprinzipien und Beispiele, auf URL : http://www.inf.ethz.ch/personal/iks/Other/PDDBS/pdf/Hagen-PDDBS.pdf (Aufruf per 2004-02-06).

Hagen, C. (2002): "EAI@CS - Credit Suisse Integration Architecture, auf URL: http://www.inf.ethz.ch/department/IS/iks/education/EAI/Winter0102/exercice_slides/pres_PDDBS-15-1-2002.pdf (Aufruf per 2003-11-03).

Hagen, C. (2004): Integrationsarchitektur der Credit Suisse, in: Aier, S.; Schönherr, M. (Hrsg.): Enterprise Application Integration – Flexibilisierung komplexer Unternehmensarchitekturen, GITO, Berlin.

Hahne, M. (1999): Logische Datenmodellierung für das Data Warehouse – Bestandteile und Varianten des Star Schemas, in: Chamoni, P.; Gluchowski, P. (Hrsg.): Analytische Informationssysteme: Data Warehouse, On-Line Analytical Processing, Data Mining, Springer, Berlin et al., S. 145-170.

Häkkilä, J.; Mäntyjärvi, J. (2005): Collaboration in Context-Aware Mobile Phone Applications, in: Proceedings of the 38th Hawaii International Conference on System Sciences, sowie auf URL: http://csdl.computer.org/comp/proceedings/hicss/2005/2268/01/22680033a.pdf (Aufruf per 2005-05-31, erstellt 2005).

Hand, D.; Mannila, H.; Smyth P. (2001): Principles of Data Mining, MIT Press, Cambridge-Massachusetts.

Hansen, H.R.; Neumann, G. (2001): Wirtschaftsinformatik I, Lucius & Lucius/UTB, Stuttgart.

Hartmann, A.; Sifonis, J.; Kador, J. (2000): Net Ready: Strategies for Success in the E-conomy, McGraw-Hill, New York.

Hauke, U.; Schuh, A. (2002): Business Scenarios for mySAP Customer Relationship Management, SAP AG, Walldorf.

Heilmann, H. (1989): Integration – Ein zentraler Begriff der Wirtschaftsinformatik im Wandel der Zeit, in: HMD 26 (1989) 150, S. 46-58.

Heim, M. (2002): UBS – Saftige Preiserhöhungen und neue Spesen, Basler Zeitung vom 2002-09-26, S. 17.

Hekanaho, J. (2002): Customer Behavior Modelling, in: Workshop-Proceedings des „Workshop on Smart Adaptive Systems in Finance", eunite – The European Network on Intelligent Technologies for Smart Adaptive Systems, Proceedings des Workshops vom 2002-11-15 in Amsterdam, auf URL: http://www.abo.fi/instut/iamsr/eunite/2002EUNITEWorkshopSASinfinance_report.pdf (Aufruf per 2004-10-04; erstellt per 2002-11-15).

Hellman, K. (2004): From Product- to Customer Oriented Leadership; Managing Customer Portfolios, auf URL: http://www.icmi.fi/White%20Paper%20fall%202004_vol9.pdf (Aufruf per 2005-05-31; erstellt per 2004).

Hewagamage, K.P.; Hirakawa, M.; Ichikawa, T. (1999): Situation-Dependant Metaphor for Personal Multimedia Information, in: International Journal of Software Engineering and Knowledge Engineering 9 (1999) 6, S. 725-743.

Hildebrand, V.G. (1997): Individualisierung als strategische Option der Marktbearbeitung – Determinanten und Erfolgswirkungen kundenindividueller Marketingkonzepte, DUV Deutscher Universitäts-Verlag, Wiesbaden.

Hippner, H. (2004a): CRM – Grundlagen, Ziele und Konzepte, in: Hippner, H.; Wilde, K.D. (Hrsg.): Grundlagen des CRM – Konzepte und Gestaltung, Gabler, Wiesbaden, S. 13-41.

Hippner, H. (2004b): Zur Konzeption von Kundenbeziehungsstrategien, in: Hippner, H.; Wilde, K.D. (Hrsg.): Management von CRM Projekten – Handlungsempfehlungen und Branchenkonzepte, Gabler, Wiesbaden, S. 33-65.

Hippner, H.; Leber, M.; Wilde, K.D. (2004a): Kundeninformationen als Basis des CRM, in: Hippner, H.; Wilde, K.D. (Hrsg.): IT-Systeme im CRM – Aufbau und Potenziale, Gabler, Wiesbaden, S.151-181.

Hippner, H.; Merzenich, M.; Wilde, K.D. (2004b): Analyse und Optimierung kundenbezogener Geschäftsprozesse, in: Hippner, H.; Wilde, K.D. (Hrsg.): Management von CRM Projekten – Handlungsempfehlungen und Branchenkonzepte, Gabler, Wiesbaden, S. 67-104.

Hippner, H.; Merzenich, M.; Wilde, K.D. (2004c): Der Prozess des Data Mining im Marketing, auf URL: http://www.ku-eichstaett.de/Fakultaeten/WWF/Lehrstuehle/WI/Lehre/knd_is/knd_is_lit/Sections/content/Hippner...Der%20Prozess%20des%20Data%20Mining%20im%20Marketing.pdf (Aufruf per 2004-09-20).

Hippner, H.; Rentzmann, R.; Wilde, K.D. (2004d): Aufbau und Funktionalitäten von CRM-Systemen, in: Hippner, H.; Wilde, K.D. (Hrsg.): IT-Systeme im CRM – Aufbau und Potenziale, Gabler, Wiesbaden, S. 13-42.

Hippner, H.; Rentzmann, R.; Wilde, K.D. (2004e): Ein Vorgehensmodell zur Auswahl von CRM-Systemen, in: Hippner, H.; Wilde, K.D. (Hrsg.): IT-Systeme im CRM – Aufbau und Potenziale, Gabler, Wiesbaden, S. 97-119.

Hippner, H.; Wilde, K.D. (2001): Komponenten einer CRM-Lösung, in: Helmke, S.; Dangelmaier, W. (Hrsg.): Effektives Customer Relationship Management – Instrumente – Einführungskonzepte – Organisation, Gabler, Wiesbaden, S. 3-37.

Hippner, H.; Wilde, K.D. (2003): Customer Relationship Management – Strategie und Realisierung, in: Teichmann, R. (Hrsg.): Customer und Shareholder Relationship Management – Erfolgreiche Kunden- und Aktionärsbindung in der Praxis, Springer, Berlin et al., S. 3-52.

Hippner, H.; Wilde, K.D. (Hrsg.) (2004): IT-Systeme im CRM – Aufbau und Potenziale, Gabler, Wiesbaden.

Hippner, H.; Wilde, K.D. (Hrsg.) (2004a): Grundlagen des CRM – Konzepte und Gestaltung, Gabler, Wiesbaden.

Hippner, H.; Wilde, K.D. (Hrsg.) (2004b): Management von CRM Projekten – Handlungsempfehlungen und Branchenkonzepte, Gabler, Wiesbaden.

Hippner, H.; Wilde, K.D. (Hrsg.) (2004c): IT-Systeme im CRM – Aufbau und Potenziale, Gabler, Wiesbaden.

Hirschowitz, A. (2001): Closing the CRM Loop: The 21st Century Marketer's Challenge: Transforming Customer Insight Into Customer Value, in: Journal of Targeting, Mesurement, and Analysis for Marketing 10 (2001) 2. S. 168-178.

Holden, J. (1997): Strategisches Verkaufen mit Power Base Selling: So kommen Sie an die Entscheider ran, Campus Verlag, Frankfurt a./M.-New York.

Holthuis, J. (2000): Grundüberlegungen für die Modellierung einer Data Warehouse-Datenbasis, in: Mucksch, H.; Behme, W. (Hrsg.): Das Data Warehouse Konzept – Architektur, Datenmodelle, Anwendungen, Gabler, Wiesbaden, S. 149-188.

Holtz, H. (1992): Databased Marketing, New York et al.

Holz, S. (1998): Der Kundenclub, IM Fachverlag, Ettlingen.

Homburg, C., Workman, J.P. Jr.; Krohmer, K. (1999). Marketing's Influence Within the Firm', in: Journal of Marketing, 63 (1999) 2, S. 1-17.

Homburg, C.; Sieben, F.G. (2003): Customer Relationship Management (CRM) – Strategische Ausrichtung statt IT-getriebenem Aktivismus, in: Bruhn, M.; Homburg, C. (Hrsg.): Handbuch Kundenbindungsmanagement – Grundlagen – Konzepte – Erfahrungen, Gabler, Wiesbaden, S. 423-450.

Homburg, C.; Workman, J.P.; Jensen, O. (2000): Fundamental Changes in Marketing Organization: The Movement Toward a Customer-Focused Organizational Structure, in: Journal of the Academy of Marketing Science 28 (2000) 4, S. 459-479.

Hönninger, W.; Riehm, R. (2001): Technische Integrationsarchitektur Telefonie für Swisscom Systems AG, Swisscom-internes Arbeitspapier, Biel.

Hophe, G.; Woolf, B. (2004): Enterprise Integration Patterns – Designing, Building, and Deploying Messaging Solutions, Addison-Wesley, Boston et al.

Hovland, C.I.; Janis, Ir.L. (1970): An Overview of Persuasibility Research, in: Serono, K.K.; Mortensen, D.C. (Hrsg.): Foundations of Communication Theory, New York, S. 222-233.

HP (ohne Jahr): Compaq Zero Latency Enterprise, auf URL: http://h71028.www7.hp.com/ ERC/downloads/uploads_casestudy_ZLHOMSECWP.pdf (Aufruf per 2004-09-22).

Huldi, C. (1992): Database-Marketing, Thexis, St. Gallen.

IBM (1996): IBM's Data Mining Technology, auf URL:
http://www.acm.org/sigs/sigmod/disc/
disc99/disc/ibm/datamine.pdf (Aufruf per 2004-02-22; erstellt per 1996).

Ing, D.; Mitchell, A.A. (1994): Point-of-Sale Data in Consumer Goods Marketing: Transforming the Art of Marketing into the Science of Marketing, in: Blattberg et al. (Hrsg.): The Marketing Information Revolution, Harvard Business School Press, Boston, S. 30-57.

Inmon, W. H., Welch, J. D.; Glassey, K.L. (1995): Managing the Data Warehouse, John Wiley, New York.

Inmon, W.H. (1992): Building the Data Warehouse, John Wiley & Sons, New York.

Inmon, W.H. (1993): Building the Data Warehouse, John Wiley & Sons, New York.

Ives, B.; Learmonth, G.P. (1984): The Information System as a Competitive Weapon, in: Communications of the ACM, 27 (1984) 12, S. 1193-1201.

Janson, P.; Heller, T. (2003): Modernes Kundenmanagement im Private-Banking – Die CRM-Arbeitsumgebung „FrontNet" der Credit Suisse, in: Stadelmann, M.; Wolter, S.; Tomczak, T.; Reinecke, S. (Hrsg.): Customer Relationship Management – 12 CRM-Best Practice-Fallstudien zu Prozessen, Organisation, Mitarbeiterführung und Technologie, Verlag Industrielle Organisation – Orell Füssli, Zürich, S. 277-294.

Jeffery, M. (2001): Business Integration with MQ Series Family – An Introduction to Commercial Messaging, IBM, Hursley.

Jick, T.D. (1979): Mixing Qualitative and Quantitative Methods: Triangulation in Action, Administrative Science Quarterly 24 (1979) 12, S. 602-627.

Johnston, M.W.; Marshall, G., W. (2002): Linking Strategies and the Sales Role in the Era of Customer Relationship Management, auf URL: http://highered.mcgraw-hill.com/olc/dl/47458/joh66480_ch03.pdf (Aufruf per: 2002-10-21).

Jung, R. (2003): Datenintegration im Kontext unternehmerischer Strategien und Konzepte – Ein Ansatz zur Spezifikation von Anforderungen, in: Österle, H.; Winter, R. (Hrsg.): Business Engineering, Springer, Berlin et al., S. 305-328.

Kaib, M. (2002): Enterprise Application Integration (EAI) als umfassender Ansatz zur Integration heterogener betrieblicher Anwendungssysteme – Grundlagen, Integrationsprodukte, Anwendungsbeispiele, Dissertation, DUV Deutscher Universitäts-Verlag/Gabler, Wiesbaden.

Kaib, M. (2004): Enterprise Application Integration (EAI) als umfassender Ansatz zur Integration heterogener betrieblicher Anwendungssysteme – Grundlagen, Integrationsprodukte, Anwendungsbeispiele, Dissertation, DUV Deutscher Universitäts-Verlag/Gabler, Wiesbaden.

Kaufmann, S. (2002): Multi Channel Management im Retail Banking – Eine Analyse des Distributionsmanagements und des Kundenverhaltens im Multi Channel Banking, (Noch) nicht veröffentlichte Dissertation am Institut für Wirtschaftsinformatik der Universität Bern, Bern.

Keller, W. (2002): Enterprise Application Integration – Erfahrungen aus der Praxis, dpunkt, Heidelberg.

Kemper, H.-G.; Finger, R. (1999): Datentransformation im Data Warehouse – Konzeptionelle Überlegungen zur Filterung, Harmonisierung, Verdichtung und Anreicherung operativer Datenbestände, in: Chamoni, P.; Gluchowski, P. (Hrsg.): Analytische Informationssysteme – Data Warehouse, On-Line Analytical Processing, Data Mining, Springer, Berlin et al., S. 77–94.

Kemper, H.-G.; Mehanna, W.; Unger, C. (2004): Business Intelligence – Grundlagen und praktische Anwendungen, Vieweg, Braunschweig/Wiesbaden.

Ketterer, K.-H.; Ohmayer, E. (2002): Die Transaktionsbank – Ein Neuer Banktyp entsteht, in: Transfer (2002), S. 7-12, sowie auf URL: http://www.vkw.org/fileadmin/download/transfer/kt29/kt29_Seiten7-12-Transaktionsbank.pdf (Aufruf per 2005-05-14).

Kieliszek, K. (1994): Computer Aided Selling – Unternehemenstypologische Marktanalyse, Deutscher Universitäts-Verlag, Wiesbaden.

Klein, B.; Crawford, R.G.; Alchian, A.A. (1978): Vertical Integration, Appropriable Rents, and the Competitive Contracting Process, in: Journal of Law and Economics, 21 (1978) 2, S. 297-326.

Klein, C. (1998): CTI – Computer-Telephony-Integration, in: Henn, H.; Kruse, J.P.; Strawe, O.V. (Hrsg.): Handbuch Call Center Management, telepublic Verlag, Hannover, S. 335-382.

Kleinaltenkamp, M. (1996): Customer Integration – Kundenintegration als Leitbild für das Business-to-Business-Marketing, in: Kleinaltenkamp, M.; Fliess, S.; Jacob, F. (Hrsg.): Customer Integration – Von der Kundenorientierung zur Kundenintegration, Gabler, Wiesbaden, S. 13-24.

Kloptchenko, A. (2003): Text Mining Based on the Prototype Matching Method, Turku Centre for Computer Science TUCS, Dissertation No. 47, Turku, sowie auf URL: www.tucs.fi/publications/ attachment.php?fname=DISS47.pdf (Aufruf per 2005-08-09).

Knackstedt, R.; Dahlke, B. (2002): Prozessmodellierung und Kundenintegration, in: Meyer, M. (Hrsg.): CRM-Systeme mit EAI – Konzeption, Implementierung und Evaluation, Vieweg, Braunschweig/Wiesbaden, S. 89-115.

Knecht, R. (2003): Application Architecture Framework UBS-WMBB – "Applikatorische Ziellandschaft", Proceedings des Integration Management Day „Enterprise Application Integration" (EAI), Portale und Architekturmanagement, auf URL: http://aim.iwi.unisg.ch/veranstaltungen/integrationDay/downloads/5_Knecht.pdf (Aufruf per 2003-12-10).

Knolmayer, G. (1999): Kundenorientierung, Mass Customization und optimale Variantenvielfalt, in: Grünig, R.; Pasquier, M. (Hrsg.): Strategisches Management und Marketing, Haupt, Bern et al., S. 67-91.

Knolmayer, G.; Mertens, P.; Zeier, A. (2000): Supply Chain Management auf Basis von SAP-Systemen – Perspektiven der Aufrtragsabwicklung für Industriebetriebe, Springer, Berlin et al.

Koeckeis-Stangl, E. (1980): Methoden der Sozialisationsforschung, in: Ulich, D.; Hurrelmann, K. (Hrsg.): Handbuch der Sozialisationsforschung, Beltz, Weinheim, S. 321-370.

Kornelius, L. (1999): Interorganisational Infrastructures for Competitive Advantage, auf URL: http://alexandria.tue.nl/extra3/proefschrift/boeken/9902530.pdf (Aufruf per 2004-10-11; erstellt per 1999).

Kotler, P.; Bliemel, F. (1995): Marketing-Management – Analyse, Planung, Umsetzung und Steuerung, Schäffer-Poeschel, Stuttgart.

Kotler, P.; Bliemel, F. (2001): Marketing-Management – Analyse, Planung, Umsetzung und Steuerung, Schäffer-Poeschel, Stuttgart.

Krafft, M.; Götz, O. (2004): Der Zusammenhang zwischen Kundennähe, Kundenzufriedenheit und Kundenbindung sowie deren Erfolgswirkungen, in: Hippner, H.; Wilde, K.D. (Hrsg.): Grundlagen des CRM – Konzepte und Gestaltung, Gabler, Wiesbaden, S. 265-296.

Krahl, D.; Windheuser, U.; Zick, F.-K. (1998): Data Mining – Einsatz in der Praxis; Bonn.

Krcmar, H. (1990): Bedeutung und Ziele von Informationssystem-Architekturen, in: Wirtschaftsinformatik 32 (1990) 5, S. 395-402.

Krcmar, H. (1991): Integration in der Wirtschaftsinformatik – Aspekte und Tendenzen, in: Jacob, H.; Becker, J.; Krcmar, H. (Hrsg.): Integrierte Informationssysteme, Schriften zur Unternehmensführung (SzU) 1991, Band 41, S. 3-18.

Krcmar, H. (2000): Informationsmanagement, Springer, Berlin et al.

Krcmar, H. (2005): Informationsmanagement, Springer, Berlin et al.

Krüger, S.; Seelmann-Eggebert, J. (2003): IT-Architektur-Engineering – Systemkomplexität bewältigen, Kosten senken, Potenziale freisetzen, Galileo, Bonn.

Kruse, J.P. (1998): Die strategische Bedeutung der Innovation Call Center, in: Henn, H.; Kruse, J.P.; Strawe, O.V. (Hrsg.): Handbuch Call Center Management, telepublic Verlag, Hannover, S. 11-34.

Kurz, A. (1999): Data Warehousing – Enabling Technology, Bonn et al.

Lamnek, S. (1995): Qualitative Sozialforschung – Band 2 Methoden und Techniken, Beltz/Psychologie Verlags Union, Weinheim.

Lange, C. (2002): Customer Relationship Management (eCRM), auf URL: http://www.uni-koblenz.de/~clange/Seminar_eCRM.pdf (Aufruf per 2005-07-22; erstellt per 2002-02).

Langerak, F.; Verhoef, P.C. (2003): Strategically Embedding CRM, in: Business Strategy Review 14 (2003) 4, S. 73-80.

Lettau, H.G. (1992): Grundwissen Marketing, München.

Leu, M. (2004): Contextual Collaboration und Integration bei Community Unterstützung – Contextual Collaboration and Integration for Community Support, auf URL: http://www11.informatik.tu-muenchen.de/publications/pdf/da-leu2004.pdf (Aufruf per 2004-09-17; erstellt per 2004-04-15).

Li, S.; Sun, B.; Wilcox, R.T. (2003): Cross-Selling Sequentially Ordered Products – An Application to Consumer Banking Services, auf URL: http://faculty.darden.virginia.edu/wilcoxr/CrossSelling Sequentially%20ordered.pdf (Aufruf per 2004-09-14; erstellt per 2003).

Ließmann, H. (2000): Schnittstellenorientierung und Middleware-basierte Busarchitekturen als Hilfsmittel zur Integration heterogener betrieblicher Anwendungssysteme, Dissertation, Nürnberg.

Lincke, W. (1995): Simultaneous Engineering – Neue Wege zu überlegenen Produkten, Hanser, München.

Link, J. (2001): Customer Relationship Management, Springer, Berlin.

Link, J. (2003): M-Commerce – Die Stille Revolution hin zum Electronic Aided Acting, in: Link, J. (Hrsg.): Mobile Commerce – Gewinnpotenziale einer stillen Revolution, Springer, Berlin et al.

Link, J.; Hildebrand, K. (1993): Database Marketing und Computer Aided Selling, Vahlen, München.

Linoff, G.S.; Berry, M.J.A. (2001): Mining the Web – Transforming Customer Data into Customer Value, John Wiley & Sons, New York et al.

Linthicum, D.S. (2000): EAI Enterprise Application Integration, Boston et al.

Löwer, U.M. (2003): Verschieben Web Services Unternehmensgrenzen? – Erklärungsansätze zweier Theorien der Unternehmung, Arbeitspapier, auf URL: http://www.iuk.bwl.uni-muenchen.de/~loewer/unternehmensgrenzen_web_services.pdf (Aufruf per 2004-10-20; erstellt per 2003-02-18).

Löwer, U.M. (2004): Management of Web-based Interorganizational Information Systems – Bridging the Gap between EDI Reality and Semantic Web Services Visions, auf URL: http://www.iuk.bwl.uni-muenchen.de/~loewer/loewer_2004_management_of_web-based_interorganizational_information_systems-abstract.pdf (Aufruf per 2004-10-20, erstellt per 2004-02).

Mantel, S.; Knobloch, B.; Rüffer, T.; Schissler, M.; Schmitz, K.; Ferstl, O.K.; Sinz., E.J. (2000): Integrationspotenziale von Kommunikationsplattformen für verteilte Anwendungssysteme, Forschungsbericht des Bayerischen Forschungsverbundes Wirtschaftsinformatik – FORWIN (FWN-2000-009), Bamberg et al.

Marketingportal (ohne Jahr): Definition Closed Loop Marketing, auf URL: http://www.eu-marketingportal.com/crm/glossar.php#Closed%20Loop%20Marketing (Aufruf per 2004-04-09).

Martin, W. (1998a): Data Warehouse, Data Mining und OLAP – Von der Datenquelle zum Informationsverbraucher, in: Martin, W. (Hrsg.): Data Warehousing – Data Mining, OLAP, MITP, Bonn, S. 19-37.

Martin, W. (1998b): Der Data Mining-Prozess, in: Martin, W. (Hrsg.): Data Warehousing – Data Mining – OLAP, mitp-Verlag, Bonn, S. 323-331.

Martin, W. (2002): CRM 2003 – Wieviel CRM muss wirklich sein?, Wolfgang Martin Team-IT-Research, Annecy-Sauerlach, sowie auf URL: http://www.kayenta.de/pdf/crm2003.pdf (Aufruf per 2004-11-07; erstellt per 2002).

Martin, W. (2003): Strategic Bulletin CRM 2004 – Strategisches Kundenbeziehungsmanagement im Echtzeitunternehmen, auf URL: http://www.competence-site.de/crm.nsf/DE7A1BF19085408A C1256DF300486F00/$File/strategic_bulletin_crm_2004.pdf (Aufruf per 2004-10-04; erstellt per 2003).

Mauch, W. (1990): Bessere Kundenkontakte dank Sales Cycle, in: THEXIS 7 (1990) 1, S 15-18.

Maurer, J.G. (1971): Readings in Organization Theory: Open-System Approaches, Random House, New York.

Mayring, P. (2002): Einführung in die qualitative Sozialforschung – Eine Anleitung zu qualitativem Denken, Beltz Verlag, Weinheim/Basel.

McAllister, T.M. (2002): Customer Relationship Management – A Case for e-Business Strategy, auf URL: http://faculty.ed.umuc.edu/~meinkej/inss690/mcallister.pdf (Aufruf per 2005-08-09; erstellt per 2002-03-18).

McIntyre, H. (2000): STP – Some Key Roadblocks and One Solution, auf URL: http://www.soforum.com/library/STProadblocks.shtml (Aufruf per 2004-09-22; erstellt per 2000-04-03).

McIntyre, H. (2002): Straight Through Processing in the Securities Industry, auf URL: http://www.soforum.com/library/HMartSTP.shtml (Aufruf per 2004-09-22; erstellt per 2002-09).

Meffert, H. (1998): Marketing – Grundlagen marktorientierter Unternehmensführung – Konzepte, Instrumente, Praxisbeispiele, Gabler, Wiesbaden.

Melchert, F.; Klesse, M.; Winter, R. (2004): Aligning Process Automation and Business Intelligence to Support Corporate Performance Management, auf URL: http://verdi.unisg.ch/org/iwi/iwi_pub.nsf/wwwPublRecentGer/9B83F2C93EADA9A1C1256EED00605DE8/$file/2004%20-%20Melchert,%20 Winter,%20Klesse%20-%20Aligning%20Process%20Automation%20and%20Business%20Intelligence%20to%20support%20CPM.pdf (Aufruf per 2004-09-22; erstellt per 2004-08).

Mendez, M.; Tizzo, N.; Damassa, L.; Figueiredo, A.; Kamada, A.; Rodrigues, M. (ohne Jahr): Federation of Web Services, auf URL: http://www.inf.pucpcaldas.br/~neil/publicacoes/WSD2003.pdf (Aufruf per 2004-09-13; erstellt per 2003).

Merlo, O.; Whitewell, G.; Lukas, B.A. (2001): Understanding the Crisis of Marketing, auf URL: http://130.195.95.71:8081/WWW/ANZMAC2001/anzmac/AUTHORS/pdfs/Merlo.pdf (Aufruf per 2004-09-15; erstellt per 2001).

Mertens, P. (1966): Die zwischenbetriebliche Kooperation und Integration bei der automatisierten Datenverarbeitung, Meisenheim am Glan.

Mertens, P. (1995): Integrierte Informationsverarbeitung 1 – Administrations- und Dispositionssysteme in der Industrie, Wiesbaden.

Mertens, P. (2000): Integrierte Informationsverarbeitung 1 – Administrations- und Dispositionsysteme in der Industrie, Gabler, Wiesbaden.

Messerschmidt, D.G. (1999): The Prospects for Computing-Communications Convergence, auf URL: http://www.eecs.berkeley.edu/~messer/PAPERS/99/Munich.PDF (Aufruf per 2004-04-12; erstellt per 1999).

META Group (2001): e-Business und Enterprise Application Integration: Der Schlüssel zum e-Erfolg – Eine Analyse der META Group Deutschland GmbH, META Group, München.

Meyer zu Selhausen, H. (2000): Bankinformationssysteme – Eine Bankbetriebswirtschaftslehre mit IT-Schwerpunkt, Schäffer-Poeschel, Stuttgart.

Meyer, M. (2005): Multidisciplinarity of CRM Integration and its Implications, in: Proceedings of the 38th Annual Hawaii International Conference on System Sciences (HICSS'05), sowie auf URL: http://csdl.computer.org/comp/proceedings/hicss/2005/2268/08/22680240c.pdf (Aufruf per 2005-05-31; erstellt 2005).

Michalski, S. (2002): Kundenabwanderungs- und Rückgewinnungsprozesse – Eine theoretische und empirische Untersuchung am Beispiel von Banken, Gabler, Wiesbaden.

Microsoft MSDN Library (2004): What is an API, auf URL: http://msdn.microsoft.com/library/en-us/modcore/html/deovrwhatisapi.asp?frame=true (Aufruf per 2004-09-07).

Miller, R.B.; Heimann, S.E. (1994): Strategisches Verkaufen: Die praxiserprobte Miller-Heimann-Methode, um komplexere Verkaufsvorgänge erfolgreich zu bearbeiten, verlag moderne Industrie, Landsberg/Lech.

Moosmayer, D.; Gronover, S.; Riempp, G. (2001): Vorgehensmodell zur CRM-Einführung, in: HMD 38 (2001) 221, S. 75-86.

Mortaza, B.; Boekhoudt, P.; Boertien, N.; Bijlsma, M.; Fielt, E.; Franken, H.; Goedvolk, E.-J.; Hesselman, C.; Hille, S.; Hulsebosch, B.; Janssen, W.; Koolwaaij, J.; Lankhorst, M.; Peddemors, A.; Luttighuis, P.O.; Poortinga, R.; Van der Stappen, P.; Stefanova, M.; Teeuw, W.; De Vos, H.; Van de Wetering, R. (2001): State of the Art in E-Business Services and Components, auf URL: https://doc.telin.nl/dscgi/ds.py/Get/File-19874 (Aufruf per 2004-09-13; erstellt per 2001-12-01).

Mucksch, H.; Behme, W. (2000a): Das Data Warehouse-Konzept als Basis einer unternehmensweiten Informationslogistik, in: Mucksch, H.; Behme, W. (Hrsg.): Das Data Warehouse-Konzept – Architektur, Datenmodelle, Anwendungen, Gabler, Wiesbaden, S. 3-82.

Mucksch, H.; Behme, W. (Hrsg.) (2000b): Das Data Warehouse-Konzept – Architektur, Datenmodelle, Anwendungen, Gabler, Wiesbaden.

Müller A.; von Thienen, L. (2001): e-Profit – Controlling Instrumente für erfolgreiches e-Business, Freiburg.

Müller, J. (1999): Datenbeschaffung für das Data Warehouse, in: Chamoni, P.; Gluchowski, P. (Hrsg.): Analytische Informationssysteme – Data Warehouse, On-Line Analytical Processing, Data Mining, Springer, Berlin et al., S. 95-118.

Müller-Merbach, H. (1988): Aristoteles & Co – Das Ganze ist mehr als die Summe seiner Teile, in: Technologie & Management, 37 (1988) 3, S. 51-53.

Muther, A. (2000): Electronic Customer Care – Die Anbieter-Kundenbeziehung im Informationszeitalter, Springer, Berlin et al.

Muther, A. (2001): Electronic Customer Care – Die Anbieter-Kunden-Beziehung im Informationszeitalter, Springer, Berlin et al.

Muther, A. (2002): Customer Relationship Management – Electronic Customer Care in the New Economy, Springer, Berlin et al.

Naewie, M.; Thun, S. (2003): Controllinggestütztes Multikanal-Management am Beispiel Der Club Bertelsmann, in: Ahlert, D.; Hesse, J.; Jullens, J.; Smend, P. (Hrsg.): Multikanalstrategien – Konzepte, Methoden und Erfahrungen, Gabler, Wiesbaden, S. 155-169.

Nenkova, A.; Bagga, A. (2003): Email Classification for Contact Centers, in: Proceedings of the 2003 ACM Symposium on Applied Computing, Melbourne, Florida, S. 789-792.

Neurauter, T. (2002): XML in Distributed Applications – The Evolution of Virtual Marketplaces, auf URL: www.neurauter.at/Diplomarbeit/XMLinDistributedApps.pdf (Aufruf per 2004-09-13; erstellt per 2004-05).

Nussdorfer, R. (2000): Das EAI-Buch, Trends, Technologie und Lösungen, CSA Consulting GmbH, München.

Nussdorfer, R.; Martin, W. (2003): RTE – Real-time-orientierte-IT-Architektur, Teil 1 Herstellerunabhängige Beschreibung, Version 1, auf URL: http://www.competence-site.de/eaisysteme.nsf/7AAFB5EDC4D1371EC1256DAA0046708B/$File/rte-it-architektur-teil1.pdf (Aufruf per 2004-10-04; erstellt per 2003-08).

Obua, T. (2001): Competency of Set Analysis in CRM Closed Loop Marketing, in: Proceedings of the 20th International Conference on Conceptual Modeling: Conceptual Modeling, S. 604-606.

Oehler, A. (2004): „Retail Banking – Status Quo und Entwicklungsperspektiven", auf URL: http://www.uni-bamberg.de/sowi/finanz/forschung/bafifo/bafifo27.pdf (Aufruf per 2005-05-14).

Österle, H. (1995): Business Engineering – Prozess- und Systementwicklung, Band 1, Springer, Berlin et al.

Paszkowsky, I. (1999): Die Info-Flut kanalisieren, in: Salesprofi (1999) 8, S. 28-29.

Payne, A.; Rapp, R. (1999): Handbuch Relationship Marketing – Konzeption und erfolgreiche Umsetzung, Vahlen, München.

Peacock, P. R. (1998a). Data Mining in Marketing: Part 1, in: Marketing Management 6 (1998) Winter, S. 9-18.

Peacock, P. R. (1998b). Data Mining in Marketing: Part 2, in: Marketing Management 7 (1998) Spring, S. 15-25.

Peacock, P.R. (2001a): Data Mining in Marketing: Part 1 – The Revolution Is Upon Us, So Choose Your Weapons Carefully, in: Sheth, J.N.; Eshghi, A.; Krishnan, B.C. (Hrsg.): Internet Marketing, Harcourt Publishers, Fort Worth, S. 163-175.

Peacock, P.R. (2001b): Data Mining in Marketing: Part 2 – Dig Deep To Unearth Knowledge Inherent in Databases, in: Sheth, J.N.; Eshghi, A.; Krishnan, B.C. (Hrsg.): Internet Marketing, Harcourt Publishers, Fort Worth, S. 176-190.

Pepels, W. (1999): Das Marketing Konzept, Oldenbourg.

Pepels, W. (2001): Grundlagen Vertrieb, Hanser Fachbuchverlag, München.

Peppers, D.; Rogers, M. (1993): The One to One Future – Building Relationships – One Customer at a Time, Currency-Doubleday, New York et al.

Peppers, D.; Rogers, M. (1999): Enterprise One to One – Tools for Competing in the Interactive Age, Currency Doubleday, New York et al.

Pfahrer, M.; Walser, K. (2002): Die Bedeutung von Business Rules im Customer Relationship Management, in: Meyer, M. (Hrsg.): CRM-Systeme mit EAI – Konzeption, Implementierung und Evaluation, Vieweg, Braunschweig/Wiesbaden, S. 137-155.

Picot, A.; Reichwald, R.; Wigand, R.T. (2001): Die grenzenlose Unternehmung – Information, Organisation und Management, Gabler, Wiesbaden.

Piller, F. (2001): Mass Customization – Ein wettbewerbsstrategisches Konzept im Informationszeitalter, Gabler, Wiesbaden.

Piller, F. (2003): Mass Customization, Gabler, Wiesbaden.

Piller, F.T.; Ihl, C. (2002): Mythos Mass Customization – Buzzword oder praxisrelevante Wettbewerbsstrategie? – Warum viele Unternehmen trotz der Nutzenpotentiale kundenindividueller Massenproduktion an der Umsetzung scheitern, Arbeitsbericht Nr. 32 des Lehrstuhls für Allgemeine und Industrielle Betriebswirtschaftslehre der Technischen Universität München, München.

Piller, F.T.; Schaller, C.; Stotko, C.M. (2003): Customer Relationship Management und Individualität, in: Piller, F.T.; Stotko, C.M. (Hrsg.): Mass Customization und Kundenintegration – Neue Wege zum innovativen Produkt, Düsseldorf, S. 235-264.

Piller, T. (2000): Mass Customization – Ein wettbewerbsstrategisches Konzept im Imformationszeitalter, DUV Deutscher Universitäts-Verlag, Wiesbaden.

Pine, B.J. II (1993): Mass Customization – The New Frontier in Business Competition, Harvard Business School Press, Boston.

Plinke, W. (1997): Grundlagen des Geschäftsbeziehungsmanagements, in: Kleinaltenkamp, M.; Plinke, W. (Hrsg.): Geschäftsbeziehungsmanagement, Springer, Berlin et al., S. 1-62.

Pollock, W.K.; Cabral, S.; Moerkens, L.A.P. (2002): CRM Evolution, Revolution and You: Are You Ready for CRM?, auf URL: http://www.s4growth.com/publications/Articles/12.cfm (Aufruf per 2004-04-03; erstellt per 2002-05).

Posch, R.J. (2000): Using Middleware for Interoperable Systems, in: Wyzalek, J. (Hrsg.): Enterprise Systems Integration, Auerbach/CRC Press, Boca Raton, S. 185-196.

Prewo, R.; Ritsert, J.; Stracke, E. (1973): Systemtheoretische Ansätze in der Soziologie – Eine kritische Analyse, Hamburg.

Price (1999): The CRM Handbook: From Group to Multiindividual, PriceWaterhouseCoopers.

PriceWaterhouseCoopers (2003): Risks of Customer Relationship Management – A Security, Control and Audit Approach, Information Systems Audit and Control Foundation, Rolling Meadows.

Pyle, D. (1998): Increased Predictive Power Through Dynamic Modeling, auf URL: http://www.modelandmine.com/modwhpaper.htm (Aufruf per 2004-09-14; erstellt per 1998).

Ramsauer, A.; Walser, K. (2005): Entwicklung eines Prozessmodells für das Beschwerdemanagement, Arbeitsbericht Nr. 169, Institut für Wirtschaftsinformatik der Universität Bern, Bern.

Rapp, R. (2000): Customer Relationship Management – Das neue Konzept zur Revolutionierung der Kundenbeziehungen, Campus, Frankfurt a./M.

Rapp, R. (2001): Customer Relationship Management – Das neue Konzept zur Revolutionierung der Kundenbeziehungen, Campus, Frankfurt a./M.

Rapp, R.; Guth, S. (1999): Data Mining Anwendungen im Relationship Marketing, in: Payne, A.; Rapp, R. (Hrsg.): Handbuch Relationship Marketing, Vahlen, München, S. 245-260.

Reinartz, W.; Krafft, M. (2001): Überprüfung des Zusammenhangs von Kundenbindung und Kundenertragswert, in: Zeitschrift für Betriebswirtschaft 71 (2001), S. 1263-1281.

Reinartz, W.; Krafft, M.; Hoyer, W. (2004): The CRM Process: It's Measurement and Impact on Performance, in: Journal of Marketing Research 41 (2005) 8, S. 293-304.

Reinartz, W.; Thomas, J.S.; Kumar, V. (2003): Balancing Acquisition and Retention Resources to Maximize Customer Profitability, auf URL: http://www.reinartz.com/research/Bal_Acqret%20Final%20Website.pdf (Aufruf per 2004-09-14; erstellt per 2003).

Reinartz, W.; Thomas, S.; Kumar, V. (2005): Balancing Acquisition and Retention Resources to Maximize Customer Profitability, in: Journal of Marketing 69 (2005) 1, S. 63-79.

Reinecke, S. (2004): Marketing Performance Measurement: Einsatz von Marketingkennzahlen und betriebswirtschaftlicher Erfolg, in: Die Unternehmung 58 (2004) 3/4, S. 241-260.

Reinecke, S.; Tomczak, T.; Geis, G. (Hrsg.) (2001): Handbuch Marketingcontrolling, St.Gallen/Wien: Thexis/Ueberreuter.

Reiss, M. (2003): Hyper-Coopetition – A Complexity-Based Approach to Production Management in the New Economy, auf URL: http://www.bwi.uni-stuttgart.de/fileadmin/abt2/publikationen/hyper_coopetition.pdf (Aufruf per 2004-10-11; erstellt per 2003).

Remacle, F. (2004): Straight Through Processing: A Forum for Change, auf URL: http://www.swift.com/index.cfm?item_id=3748 (Aufruf per 2004-09-22).

Renaud, P.E. (1993): Introduction to Client/Server Systems – A Practical Guide for Systems Professionals, John Wiley, New York.

Reynolds, J. (2002): A Practical Guide to CRM, CMP Books, New York et al.

Riehm, R.; Vogler, P. (1996): Middleware: Infrastruktur für die Integration, in: Österle, H.; Riehm, R.; Vogler, P (Hrsg.): Middleware – Grundlagen, Produkte und Anwendungsbeispiele für die Integration heterogener Welten, Braunschweig/Wiesbaden, S. 25-135.

Riemer, K.; Totz, C.; Klein, S. (2002): Vergleichende Buchbesprechung Customer-Relationship-Management, in: Wirtschaftsinformatik 44 (2002) 6, S. 598-619.

Ring, K. (1999): Enterprise Application Integration – Making the Right Connections, OVUM Ltd., London.

RTS (2002): RTS – OptixTM Airline Survey, Kopenhagen.

Rudolf-Sipötz, E.; Tomczak, T. (2001): Kundenwert in Forschung und Praxis, Thexis-Fachbericht für Marketing, Thexis, St. Gallen.

Rüegge, D. (2003): Analytical CRM in Financial Services – Erfahrungen aus Aufbau und Betrieb einer ACRM-Unit, Proceedings des Finance Forum 2003, Zürcher Kongresshaus, vom November 2003, sowie auf URL: http://www.financeforum.com/referate_bankingtoday/download/C4-Ruegge.pdf (Aufruf per 2003-12-14; erstellt 2003-11).

Ruh, W.A.; Maginnis, F.; Brown, W.J. (2001): Enterprise Application Integration – A Wiley Tech Brief, New York et al.

SAP AG (2002), Installation Guide – Multichannel Interface SAP CRM 3.0, SP04 and above SAP CRM 3.1., Document Version 1.9, Walldorf: SAP AG 2002.

SAP AG (2003a): Interaction Center, auf URL: http://help.sap.com/saphelp_crm31/helpdata/de/95/0a7235d0fa 8742e10000009b38f889/frameset.htm [Abruf: 2003-01-08].

SAP AG (2003b): Business Routing, auf URL: URL: http://help.sap.com/saphelp_crm31/helpdata/de/9c/d2a239f8c50f6ae10000000a1 14084/frameset.htm [Abruf: 2003-01-08].

SAP AG (2003c): Architektur des Business Routing, auf URL: http://help.sap.com/saphelp_crm31/helpdata/de/46/0856ee78d911d4bb3800508b 5d5211/frameset.htm [Abruf: 2003-01-08].

SAP AG (2003d): Einrichten des Routing-Datenexport, auf URL: http://help.sap.com/saphelp_crm31/helpdata/de/6c/0ba239cec06b40e10000000a 11402f/frameset.htm [Abruf: 2003-01-08].

Schäfer, H. (2002): Die Erschliessung von Kundenpotentialen durch Cross-Selling – Erfolgsfaktoren für ein produktübergreifendes Beziehungsmanagement, DUV/Deutscher Universitäts-Verlag, Wiesbaden.

Schaller, C.; Stotko, C.M.; Piller, F.T. (2004): Mit Mass Customization basiertem CRM zu loyalen Kundenbeziehungen, in: Hippner, H.; Wilde, K.D. (Hrsg.): Grundlagen des CRM – Konzepte und Gestaltung, Gabler, Wiesbaden, S. 67-89.

Schanz, G. (1997): Wissenschaftsprogramme der Betriebswirtschaftslehre, in: Bea, F.X.; Dichtl, E.; Schweitzer, M. (Hrsg.): Allgemeine Betriebswirtschaftslehre, Band 1: Grundfragen, Stuttgart, S. 81-192.

Scharf, A.; Fritsch, W. (2000): Kein E-Commerce ohne IT-Integration, in: Informationweek 4 (2000) 12, S. 59-67.

Scheckenbach, R. (1997): Semantische Geschäftsprozessintegration, Gabler, Wiesbaden.

Scheer, A.-W. (1990): CIM – Computer Integrated Manufacturing – Der computergesteuerte Industriebetrieb, Springer, Berlin et al.

Scheer, A.-W. (1991): Architektur integrierter Informationssysteme – Grundlagen der Unternehmensmodellierung, Springer, Berlin et al.

Scheer, A.-W. (1995): Wirtschaftsinformatik – Referenzmodelle für industrielle Geschäftsprozesse, Springer, Berlin et al.

Scheer, A.-W.; Abolhassan, F; Bosch, W. (2003): Real-time Enterprise, Springer, Berlin et al.

Schenk, M. (1987): Medienwirkungsforschung, Mohr, Tübingen.

Schmid, B. (1993a): Elektronische Märkte, in: Wirtschaftsinformatik 35 (1993) 5, S. 465-480.

Schmid, B. (1993b): Electronic Markets, in: Alt, R.; Schmid, B.F.; Zbornik, S. (Hrsg.): EM - Electronic Markets 3 (1993) 3 sowie auf URL: http://www.mediamanagement.org/modules/ pub/view.php/electronicmarkets-357 (Aufruf per 2004-03-20).

Schmid, R. (1998): UBS Phonebanking – Aufbau und Einführung eines neuen Distributionskanals, in: Zeitschrift Führung + Organisation 67 (1998) 5, S. 286-288.

Schmidt R.; Gierl L. (2002): Case-Based Reasoning for Prognosis of Threatening Influenza Waves, in: Perner P (Hrsg.): Advances in Data Mining, Berlin, S. 99-108.

Schneider, D. (2001): Marketing 2.0 – Absatzstrategien für turbulente Zeiten, Gabler, Wiesbaden.

Schögel, M.; Sauer, A.; Schmidt, I. (2002): Multichannel Marketing – Fokus auf Kunden und Kanäle, in: Thexis (2000) 2, S. 34-38.

Schott, K.; Mäurer, R. (2001): Auswirkungen von EAI auf die IT-Architekturen in Unternehmen, in: Information Management & Consulting 16 (2001) 1, S. 39-43.

Schüller, B. (1999): IT-Struktur einer Service-Bank für die Wertpapierabwicklung, in: Moormann, J.; Fischer, T. (Hrsg.), Handbuch Informationstechnologie in Banken, Wiesbaden, Seite 435-448.

Schulze, J. (2000): Prozessorientierte Einführungsmethode für das Customer Relationship Management, Difo-Druck OHG, Bamberg, sowie auf URL: http://verdi.unisg.ch/org/iwi/iwi_pub.nsf/www PublAuthorGer/BC2FF35DDCE82D73C1256BFA00517594/$file/Diss_CRM_Meth ode_Schulze.pdf (Aufruf per 2003-01-25).

Schulze, J. (2002): CRM erfolgreich einführen, Springer, Berlin et al.

Schwinn, A. (2004): Entwurfsmuster für die Applikationsintegration, in: Schelp, J.; Winter, R. (Hrsg.): Auf dem Weg zur Integration Factory, Physica, Heidelberg, S. 131-152.

Searchwebservices (2005a): Definition Service oriented architecture, auf URL: http://searchweb services.techtarget.com/sDefinition/0,290660,sid26_gci929153,00.html (Aufruf per 2005-07-19).

Searchwebservices (2005b): Definition Domain, auf URL: http://searchwebservices.techtarget.com/sDefinition/0,290660,sid26_gci211987,0 0.html (Aufruf per 2005-07-22).

Serain, D. (1999): Middleware, London et al.

Seungmin, P.; Daeyoung, K.; Gihwan, C. (2004): Improving Prediction Level of Prefetching for Location-aware Mobile Information Service, in: Future Generation Computer Systems 20 (2004) 2, S. 197-203.

Shahnam, E. (2000): The Customer Relationship Management Ecosystem, auf URL: http://www.metagroup.com/communities/crm/ads724.htm (Aufruf per 2004-03-21; erstellt per 2000).

Shannon, C.; Weaver, W. (1976): Mathematische Grundlagen der Informationstheorie, München.

Sheth, J.N.; Parvatiyar, A. (1995): Relationships in Consumer Markets: Antecedents and Consequences, in: Journal of the Academy of Marketing Science 23 (1995), S. 255-271.

Sheth, J.N.; Parvatiyar, A. (Hrsg.) (2000): Handbook of Relationship Marketing, Sage Publications, Thousand Oaks et al.

Sheth, J.N.; Sisodia, R.S. (1998) Marketing Productivity – Issues and Analysis, in: Journal of Business Research, (1998) 6, S. 349-362; sowie auf URL: http://www.jagsheth.com/docs/Marketing%20 Productivity-JBR.pdf (Aufruf per 2004-11-07; erstellt per 1998-06-30).

Sheth, J.N.; Sisodia, R.S. (1999): Revisiting Marketing's Lawlike Generalizations, in: Journal of the Academy of Marketing Science 27 (1999) 1, S. 71-87, sowie auf URL: http://www.dl.odu.edu/partnerships/ships/mktg603/603.RevisitingMarkingLawlikeG eneralizations.pdf (Aufruf per 2004-11-02; erstellt per 1999).

Sheth, J.N.; Sisodia, R.S. (2002): Marketing Productivity – Issues and Analysis, in: Journal of Business Research 55 (2002) 5, S. 349-362, sowie auf URL: http://www.sciencedirect.com/science?_ob=MImg&_imagekey=B6V7S-44MX88P-B-N&_cdi=5850&_orig=na&_coverDate=05%2F31%2F2002&_sk=999449994&view =c&wchp=dGLbVtz-zSkWA&_acct=C000049003&_version=1&_userid=946156&md5=aa13c0fef7892 8f8ee52e2c5a3947275&ie=f.pdf (Aufruf per 2004-11-07; erstellt per 2002).

Sheth, J.N.; Sisodia, R.S.; Sharma, A. (2000): The Antecedents and Consequences of Customer-Centric Marketing, in: Journal of the Academy of Marketing Science 28 (2000) 1, S. 55-66; sowie auf URL: http://www.jagsheth.com/docs/Antecedant%20and%20consequences.pdf (Aufruf per 2004-04-11).

Shostack, G.L. (1981): How to Design a Service, in: Donnelly, J.H., George, W.K. (Hrsg): Marketing of Services, American Marketing Association, Chicago, S. 221-229.

Shostack, G.L. (1984): Designing Services that Deliver, in: Harvard Business Review (1984) 1, S. 133-139.

Siebel (2000): Siebel eBusiness Connector for SAP R/3 Guide, Siebel 2000 – Version 6, San Mateo CA: Siebel Systems 2000-03.

Siebel (2003): Siebel Sales Product Description, auf URL: http://www.siebel.com/products/sales/siebel_sales/product_module_desc.shtm (Aufruf per 2003-01-25).

Siegrist, E. (2003): Architekturmanagement in der Credit Suisse, in: Proceedings des St. Galler Anwenderforums vom 2003-09-15 des Instituts für Wirtschaftsinformatik der Universität St. Gallen, St. Gallen, sowie auf URL: http://forum.iwi.unisg.ch/downloads/forum/12/awf12_siegrist.pdf (Aufruf per 2003-12-02).

Simon, H. (1988): Management strategischer Wettbewerbsvorteile, in: Zeitschrift für Betriebswirtschaft 58 (1988) 4, S. 461-480.

Slater, D. (2000): The Whole is More Than its Parts, in: CIO Magazine vom 2000-05-15, S. 116-122, sowie auf URL: http://www.cio.com/archive/051500_vision.html (Aufruf per 2004-11-07; erstellt per 2000-05-15).

Soeffky, M. (1999): Prozess- und Systemmanagement von Data Warehouse-Systemen, in: Chamoni, P.; Gluchowski, P. (Hrsg.): Analytische Informationssysteme – Data Warehouse, On-Line Analytical Processing, Data Mining, Springer, Berlin et al., S. 119-143.

Spahni, D. (1998): Verfahren zur Bestimmung geeigneter Teilsysteme und deren Sequenzierung, Bern, sowie auf URL: http://www.staempfli.com/digital-publications/html_d/idv.html (Aufruf per 2004-10-01; erstellt per 1998).

Spahni, D.; Meir, J.; Gygax, U.; Fehlmann, A. (2003): Web Services im eGovernment – Arbeitsbericht Nr. 7 des CC eGovernment, Berner Fachhochschule, Institut für Wirtschaft und Verwaltung, Bern.

SPSS (2004): Five Predictive Imperatives for Maximizing Customer Value – Applying Predictive Analytics to Enhance Customer Relationship Management, auf URL: http://www.spss.com/dk/pa/spsspredic tiveanalytics0704.pdf (Aufruf per 2004-10-11; erstellt per 2004).

Srivastava, R.K.; Shervani, T.A.; Fahey, L. (1999): Marketing, Business Processes, and Shareholder Value: An Organizational Embedded View of Marketing Activities and the Discipline of Marketing, in: Journal of Marketing 63 (1999) Special Issue, S. 168-179.

Stachowiak, H. (1992): Modell, in: Seiffert, H.; Radnitzky, G. (Hrsg.): Handlexikon zur Wissenschaftstheorie, dtv wissenschaft, München, S. 219-222.

Stahlknecht, P.; Hasenkamp, U. (1999): Einführung in die Wirtschaftsinformatik, Springer, Berlin et al.

Stake, R.E. (1995): The Art of Case Study Research, Sage Publications, Thousand Oaks et al.

Stauss, B. (2004): Der Kundenbeziehungs-Lebenszyklus, in: Hippner, H.; Wilde, K.D. (Hrsg.): Grundlagen des CRM – Konzepte und Gestaltung, Gabler, Wiesbaden, S. 339-360.

Stauss, B.; Seidel, W. (1998): Beschwerdemanagement – Kundenbeziehungen erfolgreich managen durch Customer Care, Hanser, München.

Strauss, A.; Corbin, J. (1990): Basics of Qualitative Research – Grounded Theory Procedures and Techniques, Sage, Newbury Park.

Steimle, J.C.F. (ohne Jahr): Leadmanagement – der Schlüssel zu mehr Effizienz im Vertrieb, auf URL: http://www.verkauf-aktuell.de/fb0123.htm (Aufruf per 2004-11-07).

Stender, M.; Schulz-Klein, E. (1999): Internetbasierte Vertriebsinformationssysteme – Perspektiven moderner Informationssysteme für den Einsatz in Marketing, Vertrieb und Service, Fraunhofer Institut für Arbeitswirtschaft und Organisation, Stuttgart.

Stengl, B.; Sommer, R.; Ermatinger, R. (ohne Jahr): Warum scheitern CRM Projekte wirklich, auf URL: http://www.galileobusiness.de/artikel/gp/artikelID-82 (Aufruf per 2004-04-03).

Stokes, N. (o.J.): EAI and Beyond: A Multilevel Flow Model, Data Mirror, Toronto, sowie auf URL: http://www.grcdi.nl/eai_and_beyond.pdf (Aufruf per 2004-08-17).

Stone, M.; Hobbs, M.; Khaleeli, M. (2002): Multi Channel Customer Management – The Benefits and Challenges, in: Journal of Database Marketing 10 (2002) 1, S. 39-52, sowie auf URL: http://www.qci.co.uk/public_face/Content/September%202002%20-%20Journal%20of%20Database%20 Marketing%20(2).pdf (Aufruf per 2004-09-19; erstellt per 2002).

Storbacka, K. (2000): Customer Profitability: Analysis and Design Issues, in: Sheth, J.N.; Parvatiyar, A. (Hrsg.): Handbook of Relationship Marketing, London et al., S. 565-588.

Strüver, S.-C. (2002): The Impact of Web Services in the Context of Enterprise Application Integration in the Financial Services Industry, Berlin, auf URL: http://www.eai-competence-center.de/eaisysteme.nsf/AAB969E5C9BE672FC1256CA8005EEF46/$File/webservices_in_fis---struever.pdf (Aufruf per 2004-01-09, erstellt per 2002-11-14).

Sunopsis (ohne Jahr): ETL-Demo auf URL: http://www.sunopsis.com/corporate/us/products/sunopsisv3/demo_etl.htm (Aufruf per 2004-03-11).

SWIFT (1999): Straight Through Processing (STP) Payments, auf URL: http://www.swift.com/index.cfm?item_id=2399 (Aufruf per 2004-09-22; erstellt per 1999).

Tagesanzeiger (2004a): Banken: Gläserne Kundenberater, in: Tages Anzeiger vom 2004-07-13, S. 25.

Tagesanzeiger (2004b): sunrise schreibt erstmals schwarz, in: Tages Anzeiger vom 2004-03-02, S. 26.

Talvinen, J. M. (1995): Information Systems in Marketing – Identifying Opportunities for New Applications, in: European Journal of Marketing 29 (1995) 1, S. 8-26.

Tanouri, D. (2002): Why CRM Projects Fail – Common Strategic & Tactical Mistakes, auf URL:
http://siebel.ittoolbox.com/browse.asp?c=SiebelPeerPublishing&r=%2Fpub%2FD T072702%2Epdf (Aufruf per 2004-04-03; erstellt per 2002-07-30).

TDC Switzerland AG (2002a): Kampagnenprozess bei der sunrise, Nicht veröffentlichtes Dokument der sunrise, Rümlang/ZH.

TDC Switzerland AG (2002b): Medienmitteilung Geschäftsjahr 2001, auf URL:
http://www.sunrise.net/media/med.htm?medid=1021&origin=sunrise/diax&lastid=1 281&lastdate=18.03.2002&pageno=4 (Aufruf per 2002-11-20; erstellt per 2002-03-18).

Techtarget (ohne Jahr): Definition MAPI, auf URL:
http://searchexchange.techtarget.com/sDefinition /0,,sid43_gci214084,00.html (Aufruf per 2004-04-09).

TeleManagementForum (2002): Enhanced Telecom Operations MapTM (eTOM) – The Business Process Framework for the Information and Communications Services Industry, TM Forum Aprooved Version 3.0, Morristown, Vgl. auch URL: (http://www.tmforum.org).

TeleManagementForum (2002): eTOM – Enhanced Telecom Operations Map – The Business Process Framework for the Information and Communications Services Industry, TM Forum Aprooved Version 3.0, Morristown.

Thearling, K. (2000): Data Mining and Customer Relationship Management, auf URL: http://www3.shore.net/~kht/index.htm (Aufruf per 2004-02-19).

Thompson, J.K. (2001): Profiting from Customer Behavior – The Benefit of Analyzing Customers at the Call Detail Level, auf URL:
http://businessintelligence.ittoolbox.com/documents/document.asp?i=1277 (Aufruf per 2004-09-14; erstellt per 2001-10-12).

Tillett, L.S (2000): NCR Adds CRM Package, auf URL: http://www.internetweek.com/ ebizapps/ebiz112700-3.htm (Aufruf per 2004-04-12; erstellt per 2000-11-27).

Tkach, D.S. (1998): Information Mining with the IBM Intelligent Miner Family – An IBM Software Solutions White Paper, IBM, Stamford.

Totok, J. (2000): Grafische Notationen für die semantische multidimensionale Modellierung, in: Mucksch, H.; Behme, W. (Hrsg.): Das Data Warehouse Konzept – Architektur, Datenmodelle, Anwendungen, Gabler, Wiesbaden, S. 189-214.

Treacy, M.; Wiersema, F. (1993): Customer Intimacy and other Value Disciplines, in: Harvard Business Review 71 (1993) 1, S. 84-93.

Trommsdorf, V. (1993): Konsumentenverhalten, Stuttgart et al.

Tseng, M.M.; Piller, F.T. (Hrsg.) (2003): The Customer Centric Enterprise – Advances in Mass Customization and Personalization, Springer, New York/Berlin

Twigg, D.; Voss, C.A. (1992): Managing Integration in CAD/CAM and Simultaneous Engineering, Chapman & Hall, London.

UBS (2002a): Factsheet – UBS Konzern, auf URL: http://www.ubs.ch/g/index/investors/corporate_information/corporate_factsheet.newdialog.0003.LayerData.BoxGroup.C1.0002.Pdf.pdf/New_2Q2002_d_groupfacts_chf.pdf (Aufruf per 2002-09-25; erstellt per 2002).

UBS (2002b): Jahresbericht 2001, auf URL: http://www.ubs.ch/g/index/investors/financials/annual_reporting/annualreportingoverview/2001/annual_review.newdialog.0001.Upload2.pdf/ar_2001_d.pdf (Aufruf per 2002-09-25).

UBS (2002c): UBS Factsheet – UBS Wealth Management & Business Banking, auf URL: http://www.ubs.ch/g/index/investors/corporate_information/corporate_factsheet.newdialog.0003.LayerData.BoxSwiss.C1.0008.Pdf.pdf/Revised_2Q2002_d_ubsWMBB_chf.pdf (Aufruf per 2002-09-25).

UBS (2002d): Unsere Unternehmensgruppen, auf URL: http://www.ubs.com/g/index/about/our_organization/ourbusinessgroups.html (Aufruf per 2002-09-25).

UBS (2003a): Application Architecture „Leicht gemacht" – Architecture and Business Support, UBS, Zürich.

UBS (2003b): Application Architecture – Sight Seeing Business Systems – Architeture and Business Support, UBS, Zürich.

UDDI Consortium (2000): UDDI Technical Whitepaper, auf URL: http://www.uddi.org/pubs/Iru UDDI Technical White Paper.pdf (Aufruf per 2004-11-05; erstellt per 2000).

Ulrich, H. (1970): Die Unternehmung als produktives soziales System, Bern.

Umar, A. (1993): Distributed Computing – A Practical Synthesis of Networks, Client-Server Systems, Distributed Applications, and Open Systems, Prentice-Hall, Englewood Cliffs.

Uncles, M.D.; Dowling, G.R.; Hammond, K. (2002): Customer Loyalty and Customer Loyalty Programs, auf URL: http://www.marketing.unsw.edu.au/HTML/mktresearch/workingpapers/Uncles98_6.pdf (Aufruf per 2004-09-14; erstellt per 2002).

Vaughan, J. (1999): The Real Time Enterprise, in: Application Development Trends 6 (1999) 6, S. 29-34.

Verhoef, P.C.; Langerak, M. (2002): Further Thoughts on CRM – Strategically Embedding Customer Relationship Management in Organizations, auf URL: https://ep.eur.nl/retrieve/224/erimrs20020917153800.pdf (Aufruf per 2004-10-05; erstellt per 2002-09).

von Braun, H.; Hesse, W.; Kittlaus, H.-B., Scheschonk, G. (1994): Terminologie in der Softwaretechnik – Ein Begriffssystem für die Analyse und Modellierung von Anwendungssystemen. Teil 2: Tätigkeits- und ergebnisbezogene Elemente, in: Informatik-Spektrum 17, Springer, Berlin et al., S. 96-105.

Wagner, M. (1998): Geschäftsprozessgestaltung durch Kommunikation und Information, in: HMD 35 (1998) 204, S. 35-44.

Walser, K. (2002): Integrierte Prozessabwicklung aus Sicht der Kundenbeziehung – Eine Übersicht, in: Meyer, M. (Hrsg.): CRM-Systeme mit EAI – Konzeption, Implementierung und Evaluation, Vieweg, Braunschweig/Wiesbaden, S. 61-88.

Wasem-Gutensohn, J. (2002): Bessere Prozesse bringen den ROI, in: Computerwoche Extra (2002) 5, ohne Seitenangaben, sowie auf URL: http://www.computerwoche.de/index.cfm?pageid=270&artid=37577&type=detail& category=3 (Aufruf per 2004-02-12).

Watzlawick, P.; Beavin, J.H.; Jackson, D.D. (1974): Menschliche Kommunikation – Formen, Störungen, Paradoxien, Hans Huber, Bern et al.

Wdowiak, G. (2002): The Choice Cetween the Communication Methods Offered by Message-Oriented Middleware, auf URL: http://eai.ittoolbox.com/browse.asp?c=EAIPeerPublishing&r=%2Fpub%2FGW120 402%2Epdf (Aufruf per 2004-09-13; erstellt per 2002-12-20).

Webb, G. (2001): The M-Bomb: Riding the Multi-Channel Whirlwind, Capstone Publishing, Oxford.

Webb, G. (2002): Managing Channels of Distribution in the Age of Electonic Commerce, in: Industrial Marketing Management 31 (2002) 2, S. 95-102.

Weeke, E. (2001): EAI macht mehr aus SAP – Integrationswerkzeuge aus Walldorf, in: Computerwoche Extra, Nr. 2, vom 2001-03-23, S. 32-33.

Weiss, S.; Indurkhya, N. (1998): Predictive Data Mining, Morgan Kaufmann Publishers Inc., San Francisco.

Weitzel, T.; Martin, V.S. (2003): Straight Through Processing auf XML-Basis im Wertpapiergeschäft, in: Wirtschaftsinformatik 45 (2003) 4, S. 409-420.

Welsch, P. (2004): Vom Management des Product Lifecycle zum Management des Customer Lifecycle, in: Information Management & Consulting 19 (2004) 3, S. 23-26.

Wetzel, M. (1997): Informationsbedarfsanalyse für das Database Marketing, in: Link, J.; Brändli, D.; Schleuning, C.; Kehl, R.E. (Hrsg.): Handbuch Database Marketing, IM-Fachverlag, Ettlingen, S. 39-57.

Whatis (2005a): Definition Legacy Application, auf URL:
http://searchdatacenter.techtarget.com/infoCenter/definition/0,295854,sid80_gci21
2472_iid2652,00.html (Aufruf per 2005-06-23; erstellt per 2005-01).

Whatis (2005b): Definition IVR, auf URL:
http://searchnetworking.techtarget.com/sDefinition/0,,sid7_
gci213678,00.html (Aufruf per 2005-06-23).

Whatis (2005c): Definition CTI, auf URL:
http://searchnetworking.techtarget.com/sDefinition/
0,290660,sid7_gci213873,00.html (Aufruf per 2005-06-23).

Whatis (2005d): Definition ACD, auf URL:
http://searchcrm.techtarget.com/sDefinition/0,,sid11_
gci213755,00.html Aufruf per 2005-06-23).

Whatis (2005e): Definition Predictive Dialing, auf URL:
http://searchnetworking.techtarget.com/sDefinition/
0,,sid7_gci213679,00.html (Aufruf per 2005-06-23).

Whatis (2005f): Definition Churn Rate, auf URL:
http://searchcrm.techtarget.com/sDefinition/0,,sid11_
gci940457,00.html (Aufruf per 2005-06-23).

Whatis (2005g): Definiton Messaging, auf URL:
http://whatis.techtarget.com/definition/0,,sid9_
gci212554,00.html (Aufruf per 2005-06-23).

Whatis (2005h): Definition IDL (Interface Definition Language), auf URL:
http://whatis.techtarget.com/
definition/0,,sid9_gci212314,00.html (Aufruf per 2005-06-23).

White, C. (2001): Analytics on Demand: The Zero Latency Enterprise; auf URL:
http://www.intelligent
enterprise.com/011004/415feat2_1.jhtml;jsessionid=U2GHDBJP13M3YQSNDBC
CKHY (Aufruf per 2004-09-22; erstellt per 2001-10-04).

Wiencke, W.; Koke, D. (1999): Call Center Praxis: Den telefonischen Kundenservice erfolgreich organisieren, Schäffer-Poeschel, Stuttgart.

Wietzorek, H.; Henkel, G. (1997): Data Mining und Database Marketing: Grundlagen und Einsatzfelder, in: Link, J.; Brändli, D.; Schleuning, C.; Kehl, R.E. (Hrsg.): Handbuch des Database Marketing, IM Fachverlag, Ettlingen, 1997, S. 235-252.

Wilde, K.D. (ohne Jahr): Data Warehouse, OLAP und Data Mining im Marketing – Moderne Informationstechnologien im Zusammenspiel, auf URL: http://www.ku-eichstaett.de/Fakultaeten/WWF/
Lehrstuehle/WI/Lehre/dm_v/Sections/content/DM%201.pdf (Aufruf per 2004-09-20).

Wildemann, H. (1994): Die modulare Fabrik – Kundennahe Produktion durch Fertigungssegmentierung, TCW, München.

Williamson, O.E. (1975): Markets and Hierarchies: Analysis and Antitrust Implications. A Study in the Economics of Internal Organization, The Free Press, New York.

Williamson, O.E. (1990): Die ökonomischen Institutionen des Kapitalismus: Unternehmen, Märkte, Kooperation, Mohr, Tübingen.

Winkeler, T.; Raupach, E.; Westphal, L. (2001): Enterprise Application Integration als Pflicht vor der Business-Kür, in: Information Management & Consulting 16 (2001) 1, S. 7-16.

Winkelmann, P. (2000): Vertriebskonzeption und Vertriebssteuerung: Die operativen Elemente des Marketing, Vahlen, München.

WKWI (1994): Profil der Wirtschaftsinformatik – Ausführungen der Wissenschaftlichen Kommission der Wirtschaftsinformatik, in: Wirtschaftsinformatik 36 (1994) 1, S. 80-81.

Wordiq (2004): Definition of Data Mining, auf URL: http://www.wordiq.com/definition/Data_mining (Aufruf per 2004-10-04).

Wordlingo (2004): What is an API, auf URL: http://www.worldlingo.com/products_services/api_faq.html (Aufruf per 2004-09-07).

Workman, J.P.; Homburg, C.; Gruner, K. (1998): Marketing Organization: An Integrative Framework of Dimensions and Determinants, in: Journal of Marketing 62 (1998) 7, S. 21-41.

www.sharpened.net (2004): Definition des Begriffs DLL (Dynamic Link Library), auf URL: http://www.sharpened.net/glossary/definition.php?dll (Aufruf per 2004-09-07).

Yin, R.K. (1990): Case Study Research – Design and Methods, Sage Publications, Newbury Park et al.

Yulinski, C. (2000): Multi-Channel Marketing – Making „Bricks and Clicks" Stick, Mc.Kinsey & Corp., auf URL: http://www.mckinsey.com/practices/marketing/ourknowledge/pdf/Solutions_Multi_Channel Mktg.pdf (Aufruf per 2004-09-18; erstellt per 08-2000).

Zahn, E.; Foschiani, S. (2000): Strategien und Strukturen für den Hyperwettbewerb, in: Wojda, F. (Hrsg.): Innovative Organisationsformen, Stuttgart, S. 89-113.

Zobel, J. (2001): Mobile Business und M-Commerce, Hanser, München.

AUSGEWÄHLTE VERÖFFENTLICHUNGEN

WIRTSCHAFTSINFORMATIK
Herausgegeben von Prof. Dr. Dietrich Seibt, Köln, Prof. Dr. Hans-Georg Kemper, Stuttgart, Prof. Dr. Georg Herzwurm, Stuttgart, Prof. Dr. Dirk Stelzer, Ilmenau, und Prof. Dr. Detlef Schoder, Köln

Band 21
Dieter Klagge, Walter Nett, Albrecht Windler
Leitfaden Electronic Data Interchange (EDI) im mittelständischen Betrieb – Organisation und Technik, Chancen und Risiken
Lohmar – Köln 1998 ♦ 136 S. ♦ € 36,- (D) ♦ ISBN 3-89012-616-2

Band 22
Ralf Finger
Prozesse der Konzeption, Realisierung und Einführung integrierter Telekooperationssysteme – Risiken und Gestaltungsempfehlungen
Lohmar – Köln 1999 ♦ 568 S. ♦ € 56,- (D) ♦ ISBN 3-89012-651-0

Band 23
Klaus van Marwyk
Potentiale von Telekooperationssystemen für schwach strukturierte betriebliche Prozesse
Lohmar – Köln 1999 ♦ 444 S. ♦ € 49,- (D) ♦ ISBN 3-89012-658-8

Band 24
Anke Schüll
Ein Meta-Modell-Konzept zur Analyse von Geschäftsprozessen
Lohmar – Köln 1999 ♦ 164 S. ♦ € 34,- (D) ♦ ISBN 3-89012-667-7

Band 25
Michael Rey
Informations- und Kommunikationssysteme in Kooperationen
Lohmar – Köln 1999 ♦ 268 S. ♦ € 42,- (D) ♦ ISBN 3-89012-697-9

Band 26
Jürgen Padberg
Anforderungen an integrierte Telekooperationssysteme zur Steigerung der Effektivität und Effizienz verteilter Zusammenarbeit
Lohmar – Köln 1999 ♦ 540 S. ♦ € 51,- (D) ♦ ISBN 3-89012-698-7

Band 27
Hubert Becker
Produktivitätssteigerungen durch Workflow-Management – Kombination organisatorischer und technischer Maßnahmen zur Prozeßgestaltung
Lohmar – Köln 1999 ♦ 584 S. ♦ € 56,- (D) ♦ ISBN 3-89012-702-9

Band 28
Frank Wolf
Verteilungsaspekte im Rahmen der strategischen Informationssystemplanung
Lohmar – Köln 1999 ♦ 432 S. ♦ € 49,- (D) ♦ ISBN 3-89012-716-9

Band 29
Marc Alexandre Ludwig
Beziehungsmanagement im Internet – Eine Analyse der Informationsbedürfnisse auf Konsumgütermärkten und der Möglichkeiten ihrer Befriedigung durch Beziehungsmanagement unter Nutzung des Internets
Lohmar – Köln 2000 ♦ 328 S. ♦ € 45,- (D) ♦ ISBN 3-89012-732-0

Band 30
Gérard Derszteler
Prozeßmanagement auf Basis von Workflow-Systemen – Ein integrierter Ansatz zur Modellierung, Steuerung und Überwachung von Geschäftsprozessen
Lohmar – Köln 2000 ♦ 404 S. ♦ € 49,- (D) ♦ ISBN 3-89012-751-7

Band 31
Michael Gröschel
Objektorientierte Softwarewiederverwendung für nationale und internationale Steuerbelastungsvergleiche
Lohmar – Köln 2000 ♦ 272 S. ♦ € 42,- (D) ♦ ISBN 3-89012-752-5

Band 32
Martin Schindler
Wissensmanagement in der Projektabwicklung – Grundlagen, Determinanten und Gestaltungskonzepte eines ganzheitlichen Projektwissensmanagements
3., durchgesehene Auflage
Lohmar – Köln 2002 ♦ 404 S. ♦ € 51,- (D) ♦ ISBN 3-89936-038-9

Band 33
Klaus Ballensiefen
Informationsplanung im Rahmen der Konzeption von Executive Information Systems (EIS) – Theoretische Analyse, Empirische Untersuchung und Entwicklung von Lösungsansätzen
Lohmar – Köln 2000 ♦ 486 S. ♦ € 51,- (D) ♦ ISBN 3-89012-817-3

Band 34
Olaf Coenen
E-Learning-Architektur für universitäre Lehr- und Lernprozesse
2. Auflage
Lohmar – Köln 2002 ♦ 540 S. ♦ € 55,- (D) ♦ ISBN 3-89012-934-X

Band 35
Frank Teuteberg
Agentenbasierte Informationserschließung im World Wide Web unter Einsatz von Künstlichen Neuronalen Netzen und Fuzzy-Logik
Lohmar – Köln 2001 ♦ 368 S. ♦ € 49,- (D) ♦ ISBN 3-89012-873-4

Band 36
Jens Hunstock
Integration konzeptioneller Datenbankschemata
Lohmar – Köln 2001 ♦ 274 S. ♦ € 43,- (D) ♦ ISBN 3-89012-897-1

Band 37
Gerald Kromer
Integration der Informationsverarbeitung in Mergers & Acquisitions – Eine empirische Untersuchung
Lohmar – Köln 2001 ♦ 314 S. ♦ € 45,- (D) ♦ ISBN 3-89012-904-8

Band 38
Stefan Schäfer
Einführung von E-Business-Systemen in deutschen Unternehmen – Fallstudien, Expertenbefragung und DAX100-Umfrage
Lohmar – Köln 2002 ♦ 492 S. ♦ € 53,- (D) ♦ ISBN 3-89012-949-8

Band 39
Matthias Lohse
Intranets – Konzept und Wege zur Realisierung
Lohmar – Köln 2002 ♦ 270 S. ♦ € 46,- (D) ♦ ISBN 3-89012-970-6

Band 40
Christian Seel
Visuelle Simulation von Dienstleistungsprozessen
Lohmar – Köln 2002 ♦ 262 S. ♦ € 46,- (D) ♦ ISBN 3-89012-998-6

Band 41
Manfred Esser
Komplexitätsbeherrschung in dynamischen Diskurswelten – Ein Metamodell zur Modellierung betrieblicher Informationssysteme
Lohmar – Köln 2002 ♦ 280 S. ♦ € 46,- (D) ♦ ISBN 3-89936-036-2

Band 42
Anja Lohse
Integration unterschiedlich strukturierter Daten
Lohmar – Köln 2003 ♦ 234 S. ♦ € 45,- (D) ♦ ISBN 3-89936-135-0

Band 43
Christian Lenz
Empfängerorientierte Unternehmenskommunikation – Einsatz der Internet-Technologie am Beispiel der Umweltberichterstattung
Lohmar – Köln 2003 ♦ 384 S. ♦ € 55,- (D) ♦ ISBN 3-89936-137-7

Band 44
Henning Baars
Videokonferenzsysteme im Kontext betrieblicher Anwendungsszenarien – Architekturgestaltung, Akzeptanz, Nutzen
Lohmar – Köln 2003 ♦ 646 S. ♦ € 73,- (D) ♦ ISBN 3-89936-146-6

Band 45
Rainer Endl
Regelbasierte Entwicklung betrieblicher Informationssysteme –
Gestaltung flexibler Informationssysteme durch explizite Modellierung der Geschäftslogistik
Lohmar – Köln 2004 ◆ 370 S. ◆ € 55,- (D) ◆ ISBN 3-89936-263-2

Band 46
Malte Beinhauer
Knowledge Communities
Lohmar – Köln 2004 ◆ 256 S. ◆ € 47,- (D) ◆ ISBN 3-89936-308-6

Band 47
Elke Wolf
IS Risks and Operational Risk Management in Banks
Lohmar – Köln 2005 ◆ 686 S. ◆ € 75,- (D) ◆ ISBN 3-89936-326-4

Band 48
Michael Breidung
Nutzen und Risiken komplexer IT-Projekte – Methoden und Kennzahlen
Lohmar – Köln 2005 ◆ 270 S. ◆ € 48,- (D) ◆ ISBN 3-89936-360-4

Band 49
Oliver Klaus
Geschäftsregeln zur Unterstützung des Supply Chain Managements
Lohmar – Köln 2005 ◆ 298 S. ◆ € 49,- (D) ◆ ISBN 3-89936-378-7

Band 50
Rolf G. Poluha
Anwendung des SCOR-Modells zur Analyse der Supply Chain –
Explorative empirische Untersuchung von Unternehmen aus Europa, Nordamerika und Asien
Lohmar – Köln 2005 ◆ 528 S. ◆ € 64,- (D) ◆ ISBN 3-89936-410-4

Band 51
Edeltraud Günther, Susann Kaulich, Lilly Scheibe,
Wolfgang Uhr, Claudia Heidsieck, Jürgen Fröhlich
Leistung und Erflog im betrieblichen Umweltmanagement – Die Software EPM-KOMPAS als Instrument für den industriellen Mittelstand zur Umweltleistungsmessung und Erfolgskontrolle
Lohmar – Köln 2006 ◆ 258 S. + CD-ROM ◆ € 52,- (D) ◆ ISBN 3-89936-462-7

Band 52
Konrad Walser
Auswirkungen des CRM auf die IT-Integration
Lohmar – Köln 2006 ◆ 532 S. ◆ € 65,- (D) ◆ ISBN 3-89936-474-0

PLANUNG, ORGANISATION UND UNTERNEHMUNGSFÜHRUNG

Herausgegeben von Prof. Dr. Dr. h. c. Norbert Szyperski, Köln, Prof. Dr. Winfried Matthes, Wuppertal, Prof. Dr. Udo Winand, Kassel, Prof. (em.) Dr. Joachim Griese, Bern, PD Dr. Harald F. O. von Kortzfleisch, Kassel, Prof. Dr. Ludwig Theuvsen, Göttingen, und Prof. Dr. Andreas Al-Laham, Stuttgart

Band 104
Hanns Martin Schindewolf
Organisches Wachstum internationaler Unternehmen – Eine empirische Exploration
Lohmar – Köln 2004 ♦ 350 S. ♦ € 54,- (D) ♦ ISBN 3-89936-292-6

Band 105
Oliver Schwarz
Die Anwendung des Markt- und Ressourcenorientierten Ansatzes des Strategischen Managements – Dargestellt am Beispiel der IPOs am Neuen Markt
Lohmar – Köln 2004 ♦ 442 S. ♦ € 58,- (D) ♦ ISBN 3-89936-304-3

Band 106
Leonhard von Metzler
Risikoaggregation im industriellen Controlling
Lohmar – Köln 2004 ♦ 262 S. ♦ € 47,- (D) ♦ ISBN 3-89936-306-X

Band 107
Markus Welter
Informations-, Wissens- und Meinungsmanagement für Dienstleistungsunternehmen – Analyse und Entwurf unter besonderer Berücksichtigung informationsökonomischer Aspekte
Lohmar – Köln 2005 ♦ 328 S. ♦ € 52,- (D) ♦ ISBN 3-89936-332-9

Band 108
Michael Krupp
Kooperatives Verhalten auf der sozialen Ebene einer Supply Chain
Lohmar – Köln 2005 ♦ 252 S. ♦ € 47,- (D) ♦ ISBN 3-89936-379-5

Band 109
Markus A. Launer
Coordination of Foreign Subsidiaries in Multinational Enterprises
Lohmar – Köln 2005 ♦ 132 S. ♦ € 38,- (D) ♦ ISBN 3-89936-397-3

Band 110
Ulrich Thomé
Kooperations-Engineering – Ein lernorientierter Gestaltungsansatz
Lohmar – Köln 2006 ♦ 376 S. ♦ € 55,- (D) ♦ ISBN 3-89936-445-7

Band 111
Gerhard Sessing
Wissenstransfer zwischen Organisationen – Erfolgsfaktoren im interorganisationalen Lernprozess
Lohmar – Köln 2006 ♦ 298 S. ♦ € 49,- (D) ♦ ISBN 3-89936-458-9

Weitere Schriftenreihen:

UNIVERSITÄTS-SCHRIFTENREIHEN

- **Reihe: Steuer, Wirtschaft und Recht**
  Herausgegeben von vBP StB Prof. Dr. Johannes Georg Bischoff, Wuppertal, Dr. Alfred Kellermann, Vorsitzender Richter (a. D.) am BGH, Karlsruhe, Prof. (em.) Dr. Günter Sieben, Köln, und WP StB Prof. Dr. Norbert Herzig, Köln

- **Reihe: Rechnungslegung und Wirtschaftsprüfung**
  Herausgegeben von Prof. (em.) Dr. Dr. h. c. Jörg Baetge, Münster, Prof. Dr. Hans-Jürgen Kirsch, Münster, und Prof. Dr. Stefan Thiele, Wuppertal

- **Reihe: Informationsmanagement und Unternehmensführung – Schriften des IMU, Universität Osnabrück**
  Herausgegeben von Prof. Dr. Uwe Hoppe, Prof. Dr. Bodo Rieger, Jun.-Prof. Dr. Frank Teuteberg und Prof. Dr. Thomas Witte

- **Reihe: Controlling**
  Herausgegeben von Prof. Dr. Volker Lingnau, Kaiserslautern, und Prof. Dr. Albrecht Becker, Innsbruck

- **Reihe: Wirtschaftsinformatik**
  Herausgegeben von Prof. Dr. Dietrich Seibt, Köln, Prof. Dr. Hans-Georg Kemper, Stuttgart, Prof. Dr. Georg Herzwurm, Stuttgart, Prof. Dr. Dirk Stelzer, Ilmenau, und Prof. Dr. Detlef Schoder, Köln

- **Reihe: Schriften zu Kooperations- und Mediensystemen**
  Herausgegeben von Prof. Dr. Volker Wulf, Siegen, Prof. Dr. Jörg Haake, Hagen, Prof. Dr. Thomas Herrmann, Dortmund, Prof. Dr. Helmut Krcmar, München, Prof. Dr. Johann Schlichter, München, Prof. Dr. Gerhard Schwabe, Zürich, und Prof. Dr.-Ing. Jürgen Ziegler, Duisburg

- **Reihe: Telekommunikation @ Medienwirtschaft**
  Herausgegeben von Prof. Dr. Dr. h. c. Norbert Szyperski, Köln, Prof. Dr. Udo Winand, Kassel, Prof. Dr. Dietrich Seibt, Köln, Prof. Dr. Rainer Kuhlen, Konstanz, Dr. Rudolf Pospischil, Bonn, Prof. Dr. Claudia Löbbecke, Köln, und Prof. Dr. Christoph Zacharias, Köln

- **Reihe: Electronic Commerce**
  Herausgegeben von Prof. Dr. Dr. h. c. Norbert Szyperski, Köln, Prof. Dr. Beat F. Schmid, St. Gallen, Prof. Dr. Dr. h. c. August-Wilhelm Scheer, Saarbrücken, Prof. Dr. Günther Pernul, Regensburg, Prof. Dr. Stefan Klein, Münster, Prof. Dr. Detlef Schoder, Köln, und Prof. Dr. Tobias Kollmann, Essen

- **Reihe: E-Learning**
  Herausgegeben von Prof. Dr. Dietrich Seibt, Köln, Prof. Dr. Freimut Bodendorf, Nürnberg, Prof. Dr. Dieter Euler, St. Gallen, und Prof. Dr. Udo Winand, Kassel

- **Reihe: InterScience Reports**
  Herausgegeben von Prof. Dr. Dr. h. c. Norbert Szyperski, Köln, PD Dr. Harald F. O. von Kortzfleisch, Kassel, und Prof. Dr. Dietrich Seibt, Köln

- **Reihe: FGF Entrepreneurship-Research Monographien**
  Herausgegeben von Prof. Dr. Heinz Klandt, Oestrich-Winkel, Prof. Dr. Dr. h. c. Norbert Szyperski, Köln, Prof. Dr. Michael Frese, Gießen, Prof. Dr. Josef Brüderl, Mannheim, Prof. Dr. Rolf Sternberg, Hannover, Prof. Dr. Ulrich Braukmann, Wuppertal, und Prof. Dr. Lambert T. Koch, Wuppertal

- **Reihe: Venture Capital und Investment Banking, Neue Folge**
  Herausgegeben von Prof. Dr. Klaus Nathusius

- **Reihe: Technologiemanagement, Innovation und Beratung**
  Herausgegeben von Prof. Dr. Dr. h. c. Norbert Szyperski, Köln, vBP StB Prof. Dr. Johannes Georg Bischoff, Wuppertal, und Prof. Dr. Heinz Klandt, Oestrich-Winkel

- **Reihe: Kleine und mittlere Unternehmen**
  Herausgegeben von Prof. Dr. Jörn-Axel Meyer, Flensburg

- **Reihe: Wissenschafts- und Hochschulmanagement**
  Herausgegeben von Prof. Dr. Detlef Müller-Böling, Gütersloh, und Prof. Dr. Reinhard Schulte, Lüneburg

- **Reihe: Personal, Organisation und Arbeitsbeziehungen**
  Herausgegeben von Prof. Dr. Fred G. Becker, Bielefeld, Prof. Dr. Jürgen Berthel †, Siegen, und Prof. Dr. Walter A. Oechsler, Mannheim

- **Reihe: Forum Finanzwissenschaft und Public Management**
  Herausgegeben von Prof. Dr. Kurt Reding, Kassel, und PD Dr. Walter Müller, Kassel

- **Reihe: Finanzierung, Kapitalmarkt und Banken**
  Herausgegeben von Prof. Dr. Hermann Locarek-Junge, Dresden, Prof. Dr. Klaus Röder, Regensburg, und Prof. Dr. Mark Wahrenburg, Frankfurt

- **Reihe: Marketing**
  Herausgegeben von Prof. Dr. Heribert Gierl, Augsburg, Prof. Dr. Roland Helm, Jena, Prof. Dr. Frank Huber, Mainz, und Prof. Dr. Henrik Sattler, Hamburg

- **Reihe: Marketing, Handel und Management**
  Herausgegeben von Prof. Dr. Rainer Olbrich, Hagen

- **Reihe: Kundenorientierte Unternehmensführung**
  Herausgegeben von Prof. Dr. Hendrik Schröder, Essen

- **Reihe: Produktionswirtschaft und Industriebetriebslehre**
  Herausgegeben von Prof. Dr. Jörg Schlüchtermann, Bayreuth

- **Reihe: Europäische Wirtschaft**
  Herausgegeben von Prof. Dr. Winfried Matthes, Wuppertal

- **Reihe: Katallaktik – Quantitative Modellierung menschlicher Interaktionen auf Märkten**
  Herausgegeben von Prof. Dr. Otto Loistl, Wien, und Prof. Dr. Markus Rudolf, Koblenz

- **Reihe: Quantitative Ökonomie**
  Herausgegeben von Prof. Dr. Eckart Bomsdorf, Köln, Prof. Dr. Wim Kösters, Bochum, und Prof. Dr. Winfried Matthes, Wuppertal

- **Reihe: Internationale Wirtschaft**
  Herausgegeben von Prof. Dr. Manfred Borchert, Münster, Prof. Dr. Gustav Dieckheuer, Münster, und Prof. Dr. Paul J. J. Welfens, Wuppertal

- **Reihe: Industrieökonomik**
  Herausgegeben von Prof. Dr. Frank C. Englmann, Stuttgart, Prof. Dr. Mathias Erlei, Clausthal, Prof. Dr. Ulrich Schwalbe, Hohenheim, und Prof. Dr. Bernd Woeckener, Stuttgart

- **Reihe: Studien zur Dynamik der Wirtschaftsstruktur**
  Herausgegeben von Prof. Dr. Heinz Grossekettler, Münster

- **Reihe: Versicherungswirtschaft**
  Herausgegeben von Prof. (em.) Dr. Dieter Farny, Köln, und Prof. Dr. Heinrich R. Schradin, Köln

- **Reihe: Wirtschaftsgeographie und Wirtschaftsgeschichte**
  Herausgegeben von Prof. Dr. Ewald Gläßer, Köln, Prof. Dr. Josef Nipper, Köln, Dr. Martin W. Schmied, Köln, und Prof. Dr. Günther Schulz, Bonn

- **Reihe: Wirtschafts- und Sozialordnung: FRANZ-BÖHM-KOLLEG – Vorträge und Essays**
  Herausgegeben von Prof. Dr. Bodo B. Gemper, Siegen

- **Reihe: WISO-Studientexte**
  Herausgegeben von Prof. Dr. Eckart Bomsdorf, Köln, und Prof. (em.) Dr. Dr. h. c. Dr. h. c. Josef Kloock, Köln

- **Reihe: Europäisches Wirtschaftsrecht**
  Herausgegeben von Prof. Dr. Dieter Krimphove, Paderborn
- **Reihe: Rechtswissenschaft**

FACHHOCHSCHUL-SCHRIFTENREIHEN
- **Reihe: Institut für betriebliche Datenverarbeitung (IBD) e. V. im Forschungsschwerpunkt Informationsmanagement für KMU**
  Herausgegeben von Prof. Dr. Felicitas Albers, Düsseldorf
- **Reihe: FH-Schriften zu Marketing und IT**
  Herausgegeben von Prof. Dr. Doris Kortus-Schultes, Mönchengladbach, und Prof. Dr. Frank Victor, Gummersbach
- **Reihe: Medienmanagement**
  Herausgegeben von Prof. Dr. Thomas Breyer-Mayländer, Offenburg
- **Reihe: FuturE-Business**
  Herausgegeben von Prof. Dr. Michael Müßig, Würzburg-Schweinfurt
- **Reihe: Controlling-Forum – Wege zum Erfolg**
  Herausgegeben von Prof. Dr. Jochem Müller, Ansbach
- **Reihe: Unternehmensführung und Controlling in der Praxis**
  Herausgegeben von Prof. Dr. Thomas Rautenstrauch, Bielefeld
- **Reihe: Economy and Labour**
  Herausgegeben von EUR ING Prof. Dr.-Ing. Hans-Georg Nollau MBCS, Regensburg
- **Reihe: Institut für Regionale Innovationsforschung (IRI)**
  Herausgegeben von Prof. Dr. Rainer Voß, Wildau
- **Reihe: Interkulturelles Medienmanagement**
  Herausgegeben von Prof. Dr. Edda Pulst, Gelsenkirchen

PRAKTIKER-SCHRIFTENREIHEN
- **Reihe: Transparenz im Versicherungsmarkt**
  Herausgegeben von *ASSEKURATA* GmbH, Köln
- **Reihe: Betriebliche Praxis**
  Herausgegeben von vBP StB Prof. Dr. Johannes Georg Bischoff, Wuppertal
- **Reihe: Regulierungsrecht und Regulierungsökonomie**
  Herausgegeben von Piepenbrock ♦ Schuster, Düsseldorf